2020年全国监理工程师（交通运输工程专业）
培训考试用书

公路工程目标与质量控制

交通运输部职业资格中心　组织编写

人民交通出版社股份有限公司
北京

内 容 提 要

本书为2020年全国监理工程师(交通运输工程专业)职业资格考试用书之一，内容包括绪论、数理统计基础及应用、路基工程施工质量监理、路面工程施工质量监理、桥梁工程施工质量监理、隧道工程施工质量监理、公路交通安全设施施工质量监理和机电工程质量监理。

本书既可作为全国监理工程师(交通运输工程专业)职业资格考试培训用书，也可供交通运输工程建设、施工、监理(咨询)和项目管理等单位的专业技术人员学习参考。

图书在版编目(CIP)数据

2020年全国监理工程师(交通运输工程专业)培训考试用书. 公路工程目标与质量控制／交通运输部职业资格中心组织编写. — 北京：人民交通出版社股份有限公司，2020.7

ISBN 978-7-114-16663-1

Ⅰ.①2… Ⅱ.①交… Ⅲ.①交通工程—交通监理—资格考试—自学参考资料②道路施工—质量管理—资格考试—自学参考资料 Ⅳ.①U491.1②U415.12

中国版本图书馆CIP数据核字(2020)第110198号

2020 Nian Quanguo Jianli Gongchengshi(Jiaotong Yunshu Gongcheng Zhuanye) Peixun Kaoshi Yongshu Gonglu Gongcheng Mubiao yu Zhiliang Kongzhi

书　　名：	2020年全国监理工程师(交通运输工程专业)培训考试用书　公路工程目标与质量控制
著 作 者：	交通运输部职业资格中心
责任编辑：	刘永超　周佳楠
责任校对：	席少楠
责任印制：	刘高彤
出版发行：	人民交通出版社股份有限公司
地　　址：	(100011)北京市朝阳区安定门外外馆斜街3号
网　　址：	http://www.ccpcl.com.cn
销售电话：	(010)59757973
总 经 销：	人民交通出版社股份有限公司发行部
经　　销：	各地新华书店
印　　刷：	北京市密东印刷有限公司
开　　本：	787×1092　1/16
印　　张：	27.75
字　　数：	669千
版　　次：	2020年7月　第1版
印　　次：	2020年8月　第3次印刷
书　　号：	ISBN 978-7-114-16663-1
定　　价：	120.00元

(有印刷、装订质量问题的图书，由本公司负责调换)

2020年全国监理工程师(交通运输工程专业)培训考试用书

编写人员

主　编：章剑青
副主编：苑芳圻　秦仁杰　秦志斌　顾新民
成　员：单煜辉　杨玉胜　罗　娜　娄忠应
　　　　赵宝军　倪良松

审定人员

主　审：黄　勇
成　员：卢　柯　周争菊　黄　波　邢　波
　　　　孔　军　习明星　黄汉昌　刘惠兴
　　　　张　毅

前　言

2020年2月，住房和城乡建设部、交通运输部、水利部、人力资源社会保障部联合印发了《监理工程师职业资格制度规定》和《监理工程师职业资格考试实施办法》。2020年5月，经人力资源社会保障部批准，交通运输部职业资格中心公布了《全国监理工程师职业资格考试基础科目和交通运输工程专业科目大纲》（以下简称《大纲》）。

为方便考生备考，部职业资格中心根据《大纲》组织了相关交通建设管理部门、企事业单位和高等院校等单位的专家，编写了2020年全国监理工程师（交通运输工程专业）培训考试用书。全套书包括《公路工程目标与质量控制》《公路工程费用与进度控制》《公路工程安全与环境监理》《公路工程监理案例分析》《公路工程监理相关法规文件汇编》《水运工程目标控制》共6册。

《公路工程目标与质量控制》系统介绍路基、路面、桥梁、隧道、交通安全设施、机电工程的监理内容、程序和要点，侧重工程目标与质量控制的基本理论、基本方法的阐述，内容覆盖《大纲》各知识点，对参考人员备考具有较强的指导性。同时，本书兼顾监理工作实践需要，基本涵盖监理工程师应知应会知识，达到以考促学、全面提升监理工程师职业水平的目标。

《公路工程目标与质量控制》共八章，由秦仁杰、单煜辉、顾新民主编。其中，第一章、第二章、第四章和第六章由秦仁杰编写；第三章和第五章由单煜辉编写；第七章和第八章由顾新民编写。本书既可作为全国监理工程师（交通运输工程专业）职业资格考试培训用书，也可供交通运输工程建设、施工、监理（咨询）和项目管理等单位的专业技术人员学习参考。

《公路工程目标与质量控制》审定时，黄勇、周争菊、张毅、邢波等专家提出了宝贵意见，在此表示感谢！

由于编写时间仓促，编者水平有限，纰漏在所难免，敬请批评指正。

交通运输部职业资格中心
2020年7月

目 录

第一章 绪论 ··· 1
  第一节 工程质量监理概述 ·· 1
  第二节 质量管理体系标准 ·· 5
  第三节 质量监理的依据、任务和方法 ······································ 9
  第四节 公路工程施工质量监理的阶段划分与内容 ····················· 15
  第五节 监理试验室 ·· 18
  第六节 质量缺陷与质量事故的处理 ·· 21
  第七节 品质工程建设监理要点 ·· 24
  第八节 质量评定与验收 ·· 30

第二章 数理统计基础及应用 ·· 37
  第一节 数理统计基础 ·· 37
  第二节 常用的数理统计方法与工具 ·· 46
  第三节 抽样检验基础 ·· 61

第三章 路基工程施工质量监理 ·· 68
  第一节 路基工程概述 ·· 68
  第二节 一般路基施工质量监理 ·· 74
  第三节 特殊路基施工质量监理 ·· 91
  第四节 路基排水工程、防护与支挡工程施工质量监理 ·············· 116
  第五节 路基工程常见质量问题 ·· 120

第四章 路面工程施工质量监理 ·· 123
  第一节 路面工程概述 ·· 123
  第二节 路面基层(底基层)施工质量监理 ································ 144
  第三节 沥青面层施工质量监理 ·· 161
  第四节 水泥混凝土路面质量控制 ··· 188
  第五节 路面工程常见质量问题 ·· 205

第五章　桥梁工程施工质量监理·················208
第一节　桥梁工程概述·····················208
第二节　桥梁基础工程施工质量监理···········229
第三节　桥梁下部构造施工质量监理···········241
第四节　桥梁工程上部构造施工质量监理·······245
第五节　桥面系施工质量监理················280
第六节　桥梁工程常见质量问题··············283

第六章　隧道工程施工质量监理·················291
第一节　隧道工程施工准备··················291
第二节　隧道开挖施工质量监理··············300
第三节　隧道支护施工质量监理··············316
第四节　隧道洞内防排水····················329
第五节　隧道工程常见质量问题··············337

第七章　公路交通安全设施施工质量监理·········346
第一节　公路交通安全设施概述··············346
第二节　公路交通安全设施施工质量监理·······347

第八章　机电工程质量监理·····················354
第一节　公路机电工程概述··················354
第二节　公路监控工程质量监理··············362
第三节　公路通信工程质量监理··············372
第四节　公路收费工程质量监理··············382
第五节　公路供配电、照明工程质量监理·······405
第六节　公路隧道机电工程质量监理···········416

参考文献·····································434

第一章 绪 论

第一节 工程质量监理概述

工程建设监理的首要工作就是工程质量监理,即利用工程质量管理理论和实践发展的最新成果,对工程建设实施全面的质量管理。

在公路工程建设中,质量是工程建设的关键,任何一个环节、部位出现问题,都会给工程的整体质量带来严重的后果,直接影响到公路的使用效益,甚至导致返工重建,造成巨大的经济损失。因此,工程质量是公路工程建设的生命。

一、工程质量监理的重要性

随着改革开放的不断深入和发展,我国的建筑工程质量和服务质量的总体水平不断提高。多年来,我国一直强调必须贯彻"百年大计、质量第一"的方针,这对建立和发展社会主义市场经济和扩大对外开放发挥了重要作用。质量管理工作已经越来越为人们所重视,企业领导清醒地认识到了高质量的产品和服务是市场竞争的有效手段,是争取用户、占领市场和发展企业的根本保证。但是与国民经济发展水平和国际水平相比,我国的质量水平仍有很大差距。世界著名的管理专家桑德霍姆教授说:"质量是打开世界市场的金钥匙"。美国的质量专家朱兰博士对20世纪90年代的经济发展提出了质量改进理论。日本的质量管理专家明确阐述了质量经济的思路。这些质量管理理论都极大地推动了各国经济的发展,特别是国际标准化组织(ISO)于1987年发布了通用的ISO 9000《质量管理和质量保证》系列标准,并得到国际组织的认可和采用,已逐步成为世界各国共同遵守的工作规范。有人比喻当今世界正在进行"第三次世界大战",这不是一场使用枪炮的流血战争,而是一场商业竞争大战、贸易大战。而这场战争中制胜的武器就是质量。谁赢得质量,谁就有了这场战争的主动权。因此,要从发展战略的高度来认识质量问题,质量已关系到国家的命运、民族的未来,质量管理的水平已关系到行业的兴衰、企业的命运。

作为建设工程产品的工程项目,投资和耗费的人工、材料、能源都相当大,投资者(业主)投入巨大,要求获得理想的、满足使用要求的产品,以期在一定时间内能发挥作用,为社会经济建设和物质文化生活需要做出贡献。如果工程质量差,不但不能发挥应有的效用,而且还会因质量、安全等问题影响国计民生和社会环境安全。

工程质量的优劣,直接影响国家经济或工程建设的速度,工程质量不合格就无法通过中间验收或交竣工验收,必然导致返工,从而影响施工进度或工程建设速度。低劣的质量还大幅度增加返修、加固、补强等人工、材料、机械、能源消耗,造成国家和社会资源浪费。即使勉强通过验收的工程,较低的工程质量必然缩短工程的使用寿命,使投资方遭受经济损失。此外,工程质量不高还会带来其他间接损失,给国家和社会造成的浪费、损失将难以计算。因此,质量问题直接影响着我国经济建设的速度。对监理工程师来说,把质量监理放在头等重要的位置是当务之急。

二、工程质量的概念

1. 质量

质量是反映产品或服务满足明确或隐含需要能力的特征和特性的总和。其中,"产品或服务"是质量的主体。简单来讲,所谓质量,一是必须符合规定要求,二是要满足用户期望。

2. 产品质量

产品质量是指满足人们在生产及生活中所需的使用价值及其属性。它们体现为产品的内在和外观的各种质量指标。根据质量的定义,可以从两个方面理解产品质量。第一,产品质量好坏和高低是根据产品所具备的质量特性能否满足人们需要及满足程度来衡量的。第二,产品质量具有相对性。一方面,对有关产品所规定的要求及标准、规定等因时而异,会随时间、条件而变化;另一方面,满足期望的程度由于用户需求程度不同,因人而异。

3. 工程项目质量

工程项目质量包括建设工程产品实体和服务这两类特殊产品的质量。

工程实体作为一种综合加工的产品,它的质量是指建设工程产品适合某种规定的用途,满足人们要求其所具备的质量特征的程度。

"服务"是一种无形的产品。服务质量是指企业在推销前、推销时、售后服务过程中满足用户要求的程度。其质量特性依服务业内不同行业而异,但一般均包括:服务时间、服务能力、服务态度。

结合建设施工项目的特点,即投资额较大、生产周期较长,服务质量同样是工程项目质量中的主要因素之一。建筑行业的服务质量既可以是定量的,也可以是定性的。例如同驻现场的监理和其他参建单位之间的协作配合、工程竣工后的保修(服务)等。

4. 公路工程质量

公路工程质量定义为反映公路工程满足相关标准规定或合同约定的要求,包括安全、使用功能及其在耐久性能、环境保护等方面所有明显和隐含能力的特性总和。

5. 工作质量

工作质量是指参与工程的建设者,为了保证工程的质量所从事工作的水平和完善程度。

工作质量包括:社会工作质量、生产过程工作质量等。工程质量的好坏是建设工程的形成过程在各方面、各环节工作质量的综合反映,而不是单纯靠质量检验检查出来的。要保证工程质量,就要求有关部门和人员精心工作,对决定和影响工程质量的所有因素严加控制,即通过工作质量来保证和提高工程质量。施工技术经验表明,要保证公路施工处于较高的工作质量水平,必须从人(Man)、材料(Material)、设备(Machine)、方法(Method)和环境(Enviroment)这五大要素着手,简称"4M1E"法。

三、质量管理的发展

所谓质量管理,广义地说,是为了最经济地生产出适合使用者要求的高质量产品所采用的各种方法体系。随着科学技术的发展和市场竞争的需要,质量管理已越来越为人们所重视,并逐渐发展成为一门新兴的学科。最早提出质量管理的国家是美国。日本在第二次世界大战后引进美国的一套质量管理技术和方法,结合本国实际,又将其向前推进,使质量管理走上了科学的道路,取得了世界瞩目的成绩。质量管理作为企业管理的有机组成部分,它的发展也是随着企业管理的发展而发展的,其产生、形成、发展和日益完善的过程大体经历了以下几个阶段。

1. 质量检验阶段(20 世纪 20—40 年代)

20 世纪前,主要是手工业和个体生产方式,依靠生产操作者自身的手艺和经验来保证质量。进入 20 世纪,由于生产力的发展,机械化大生产方式与手工作业的管理制度的矛盾,阻碍了生产力的发展,于是出现了管理革命。美国的泰勒研究了从工业革命以来的大工业生产的管理实践,创立了"科学管理"的新理论。他提出了计划与执行、检查与生产的职能需要分开的主张,即企业中设置专职的质量检验部门和人员从事质量检验,这使产品质量有了基本保障,对提高产品质量、防止不合格产品出厂或流入下一道工序有积极的意义。由于这个阶段的特点是质量管理单纯依靠事后检验,别出废品,因此它的管理效能有限。按现在的观点来看,它只是质量管理中的一个必不可少的环节。

1924 年,美国统计学家休哈特提出了"预防缺陷"的概念。他认为,质量管理工作除了事后检查以外,还应做到事先预防,应在有不合格产品出现的苗头时,就应发现并及时采取措施予以制止。他创造了统计质量控制图等一套预防事故的理论。与此同时,还有一些统计学家提出抽样检验的方法,把统计方法引入了质量管理领域,使得检验成本得到降低。但由于当时不为人们充分认识和理解,故预防理论未得到真正执行。

2. 统计质量管理阶段(20 世纪 40—50 年代)

第二次世界大战初期,由于战争的需要,美国许多民用生产企业转为军用品生产。由于事先无法控制产品质量,造成废品量很大,耽误了交货期,甚至因军火质量差而发生事故。同时,军需品的质量检验大多属于破坏性检验,不可能进行事后检验。于是人们采用了休哈特的"预防缺陷"的理论。美国国防部请休哈特等研究制订了一套美国战时质量管理方法,强制生产企业执行。这套方法主要是采用统计质量控制图,了解质量变动的先兆,进行预防,使不合格品率大为下降,在保证产品质量方面取得了较好的效果。这种用数理统计方法来控制生产过程影响质量的因素,把单纯的质量检验变成过程管理,使质量管理从"事后"转到了"事中",较单纯的质量检验前进了一大步。但因为对数理统计知识的掌握有一定的要求,过分地强调,给人们以统计质量管理是少数数理统计人员责任的错觉,而忽略了广大生产与管理人员的作用,结果是既没有充分发挥数理统计方法的作用,又影响了管理功能的发展,把数理统计在质量管理中的应用推向了极端。到了 20 世纪 50 年代,人们认识到统计质量方法并不能全面保证产品质量,进而导致了"全面质量管理"新阶段的出现。

3. 全面质量管理阶段(20世纪60年代以后)

20世纪60年代以后,随着社会生产力的发展和科学技术的进步,经济上的竞争也日趋激烈。特别是一大批高安全性、高可靠性、高科技和高价值的技术密集型产品和大型复杂产品的质量,在很大程度上依靠对各种影响质量因素的控制,才能达到设计标准和使用要求。人们对质量控制的认识有了升华,意识到单纯靠检验手段已不能满足要求了,大规模的工业化生产,质量保证除与设备、工艺、材料、环境等因素有关外,还与职工的思想意识、技术素质、企业的生产技术管理等相关。同时检验质量的标准与用户需要的质量标准之间也存在时差,必须及时地收集反馈信息,修改、制定满足用户需要的质量标准,使产品具有竞争性。20世纪60年代,美国的菲根堡姆首先提出了较系统的"全面质量管理"的概念。其中心思想是,数理统计方法是重要的,但不能单纯依靠它,只有将它和企业管理结合起来,才能保证产品质量。这一概念通过不断完善,便形成了今天的"全面质量管理"。

全面质量管理阶段的特点是针对不同企业的生产条件、工作环境及工作状态等多方面因素的变化,把组织管理、数理统计方法以及现代科学技术、社会心理学、行为科学等综合运用于质量管理,建立适用和完善的质量工作体系,对每一个生产环节加以管理,做到全面运行和控制,通过改善和提高工作质量来保证产品质量;通过对产品形成和使用全过程管理,全面保证产品质量;通过形成生产(服务)企业全员、全企业、全过程的质量工作系统,建立质量体系以保证产品质量始终满足用户需要,使企业用最少的投入获得最佳的效益。

四、质量管理与质量保证标准的形成

质量检验、统计质量管理和全面质量管理三个阶段的质量管理理论和实践的发展,促使世界各发达国家和企业纷纷制定新的国家标准和企业标准,以适应全面质量管理的需要。这些做法虽然促进了质量管理水平的提高,却也出现了各种各样的不同标准。各国在质量管理术语、概念、质量保证要求、管理方式等方面都存在很大差异,这种情况显然不利于国际交往与合作的进一步发展。

近三十年,国际化的市场经济迅速发展,国际间商品和资本的流动空间增长,国际间的经济合作、依赖和竞争日益增强,有些产品已超越国界形成国际范围的社会化大生产。特别是不少国家把提高进口商品的质量作为限入进出的保护手段,利用商品的非价格因素竞争设置关贸壁垒。为了解决国际间质量争端、消除和减少技术壁垒、有效地开展国际贸易、加强国际间技术合作、统一国际质量工作语言、制定共同遵守的国际规范,各国政府企业和消费者都需要一套通用的、具有灵活性的国际质量保证模式。在总结发达国家质量工作经验的基础上,20世纪70年代末,国际标准化组织着手制定国际通用的质量管理和质量保证标准。1980年5月,国际标准化组织的质量保证技术委员会在加拿大应运而生。该委员会通过总结各国质量管理的经验,于1987年3月制定和颁布了ISO 9000《质量管理和质量保证》系列标准,此后又不断对它进行补充、完善。标准一经发布,受到相当多国家和地区的欢迎,等同或等效采用该标准,指导企业开展质量工作。

质量管理和质量保证的概念和理论是在质量管理发展的三个阶段的基础上逐步形成的,是市场经济和社会化大生产发展的产物,是与现代生产规模、条件相适应的质量管理工作模式。因此 ISO 9000 系列标准的诞生,顺应了消费者的要求,为生产方提供了当代企业寻求发展的途径,有利于一个国家对企业的规范化管理,更有利于国际间贸易和生产合作。

第二节 质量管理体系标准

一、ISO 9000 系列标准简介

1987 年 3 月国际标准化组织(ISO)正式发布了 ISO 9000《质量管理和质量保证》系列标准后,世界各国和地区纷纷表示欢迎,并等同或等效采用该标准。我国于 1992 年发布了等同采用国际标准的 GB/T 19000 系列标准。这一系列标准帮助企业建立、完善质量体系,增强质量意识和质量保证能力,提高管理素质和市场经济条件下的竞争能力。

ISO 9000 系列标准是在 ISO 8402—80《质量—术语》的基础上产生的。我国等同采用 ISO 9000 系列标准制定的 GB/T 19000 系列标准由五个标准组成:

GB/T 19000—ISO 9000《质量管理和质量保证—选择和使用指南》。

GB/T 19001—ISO 9001《质量体系—设计/开发、生产、安装和服务的质量保证模式》。

GB/T 19002—ISO 9002《质量体系—生产、安装和服务的质量保证模式》。

GB/T 19003—ISO 9003《质量体系—最终检验和试验的质量保证模式》。

GB/T 19004—ISO 9004《质量管理和质量体系要素—指南》。

无论合同环境还是非合同环境,从企业生存和发展的角度出发,为了提高竞争能力和市场占有率,企业都要建立质量体系,开展内部与外部质量保证活动。

二、建立质量体系的原则性工作

GB/T 19004—1992 标准对企业建立质量体系明确了几项基本的原则性工作,主要为:确定质量环;明确和完善体系结构;质量体系文件化;定期进行质量体系审核与质量体系复审。

1. 确定质量环

质量环是从产品立项到产品使用全过程各个阶段中影响质量的相互作用的活动的概念模式,这些阶段如市场调研、设计、采购、售后服务等构成了产品形成与使用的全过程。每个阶段中包括若干的直接质量职能和间接质量职能活动。满足要求的产品质量是质量环各个阶段质量职能活动的综合效果。

《质量管理和质量体系要素—指南》(GB/T 19004—1992)给定的通用的典型质量环,把产品质量分为 11 个阶段,即:

(1)营销和市场调研。

(2)设计/规范的编制和产品开发。

(3)采购。

(4)工艺策划和开发。

(5)生产制造。

(6)检验、试验和检查。

(7)包装和储存。
(8)销售和分发。
(9)安装和运行。
(10)技术服务和维修。
(11)用后处置。

在上述相互作用的活动中,应强调营销和设计的重要性,特别是:
(1)确定顾客的需要和期望,并规定对产品或服务的要求。
(2)提出运用现行规范以最佳成本生产产品或提供服务(包括依据)。

建筑施工企业的特定产品对象是工程,无论其工程复杂程度、结构形式怎样变化,其建造和使用的过程、程序和环节基本是一致的。在参照《质量管理和质量体系要素—指南》(GB/T 19004—1992)的基础上,对照施工程序,对建筑施工企业质量环建议由如下 8 个阶段组成:
(1)工程调研和任务承接。
(2)施工准备。
(3)材料采购。
(4)施工生产。
(5)试验与检验。
(6)建筑物功能试验。
(7)竣工交验。
(8)回访与保修。

2. 明确和完善质量体系结构

根据 GB/T 19004 标准规定,企业决策层领导及有关管理人员要负责质量体系的建立、完善、实施和保持各项工作的开展,使企业质量体系达到预期目标。

质量体系的有效运行要依靠相应的组织机构网络。这个机构要严密完整,充分体现各项质量职能的有效控制。一般来讲,一个企业只有一个质量体系,其下层基层单位的质量管理和质量保证活动以及质量机构和质量职能只是企业质量体系的组成部分,是企业质量体系在该特定范围的体现。对不同产品对象的基层单位,如混凝土构件厂、试验室、搅拌站等,则应根据其生产对象和生产环境特点补充或调整体系要素,使其在该特定范围内达到更适合产品质量保证的最佳效果。

3. 质量体系文件化

质量体系文件化是很重要的工作特征。质量体系结构、采用的各项质量要素、要求和规定等各项工作必须有系统、有条理地制订为质量体系文件,同时要保证这些文件在该体系范围内使有关人员、有关部门理解一致,得到有效的贯彻与实施。

质量体系文件主要分为质量手册、质量计划、工作程序文件与质量记录等几项分类文件。

上述质量体系文件的内容在 GB/T 19004 标准中做了清楚的规定。

4. 定期质量体系审核

质量体系能够发挥作用,并不断改进和提高工作质量,主要是在建立体系后应坚持体系审核和评审(评价)活动。

为了查明质量体系的实施效果是否达到了规定的目标要求,企业管理者应制订内部审核计划,定期进行质量体系审核。

质量体系审核由企业内胜任的管理人员对体系各项活动进行客观评价,这些人员应独立于被审核的部门和活动范围。质量体系审核范围如下:

(1)组织机构。

(2)管理和工作程序。

(3)人员、装备和器材。

(4)工作区域、作业和过程。

(5)制定符合规范和标准的程度。

(6)文件、报告和记录。

质量体系审核一般以质量体系运行中各项工作文件的实施程度及产品质量水平为主要工作对象,一般为符合性评价。

5. 质量体系评审和评价

质量体系的评审和评价,是由上级领导亲自组织的,对质量体系、质量方针、质量目标等各项工作所开展的适合性评价。就是说,质量体系审核时主要精力放在是否将计划工作落实,效果如何;而质量体系评审和评价的重点为该体系的计划、结构是否合理有效,尤其是结合市场及社会环境、企业情况进行全面的分析与评价,一旦发现这方面的不足,就应对其体系结构、质量目标、质量政策提出改进意见,以使企业管理者采取必要的措施。

质量体系的评审和评价也包括各项质量体系审核范围的工作。

与质量体系审核不同的是,质量体系评审更侧重于质量体系的适合性,而且,一般评审与评价活动要由企业领导直接组织。

三、质量体系的建立和运行

1. 建立和完善质量体系的程序

按照国际标准 ISO 9000 系列和国家标准 GB/T 19000 系列建立一个新的质量体系或更新、完善现行的质量体系,一般都经历以下步骤:

1)企业领导决策

企业领导要下决心走质量效益型的发展道路,有建立质量体系的迫切需要。建立质量体系是涉及企业内部很多部门的一项全面性工作,如果没有企业主要领导亲自领导、亲自实践和统筹安排,是很难搞好这项工作的。因此,领导真心实意地要求建立质量体系,是建立、健全质量体系的首要条件。

2)编制工作计划

工作计划包括培训教育、体系分析、职能分配、配备仪器仪表设备等内容。

3)分层次教育培训

组织学习 ISO 9000 和 GB/T 19000 系列标准,结合本企业的特点,了解建立质量体系的目的和作用,详细研究与本职工作有直接联系的要素,提出控制要素的办法。

4）分析企业特点

结合施工企业的特点和具体情况,确定采用哪些要素和采用程度。要素要对控制过程实体质量起主要作用,能保证过程的适用性、符合性。

5）落实各项要素

企业在选好合适的质量体系要素后,要进行二级要素展开,制订实施二级要素所必需的质量活动计划,并把各项质量活动落实到具体部门或个人。

一般来说,企业在领导的亲自主持下,合理地分配各级要素与活动,使企业各项职能部门都明确各自在质量体系中应担负的责任、应开展的活动和各项活动的衔接办法。分配各级要素与活动的一个重要原则就是责任部门只能是一个,但允许有若干个配合部门。

在各级要素和活动分配落实后,为了便于实施、检查和考核,还要把工作程序文件化,即把企业的各级管理标准、工作标准、质量责任制、岗位责任制编制成与各级要素和活动相对应的有效运行文件。

6）编制质量体系文件

质量体系文件按其作用可分为法规性文件和见证性文件两类。质量体系法规性文件是用以规定质量管理工作的原则的,是阐述质量体系的构成,明确有关部门和人员的质量职能,规定各项活动的目的、要求、内容和程序的文件。在合同环境下,这些文件是供方向需方证实质量体系适用性的证据。质量体系的见证性文件是用以表明质量体系的运行情况和证实其有效性的文件。这些文件记载了各质量要素的实施情况和工程实体质量的状态,是质量体系运行的见证。

2. 质量体系的运行

保持质量体系的正常运行和持续实用有效,是企业质量管理的一项重要任务,是质量体系发挥实际效能、实现质量目标的主要阶段。

质量体系运行是执行质量体系文件、实现质量目标、保持质量体系持续有效和不断优化的过程。

质量体系的有效运行是依靠体系的组织机构进行组织协调、实施质量监督、开展信息反馈、进行质量体系审核和复审实现的。

1）组织协调

质量体系是人选的软件体系,它的运行是借助于质量体系组织结构的组织和协调来进行运行的。组织和协调工作是维护质量体系运行的动力。质量体系的运行涉及企业众多部门的活动。就公路施工企业而言,计划部门、施工部门、技术部门、试验部门、测量部门、检查部门等都必须在目标、分工、时间和联系方面协调一致,责任范围不能出现空当,保持体系的有序性。这些都需要通过组织和协调工作来实现。实现这种协调工作的人,应是企业的主要领导,只有主要领导主持,质量管理部门负责,通过组织协调才能保持体系的正常运行。

2）质量监督

质量体系在运行过程中,各项活动及其结果不可避免地会发生偏离标准的可能。为此,必须实施质量监督。

质量监督有企业内部监督和外部监督两种,需方或第三方对企业进行的监督是外部质量监督。需方的监督权是在合同环境下进行的,就施工企业来说,叫做甲方的质量监督,按照合同约定,从路基开始,甲方对隐蔽工程进行检查签证。第三方的监督,是对单位工程和重要分部工程进行质量核定,并在工程开工前检查企业的质量体系;施工过程中,监督企业质量体系的运行是否正常。

质量监督是符合性监督。质量监督的任务是对工程实体进行连续性的监视和验证。发现偏离管理标准和技术标准的情况时及时反馈,要求企业采取纠正措施,严重者责令停工整顿,从而促使企业的质量活动和工程实体质量均符合标准所规定的要求。

实施质量监督是保证质量体系正常运行的手段。外部质量监督应与企业本身的质量监督考核工作相结合,杜绝重大质量事故的发生,促使企业各部门认真贯彻各项规定。

3)质量信息管理

企业的组织机构是企业质量体系的骨架,而企业的质量信息系统则是质量体系的神经系统,是保证质量体系正常运行的重要系统。在质量体系的运行中,通过质量信息反馈系统对异常信息的反馈和处理,进行动态控制,从而使各项质量活动和工程实体质量保持受控状态。

质量信息管理与质量监督、组织协调工作是密切联系在一起的,异常信息一般来自质量监督,异常信息的处理要依靠组织协调工作,三者的有机结合,是质量体系有效运行的保证。

4)质量体系审核与评审

企业进行定期的质量体系审核与评审,一是对体系要素进行审核、评价,确定其有效性;二是对运行中出现的问题采取纠正措施,对体系的运行进行管理,保持体系的有效性;三是评价质量体系对环境的适应性,对体系结构中不适用的采取改进措施。开展质量体系审核和评审是保持质量体系持续有效运行的主要手段。

第三节 质量监理的依据、任务和方法

为加强公路工程质量管理,控制工期和工程费用,提高投资效益及工程管理水平,使施工监理工作法制化、标准化、规范化、程序化,根据《公路建设市场管理办法》,公路工程实行政府监督、法人管理、社会监理、企业自检的质量保证体系。监理单位应通过招标、聘请、委托等方式确定。业主宜在工程施工招标之前确定监理单位并鉴定监理服务合同。

监理单位和监理人员应认真贯彻执行有关施工监理的各项方针政策、法规,制订详细监理计划和监理细则,明确岗位职责,严格检查制度,努力做好施工监理工作。

一、质量监理的依据

监理机构应依据以下法律、法规、文件展开工作:
(1)国家和地方法律、法规。
(2)国家和行业、地方有关标准、规范、规程。
(3)监理合同。
(4)施工合同。
(5)工程前期有关文件。
(6)工程设计文件和图纸。
(7)工程实施过程中有关的函件。

二、质量监理的特点

实行公路工程施工监理是公路建设管理体制改革的重要内容,是强化质量管理、控制工程造价、提高投资效益及施工管理水平的有效方法。那么与以往的内部管理体制相比,实行质量监理有何特点呢?

(1)监理工程师对工程质量的监理权受法律保护。这与过去的内部质量管理和行政监督是根本不同的。在承包人和业主签订的承包合同中详细地、明确地约定了监理工程师在质量控制中的作用和权利。这就以合同的形式赋予了监理工程师采取各种手段进行工程质量控制的权力,使质量管理变得有法可依和依法办事,减少了过去内部管理中的"扯皮"现象。

(2)工程质量监理是监理工程师对工程施工质量实施的监督管理及咨询服务活动。工程质量监理与内部管理和质量监督部门的抽查完全不同,这样能使工程所有部分的质量得到有效、全面的控制。

(3)工程质量监理强调事先监理和主动监理。监理的重点放在施工前的准备阶段和施工阶段,即对原材料、施工机械和施工技术方案的检验和审查,以及施工过程中各环节的质量监理,以便及早发现问题,防患于未然。这与过去等工程结束后再进行检查验收的事后监督办法是完全不同的。

(4)质量监理与工程支付挂钩,质量好坏直接影响到承包人的经济效益,这是工程监理制度的最大特点。按合同约定,未经监理工程师验收并签字认可的工程项目,一律不支付费用。监理工程师有了这个权力,就能运用经济杠杆作用有效地保证工程质量。

由上述可以看出,工程质量监理不是单一的技术管理,而是集技术、经济与法律于一身的一种综合性管理。

三、质量监理的任务

施工阶段建设工程质量监理的主要任务是通过对施工投入、施工和安装过程、产出品进行全过程控制,以及对参加施工的单位和人员的资源、材料和设备、施工机械和机具、施工方案和方法、施工环境实施全面控制,以期按标准达到预定的施工质量目标。

为完成施工阶段质量监理任务,监理工程师应当做好以下工作:协助业主做好施工现场准备工作,为施工单位提交质量合格的施工现场;确认施工单位资质及人员资质;审查确认施工分包单位;做好材料和设备检查工作,确认其质量;检查施工机械和机具,保证施工质量;审查施工组织设计;检查并协助搞好各项生产环境、劳动环境、管理环境条件;进行施工工艺过程质量控制工作;检查工序质量,严格工序交接检查制度;做好各项隐蔽工程的检查工作;做好工程变更方案的比选,保证工程质量;进行质量监督,行使质量监督权;认真做好质量签证工作;行使质量否决权,协助做好付款控制;组织质量协调会;做好中间质量验收工作;做好交工验收工作;审核竣工图等。

四、质量监理的程序和方法

1. 质量监理的程序

为保证监理工程师能有效地控制质量,使质量监理工作标准化、程序化,必须制订一套质量监理程序来指导工程的施工和监理,以规范承包人的施工活动和监理工程师为监督、检查和管理而确定的工作步骤,它以框图的形式表示出来,实际上是一个指导工程质量监理工作的流程图。一经确定,承包人和监理人员都必须严格执行。

质量监理流程图的通用形式如图 1-1 所示。

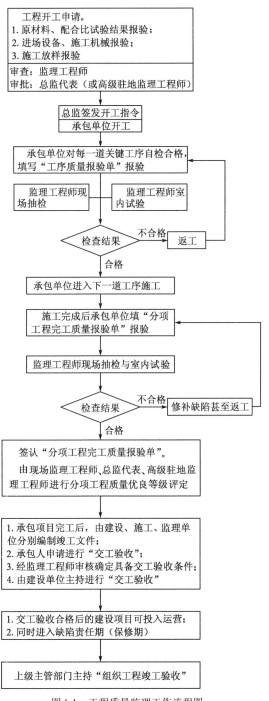

图 1-1 工程质量监理工作流程图

2. 质量监理的基本方法

公路工程质量监理是对公路工程施工中各个环节、各道工序进行严格、系统、全面地监督和管理,以保证达到质量监理的目标。一般可以采用以下监理手段来开展质量监理工作:检查核实、试验、测量、旁站、巡视、指令文件。

1)检查核实

监理工程师在施工的全过程中,需要经常对承包人所报送的各类报表和质量数据进行检查核算(内业)或进行现场核实(外业),即为检查核实。如监理工程师审批承包人提交的开工报告时,对承包人为开工准备的施工人员组织、施工机械配备、材料质量和配合比试验及施工放样等进行检查和核实。

2)试验

试验包括室内试验和现场试验两大类,它是监理工程师确认各种材料及施工部位质量的主要依据,是监理工程师坚持一切用数据说话的基础。

公路工程的施工质量判断,有许多是必须经过取样试验后才能得出结论,因此试验是监理工程师控制工程质量的一个重要手段。

3)测量

在整个施工监理过程中,监理工程师离不开测量。测量是监理工程师在质量监理过程中对施工各部位的平面位置、高程、几何尺寸等进行检查和控制的重要手段,主要包括施工放样现场复核、施工过程中的测量跟踪、工程验收检测等各项工作。

4)旁站

旁站是监理人员对旁站项目的施工过程进行的现场监督活动。实际工作中,监理工程师对施工条件比较复杂、工程质量难于保证的关键工序及工程关键部位,如钻孔灌注桩施工中的混凝土灌注工序等一般进行全过程的旁站监督;而对施工质量相对稳定且由多道施工工序组成的施工项目,可进行部分时间旁站监督,只对影响施工质量的关键工序,如水泥混凝土面层的摊铺等,进行旁站、抽检。

5)巡视

巡视是监理工程师对现场进行的定期或不定期的巡回检查活动。监理工程师应采取以巡视为主的方式进行施工现场管理,按计划定期巡视施工现场,对施工的主要工程的巡视每天不少于1次,并填写巡视记录。巡视应包括以下主要内容:

(1)施工现场管理人员特别是质量、安全管理人员是否到位,特种作业人员是否持证上岗。

(2)使用的原材料或混合料、构配件和主要施工机械设备是否与批准的一致。

(3)是否按技术标准、工程设计文件、批准的施工组织设计和方案施工。

(4)质量、安全、环保和施工标准化等措施是否落实,施工自检和工序交接是否符合规定。

6)指令文件

指令文件一方面指施工监理过程中,监理工程师以书面文件的形式提醒承包人注意施工中存在的质量隐患或质量问题;另一方面指监理工程师为保证工程质量,而向承包人发布的工程变更、补充技术标准、施工技术要求、工地会议纪要等,这些文件都直接关系到工程质量,是进行工程质量监理必不可少的手段。

五、承包人的基本义务

对于实行监理制度的公路工程建设项目,承包人应服从监理单位的监督管理,配合监理单位搞好监理工作;建立和加强自身的质量保证体系;建立各级质量管理责任制度;配备专职的质量自检人员。项目工程质量的管理原则一般是"先自检,后转序",即承包人在完成分项或分部工程后应先进行自检,发现不符合设计要求的,应自行组织纠正;在自检合格以后,再填写自检单报请监理工程师现场验收签证,经监理工程师签证认可之后才进行下一道工序施工。凡监理工程师检查后认为不合格的工程,应按监理指令要求返工纠正,直至监理工程师认为合格为止。

由此表明,承包人应主动对工程质量承担责任,也就是说,承包人在质量控制方面起主导作用,并与施工监理相配合来共同把好质量关。为了与施工监理相配合共同控制工程质量,承包人应注意做好如下工作:

(1)承包人必须按照施工图纸施工,并要及时发现和反映与实际情况不符合的设计问题,如需要变更设计,应按规定程序报经施工监理或建设单位同意。

(2)在分部或分项工程开工前,应将相应的分部或分项工程的开工报告提供给监理工程师审批,经监理工程师签字同意后方能使用。

(3)各项隐蔽工程必须经施工监理到现场检查认可并签字后方能覆盖。

(4)做好质量自检工作,对自检不合格的工程,应主动进行返工和修补,直至合格。

(5)认真做好施工原始记录,尤其是材料试验记录及隐蔽工程记录,以备施工监理检查。

当承包人不能履行质量管理方面的义务,并在工程中对质量有不规范行为时,监理人员应毫不留情地令其改正、停工或返工,以达到惩前毖后的目的。

六、FIDIC 条款中的质量控制体系简介

1. 转让与分包

FIDIC(菲迪克,国际咨询工程师联合会)合同条件通用条件第 3 条规定,只有业主明确同意,才能将工程或合同权益转让给第三方,资金和保险方面的合理需要除外。事实上业主极少同意转让合同,因为这样做显然违背招标选择承包人的目的。如果发生了合同转让,工程质量控制就应在考虑新承包人的基础上重新安排。

合同条件第 4 条规定了分包事项的几条原则。分包是引起质量问题的重要原因,因为分包人的素质、分包合同、分包人的管理都可能潜伏着不利因素。关于分包的条款要点如下:

(1)承包人不能将整个工程分包出去。

(2)除合同另有约定外,无监理工程师的同意不能将任何工程部分分包出去。

(3)分包人对承包人负责,承包人不能因分包而解除或减少合同约定的任何义务或责任。

(4)劳务供应协议和材料采购合同不属于分包。

一般来说,分包的工程应是专业技术性较强的工作,分包人在该专业更有专长和经验,这样的分包有利于工程质量的提高。

2. 合同文件

FIDIC 合同条件第 6 条规定了图纸和文件的提供与保管的办法和程序。

FIDIC 合同条件第 7 条规定监理工程师有权为完成工程和修补缺陷发出补充图纸和指示,承包人必须执行。

当合同约定由承包人设计部分永久工程时,承包人应将全部设计资料和使用维修资料提交给监理工程师批准。但即使监理工程师批准,也不能解除承包人对该部分设计的任何责任。

3. 材料、工程设备和工艺

FIDIC 合同条件在这一部分里对工程质量控制做了重要的规定。

第 36.1 款规定,一切材料、工程设备和工艺均应达到合同所约定的品级,并符合监理工程师的指示要求。监理工程师随时可以在有关任何地点进行检验。承包人不仅要负责提交样品,还应为检验工作提供全面的协助和工作条件。这一条的许多具体内容要在其他合同文件中,尤其在规范中做详细的说明。

第 37.1 款规定了监理工程师及所属人员随时进入施工现场的权力。

第 37.2 款规定,监理工程师对材料和设备在制造或装配过程中进行检查和检验的权力。如制造场不属于承包人,则承包人应为监理工程师所许可。该条款对构件定购后的检验这一典型情况提供了处理办法。

第 37.3 款表明应对检验的次数和日期做出安排,以及监理工程师没有参加预定检验时的处理办法。

第 37.4 款列出了监理工程师对材料、工程设备和工程拒收的规则。本款连同第 36.1 款确立了监理工程师在质量控制中的核心地位和广泛权力,这些权力是监理工程师搞好质量控制的必要条件。

第 37.5 款用来将检验工程的权力委托下放给检查员或监理员。

第 38 条规定,没有监理工程师的批准,工程的任何部分不得覆盖。承包人应通知监理工程师或保证监理工程师有机会检查将要覆盖的工程。

不论以前是否作过检查,监理工程师仍有权随时令承包人将隐蔽工程剥露或开孔进行检查。

第 39 条规定了监理工程师指示拆除和更换不合格的材料或工程的权力。这一条保证了监理工程师的权威。

4. 工程的竣工

FIDIC 合同条件第 48.1 款说明颁发移交证书的条件和程序。颁发移交证书的条件是全部工程基本完工、通过了竣工检验、承包人申请移交(发出通知并附上一份在缺陷责任期内及时完成未完工作的书面保证)。如果监理工程师认为尚有剩余工程和缺陷影响工程竣工,则承包人应完成剩余工程并修补好所指出的任何缺陷,在之后的 21 天内,使监理工程师满意后,承包人有权取得移交证书。

由于 FIDIC 合同条件中的条款涉及的方法要求每道工序或工程部分均应验收,整个工程的竣工验收工作在施工的环节中就已完成,因此竣工检验的内容并不多。

5. 缺陷责任

FIDIC 合同条件第 49 条规定了承包人完成未完工作和修补缺陷的责任。

FIDIC 合同条件第 50 条规定,如果监理工程师要求,承包人有义务调查任何缺陷和质量问题的原因。

6. 工程变更

工程变更对工程质量的影响主要体现在两个方面,一是监理工程师直接就工程的质量水平或要求做出变更,二是其他变更工程或工作往往缺少质量要求和标准,因为条款是针对工程量清单中的已有项目。在这种情况下,监理工程师应制订详细的质量要求。

7. 承包人的违约

FIDIC 合同条件第 63.1 款列出了承包人违约的几种情况,其中"无视监理工程师事先的书面警告,仍一贯固执地或公然地忽视履行合同约定的义务",包括严重地偏离进度计划或规定。可见,质量控制最严厉手段就是证明承包人违约,承包人将赔偿损失或被终止雇用。

七、监理工程师在质量控制方面的主要职责

监理工程师的职责权限应严格按业主和监理单位签订的监理服务合同所授予的职权范围以及按业主和承包人签订的合同文件明确约定的各项内容执行。

监理工程师在工程质量监理方面的主要职责有:

(1)向承包人书面提供图纸中的原始基准点、基准线和基准高程等资料,进行现场交验并验收承包人施工放样。

(2)在开工前和施工过程中,检查用于工程的材料、设备,对于不符合合同要求的,有权拒绝使用。

(3)发各项工程的开工申请,必要时通知施工单位暂时停止整个工程或任何部分工程的施工。

(4)对承包人的检验、测试工作进行全面监理;有权利用施工单位或自备的测试仪器设备对工程质量进行检验,根据数据对工程质量进行监理。

(5)监理人员对《公路工程施工监理规范》(JTG G10—2016)附录 A 所列旁站项目的施工过程进行旁站;对主要工程的关键项目进行检测见证;对不符合质量要求的工程,有权要求承包人返工或采取其他补救措施,以达到合同约定的技术要求。

第四节　公路工程施工质量监理的阶段划分与内容

公路工程施工监理阶段划分为施工准备、施工、交工验收与缺陷责任期三个阶段。监理合同签订之日至合同工程开工令确定的开工之日为施工准备阶段;合同工程开工之日至合同工程交工验收申请受理之日为施工阶段;合同工程交工验收申请受理之日至缺陷责任中止证书签发之日为验收与缺陷责任期阶段。公路机电工程监理应增加试运行期阶段。

一、施工准备阶段监理的内容

1. 准备工作

(1) 编制监理计划。

总监理工程师主持编制监理计划,经监理单位审核后报建设单位批准。当工程监理实施情况发生重大变化时,监理计划应及时修订。

监理计划主要内容应包括:工程概况;监理工作的依据、范围、内容和目标;监理机构的组织形式,监理人员岗位职责,监理人员和设备及进退场计划;监理工作制度,监理程序及工作用表;监理工作方案,巡视、旁站、抽检和验收等具体计划要求;合同事项管理和信息管理工作方案;监理设施等。

(2) 编制监理细则。

对技术复杂、专业性较强的分部分项工程,编制专项监理细则,并报总监理工程师审批。监理工程中,监理细则应根据工程实际变化情况进行补充、修改。

监理细则主要内容应包括:工程内容和特点;监理工作流程;监理工作要点;监理工作方法和措施;巡视、旁站和抽检等计划。

(3) 监理机构应组织监理人员熟悉有关技术标准、合同文件、监理计划和工程设计文件。当发现施工图设计文件有差错时,应及时书面通知建设单位。

(4) 监理工程师应现场了解、核查施工环境和条件。

(5) 监理机构应按规定填写工程质量责任登记表,如实登记监理人员。

(6) 监理机构应按合同约定配备必要的试验检测仪器设备、监理工地试验室。

2. 监理工作内容

(1) 审批施工组织设计。

总监理工程师应在合同约定的期限内,及时审批施工单位报审的施工组织设计及总体进度计划。重点审查:施工组织设计的编审程序;质量、安全环保、进度和费用等目标;技术、质量、安全和环保等保证体系;安全技术措施、专项施工方案和施工现场临时用电方案;桥梁和隧道施工安全风险评估的工程项目清单;施工人员、资金、主要材料和设备等资源供应计划;施工总平面布置、交通导改方案、事故应急救援预案。

(2) 审核施工单位提交的单位、分部、分项工程划分并报建设单位。

(3) 检查保证体系。监理机构应对施工单位的工程质量责任登记表进行初审,对施工单位的技术、质量、安全和环保等保证体系建立情况进行检查。

(4) 监理机构应核查施工单位工地试验室的人员、仪器设备和试验检测能力是否满足合同要求及施工管理需要,管理制度是否健全。

(5) 监理工程师应参加设计交底,掌握本工程设计意图、设计标准和要点,了解对施工质量、安全和环保控制的要求,澄清有关问题。

(6) 监理工程师应参加工程交桩,对施工单位提交的原始基准点的复测结果进行核查和平行复测,监督施工单位在原始地面线未被扰动前测定地面线并对其测定结果进行必要的抽测,对工程量清单复核结果及土石方工程量计算资料进行核查。

(7)总监理工程师在施工单位完成施工准备、提交开工预付款后,按施工合同约定的金额签署开工预付款支付证书,报建设单位审批。

(8)总监理工程师应在合同段开工前,主持召开由施工单位项目经理和技术、质量、安全负责人及工地试验室负责人,其他主要管理人员及主要监理人员等参加的监理交底会,介绍监理计划的相关内容。

(9)总监理工程师应主持召开第一次工地会议。会议内容和组织应符合《公路工程施工监理规范》(JTG G10—2016)有关规定。

(10)总监办收到施工单位提交的合同段工程开工申请后,应对合同段的开工条件进行核查。具备开工条件的,由总监理工程师签发开工令,并报建设单位。

二、施工阶段质量监理的内容

这个阶段是工程主体的实施阶段。承包人按规范规定的施工方法和监理工程师批准的施工方案及进度计划实施工程,以达到设计文件的要求。在这一阶段中,监理工程师质量监理的主要工作具体有以下几项:

(1)审批施工测量放线:

监理工程师应审查施工单位提交的施工测量放线数据和成果,对从基准点引出的工程控制桩的重点桩位应复测不少于30%,经复测不符合规定时应要求其重新测设。

(2)监理机构应审查施工单位报审的原材料和混合料试验资料。对主要原材料独立取样进行平行试验,对主要混合料的配合比和路基填料的击实试验结果进行验证,审验合格、经批复后方可在工程上使用。

(3)监理机构应在施工单位自检合格的基础上,按下列规定进行抽检,并填写抽检记录。对于钢筋、水泥、沥青、石灰和碎石等主要原材料及水泥混凝土、沥青混凝土和无机结合料稳定材料等混合料,抽检频率按批次应不低于规定施工检验频率的10%;对于分项工程中的关键项目和结构主要尺寸,抽检频率应不低于规定施工检验频率的20%;当监理工程师对工程材料或工程实体质量有疑问时,应进行抽检。

(4)对施工单位外部采购和委托制作的主要工程构配件或设备,监理工程师应核查产品合格证明文件和施工单位自检报告,进场后对关键项目进行抽检,验收合格后方可使用。对在施工现场不具备检测条件的,监理工程师应按合同约定到厂监督检验。

(5)监理工程师应对施工单位报验的隐蔽工程进行检查验收,留存影像资料,未经验收或验收不合格的不得进行下一道工序施工。

(6)监理工程师收到分项工程交工或中间交工验收申请后,应对施工单位的检验评定资料进行检查,组织施工单位在监理抽检、检测见证和隐蔽工程验收基础上进行质量评定,对评定合格的签发"分项工程(中间)交工证书",同一个分项工程中间验收不宜超过两次。

(7)监理工程师应按有关规定及时对已完分部工程进行质量检验评定,总监办应及时组织对已完单位工程和合同段进行质量评定。

(8)监理机构在监理过程中发现施工不符合法律法规、技术标准及施工合同约定的,应要求施工单位改正,并符合下列规定:质量不合格的材料、构配件不得在工程上使用;对工程质量缺陷,监理机构应签发监理指令单,要求施工单位改正;对质量不合格的工程,监理机构应签发监理指令单,要求施工单位返工处理;对可能危及结构安全或存在重大隐患的质量问题,应签发停工令并向建设单位报告;当发生质量事故时,监理机构应依法按有关规定报告和处理;监理机构应建立质量问题处理台账。

三、验收与缺陷责任期监理的内容

（1）监理机构应按规定审查施工单位提交的合同段交工验收申请、审核施工单位编制的竣工图,应根据监理工作情况及工程质量评定结果,对是否同意交工验收进行审查并签署意见。

（2）监理机构应按工程验收办法等约定,完成合同段工程质量评定、归集整理工程监理资料、编写监理工作报告,并提交建设单位。

（3）监理机构应参加交工验收工作,协助建设单位检查施工合同执行情况,并接受监理合同执行情况的检查。

（4）合同段交工验收证书签发后,监理机构应审核施工单位提交的合同段交工结账单,并在规定期限内签认合同段交工结账证书,报建设单位审批。

（5）在缺陷责任期,监理机构应检查施工单位遗留问题整改情况;应检查工程质量,对工程缺陷要求施工单位修复,并检查缺陷产生的原因,确认责任和修复费用。

（6）在合同段缺陷责任期结束,收到施工单位向建设单位提交的终止缺陷责任申请后,监理机构应进行检查。对符合合同约定的,总监办应在规定期限内签发合同段缺陷责任终止证书,并向建设单位提交缺陷责任期监理工作总结。

监理工程师应在缺陷责任期结束后合同约定的时间内,向建设单位提交"缺陷责任期监理工作总结"。

（7）监理机构应参加工程竣工验收工作,提交监理工作报告和工程监理资料,配合竣工验收检查。

第五节　监理试验室

监理工程师在合同签订后、工程正式开工前这段时间内,为了保证对施工全过程实行质量监控,必须建立一套科学的、行之有效的质量检测系统,配备必要的试验、测量设备,即成立监理试验室,或由建设单位将监理试验全部或部分委托有资质的第三方承担,具体承担形式由建设单位和监理单位在合同中约定。

一、监理试验室的任务与要求

1. 监理试验室的任务

监理试验室按不同监理层次分工负责、讲求实效、节约资源的原则,总监办中心试验室以试验为主、驻地试验室以现场抽查检测和试件制备为主配备试验检测设备。具体配备应按监理合同要求,原则上总监办中心试验室应按交通运输部发布的《公路水运工程监理企业资质管理规定》附件二"公路水运工程监理企业基本试验检测能力或仪器设备配备标准"中对公路工程甲级监理企业的要求配备试验检测设备;驻地试验室应按公路工程丙级监理企业的要求配备试验检测设备。

监理试验室的任务是通过对承包人工地试验室试验检测工作进行全面监督、检查和管理,并对工程原材料、商品构件(成品或半成品)、设备和工程实体等独立进行平行、见证试验及抽检(或通过第三方检测),为监理工作提供数据支持,以便监理工程师准确把握原材料质量、施工控制参数、现场施工过程质量和工程实体质量等关键环节,实现对工程质量的有效控制,确保各项工程质量符合设计文件、施工规范及质量验收标准的要求。

试验是监理工作的最重要手段。监理试验可只包括土工、水泥及水泥混凝土、钢筋原材及焊接、沥青及沥青混凝土、路面基层材料等常规试验项目。对于钢绞线、锚具、防水、伸缩缝、支座等一些特殊材料,可由建设单位单独委托有资质的第三方试验。

2. 监理试验室的基本要求

监理试验室分总监办中心试验室和驻地办试验室。监理试验室按以下要求进行试验工作:

(1)监理试验室应由等级试验检测机构授权在工地现场设立试验室,必须向质监机构备案,未通过备案的试验检测室出具的检测数据报告无效。

(2)监理试验室应当是对整个工程项目进行数据控制和检验测定的中心。中心试验室的规模、试验设备的种类及数量应能满足实施工程中各项试验的要求,应有各项专业试验工程师及经过专门培训的试验人员,健全各种规章制度,实行明确的责任分工。

(3)监理试验室除应承担独立进行的试验项目外,还应对承包人的工地试验室和流动试验室的设备功能、人员资质、操作方法、资料管理等项工作进行有效地监督、检查和管理。

(4)监理试验室及承包人工地试验室(流动试验室)的各种试验工作,均应统一按合同列明的或正式颁布的国家标准及部级行业标准进行;对经监理工程师审查并经业主批准,承包人采用新材料、新技术或新工艺的特殊项目,当合同未曾列明或无现成标准可循时,试验监理工程师应要求承包人提供相关的科技资料及鉴定报告,拟定出符合工程实际的暂行标准或规程,经审查批准后执行。

(5)监理工程师应定期或不定期地对承包人的试验仪器进行检验,并监督承包人定期交由政府监督部门对仪器进行标定。

(6)当监理试验室试验结果与承包人的试验结果出现允许误差以外的差异时,一般应以监理试验室的试验结果为准。如果承包人拒绝接纳监理试验室的结果,试验监理工程师可与承包人委托有资格的政府监督部门的试验室进行校核试验,并应依此作为批准或认定的依据,其试验费用按合同条款约定处理。

(7)各种试验均应采用统一的表格进行记录、报告和统一的方法进行整理、保存。

二、监理试验室的基本试验工作

监理试验室的基本试验工作包括验证试验、标准试验、工艺试验、抽样试验与验收试验。

1. 验证试验

验证试验是对材料或商品构件进行预先鉴定,以决定是否可以用于工程。验证试验应按以下要求进行：

(1)在材料或商品构件订货之前，应要求承包人提供生产厂家的产品合格证书及试验报告。必要时监理人员还应对生产厂家生产设备、工艺及产品的合格率进行现场调查了解，或由承包人提供样品进行试验，以决定同意采购与否。

(2)材料或商品构件运入现场后，应按规定的批量和频率进行抽样试验，不合格的材料或商品构件不准用于工程，并应由承包人运出场外。

(3)在施工进行中，应随机对用于工程的材料或商品构件进行符合性的抽样试验检查。

(4)随时监督检查各种材料的储存、堆放、保管及防护措施。

2. 标准试验

标准试验也是现场质量控制的重要手段。标准试验是对各项工程的内在品质进行施工前的数据采集，它是控制和指导施工的科学依据，包括各种标准击实试验、集料的级配试验、混合料的配合比试验、结构的强度试验等，应按以下要求进行：

(1)在各项工程开工前，在合同约定或合理的时间内，应由承包人先完成标准试验，并将试验报告及试验材料提交监理试验室审查批准。试验监理工程师应派出试验监理人员参加承包人试验的全过程，并进行有效的现场监督检查。

(2)监理试验室应在承包人进行标准试验的同时或以后，平行进行复核(对比)试验，以肯定、否定或调整承包人标准试验的参数或指标。

3. 工艺试验

工艺试验也是监理试验室的一项工作内容。工艺试验是依据技术规范的规定，在动工之前对路基、路面及其他需要通过预先试验方能正式施工的分项工程预先进行工艺试验，然后依其试验结果全面指导施工。工艺试验应按下列要求进行：

(1)监理工程师应要求承包人提出工艺试验的施工方案和实施细则并予以审查批准。

(2)工艺试验的机械组合、人员配额、材料、施工程序、预埋观测以及操作方法等应有两组以上方案，以便通过试验做出选定。

(3)监理工程师应对承包人的工艺试验进行全过程的旁站监理，并应做出详细记录。

(4)试验结束后由承包人提出试验报告，并经监理工程师审查批准。

4. 抽样试验

抽样试验是监理试验室实现质量监控的一个关键环节。抽样试验是对各项工程实施中的实际内在品质进行符合性的检查，内容包括各种材料的物理性能、土方及其他填筑施工的密实度、混凝土及沥青混凝土强度等的测定和试验。抽样试验应按以下要求进行：

(1)监理工程师应随时派出试验监理人员，对承包人的各种抽样频率、取样方法及试验过程进行检查。

(2)在承包人的工地试验室(流动试验室)，按技术规范的规定进行全频率抽样试验的基础上，监理试验室应按 $10\% \sim 20\%$ 的频率独立进行抽样试验，以鉴定承包人的抽样试验结果是否真实可靠。

(3)当施工现场的旁站监理人员对施工质量或材料产生疑问并提出要求时，监理试验室应随时进行抽样试验，必要时还应要求承包人增加抽样频率。

5. 验收试验

验收试验是对各项已完工程的实际内在品质做出评定,应按以下要求进行:

(1)监理工程师应派出试验监理人员,对承包人进行的钻芯抽样试验的频率、抽样方法和试验过程进行有效监督。

(2)监理工程师应对承包人按技术规范要求进行的加载试验或其他检测试验项目的试验方案、设备及方法进行审查批准;对试验的实施进行现场检查监督;对试验结果进行评定。

6. 见证取样

见证取样是对项目现场工地试验室不能试验检测的工程材料,在监理人员的见证下,由施工单位现场试验人员进行取样,送样至有检测资质的单位进行检测的监督行为。

三、监理试验室的职责

监理的职责是对工程的实施进行全过程、全方位的监督管理。监理试验室的职能介于施工企业和政府监督之间,既有监督的一面,也有被监督的一面。其职责主要是进行复核或平行试验。

(1)评估初验。合同段试验室在起用前要经过监理试验室的评估验收,包括试验室用房、设备到位及安装情况、衡器及测力设备检定校验情况、人员及其资质情况、规章制度及管理情况等,以决定是否同意报审。

(2)验证试验。对各种原材料或商品构件,按施工企业提供的样品、产品合格证和试验报告等进行订货前预检,以决定是否同意采购。

(3)标准试验。对各种混合材料的配合比例、标准击实及所用原材料进行平行复核试验,以决定是否同意批复使用。

(4)工艺试验。参与施工企业的有关工艺性的试验,包括各类试验路、混合材料预拌等过程中的试验工作,以决定是否同意正式开工。

(5)抽检试验。在工程实施过程中,按规定的抽检频率,对工程所用原材料、成品或半成品材料的性能及压实度、强度等做全程跟踪抽检试验。

(6)验收试验。对已完工的工程项目进行试验检测,以准确地评价工程(多指中间交验的分部及分项工程)内在品质,以决定是否接收。

(7)监管作用。对施工企业试验室的工作实施全面监督管理,包括质量保障体系管理、试样管理、试验工作管理、试验设备管理、文献资料管理等。

以上工作任务有些要由监理中心试验室来完成,有些由现场监理人员在合同段试验室人员的协助下来完成,也可由现场监理人员利用合同段试验室的设备独立来完成。

第六节 质量缺陷与质量事故的处理

质量缺陷是指工程中出现的质量问题,它不仅包括工程施工中存在的一般性质量缺陷,而且包括需要部分或全部返工的重大质量事故。

根据交通运输部《公路水运工程质量监督管理规定》(交办安发〔2016〕146号)中建立的

"公路水运建设工程质量事故等级划分和报告制度"和"质量事故的调查处理实行统一领导、分级负责的原则",即:一般及以上工程质量事故均应报告。事故报告责任单位应在应急预案或有关制度中明确事故报告责任人。事故报告应及时、准确,任何单位和个人不得迟报、漏报、谎报或瞒报。

事故发生后,现场有关人员应立即向事故报告责任单位负责人报告。事故报告责任单位应在接报2小时内,核实、汇总并向负责项目监管的交通运输主管部门及其工程质量监督机构报告。接收事故报告的单位和人员及其联系电话应在应急预案或有关制度中予以明确。

重大及以上质量事故,省级交通运输主管部门应在接报2小时内进一步核实,并按工程质量事故快报统一报交通运输部应急办转部工程质量监督管理部门;出现新的经济损失、工程损毁扩大等情况的应及时续报。省级交通运输主管部门应在事故情况稳定后的10日内汇总、核查事故数据,形成质量事故情况报告,报交通运输部工程质量监督管理部门。对特别重大质量事故,交通运输部将按《交通运输部突发事件应急工作暂行规范》,由交通运输部应急办会同部工程质量监督管理部门及时向国务院应急办报告。工程质量事故发生后,事故发生单位和相关单位应按照应急预案规定及时响应,采取有效措施防止事故扩大。同时,应妥善保护事故现场及相关证据,任何单位和个人不得破坏事故现场。因抢救人员、防止事故扩大及疏导交通等原因需要移动事故现场物件的,应做出标志,保留影像资料。监理工程师应区别不同级别的质量事故而主持或配合调查处理工作。

在任何工程施工中,由于种种主观客观的原因,出现一种质量缺陷甚至质量事故是在所难免的。那么在质量问题发生后,监理工程师应采取什么程序进行处理呢?

一、质量缺陷的处理原则

对质量缺陷的处理必须坚持以下原则:
(1)监理工程师具有质量否决权。
(2)质量缺陷处理须事先进行调查,分清责任,以明确处理费用的归属。
(3)施工中,前道工序有缺陷,在未经监理工程师认可之前不准进行下一道工序。如土方施工中局部压实度不足,必须进行补充压实,并达到设计标准的要求,否则不准进行上层土方的施工。
(4)承包人必须执行监理工程师对质量缺陷的处理意见。
(5)承包人对质量缺陷的处理方案和措施,必须经过监理工程师批准方可实施。
(6)承包人对质量缺陷的处理完成后,必须接受监理工程师的检查、验收。

二、质量缺陷的现场处理

在各项工程的施工过程中或完工以后,现场监理人员如发现工程项目存在着技术规范所不允许的质量缺陷,应根据质量缺陷的性质和严重程度,按如下方式处理:
(1)当因施工而引起的质量缺陷处在萌芽状态时,应及时制止,并要求承包人立即更换不合格的材料、设备或不称职的施工人员,或要求立即改变不正确的施工方法及操作工艺。
(2)当因施工而引起的质量缺陷已出现时,应立即向承包人发出暂停施工的指令(先口头后书面),待承包人采取了能足以保证施工质量的有效措施,并对质量缺陷进行了正确的补救处理后,再书面通知恢复施工。

(3)当质量缺陷发生在某道工序或单项工程完工以后,而且质量缺陷的存在将对下道工序或分项工程产生质量影响时,监理工程师应在对质量缺陷产生的原因及责任做出判定并确定补救方案后,再进行质量缺陷的处理或下道工序或分项的施工。

(4)在交工使用后的缺陷责任期内发现施工质量缺陷时,监理工程师应及时指令承包人进行修补、加固或返工处理。

(5)对于一些复杂的工程缺陷,在做出决定前,可采取下述的方法做进一步的研究:

①试验验证:监理工程师根据试验数据进行详细的分析,然后再做出决策。

②定期观测:对于某些存在缺陷的工程,由于损坏的程度尚未稳定,在短时间内可能对工程的影响并不十分明显,需要进行较长时间的观测。在这种情况下,监理工程师应当与业主和承包人协商,如果他们同意,则可以修改合同,采取延长缺陷责任期的办法进行处理。

③专家论证:对于一些工程缺陷,可能涉及的技术领域较广,甚至有时往往根据合同规定也难以决策。在这种情况下,可邀请有关专家进行论证,监理工程师根据专家的分析结论和合同条件,做出最后的决定。

三、质量缺陷的修补与加固

(1)对因施工原因而产生的质量缺陷的修补和加固,应先由承包人提出修补方案及方法,经监理工程师批准后方可进行;对因设计原因而产生的质量缺陷,应通过业主提出处理方案及方法,由承包人进行修补。

(2)修补措施及方法应不降低质量控制指标和验收标准,并应是技术规范允许的或是行业公认的良好工程技术。

(3)如果已完工程的缺陷并不构成对工程安全的危害,并且满足设计和使用要求时,征得业主同意后,可不进行加固或变更处理。如工程的缺陷属于承包人的责任,应通过与业主及承包人的协商,降低对此项工程的支付费用。

四、质量事故的处理

指建设工程项目在缺陷责任期结束前,由于施工或勘察设计等原因使工程不满足技术标准及设计要求,并造成结构损毁或一定直接经济损失的事故,应视为质量事故。可按如下程序处理:

(1)监理工程师应立即指令承包人暂停该项工程的施工,并采取有效的安全措施。

(2)监理工程师应要求承包人尽快提出质量事故报告并报告业主。质量事故报告应详实反映该项工程名称、部位、事故原因、应急措施、处理方案以及损失的费用等。

(3)监理工程师应组织有关人员在对质量事故现场进行审查、分析、诊断、测试或验算的基础上,对承包人提出的处理方案予以审查、修正、批准,并指令恢复该项工程施工。

(4)监理工程师应对承包人提出的有争议的质量事故责任予以判定。判定时应全面审查有关施工记录、设计资料及水文地质现状,必要时还要实际检验测试。在分清技术责任时,应明确事故处理的费用数额、承担比例及支付方式。

应当注意的是,质量缺陷的补救或质量事故的处理,不应以降低质量标准或使用要求为前提,而且还要考虑对造型及美观的影响。在别无选择且不影响使用要求的情况下而降低标准时,应特别注意征求业主的同意,并应在竣工报告及竣工资料中特别提出。

第七节　品质工程建设监理要点

一、创建"品质工程"的背景

为贯彻落实国务院《质量发展纲要(2011—2020)》,推进公路水运品质工程建设,提升公路水运工程质量,为人民群众安全便捷出行和社会物资高效畅通运输提供更加可靠的保障,2015年10月交通运输部提出打造公路水运品质工程的理念。

根据《交通运输部关于打造公路水运品质工程的指导意见》(交安监发〔2016〕216号,以下简称《指导意见》),打造品质工程是公路水运建设贯彻落实"五大发展理念"和建设"四个交通"的重要载体,是深化交通运输基础设施供给侧结构性改革的重要举措,是今后一个时期推动公路水运工程质量和安全水平全面提升的有效途径,是推进实施现代工程管理和技术创新升级的不竭动力,对进一步推动我国交通运输基础设施建设向强国迈进具有重要意义。

品质工程是践行现代工程管理发展的新要求,追求工程内在质量和外在品位的有机统一,以优质耐久、安全舒适、经济环保、社会认可为建设目标的公路水运工程建设成果。《指导意见》给出了品质工程的六项具体内涵。内涵一是四个理念,在建设理念上,体现以人为本、本质安全、全寿命周期管理、价值工程等理念;内涵二是五化管理,在管理举措上,体现精益建造导向,突出责任落实和诚信塑造,深化人本化、专业化、标准化、信息化和精细化;内涵三是五个提升,在工程技术上,展现科技创新与突破,先进技术理论和方法得以推广运用,包括先进适用的新技术、新工艺、新材料、新装备和新标准的探索与完善;内涵四是四个质量,在质量管理上,以保障工程耐久性为基础,体现建设与运营围护相协调、工程与自然人文相和谐,工程实体质量、功能质量、外观质量和服务质量均衡发展;内涵五是三个安全,在安全管理上,以追求工程本质安全和风险可控为目标,促进工程结构安全、施工安全和使用安全协调发展;内涵六是三个成效,在环保生态上,工程建设坚持可持续发展,体现在生态环保、资源节约和节能减排等方面取得明显成效。归纳起来就是在建设理念、管理举措、技术进步方面有新作为,在工程质量、安全、可持续发展方面取得新成效。

《指导意见》提出,到2020年,公路水运品质工程理念深入人心,品质工程评价体系基本建立,建设一批品质工程示范项目,形成一批可复制可推广的经验,实现一批建设技术与管理制度的创新,推进相关标准规范更新升级,逐步形成品质工程标准体系和管理模式,带动全国公路水运工程质量水平明显提升。

二、创建"品质工程"的主要措施

根据《指导意见》,交通运输部办公厅下发了《关于开展公路水运品质工程示范创建工作的通知》(交办安监〔2016〕193号)和《关于印发公路水运品质工程评价标准(试行)的通知》(交办安监〔2017〕199号)。交通运输部组织编制的《公路水运品质工程评价标准(试行)》(以下简称《评价标准》),为公路水运品质工程创建及评价制订了标准。2018年2月,交通运输部办公厅下发了《关于印发〈品质工程公关行动试点方案(2018—2020)〉的通知》(交办安监〔2018〕18号),提出开展为期3年的品质工程攻关行动,提炼、推广先进工程技术管理经验,完善有关工程质量安全技术标准,全面提升工程质量安全管理水平。

根据上述文件,从工程设计水平、工程管理水平、科技创新能力、工程质量水平、安全保障水平、绿色环保水平和软实力7个方面以及26条具体措施,打造公路水运品质工程。

1. 提升工程设计水平

1)强化系统设计

以工程质量安全耐久为核心,强化工程全寿命周期设计,明确耐久性指标控制要求。坚持需求和目标引导设计,系统考虑工程建设施工和运营维护,加强可施工性、可维护性、可扩展性、环境保护、灾害防御、经济性等系统设计,实现工程建设可持续发展。加强设计效果跟踪评估,及时调整优化设计,提高设计服务水平。

2)注重统筹设计

以推进模块化建设为方向,深入推广标准化设计,鼓励构件设计标准化和通用化。切实加强精细化设计,注重工程薄弱环节设计的协调统一,统筹考虑施工的可操作性和维护的便捷性。努力推行宽容设计,充分考虑工程使用状态的不利情形,对可能的风险做好防范设计。加强生态选线选址,推行生态环保设计和生态防护技术。

3)倡导设计创作

以用户体验安全、舒适、便捷为目标,强化工程及配套服务设施的人性化设计,体现地域和人文特点及传统特色文化,追求自然朴实,融入工程美学和景观设计,体现工程与自然人文的和谐、融合与共享;坚持因地制宜,突出功能实效,避免刻意追求"新、奇、特"或盲目追求"之最"和"第一"。

2. 提升工程管理水平

1)推进建设管理专业化

深化工程建设管理模式改革,强化建设单位专业化管理能力建设。健全专业化分包管理制度,加强分包管理,着力提高专业化施工能力。鼓励应用"质量、健康、安全、环境"四位一体管理体系(QHSE管理体系),推进管理标准化。

2)推进工程施工标准化

立足于推进工程现代化组织管理模式,积极推广工厂化生产、装配化施工,着力推进施工工艺标准化,施工管理模式体系化,施工场站建设规范化,逐步推进工程建设向产业化方向发展。

3)推进工程管理精细化

倡导工程全寿命周期集成化管理,强化主体结构与附属设施的施工精细化管理,推动实施精益建造,提升工程整体质量。建立"实施有标准、操作有程序、过程有控制、结果有考核"的标准化管理体系。

4）推进工程管理信息化

探索"互联网+交通基础设施"发展新思路，推进大数据与项目管理系统深度融合，逐步实现工程全寿命周期关键信息的互联共享。推进建筑信息模型（BIM）技术，积极推广工艺监测、安全预警、隐蔽工程数据采集、远程视频监控等设施设备在施工管理中的集成应用，推行"智慧工地"建设，提升项目管理信息化水平。

5）推进班组管理规范化

建立健全施工班组管理制度，强化班组能力建设。加强施工技术交底，实行班前教育和工后总结制度。推行班组首次作业合格确认制，强化班组作业标准化、规范化和精细化。全面推行班组人员实名制管理，强化班组的考核与奖惩，夯实基层基础工作。

3. 提升科技创新能力

1）积极推广应用"四新技术"

强化科研与设计施工联动，开展集中攻关和"微创新"，大力推广性能可靠、先进适用的新技术、新材料、新设备、新工艺，淘汰影响工程质量安全的落后工艺工法和设施设备，推动工程技术提升。

2）发挥技术标准先导作用

坚持品质工程目标导向，鼓励参建单位采用先进工艺标准，切实提升工程质量。鼓励社会团体、企业联盟开展技术创新，制定提升质量、提高效率的工艺标准。完善具有自主知识产权的先进技术标准，推进优势及特色标准国际化，实施工程标准"走出去"。

3）探索建立全产业链继承与创新体系

总结特色有效的传统工艺和工法，针对工程设计、施工、管养、材料、装备等全产业链开展技术创新与集成创新，推进信息技术和工程建养技术深度融合，打造以信息化、智能化和绿色建造为特征的工程全产业链创新体系，实现资源共享、优势互补。

4. 提升工程质量水平

1）落实工程质量责任

健全工程质量责任体系，明确界定建设、勘察、设计、施工和监理单位等责任主体质量责任，推动企业建立关键人履职标准和各岗位工作规范，建立岗位责任人质量记录档案，强化考核和责任追究，实现质量责任可追溯，推动落实质量责任终身制。

2）推进质量风险预防管理

工程项目应强化质量风险预控管理，加强质量风险分析与评估，完善质量风险控制措施和运行机制。健全施工组织设计编制、审查和执行落实体系，严格专项施工方案论证审查制度，强化技术方案分级分类审核责任，全面推行首件工程制，夯实工程质量管理基础。

3）加强过程质量控制

工程项目建立质量目标导向管理机制，严格执行工序自检、交接检、专检"三检制"。加强设计符合性核查评价，深入实施质量通病治理，实施成品及半成品验收标识、隐蔽工程过程影像管理等措施，强化质量形成全过程闭环可追溯。积极应用先进检测技术和装备，建立工程质量信息化动态管理平台，加强过程质量管控。

4）强化工程耐久性保障措施

加强工程耐久性基础研究工作，创新施工工艺，加强关键结构、隐蔽工程和重要材料的质量检验和控制，切实提高工程耐久性。

5. 提升安全保障水平

1）加强工程安全风险管理基础体系建设

推行工程安全生产风险管理，建立安全风险分级管控和隐患治理双重预防体系，推动重大安全风险管控和重大事故隐患治理清单化、信息化、闭环化动态可追溯管理，夯实安全管理基础。

2）提升工程结构安全

树立本质安全理念，强化桥梁隧道、港口工程等的施工和运行安全风险评估工作，切实加强工程结构安全关键指标的实时监测与分析，积极探索智能预警技术，确保工程结构安全状态可知、可控。

3）深化"平安工地"建设

加强施工安全标准化建设，推进危险作业"机械化换人、自动化减人"，提高机械化作业程度。推行安全防护设备设施工具化、定型化、装配化。落实安全生产责任，健全安全工作制度，强化安全管理和风险预控，加强隐患排查治理，提升针对性应急处置能力，确保施工安全。

4）提升工程安全服务水平

加强公路交通安全评价，强化公路管理和服务设施的科学合理配置，加强道路、桥梁、隧道、港口等安全运行监测与预警系统建设，提高工程运行管理水平和应急服务能力。建立健全工程巡查排险机制，提升工程安全防护设施和管理服务设施的有效性。

6. 提升绿色环保水平

1）注重生态环保

严格落实生态保护和水土保持措施，加强生态脆弱区域的环境监测和生态修复，降低公路水运工程建设对陆域、水生动植物及其生存环境的影响。

2）注重资源节约

节约利用土地资源，因地制宜采取有效措施减少耕地和基本农田占用。高效利用临时工程及临时设施，注重就地取材，积极应用节水、节材施工工艺，实现资源节约与高效利用。综合考虑工程性质、施工条件、旧料类型及材质等因素，推进废旧材料再生循环利用。

3）注重节能减排

积极应用节能技术和清洁能源，使用符合国家标准的节能产品。加强设备使用管理，选用能耗低、工效高、工艺先进的施工机械设备，淘汰高能耗老旧设备。优化施工组织，合理安排工序，提高设备使用效率，降低施工能耗。

7. 提升品质工程软实力

1）加强管理人员素质建设

从业单位加强人才培养制度建设，强化管理人员的岗位考核和继续教育，创新人才激励与保障机制，着力培养和锻炼一支具备现代工程管理能力、专业技能、良好职业道德的工程管理骨干队伍。

2)提升一线工人队伍素质

从业单位应落实培训主体责任,按规定严格实行"上岗必考、合格方用"的培训考核制度。开展职业技能竞赛,建立优秀技工激励机制,推行师徒制模式,鼓励企业建立稳定的技术工人队伍。保障员工合法权益,注重人文关怀,提供体面工作的基本条件。

3)培育品质工程文化

积极培育以"提升质量、保障安全"为核心,"以人为本、精益求精、全心投入"为主要特征的品质工程文化。大力弘扬工匠精神,广泛宣传、积极推动全员参与品质工程创建活动,形成"人人关心品质、人人创造品质、人人分享品质"的浓郁的文化氛围。

4)实施品牌战略

将品质工程作为工程项目和企业创建品牌的重要载体,引导企业把品质工程作为自身信誉和荣誉的价值追求。通过打造品质工程,提升中国交通和企业品牌形象,增强企业核心竞争力。

三、创建"品质工程"的监理内容

1. 评价标准

根据交通运输部办公厅文件《关于印发公路水运品质工程评价标准(实行)的通知》(交办安监〔2017〕199号),交通运输部组织编制了《公路水运品质工程评价标准(试行)》。

《评价标准》分为示范创建项目品质工程评价标准、交竣工品质工程示范项目评价标准、农村公路(三四级公路)品质工程示范项目评价标准三类,均由基本要求、评价指标、加分指标、总体评价四部分构成。

(1)基本要求作为控制指标。其中有一项不满足要求的,工程项目不具备申报资格。

(2)评价指标是对项目落实《指导意见》各项措施取得的失效进行量化评分,由二级或三级指标体系构成,相应评分方法见评价说明。评价指标满分为1000分。申报部级品质工程项目的,高速公路和大型水运工程评价指标分数不得低于800分,其他工程评价指标分数不得低于700分。

(3)加分指标是鼓励项目结合自身优势和功能属性开展重点攻坚与创新突破,对管理或技术创新取得明显优于同类工程水平且示范作用显著的做法进行加分。同时,对交工或竣工项目获得国家、省部级奖项或荣誉进行加分。其中示范创建项目和农村公路(三四级公路)加分指标满分为200分,交竣工项目加分指标满分为300分。

(4)总体评价是对项目在打造品质工程中的特色做法、主要经验、实施效果、示范作用等方面的概括性评价,不设分值。对于申报部级品质工程项目的,省级交通运输主管部门负责提出项目总体评价的初步意见,由部组织专家组根据核实情况做出最终总体评价。

(5)项目总得分为评价指标得分和加分指标得分之和。

(6)公路水运品质工程除符合本标准的规定外,还应符合工程建设强制性标准等有关要求。

2. 监理工作内容

示范创建项目品质工程评价指标由三级指标体系组成,包括工程设计、工程管理、科技创新、工程质量、安全保障、绿色环保、软实力等一级指标7项,二级指标22项和三级指标52项,分项指标92项。

按照示范创建项目品质工程评价指标,监理单位在工程管理、工程质量、安全保障、绿色环保、软实力5个方面打造品质工程,总分共计374分。

(1)提升监理工作的专业化、精细化,提升工程管理水平。

监理单位应打造品质工程的目标、关键措施等纳入监理规划,明确管理目标。建立健全监理单位的管理机构,岗位设置合理,岗位责任清晰明确,管理人员专业化、技能化水平高。积极推行QHSE管理体系,管理制度完善、运行有效,推进管理专业化。

监理单位应明确质量、安全的提升目标,围绕精细化管理,建立过程控制和结果考核的精细化管理机制。制订重点部位、隐蔽工程、附属工程等精细化施工监理措施,监理项目质量考核责任制和工程质量档案。开展质量通病系统治理,将质量通病防治工作纳入质量控制目标,及时检查、通报质量隐患,督促施工单位整改治理,并留有佐证资料。组织开展先进管理、工艺、装备、产品、技术等交流与推广,梳理管理和实体标杆示范。实现精细化管理,提升工程管理水平。

(2)建立健全监理单位的质量管理体系,加强质量风险预防管理,强化过程质量控制,提升工程质量水平。

监理单位应建立质量关键人(总监、副总监、专业监理工程师)质量责任登记制度,明确质量关键人的岗位职责,落实关键人履职责任。建立责任人质量履职信息档案,实现质量责任可追溯,落实质量责任终身制。进而建立健全质量管理体系。

监理单位应加强质量风险预防管理。监理单位应检查督促施工单位开展工程质量风险评估,建立工程质量重点、难点分析清单,制订有针对性的质量控制、监测措施。监理单位在检查中发现的质量隐患,要及时督促施工单位整改到位,并建立工程中问题处置清单。监理单位应做好施工组织设计和重大专项施工方案论证、审查、审批工作,做到制度健全,审批手续规范、及时。检查施工单位在施工现场是否严格按审批方案执行。监理单位应建立方案执行检查档案,抓好施工方案落实程度。

监理单位应加强过程质量控制。①在质量形成全过程的监理记录应真实完整、闭环可追溯,隐蔽工程形成过程佐证资料齐全。②推行首件工程制。制订首件工程、典型施工的实施监理细则;督促检查施工单位制订项目关键工程的首件工程或典型施工计划清单,做好实施工程的监理台账。监理单位应对首件工程的实施进行监理总结,建立齐全的首件工程监理档案。及时审查审批施工单位的首件或典型施工成果,指导后续工程实施。③监理单位应建立完善的原材料和产品质量管理制度,督促施工单位优先选用认证产品,实施成品和半成品验收标识,建立原材料、半成品、产品、商品混凝土的质量档案,并实现质量可追溯。监理单位应配合建设单位、施工单位建立材料供应商质量考核评价和清退机制,打造稳定可靠的材料和产品质量。

(3)落实施工安全举措,提升安全保障水平。

监理单位应深化平安工地建设,督促施工单位加强施工安全标准化建设,推进危险作业"机械化换人、自动化减人",提高机械化作业程度。推行安全防护设备设施工具化、定型化、装配化。建立安全风险分级管控和隐患治理双重预防体系,推动重大安全风险管控和重大事故隐患治理清单化、信息化、闭环化动态可追溯管理,夯实安全管理基础。

(4)注重生态环保、资源节约和节能减排,提升绿色环保水平。

监理单位应督促施工单位严格落实生态保护和水土保持措施,加强生态脆弱区域的环境监测和生态修复,降低公路水运工程建设对陆域、水生动植物及其生存环境的影响。节约利用土地资源,因地制宜采取有效措施减少占用耕地和基本农田。高效利用临时工程及临时设施,注重就地取材,积极应用节水、节材施工工艺,实现资源节约与高效利用。综合考虑工程性质、施工条件、旧料类型及材质等因素,推进废旧材料再生循环利用。注重节能减排,积极应用节能技术和清洁能源,使用符合国家标准的节能产品。加强设备使用管理,选用能耗低、工效高、工艺先进的施工机械设备,淘汰高能耗老旧设备。优化施工组织,合理安排工序,提高设备使用效率,降低施工能耗。

(5)加强监理人员素质建设,培育品质工程文化,提升品质工程软实力。

监理单位应加强人才培养制度建设,强化监理人员的岗位考核和继续教育,创新人才激励与保障机制,着力培养和锻炼一支具备现代工程管理能力、专业技能、良好职业道德的工程管理骨干队伍。监理单位应落实培训主体责任,按规定严格实行"上岗必考、合格方用"的培训考核制度。开展职业技能竞赛,建立优秀技工激励机制,推行师徒制模式,鼓励企业建立稳定的技术工人队伍。保障员工合法权益,注重人文关怀,提供体面工作的基本条件。积极培育以"提升质量、保障安全"为核心,"以人为本、精益求精、全心投入"为主要特征的品质工程文化。大力弘扬工匠精神,广泛宣传,积极推动全员参与品质工程创建活动,形成"人人关心品质、人人创造品质、人人分享品质"的浓郁的文化氛围。实施品牌战略,将品质工程作为工程项目和企业创建品牌的重要载体,引导企业把品质工程作为自身信誉和荣誉的价值追求。通过打造品质工程,提升中国交通和企业品牌形象,增强企业核心竞争力。

第八节 质量评定与验收

一、概述

施工单位根据建设任务、施工管理和质量检验评定,应在施工准备阶段按《公路工程质量检验评定标准 第一册 土建工程》(JTG F80/1—2017)将建设项目划分为单位工程、分部工程和分项工程,并报请监理机构和建设单位批准。施工单位、工程监理单位和建设单位应按相同的工程项目划分进行工程质量的监控和管理。

1. 单位工程

在合同段中,具有独立施工条件和结构功能的工程。

2. 分部工程

在单位工程中,按路段长度、结构部位及施工特点等划分的工程。

3. 分项工程

在分部工程中,根据施工工序、工艺或材料等划分的工程。

公路工程质量检验评定以分项工程为单元,按基本要求、实测项目、外观质量和质量保证资料等检验项目分别检查。实测项目采用合格率法进行质量评定。

工程质量评定等级分为合格与不合格,应按分项、分部、单位工程、合同段和建设项目逐级评定。

(1)分项工程质量评定合格应符合下列规定:检验记录应完整;实测项目应合格;外观质量应满足要求。

(2)分部工程质量评定合格应符合下列规定:评定资料应完整;所含分项工程及实测项目应合格;外观质量应满足要求。

(3)单位工程质量评定合格应符合下列规定:评定资料应完整;所含分部工程应合格;外观质量应满足要求。

评定为不合格的分项工程、分部工程,经返工、加工、补强或调测,满足设计要求后,可重新进行检验评定。

所含单位工程合格,该合同段评定为合格;所含合同段合格,该建设项目评定为合格。

施工单位应按《公路工程质量检验评定标准 第一册 土建工程》(JTG F80/1—2017)所列基本要求、实测项目以及外观质量和质量保证资料,按《公路工程质量检验评定标准 第一册 土建工程》(JTG F80/1—2017)附录A中单位、分部、分项工程划分并报请监理机构和建设单位批准后,对工程质量进行检验评定。

监理单位按《公路工程质量检验评定标准 第一册 土建工程》(JTG F80/1—2017)所列基本要求、实测项目和外观质量和质量保证资料,按《公路工程质量检验评定标准 第一册 土建工程》(JTG F80/1—2017)对工程质量进行检验评定并评分,作为交工验收工程质量评分,按规定权重计入竣工验收工程质量评分中。

建设单位、监理单位、质量监督部门和检测单位在根据《公路工程竣(交)工验收办法》有关要求,完成各自在公路工程质量检验评定过程中需要完成的工作。

二、工程质量检验

1. 分项工程质量检验

分项工程应按基本要求、实测项目、外观质量和质量保证资料等项目分别检查。分项工程质量应在所使用的原材料、半成品、成品及施工控制要点等符合基本要求的规定,无外观质量限制缺陷且质量保证资料真实齐全时,方可进行检验评定。

关键项目的合格率不低于95%(机电工程为100%),否则该检查项目为不合格。

一般项目的合格率不低于80%,否则该检查项目为不合格。

有规定极值的检查项目,任一单个检测值都不应突破规定极值,否则该检验项目为不合格。

采用《公路工程质量检验评定标准 第一册 土建工程》(JTG F80/1—2017)附录B至附录S所列方法进行检验评定的检查项目,不满足要求时,则检查项目为不合格。

1)基本要求检查

(1)分项工程应对所列基本要求逐项检查,经检查不符合规定时,不得进行工程质量的检验评定。

(2)分项工程所用的各种原材料的品种、规格、质量及混合料配合比和半成品、成品应符合有关技术标准规定并满足设计要求。

2)实测项目检验

(1)对检查项目按规定的检查方法和频率进行随机抽样并计算合格率。

(2)以《公路工程质量检验评定标准 第一册 土建工程》(JTG F80/1—2017)规定的检查方法为标准方法,采用其他高效检测方法应经比对确认。

(3)以路段长度规定的检查频率为双车道路段的最低检查频率,对多车道应按车道数与双车道之比相应增加检查数量。

(4)应按下式计算检查项目合格率。

$$检查项目合格率 = \frac{检查合格的点(组)数}{该检查项目的全部检查点(组)数} \times 100\%$$

3)外观质量检验

外观质量应进行全面检查,并满足规定要求,否则该检验项目为不合格。

2. 质量保证资料

工程应有真实、准确、齐全、完整的施工原始记录、试验检测数据、质量检验结果等质量保证资料。质量保证资料应包括下列内容:

(1)所用原材料、半成品和成品质量检验结果。

(2)材料配合比、拌和加工控制检验和试验数据。

(3)地基处理、隐蔽工程施工记录和桥梁、隧道施工监控资料。

(4)质量控制指标的试验记录和质量检验汇总图表。

(5)施工过程中遇到的非正常情况记录及其对工程质量影响分析评价资料。

(6)施工过程中如发生质量事故,经处理补救后,达到设计要求的认可证明文件等。

检验项目评定为不合格的,应进行整修或返工处理直至合格。

三、工程质量等级评定

工程质量等级应分为合格和不合格。分项工程、分部工程、单位工程质量评定应有符合《公路工程质量检验评定标准 第一册 土建工程》(JTG F80/1—2017)附录 K 规定的资料。

评定为不合格的分项工程、分部工程,经返工、加固、补强或调剂,满足设计要求后,可重新进行检验评定。

所含单位工程合格,该合同段评定为合格;所含合同段合格,该建设项目评定为合格。

四、工程验收

1. 交工验收

(1)工程交工验收工作一般按合同段进行,并应具备以下条件:

①合同约定的各项内容已全部完成。

②施工单位按《公路工程质量检验评定标准 第一册 土建工程》(JTG F80/1—2017)及

相关规定对工程质量自检合格。

③监理工程师对工程质量评定合格。

④质量监督机构按交通运输部规定的"公路工程质量鉴定办法"对工程质量进行检测(必要时可委托有相应资质的检测机构承担检测任务),并出具检测意见。

⑤竣工文件已按交通运输部规定的内容编制完成。

⑥施工单位、监理单位已完成本合同段的工作总结。

(2)交工验收程序:

①施工单位完成合同约定的全部工程内容,且经施工自检和监理检验评定均合格后,提出合同段交工验收申请报监理单位审查。交工验收申请应附自检评定资料和施工总结报告。

②监理单位根据工程实际情况、抽检资料以及对合同段工程质量评定结果,对施工单位交工验收申请及其所附资料进行审查并签署意见。监理单位审查同意后,应同时向项目法人提交独立抽检资料、质量评定资料和监理工作报告。

③项目法人对施工单位的交工验收申请、监理单位的质量评定资料进行核查,必要时可委托有相应资质的检测机构进行重点抽查检测,认为合同段满足交工验收条件时应及时组织交工验收。

④对若干合同段完工时间相近的,项目法人可合并组织交工验收。对分段通车的项目,项目法人可按合同约定分段组织交工验收。

⑤通过交工验收的合同段,项目法人应及时颁发"公路工程交工验收证书"。

⑥各合同段全部验收合格后,项目法人应及时完成"公路工程交工验收报告"。

(3)交工验收的主要工作内容:

①检查合同执行情况。

②检查施工自检报告、施工总结报告及施工资料。

③检查监理单位独立抽检资料、监理工作报告及质量评定资料。

④检查工程实体,审查有关资料,包括主要产品的质量抽(检)测报告。

⑤核查工程完工数量是否与批准的设计文件相符,是否与工程计量数量一致。

⑥对合同是否全面执行、工程质量是否合格做出结论,按交通运输主管部门规定的格式签署合同段交工验收证书。

⑦按交通运输部规定的办法对设计、监理、施工等单位的工作进行初步评价。

(4)各合同段的设计、施工、监理等单位参加交工验收工作,由项目法人负责组织。路基工程作为单独合同段进行交工验收时,应邀请路面施工单位参加。拟交付使用的工程,应邀请运营、养护管理等相关单位参加。交通运输主管部门、公路管理机构、质量监督机构视情况参加交工验收。

(5)合同段工程质量评分采用所含各单位工程质量评分的加权平均值。即工程各合同段交工验收结束后,由项目法人对整个工程项目进行工程质量评定,工程质量评分采用各合同段工程质量评分的加权平均值。即工程质量等级评定分为合格和不合格,工程质量评分值大于或等于75分的为合格,小于75分的为不合格。

(6)公路工程各合同段验收合格后,项目法人应按交通运输部规定的要求及时完成项目交工验收报告,并向交通运输主管部门备案。国家、部重点公路工程项目中100km以上的高速公路、独立特大型桥梁和特长隧道工程向省级人民政府交通运输主管部门备案,其他公路工程按省级人民政府交通运输主管部门的规定向相应的交通运输主管部门备案。

公路工程各合同段验收合格后,质量监督机构应向交通运输主管部门提交项目的检测报告。交通运输主管部门在15天内未对备案的项目交工验收报告提出异议,项目法人可开放交通进入试运营期。试运营期不得超过3年。

(7)交工验收不合格的工程应返工整改,直至合格。交工验收提出的工程质量缺陷等遗留问题,由施工单位限期完成。

(8)对通过交工验收工程,应及时安排养护管理。

2. 竣工验收

(1)按照公路工程管理权限,各级交通运输主管部门应于年初制订年度竣工验收计划,并按计划组织竣工验收工作。列入竣工验收计划的项目,项目法人应提前完成竣工验收前的准备工作。

(2)公路工程竣工验收应具备以下条件:

①通车试运营2年以上。

②交工验收提出的工程质量缺陷等遗留问题已全部处理完毕,并经项目法人验收合格。

③工程决算已按交通运输部规定的办法编制完成,竣工决算已经审计,并经交通运输主管部门或其授权单位认定。

④竣工文件已按相关规定完成。

⑤对需进行档案、环保等单项验收的项目,已经有关部门验收合格。

⑥各参建单位已按交通运输部规定的内容完成各自的工作报告。

⑦质量监督机构已按交通运输部规定的"公路工程质量鉴定办法"对工程质量检测鉴定合格,并形成工程质量鉴定报告。

(3)竣工验收准备工作程序:

①公路工程符合竣工验收条件后,项目法人应按照公路工程管理权限及时向相关交通运输主管部门提出验收申请,其主要内容包括:

a. 交工验收报告。

b. 项目执行报告、设计工作报告、施工总结报告和监理工作报告。

c. 项目基本建设程序的有关批复文件。

d. 档案、环保等单项验收意见。

e. 土地使用证或建设用地批复文件。

f. 竣工决算的核备意见、审计报告及认定意见。

②相关交通运输主管部门对验收申请进行审查,必要时可组织现场核查。审查同意后报负责竣工验收的交通运输主管部门。

③以上文件齐全且符合条件的项目,由负责竣工验收的交通运输主管部门通知所属的质量监督机构开展质量鉴定工作。

④质量监督机构按要求完成质量鉴定工作,出具工程质量鉴定报告,并审核交工验收对设计、施工、监理初步评价结果,报送交通运输主管部门。

⑤工程质量鉴定等级为合格及以上的项目,负责竣工验收的交通运输主管部门及时组织

竣工验收。

(4) 竣工验收主要工作内容：
①成立竣工验收委员会。
②听取项目法人、设计单位、施工单位、监理单位的工作报告。
③听取质量监督机构的工作报告及工程质量鉴定报告。
④检查工程实体质量、审查有关资料。
⑤按交通运输部规定的办法对工程质量进行评分，并确定工程质量等级。
⑥按交通运输部规定的办法对参建单位进行综合评价。
⑦对建设项目进行综合评价。
⑧形成并通过竣工验收鉴定书。

(5) 验收委员会由交通运输主管部门、公路管理机构、质量监督机构、造价管理机构等单位代表组成。大中型项目及技术复杂工程，应邀请有关专家参加。国防公路应邀请军队代表参加。

项目法人、设计、施工、监理、接管养护等单位参加竣工验收工作。

(6) 参加竣工验收工作各方的主要职责是：
①竣工验收委员会负责对工程实体质量及建设情况进行全面检查。按交通运输部规定的办法对工程质量进行评分，对各参建单位进行综合评价，对建设项目进行综合评价，确定工程质量和建设项目等级，形成工程竣工验收鉴定书。
②项目法人负责提交项目执行报告及验收工作所需资料，协助竣工验收委员会开展工作。
③设计单位负责提交设计工作报告，配合竣工验收检查工作。
④监理单位负责提交监理工作报告，提供工程监理资料，配合竣工验收检查工作。
⑤施工单位负责提交施工总结报告，提供各种资料，配合竣工验收检查工作。

(7) 竣工验收工程质量评分采取加权平均法计算，其中交工验收工程质量得分权值为0.2，质量监督机构工程质量鉴定得分权值为0.6，竣工验收委员会对工程质量的评分权值为0.2。

对于交工验收和竣工验收合并进行的小型项目，质量监督机构工程质量鉴定得分权值为0.6，监理单位对工程质量评定得分权值为0.1，竣工验收委员会对工程质量的评分权值为0.3。

工程质量评分大于或等于90分为优良，小于90分且大于等于75分为合格，小于75分为不合格。

(8) 对建设项目出现以下特别严重问题的合同段，整改合格后，合同段工程质量不得评为优良，质量鉴定得分按照整改前的鉴定得分，超出75分的按75分，不足75分的按原得分；建设项目竣工验收工程质量等级和综合评定等级直接确定为合格。
①路基工程的大段落路基沉陷、大面积高边坡失稳。
②路面工程车辙深度大于10mm的路段累计长度超过该合同段车道总长度的5%。
③特大桥梁主要受力结构需要或进行过加固、补强。
④隧道工程渗漏水经处治效果不明显，衬砌出现影响结构安全裂缝，衬砌厚度合格率小于90%或有小于设计厚度二分之一的部位，空洞累计长度超过隧道长度的3%或单个空洞面积

大于3m²。

⑤重大质量事故或严重质量缺陷,造成历史性缺陷的工程。

(9)对建设项目出现以下严重问题的合同段,整改合格后,合同段工程质量不得评为优良,质量鉴定得分按75分计算;并视对建设项目的影响,由竣工验收委员会决定建设项目工程质量是否评为优良。

①路基工程的重要支挡工程严重变形。

②路面工程出现修补、唧浆、推移、网裂等病害路段累计长度超过路线的3%或累计面积大于总面积的1.5%,竣工验收复测路面弯沉合格率小于90%。

③大桥、中桥主要受力结构需要或进行过加固、补强。

(10)竣工验收委员会对项目法人及设计、施工、监理单位工作进行综合评价。评定得分大于或等于90分且工程质量等级优良的为好,小于90分且大于或等于75分为中,小于75分为差。

(11)竣工验收建设项目综合评分采取加权平均法计算,其中竣工验收工程质量得分权值为0.7,参建单位工作评价得分权值为0.3(项目法人占0.15,设计、施工、监理各占0.05)。

评定得分大于或等于90分且工程质量等级优良的为优良,小于90分且大于或等于75分为合格,小于75分为不合格。

(12)发生过重大及以上生产安全事故的建设项目综合评定等级不得评为优良。

(13)根据《国务院关于促进节约用地的通知》(国发〔2008〕3号)要求,竣工验收时需要核验建设项目依法用地和履行土地出让合同、划拨等情况。

第二章　数理统计基础及应用

第一节　数理统计基础

一、总体、个体与样本

在工程质量检验中,对无限总体中的个体,如果采用全部逐个检查的方法考察其某个质量特性,不但费时费工不合算,而且是不可能的;即使对有限总体,其个体数量虽不大,但质量检验方法通常具有破坏性,采用全数考查的方法同样不可取。因此,除特殊项目外,在工程质量检验中通常采用抽样检查的方法(有关工程质量抽样检验方法将在第三节中讨论),即通过抽取总体中的一小部分个体加以考察,以便了解和分析总体质量状况。

总体又称母体,是统计分析中所要研究对象的全体。总体中的每个单元称为个体。

总体分为有限总体和无限总体,如果是一批产品,由于其数量有限,所以称其为有限总体;如果是一道工序,由于工序总在源源不断地生产出产品,有时是一个连续的整体,所以这样的总体称为无限总体。

从总体中抽取一部分个体就是样本(又称子样)。例如,从每一桶沥青中取两个试样,一批沥青有100桶,抽查了200个试样做试验,则这200个试样就是样本。而组成样本的每一个个体,即为样品。例如,上述200个试样中的某一个,就是该样本中的一个样品。

样本容量(有时也称样本数)是样本中所含样品的数量,通常用n表示样本容量。上例中样本容量$n=200$。样本容量的大小,直接关系到判断结果的可靠性,一般来说,样本容量越大,可靠性越好,但检测所耗费的工作量亦愈大,成本也就愈高。样本容量与总体中所含个体的量相等时,是一种极限情况。

二、质量数据

在这里,我们把反映某产品的某项质量特性指标的原始数据称为质量特性数据,简称为质量数据。如一批沥青的针入度数据、含蜡量数据、延度数据等,都可以被称为质量数据。质量数据是质量信息的重要组成部分,工程质量控制、评价是以数据为依据,质量控制中常说的"一切用数据说话",就是要求用数据来反映工序质量状况及判断质量效果。只有通过对质量数据的收集、处理、分析,才可以达到对生产施工过程的了解、掌握以至控制和管理。没有质量数据,就不可能有现代化的科学的质量控制和管理。因此,质量数据的作用是十分重要的。

质量数据的来源主要是工程建设过程中的各种检验,即材料检验、工序检验、竣工验收检验,当然也包括使用过程中的必要检验。可以说质量检验为质量控制提供了全面的、大量的质量数据,依据它才能正常开展质量控制及质量管理活动。

1. 质量数据的分类

质量数据就其本身的特性来说,可以分为计量值数据和计数值数据。

1)计量值数据

计量值数据是可以连续取值的数据,表现形式是连续性的。如长度、厚度、直径、强度、化学成分等质量特征,一般都是可以用检测工具或仪器等测量(或试验),类似这些质量特征的测量数据,一般都带有小数,如长度为1.15m、1.18m等。在工程质量检验中得出的原始检验数据大部分是计量值数据。

2)计数值数据

计数值数据是指不能连续取值,只能计算个数的数值。如不合格品数、不合格的构件数、缺陷的点数等,都是计数值,它们的每一次取值只可能是零或自然数。计数值的特点是非连续性,并只能出现0、1、2等非负的整数,在任何两个计数值之间不可能插入无穷多个数位,不可能有小数,否则将出现不能表达原意义的数值。如非计划停工次数1(次)与4(次)之间,最多只能插入2(次)和3(次)两个数值,再想插入任何不同于2和3的数值如2.5,则不能表达停工次数的含义,因为停工次数不可能为2.5次。一般来说,以判定方法得出的数据和以感觉性检验方法得出的数据大多属于计数值数据。

计数值数据有两种表示方法:一种是直接用计数出来的次数、点数来表示(称 P_n 数据);一种是把 P_n 数据与总检查次数或点数相比,用百分数表示(称 P 数据)。P 数据在工程检验中是经常使用的,如某分项工程的质量合格率为90%,即是表示经检查为合格的点或次数与总检查点或次数的比值为90%。但也应注意,不是所有的百分数表示的数据都是计数值数据,因为当分子为计量值数据时,则计算出来的百分数也应是计量值数据。可以这样说,在用百分数表示数据时,当分子、分母为计量值数据时,分数值为计量值数据;当分子、分母为计数值数据时,分数值为计数值数据。

2. 质量数据的特性

表现工程质量的统计数据有两个基本特性:一是统计数据的差异性;二是统计数据的规律性。

1)差异性

实践证明,任何一个生产施工过程,不论客观条件多么稳定,设备多么精确,操作水平多么高,其生产施工出来的工程都不会完全相同,也就是工程质量不可能绝对一样,或多或少总会有差异,这就是所谓的工程质量波动性。因此,反映工程质量的统计数据的重要特性就是它的差异性。

2)规律性

虽然通过质量检验获取的质量数据千变万化、各不相同,但并非杂乱无章,总是存在一定的规律性,即变化有一定范围或局限,其中多数向某一数值集中,同时又分散在这个数值的两旁。因此,质量数据既分散又集中、既有差异性又有规律性。

质量控制,就是要应用数理统计方法从反映工程质量的数据的差异性中寻找其规律性,从而预测和控制工程质量。

3. 质量数据的修约

质量数据获得后,还涉及数据的定位问题,也就是出现了规定精确程度范围之外的数字,如何进行取舍的问题,即数值修约。在统计中一般常用的数值修约规则如下:

(1)拟舍去的数字中,其最左面的第一位数字小于5时,则舍去,留下的数字不变。

(2)拟舍去的数字中,其最左面的第一位数字大于5时,则进1,即所留下的末位数字加1。

(3)拟舍去的数字中,其最左面的第一位数字等于5,而后面的数字并非全部为0时,则进1,即所留下的末位数字加1。

(4)拟舍去的数字中,其最左面的第一位数字等于5,而后面无数字或全部为0时,所保留的数字末位数为奇数(1、3、5、7、9)则进1,如为偶数(0、2、4、6、8)则舍去。

如下列的数据修约到小数点后的第一位:

18.2432→18.2(拟舍去的数字中最左面的第一位数字是4,故舍去);

26.4843→26.5(拟舍去的数字中最左面的第一位数字是8,故应进1);

1.0501→1.1(拟舍去的数字中最左面的第一位数字是5,5后面的数字还有01,故应进1);

0.05→0.0(其拟舍去的数字中最左面的第一位数字是5,5后面无数字,因所留末位数为"0"是偶数,故舍去);

0.15→0.2(其拟舍去的数字中最左面的第一位数字是5,5后面无数字,因所留末位数为"1"是奇数,故进1);

0.25→0.2(其拟舍去的数字中最左面的第一位数字是5,5后面无数字,因所留末位数为"2"是偶数,故舍去);

实行数据修约时,应在确定修约位数后一次完成,即对于拟舍去的数字并非单独的一个数字时,不得对该数值连续进行修约,应按拟舍去的数字中最左面的第一位数字的大小,按照上述各条一次修约完成。例如,将15.4546修约成整数时,不应按15.4546→15.455→15.46→15.5→16进行,而应按15.4546→15进行修约。

上述数值修约规则(有时称为"奇升偶舍法")与以往惯用的"四舍五入法"区别在于,用"四舍五入"法对数值进行修约,从很多修约后的数值中得到的均值偏大。用上述修约规则,进舍的状况具有平衡性,进舍误差也具有平衡性,若干数值经过这种修约后,修约值之和变大的可能性与变小的可能性是一样的。

三、数据的统计特征量

用来表示统计数据分布及其某些特性的特征量分为两类:一类表示数据的集中位置,例如算术平均值、中位数等;一类表示数据的离散程度,主要有极差、标准离差、变异系数等。

1. 算术平均值

算术平均值是表示一组数据集中位置最有用的统计特征量,经常用样本的算术平均值来代表总体的平均水平。总体的算术平均值用 μ 表示,样本的算术平均值则用 $\bar{x}$ 表示。如果 n 个

样本数据为 x_1、x_2、$\cdots$、x_n，那么，样本的算术平均值为：

$$\bar{x} = \frac{1}{n}(x_1 + x_2 + \cdots + x_n) = \frac{1}{n}\sum_{i=1}^{n} x_i \tag{2-1}$$

2. 中位数

在一组数据 x_1、x_2、$\cdots$、x_n 中，按其大小次序排序，以排在正中间的一个数表示总体的平均水平，称之为中位数，或称中值，用 $\tilde{x}$ 表示。n 为奇数时，正中间的数只有一个；n 为偶数时，正中间的数有两个，取这两个数的平均值作为中位数，即：

$$\tilde{x} = \begin{cases} x_{\frac{n+1}{2}} & n \text{ 为奇数} \\ \frac{1}{2}(x_{\frac{n}{2}} + x_{\frac{n}{2}+1}) & n \text{ 为偶数} \end{cases} \tag{2-2}$$

3. 极差

在一组数据中最大值 x_{max} 和最小值 x_{min} 之差，称为极差，记作 R：

$$R = x_{max} - x_{min} \tag{2-3}$$

极差没有充分利用数据的信息，但计算十分简单，仅适用于样本容量较小（$n < 10$）的情况。

4. 标准偏差

标准偏差有时也称标准离差、标准差或称均方差，是衡量样本数据波动性（离散程度）的指标。在质量检验中，总体的标准偏差 σ 一般不易求得。样本的标准偏差 S 按式（2-4）计算：

$$S = \sqrt{\frac{(x_1 - \bar{x})^2 + (x_2 - \bar{x})^2 + \cdots + (x_n - \bar{x})^2}{n-1}} = \sqrt{\frac{\sum_{i=1}^{n}(x_i - \bar{x})^2}{n-1}} \tag{2-4}$$

5. 变异系数

标准偏差用于反映样本数据的绝对波动状况，当测量较大的量值时，绝对误差一般较大；测量较小的量值时，绝对误差一般较小。因此，用相对波动的大小，即变异系数更能反映样本数据的波动性。变异系数用 C_v 表示，是标准偏差 S 与算术平均值 $\bar{x}$ 的比值，即：

$$C_v = \frac{S}{\bar{x}} \times 100\% \tag{2-5}$$

[例2-1] 某路段沥青混凝土面层抗滑性能检测，摩擦系数的检测值（共10个测点）分别：58、56、60、53、48、54、50、61、57、55（摆值）。求摩擦系数的算术平均值、中位数、极差和标准偏差。

解： 由式（2-1）可得摩擦系数的算术平均值为：

$$\bar{f}_B = \frac{1}{10} \times (58 + 56 + 60 + 53 + 48 + 54 + 50 + 61 + 57 + 55)$$
$$= 55.2 \text{（摆值）}$$

检测值按大小次序排列为：61、60、58、57、56、55、54、53、50、48（摆值），则由式（2-2）可得中位数为：

$$\tilde{f} = \frac{1}{2} \times [f_{B(5)} + f_{B(6)}] = \frac{1}{2} \times (55 + 56) = 55.5 \text{（摆值）}$$

由式(2-3)可得极差为：
$$R = f_{B\max} - f_{B\min} = 61 - 48 = 13(摆值)$$

由式(2-4)可得标准偏差为：
$$S = \left\{\frac{1}{10-1}[(58-55.2)^2 + (56-55.2)^2 + (60-55.2)^2 + (53-52.2)^2 + \right.$$
$$(48-55.2)^2 + (54-55.2)^2 + (50-55.2)^2 + (61-55.2)^2 +$$
$$\left.(57-55.2)^2 + (55-55.2)^2]\right\}^{\frac{1}{2}}$$
$$= 4.13(摆值)$$

[**例 2-2**] 若甲路段沥青混凝土面层的摩擦系数算术平均值为 55.2(摆值)，标准偏差为 4.13(摆值)；乙路段的摩擦系数算术平均值为 60.8(摆值)，标准偏差为 4.27(摆值)。则两路段的变异系数分别为：

甲路段：$C_v = \dfrac{S}{\bar{x}} \times 100\% = \dfrac{4.13}{55.2} = 7.48\%$

甲路段：$C_v = \dfrac{S}{\bar{x}} \times 100\% = \dfrac{4.27}{60.8} = 7.02\%$

从标准偏差看，$S_甲 < S_乙$。但从变异系数分析，$C_{v甲} > C_{v乙}$，说明甲路段的摩擦系数相对波动比乙路段的大，面层抗滑稳定性较差。

四、数据的分布特征

质量数据具有一定的规律性，这种规律性一般用概率分布来描述。概率分布的形式很多，在公路工程质量控制和评价中，常用到正态分布和 t 分布。

1. 正态分布

正态分布是应用最多、最广泛的一种概率分布，而且是其他概率分布的基础。正态分布的概率密度函数为：

$$f(x) = \frac{1}{\sqrt{2\pi}\sigma} e^{-\frac{(x-\mu)^2}{2\sigma^2}} \quad (-\infty < x < +\infty) \tag{2-6}$$

式中：x——随机变量；

μ——正态分布的平均值；

σ——正态分布的标准偏差。

平均值 μ 是 $f(x)$ 曲线的位置参数，决定曲线最高点的横坐标。标准偏差 σ 是 $f(x)$ 曲线的形状参数，它的大小反映了曲线的宽窄程度。σ 越大，曲线低而宽，随机变量在平均值 μ 附近出现的密度越小；σ 越小，曲线高而窄，随机变量在平均值 μ 附近出现的密度越大(图 2-1)。

正态分布具有以下特点：

(1)正态分布曲线对称于 $x = \mu$，即以平均值为中心。

(2)当 $x = \mu$ 时，曲线处于最高点，当 x 向左右偏离时，曲

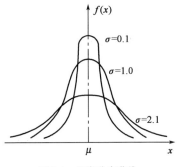

图 2-1 正态分布曲线

线不断地降低,整个曲线呈中间高、两边低的形状。

(3) 曲线与横坐标轴所围成的面积等于1,即:

$$\int_{-\infty}^{\infty} \frac{1}{\sqrt{2\pi} \cdot \sigma} e^{-\frac{(x-\mu)^2}{2\sigma^2}} dx = 1$$

一般地,随机变量 x 服从参数 μ 与 σ 的正态分布,可记作 $x \sim N(\mu,\sigma)$。特别地,当 $\mu = 0$、$\sigma = 1$ 时的正态分布,称之为标准正态分布,用 $N(0,1)$ 表示。它的概率密度函数为:

$$f(x) = \frac{1}{\sqrt{2\pi}\sigma} e^{-\frac{x^2}{2}} \tag{2-7}$$

对于正态分布 $N(\mu,\sigma)$,它的测量值落入区间 (a,b) 的概率,用 $P(a<x<b)$ 表示:

$$P(a < x < b) = \Phi\left(\frac{b-\mu}{\sigma}\right) - \Phi\left(\frac{a-\mu}{\sigma}\right) \tag{2-8}$$

式中:

$$\Phi(a) = \int_{-\infty}^{a} \frac{1}{\sqrt{2\pi}} e^{-\frac{x^2}{2}} dx$$

$$\Phi(b) = \int_{-\infty}^{b} \frac{1}{\sqrt{2\pi}} e^{-\frac{x^2}{2}} dx \tag{2-9}$$

利用式(2-8),可以求得双边置信区间的几个重要数据(图 2-2):

$P\{\mu - \sigma < x \leq \mu + \sigma\} = 0.6826$

$P\{\mu - 1.96\sigma < x \leq \mu + 1.96\sigma\} = 0.9500$

$P\{\mu - 2\sigma < x \leq \mu + 2\sigma\} = 0.9544$

$P\{\mu - 3\sigma < x \leq \mu + 3\sigma\} = 0.9973$

双边置信区间可统一写成:

$$\mu - u_{(1-\beta)/2} \cdot \sigma < x \leq \mu + u_{(1-\beta)/2} \cdot \sigma \tag{2-10}$$

式中: β——显著性水平;

$1 - \beta$——置信水平;

$u_{(1-\beta)/2}$——双边置信区间的正态分布临界值;

$\mu - u_{(1-\beta)/2} \cdot \sigma$——置信下限;

$\mu + u_{(1-\beta)/2} \cdot \sigma$——置信上限。

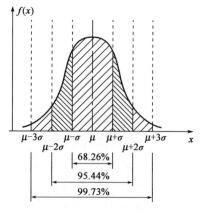

图 2-2 正态分布与置信区间

同理可得,单边置信区间的几个重要数据:

$P\{x \leq \mu + \sigma\} = P\{x \geq \mu - \sigma\} = 0.8413$

$P\{x \leq \mu + 2\sigma\} = P\{x \geq \mu - 2\sigma\} = 0.9772$

$P\{x \leq \mu + 3\sigma\} = P\{x \geq \mu - 3\sigma\} = 0.9987$

$P\{x \leq \mu + 1.645\sigma\} = P\{x \geq \mu - 1.645\sigma\} = 0.9500$

其置信区间可表示为:

$$x \leq \mu + u_{(1-\beta)} \cdot \sigma \quad \text{或} \quad x \geq \mu - u_{(1-\beta)} \cdot \sigma \tag{2-11}$$

式中: $\mu - u_{(1-\beta)} \cdot \sigma$——单边置信下限;

$\mu + u_{(1-\beta)} \cdot \sigma$——单边置信上限。

在公路工程质量检验与评价中,常把式(2-10)、式(2-11)中 u 称为保证率系数(常用 Z_a 表示),

其取值与公路等级有关,而且常常用样本平均值 $\bar{x}$ 与标准偏差 S 分别代替上述公式中的 μ 与 σ。

2. t 分布

t 分布的概率密度函数为:

$$t(x,n) = \frac{\Gamma\left(\dfrac{n+1}{2}\right)}{\Gamma\left(\dfrac{n}{2}\right)\sqrt{n\pi}}\left(1+\dfrac{x^2}{n}\right)^{-\frac{n+1}{2}} \tag{2-12}$$

式中:x——随机变量;

n——样本容量,在数理统计学中称自由度。

当随机变量 x 服从自由度为 n 的 t 分布时,记作 $x \sim t(n)$,其分布图形如图 2-3 所示。

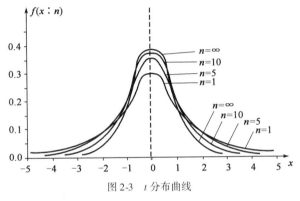

图 2-3 t 分布曲线

可以证明:当 $n \to \infty$ 时,t 分布趋于正态分布,一般来说,当 $n > 30$ 时,t 分布与正态分布 $N(0,1)$ 就非常接近了。但对较小的 n 值,t 分布与正态分布之间有较大的差异,且:

$$P\{|T| \geq t_0\} \geq P\{|x| \geq t_0\} \tag{2-13}$$

其中 $x \sim N(0,1)$,即在 t 分布的尾部比在标准正态分布的尾部有着更大的概率。

在施工质量评价中,常需要解决总体标准偏差 σ 未知时,如何估计平均值置信区间的问题。为解决这一问题,一个很自然的想法就是利用样本标准偏差 S 代替总体标准偏差 σ。

设 $(x_1,\cdots,x_n)$ 来自正态分布总体,根据抽样分布定理可知:

$$T = \frac{\bar{x} - \mu}{\dfrac{S}{\sqrt{n}}} \sim t(n-1) \tag{2-14}$$

因此,根据给定的 β 和自由度 $n-1$,由《t 分布概率系数表》查得 $t_{(1-\beta)/2}(n-1)$ 之值,由此得平均值 μ 的双边置信区间:

$$\left[\bar{x} - S \cdot \frac{t_{(1-\beta)/2}(n-1)}{\sqrt{n}}, \bar{x} + S \cdot \frac{t_{(1-\beta)/2}(n-1)}{\sqrt{n}}\right] \tag{2-15}$$

同理可得 μ 单边置信的区间:

$$\mu < \bar{x} + S \cdot \frac{t_{(1-\beta)/2}(n-1)}{\sqrt{n}} \quad \text{或} \quad \mu > \bar{x} - S \cdot \frac{t_{(1-\beta)/2}(n-1)}{\sqrt{n}} \tag{2-16}$$

五、可疑数据的取舍方法

在一组条件完全相同的重复试验中,个别的测量值可能会出现异常,如测量值过大或过小,这些过大或过小的测量数据是不正常的,或称为可疑的。对于这些可疑数据应该用数理统计的方法判别其真伪,并决定取舍。常用的方法有拉依达(PaИTa)法、肖维纳特(Chavenet)法、格拉布斯(Grubbs)法等。

1. 拉依达法

在产品质量控制和材料试验研究中,遇到的总体绝大部分都服从正态分布,而由正态分布的 3σ 原则可知,对于每个测量值落在区间($\bar{x}-3S,\bar{x}+3S$)的概率为 99.73%,而落在这个区间之外的概率仅为 0.27%,也就是在近 400 次试验中才能遇到 1 次,在有限次的测量中发生这种情况的可能性是很小的,因而一旦有这样的数据出现,就认为该测量数据是不可靠的,应予以剔除。拉依达法正是基于这一原则提出的,故也称 3S 准则。即当试验次数较多时,可简单地用 3 倍标准偏差(3S)作为确定可疑数据取舍的标准(简称 3S 法)。当某一测量数据(x_i)与其测量结果的算术平均值($\bar{x}$)之差大于 3 倍标准偏差时,用公式表示为:

$$|x_i - \bar{x}| > 3S \tag{2-17}$$

则该测量数据应舍弃。

另外,当测量值与平均值之差大于 2 倍标准偏差(即 $|x_i - \bar{x}| > 2S$)时,则该测量值应保留,但需存疑。如发现生产(施工)、试验过程中,有可疑的变异时,该测量值则应予舍弃。

拉依达法简单方便,不需查表,但要求较宽,当试验检测次数较多($n > 50$)或要求不高时可以应用,当试验检测次数较少(如 $n < 10$)时,在一组测量值中即使混有异常值,也无法舍弃。

2. 肖维纳特法

进行 n 次试验,其测量值服从正态分布,以概率 $1/(2n)$ 设定一判别范围($-k_n \cdot S, k_n \cdot S$),当离差(测量值 x_i 与其算术平均值 $\bar{x}$ 之差)超出该范围时,就意味着该测量值 x_i 是可疑的,应予舍弃。判别范围由式(2-18)确定:

$$\frac{1}{2n} = 1 - \int_{-k_n}^{k_n} \frac{1}{\sqrt{2\pi}} e^{-\frac{t^2}{2}} dt \tag{2-18}$$

式中:k_n——肖维纳特系数,与试验次数 n 有关,可由正态分布系数表得,如表 2-1 所示。

肖维纳特系数 k_n 表 2-1

n	k_n	n	k_n	n	k_n	n	k_n	n	k_n	n	k_n
3	1.38	8	1.86	13	2.07	18	2.20	23	2.30	50	2.58
4	1.53	9	1.92	14	2.10	19	2.22	24	2.31	75	2.71
5	1.65	10	1.96	15	2.13	20	2.24	25	2.33	100	2.81
6	1.73	11	2.00	16	2.15	21	2.26	30	2.39	200	3.02
7	1.80	12	2.03	17	2.17	22	2.28	40	2.49	500	3.20

因此,肖维纳特法可疑数据舍弃的标准为:

$$\frac{|x_i - \bar{x}|}{S} \geq k_n \tag{2-19}$$

肖维纳特法改善了拉依达法,但从理论上分析,当 $n \to \infty$,$k_n \to \infty$,此时所有异常值都无法舍弃。此外,肖维纳特系数与置信水平之间无明确联系,已逐渐被格拉布斯法所代替。

3. 格拉布斯法

格拉布斯法假定测量结果服从正态分布,根据顺序统计量来确定可疑数据的取舍。作 n 次重复试验,测得结果为 $x_1, x_2, \cdots, x_i, \cdots, x_n$,而且 x_i 服从正态分布。

为了检验 $x_i (i=1,2,\cdots,n)$ 中是否有可疑值,可将 x_i 按其值由小到大顺序重新排列,得:

$$x_{(1)} \leqslant x_{(2)} \leqslant \cdots \leqslant x_{(n)} \tag{2-20}$$

根据顺序统计原则,给出标准化顺序统计量 g:

$$\left. \begin{array}{l} \text{当最小值 } x_{(1)} \text{ 可疑时,则} \quad g = \dfrac{\bar{x} - x_{(1)}}{S} \\[6pt] \text{当最大值 } x_{(n)} \text{ 可疑时,则} \quad g = \dfrac{x_{(n)} - \bar{x}}{S} \end{array} \right\} \tag{2-21}$$

根据格拉布斯统计量的分布,在指定的显著性水平 α(一般 $\alpha = 0.05$)下,求得判别可疑值的临界值 $g_0(\alpha, n)$,格拉布斯法的判别标准为:

$$g \geqslant g_0(\alpha, n) \tag{2-22}$$

则可疑值 $x_{(i)}$ 是异常的,应予舍去。其中 $g_0(\alpha, n)$ 值列于表 2-2。

格拉布斯系数 $g_0(\alpha, n)$ 表 2-2

n	α 0.01	α 0.05	n	α 0.01	α 0.05	n	α 0.01	α 0.05
3	1.15	1.15	13	2.61	2.33	23	2.96	2.62
4	1.49	1.46	14	2.66	2.37	24	2.99	2.64
5	1.75	1.67	15	2.70	2.41	25	3.01	2.66
6	1.94	1.83	16	2.74	2.44	30	3.10	2.74
7	2.10	1.94	17	2.78	2.47	35	3.18	2.81
8	2.22	2.03	18	2.82	2.50	40	3.24	2.87
9	2.32	2.11	19	2.85	2.53	50	3.34	2.96
10	2.41	2.18	20	2.88	2.56	100	3.59	3.17
11	2.48	2.24	21	2.91	2.58			
12	2.55	2.29	22	2.94	2.60			

利用格拉布斯法每次只能舍弃一个可疑值。若有两个以上的可疑数据,应该一个一个地舍弃,舍弃第一个数据后,检测次数由 n 变为 $n-1$,以此为基础再判别第二个可疑数据是否应舍去。

[例 2-3] 试验室进行同配合比的混凝土强度试验,其试验结果为 ($n=10$):23.0MPa、24.5MPa、26.0MPa、25.0MPa、24.8MPa、27.0MPa、25.5MPa、31.0MPa、25.4MPa、25.8MPa,分别试用 3S 法、肖维纳特法和格拉布斯法判别其取舍。

解: 分析上述 10 个测量数据,$x_{\min} = 23.0$MPa 和 $x_{\max} = 31.0$MPa 最可疑。故应首先判别 $x_{\min}$ 和 $x_{\max}$。经计算:$\bar{x} = 25.8$MPa,$S = 2.1$MPa。

(1) 3S法。

因:

$|x_{max} - \bar{x}| = |31.0 - 25.8| = 5.2 \text{MPa} < 3S = 6.3 \text{MPa}$

$|x_{min} - \bar{x}| = |23.0 - 25.8| = 2.8 \text{MPa} < 3S = 6.3 \text{MPa}$

故上述测量数据均不能舍弃。

(2) 肖维纳特法。

查表2-1,当 $n = 10$ 时,$k_n = 1.96$。对于测量值31.0,则有:

$$\frac{|x_i - \bar{x}|}{S} = \frac{|31.0 - 25.8|}{2.1} = 2.48 \geq k_n = 1.96$$

说明测量数据31.0是异常的,应予舍弃。这一结论与拉依达法的结果是不一致的。

(3) 格拉布斯法。

测量数据按小到大次序排列如下:23.0、24.5、24.8、25.0、25.4、25.5、25.8、26.0、27.0、31.0。

$$g(1) = \frac{\bar{x} - x_{(1)}}{S} = \frac{25.8 - 23.0}{S} = 1.33$$

$$g(10) = \frac{x_{(10)} - \bar{x}}{S} = \frac{31.0 - 25.8}{S} = 2.48$$

由于 $g(1) < g(10)$,首先判断 $x_{(10)}$。取 $\alpha = 0.05$,并根据 $\alpha = 0.05$ 和 $n = 10$,由表2-2查得 $g_0(0.05, 10) = 2.18$。由于 $g(10) = 2.48 > g_0(0.05, 10) = 2.18$,所以 $x_{(10)} = 31.0$ 为异常值,应予舍弃。这一结论与肖维纳特法结论是一致的。

仿照上述方法继续对余下的9个数据进行判别,经计算没有异常值。

第二节 常用的数理统计方法与工具

工程质量控制与评价是以数理统计方法作为基本手段。所谓数理统计方法,就是运用统计性规律,收集、整理、分析、利用数据,并以这些数据作为判断、决策和解决质量问题的依据。

质量控制中,比较常用而有效的统计方法有直方图法、排列图法、因果分析图法、控制图法、分层法、相关图法和统计调查分析法等。限于篇幅,本节主要介绍直方图、控制图和相关图等方法。

一、频数直方图法

频数直方图即质量分布图,简称直方图,是把收集到的质量数据,按顺序分成若干间隔相等的组,以组距为横坐标,以落入各组的数据频数为纵坐标,按比例构成的若干矩形条排列的图。直方图适用于对大量计量值数据进行整理加工、找出其统计规律,即分析数据分布的形态,以便对其总体分布特征进行推断的方法。

1. 直方图的绘制

频数是指在重复试验中,随机事件出现的次数。频数的统计方法有两种:一是以单个数值进行统计,即某个数据重复出现的次数就是它的频数;二是按区间数值进行统计,即是在已收集的数据中按照一定划分范围把整个数值分成若干区间,按每个区间内数值重复出现的次数作为这个区间的频数。在质量控制中,一般多采用第二种方法,也就是按区间进行频数统计。

下面结合实例说明绘制频数分布直方图的方法与步骤。

[例 2-4] 某沥青混凝土拌和过程中,油石比的抽检结果列于表 2-3 中。请绘制其频数分布直方图。

油石比检测数据　　　　　　　　　　表 2-3

顺序	数　　　据										最大	最小	极差
1	6.12	6.35	5.84	5.90	5.95	6.14	6.05	6.03	5.81	5.86	6.35	5.81	0.54
2	5.78	5.25	5.94	5.80	5.90	5.86	5.99	6.16	6.18	5.79	6.25	5.78	0.44
3	5.67	5.64	5.88	5.71	5.82	5.94	5.91	5.84	5.68	5.91	5.94	5.64	0.30
4	6.03	6.00	5.95	5.96	5.88	5.74	6.06	5.81	5.76	5.82	6.06	5.74	0.32
5	5.89	5.88	5.64	6.00	6.12	6.07	6.25	5.74	6.16	5.66	6.25	5.64	0.61
6	5.58	5.73	5.81	5.57	5.93	5.96	6.04	6.09	6.01	6.04	6.09	5.57	0.52
7	6.11	5.82	6.26	5.54	6.26	6.01	5.98	5.85	6.06	6.01	6.26	5.54	0.72
8	5.86	5.88	5.97	5.99	5.84	6.03	5.91	5.95	5.82	5.88	5.99	5.82	0.17
9	5.85	6.43	5.92	5.89	5.90	5.94	6.00	6.20	6.14	6.07	6.43	5.85	0.58
10	6.08	5.86	5.96	5.53	6.24	6.19	6.21	6.32	6.05	5.97	6.32	5.53	0.79

解: 1) 收集数据

一般应不少于 50 ~ 100 个数据。理论上讲数据越多越好,但因收集数据需要耗费时间和人力、费用,所以收集的数据有限。本例为 100 个数据。

2) 数据分析与整理

从收集的数据中找出最大值与最小值,并计算其极差。

本例中最大值:

$$x_{\max} = 6.43$$

最小值:

$$x_{\min} = 5.53$$

极差值:

$$R = x_{\max} - x_{\min} = 6.43 - 5.53 = 0.9$$

3) 确定组数与组距

通常先定组数,后定组距。组数用 B 表示,应根据收集数据总数而定。当数据为 50 以下时,$B = 5 \sim 7$ 组;总数为 50 ~ 100 时,$B = 6 \sim 10$ 组;总数为 100 ~ 250 时,$B = 7 \sim 12$ 组;总数为 250 以上时,$B = 10 \sim 20$ 组。

组距用 h 表示,其计算公式为:

$$h = \frac{R}{B} \tag{2-23}$$

本例中取组数 $B = 10$,则组距 $h = 0.9/10 = 0.09$。

4）确定组界值

确定组界值时，应使数据的全体落在第一组的下界值与最后一组（第 k 组）的上界值所组成的开区间之内；同时，为避免数据恰好落在组界上，组界值要比原数据的精度高一位。组界值具体确定方法如下：

$$第一组的下界值 = x_{min} - h/2$$
$$第一组的上界值 = x_{min} + h/2$$

第一组的上界值就是第二组的下界值，第二组的下界值加上组距 h 即为第二组的上界值，以此类推。

本例中第一组界值为：

$$(5.53 - 0.09/2) \sim (5.53 + 0.09/2) = 5.485 \sim 5.575$$

5）统计频数

组界值确定后按组号，统计频数、频率（相对频数），作频数分布统计表。

本例的统计结果列于表 2-4。

频数分布统计表　　　　　　表 2-4

序号	分组区间	频数	相对频数	序号	分组区间	频数	相对频数
1	5.485~5.575	3	0.03	7	6.025~6.115	14	0.14
2	5.575~5.665	4	0.04	8	6.115~6.205	9	0.09
3	5.665~5.755	6	0.06	9	6.205~6.295	6	0.06
4	5.755~5.845	14	0.14	10	6.295~6.385	2	0.02
5	5.845~5.935	21	0.21	11	6.385~6.475	1	0.01
6	5.935~6.025	20	0.20	合计		100	1.0

6）绘制直方图

以横坐标为质量特性，纵坐标为频数（或频率）作直方图，如图 2-4 所示。

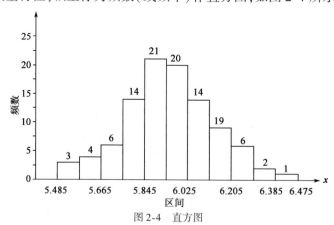

图 2-4　直方图

由图 2-4 可知，如果收集的检测数据数越来越多，分组越来越细，直方图就转化为一条光滑的曲线。这条曲线就称为概率分布曲线。

2. 直方图的应用

通过直方图形状，可以观察与判断产品质量特性分布状况（质量是否稳定，质量分布状态是否正常),判断生产过程是否正常、工序是否稳定,找出产生异常的原因,以决定是否采取相应处理措施;计算工序能力,估算生产过程不合格品率。

1)估算可能出现的不合格率

质量评定标准一般都有上下两个标准界限值,上限为 T_u,下限为 T_l,故不合格率有超上限不合格率 P_u 和超下限不合格率 P_l,则总的不合格率为:

$$P = P_u + P_l \tag{2-24}$$

为了计算 P_u 与 P_l,引入相应的系数:

$$\left.\begin{array}{l} K_u = \dfrac{|T_u - \bar{x}|}{S} \\ K_l = \dfrac{|T_l - \bar{x}|}{S} \end{array}\right\} \tag{2-25}$$

根据 K_u、K_l 查《正态分布概率系数表》,即可确定相应的超上限不合格率 P_u 和超下限不合格率 P_l。

[**例 2-5**] 在例 2-4 中,已知油石比的质量标准为 $T_u = 6.50\%$、$T_l = 5.50\%$,试计算可能出现的不合格率 P。

解: 经计算 $\bar{x} = 5.946\%$、$S = 0.181\%$,则:

$$K_u = \frac{|T_u - \bar{x}|}{S} = \frac{|6.50 - 5.946|}{0.181} = 3.06$$

$$K_l = \frac{|T_l - \bar{x}|}{S} = \frac{|5.50 - 5.946|}{0.181} = 2.46$$

查《正态分布概率系数表》,得:

$$K_u = 3.06 \text{ 时}, P_u = 0.0011$$

$$K_l = 2.46 \text{ 时}, P_l = 0.00695$$

故,可能出现的不合格率为 $P = P_u + P_l = 0.00805 = 0.805\%$

2)考察工序能力

工序能力是指工序处于稳定状态下的实际生产合格产品的能力,通常用工序能力指数 C_P 表示。工序能力指数就是质量标准范围 T 与该工序生产精度的比值,其计算方法如下:

(1)当质量标准中心与质量分布中心重合时:

$$C_P = \frac{T}{6 \cdot S} = \frac{T_u - T_l}{6 \cdot S} \tag{2-26}$$

(2)当质量标准中心与质量分布中心不重合时:

$$C_{PK} = \frac{T}{6 \cdot S} = \frac{T_u - T_l}{6 \cdot S}(1 - K) \tag{2-27}$$

式中:K——相对偏移量。

$$K = \frac{\left|\dfrac{T_u + T_l}{2} - \bar{x}\right|}{\dfrac{T_u - T_l}{2}} \tag{2-28}$$

(3)当质量标准只有下限或上限时:

$$\left.\begin{array}{ll}\text{下限控制} & C_\mathrm{P} = \dfrac{\bar{x} - T_l}{3 \cdot S} \\ \text{上限控制} & C_\mathrm{P} = \dfrac{T_\mathrm{u} - \bar{x}}{3 \cdot S}\end{array}\right\} \quad (2\text{-}29)$$

若 $\bar{x} < T_l$ 或 $\bar{x} > T_\mathrm{u}$，则认为 $C_\mathrm{P} = 0$，即完全没有工序能力。

从上式可以看出，C_P 值是工序所生产的产品质量分布范围能满足质量标准的程度。判断工序能力，主要用 C_P 值来衡量，其判断标准见表 2-5。

工序能力判断标准　　　　　表 2-5

C_P 值	工序能力判断
$C_\mathrm{P} > 1.33$	工序能力充分满足要求，但 C_P 值大于 1.33 越多说明工序能力越有潜力，应考虑标准是否定得过宽、工序是否经济
$C_\mathrm{P} = 1.33$	理想状态
$1 \leqslant C_\mathrm{P} < 1.33$	较理想状态，但 C_P 值接近或等于 1 时，则有发生不合格品的可能，应加强质量控制
$0.67 \leqslant C_\mathrm{P} < 1$	工序能力不足，应采取措施改进工艺条件
$C_\mathrm{P} < 0.67$	工序能力非常不足

[例 2-6]　试计算例 2-4 的工序能力指数，并作出判断。

解：
$$C_\mathrm{P} = \frac{T_\mathrm{u} - T_l}{6 \cdot S} = \frac{6.50 - 5.50}{6 \times 0.181} = 0.92$$

$$K = \frac{\left| \dfrac{6.50 + 5.50}{2} - 5.946 \right|}{\dfrac{6.50 - 5.50}{2}} = 0.108$$

$$C_\mathrm{PK} = C_\mathrm{P}(1 - K) = 0.92 \times (1 - 0.108) = 0.82$$

按判断标准说明本例工序能力不够，需要从人、机器、材料和工艺方法四个方面去查找影响工序能力的因素，进行改进，对 C_P 值做必要的修正。

3）判断质量分布状态

当生产条件正常时，直方图应该是中间高、两侧低、左右接近对称的正常型图形，如图 2-5a）所示。当出现非正常型图形时，就要进一步分析原因，并采取措施加以纠正。常见的非正常型图形有图 2-5b）~f）5 种类型。

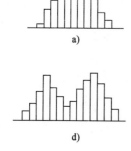
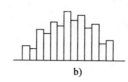
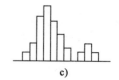
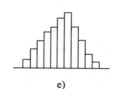

图 2-5　常见的直方图图形

(1) 折齿形。图形出现凹凸状，见图 2-5b），这多数是由于分组不当或组距确定不当所致。

(2) 孤岛形。出现孤立的小直方图，见图 2-5c），这是由于少量材料不合格，或短时间内工人操作不熟练所造成的。

(3) 双峰形。图形出现了两个峰顶，见图 2-5d），一般是由于两组生产条件不同的数据混淆在一起所造成的。

(4) 缓坡形。图形向左或向右呈缓坡状，即平均值 $\bar{x}$ 过于偏左或偏右，见图 2-5e），这是由于工序施工过程中的上控制界限或下控制界限控制太严所造成的。

(5) 绝壁形。直方图的分布中心偏向一侧，见图 2-5f），常是由操作者的主观因素所造成的，即一般多是因数据收集不正常（如剔除了不合格品的数据），或是在工序检验中出现了人为的干扰现象。这时应重新进行数据统计或重新按规定检验。

4) 判断施工能力

将正常型直方图与质量标准进行比较，即可判断实际生产施工能力。如图 2-6 所示，T 表示质量标准要求的界限，B 代表实际质量特性值分布范围。比较结果一般有以下几种情况：

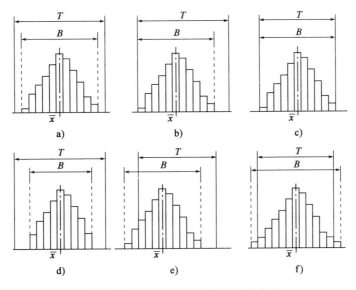

图 2-6 实际质量分布与质量标准的关系

(1) B 在 T 中间，两边各有一定余地，这是理想的控制状态，见图 2-6a）。

(2) B 虽在 T 之内，但偏向一侧，有可能出现超上限或超下限不合格品，需要采取纠偏措施，如图 2-6b）所示。

(3) B 与 T 相重合，实际分布太宽，极易产生超上限与超下限的不合格品，需要采取措施提高工序能力，见图 2-6c）。

(4) B 过分小于 T，说明工序能力过大、不经济，如图 2-6d）所示。

(5) B 过分偏离 T 的中心，已经产生超上限或超下限的不合格品，需要调整，如图 2-6e）所示。

(6) B 大于 T，已经产生大量超上限与超下限的不合格品，说明工序能力不能满足技术要求，如图 2-6f）所示。

二、控制图法

控制图法又称管理图法，是典型的动态质量管理方法，由美国贝尔研究所的休哈特博士于 1924 年首先提出，目前已成为质量控制常用的统计分析工具。动态质量管理是过程控制的重要手段，旨在对生产过程进行实时监控，科学地区分出生产过程中产品质量的随机波动与异常波动，从而对生产过程的异常趋势及时提出预警，以便生产管理人员及时采取措施，消除异常，提高或恢复施工过程的质量稳定性，从而达到提高和控制质量的目的。

与直方图相比，控制图最大的特点是引入了时间序列或样本序列，通过观察样本点相关统计值是否在控制限内以判断过程是否受控，通过观察样本点排列是否随机从而及时发现异常。换句话说，控制图较直方图在质量预防和过程控制能力方面大为改进。

1. 控制图的基本原理

1）质量的波动性

在工程施工过程中，工程质量的波动是不可避免的，它是由人（Man）、设备（Machine）、材料（Material）、方法（Method）和环境（Enviroment）等因素（简称"4M1E"）的波动影响所致。波动分为两种：正常波动和异常波动。

正常波动是偶然性原因（偶因）造成的，其出现带有随机性质的特点，如原材料成分和性能发生微小变化、工人操作的微小变化、周围环境的微小变化等。这些因素在生产施工中大量存在，但就其个别因素来说，对产品质量影响程度很小，而且不容易识别和消除，甚至消除这些因素在经济上也不合算，所以又称这类因素为不可避免的原因。由这类原因造成的质量波动是正常的波动，不需加以控制，即认为生产过程处于稳定状态。在此状态下，当有大量的质量特性值时，其分布服从正态分布的规律。

异常波动是由系统原因（异因）造成的，它对产品质量影响很大，如原材料质量规格的显著变化、工人不遵守操作规程、机械设备的调整不当、检测仪器的使用不合理、周围环境的显著变化等。但这类原因一般比较容易识别，能够采取措施避免和消除，并且一经消除，其作用和影响就不复存在。一般情况下，异常波动在生产过程中不允许存在，一旦出现，必须立即查明原因，消除异常波动。

质量控制的目的就是要防止、发现、排除这些异常波动，保证生产过程在正常波动状态（即稳态）下进行。

2）控制图的原理

当随机变量 x 服从正态分布 $N(\mu,\sigma)$，则事件 $\mu - 3\sigma < x < \mu + 3\sigma$ 发生的概率是 0.9973。这一结论告诉我们，不论 μ 和 σ 是何数值，产品质量计量值在界限 $(\mu - 3\sigma, \mu + 3\sigma)$ 之间出现的可能性大小（即概率）为 99.73%，在 $\mu \pm 3\sigma$ 界限之外出现的概率为 100% - 99.73% = 0.27%（图 2-7）。也可从另一角度来理解，如果测量 1000 个产品的质量特性值，则可能有 997 个左右产品的质量特性值落在 $(\mu - 3\sigma, \mu + 3\sigma)$ 的界限内，这几乎是肯定的事。

我们将图 2-7a）旋转 90°成为图 2-7b），以平均值 μ 为中心，在 $\mu \pm 3\sigma$ 处各画两条控制界限（Control Limit），就成为控制图。控制图由三条水平线构成（图 2-8），中间的一条线（μ 线）叫中心线（Central Line），记为 CL；上面的一条线（$\mu + 3\sigma$ 线）为控制上限（Upper Control Limit），记为 UCL；下面的一条线 $(\mu-3\sigma)$ 叫控制下限(Lower Control Limit)，记为 LCL。

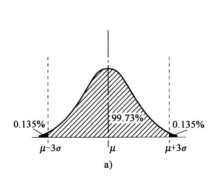
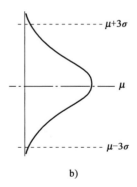

图 2-7　正态分布

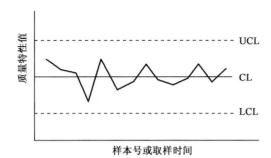

图 2-8　控制图基本形式

中心线、控制上限和控制下限的一般计算式为：

$$\left.\begin{array}{l} CL = \bar{x} \\ UCL = \bar{x} + 3S \\ LCL = \bar{x} + 3S \end{array}\right\} \quad (2\text{-}30)$$

在制作控制图时，怎样计算控制上限、中心线、控制下限，在以后介绍各种类型控制图时予以简单介绍。

3）控制图预防原则的贯彻

控制图是如何贯彻预防原则的呢？这可以由以下几点看出：

一是应用控制图对生产过程不断监控，当异常波动刚一冒出苗头，甚至在未造成不合格品之前就能及时被发现。例如，在图 2-9 中点有逐渐上升的趋势，故可以在这种趋势造成不合格品之前就采取措施加以消除，这样就起到了预防的作用。

二是在现场，更多的情况是控制图显示异常，这时一定要贯彻下列二十个字："查出异因，采取措施，保证消除，不再出现，纳入标准"。如果不贯彻这二十个字，控制图就形同虚设，不如不设。根据上述分析，可见控制图的作用是能够及时告警(当然这点是十分重要的)；而真正起预防作用的则是上述二十个字。由此也可见，推行过程控制需要第一线的工艺技

图 2-9　控制图中点形成倾向

术人员把它作为日常生产工作来做,因为执行这二十个字只有他们才能做到。

每贯彻一次这二十个字(即经过一次这样的循环)就消除一个异因,使它永不再出现,从而起到了预防的作用。由于异因只有有限多个,故经过有限次循环后,最终可以达到这样一种状态:在过程中只存在偶因而不存在异因,由于这时分布的统计参数稳定不变,故这种状态称为统计控制状态或稳定状态,简称稳态。

稳态是生产过程追求的目标,因为在稳态下生产,对产品质量有完全的把握,质量特性值有99.73%落在上下控制界限之间的范围内(一般,上下控制界限总在规定界限之内,故合格品率还要高于99.73%);其次,稳态下不合格品最少,因而生产也是最经济的。

一道工序处于稳态称为稳定工序。道道工序都处于稳态称为全稳生产线。过程控制就是通过全稳生产线达到全过程预防的。虽然质量变异不能完全消灭,但控制图与上述二十个字是使质量变异成为最小的有效工具。

由此可见,控制图法就是利用生产过程处于稳定状态下的产品质量特性值分布服从正态分布这一统计规律,来识别生产过程的异常因素,控制生产过程由于系统性原因造成的质量波动,保证工序处于控制状态。

4)控制图的种类及控制界限的计算

根据质量数据种类,控制图分为两大类,控制图名称、特点及用途见表2-6。

控制图的种类　　　　　　　　　　　表2-6

种类	名称	表示符号	主要用途及特点
计量值控制图	平均值-极差控制图	$\bar{x}-R$	属于双值控制图,它所提供的情报系统完整,适于产品批量大,加工过程稳定的情况
	中位数-极差控制图	$\tilde{x}-R$	管理图的特性同上。用$\tilde{x}$代替$\bar{x}$,处理简单,检出过程不稳定能力比$\bar{x}$差
	单值移动-极差控制图	$x-R_s$	用于产品批量小,单件加工时间长,无法抽取多个样品,不需一次测取多个数据的情况
	平均值-标准差控制图	$\bar{x}-\sqrt{S}$	同$\bar{x}-R$图,理论根据充分,对生产过程不稳定检出能力强
计数值控制图	不合格品数控制图	P_n	控制对象是不合格品的件数,每组样本大小相同,适用于大批量生产
	不合格品率控制图	P	控制产品的不合格品率,每组样本抽取大小不能一致
	缺陷数控制图	C	服从泊松分布,控制对象为产品缺陷数量,每个样本大小一定
	单位缺陷数控制图	U	样本大小不固定,测定单位数量(如单位长度、单位面积)的缺陷数来控制产品的质量

各类控制图的控制界限计算公式及公式中采用的系数见表2-7和表2-8。

控制界限计算公式　　　　　　　　　　　　　　　表2-7

数据	控制图种类	控制界限	中心线	备注
计量值	平均值 $\bar{x}$	$\bar{x} \pm A_2 \bar{R}$	$\bar{\bar{x}} = \sum_{i=1}^{K} \bar{x}_i / K$	$A_2 \bar{R} = 3S$
	极差 R	$D_4 \bar{R}, D_3 \bar{R}$	$\bar{R} = \sum_{i=1}^{K} R_i / K$	$D_4 \bar{R} = \bar{R} + 3S$ $D_3 \bar{R} = \bar{R} - 3S$
	中位数 $\tilde{x}$	$\tilde{x} \pm m_3 A_2 \bar{R}$	$\bar{\tilde{x}} = \sum_{i=1}^{K} \tilde{x}_i / K$	$m_3 A_2 \bar{R} = 3S$
	单值 x	$x \pm E_2 \bar{R}$	$\bar{x} = \sum_{i=1}^{K} x_i / K$	$E_2 \bar{R} = 3S$
计数值	不合格品数 P_n	$\bar{P}_n \pm 3\sqrt{n \bar{P}(1-\bar{P})}$	$\bar{P}_n = \sum_{i=1}^{K} P_{ni} / K$	$\sqrt{n \bar{P}(1-\bar{P})} = S$
	不合格品率 P	$\bar{P}_n \pm 3\sqrt{\dfrac{\bar{P}(1-\bar{P})}{n}}$	$\bar{P} = \sum_{i=1}^{K} P_i / K$	$\dfrac{\sqrt{\bar{P}(1-\bar{P})}}{n} = S$
	缺陷数 C	$\bar{C} \pm 3\sqrt{\bar{C}}$	$\bar{C} = \sum_{i=1}^{K} C_i / K$	$\sqrt{\bar{C}} = S$
	单位缺陷数 U	$\bar{U} \pm 3\sqrt{\bar{U}}$	$\bar{U} = \sum_{i=1}^{K} U_i / K$	$\sqrt{\bar{U}} = S$

注：表中 K——样本组数。

控制图用系数表　　　　　　　　　　　　　　　表2-8

样本数 n	$\bar{x}$ 控制图	R 控制图		$\tilde{x}$ 控制图	x 控制图
	A_2	D_4	D_3	$m_3 A_2$	E_2
2	1.880	3.267	—	1.88	2.66
3	1.023	2.575	—	1.19	1.77
4	0.729	2.282	—	0.80	1.46
5	0.577	2.115	—	0.69	1.29
6	0.483	2.004	—	0.55	1.18
7	0.419	1.924	0.076	0.51	1.11
8	0.373	1.864	0.136	0.43	1.05
9	0.337	1.816	0.184	0.41	1.01
10	0.308	1.777	0.223	0.36	0.98

注：表中"—"表示不考虑下控制界限。

2. $\bar{x}$-R 控制图的绘制

$\bar{x}$-R 控制图采用两种控制图联用，通常将 $\bar{x}$ 图放在上方，用于监控工序平均值的变化，R 图放在下方，用来监控工序散差的变化。$\bar{x}$-R 控制图的理论根据比较充分，检测生产过程不稳定的能力也强，因此是施工质量控制中最常用的一组控制图。同时，限于篇幅，仅以 $\bar{x}$-R 为例简单介绍控制图的绘制。

[**例 2-7**]　表 2-9 是路面基层厚度检测结果。试绘制该路面基层厚度的 $\bar{x}$-R 控制图。

基层厚度检测结果与计算表　　表 2-9

日期	组号	实 测 偏 差（cm）					$\sum x_i$	平均值 x_i	极差 R_i
		x_1	x_2	x_3	x_4	x_5			
5/3	1	2	−0.5	−1	−0.5	0.8	0.8	0.16	3.0
6/3	2	0	1.7	−1	1	−1	0.7	0.14	2.7
7/3	3	−1	1	1	−0.5	1	1.5	0.30	2.0
8/3	4	1	−1	0	0	0	0	0	2.0
9/3	5	1	1	0.5	1.5	−1	3.0	0.60	2.5
10/3	6	1	2	−1	0.5	2	4.5	0.90	3.0
11/3	7	2	0.5	2	1	0	5.5	1.10	2.0
12/3	8	2	2.5	0.5	1	1	7	1.40	2.0
13/3	9	2	−1	1.5	1	1.5	5	1.00	3.0
14/3	10	0	0.5	0	0	1.5	1	0.20	2.0
合计							29	5.8	24.2

解：(1) 收集数据并整理。原则上要求收集 50～100 个以上数据。本例收集实测数据 50 个。

(2) 把数据按时间和分批的顺序排列、分组。本例中 $n=5$、$K=10$。

(3) 计算各组平均值 $\bar{x}_i$、极差 R_i，并列入表 2-9 中。

(4) 计算各组平均值的平均值、极差的平均值。

$$\bar{\bar{x}} = \frac{\bar{x}_1 + \bar{x}_2 + \cdots + \bar{x}_K}{K} = \frac{5.8}{10} = 0.58$$

$$\bar{R} = \frac{R_1 + R_2 + \cdots + R_K}{K} = \frac{24.2}{10} = 2.42$$

(5) 计算控制界限。

从表 2-8 中查得 $n=5$ 时，$A_2=0.577$，$D_4=2.11$，$D_3=0$。

$\bar{x}$ 控制图：

$$CL = \bar{\bar{x}} = 0.58$$

$$UCL = \bar{\bar{x}} + A_2 \bar{R} = 0.58 + 0.577 \times 2.42 = 1.98$$

$$LCL = \bar{\bar{x}} - A_2 \bar{R} = 0.58 - 0.577 \times 2.42 = -0.82$$

R 控制图：

$$CL = \bar{R} = 2.42$$

$$UCL = D_4 \bar{R} = 2.115 \times 2.42 = 5.12$$

$$LCL = D_3 \bar{R} = 0$$

(6) 建立坐标，画出控制图。

中心线用实线表示，控制界限用虚线表示，并将样本数据按抽样顺序描在图上。$\bar{x}$ 控制图用"·"表示，R 控制图用"×"表示，出界限的点用"⊙"和"⊗"表示，见图 2-10。

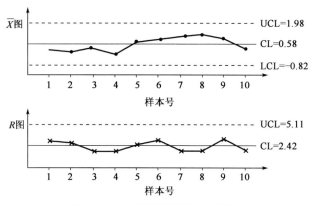

图 2-10 动态质量管理图 $\bar{x}$-R 控制图

3. 控制图的应用

通过上述 $\bar{x}$-R 控制图的绘制过程及分析可知,应用控制图的主要目的是分析判断生产过程是否稳定;及时发现生产中异常情况,预防不合格品产生;检查生产设备和工艺装备的精度是否满足生产要求;对产品进行质量评定。

怎样用控制图来分析判断生产过程是正常还是异常呢?当控制图的点满足以下两个条件:一是点没有跳出控制界限;二是点随机排列没有缺陷,就认为生产过程基本上处于控制状态,即生产正常。否则,就认为生产过程发生了异常变化,必须把引起这种变化的原因找出来,排除掉。图 2-11 给出了一组用于解释常规控制图的 8 个模式检验示意图。

虽然图 2-11 模式检验可以作为一组基本的检验,但是分析者还应留意任何可能表明过程受到特殊原因影响的独特模式。因此,每当出现可查明原因的征兆时,这些检验就应该仅仅看作是采取行动的实用规则。这些检验中所规定的任何情形的发生都表明已出现变差的可查明原因,必须加以诊断和纠正。

上下控制限分别位于中心线之上与之下的 3σ 距离处。为了应用上述检验,将控制图等分为 6 个区,每个区宽 1σ。这 6 个区的标号分别为 A、B、C、C、B、A,两个 A 区、B 区及 C 区都关于中心线对称。这些检验适用于平均值 $\bar{x}$ 图和单值 x 图。这里假定质量特性 x 的观测值服从正态分布。

三、相关图法

在质量控制中,常会接触到各个质量因素之间的关系。这些变量之间的关系往往不能进行解析描述,不能由一个(或几个)变量的数值精确地求出另一个变量的值,我们称之为非确定性关系。相关图又称散布图,就是将两个非确定性关系变量的数据对应列出,标记在坐标图上,从点的散布情况来分析研究两种数据之间关系的图。在质量控制中借助相关图进行相关分析,可研究质量结果和原因之间的关系,进一步弄清影响质量特性的主要因素。

1. 相关图的绘制

(1) 数据收集。成对地收集两种特性的数据作成数据表,数据应在 30 组以上。

(2) 设计坐标。在坐标纸上以要因作 x 轴,结果(特性)作 y 轴。找出 x、y 的最大值和最小值,以最大值与最小值的差定坐标长度,并定出适当的坐标刻度。

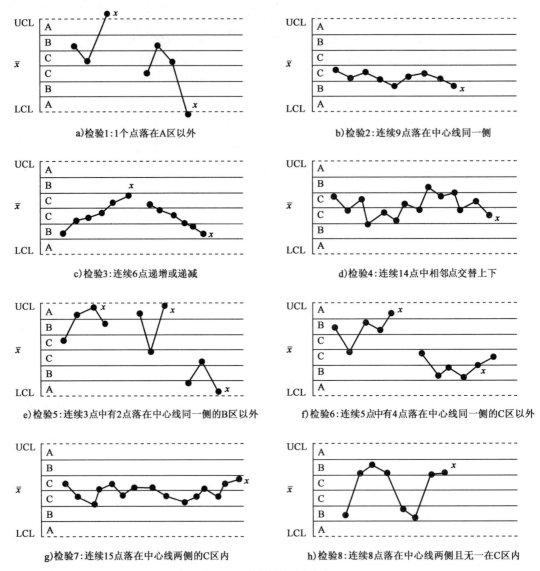

图 2-11 控制图的异常现象

（3）数据打点入座。将集中整理后的数据依次相应用"·"标出纵横坐标交点，当两个同样数据的交点重合时用⊙表示。

（4）注说明。在图中适当位置写明数据个数、收集时间、工程部位名称、制图人和制图日期等。

2. 相关图的应用

1）确定两变量（因素）之间的相关性

两变量之间的散布图大致可分为如图 2-12 所示的六种情形。

在该图中，分别表示以下关系：

（1）强正相关，如图 2-12a）所示，x 增大，y 也随之线性增大。x 与 y 之间可用直线 $y = a + bx$（b 为正数）表示。此时，只要控制住 x, y 也随之被控制住了。

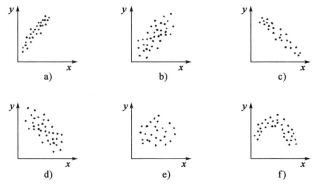

图 2-12 相关图的基本类型

(2) 弱正相关,如图 2-12b)所示,点分布在一条直线附近,且 x 增大,y 基本上随之线性增大,此时除了因素 x 外,可能还有其他因素影响 y。

(3) 强负相关。如图 2-12c)所示,x 与 y 之间可用直线 $y = a + bx$(b 为负数)表示。y 随 x 的增大而减小。此时,可以通过控制 x 而控制 y 的变化。

(4) 弱负相关。如图 2-12d)所示,x 增加,y 基本上随之线性减小,但点的分布不像强负相关那样呈直线状,此时除 x 之外,可能还有其他因素影响 y。

(5) 不相关。如图 2-12e)所示,x 增减对 y 无影响,即 x 与 y 没有关系。

(6) 非线性相关。如 2-12f)所示,点的分布呈曲线状,x、y 之间可用曲线方程进行拟合,根据两变量之间的曲线关系,可以利用 x 的控制调整实现对 y 的控制。

2) 变量控制

通过分析各变量之间的相互关系,确定出各变量之间的关联类型及其强弱。当两变量之间的关联性很强时,可以通过对容易控制(操作简单、成本低)的变量的控制达到对难控制(操作复杂、成本高)的变量的间接控制。

3) 可以把质量问题作为因变量,确定各种因素对产品质量的影响程度

当同时分析各种因素对某一质量指标的作用关系时,或某一质量现状的引发因素包含多种因素时,应尽可能将质量数据按照各种可能因素类型进行分层,如按操作人员分层、按使用设备分层、按工作时间分层、按使用原材料分层、按工艺方法分层或按工作环境分层等。将因素分层之后使原来无关的数据得以进一步细分,从而提示出更准确的内在联系。

3. 回归分析

作出相关图后,即可根据回归分析揭示两个变量(因素)之间的相关关系,并可确定它们之间的定量表达式-回归方程。因此,回归分析是研究各变量相关关系的一种数学工具。

在实际问题中,有时两个变量之间的关系是线性,而有时两个变量之间则存在非线性关系。因此,一般情况下,试验结果的数学表示包括三个方面的工作:

(1) 确定回归方程的类型。

(2) 确定回归方程中的回归系数。

(3) 回归方程相关关系的判断。

由于篇幅限制,下面仅讨论线性回归分析,对于非线性问题,往往可以通过变量变换转化

为线性回归问题进行处理。

一元线性回归是工程中经常遇到的配直线的问题。通过试验,可以得到若干组的对应数据,根据这些数据画出相关图,当点大致分布在一条直线附近时,说明两变量之间存在线性关系,即可以用一条适当的直线来表示这两变量的关系。此直线方程为:

$$Y = a + bx \tag{2-31}$$

式中:x——自变量;
Y——因变量;
a、b——回归系数。

平面上的直线很多,而 a、b 值构成的最优直线必须使 $Y = a + bx$ 方程的函数值 Y_i 与实际观察值 y_i 之差为最小。为此,根据最小二乘法原理,当所有数据偏差的平方和最小时,所配的直线最优。根据这个条件可以求得:

$$b = \frac{L_{xy}}{L_{xx}} \tag{2-32}$$

$$a = \bar{y} - b\bar{x} \tag{2-33}$$

式中:

$$L_{xy} = \sum_{i=1}^{n}(x_i - \bar{x})(y_i - \bar{y}) = \sum_{i=1}^{n} x_i y_i - n\bar{x}\bar{y} \tag{2-34}$$

$$L_{xx} = \sum_{i=1}^{n}(x_i - \bar{x})^2 = \sum_{i=1}^{n} x_i^2 - n\bar{x}^2 \tag{3-35}$$

任何两个变量 x、y 的若干组试验数据,都可以按上述方法回归出一条直线,假如两变量 x、y 之间根本不存在线性关系,那么所建立的回归方程就毫无实际意义。因此,需要引入一个数量指标来衡量其相关程度,这个指标就是相关系数,用 r 表示:

$$r = \frac{L_{xy}}{\sqrt{L_{xx} L_{yy}}} \tag{2-36}$$

式中:

$$L_{yy} = \sum_{i=1}^{n}(y_i - \bar{y})^2 = \sum_{i=1}^{n} y_i^2 - n\bar{y}^2 \tag{2-37}$$

相关系数 r 是描述回归方程线性相关的密切程度的指标;其取值范围为 $-1 \leq r \leq 1$,r 的绝对值越接近于 1,x 和 y 之间的线性关系越好。当 $r = \pm 1$ 时,x 与 y 之间符合直线函数关系,称 x 与 y 完全相关,这时所有数据点均在一条直线上。如果 r 趋近于 0,则 x 与 y 之间没有线性关系,这时 x 与 y 可能不相关,也可能是曲线相关。

对于一个具体问题,只有当相关系数 r 的绝对值大于临界值 r_α 时,才可用直线近似表示 x 与 y 之间的关系,也就是 x 与 y 之间存在线性相关关系,其中临界值 r_α 与测量数据的个数 n 和显著性水平 α 有关,可通过查表得到。

[例 2-8] 不同灰水比(C/W)的混凝土 28d 强度(R_{28})试验结果见表 2-10,试确定 $C/W \sim R_{28}$ 之间的回归方程及其相关系数 r(取显著性水平 $\alpha = 0.05$)。

解: 为计算方便,列表进行,有关计算及部分结果列于表 2-10 中。

$C/W \sim R_{28}$ 试验结果及回归计算   表 2-10

序号	$x(C/W)$	$y(R_{28})$ (MPa)	x^2	y^2	xy
1	1.25	14.3	1.5625	204.49	17.875
2	1.50	18.0	2.25	324	27
3	1.75	22.8	3.0625	519.84	39.9
4	2.00	26.7	4	712.89	53.4
5	2.25	30.3	5.0625	918.09	68.175
6	2.50	34.1	6.25	1162.81	85.25
∑	11.25	146.2	22.1875	3842.12	291.6

$\bar{x} = 1.875; \bar{y} = 124.4;$
$(\sum x)^2 = 126.5625; (\sum y)^2 = 21374.44; (\sum x)(\sum y) = 1644.75;$
$L_{xx} = 1.09375; L_{yy} = 279.7133; L_{xy} = 17.475$

根据式(2-32)和式(2-33),求得:

$$b = \frac{L_{xy}}{L_{xx}} = 15.98, \quad a = \bar{y} - b\bar{x} = -5.56$$

则回归方程为:

$$Y = 15.98x - 5.56$$

或,

$$R_{28} = 15.98(C/W) - 5.56$$

相关系数为:

$$r = \frac{L_{xy}}{\sqrt{L_{xx}L_{yy}}} = \frac{17.475}{\sqrt{1.09375 \times 279.7133}} = 0.9991$$

由试验次数 $n=6$,显著性水平 $\alpha=0.05$,查表得相关系数临界值 $r_{0.05}=0.811$。故 $r > r_{0.05}$,说明混凝土 28d 的抗压强度 R_{28} 与灰水比(C/W)是线性相关的,所确定的直线回归方程是有意义的。

第三节 抽样检验基础

检验是指通过测量、试验等质量检测方法,将工程产品与其质量标准相比较,并做出质量评判的过程。工程质量检验是工程质量控制的一个重要环节,是保证工程质量的必要手段。

检验可分为全数检验和抽样检验两大类。全数检验是对一批产品中的每一个产品进行检验,从而判断该批产品质量状况;抽样检验是从一批产品中抽出少量的单个产品进行检验,从而推断该批产品质量状况。全数检验较抽样检验可靠性好,但检验工作量非常大,往往难以实现;抽样检验方法以数理统计学为理论依据,具有很强的科学性和经济性,在许多情况下,只能采用抽样检验方法。公路工程不同于一般产品,它是一个连续的整体(即无限总体),且采用的质量检测手段又多属于破坏性的。所以,就公路工程质量检验而言,不可能采用全数检验,而只能采用抽样检验。即从待检工程中抽取样本,根据样本的质量检验结果,推断整个待检工程的质量状况,见图 2-13。

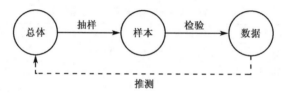

图 2-13 总体与样本的关系

一、抽样检验的类型

抽样是从总体中抽取样本的过程,并通过样本了解总体。总的来说,抽样检验分为非随机抽样与随机抽样两大类。

1. 非随机抽样

人为、有意识地挑选取样即为非随机抽样。非随机抽样中,人的主观因素占主导作用,由此所得到的质量数据,往往会对总体作出错误的判断。例如,有些部门(如施工单位)希望抽取质量较好的试样,以便得到较好的检验结果;而有些部门(如质量监督部门)则希望抽取质量较差的试样,使工程整体质量得以提高。因此,采用非随机抽样方法所得的检验结论,其可信度较低。

2. 随机抽样

随机抽样排除了人的主观因素,使待检总体中的每一个单位产品具有同等被抽取到的机会。只有随机抽取的样本才能客观地反映总体的质量状况。这类方法所得到的数据代表性强,质量检验的可靠性得到了基本保证。因此,随机抽样是以数理统计的原理,根据样本取得的质量数据来推测、判断总体的一种科学抽样检验方法,因而被广泛使用。

二、随机抽样的方法

先举一个例子,说明随机抽样的方法。假如有一批产品,共 100 箱,每箱 20 件,从中选择 200 个样本。一般有以下几种抽样方法。

(1)从整批中,任意抽取 200 件。
(2)从整批中,先分成 10 组,每组为 10 箱,然后分别从各组中任意抽取 20 件。
(3)从整批中,分别从每箱中任意抽取 2 件。
(4)从整批中,任意抽取 10 箱,对这 10 箱进行全数检验。

上述四种方法,分别称为单纯随机抽样、系统抽样、分层抽样、密集群抽样。

因此,随机抽样的方法有多种,适合于公路工程质量检验的随机抽样方式一般采用以下 3 种。

1. 单纯随机抽样

在总体中,直接抽取样本的方法即为单纯随机抽样,这是一种完全随机化的抽样方法。要实现单纯随机抽样,首先要对总体中各个个体进行编码。随机抽样并不意味着随便、任意地取样,而是应采取一定的方式获取随机数,以确保抽样的随机性。而随机数可以利用随机数表获得,也可以利用掷骰子和抽签的方法获得。

2. 系统抽样

系统地将总体分成若干部分，然后从每一个部分抽取一个或若干个个体，组成样本，这种方法称之为系统抽样。系统抽样的实现主要有以下3种方式：

(1) 将比较大的总体分为若干部分，根据样本容量的大小，在每部分按比例进行单纯随机抽样，将各部分抽取的样品组合成一个样本。

(2) 间隔定时法。每隔一定的时间，从工作面抽取一个或若干个样品。该方法适合于工序质量控制。

(3) 间隔定量法。每隔一定数量的产品，抽取一个或若干个样品，该方法主要适合于工序质量控制。

3. 分层抽样

一项工程或工序往往是由若干不同的班组施工的。分层抽样法就是根据此类情况，将工程或工序分为若干层。如同一个班组施工的工程或工序作为一层，若某项工程或工序是由3个不同的班组施工的，则可分为3层，然后按一定比例确定每层应抽取样品数，对每层则按单纯随机抽样法抽取样品。分层时，应尽量使层内均匀，而层间不均匀。分层抽样法便于了解每层的质量状况，分析每层产生质量问题的原因。

三、路基路面现场随机取样方法

为了公正、合理地反映工程质量状况，取样的位置不应带有任何倾向性，应该根据随机数表来确定现场取样的具体位置。

应用随机数表确定现场取样位置时，应事先准备好编号从1~28共28块硬纸片，并将其装入布袋中。下面分测定区间或断面和测点位置两种情况加以讨论。

1. 测定区间或断面确定方法

(1) 路段确定，根据路基路面施工或验收、质量评定方法等有关规范决定需检测的路段。它可以是一个作业段、一天完成的路段或路线全程，在路基路面工程检查验收时，通常以1km为一个检测路段，此时，检测路段的确定也应按本方法的步骤进行。

(2) 将确定的测试路段划分为一定长度的区间或按桩号间距（一般为20m）划分若干个断面，并按1、2、…、T进行编号，其中T为总的区间数或断面数。

(3) 从布袋中随机摸出一块硬纸片，硬纸片上的号数即随机数表上的栏号，从1~28栏中选出该栏号的一栏。

(4) 按照测定区间数、断面数的频度要求（总的取样数为n，当$n>30$时应分次进行），依次找出与A列中01、02、…、n对应的B列中的值，共n对对应的A、B值。

(5) 将n个B值与总的区间数或断面数T相乘，四舍五入成整数，即得到n个断面的编号。

[例2-9] 按照有关规范规定，拟从K36+000~K37+000的1km检测路段中选择20个断面测定路面宽度、高程、横坡等外形尺寸，断面决定方法如下：

(1) 1km总长的断面数$T=1000/20=50$个，编号1、2、…、50。

(2) 从布袋中摸出一块硬纸片，其编号为14，即使用随机数表的第14栏。

(3)从第14栏 A 列中挑出小于或等于20所对应的 B 列数值,将 B 与 T 相乘,四舍五入得到20个编号,并得到20个断面的桩号,如表2-11所示。

路面宽度、高程、横坡检测断面随机取样计算表 表2-11

断面编号	14栏A列	B列	$B \times T$	断面号	桩号	断面编号	14栏A列	B列	$B \times T$	断面号	桩号
1	17	0.089	4.45	4	K36+080	11	16	0.527	26.35	26	K36+520
2	10	0.149	7.45	7	K36+140	12	05	0.797	39.85	40	K36+800
3	13	0.244	12.2	12	K36+240	13	15	0.801	40.05	40	K36+820
4	08	0.264	13.2	13	K36+260	14	12	0.836	41.80	42	K36+840
5	18	0.285	14.25	14	K36+280	15	04	0.854	42.70	43	K36+860
6	02	0.340	17.0	17	K36+340	16	11	0.884	44.20	44	K36+880
7	06	0.359	17.95	18	K36+360	17	19	0.886	44.30	44	K36+900
8	20	0.387	19.35	19	K36+380	18	07	0.929	46.45	46	K36+920
9	14	0.392	19.60	20	K36+400	19	09	0.932	46.60	47	K36+940
10	03	0.408	20.40	20	K36+420	20	01	0.970	48.50	49	K36+980

2. 测点位置确定方法

(1)从布袋中任意取出一块硬纸片,纸片上的号数即为随机数表中的栏号。从1~28栏中选出该栏号的一栏。

(2)按照测点数的频度要求(总的取样数为 n)依次找出栏号的取样位置数,每个栏号均有 A、B、C 三列。根据检验数量 n(当 $n>30$ 时应分次进行),在所定栏号的 A 列找出等于所需取样位置数的全部数,如01、02、…、n。

(3)确定取样位置的纵向距离,找出与 A 列中相对应的 B 列中数值,以此数乘以检测区间的总长度,并加上该段的起点桩号,即得出取样位置距该段起点的距离或桩号。

(4)确定取样位置的横向距离,找出与 A 列中相对应的 C 列中的数值,以此数乘以检查路基路面的宽度,再减去宽度的一半,即得出取样位置离路中心线的距离。如差值是正值,表示在中心线的右侧;如差值是负值,表示在中心线的左侧。

[例2-10] 按照有关规范规定,检查验收时拟在 K36+000~K37+000 的 1km 检测路段中选择6个测点进行钻孔取样检验压实度、沥青用量和矿料级配等,钻孔位置决定方法如下:

(1)选定的随机数栏为栏号3。
(2)栏号中从上至下的数为:01、06、03、02、04、05。
(3)随机数表栏号3的 B 列中与这6个数相应的数为0.175、0.310、0.494、0.699、0.838、0.977。
(4)取样路段长度1000m,计算得出6个乘积(取样位置与该段起点的距离)分别为175m、310m、494m、699m、838m、977m。
(5)随机数表栏号3的 C 列中与 A 列数值相应的数为0.647、0.043、0.929、0.073、0.166、0.494。
(6)路面宽度为10m,计算得6个乘积分别是6.47m、0.63m、9.29m、0.73m、1.66m、

4.94m。因此,6 个取样的横向位置分别是右 1.41m、左 4.37m、右 4.29m、左 4.27m、左 3.34m、左 0.06m。

上述计算结果可采用表 2-12 的方式表示。

钻孔位置取样选点计算表　　　　　　　　　　　　　　表 2-12

栏号 3		取样路段长 1000m			路面宽度 10m		测点数 6 个
编号	A 列	B 列	距起点距离(m)	桩号	C 列	距路边缘距离(m)	距中线位置(m)
No.1	01	0.175	175	K36+175	0.647	6.47	右 1.47
No.2	06	0.310	310	K36+310	0.043	0.43	左 4.57
No.3	03	0.494	494	K36+494	0.929	9.29	右 4.29
No.4	02	0.699	699	K36+699	0.073	0.73	左 4.27
No.5	04	0.838	838	K36+837	0.166	1.66	左 3.34
No.6	05	0.977	977	K36+977	0.494	4.94	左 0.06

四、抽样检验的评定方法

抽样检验的目的,就是根据样本取得的质量数据来推测样本所属的一批产品或工序的质量状况,并判断该批产品或该工序是否合格。

根据《公路工程质量检验评定标准　第一册　土建工程》(JTG F80/1—2017),公路工程质量评定采用合格率法,也就是根据检查值是否符合标准要求进行评定,具体内容如下。

1. 一般规定

(1)公路工程质量检验评定应按分项工程、分部工程、单位工程逐级进行,并应符合下列规定:

①在合同段中,具有独立施工条件和结构功能的工程为单位工程。

②在单位工程中,按路段长度、结构部位及施工特点等划分的工程为分部工程。

③在分部工程中,根据施工工序、工艺或材料等划分的工程为分项工程。

(2)单位工程、分部工程和分项工程应在施工准备阶段按 JTG F80/1—2017 附录 A 进行划分。

(3)公路工程质量检验评定应符合下列规定:

①分项工程完工后,应根据 JTG F80/1—2017 进行检验,对工程质量进行评定。隐蔽工程在隐蔽前应检查合格。

②分部工程、单位工程完工后,应汇总评定所属分项工程、分部工程质量资料,检查外观质量,对工程质量进行评定。

2. 工程质量检验

(1)分项工程应按基本要求、实测项目、外观质量和质量保证资料等检验项目分别检查。

(2)分项工程质量应在所使用的原材料、半成品、成品及施工控制要点等符合基本要求的规定,无外观质量限制缺陷且质量保证资料真实齐全时,方可进行检验评定。

(3)基本要求检查应符合下列规定:

①分项工程应对所列基本要求逐项检查,经检查不符合规定时,不得进行工程质量的检验评定。

②分项工程所用的各种原材料的品种、规格、质量及混合料配合比和半成品、成品应符合有关技术标准规定并满足设计要求。

(4)实测项目检验应符合下列规定:

①对检查项目按规定的检查方法和频率进行随机抽样检验并计算合格率。

②JTG F80/1—2017 规定的检查方法为标准方法,采用其他高效检测方法应经比对确认。

③JTG F80/1—2017 中以路段长度规定的检查频率为双车道路段的最低检查频率,对多车道应按车道数与双车道之比相应增加检查数量。

④应按式(2-38)计算检查项目合格率:

$$检查项目合格率 = \frac{检查合格的点(组)数}{该检查项目的全部检验点(组)数} \times 100\% \quad (2-38)$$

(5)检查项目合格判定应符合下列规定:

①关键项目的合格率应不低于95%(机电工程为100%),否则该检查项目为不合格。

②一般项目的合格率应不低于80%,否则该检查项目为不合格。

③有规定极值的检查项目,任一单个检测值不应突破规定极值,否则该检查项目为不合格。

④采用 JTG F80/1—2017 标准附录 B 至附录 S 所列方法进行检验评定的检查项目,不满足要求时,该检查项目为不合格。

(6)外观质量应进行全面检查,并满足规定要求,否则该检验项目为不合格。

(7)工程应有真实、准确、齐全、完整的施工原始记录、试验检测数据、质量检验结果等质量保证资料。质量保证资料应包括下列内容:

①所用原材料、半成品和成品质量检验结果。

②材料配合比、拌和加工控制检验和试验数据。

③地基处理、隐蔽工程施工记录和桥梁、隧道施工监控资料。

④质量控制指标的试验记录和质量检验汇总图表。

⑤施工过程中遇到的非正常情况记录及其对工程质量影响分析评价资料。

⑥施工过程中如发生质量事故,经处理补救后达到设计要求的认可证明文件等。

(8)检验项目评为不合格的,应进行整修或返工处理直至合格。

3. 工程质量评定

(1)工程质量等级应分为合格与不合格。

(2)分项工程、分部工程、单位工程质量评定应有符合 JTG F80/1—2017 附录 K 规定的资料。

(3)分项工程质量评定合格应符合下列规定:

①检验记录应完整。

②实测项目应合格。

③外观质量应满足要求。

(4)分部工程质量评定合格应符合下列规定：

①评定资料应完整。

②所含分项工程及实测项目应合格。

③外观质量应满足要求。

(5)单位工程质量评定合格应符合下列规定：

①评定资料应完整。

②所含分部工程应合格。

③外观质量应满足要求。

(6)评定为不合格的分项工程、分部工程，经返工、加固、补强或调测，满足设计要求后，可重新进行检验评定。

(7)所含单位工程合格，该合同段评定为合格；所含合同段合格，该建设项目评定为合格。

第三章 路基工程施工质量监理

第一节 路基工程概述

公路路基工程施工监理,应遵守国家建设工程的有关法律、法规和规范,建立健全质量保证体系,明确质量责任,加强质量管理。应遵守国家安全生产的有关法律法规,建立健全安全生产管理体系,明确安全责任,制订安全技术措施,严格执行安全操作规程,实行科学可行的施工工艺,保障施工人员的职业健康和生命安全。路基施工应遵守国家环境保护的有关法律法规,节约用地、少占农田、减少污染、保护环境,路基施工完工后应按要求对取土坑和弃土场进行修整。应积极推广应用可靠的新技术、新工艺、新材料和新设备。应推行标准化,提高规范化和精细化水平。

一、路基的形式及基本要求

1. 路基

公路是一种线形工程构造物。它主要承受和满足汽车荷载的重复作用,以及经受各种自然因素的长期影响。由于地形、地质、经济条件的限制及行车需要,公路中线在平面上有弯曲,在竖直方向上有起伏,是一条空间曲线,其形状称为公路的线形。

路基是公路线形的主体,它贯穿公路全线,并与沿线的桥梁、隧道和涵洞等相连接,路基是路面的基础,它与路面共同承担汽车及其他荷载的作用,路面靠路基来支承,没有稳固的路基就没有稳固的路面。

路基是按照路线位置和一定的技术要求修筑的作为路面基础的带状构造物。

路基的干湿类型表示路基在最不利季节的干湿状态,分为干燥、中湿、潮湿和过湿四类。原有公路路基的干湿类型,可以根据路基的分界相对含水率或分界稠度划分;新建公路路基的干湿类型可以用路基临界高度来判别。高速公路路基应保持干燥或中湿状态。

2. 路基的形式

路基的横断面如图 3-1 所示。由于地形的变化,道路设计高程与天然地面高程的相互关系不同,一般常见的路基横断面形式有路堤和路堑两种,高于天然地面的填方路基称为路堤[图 3-1a)],低于天然地面的挖方路基称为路堑[图 3-1b)],介于两者之间的称为半填半挖路基[图 3-1c)]。

为了保证路基稳定,必须修建适宜的排水系统,用以排除地面水和地下水(如边沟、截水沟、排水沟、跌水、急流槽和盲沟、渗沟、渗井等排水设施)。在修建山区公路时,还常需修筑各种防护工程和特殊构筑物,如在山坡较陡时,为了保证路基的稳定和节省土方量,往往需修筑挡土墙(图 3-2);石砌边坡(图 3-3)和护脚;再如为保护岩石路堑边坡避免自然因素侵蚀而砌筑的护面墙和为防止土质路堤免受常年积水影响而修筑的护坡(图 3-4)。

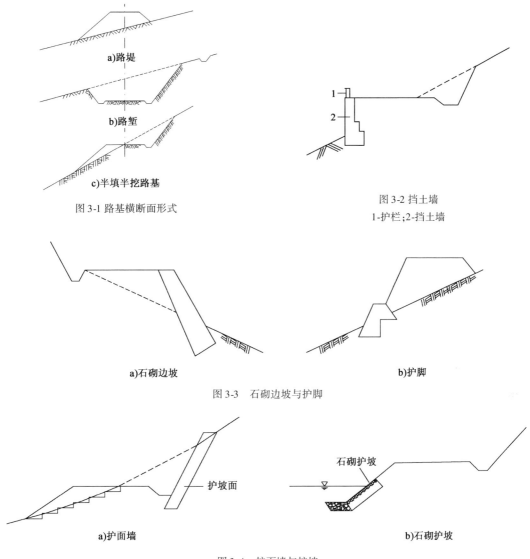

图 3-1 路基横断面形式

图 3-2 挡土墙
1-护栏;2-挡土墙

图 3-3 石砌边坡与护脚

图 3-4 护面墙与护坡

3. 对路基的基本要求

路基要有足够的强度和稳定性,才能保证正常的路面使用。因此,除要求路基断面尺寸符合设计外,路基应满足下列基本要求。

(1)具有足够的整体稳定性。路基是在天然地面上填筑或挖去一部分而建成。路基修建后,改变了原地面的天然平衡状态,当地质不良时,修建路基可能加剧原地面的不平衡状态,从而发生沉陷、滑坍、崩塌等病害,造成路基损害。为防止路基在行车荷载及自然因素作用下发生较大的变形或破坏,必须因地制宜采取一定措施来保证路基整体稳定性。

(2)具有足够的强度。路基强度是指在行车荷载作用下,路基抵抗变形的能力。行车荷载及路基路面自重同时对路基下层及地基形成一定压力,这些压力都可能使路基产生变形,直接影响路面结构的使用性能。为保证路基在外力及自重作用下,不致产生超过容许范围的变形,要求路基具有足够的强度。

(3)具有足够的水稳定性。水稳性差的路基在地面水及地下水的作用下,其强度将会显著降低。特别是在冰冻地区,由于水温的变化,路基发生周期性冻融作用,形成冻胀与翻浆,路基的强度急剧下降。因此,路基不仅要求有足够的强度,还应采取措施确保路基在不利的水状况下强度不致过度降低,这就要求路基应具有一定的水稳定性。

4.路基的几何要素

路基的几何要素主要指路基宽度、路基高度和路基边坡坡度等。

公路路基的宽度指路基某一横断面上两路肩外缘之间的距离,一般为行车道与路肩宽度之和。当设有中间带、变速车道、爬坡车道、紧急停车带时,尚应包括这部分的宽度。公路等级越高,路基的宽度越大。

路基高度是指路堤的填筑高度或路堑的开挖深度,是路基设计高程与原地面高程之差。

由于原地面横向往往有倾斜,在路基宽度范围内,两侧的相对高差常有不同。通常,路基高度是指路中心线处的设计高程与该处原地面高程之差,但对路基边坡高度来说,则指坡脚或坡顶边缘高程与路肩边缘高程之差。所以,路基高度有中心高度与边坡高度之分。在正常条件下,可根据土质类别的不同,将边坡高度小于1m的填方路基称为矮路堤,将大于18m(土质)或20m(石质)的填方视为高路堤,将大于20m的挖方视为深路堑。

为保证路基稳定而在其两侧做成的具有一定坡度的坡面称为路基边坡。公路路基的边坡坡度,可用边坡高度 H 与边坡宽度 b 之比值表示。路基边坡坡度对路基的稳定起重要的作用,边坡坡度的大小取决于边坡的土质、岩石的性质及水文地质条件等自然因素和边坡的高度。

路基根据材料和使用要求可分为上路床、下路床、上路堤、下路堤。填方路基结构 0~30cm 范围称为上路床。路基填料要求挖取方便、压实容易、强度高、水稳定性好。其中强度要求按 CBR(加州承载比)值确定,通过取土试验确定填料最小强度和最大粒径。

二、路基土的分类

(1)按照《公路土工试验规程》(JTG E40—2007)中土的工程分类方法,依据土的颗粒组成特征、土的塑性指标和土的有机质含量的情况,将土分为巨粒土、粗粒土、细粒土和特殊土四大类,并进一步细分为12种土。巨粒土分为漂石土、卵石土,粗粒土分为砾类土、砂类土,细粒土分为粉质土、黏质土、有机土,特殊土分为黄土、膨胀土、红黏土、盐渍土、冻土。

(2)路基土的工程性质。

各类工程用土具有不同的工程性质,在选择路基填料以及修筑稳定路面结构层时,应根据不同的土类分别采取不同的工程技术措施。

巨粒土具有很高的强度和稳定性,是良好的填筑路基的材料。

砾类土级配良好时,密实程度好,强度和稳定性均能满足要求。砂类土无塑性,透水性强,毛细水上升高度小,具有较大的内摩擦角,强度和水稳定性均好,但砂类土黏结性小,易于松散,压实困难。经充分压实的砂类土路基,压缩变形小,稳定性好。为了加强压实和提高稳定性,可以采用振动法压实,并可掺加少量黏土,以改善级配组成。砂类土级配较好时,既含有一定数量的粗颗粒,又含有一定数量的细颗粒,强度、稳定性等都能满足要求,是理想的路基填筑材料。如细粒土质砂,其粒径组成接近最佳级配,遇水不黏着、不膨胀,雨天不泥泞,晴天不扬尘,便于施工。

粉质土含有较多的粉土颗粒,干时虽有黏性,但易于破碎,浸水时容易成为流动状态。粉土毛细作用强烈,毛细水上升高度大。在季节性冰冻地区容易造成冻胀、翻浆等病害。粉质土属于不良的公路用土,如必须用粉质土填筑路基,则应采取技术措施改良土质并加强排水或隔离水等。

黏质土中细颗粒含量多,土的内摩擦系数小而黏聚力大,透水性小而吸水能力强,毛细现象显著,有较大的可塑性。黏质土干燥时较坚硬,施工时不易破碎。浸湿后能长期保持水分,不易挥发,因而承载力小。对于黏质土,如在适当含水率时加以充分压实,并设置良好的排水设施,筑成的路基也能获得稳定。

高液限黏土工程性质与黏质土相似,但其含黏土矿物成分不同时,性质有很大差别。黏土矿物主要包括蒙脱土、伊利土、高岭土。蒙脱土主要分布在东北地区,其塑性大,吸湿后膨胀强烈,干燥时收缩大、透水性极低、压缩性大、抗剪强度低。高岭土分布在南方地区,其塑性较低,有较高的抗剪强度和透水性,吸水和膨胀量较小。伊利土分布在华中和华北地区,性质介于上述两者之间。高液限黏土不透水,黏聚力特别强,塑性很大,干燥时很坚硬,施工时难挖掘与破碎。

总的来说,土作为路基建筑材料,砂类土最优;黏质土次之;粉质土属不良材料,最容易引起路基病害;高液限黏土特别是蒙脱土也是不良的路基土。此外,还有一些特殊土,如有特殊结构的土(黄土)、含有机质的土(腐殖土)以及含易溶盐的土(盐渍土)等。黄土属大孔和多孔结构,有湿陷性;膨胀土受水浸湿发生膨胀,失水则收缩;红黏土失水后体积收缩量较大;盐渍土潮湿时承载力很低。因此,这几种土如用于填筑路基,必须采取相应的技术措施加以改善。

三、路基填方工程试验路段

根据规范要求,为了保证路基填筑质量,检验施工方案和机械设备,为随后的施工积累经验和取得有关参数,检验和提高施工人员的施工水平和管理水平,要进行路基试验段施工。主要目的有:①确定压路机型号以及各种机械的使用最佳配合;②确定松铺厚度和压实厚度;③确定压实工艺、碾压遍数、弱振、强振、收面等组合;④确定不同含水率的压实工艺;⑤检验施工组织管理和相关人员的配合。因此,通过试验路段施工的检测和试验工作,以确定土方工程的压实系数、压实遍数、行走速度、松铺厚度及压实含水率等参数,施工单位根据试验段总结经验编写试验段施工总结报告报送监理机构,监理机构批复后,施工单位才可对路基填方展开施工。

(1)下列情况应进行试验路段施工,监理工程师要做好审查,并严格审批试验段开工报告。

①二级及二级以上公路路堤。

②填石路堤、土石路堤。

③特殊填料路堤。

④特殊路基。

⑤拟采用新技术、新工艺、新材料、新设备的路基。

⑥其他监理工程师指示需要试验段的路基。

（2）测量准备。在路基填筑工程开工前，恢复路基中线和边桩，通知监理工程师对填筑断面的实地放样结果进行复核，经监理工程师批准后进行路基填筑前的清表工作，平整压实地基。

（3）试验路段应选择地质条件、路基断面形式等具有代表性的地段，长度宜不小于200m。路基基底根据施工时的地形和地质条件，按设计文件要求砍伐地面附着物，挖除所有树根，用推土机推去表层土，清除地表腐殖土、草皮或其他不宜作填料的土方及垃圾，并集中堆放在不妨碍施工的非耕地内，以备借土场、取土坑回填或复耕利用；对因挖除树根、障碍物而留下的孔洞、坑穴按施工规范有关规定进行回填、压实，以保证基底稳固，同时与永久排水设施相结合，做好临时排水工作。

（4）技术准备。
①熟悉掌握设计意图及规范有关要求，领会设计意图。
②完成对现场操作人员的技术交底。

（5）试验准备。将预备填筑的填料取样，再进行所需填料的各种试验，包括土的液塑限、塑性指数、CBR值、标准击实试验等土工试验，并将各项试验结果汇总，填写试验报告报监理工程师认可，待监理工程师认可后方可使用。

（6）试验路段施工应严格按照批复方案组织施工，多选用几种组织方式及施工工艺施工，找出最佳施工工艺，监理工程师要严格旁站和巡查，认真进行质量检验。

（7）在对原地面清表整平压实后，自检压实度合格，经监理工程师抽检合格后，方可进行路基填筑施工。运输采用自卸车运输，挖掘机装车，推土机摊铺。为了测试松铺系数，试验路每一层填土的松铺厚度和压实厚度必须有详细的测量记录。每层填料铺设宽度应超出每层路堤的设计宽度30cm以上，以保证完工后的路堤边缘有足够的压实度。

（8）碾压。土方路基碾压时，按照"先压边缘、后压中间，先慢后快，先静压、后振动"的操作进行，第一遍静压，然后先慢、后快，先外、后内，由弱振至强振，由外向内、纵向进退式进行。现场技术员跟随压路机随时检查，并做好记录，确保无漏压，无死角，压实的表面做到嵌挤无松动，密实，无明显孔隙、空洞，平整无起伏。碾压前现场技术人员向压路机司机进行技术交底，内容包括碾压范围、压实遍数、行驶速度、碾压顺序等。

（9）试验路段施工总结宜包括下列内容：
①试验路段基本概况。
②填料试验、检测报告等。
③压实工艺主要参数包括机械组合、压实机械规格、松铺厚度、松铺系数、碾压遍数、碾压速度、最佳含水率及碾压时含水率范围等。
④过程工艺控制方法。
⑤质量控制标准。
⑥施工组织方案及工艺的优化。
⑦原始记录、过程记录。
⑧对施工图的修改建议等。
⑨为了检验施工组织管理和相关配合机构的效能。
⑩安全保证措施。

⑪环保措施等。

四、路基工程质量监理工作流程

路基工程质量监理工作流程如图 3-5 所示。

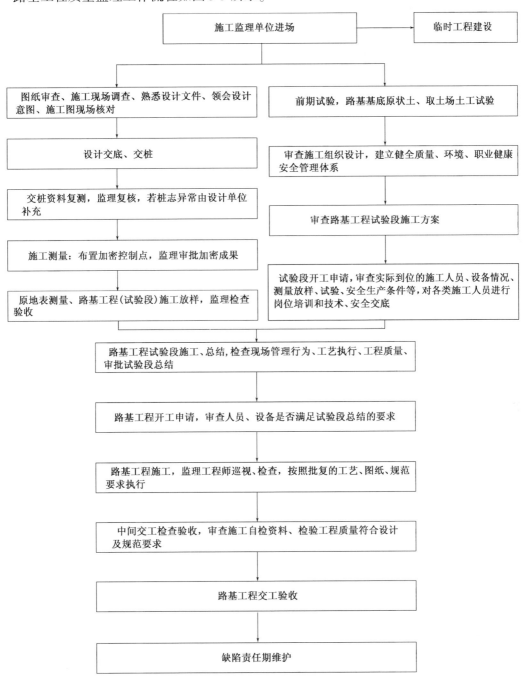

图 3-5 路基工程质量监理工作流程

第二节 一般路基施工质量监理

一、路基施工准备阶段监理要求

在路基施工准备阶段(即施工单位或监理单位进场至正式签发开工通知书之前),监理工程师的主要工作重点是:根据合同条件对施工单位开工前的准备工作进行检查,主要检查材料、施工机械、施工单位方案、自检体系等,还应检查承包人进行的施工测量和前期试验。

1. 一般要求

(1)路基工程施工前,应熟悉设计文件、理解设计意图。形成审查意见后要报建设单位处理。

(2)应进行施工调查及现场核对,根据设计要求、合同条件及现场情况等审批施工组织设计和施工计划。

(3)路基开工前,要求施工单位建立健全质量、安全、环境管理等体系,对各类施工人员进行岗位培训和技术、安全交底。

(4)做好临时工程的审查。临时工程应满足正常施工需要,保证路基施工影响范围内原有道路、结构物的使用功能,保护农田水利设施等。临时工程宜与永久工程相结合。

(5)对拟采用新技术、新工艺、新材料、新设备的工程项目,应提前做好试验研究和论证工作。

2. 测量

(1)应根据公路等级和测量精度要求,选择适宜测量方法。控制性桩点,应组织相关单位现场交桩,在复测原控制网的基础上,根据施工需要加密、优化,建立施工测量控制网,控制桩点要妥善保护。

(2)平面控制测量应符合下列规定:

①平面控制测量应采用卫星定位测量、导线测量、三角测量或三边测量方法进行。

②平面控制测量等级与技术要求应符合现行《公路路基施工技术规范》(JTG/T 3610)的规定。

③卫星定位测量、导线测量、三角测量或三边测量的主要技术指标应符合相关规定。

(3)高程控制测量应符合下列规定:

①高程控制测量应采用水准测量或三角高程测量的方法进行。

②高程控制测量等级与技术要求应符合相关规定。

③水准测量、光电测距三角高程测量的主要技术要求应符合相关规定。

(4)路基施工与隧道、桥梁施工共用的控制点,尚应符合现行《公路隧道施工技术规范》(JTG 3660)、《公路桥涵施工技术规范》(JTG/T F50)的有关规定。

(5)施工期间,应监督施工单位保护好所有控制桩点,及时恢复被破坏的桩点,根据情况和需要对控制桩点进行复测。

(6)导线复测应符合下列规定：

①导线测量精度应符合相关要求。

②原有导线点不能满足施工需要时，应增设满足相应精度要求的附合导线点。

③同一建设项目内相邻施工段的导线应闭合，并满足同等级精度要求。

④可能受施工影响的导线点，施工前应加固或改移，并应保持其精度。

⑤监理工程师应要求对导线桩点进行不定期检查和定期复测，复测周期应不超过6个月，并做好抽检工作。

(7)水准点复测与加密应符合下列规定：

①水准点精度应符合要求。

②同一建设项目应采用同一高程系统，并应与相邻项目高程系统相有接。

③沿线每500m宜有一个水准点。高速公路、一级公路宜加密，每200m一个水准点。在结构物附近、高填深挖路段、工程量集中及地形复杂路段，宜增设水准点。临时水准点应符合相应等级的精度要求，并与相邻水准点闭合。

④对可能受施工影响的水准点，要求施工前应加固或改移，并应保持其精度。

⑤水准点应进行不定期检查和定期复测，复测周期应不超过6个月，监理工程师应做好抽检。

(8)中线放样应符合下列规定：

①路基开工前，应要求施工单位进行全段中线放样并应固定路线主要控制桩，宜采用坐标法进行测量放样。

②中线放样时，应注意路线中线与结构物中心、相邻施工段的中线闭合，发现问题应及时查明原因，进行处理。

③发现实际放样与设计图纸不符时，应查明原因后进行处理。

(9)路基放样应符合下列规定：

①要求施工前应对原地面进行复测，核对或补充横断面。

②施工前应设置标识桩，将路基用地界、路堤坡脚、路堑坡顶、取土坑、护坡道、弃土堆等的具体位置标识清楚。

③深挖高填路段，每挖填3~5m或者一个边坡平台应复测中线和横断面。

(10)每项测量成果监理工程师应进行复核，原始记录应存档。

路基施工测量除应符合现行《公路路基施工技术规范》(JTG/T 3610)规定外，尚应符合现行《公路勘测规范》(JTG C10)的有关规定。

3. 试验

(1)路基施工前，根据合同规定建立试验室，应要求施工单位建立具备符合现场试验检测能力的工地试验室。

(2)路基填前碾压前，应要求施工单位对路基基底原状土进行取样试验。每公里应至少取2个点，并应根据土质变化增加取样点数。

(3)应及时对拟作为路堤填料的材料进行取样试验。土的试验项目应包括天然含水率、液限、塑限、颗粒分析、击实、CBR 等，必要时还应做相对密度、有机质含量、易溶盐含量、冻胀和膨胀量等试验，监理工程师做好平行试验。

（4）使用特殊材料作为填料时，应按相关标准进行相应试验检验，经监理工程师批准后方可使用。

4. 地表处理

（1）地基表层碾压处理压实度控制标准：二级及二级以上公路一般土质应不小于90%；三、四级公路应不小于85%。低路堤应对地基表层土进行超挖、分层回填压实，其处理深度应不小于路床厚度。

（2）原地面坑、洞、穴等，应在清除沉积物后，用合格填料分层回填、分层压实，压实度应符合相关规范规定。对可能存在空洞隐患的，应结合具体情况采取相应的处置措施。

（3）泉眼或露头地下水，应按设计要求采取有效导排措施，将地下水引离后方可填筑路堤。

（4）地基为耕地、松散土质、水稻田、湖塘、软土、过湿土等的，应按设计要求进行处理，局部软弹的部分应采取有效的处理措施。

（5）陡坡地段、填挖结合部、土石混合地段、高填方地段地基等应按设计要求进行处理。

（6）地下水位较高时，应按设计要求进行处理。

（7）特殊地段路基应先核对地勘资料，确定设计资料与实际的符合性、处理方法的适用性，必要时重新补勘地质、水文资料，根据结果重新确定处理方案。

二、路基施工质量一般要求

路基施工前，应要求施工单位按规定上报分部工程及主要分项工程开工申请，监理工程师应进行审查，并在规定的期限内批复。审查应包括：施工方案及主要施工工艺控制要点等是否符合有关技术标准，技术、质量和安全管理人员及主要操作人员的配备是否满足合同要求和施工需要，施工设备的投入是否满足合同要求和施工需要。在施工过程中，监理工程师应对施工单位主体责任落实情况、施工合同执行情况和质量安全等保证体系运行情况进行监督检查。在各工序和分项工程完成后做好质量抽检，并做好记录，及时验收，按期签认。发现问题及时提出并要求施工单位限期改正。

1. 路基

路基填料应符合下列规定：
（1）宜选用级配好的砾类土、砂类土等粗粒土作为填料。
（2）含草皮、生活垃圾、树根、腐殖质的土严禁作为填料。
（3）泥炭土、淤泥、冻土、强膨胀土、有机质土及易溶盐超过允许含量的土等，不得直接用于填筑路基；确需使用时，应采取技术措施进行处理，经检验满足要求后方可使用。
（4）粉质土不宜直接用于填筑二级及二级以上公路的路床，不得直接用于填筑冰冻地区的路床及浸水部分的路堤。

路基填料最小承载比和最大粒径应符合表3-1的规定。

路基填料最小承载比和最大粒径要求 表3-1

填料应用部位（路面底面以下深度）(m)				填料最小承载比（CBR）(%)			填料最大粒径(mm)
				高速公路、一级公路	二级公路	三级、四级公路	
路堤	上路床		0~0.3	8	6	5	100
	下路床	轻、中及重交通	0.30~0.80	5	4	3	100
		特重、极重交通	0.30~1.20				
	上路堤	轻、中及重交通	0.80~1.50	4	3	3	150
		特重、极重交通	1.2~1.9				
	下路堤	轻、中及重交通	大于1.50	3	2	2	150
		特重、极重交通	大于1.90				
零填及挖方路基	上路床		0~0.30	8	6	5	100
	下路床	轻、中及重交通	0.30~0.80	5	4	3	100
		特重、极重交通	0.3~1.2				

注：1. 表列承载比是根据路基不同填筑部位压实标准的要求，按《公路土工试验规程》(JTG E40—2007)试验方法规定浸水96h确定的CBR。
   2. 三级、四级公路铺筑沥青混凝土和水泥混凝土路面时，应采用二级公路的规定。
   3. 表中上、下路堤填料最大粒径150mm的规定不适用于填石路堤和土石路堤。

2. 路床

（1）路床填料应符合要求，高速公路、一级公路路床填料宜采用砂砾、碎石等水稳性好的粗粒料，也可采用级配好的碎石土、砾石土等；粗粒料缺乏时，可采用无机结合料改良细粒土。

（2）零填、挖方路段的路床施工应符合下列规定：

①路床范围原状土符合要求的，可直接进行成形施工。

②路床范围为过湿土时，应进行换填处理，设计有规定时按设计厚度换填，设计未规定时按要求换填，高速公路、一级公路换填厚度宜为0.8~1.2m，若过湿土的总厚度小于1.5m，则宜全部换填；二级公路的换填厚度宜为0.5~0.8m。

③高速公路、一级公路路床范围为崩解性岩石或强风化软岩时应进行换填处理，设计有规定时按设计厚度换填，设计未规定时换填厚度宜为0.3~0.5m。

（3）路床填筑，每层最大压实厚度宜不大于300mm，顶面最后一层压实厚度应不小于100mm。

三、挖方路基施工质量要求

（1）土方开挖应符合下列规定：

①应自上而下逐级进行，严禁掏底开挖。

②开挖至边坡线前，应预留一定宽度，预留的宽度应保证刷坡过程中设计边坡线外的土层不受到扰动。

③拟用作路基填料的土方,应分类开挖、分类使用。非适用材料作为弃方时,应按规范规定处理。

④开挖至零填、路堑路床部分后,应及时进行路床施工;如不能及时进行,宜在设计路床顶高程以上预留至少300mm厚的保护层。

⑤应采取临时排水措施,施工作业面不得积水。

(2)土方开挖遇到地下水时,应按下列规定处理:

①应采取排导措施,将水引入路基排水系统,不得随意堵塞泉眼。

②路床土含水率高或为含水层时,应采取设置渗沟、换填、改良土质等处理措施。路床填料除应符合规定,应具有好的透水性和水稳定性。

(3)石方开挖的方式如下:

①钻爆开挖。此方法为当前广泛采用的开挖施工方法。

②直接用机械开挖。使用带有破碎锤的挖掘机开挖,一次性破碎深度约0.6~1.0m,适用于场地开阔、大方量的软岩石。

③静力爆破法。膨胀剂放入钻好的孔内,利用化学膨胀产生的力,缓慢作用孔周围土石方,使周围土石破裂破碎的一种方法。

(4)爆破施工。

爆破是石质路基施工最有效的施工方法,亦可用以爆松冻土、炸除软土、淤泥、开采石料等。山区公路路基石方工程量大而且集中,据统计一般约占土石方总量的45%~75%,采用爆破法施工,不但大大提高工效、缩短工期、节约劳动力,而且可以改善线形、提高公路使用质量。路基施工常用的爆破方法有光面爆破、预裂爆破、微差爆破、定向爆破和硐室爆破等。

(5)石方开挖施工应符合下列规定:

①应根据岩石的类别、风化程度、岩层产状、岩体断裂构造、施工环境等因素确定开挖方案,监理工程师应按程序审批。

②应逐级开挖,逐级按设计要求进行防护。

③施工过程中,每挖深3~5m应进行边坡边线和坡率的复测。

④爆破作业应符合现行《爆破安全规程》(GB 6722)的有关规定。

⑤严禁采用硐室爆破,靠近边坡部位的硬质岩应采用光面爆破或预裂爆破。

⑥爆破法开挖石方,应先查明空中缆线、地下管线的位置,开挖边界线外可能受爆破影响的建筑物结构类型、居民居住情况等,对不能满足安全距离的石方宜采用化学静态爆破或机械开挖。

⑦边坡应逐级进行整修,同时清除危石及松动石块。

(6)石质路床清理应符合下列规定:

①欠挖部分应予凿除,超挖部分应采用强度高的砂砾、碎石进行找平处理,不得采用细粒土找平。

②路床底面有地下水时,可设置渗沟进行排导,渗沟应采用硬质碎石回填。

③路床的边沟应与路床同步施工。

(7)深挖路堑施工应符合下列规定:

①应根据地形特征设置边坡观测点,施工过程中应对深挖路堑的稳定性进行监测。
②施工过程中,应核查地质情况,如与设计不符应及时反馈处理。
③每挖深3~5m应复测一次边坡。

四、填土路基施工质量要求

(1)路基填筑应符合下列规定:
①性质不同的填料,应水平分层、分段填筑,分层压实。同一层路基应采用同一种填料,不得混合填筑。每种填料的填筑层压实后的连续厚度宜不小于500mm。路基上部宜采用水稳性好或冻胀敏感性小的填料。有地下水的路段或浸水路堤,应填筑水稳性好的填料。填料的选择要经过监理工程师批准。
②在透水性差的压实层上填筑透水性好的填料前,应在其表面设2%~4%的双向横坡,并采取相应的防水措施。
③每种填料的松铺厚度应通过试验确定。
④每一填筑层压实后的宽度不得小于设计宽度。
⑤路堤填筑时,应从最低处起分层填筑,逐层压实。
⑥填方分几个作业段施工时,接头部位如不能交替填筑,先填路段应按1:1~1:2坡度分层留台阶;如能交替填筑,应分层相互交替搭接,搭接长度应不小于2m。

(2)湿黏土路堤施工应符合下列规定:
①应按设计要求对基底湿黏土层进行处理。
②湿黏土填料宜采用石灰进行改良,石灰宜采用消石灰或磨细生石灰粉。石灰粒径应不大于20mm,质量宜符合三级及三级以上标准。
③施工前应取现场有代表性的土做石灰掺配试验,确定石灰用量。
④灰土拌和可采用路拌法,翻拌后填料的块状粒径超过15mm的含量宜小于15%,填筑层厚度宜不超过200mm。
⑤改良后的湿黏土路堤质量应采用灰剂量与压实度两个指标控制,灰剂量应不低于设计掺量,压实度应符合表3-2的规定。应采用设计灰剂量的击实试验确定最大干密度。

土质路基压实度标准　　　　　　表3-2

填料部位(路面底面以下深度)(m)			压实度(%)		
			高速公路、一级公路	二级公路	三级、四级公路
填方路堤	上路床		0~0.3	≥96	≥95	≥94
	下路床	轻、中及重交通	0.30~0.80	≥96	≥95	≥94
		特重、极重交通	0.30~1.20			—
	上路堤	轻、中及重交通	0.80~1.50	≥94	≥94	≥3
		特重、极重交通	1.2~1.9			—
	下路堤	轻、中及重交通	>1.50	≥93	≥92	≥90
		特重、极重交通	>1.90			

续上表

填料部位(路面底面以下深度)(m)				压实度(%)		
				高速公路、一级公路	二级公路	三级、四级公路
零填及挖方路基	上路床		0~0.30	≥96	≥95	≥94
	下路床	轻、中及重交通	0.30~0.80	≥96	≥95	—
		特重、极重交通	0.3~1.2			

注:1.表列压实度以《公路土工试验规程》(JTG E40—2007)重型击实试验法为准。
2.三级、四级公路铺筑水泥混凝土路面或沥青混凝土路面时,其压实度应采用二级公路的规定值。
3.路堤采用特殊填料或处于特殊气候地区时,压实度标准在保证路基强度要求的前提下根据试验路段和当地工程经验确定。
4.特殊干旱地区的压实度标准可降低2~3个百分点。

(3)填土路堤施工过程质量控制应符合下列规定:
①施工过程中,每一压实层均应进行压实度检测,压实度检测可采用灌砂法、环刀法等方法,检测应符合现行《公路路基路面现场测试规程》(JTG 3450)的有关规定,监理工程师必须进行确认和抽检。
②施工过程中,每填筑高2m宜检测路线中线和宽度。
(4)路堤填筑至设计高程并整修完成后,其施工质量应符合表3-3的规定。监理工程师必须进行抽检和中间交工确认,并报质监部门检查认可。

土质路堤、土石路堤施工质量标准　　　　表3-3

项次	检查项目	规定值或允许偏差			检验方法和频率
		高速公路、一级公路	二级公路	三级、四级公路	
1	压实度	符合表3-2规定	符合表3-2规定	符合表3-2规定	密度法:每200m每压实层测2处
2	弯沉(0.01mm)	满足设计要求	满足设计要求	满足设计要求	
3	纵断高程(mm)	+10,-15	+10,-20	+10,-20	水准仪:每200m测2点
4	中线偏位(mm)	50	100	100	全站仪:每200m测2点,弯道加测HY、YH两点
5	宽度(mm)	≥设计值	≥设计值	≥设计值	尺量每200m测4处
6	平整度(mm)	≤15	≤20	≤20	3m直尺:每200m测2处×5尺
7	横坡(%)	±0.3	±0.5	±0.5	水准仪每200m测2个断面
8	边坡坡度	满足设计要求	满足设计要求	满足设计要求	每200m测4点

五、填石路堤施工质量要求

(1)填料应符合下列要求:

①硬质岩石、中硬岩石可用于路堤和路床填筑;软质岩石可用于路堤填筑,不得用于路床填筑;膨胀岩石、易溶性岩石和盐化岩石不得用于路基填筑。

②路基的浸水部位,应采用稳定性好、不易膨胀崩解的石料填筑。

③路堤填料粒径应不大于500mm,并宜不超过层厚的2/3。路床底面以下400mm范围内,填料最大粒径不得大于150mm,其中小于5mm的细料含量应不小于30%。

(2)填筑应符合下列要求:

①填石路堤应分层填筑压实。在陡峻山坡地段施工特别困难时,三级及三级以下砂石路面公路的下路堤可采用倾填方式填筑。路基的填筑方案必须上报监理工程师审批。

②岩性相差大的填料应分层或分段填筑,软质石料与硬质石料不得混合使用。

③填石路堤顶面与细粒土填土层之间应填筑过渡层或铺设无纺土工布隔离层。

④压实机械宜选用自重不小于18t的振动压路机。

⑤填石路堤采用强夯、冲击压路机进行补压时,应避免对附近构造物造成影响。

(3)中硬、硬质石料填筑路堤时,应进行边坡码砌。码砌防护的石料强度、尺寸应满足设计要求。边坡码砌与路基填筑应基本同步进行。

(4)采用易风化岩石或软质岩石石料填筑时,应按设计要求采取边坡封闭和底部设置排水垫层、顶部设置防渗层等措施。

(5)填石路堤压实质量标准应符合表3-4的规定。

填石路压实质量标准　　　　表3-4

分区	路床顶面以下深度(m)	硬质石料孔隙率(%)	中硬石料孔隙率(%)	软质石料孔隙率(%)
上路堤	0.8~1.50	≤23	≤22	≤20
下路堤	>1.50	≤25	≤24	≤22

(6)施工过程质量控制应符合下列规定:

①施工过程中每一压实层,应采用试验路段确定的工艺流程、工艺参数控制,压实质量可采用沉降差指标进行检测。

②施工过程中,每填高3m宜检测路基中线和宽度。

(7)填石路堤填筑至设计高程并整修完成后,其施工质量应符合表3-5的规定。成形后的质量检验程序同填土路基。

填石路堤施工质量标准　　　　表3-5

项次	检查项目	规定值或允许偏差		检查方法和频率
		高速公路、一级公路	其他公路	
1	压实	孔隙率满足设计要求		密度法:每200m每压实层测1处
		沉降差≤试验路段确定的沉降差		精密水准仪:每50m检测1个断面,每个断面检测5点

续上表

项次	检查项目		规定值或允许偏差		检查方法和频率
			高速公路、一级公路	其他公路	
2	纵段高程(mm)		+10，-20	+10，-30	水准仪：每200m测2点
3	弯沉(0.01mm)		满足设计要求		
4	中线偏位(mm)		≤50	≤100	全站仪：每200m测2点，弯道加HY、YH两点
5	宽度(mm)		满足设计要求		尺量：每200m测4处
6	平整度(mm)		≤20	≤30	3m直尺：每200m测4处点×5尺
7	坡度(%)		±0.3	±0.5	水准仪：每200m测2个断面
8	边坡	坡度	满足设计要求		尺量：每200m抽查4点
		平顺度	满足设计要求		

(8)成形后的外观质量标准应符合下列规定：
①路堤表面应无明显孔洞。
②大粒径石料应不松动。
③边坡码砌紧贴、密实无松动，砌块间承接面向内倾斜，坡面平顺。
④路基边线与边坡不应出现单向累计长度超过50m的弯折。
⑤上边坡不得有危石。

六、土石路堤施工质量要求

(1)填料应符合下列规定：
①膨胀岩石、易溶性岩石等不宜直接用于路基填筑，崩解性岩石和盐化岩石等不得用于路基填筑。
②天然土石混合填料中，中硬、硬质石料的最大粒径不得大于压实层厚的2/3；石料为强风化石料或软质石料时，其CBR值应符合规定，石料最大粒径不得大于压实层厚。
(2)填筑应符合下列规定：
①压实机械宜选用自重不小于18t的振动压路机。
②应分层填筑压实，不得倾填。
③应使大粒径石料均匀分散在填料中，石料间孔隙应填充小粒径石料和土。
④土石混合料来自不同料场，其岩性或土石比例相差大时，宜分层或分段填筑。
⑤填料由土石混合材料变化为其他填料时，土石混合材料最后一层的压实厚度应小于300mm，该层填料最大粒径宜小于150mm，压实后表面应无孔洞。

⑥中硬、硬质石料填筑土石路堤时,宜进行边坡码砌,码砌与路堤填筑宜同步进行,软质石料土石路堤的边坡按土质路堤边坡处理。

⑦采用强夯、冲击压路机进行补压时,应避免对附近构造物造成影响。

(3)施工过程质量控制应符合下列规定:

①中硬及硬质岩石的土石路堤填筑施工过程中每一压实层,应采用试验路段确定的工艺流程、工艺参数,压实质量可采用沉降差指标进行检测。

②软质石料的土石路堤填筑质量标准应符合规范规定。

③施工过程中,每填筑3m高宜检测路线中线和宽度。

(4)路基成形后质量应符合表3-4规定。

(5)外观质量标准应符合下列规定:

①路基表面无明显孔洞。

②大粒径填石应不松动。

③中硬、硬质石料土石路基边坡应码砌紧贴、密实无松动,砌块间承接面应向内倾斜,坡面平顺。

七、高路堤与陡坡路堤施工质量要求

(1)高路堤路段应优先安排施工,宜预留1个雨季或6个月以上的沉降期,然后施工路面。

(2)高路堤宜采用强度高、水稳性好的材料。路堤浸水部分应采用水稳性和透水性好的材料。

(3)高路堤施工中应按设计要求预留高度与宽度,并进行动态监控。

(4)高路堤宜每填筑2m冲击补压一次,或每填筑4~6m强夯补压一次。

(5)高路堤填筑过程中应进行沉降和稳定性观测。

(6)在不良地质路段的高路堤与陡坡路堤填筑,应控制填筑速率,并进行地表水平位移监测,必要时应进行地下土体分层水平位移监测。

八、台背与墙背填筑施工质量要求

(1)填料宜采用透水性材料、轻质材料、无机结合料稳定材料等,崩解性岩石、膨胀土不得用于台背与墙背填筑。

(2)台背与墙背填筑施工应符合下列规定:

①二级及二级以上公路应按设计做好过渡段,过渡段路堤压实度应不小于96%;二级以下公路的路堤与回填的联结部,应预留台阶。

②台背和锥坡的回填宜同步进行。

③台背与墙背1.0m范围内回填宜采用小型夯实机具压实。

④分层压实厚度宜不大于150mm,填料粒径宜小于100mm,涵洞两侧回填填料粒径宜小于50mm,压实度应不小于96%。

⑤部位狭窄时,可采用低强度等级混凝土、浆砌片石等材料回填。

⑥涵洞两侧应对称分层回填压实。
⑦回填部分的路床宜与路堤路床同步填筑。
⑧台背与墙背回填,应在结构物强度达到设计强度的75%以上时进行。

九、粉煤灰路堤施工质量要求

(1)粉煤灰可用于各级公路路堤填筑,不得用于高速公路、一级公路的路床和二级公路的上路床。

(2)用于路基填筑的粉煤灰的烧失量应不大于20%,SO_3含量宜不大于3%,粉煤灰中不得含团块、腐殖质及其他杂质。

(3)储运粉煤灰应符合下列规定:
①调节粉煤灰含水率宜在储灰场或灰池中进行。
②粉煤灰的装卸、运输和堆放,应采取洒水封盖等防止扬尘的措施。
③粉煤灰填料宜从厂家或渣场直接运输至施工作业面使用。

(4)粉煤灰路堤填筑应符合下列规定:
①大风或气温低于0℃时不宜施工。
②有显著差别的灰源应分别堆放,分段填筑。
③路堤高度超过4m时,可在路堤中部设置土质夹层。
④粉煤灰路堤应进行包边防护,包边土应与粉煤灰同步施工,宽度宜不小于2m。
⑤施工过程中,作业面应及时洒水润湿,并应合理设置行车便道。
⑥施工间歇期,作业面应洒水润湿,并应封闭交通;间隙期长时,应在粉煤灰压实层顶面覆盖封闭土层。

(5)粉煤灰路堤压实度标准应通过试验路段确定,并应符合表3-6的规定。包边土和顶面封层土的压实度应符合相关路基层的规定。粉煤灰路堤压实度可采用填上层检下层的方式进行检测。

粉煤灰路堤压实度标准 表3-6

填料应用部位(路面底以下深度)(m)	压实度(%)	
	高速公路、一级公路	二级及二级以下公路
下路床	0.30~0.80	—	≥92
上路堤	0.80~1.50	≥92	≥90
下路堤	>1.50	≥90	≥88

注:表列压实度以《公路土工试验规程》(JTG E40—2007)重型击实试验法为准。

十、土工泡沫塑料路堤施工质量要求

(1)土工泡沫塑料可用于软土地基上路堤、桥涵与挡土墙构造物台背路堤、拓宽路堤和修复失稳路堤等。

(2)土工泡沫材料密度宜不小于20kg/m³,10%应变的抗压强度宜不小于110kPa,抗弯强度宜不小于150kPa,压缩模量宜不小于3.5kPa,7d体积吸水率宜不大于1.5%。

(3)土工泡沫塑料块体在工地堆放时,应采取防火、防风、防鼠、防雨水滞留、防有机溶剂及石油类油剂的侵蚀等保护措施,并应采取措施避免阳光直接照射。

(4)土工泡沫塑料块体铺筑应符合下列规定:

①铺筑前应对材料进行检测。

②非标准尺寸土工泡沫塑料块体宜在生产车间加工。现场加工时,宜用电热丝进行切割。

③铺筑前应设置垫层,垫层宽度宜超过路基边缘0.5~1.0m,垫层顶面应保持干燥。

④最底层块体与垫层之间、同一层块体侧面联结、不同层块体之间的联结应牢固,联结件应进行防锈处理。

⑤应逐层错缝铺设,缝隙或高差可用砂或无收缩水泥砂浆找平。

⑥严禁重型机械直接在土工泡沫塑料块体上行驶。

⑦与其他填料路堤或旧路基的接头处,土工泡沫塑料块体应呈台阶铺设,台阶宽度与坡度应满足设计要求或监理工程师的指示。

⑧顶面的钢筋混凝土薄板、土工膜或土工织物等,应覆盖全部土工泡沫塑料块体,并向土质护坡延伸0.5~1.0m。

⑨土工泡沫塑料路堤两边应进行土质包边,包边法向厚度应不小于0.25m,并应分层夯实,防渗土工膜宜分级回包。

(5)土工泡沫塑料路堤质量应符合表3-7的规定。

土工泡沫塑料路堤质量标准 表3-7

项次	检查项目		允许偏差	检查方法和频率
1	土工泡沫塑料块体尺寸	长度	1/100	尺量,抽样频率:<2000m³,抽检2块,2000~5000m³抽检3块,5000~10000m³抽检4块,≥10000m³每2000m³抽检1块
		宽度	1/100	
		厚度	1/100	
2	土工泡沫塑料块体密度		≥设计值	天平,抽样频率同项次1
3	基底压实度		≥设计值	环刀法或灌砂法,每1000m²检测2点
4	垫层平整度(mm)		10	3m直尺,每20m检查3点
5	土工泡沫塑料块体之间平整度(mm)		20	3m直尺,每20m检查3点
6	土工泡沫塑料块体之间缝隙、错台(mm)		10	尺量,每20m检查1点
7	土工泡沫塑料块体路堤顶面横坡(%)		±0.5	水准仪,每20m检查6点
8	护坡宽度		≥设计值	尺量,每40m检查1点
9	钢筋混凝土板厚度(mm)		+10,-5	尺量,量板边,每块2点
10	钢筋混凝土板宽度(mm)		±20	尺量,每100m检查2点
11	钢筋混凝土板强度		符合设计要求	按《公路工程质量检验评定标准 第一册 土建工程》(JTG F80/1—2017)附录D检查
12	钢筋网孔间距(mm)		±10	尺量

注:路线曲线部分的土工泡沫塑料块体缝隙不得大于50mm。

十一、泡沫轻质土路堤施工质量要求

(1) 用于公路路基的泡沫轻质土的无侧限抗压强度应满足设计要求,设计未规定时应符合表 3-8 的规定。

泡沫轻质土无侧限抗压强度　　　　　　表 3-8

路基部位		无侧限抗压强度(MPa)	
		高速公路、一级公路	二级及二级以下公路
路床	轻、中及重交通	≥0.8	≥0.6
	特重、极重交通	≥1.0	
上路堤、下路堤		≥0.6	≥0.5
地基置换		>0.4	

注:无侧限抗压强度为龄期 28d、边长 100mm 的立方体抗压强度。

(2) 泡沫轻质土施工湿重度应符合设计要求,设计未规定时泡沫轻质土施工最小湿重度应不小于 $5.0kN/m^3$,施工最大湿重度宜不大于 $11.0kN/m^3$。

(3) 泡沫轻质土施工流动度宜为 170~190mm。特重、极重交通高速公路及一级公路路床部位的泡沫轻质土配合比宜采用掺砂配合比,流动度宜为 150~170mm,且砂与水泥的质量比宜控制在 0.5~2.0。

(4) 泡沫轻质土的原材料应符合下列规定:

①水泥应符合现行《通用硅酸盐水泥》(GB 175)的规定,其强度等级宜为 42.5 级。

②用水应符合现行《混凝土用水标准》(JGJ 63)的规定,且温度应不低于 5℃。

③泡沫剂应符合现行《泡沫混凝土用泡沫剂》(JC/T 2199)的规定。

④外加剂、掺合料应符合相关规范要求,使用前应进行效果试验,确认对泡沫轻质土无不良影响。

(5) 泡沫轻质土的施工设备应符合下列规定:

①水泥浆拌和设备应具有配合比自动配置及记录功能,且单台套产能宜不低于 $35m^3/h$。

②泡沫轻质土拌和设备应具有配合比自动配置及记录功能,且单台套产能宜不低于 $90m^3/h$。

(6) 泡沫轻质土配合比试验应符合下列规定:

①泡沫轻质土配合比应进行湿重度、流动度、抗压强度试验,并应满足设计要求。

②泡沫轻质土抗压强度试件为 100mm×100mm×100mm 的立方体,试件应采用保鲜袋密封养护,养护温度应为 20℃±2℃。

③泡沫轻质土的设计强度不大于 1.0MPa 时,试配强度应为设计强度的 1.1 倍;设计强度大于 1.0MPa 时,试配强度应为设计强度加 0.05MPa。试配 7d 龄期抗压强度应在合格标准的 50% 内。

(7) 泡沫轻质土路堤地基应按设计高程和尺寸进行开挖、清理、整平、压实,设置排水沟或其他排水设施。当在地下水位以下浇筑时,应有降水措施,不得在基底有水的状态下浇筑。

(8) 泡沫轻质土路堤施工应符合下列规定:

①泡沫轻质土路堤施工前,应将路基划分为面积不大于400m²、长轴不超过30m的浇筑区,每个浇筑区单层浇筑厚度宜为0.3~1.0m。轻质土路堤每隔10~15m应设置一道变形缝。

②泡沫宜采用压缩空气与发泡剂水溶液混合的方式生产,不得采用搅拌发泡法生产泡沫。

③原材料配合比计量应采用电子计量,泡沫剂、水泥、水、外加剂和外掺料计量精度均为±2%。

④用于制备泡沫轻质土的料浆在储料装置中的停滞时间宜不超过1.5h。

⑤泡沫轻质土应在出料软管的前端直接浇筑,出料口宜埋入泡沫轻质土中。

⑥单个浇筑区浇筑层的浇筑时间不得超过水泥浆的初凝时间。上下相邻两层浇筑间隔时间宜不少于8h。

⑦泡沫轻质土不得在雨天施工。已施工尚未硬化的轻质土,在雨天应采取遮雨措施。

⑧泡沫轻质土浇筑至设计厚度后,应覆盖塑料膜或无纺土工布进行保湿养护,养护时间宜不少于7d。

⑨不宜在气温低于5℃时浇筑,否则应采取保温措施。

⑩泡沫轻质土顶层铺筑过渡层之前,不得直接在填筑表面进行机械或车辆作业。

(9)旧路加宽老路堤与泡沫轻质土交界的坡面,清理厚度宜不小于0.3m,从老路堤坡脚向上按设计要求挖台阶。土体台阶必须密实、无松散物。泡沫轻质土浇筑应采用分层分块方式,不宜沿公路横向分块浇筑。纵向填挖结合段,应合理设置台阶。

(10)泡沫轻质土分区施工时,分区模板应安装拼接紧密,不漏浆。宜在分区浇筑施工缝处设置变形缝。变形缝宜用18mm胶合板或20~30mm聚苯乙烯板,上下可不贯通。

(11)泡沫轻质土路基路床强度应符合表3-8的规定,对CBR值、弯沉值可不作要求。

(12)泡沫轻质土在浇筑过程中应做湿重度现场检测,检测方法应采用容量筒法,每一浇筑区浇筑层检测次数应不低于6次。

(13)泡沫轻质土应在固化后28d进行无侧限抗压强度和密度检测。抗压强度和密度应按现行《公路工程水泥及水泥混凝土试验规程》(JTG E30)进行检测,并满足一般路基设计要求。

(14)泡沫轻质土施工质量应符合表3-9的规定。

泡沫轻质土施工质量标准　　　　　　　　　　　　　　表3-9

项次	检查项目	规定值或允许偏差	检查方法和频率
1	强度(MPa)	在合格标准内	2组/400m³
2	干重度(kN/m³)	≤设计值	2组/400m³
3	顶面高程(mm)	+10,-15	水准仪:每20m测1点
4	轴线偏位(mm)	20	全站仪:每20m测1点
5	宽度(mm)	≥设计值	尺量:每10m测1点

(15)泡沫轻质土的外观质量应符合下列规定:

①面板应光洁平顺,线形平顺,沉降缝上下贯通顺直。

②表面不得出现宽度大于2mm的非受力贯穿缝。

十二、煤矸石路堤施工质量要求

(1) 煤矸石可用于公路路堤填筑,不宜用于高速公路、一级公路上路堤,不得用于路床。需要保护的水源地区域不宜采用煤矸石进行路堤填筑。

(2) 用于路堤填筑的煤矸石填料应符合下列规定:

①经过充分氧化或存放 3 年以上的煤矸石可直接用于路堤填筑。

②煤矸石填料 CBR 值应大于 8%,耐崩解性指数应大于 60%,硫化铁含量宜小于 3%。

③遇水崩解的软质煤矸石不得用于路堤浸水部位的填筑。

(3) 来源不同的煤矸石填料,性能相差大时,应分段填筑。

(4) 未经充分氧化与陈化的煤矸石用于路堤填筑时应采取封闭措施,并应符合下列规定:

①每填筑 2~3m 应设置 300mm 厚的细粒土隔离层,路堤顶面应进行封闭处理。

②应采用细粒土进行包边防护,包边土应与煤矸石同步施工,宽度宜不小于 2m,包边土底部 0.5m 范围宜采用透水性填料。

③煤矸石路堤发生自燃时可灌注石灰浆、水泥浆进行封闭处理。

(5) 煤矸石路堤及包边土压实度标准应符合表 3-2 的规定。当煤矸石填料粒径大时,施工控制及压实质量标准可参照填石路堤。

十三、工业废渣路堤施工质量要求

(1) 工业废渣可用于公路路堤填筑,不得用于高速公路、一级公路路床和路堤浸水部位。

(2) 工业废渣填料用于路堤填筑时,必须符合国家现行环境保护等的有关规定,严禁采用有害物质超标的工业废渣作为路堤填料。

(3) 储运工业废渣应符合下列规定:

①调节工业废渣含水率应在渣场中进行。

②工业废渣的装卸、运输和堆放,应采取洒水封盖等防止扬尘措施。

③工业废渣填料宜从厂家或渣场直接运输至施工作业面使用。

(4) 工业废渣路堤填筑应符合下列规定:

①有显著差别的填料应分段填筑。

②应采用细粒土进行包边防护,包边土应与工业废渣同步施工,宽度宜不小于 2m,包边土底部 0.5m 范围宜采用透水性填料。

③每填筑 2~3m 应设置 300mm 厚的细粒土隔离层,路堤顶面应进行封闭处理。

④施工间歇期作业面应封闭交通,洒水润湿。施工间隔长时,应在工业废渣压实层顶面覆盖封闭土层。

(5) 工业废渣路堤压实度标准应通过试验路段确定,并应符合表 3-10 的规定。包边土的压实度应符合表 3-2 的规定。工业废渣路堤压实度可采用填上层检下层的方式进行检测。

工业废渣路堤压实度标准　　　　　表 3-10

填料应用部位	压实度(%)	
	高速公路、一级公路	二级及二级以下公路
下路床	—	≥93
上路堤	≥93	≥90
下路堤	≥90	≥88

注：表列压实度以《公路土工试验规程》(JTG E40—2007)重型击实试验法为准。

十四、填砂路堤施工质量要求

(1)砂料可用于公路路堤填筑,不宜直接用于路床填筑。

(2)含草皮、生活垃圾、树根、腐殖质的砂料不得作为路基填料,砂料中有机质含量应不超过5%。

(3)填砂路堤施工应符合下列规定：

①在填筑前先填筑黏土或石灰改良土下封层,下封层厚度宜不小于400mm,应分两层施工。

②应全断面分层填筑和压实,最大松铺厚度宜不超过400mm,施工作业段长度宜为400～500m,超填宽度每侧宜不小于50mm。

③不宜土砂夹层混填,如用时填筑时要充分拌和均匀。

④宜采用洒水压实法或水沉法逐层密实。受条件限制只能采用小型压实机具时,最大松铺厚度应不大于150mm,并充分灌水后压实。

⑤应经常洒水,保持表层湿润,形成的车辙应及时整平、碾压。

(4)填砂路基压实度应符合表3-2的规定。

(5)填砂路基边坡防护应符合下列规定：

①边坡防护可采用包边土,包边土宽度宜为3m,应先填筑包边土,与填砂交错进行。

②应考虑坡面排水能力、整体抗冲刷能力,以及与周边环境的协调性。路基坡脚应设干砌片石护脚。

③雨季施工边坡防护不能及时完成时,宜采取油毛毡或塑料薄膜覆盖等临时防护措施。

十五、取土与弃土施工质量要求

(1)取土应符合下列规定：

①取土应根据设计要求,结合路基排水和土地规划、环境保护、公路建设要求进行,并要做好土石综合调配方案,经监理工程师和环境保护部门批准。

②取土应不占或少占耕地,取土深度应结合地下水等因素综合考虑,原地面耕植土应先集中存放。取土应随时检查土质情况,必要时进行质量检验和试验,根据情况随时调整土的最大干密度等指标。

③桥头两侧不宜设置取土场。

④取土场与路基之间的距离,应满足路基边坡稳定的要求。

⑤线外取土场与排水沟、鱼塘、水库等设施连接时,应采取防冲刷、防污染措施。
⑥取土场周边坡度应满足稳定性要求。
⑦对取土造成的裸露面,应采取整治或防护措施。
(2)弃土应符合下列规定:
①施工前应对设计提供的弃土方案进行现场核对,如有问题应及时反馈处理,并应满足环境保护和安全防护要求。
②弃土宜集中堆放,并与周边环境相协调。
③严禁在贴近桥梁墩台、涵洞口处弃土。
④不得向水库、湖泊、岩溶漏斗及暗河口处弃土。
⑤弃土宜分层填筑,分层压实,弃土场的边坡不得陡于1:1.5,顶面宜设置不小于2%的排水坡。
⑥弃土作为路基反压护道时,宜与路基同步填筑。
⑦在地面横坡陡于1:5的路段,路堑顶部高侧不得设置弃土场。
⑧弃土场应及时施作防护和排水工程,坡脚应按设计要求进行加固。

十六、路基拓宽改建施工质量要求

(1)不中断交通路基拓宽施工时,应采取交通管制和安全防护措施,施工组织方案要经过监理工程师和相关部门论证通过。
(2)施工前应截断流向拓宽作业区的水源,开挖临时排水沟。施工期间应在水流汇集的路肩外侧设置拦水带,根据水流情况在拓宽路基中合理设置临时急流槽与泄水口。
(3)拓宽路堤的填料宜与老路基相同,或选用水稳性好的砂砾、碎石等填料,且应满足表3-1的要求。路床应采用水稳性好的粗粒土或无机结合料稳定材料填筑。
(4)一般路堤拓宽施工应符合下列规定:
①拓宽路堤填筑前,应拆除原有排水沟、隔离栅等设施。拓宽部分的基底清除原地表土应不小于0.3m,清理后的场地应进行平整压实。老路堤坡面,清除的法向厚度应不小于0.3m。
②拓宽路基的地基处理应符合设计和有关规定。
③上边坡的既有防护工程宜与路基开挖同步拆除,下边坡的防护工程拆除时应采取措施保证既有路堤的稳定。
④既有路堤的护脚挡土墙及抗滑桩可不拆除。路肩式挡土墙路基拼接时,上部支挡结构物应予拆除,宜拆除至路床底面以下。
⑤既有路基有包边土时,宜去除包边土后再进行拼接。
⑥从老路堤坡脚向上开挖台阶时,应随挖随填,台阶高度应不大于1.0m,宽度应不小于1.0m。
⑦拼接宽度小于0.75m时,可采取超宽填筑再削坡或翻挖既有路堤等措施。
⑧宜在新、老路基结合部铺设土工合成材料。
⑨路基拼接部位碾压。将拼接结合部作为施工控制重点,填筑时应加强拼接台阶结合处的碾压,宜采用高吨位的静力压路机进行碾压,同时应较普通路段多碾压3~4遍。应达到无漏压、无死角,确保碾压均匀。重型压路机压不到的施工作业面边角部位,须采用小型振动夯

夯压密实。

⑩消除和减小新旧路基不均匀沉降,可适当将拼宽路基压实度提高。

(5)高路堤与陡坡路堤拓宽施工应符合下列规定:

①原坡脚支挡结构不宜拆除,结构物邻近处可用小型机具薄层夯实。

②老路堤底部设置有渗沟或盲沟时,应做好排水通道的衔接施工。

③高路堤与陡坡路堤拓宽施工,尚应符合相关规定。

(6)挖方路基拓宽施工应符合下列规定:

①应在既有路基边缘设置防止飞石或落石的安全防护措施,并应设置警示标志。

②边通车边施工时,宜采用机械开挖或静力爆破方式进行开挖。

③采用爆破方式时,应按爆破施工单位上报方案组织施工,宜统一规定爆破时间段,爆破时应临时封闭交通。

④拓宽施工中的挖方路基施工,尚应执行相关规定。

(7)拓宽路基应进行沉降观测,观测点应按设计要求设置。高路堤和陡坡路堤路段尚应进行稳定性监测。

第三节 特殊路基施工质量监理

我国幅员辽阔,存在着各种各样的气候、地形、地貌、地质、水文等自然条件,如岩溶、黄土、泥沼、软土、冻土、盐渍土、雪崩、泥石流等。随着公路等级的提高,按路线线形的要求,公路往往需要穿越这些不良的工程地质与水文地质地区;同时还可能出现填挖值超过规范规定的高路堤、深路堑,这类路基称为特殊路基。特殊路基包括特殊土(岩)路基、不良地质路段路基和特殊条件下路基。路线通过特殊路段,应进行综合地质勘察,查明特殊地质体的性质、成因类型、规模、稳定状况及发展趋势;特殊路基设计所需要的物理力学参数宜采用原位测试数据,并结合室内试验资料综合分析确定。

一、一般要求

(1)特殊路基施工前,应进行必要的基础试验,核对地质资料、设计处理范围、设计参数等,编制专项施工方案,并经过监理工程师批准后实施。

(2)实际施工中如地质状况与设计不符或设计处置方案因故不能实施,应及时反馈监理工程师,采取进一步的处理措施批准后处理。

(3)特殊路基施工宜进行动态监控,并编制监控方案。

(4)采用新技术、新工艺、新设备、新材料时,必须制定相应的工艺、质量标准。存在多种特殊土(岩)或特殊地质条件路基的工点应进行综合设计。

二、滑坡地段路基施工质量要求

(1)滑坡整治施工应符合下列规定:

①施工前,应核查滑坡区段的地形、地貌、地质、滑坡性质、成因类型和规模,应编制滑坡段

的专项施工方案和应急预案,并报监理工程师审批,必要时要经过论证通过。

②滑坡整治措施实施前,严禁在滑坡体抗滑段减载、下滑段加载。

③滑坡整治不宜在雨期施工。

④施工时,应进行稳定监测、地质编录并核查实际地质情况,发现地质与设计不符、有滑坡迹象或其他异常情况时,应及时反馈处理。滑坡发生时应立即采取应急措施。

⑤滑坡整治施工时,应对滑坡影响区内的其他工程和设施进行保护。

⑥降雨期间及雨后,应加强滑坡区段的巡查工作,发现问题及时采取措施。

(2) 应采取截水、排水、减载、反压与支挡等措施进行滑坡整治,整治措施可单独使用,也可综合使用。滑坡整治应先施工截水、排水设施,减载、反压与支挡措施的施工顺序应结合滑坡具体情况予以确定。

(3) 截水、排水施工应符合下列规定:

①应在滑坡后缘的稳定地层上,修筑具有防渗功能的环形截水沟、排水沟。

②滑坡体上的裂隙和裂缝应采取灌浆、开挖回填夯实等措施予以封闭,滑坡体的洼地及松散坡面应平整夯实。

③滑坡范围大时,应在滑坡坡面上修筑具有防渗功能的临时或永久排水沟。

④有地下水时,应设置截水渗沟。反滤材料采用碎石时,碎石粒径应符合要求,含泥量应小于3%。

(4) 削坡减载施工应符合下列规定:

①应自上而下逐级开挖,严禁采用爆破法施工。

②开挖坡面不得超挖,开挖面上有裂缝时应采取灌浆封闭等措施。

③支挡及排水工程在边坡上分级实施时,宜开挖一级、实施一级。

(5) 填筑反压施工应符合下列规定:

①反压措施应在滑坡体前缘抗滑段实施。

②反压填料不得堵塞地下水出口,地下排水设施应在填筑反压前完成。反压填料宜予以压实。

③应采取措施使受影响的天然河沟保持排水顺畅。

(6) 抗滑支挡工程施工应符合下列规定:

①抗滑支挡工程施工应符合规范有关规定。

②应在滑坡体处于相对稳定的状态下施工,滑坡体具有滑动迹象或已经发生滑动时,应采取反压填筑等措施。

③抗滑桩与挡土墙共同支挡时,应先施作抗滑桩。挡土墙后有支撑渗沟及其他排水工程时应先施工。

④抗滑桩、锚索施工应从两端向滑坡主轴方向逐步推进。

⑤采取微型钢管桩、山体注浆等加固措施或注浆作为其他处置方案的配套措施时,应采用相应的成孔设备和注浆方式。

⑥各种支挡结构的基底应置于滑动面以下,并应嵌入稳定地层。

(7) 滑坡区段的路基施工应在支挡工程完成后进行,开挖工程可结合减载措施进行施工,填筑工程可结合反压措施进行施工。路基的排水及防护工程应及时施工。

(8)大型滑坡段应进行山体和边坡的稳定性监测。监测点、网的布置,监测内容及监测精度应符合现行《工程测量规范》(GB 50026)的有关规定。施工完成后宜进行长期监测。

三、崩塌与岩堆地段路基施工质量要求

(1)施工前应核查崩塌地段地形、地貌、地质情况,查明危岩、崩塌的类型、范围及危害程度,查明岩堆的物质组成、类型、分布范围、物质来源、成因,分析崩塌体与岩堆的稳定性,复查设计处置方案的可行性并编制专项施工方案,监理工程师应及时审批。

(2)施工时应做好崩塌与岩堆地段渗入水及地下水的截水、排水及防渗设施。

(3)岩堆地区路基施工,应进行动态监控和巡视。填筑路基时,不宜使用振动碾压设备。

(4)危岩崩塌体应采取下列处置措施:

①应根据地形和岩层情况对单个危岩采取处置措施。地面坡度陡于1:1.5时,应对孤石进行处理。

②有岩块零星坠落的边坡或自然坡面,宜进行坡面防护。

③危岩崩塌体小时,可采取清除、支挡、挂网喷锚、柔性防护等措施,或采取拦石墙、落石槽等拦截措施。拦石墙与落石槽宜配合使用,设置位置可根据地形确定,拦石墙墙背应设置缓冲层。

④对路基有危害的危岩体,应清除或采取支撑、预应力锚固等措施。在破碎带或节理发育的高陡山坡上不宜刷坡。

⑤当崩塌体大、发生频繁且距离路线近,而设拦截构造物有困难时,应按设计要求采用明洞、棚洞等遮挡构造物,洞顶应有缓冲层。

(5)处于发展中的岩堆地段路基,应减少开挖,并按设计要求采取挡土墙、坡面封闭等防护措施,也可设置拦石墙与落石槽或修建明洞、棚洞等遮挡构造物。

(6)稳定的岩堆地段路基,宜采取下列处置措施:

①位于岩堆上部时,宜沿基岩面清除路基上方的岩堆堆积物。

②位于岩堆中部时,挖方边坡宜按设计要求设置挡土墙等支挡构造物。

③在岩堆上进行路堤施工,宜清除表层堆积物并挖台阶,宜控制填筑速率并进行稳定观测。

(7)对大而稳定性差的岩堆,应按设计要求采取综合治理措施。应先进行抗滑挡土墙或抗滑桩等支挡工程施工,再分阶梯形修筑边坡或护面墙,然后在岩堆体内分段注入水泥砂浆。

四、泥石流地区路基施工质量要求

(1)施工前应结合设计,详细调查泥石流的成因、规模、特征、活动规律、危害程度等相关情况,核实泥石流形成区、流动区和堆积区,编制专项施工方案,监理工程师批准方可实施。

(2)泥石流地区路基施工,应采取措施加强监测,遇有异常情况及时处理,确保施工安全。

(3)采用桥梁形式跨越泥石流地段时,应按设计要求及时完成防护加固设施。

(4)采用排泄道、排导沟、明洞、涵洞、渡槽等排导功能为主的构造物进行泥石流处置时,排导构造物应符合下列规定:

①构造物基础应牢固,强度、断面与高度应满足设计要求。

②构造物平面线形应圆滑、渐变,上下游应有足够长的衔接段,行进段沟槽不宜过分压缩,出口不宜突然放宽。流向改变处的转折角不宜超过15°,避免因急弯突然收缩和扩大而造成淤塞。

③构造物通流段和出口段的纵坡应满足设计要求或大于沟槽的淤积平衡坡度。

(5)永久性调治构造物采用浆砌片石时,应采用质地坚硬、不易风化的片石,基础应置于设计要求的深度,强度应满足设计要求。

(6)利用植被治理泥石流时,植物物种应选择生长期短、见效快、根须发达、适宜本地区生长的品种。

五、岩溶地区路基施工质量要求

(1)施工前应核查岩溶分布、地形、地表水、地下水活动规律,编制专项施工方案。

(2)不得堵塞与地下河连通的岩溶漏斗、冒水洞、溶洞等地下通道。对影响路基稳定的岩溶水的疏导、引排措施,应符合下列规定:

①对路基上方的岩溶泉和冒水洞,应采用排水沟将水截流至路基外。

②对出水点多、水流分散的岩溶水,可设置渗沟、截水墙与截水洞等截流设施。截流位置应设置得当,截排顺畅。

③对水流集中的常流或间歇性岩溶水,可设置明沟、涵管与泄水洞等排水设施。过水断面应设置合理,引排顺畅。

④对路基底处的岩溶泉和冒水洞,宜设置桥涵等排水设施将水排出路基外。

⑤截流和引流后需在洼地排水时,应设置排水沟涵将水引至洼地的消水洞,若无明显的消水洞,应排至洼地最低处。不得随意改变洼地的汇雨面积,若需改变洼地消水量,应专题论证。

(3)对路基基底下的干溶洞处置,应采取下列措施:

①应铲除溶洞石笋、石牙、孤石以及不规则的碳酸钙沉积物,整平基底,并应采用一定级配的砂砾石、碎石、片块石等渗水性好的填料回填。

②应挖除石林、石牙、溶槽、溶沟间、洼地内的湿软细粒土。

③对失去排水功能的浅层漏斗、落水洞、土洞以及规模小且无地下溶水联系的溶沟、溶槽等干溶洞,可采用片碎石、混凝土等填塞。

④位于路基基底的裸露和埋藏浅的溶洞,可采取回填封闭、钢筋混凝土盖板跨越、支撑加固或结构物跨越等处理措施。

⑤对有充填物的溶洞,可采取注浆法、旋喷法等加固措施。不能满足要求时,宜采用结构物跨越。

⑥覆盖层中土洞埋藏浅时,可采取回填夯实或强夯等处理措施;覆盖层中土洞埋藏深时,宜采取注浆、复合地基等处理措施。

(4)在溶蚀洼地填筑路基时,应采用渗水性好的砂砾、碎石土等材料填筑,并应高出积水位0.5m。

(5)对岩溶洼地或地下水丰富处的软土地基,软土厚度小时可采用片石、碎石或砾石等换填处理;软土厚度大时可采取旋喷桩、CFG桩、粉喷桩等其他软基处理措施。

(6)当路基跨越具有顶板的溶洞时,应根据设计要求确定处理方案。

(7)对岩溶地段的边坡处置,应采取下列措施:

①对土石相间的石牙、石林边坡以及开挖覆盖层与基岩交界的溶蚀破碎带形成的土夹石边坡,应清除石牙、石林间溶槽溶沟内的充填土壤及坡面上的孤石,清除至坡体自然稳定坡度,保留露出坡面的石林、石牙的自然形态。

②对未严重风化,节理发育、破碎但稳定性好的岩溶岩石边坡,宜采取喷浆、喷射混凝土等措施。

③对岩溶路堑开挖后有潜在滑动危险的岩质边坡,应采取支挡或锚固措施。

④对路堑边坡上的干溶洞和洞穴,宜清除洞内沉积物,宜采用干砌或浆砌片石、钢筋混凝土板封堵。当干溶洞和洞穴影响到边坡的稳定性时,应采取浆砌片石、混凝土支柱支顶等加固措施。

⑤对边坡陡、裂隙发育、易风化、剥落破碎的岩溶边坡,或规模大的土夹石岩溶边坡,应采取浆砌片石护面墙等防护措施。

⑥开挖整体稳定性好的硬质岩溶岩石边坡时,宜采用光面爆破或预裂爆破。

六、软土地区路基施工质量要求

(1)软土地基处置前,应了解工程地质、地下管线、构造物等情况,进行必要的土工试验,复核设计处置方案的可行性,编制专项施工方案。

(2)软土地基处置应因地制宜、就地取材。

(3)浅层置换施工应符合下列规定:

①厚度小于3.0m的软土宜采用浅层置换。

②置换宜选用强度高的砂砾、碎石土等水稳性和透水性好的材料。施工时,应分层填筑、压实。

(4)浅层改良施工应符合下列规定:

①对非饱和黏质土的软弱表层,可添加石灰、水泥等进行改良处置。

②施工前应先完善排水设施,施工期间不得积水。

③石灰、水泥等应与土拌和均匀,严格控制含水率。施工时,应分层填筑、压实。

(5)抛石挤淤施工应符合下列规定:

①应采用不易风化的片石、块石,石料直径宜不小于300mm。

②当软土地层平坦,横坡缓于1:10时,应沿路线中线向前呈等腰三角形抛填,渐次向两侧对称抛填至全宽,将淤泥挤向两侧;当横坡陡于1:10时,应自高侧向低侧渐次抛填,并在低侧边部多抛投形成不小于2m宽的平台。

③当抛石高出水面后,应采用重型机具碾压密实。

(6)爆炸挤淤施工应符合下列规定:

①宜采用布药机进行布药。当淤泥顶面高、露出水面时间长,且装药深度小于2.0m时,可采用人工简易布药法。

②爆炸挤淤施工应采取控制噪声、有害气体和飞石、减少粉尘、冲击波等环境保护措施。

③爆炸挤淤后应采用钻孔或物探方法探测检查置换层厚度、残留混合层厚度。置换层底

面和下卧地基层设计顶面之间的残留淤泥碎石混合层厚度应不大于1m。

(7) 砂砾、碎石垫层施工应符合下列规定：

①砂砾、碎石垫层宜采用级配好的中、粗砂、砂砾或碎石，含泥量应不大于5%，最大粒径宜小于50mm。

②垫层宜分层铺筑、压实，垫层应水平铺筑。当地形有起伏时，应开挖台阶，台阶宽度宜为0.5~1m。

③垫层宽度应宽出路基坡脚0.5~1m，两侧宜用片石护砌或采用其他方式防护。

(8) 铺设土工合成材料应符合下列规定：

①土工合成材料技术指标应满足设计要求。土工合成材料在存放及铺设过程中不得在阳光下长时间暴露。与土工合成材料直接接触的填料中不得含强酸性、强碱性物质。

②施工中应采取措施防止土工合成材料受损，出现破损时应及时修补或更换。

(9) 袋装砂井施工应符合下列规定：

①宜采用中、粗砂，粒径大于0.5mm颗粒的含量宜大于50%，含泥量应小于3%，渗透系数应大于5×10^{-2}mm/s。

②套管起拔时应垂直起吊，防止带出或损坏砂袋。发生砂袋带出或损坏时，应在原孔位边缘重打。

③砂袋在孔口外的长度应不小于300mm，并顺直伸入砂砾垫层。

④袋装砂井施工质量应符合表3-11的规定。

袋装砂井施工质量标准　　　　　表3-11

项次	检查项目	规定值或允许偏差	检查方法和频率
1	井距(mm)	±150	抽查2%且不少于5点
2	井长(mm)	≥设计值	查施工记录
3	井径(mm)	+10,0	挖验2%且不少于5点
4	灌砂率(%)	-5	查施工记录

(10) 塑料排水板施工应符合下列规定：

①塑料排水板技术指标应满足设计要求，露天堆放时应有遮盖。

②施工中应防止泥土等杂物进入套管内。

③塑料排水板不得搭接，预留长度应不小于500mm，并及时弯折埋设于砂垫层中。

④塑料排水板施工质量应符合表3-12的规定。

塑料排水板施工质量标准　　　　　表3-12

项次	检查项目	规定值或允许偏差	检查方法和频率
1	板距(mm)	±150	抽查2%且不少于5点
2	板长(mm)	≥设计值	抽查2%且不少于5点

(11) 真空预压、真空堆载联合预压施工应符合下列规定：

①密封膜应采用抗老化性能好、韧性好、抗穿刺能力强的不透气材料。

②密封膜连接宜采用热合黏结缝平搭接，搭接宽度应不小于15mm。

③滤管应不透砂。滤管距泥面、砂垫层顶面的距离均应大于50mm。滤管周围应采用砂

填实,不得架空、漏填。

④密封膜的周边应埋入密封沟内。密封沟的宽度宜为0.6~0.8m,深度宜为1.2~1.5m。

⑤真空表测头应埋设于砂垫层中间,每块加固区应不少于2个真空度测点。

⑥真空预压施工应按排水系统施工、抽真空系统施工、密封系统施工及抽气的顺序进行。

⑦采用真空堆载联合预压时,应先抽真空,当真空压力达到设计要求并稳定后,再进行堆载,并继续抽气。堆载时应在膜上铺设土工布等保护材料。

⑧施工监测应符合下列规定:

a. 预压过程中,应进行膜下真空度、孔隙水压力、表面沉降、深层沉降及水平位移等预压参数的监测。膜下真空度每隔4h测一次,表面沉降每2d测一次。

b. 当连续五昼夜实测地面沉降小于0.5mm/d,地基固结度已达到设计要求的80%时,经验收,即可终止抽真空。

c. 停泵卸荷后24h,应测量地表回弹值。

(12)粒料桩施工应符合下列规定:

①砂桩宜采用中、粗砂,粒径大于0.5mm颗粒含量宜占总质量的50%以上,含泥量应小于3%,渗透系数应大于5×10^{-2}mm/s;也可使用砂砾混合料,含泥量应小于5%。

②碎石桩宜采用级配好、不易风化的碎石或砾石,最大粒径宜不大于50mm,含泥量应小于5%。

③施工前应进行成桩工艺和成桩挤密试验。

④粒料桩可采用振冲置换法或振动沉管法,宜从中间向外围或间隔跳打。邻近结构物施工时,应沿背离结构物的方向施工。

⑤粒料桩施工质量应符合表3-13的规定。

粒料桩施工质量标准　　表3-13

项次	检查项目	规定值或允许偏差	检查方法和频率
1	桩距(mm)	±150	抽查桩数的2%且不少于5点
2	桩长(m)	≥设计值	查施工记录
3	桩径(mm)	≥设计值	抽查2%
4	粒料灌入率	≥设计值	查施工记录
5	地基承载力	满足设计要求	抽查桩数的0.1%且不少于3处

⑥碎石桩密实度抽查频率应为2%,用重Ⅱ型动力触探测试,贯入量为100mm时,击数应大于5次。

(13)加固土桩施工应符合下列规定:

①加固土桩的固化剂宜采用生石灰或水泥。生石灰应采用磨细Ⅰ级生石灰,应无杂质,最大粒径应小于2mm。水泥宜采用强度等级不低于32.5级的普通硅酸盐水泥。

②加固土桩施工前应进行成桩试验,桩数宜不少于5根,且应满足下列要求:

a. 应取得满足设计喷入量的各种技术参数,如钻进速度、提升速度、搅拌速度、喷气压力、单位时间喷入量等。

b. 应确定采用能保证胶结料与加固软土拌和均匀性的工艺。

c. 掌握下钻和提升的阻力情况,选择合理的技术措施。

d. 根据地层、地质情况确定复喷范围。

③施工中发现喷粉量或喷浆量不足,应整桩复打,复打的量应不小于设计用量。中断施工时,应及时记录深度,并在12h内进行复打,复打重叠长度应大于1m;超过12h,应采取补桩措施。

④加固土桩施工质量应符合表3-14的规定。

加固土桩施工质量标准　　　　表3-14

项次	检查项目	规定值或允许偏差	检查方法和频率
1	桩距(mm)	±100	尺量:抽查桩数的2%且不少于5点
2	桩径(mm)	≥设计值	尺量:抽查桩数的2%且不少于5点
3	桩长(m)	≥设计值	查施工记录
4	单桩每延米喷粉(浆)量	≥设计值	查施工记录
5	强度(MPa)	≥设计值	取芯法:抽查桩数的0.5%且不少于3根
6	地基承载力	满足设计要求	抽查桩数的0.1%且不少于3处

(14)水泥粉煤灰碎石桩施工应符合下列规定:

①集料可采用碎石或砾石,泵送混合料时砾石最大粒径宜不大于25mm,碎石最大粒径宜不大于20mm;振动沉管灌注混合料时,集料最大粒径宜不大于50mm。水泥宜选用32.5级普通硅酸盐水泥。粉煤灰宜选用Ⅱ、Ⅲ级粉煤灰。

②施工前应进行成桩试验,成桩试验需要确定施工工艺、速度、投料数量和质量标准。

③群桩施工,应合理设计打桩顺序、控制打桩速度,宜采用隔桩跳打的打桩顺序,相邻桩打桩间隔时间应不小于7d。

④水泥粉煤灰碎石桩施工质量应符合表3-15的规定。

水泥粉煤灰碎石桩施工质量标准　　　　表3-15

项次	检查项目	规定值或允许偏差	检查方法和频率
1	桩距(mm)	±100	尺量:抽查桩数的2%且不少于5点
2	桩径(mm)	≥设计值	尺量:抽查桩数的2%且不少于5点
3	桩长(m)	≥设计值	查施工记录
4	强度(MPa)	≥设计值	取芯法:抽查桩数的0.5%且不少于3根
5	复合地基承载力	≥设计值	抽查桩数的0.1%且不少于3处

(15)现浇混凝土大直径管桩施工应符合下列规定:

①粗集料宜优先选用卵石。采用碎石时,宜适当增加含砂率。集料最大粒径宜不大于63mm。混凝土坍落度宜为80~100mm,在运输和灌注过程中无离析、泌水。

②桩尖、桩帽混凝土强度等级宜不低于C30。桩尖表面应平整、密实,桩尖内外面圆度偏差不得大于1%,桩尖端头支承面应平整。

③邻近有建筑物或构造物时,应采取有效的隔振措施。

④群桩施工,应合理设计打桩顺序、控制打桩速度,防止影响邻桩成桩质量。

⑤现浇混凝土大直径管桩施工质量应符合表3-16的规定。

大直径管桩施工质量标准　　　　　　　　　　　　　　　　　　　　表 3-16

项次	检查项目	规定值或允许偏差	检查方法和频率
1	混凝土抗压强度(MPa)	在合格标准内	每根桩 2 组,每台班至少 2 组
2	桩距(mm)	±100	尺量:抽查桩数的 2%且不少于 5 点
3	桩径(mm)	≥设计值	尺量:抽查桩数的 2%
4	桩长(m)	≥设计值	查成孔记录
5	竖直度(%)	1	查成孔记录
6	单桩承载力	满足设计要求	抽查桩数的 0.1%且不少于 3 根
7	桩身完整性	无明显缺陷	低应变测试:抽查桩数的 10%

(16)预制管桩施工应符合下列规定:

①管桩堆放场地应平整、坚实,应有排水措施,不得产生不均匀沉陷。

②管桩进场后要先进行检验和检查,包括质保材料、外观检查、现场检测,先张法薄壁预应力混凝土管桩应符合现行《先张法预应力混凝土管桩》(GB 13476)、《先张法预应力混凝土薄壁管桩》(JC 888)的规定。

③预制管桩宜采用静压方式施工,也可采用锤击沉桩方式施工。

④桩的打设次序宜由路基中心线向两侧打设,由结构物向路堤方向打设。

⑤沉桩过程中应严格控制桩身的垂直度。

⑥每根桩宜一次性连续沉至设计高程。沉桩过程中如有停顿,停歇时间不应过长。

⑦中止沉桩宜采用贯入度控制。

⑧桩帽钢筋笼应插入管桩内,连接混凝土应与桩帽混凝土一起灌注。

⑨预制管桩施工质量应符合表 3-17 的规定。

预制管桩施工质量标准　　　　　　　　　　　　　　　　　　　　表 3-17

项次	检查项目	规定值或允许偏差	检查方法和频率
1	桩距(mm)	±100	尺量:抽查桩数的 2%且不少于 5 点
2	桩长(m)	≥设计值	尺量:抽查桩数的 2%且不少于 5 点
3	竖直度(%)	1	抽查桩数的 2%
4	单桩承载力	满足设计要求	抽查桩数的 0.1%且不少于 3 根
5	桩帽高度(mm)	+20,-10	尺量:抽查桩数的 2%
6	桩帽长度和宽度(mm)	+30,-20	尺量:抽查桩数的 2%
7	桩帽位置(mm)	50	尺量:抽查桩数的 2%

(17)强夯与强夯置换施工应符合下列规定:

①强夯置换材料应采用级配好的片石、碎石、矿渣等坚硬的粗颗粒材料,粒径宜不大于夯锤底面直径的 0.2 倍,含泥量宜不大于 10%,粒径大于 300mm 的颗粒含量宜不大于总质量的 30%。

②应采取隔振、防振措施消除强夯对邻近建筑物的有害影响。

③施工前应选择有代表性并不小于 500m² 的路段进行试夯,确定最佳夯击能、间歇时间、夯间距等参数。

④夯点可采用正方形或等边三角形布置，间距宜为 5~7m。在强夯能级不变的条件下，宜采用重锤、低落距。

⑤强夯和强夯置换施工前应在地表铺设一定厚度的垫层。强夯施工垫层材料宜采用透水性好的砂、砂砾、石屑、碎石土等，强夯置换施工垫层材料宜与桩体材料相同。垫层宜分层摊铺压实。

⑥施工前应检查锤重和落距，单击夯击能量应满足设计要求。

⑦强夯施工结束 30d 后，应通过标准贯入、静力触探等原位测试，测量地基的夯后承载能力是否达到设计要求。

⑧强夯置换施工结束 30d 后，宜采用动力触探试验检查置换墩着底情况及承载力，检验数量不少于墩点数的 1%，且不少于 3 点。检查置换墩直径与深度，应满足设计要求。

(18) 软土地区路堤施工应符合下列规定：

①软土地区路堤施工应尽早安排，施工计划中应考虑地基所需固结时间。

②填筑过程中，应严格控制填筑速率，并应进行动态观测。

③施工期间，路堤中心线地面沉降速率 24h 应不大于 10~15mm，坡脚水平位移速率 24h 应不大于 5mm。应结合沉降和位移观测结果综合分析地基稳定性。填筑速率应以水平位移控制为主，超过标准应立即停止填筑。

④桥台、涵洞、通道以及加固工程应在预压沉降完成后再进行施工。

⑤应按设计要求的预压荷载、预压时间进行预压。堆载预压的填料宜采用上路床填料，并分层填筑压实。

⑥在软土地基上直接填筑路堤，应符合下列规定：

a. 水面以下部分应选择透水性好的填料，水面以上可用一般土或轻质材料填筑。

b. 填筑路基的土宜从取土场取用。在两侧取土时，取土坑距路堤坡脚的距离应满足路堤稳定的要求。

c. 反压护道宜与路堤同时填筑。分开填筑时，应在路堤达到临界高度前完成反压护道施工。

(19) 旧路加宽软基处理应符合下列规定：

①软基路段路基加宽台阶应开挖一层、填筑一层，上层台阶应在下层填筑完成后再开挖，台阶开挖应满足台阶宽度和新老路基处理设计要求。

②确定加宽软基处理施工工艺和方案时，应考虑软基处理时挤土、振动对老路堤或邻近构筑物的影响。

③施工期间应对旧路开挖边坡进行覆盖，并设置必要的临时排水设施。

④旧路加宽路段应同步进行拼宽路基和老路基的沉降观测，观测点宜布置在同一断面上。观测点设置宜为老路路中、老路路肩、拼宽部分中部、拼宽部分外侧。老路路中、老路路肩沉降观测点设置可采用在路表埋设观测点的方法，拼宽部分宜采用埋设沉降板的方法。

(20) 路堤施工沉降和稳定观测应符合下列规定：

①二级及二级以上公路路堤施工，应进行沉降和稳定的动态观测，观测项目、内容和频率应满足设计要求，动态观测方案要经过监理工程师审批。

②应观测地表沉降与地表水平位移，土体深层水平位移可根据工程需要确定是否观测，观

测要求应符合表 3-18 的规定。

沉降和稳定动态观测　　　　　　　　表 3-18

观测项目	常用仪器	观测内容及目的
地表沉降量	沉降板	根据测定数据调整填土速率;预测沉降趋势,确定预压卸载时间和结构物及路面施工时间;提供施工期间沉降土方量的计算依据
地表水平位移量及隆起量	地表水平位移桩	监测地表水平位移及隆起,确保路堤施工的安全和稳定
土体深层水平位移	测斜仪	监测土体深层水平位移,推定土体剪切破坏的位置

③观测仪器应在软土地基处理后埋设,并在观测到稳定的初始值后再进行路堤填筑。

④地基条件差、地形变化大、差异变形大的部位应设置观测点。同一路段不同观测项目的测点宜布置在同一横断面上。

⑤如地基稳定出现异常,应立即停止加载,分析原因并采取处理措施,待路堤恢复稳定后,方可继续填筑。

⑥施工期间,应按设计要求进行沉降和稳定跟踪观测,观测频率应与路基(包括地基)变形速率相适应,变形大时应加密,反之亦然。填筑期每填一层应观测一次。两次填筑间隔时间长时,每 3~5d 观测一次。路堤填筑完成后,堆载预压期间第一个月宜每 3d 观测一次,第二、第三个月宜每 7d 观测一次,从第四个月起宜每 15d 观测一次,直至预压期结束。

⑦各类观测点、基准点在观测期均应采取有效措施加以保护,并在标杆上涂设醒目的警示标志。

七、红黏土与高液限土地区路基施工质量要求

(1)红黏土与高液限土具有膨胀性时,应按膨胀土路基施工要求控制。

(2)红黏土与高液限土的适用范围应符合表 3-19 的规定。高填方、陡坡路基不宜采用红黏土与高液限土填筑;路基浸水部分、桥台背、挡土墙背、涵洞背等部位不得采用红黏土与高液限土填筑。

红黏土与高液限土的适用范围　　　　　　　　表 3-19

高速、一级公路			二级公路			三级、四级公路		
路床	上路堤	下路堤	路床	上路堤	下路堤	路床	上路堤	下路堤
×	×	○	×	○	○	×	○	○
×	×	○	×	○	○	×	○	○

注:表中"○"为可用,"×"为不可用。

(3)红黏土与高液限土路基宜在旱季施工。路基填筑宜连续施工,碾压完一层经检测合格后随即进行下一层的摊铺,以防止路基表面因水分蒸发而开裂。路基填筑施工间歇期长时,可采取顶层掺配不少于 30% 的碎石后碾压成形等防裂措施。顶层开裂明显的路基应重新翻拌碾压。

(4)路基底部采用填石路堤基底时,填石料应水稳性好。填石料应从最低处开始沿路基横向水平分层填筑。

(5)红黏土与高液限土的击实、CBR 试验应采用湿法试验。

(6)红黏土与高液限土路基填筑前,应先铺筑试验路段,确定相应的施工工艺与压实标准。

(7)红黏土与高液限土路堤宜采用轻型压路机碾压,压实标准应由试验路段结合工程经验确定,且满足压实度不得低于重型压实标准的90%。

(8)红黏土与高液限土路堤边坡防护可采用拱形护坡等常规的防护方式。

(9)高速公路、一级公路红黏土与高液限土零填及挖方段可按下列方式换填处理:
①宜将地表下1.5m范围内的石柱、石笋予以清除。
②红黏土与高液限土厚度不大于1.5m时,应将红黏土与高液限土全部清除并换填。
③红黏土与高液限土厚度大于1.5m时,应将路床范围内的红黏土与高液限土挖除并换填。
④换填材料应采用砂砾、碎石等水稳性好的材料,填料粒径应符合规定。
⑤路堑路段开挖至底部后,应及时进行换填施工,否则宜在底面高程以上预留300mm的土层。

(10)路堑边坡应按设计要求及时进行防护和综合排水施工。工程防护与生物防护相结合时坡率宜为1:1.25~1:1.5;工程防护时坡率宜为1:1~1:1.25;采用生物防护时坡率宜为1:1.75~1:2。

(11)路堑边坡开挖后应及时进行防护,不得长时间暴露。坡脚应按设计要求及时施工支挡结构物。

(12)施工期间坍塌的路堑边坡宜采用清方放坡或设置挡土墙进行处理。

八、膨胀土地区路基施工质量要求

(1)膨胀土地区路基施工应符合下列规定:
①宜在旱季施工,要加强现场排水,基底和已填筑的路基不得被水浸泡。
②路堑施工前,应先施工截水、排水设施,将水引至路幅以外。
③应分段施工,各道工序应紧密衔接,连续施工,完成一段封闭一段。
④大规模施工前应核实膨胀土的分布、数量与膨胀等级,明确其路用性能,施工过程中应及时关注膨胀土的变化。
⑤膨胀土的击实、CBR试验应采用湿法试验。

(2)膨胀土分级应符合表3-20的规定。

膨胀土分级 表3-20

项次	分级指标	弱膨胀土	中等膨胀土	强膨胀土
1	自由膨胀率 F_s(40%)	$40 \leq F_s < 60$	$60 \leq F_s < 90$	$F_s \geq 90$
2	塑性指数 I_p	$15 \leq I_p < 28$	$28 \leq I_p < 40$	$I_p \geq 40$
3	标准吸湿含水率 w_f(%)	$2.5 \leq w_f < 4.8$	$4.8 \leq w_f < 6.8$	$w_f \geq 6.8$

注:标准吸湿含水率指在标准温度(通常25℃)和标准相对湿度(通常为60%)时,膨胀土试样恒重后的含水率。

(3)膨胀土作为路基填料时应符合下列规定:
①中等膨胀土、弱膨胀土的适用范围应符合表3-21规定。膨胀土掺拌石灰改良后可用作

路基填料,掺灰处置后的膨胀土不宜用于高速公路、一级公路的路床和二级公路的上路床。

②高填方、陡坡路基不宜采用膨胀土填筑。

③强膨胀土不得作为路基填料。

④路基浸水部分不得用膨胀土填筑。

⑤桥台背、挡土墙背、涵洞背等部位严禁采用膨胀土填筑。

中等膨胀土、弱膨胀土的适用范围　　　　表 3-21

位置	高速公路、一级公路	二级公路	三级公路
上路床	—	—	—
下路床	—	—	弱
上路堤	—	中、弱	中、弱
下路堤	中、弱	中、弱	中、弱

(4)二级及二级以上公路路堤填土高度小于路床厚度时,应按路床要求进行处理。

(5)试验路段铺筑应符合下列规定:

①膨胀土路基填筑前,应先铺筑试验路段,总结施工工艺与压实标准,经监理工程师批准后实施。

②应将试验路段测定的含水率、压实度与室内试验结果进行对比分析,采用插值方法确定现场路基的 CBR 值。应根据路基不同层位对 CBR 值的要求,确定膨胀土的可用范围、碾压含水率、施工工艺和压实标准等。

③采用掺灰处理的膨胀土,应根据设计掺灰量进行灰土的击实试验。击实试验的掺灰方法、掺灰间隔时间、闷料时间等制件步骤应与现场实际施工状况一致。

④应通过施工总结,确定掺灰工艺,掺灰间隔时间,闷料时间,土块粉碎、翻拌设备与工艺要求,土块粒径控制和碾压遍数等。

(6)物理改良的膨胀土路基填筑工艺应符合下列规定:

①位于斜坡路段的膨胀土路基应从最低处开始逐层填筑。当沟底有涵洞等结构物时,应在结构物两侧对称进行填筑。

②碾压时填料的含水率应符合试验段确定的范围,稠度宜控制在 1.0~1.3 之间。

③每层厚度不得大于 300mm。

④采取包边处理时,应先填筑非膨胀性包边土或石灰处置后的膨胀土,然后再填筑膨胀土,两者交替进行。包边土的宽度宜不小于 2m,以一个压路机宽度为宜。

⑤路床采用粗粒料填筑时,应在膨胀土顶面设置 3%~4% 的横坡,并采取防水隔离措施。

(7)掺灰处理膨胀土时,若土的天然含水率偏高,宜采用生石灰粉处置,掺石灰宜分两次进行。拌和深度应达到该层底部,拌和后的土块粒径应小于 37.5mm。

(8)路基完成后,应做封层,其厚度应不小于 200mm,横坡应不小于 2%。

(9)物理处置的膨胀土填筑时的压实度标准应根据试验路段与各地的工程经验确定,且压实度应满足不低于重型压实标准的 90%。化学处置后填筑的中等膨胀土、弱膨胀土路基的压实度应符合规定。

(10)填筑膨胀土路堤时,应及时对路堤边坡及顶面进行防护。

(11)路堑开挖应符合下列规定:

①边坡施工过程中,必要时可采取临时防水封闭措施保持土体原状含水率。

②边坡不得一次挖到设计线,应预留厚度300~500mm,待路堑完成后,再分段削去边坡预留部分,并立即进行加固和封闭处理。

(12)路堑边坡防护应符合下列规定:

①路堑边坡防护施工应根据施工能力,分段组织实施。

②采用非膨胀土覆盖置换或设置柔性防护结构进行防护时,边坡覆盖置换厚度应不小于2.5m并满足机械压实施工的要求,压实度应不小于90%。覆盖置换层与下覆膨胀土层之间,应设置排水垫层与渗沟。

③采用植物防护时,不应采用阔叶树种。

④圬工防护时,墙背应设置缓冲层,厚度应不大于0.5m。支挡结构基础厚度应大于气候影响深度,反滤层厚度应不小于0.5m。

⑤路堑边坡防护的防渗层、排水垫层、渗沟、反滤层、圬工结构等不同类型的结构施工工艺应符合相应规定。

(13)零填和挖方路段路床应符合下列规定:

①高速公路、一级公路零填和挖方路段路床0.8~1.2m范围的膨胀土应进行换填处理,对强膨胀土路堑,路床换填深度宜加深到1.2~1.5m。在1.5m范围内可见基岩时,应清除至基岩。

②二级公路、三级公路的零填和挖方路段路床0.3m范围的膨胀土应进行换填处理。换填材料为透水性材料时,底部应设置防渗层。二级公路强膨胀土路堑的路床换填深度宜加深至0.5m。

③路堑超挖后应及时进行换填,不得长时间暴露。

九、黄土地区路基施工质量要求

(1)施工前应核对湿陷性黄土的分类区段、基底处理种类并进行确认与标识,编制专项施工方案。

(2)路基边坡坡率应符合要求,坡面应顺适平整,防护及支挡工程施工应与路堤填筑和路堑开挖施工合理衔接。排水沟渠铺砌加固时,应对基底采用夯实或掺石灰夯实的方法进行处理,压实度应达到90%以上。

(3)湿陷性黄土地基处理应符合下列规定:

①基底为非自重湿陷性黄土地基时,地表处理应符合相关规定。

②湿陷性黄土地基处理前,应完成截水及临时排水设施,并应完成路堤基底的坑洞和陷穴回填。低洼积水地段或灌溉区的路堤两侧坡脚外5~10m范围内,应采用素土或石灰土填平并压实,并应高出原地表200mm以上,路基两侧不得积水。

③地基处理前均应进行试验段施工。基底处理场地附近有结构物时,场地边缘与结构物的最小水平安全距离应满足规定要求。冲击碾压或强夯处理段,地基土的压实度、压缩系数和湿陷系数应在施工结束7d后进行检测,强度检验应在15d后进行。

④地基处理所用原材料应满足设计要求。石灰宜采用Ⅲ级及以上等级的消石灰;水泥宜选用32.5级以上的普通硅酸盐水泥;土料宜采用塑性指数为7~15的不含有机质的黏质土,土块粒径宜不大于15mm。

⑤换填法处理湿陷性黄土地基时,宜采用石灰土垫层或水泥土垫层,也可采用素土垫层。垫层应分层摊铺碾压,每层厚度宜不大于300mm,压实度应符合所在部位的标准要求。

⑥冲击碾压法处理湿陷性黄土地基时,冲压处理的施工长度应不小于100m;与结构物的安全距离不满足要求时宜开挖隔振沟;地基土的含水率应控制在最佳含水率±3%范围内;应采用排压法进行冲压;过程中应对地基的沉降值、压实度进行检测。

⑦强夯法处理湿陷性黄土地基时,同一强夯能级宜采用重锤、低落距的方式进行;地基土的含水率宜控制在8%~24%之间;宜分主夯、副夯、满夯三遍实施,两遍夯击之间宜有一定的时间间歇;夯点的夯击次数应按试夯得到的夯击次数和夯沉量关系曲线确定;与结构物安全距离不满足要求时应开挖隔振沟。

⑧挤密桩法处理湿陷性黄土地基,深度在12m之内时,宜采用沉管法成孔;超过12m时,可采用预钻孔法进行成孔。石灰土挤密桩不得采用生石灰。干拌水泥碎石挤密桩所用石屑粒径宜为0~5mm,碎石粒径宜为5~20mm,含泥量应不大于5%。填料前应夯实孔底。成桩回填应分层投料分层夯击,填料的压实度宜不小于93%。挤密桩完成后,应及时进行桩顶石灰土垫层的施工。

⑨采用桩基础法进行湿陷性黄土地基处理时,桩顶的桩帽应采用水泥混凝土现场浇筑,桩顶进入桩帽的长度宜不小于50mm;桩帽顶的加筋石灰土垫层应及时施工,土工格栅应采用绑扎连接,铺设时应拉紧并锚固,铺设后应及时用石灰土覆盖;过程中应对桩位偏差、桩体质量、桩帽质量、土工格栅的原材料及铺设质量、垫层的质量进行检验;有要求时应进行单桩承载力试验,预制桩应在成桩15d后进行,灌注桩应在成桩28d后进行。

(4)黄土陷穴处理应符合下列规定:

①路堤坡脚线或路堑坡顶线之外,原地表高侧80m范围内、低侧50m范围内存在的黄土陷穴宜进行处理,对串珠状陷穴与路堑边坡出露陷穴应进行处理,对规定距离以外倾向路基的陷穴宜进行处理。

②陷穴处理前,应对流向陷穴的地表水和地下水采取拦截引排措施。

③采用灌砂法处理的陷穴,地表下0.5m范围内应采用6%~8%的石灰土进行封填并压实。

④对危及路基安全的黄土陷穴,应根据其埋藏深度和大小选用适当的方法进行处理,陷穴处理方法见表3-22。

⑤处理后仍暴露在外的陷穴口,应采用石灰土等不透水材料进行防渗处理,防渗层厚度应不小于500mm,穴口表面应高于周围地面。

陷穴处理方法   表3-22

处理方法	回填夯实	明挖回填夯实	开挖导洞或竖井回填夯实	实注浆或爆破回填	灌砂
适用条件	明陷穴	陷穴埋藏深度≤3m	3m<陷穴埋藏深度≤6m	陷穴埋藏深度>6m	陷穴埋藏深度≤3m,直径≤2m,洞身较直

(5)黄土路堤填筑应符合规定:
①当 CBR 值不满足要求时,可掺石灰进行改良。
②黄土不得用于路基的浸水部位,老黄土不宜用作路床填料。
③填挖结合处应清除表层土和松散土层,顶部宜开挖成高度不大于 2m、宽度不小于 2m 的多层台阶,并应对台阶进行压实处理。
④黄土碾压时的含水率宜控制在最佳含水率 ±2% 范围内。
⑤路床区换填非黄土填料时,应按有关要求执行。
⑥雨水导致的边坡冲沟应挖台阶夯实处理。
⑦高路堤应采用冲击碾压或强夯方式进行补充压实。
(6)黄土路堑施工应符合下列规定:
①施工前应对路堑顶两侧有危害的黄土陷穴进行处理,堑顶的裂缝和积水洼地应填平夯实,地表平坦或自然坡倾向路基时应在堑顶设置防渗截水沟或拦水埂。
②接近路床高程时宜顺坡开挖。路床需要处理时,应在处理后进行成形层施工。
③施工中应记录坡面的地层产状及地下水出露情况,存在不利于边坡稳定的状况或发现边坡有变形加剧迹象时,应及时反馈处理。
④路基边沟宜在基底处理后、路床成形层施工前完成。
(7)黄土填筑的高路堤、陡斜坡地段的路堤、湿陷性黄土地基上的路堤、深路堑段的边坡及坡顶宜进行沉降及位移监测。监测点的布置、观测频率及监测期应符合要求。

十、盐渍土地区路基施工质量要求

(1)原地面和基底处理应符合下列规定:
①路基填筑前应对照设计资料,复测基底表土的含盐量和含水率,明确地下水位,与设计资料不符时应反馈处理。
②应将浅层地表盐壳清除干净,并碾压密实。
③过湿或积水的洼地、软弱地基,应做好排水,进行清淤换填、强夯置换、碎石桩等地基处理。
④干涸盐湖地段填筑路堤可利用岩盐作为填料。发育有溶洞、溶塘、溶沟的地段应换填砂砾、风积沙、片卵石或盐盖等材料。
(2)盐渍土路堤填料应符合现行《公路路基施工技术规范》(JTG/T 3610)有关规定。
①填料不得夹有草根、盐块及其他杂物,有机质含量宜不大于 1%。
②同一料源时,路床填料每 5000m³、路堤填料每 10000m³ 应做一组含盐量测试,不同料源应分别测试。
③利用石膏土作填料时,应先破坏其蜂窝状结构,石膏含量一般不予限制,但应确保压实度。
(3)路堤填筑应符合下列规定:
①沿线路侧取土坑应按设计要求做好排水,并符合环保要求。
②盐渍土路堤应分层填筑压实,松铺厚度宜不超过 300mm,碾压时宜按最佳含水率 ±2%

控制。粗粒土的压实层厚宜不超过300mm,风积沙的压实层厚宜不超过400mm。雨天不宜施工。

③桥、涵两侧台背不宜采用盐渍土填筑。

④盐渍土的压实标准应符合表3-2规定。

⑤盐渍土路堤的施工,应从基底处理开始连续施工。在设置隔断层的地段,宜连续填筑到隔断层的顶部。

⑥地下水位高的黏性盐渍土地区,宜在夏季施工;砂性盐渍土地区,宜在春季和夏初施工;强盐渍土地区,宜在表层含盐量低的春季施工。

⑦设有护坡道的路段,护坡道也宜分层填筑,压实度应不小于90%。

(4)土工合成材料隔断层应符合下列规定:

①土工合成材料应符合设计与现行《公路土工合成材料应用技术规范》(JTG/T D32)的有关规定。

②路基表面平整度与横坡应符合要求。路基表面不得有尖硬棱角的碎、砾石块凸出,以免扎破土工膜。

③土工合成材料应按路基横断面的宽度全断面铺设,铺设平展紧贴下承层,不得有褶皱。铺筑后应检查破损状况,对破损处应在上面加铺大小能防止破损处漏水的土工合成材料进行补强。

④土工合成材料铺设完成后,严禁行人、牲畜和各种车辆通行,并应及时填筑上层路基,避免阳光暴晒。

⑤在土工膜上填筑粗粒土的路段,应设上保护层,上保护层厚度宜不小于200mm。保护层摊平后先碾压2~3遍,再铺一层粗粒土,与上保护层一起碾压,两者的厚度之和应不超过400mm。

(5)砂砾、碎石隔断层应符合下列规定:

①反滤层宜采用具有渗透功能的土工织物。

②砂砾、碎石隔断层应先铺设包边砂砾土,再全层一次铺填,路拱横坡应为2%~5%。

③砂砾、碎石隔断层压实应由路基两侧向中间碾压。

(6)风积沙隔断层应符合下列规定:

①厚度宜不小于400mm,粉黏粒含量应在5%以下。

②填筑与压实可采用干压实工艺。

③设计厚度大于600mm时,应采用分层填筑,每层松铺厚度宜为300~400mm;设计厚度不大于600mm时,可一次全厚度填筑。

(7)土质路堑的路床换填时,填料应符合规定。

(8)路基排水应符合下列规定:

①施工中应及时合理地布置好排水系统,路基及其附近不得有积水。

②在排水困难地段或取土坑有被水淹没可能时,应在路基一侧或两侧取土坑外设置高度不小于0.5m、顶宽不小于1m的纵向护堤。

③在地下水位高地段,除应挡导表面水外,还应加深两侧边沟或排水沟。

十一、多年冻土地区路基施工质量要求

(1) 多年冻土地区路基施工应符合下列规定：
①应结合高原缺氧、高寒、多年冻土和环境保护的特点，编制施工组织设计方案。
②高含冰量冻土地段开挖宜在寒季进行，基底和边坡换填及保温层等施工宜在6月底前完成。寒季进行路堤施工时，填料应采取有效的保温措施。
③路基施工前应形成有效的临时排水系统，路基两侧100m范围内不得有常蓄性地表水。
④隧道弃渣和路堑挖方为少冰冻土、多冰冻土时，融化后符合填料要求的，可用于路基或保温护道的填筑。
⑤泥炭土、草皮、黏质土、有机质土和冻土块不得用于路堤填筑。
⑥清表产生的草皮与腐殖土宜选址堆放，并进行覆盖与洒水养护，应及时将草皮用于路基边坡防护与取土坑的回填覆盖绿化。

(2) 多年冻土地区路堤施工应符合下列规定：
①路堤填筑宜在暖季进行。厚层地下冰地段宜寒季施工，填筑时不得有积雪。
②路堤填料应集中取土，不得在路基两侧随意取土。在融沉和强融沉分布地段，取土场与路堤坡脚间的距离不得小于200m。
③填土护道应及时碾压，压实度应达到80%以上，护道应与路堤主体工程同步施工。

(3) 多年冻土地区路堑施工应符合下列规定：
①路堑施工应采取隔水、排水、换填和设置保护层等措施。
②路堑段路床换填材料为粗粒土时，宜在寒季施工；换填其他填料时，宜在暖季施工。
③开挖至换填层位时，应对暴露的冰层采取"昼盖夜开"的遮挡防护措施。暖季开挖的路堑在清方成形后，换填部位应及时回填。
④深路堑施工过程中应监控开挖面冻土的融化情况，并采取必要的冷却措施。

(4) 隔热层铺设应符合下列规定：
①隔热层的铺设应在下垫层高程和压实度等符合设计要求后进行，并根据设计拼接方式进行拼接。
②施工机械不得直接在铺好的隔热板上碾压，隔热层上填料摊铺达到最小压实厚度200mm后，方可用压路机压实。

(5) 通风管安装应符合下列规定：
①通风管的断面尺寸、材料强度应满足设计要求。
②通风管纵向间距应满足设计要求，底部宜高出原地面0.5~0.7m。
③通风管应采用反开槽法安装，开挖前路堤应填筑至通风管顶面设计高程200mm以上。
④安装通风管的沟槽可采用中粗砂回填，并用小型压路机或平板夯压实。
⑤路基完工后应对通风管进行人工清理，管内不得留有碎石等杂物。

(6) 热棒安装应符合下列规定：
①热棒临时存放时，应远离火源；露天存放时，宜进行覆盖。
②热棒应在路基施工结束、路基两侧边坡平整处理后采用工程钻机安装。
③钻孔施工完成后应及时进行热棒安装。

④热棒吊装入孔后,应及时用砂土回填密实。

(7)高含冰量冻土地段挡土墙的施工宜在寒季进行,并应连续施工。基础施工完成后,应立即回填。基坑开挖后,发现基础全部或部分埋在纯冰或含土冰层上时,应进行特殊处理。基础完工后应立即回填夯实。

(8)多年冻土地区二级及二级以上公路应按设计要求进行地温与路基变形监测。

十二、风沙地区路基施工质量要求

(1)施工准备应符合下列规定:
①风积沙填料的最大干密度应采用重型击实试验方法确定。
②清表时不得破坏红线以外的植被和地表硬壳。清表产生的草皮土、腐殖土应集中堆放。
③应保护测量用控制桩和红线界桩,并设置明显标志。
④应采用高效、耐高温、具有防风沙性能的施工机械。

(2)取土场和弃土场设置应符合下列规定:
①应利用挖方的合格材料作为填料,且应使调配方案经济合理。
②应选择主风向上风侧的沙丘、沙包作为取土场。路侧取土时,取土坑应设在背风侧坡脚5m以外。
③不宜在丘间洼地路段就近取土;不宜在粗沙平地内取土;不得在有植被和地表硬壳的地方设置取土场、弃土场。
④弃土场应设置在主风向背风侧的低洼处。
⑤取土场、弃土场在取土、弃土结束后应大致整平并应进行表面防护。

(3)路基施工应符合下列规定:
①施工作业宜在风速小时进行,遇到大风天气时,应停止开挖和填筑作业。
②风积沙填料内不得含有杂草、有机质、黏土块等有害物质,填筑前应进行基底处理并压实。
③当路堤基底或路堑路床底部为淤积粉质土需要换填时,换填的风积沙厚度应不小于500mm,风积沙中小于0.075mm颗粒含量应小于10%。
④路堤填筑前应对拟采取的各种施工方案进行试验路段施工,各种方案的试验路段长度应不小于100m,正式施工应按试验路段选择的方案进行。
⑤路堤应按由低向高、水平分层、逐层上料、逐层整平、逐层碾压的方式进行填筑,填挖结合区应予压实。有包边土的路基,应先逐层施工两侧的包边土。
⑥路堑施工前应核实确认土方的调配方案,应按设计的形状尺寸进行开挖,挖方应调运到指定的填方段或弃土场。
⑦上路床为石灰稳定土时,可采用路拌法或场拌法进行施工。
⑧路基完成后应对路基边坡进行整修并施作防护及防沙工程。

(4)路基压实应符合下列规定:
①风积沙天然含水率小于2%时,宜采用振动干压实的方法逐层进行初压和终压。
②供水方便且风积沙天然含水率大于2%时,宜采用洒水压实法逐层进行碾压或采用水沉法逐层进行密实。

③路基顶层终压宜在土工布及封层或路面底基层铺设后采用重型振动压路机振动碾压。

④路基压实度应符合土质路基实度标准的规定,不符合规定处的应进行补压处理。本层压实度检测困难时,可采用填上层检下层的方式进行检测。

⑤压实度检测宜采用环刀法进行。采用密度仪法进行检测时,应对密度仪进行标定且与环刀法进行对比。

(5)土工合成材料铺设应符合下列规定:

①路基顶层设置土工布时,应在路基达到设计高程经调平复压后展铺,土工布铺设时应拉紧张平并应采用压路机静压,展铺长度分段宜不大于500m,展铺后非作业设备不得在土工布上行驶。

②土工布搭接宽度横向应不小于400mm,纵向应不小于500mm,搭接部位应可靠连接。

③土工布铺设后应立即采用封层料或路面底基层材料进行覆盖,覆盖材料上料时车辆不得在土工布上直接行驶和掉头。

④路基顶部或高路堤内铺设土工格栅或土工格室时,应按设计的类型、位置和范围进行铺设。

⑤土工布、土工合成材料质量应符合设计及现行有关标准的要求。

⑥土工合成材料应遮盖存放,铺好的合成材料宜在当日覆盖。

(6)防护工程及防沙工程施工应符合下列规定:

①路基成形段的防护工程及防沙工程宜在少风、小风速或雨季时集中施工,应在大风季节来临前配套完成。

②上风侧的防沙工程宜先于路基施工,也可在路基完成后两侧同时施工。

③阻沙工程宜先于固沙工程施工,也可同步施工。

④防沙工程的种类、形式、形状尺寸、所用材料及其质量应符合要求。

(7)阻沙栅栏应沿沙丘主梁或副梁设置,应位于迎风坡距脊线1.0~1.5m处,栅栏立柱间距应在地形起伏大的段落适当加密,栅栏底部与地面应密贴无空隙。

(8)固沙工程施工应符合下列规定:

①固沙工程施工前应平整沙面。

②采用天然砂砾、盐盖、黏土等覆盖沙面时,料块粒径宜不大于60mm,厚度宜在20~100mm之间。

③柴草类覆盖沙面时应将各种草类秸秆或枝条截成300~500mm长的短节,短节柴草平铺后应灌沙并捣实,也可将柴草扎成束把状固定平铺。

④柴草类固沙方格施工时,应将短节柴草插入沙土中固定,插入深度及外露高度应符合设计及规范要求。方格应纵横成行、线条清晰。

⑤植物固沙法的树苗或灌木种类、种植间距及布置形式应符合设计及规范要求。

(9)采取输沙措施的路段,应铲除路基两侧20~30m范围内的凸起物和其他障碍物,并应进行场地平整。防火隔离带内的易燃物应予清除。

十三、雪害地段路基施工质量要求

(1)施工前应对公路沿线雪害的类型、范围、规模、分布位置及当地防治经验等进行调查核对,并应核查工程地质和水文地质变化,制订合理的施工方案。

(2)路基两侧20m范围内不得设取土坑,不得堆放弃土和废渣。应保护路基两侧地表植被和自然景观,减少施工引起地貌变化而造成积雪的公路雪害。

(3)积雪地段路基宜选用水稳性好的砂砾土作为填料。

(4)在融雪前,应疏通路基的排水系统,保证融雪水顺畅排出。

(5)路基排水设施、坡面防护应及时施作,应充分考虑冻胀和春季融雪水渗透对路基稳定和边坡坡面的影响。

(6)积雪地段路基防护砌筑工程应满足设计要求,砌筑片石、块石、砌筑砂浆应符合抗冻要求。砂浆强度应不低于M10,且应密实、饱满,达到设计强度的70%前不得受冻。采用干砌时,应采用大块石砌筑。

(7)雪崩地段路基施工应符合下列规定:

①应配备专门的观测仪器和人员进行监测,及时预警山体塌方、碎石滚落、降雨、降雪天气、大量地下水涌出等情况。

②应及时监测和预防施工机械运转振动造成的坍塌、碎落及山体滑坡。

③在同一个雪崩区,防雪工程应从雪崩源头开始施工,上一个单项工程完成后方可开始相邻的下一个单项工程施工。

④挖方施工时,应沿等高线开挖水平台阶,按从上到下的顺序开挖台阶,废方堆于台阶下方。

⑤稳雪栅栏应沿等高线设置。稳雪栅栏宜设置多排,最高一排栅栏应在雪崩裂点附近及雪檐下方,应保证基础的稳定性及锚固钢筋的锚固要求,回填土压实度应不小于96%,栅栏与坡面的交角应严格按设计要求施工。

⑥防雪林的布设应从雪崩源头开始到雪崩运动区,从上到下分期种植适合当地环境的速生树种。

⑦修筑钢筋混凝土或浆砌圬工防雪走廊时,原地基及回填土压实度应不小于96%。墙后填土应与山坡相顺接,应做好结构物的防水、排水及抗冻融。

(8)风吹雪地段路基施工应符合下列规定:

①路基两侧距边坡坡脚不小于30m范围内的障碍物应清除,并对地表进行整平,必要时应设置防雪设施。

②应根据当地主风向、风速等情况选择取土坑的位置。在单一风向的路段,取土坑宜设在路堤背风侧,与路堤边坡坡脚距离宜不小于50m。在有两向交替风作用的路段,宜集中设置取土坑,与路堤边坡坡脚距离宜不小于100m,施工完成后应将其边坡修成缓坡,使其平行于主风向的断面平顺通畅。必要时取土坑也可用作储雪场。

③风吹雪路段路基弃方应弃至背风坡一侧,距路基坡脚或路堑坡顶的距离应不小于100m,并应整理平顺。

④石方路堑和积雪平台超挖处理应符合下列规定:

a.超挖回填部分应选用水稳性和抗冻融性好的材料,压实度应符合设计及规范规定。

b.积雪平台应向路基外设置2%的坡度,并应进行硬化处理。

⑤土质路堑或遇水崩解软化的风化泥质页岩类路堑的路床和积雪平台压实度应符合规

定,路基边坡应按防雪设计要求施工,将障碍物清理到设计指定的位置。

⑥挖方路基边坡宜不陡于1∶4。当外侧剩余台地工程量不大时,宜全部挖除。

十四、涎流冰地段路基施工质量要求

(1)施工前,应对当地地形、地质、气象,涎流冰的水源、类型及规模、危害情况及当地防治经验等进行调查核对,制订合理的施工方案。

(2)路基施工应减少对原有自然排水系统的影响。在修建排、挡、截等结构物时,应保留原自然形成的疏水系统的畅通。

(3)在冰冻或高寒的涎流冰地区,路基应选用水稳性好的砂砾石土作为填料。

(4)山坡上的涎流冰,可在路基上边坡外设置聚冰沟,将水导入附近的河沟或桥涵。聚冰沟横断面应根据地形、地质、渗水量、聚冰量确定,并做好排水设施的顺接。

(5)对山谷的涎流冰,可利用天然山坳设置聚冰坑堆积涎流冰。聚冰坑的大小应根据地形、地质、渗水量、聚冰量确定,并做好排水设施的顺接。

(6)挡冰墙应设置在边沟外侧,防止涎流冰流到路面上。挡冰墙高度和宽度应根据聚冰量确定。

(7)砌筑挡冰墙的块石、片石和砂浆应满足抗冻要求。砂浆强度应不低于M10,达到设计强度的70%前不得受冻。砌筑砂浆应密实、饱满。采用干砌时,宜采用块石砌筑。

(8)聚冰沟、土质地段的聚冰坑应满足设计要求,设计未规定时,聚冰沟及其排水边沟应采用浆砌片石防护。土质地段的聚冰坑应根据坡面渗水和土质情况,在边坡坡脚设置干砌片石矮墙,其排水边沟应采用浆砌片石防护。

(9)当有地下水出露时,应采用渗沟、暗沟等地下排水设施,将地下水引离路基。

(10)地下排水施工应符合下列规定:

①地下排水设施应在冻结深度以下,且宜不低于路面以下2m,并做好反滤、隔水层及出水口的保温。

②地下排水设施应在路基完工前完成。

③地下排水结构应分层开挖,并随时排出地下渗水和流水。上口应通过封闭式渗池与含水层衔接,下口应从路基下侧边坡坡脚以外排出,出水口应有保温措施。

十五、采空区路基施工质量要求

(1)施工准备应符合下列规定:

①应核查采空区埋深,覆岩的岩性、厚度及完整程度,冒落带和裂隙带的发育程度,裂隙的连通性等情况,确认并标识路基范围内采空区的类型、处置方式及相应的范围边界或支撑位置,编制专项施工方案。

②测量控制点应设置在采空区影响范围之外,并加以防护。

③地表有出露渗水时,应设置暗沟或截水渗沟将水流引离路基。

(2)采空区的处置方式、长度、宽度及深度应满足设计要求,处理后的地基强度及稳定性应满足设计要求。

(3)注浆法处理采空区时应符合下列规定:

①施工前应在典型地段进行试验路段施工,试验注浆孔数应不小于总孔数的3%。成孔钻机、压浆设备、试验检测设备、成孔和注浆工艺、浆液的各种参数应通过试验路段选择确定。

②注浆区邻近巷道时,应按设计要求在巷道内修建止浆墙。

③采空区呈大体水平状况时,同一地段的成孔和注浆,应按先帷幕孔、后注浆孔的顺序进行施工;采空区呈倾斜状况时,应按先深层部位、后浅层部位的顺序进行施工。帷幕注浆应分序间隔进行。

④钻孔的孔径、孔深、垂直度及孔位偏差应符合要求;钻孔至裂隙带及冒落带时应清水钻进;容易塌孔的区域宜跟管钻进;成孔后应对钻孔进行冲洗;不易软化岩层中的空隙和裂隙,注浆前应采用压力水进行冲洗;钻孔未注浆前,孔口应加盖防护。

⑤处理区宜分2~3个批次进行间隔成孔和注浆。孔壁稳定时宜分批成孔、分批注浆,孔壁难以稳定时宜逐孔注浆。

⑥注浆浆液宜采用水泥、粉煤灰、黏土等材料加水拌和而成,浆液应在集中搅拌站机械拌和。浆液的水固比、外加剂的种类及加入量,应通过现场试验确定。

⑦单层采空区或层间间隔小且已坍塌无明显分界的多层采空区,宜采用一次成孔、自下而上、一次灌注的方式注浆;层次分明、层间距大的多层采空区,宜采用分段成孔、自上而下、分段注浆的方式注浆;当采空区空洞大、裂隙发育或采空区充水且水的流速大时,宜先灌注砂、石屑等集料进行填充,再进行间歇式注浆,注浆浆液宜掺加水玻璃等添加剂。

⑧注浆时应采取止浆措施。注浆过程中发生冒浆或相邻孔串浆时,应进行处理。注浆达到结束条件后方可终止注浆并封孔。

⑨处理结束后,应检测岩体原有空洞及裂隙内浆液的充填情况、岩体注浆后的完整程度、浆液结石体的抗压强度等;宜采用取芯钻机进行钻探检测,钻探孔径应不小于91mm;当采空区埋深小于30m时,宜采用开挖探井、探坑方式进行检测。检测钻探及岩土测试应在采空区处置施工结束一段时间后进行。

(4)干砌片石或浆砌片石支撑法处理采空区时应符合下列规定:

①施工时应采取通风措施,并按从里到外的顺序进行。

②片石的最小尺寸应不小于100mm,母岩抗压强度应不小于30MPa,砌筑所用砂浆的强度等级应满足设计要求。

③应分段、分层台阶式砌筑,砌体顶面应填塞紧密。

(5)强夯法处理采空区时应符合下列规定:

①施工前应在典型地段进行试夯,经检测满足要求后方可正式施工。施工时应按要求的夯点间距、夯击能、点夯次数、夯击遍数进行控制。

②施工过程中的各项测试数据应符合要求,否则应进行补夯或采取其他有效措施进行处理。

③处理完成并放置一段时间后,应对地基深部的松散体密实程度及处理效果进行检测。

(6)开挖回填法处理采空区时,基坑应按要求坡率进行放坡开挖,回填料应分层压实。

(7)衬砌加固法处理巷道时,应符合现行《公路隧道施工技术规范》(JTG F60)的有关规定。

(8)处理效果应按要求进行检测,检测指标达不到规定要求的,应分析原因并反馈处理。

(9)施工期间及完工后,处理区段宜进行水平位移和沉降监测。监测点布置和监测精度应符合设计和现行《工程测量规范》(GB 50026)的有关要求。一般情况下,采空区处理期间及路基正常施工期间,半年内每周监测一次;半年后至交工验收前每月监测一次;通车两年内,每两个月监测一次;变形显著时,增加监测频次。

(10)采空区路基基底采用砂砾石、碎石、片石等回填时,填料质量和填筑压实度应满足设计要求。路基正常填筑应符合规范有关规定。

十六、滨海地区路基施工质量要求

(1)滨海地区路基施工应根据设计要求和潮位、海浪、海流等水文情况,制订合理的施工方案。

(2)滨海地区路基应采用水稳性好的填料填筑。

(3)斜坡式路堤施工应符合下列规定:

①应采取措施保证路堤填料不被海流冲移、侵蚀。

②护坡采用条石、块石或混凝土人工块体、土工合成材料时,所采用的材料质量应满足相关要求,坡面平整,块体接触面向内倾斜,紧贴坡面。

③胸墙应在路堤的沉降基本完成以后再修筑。

(4)直墙式路堤施工应符合下列规定:

①直墙式路堤应采用石块填筑,石块应嵌、码交错施工。

②采用抛石方法形成的明基床或暗基床应满足设计要求。在岩性、非岩性地基上的基床厚度应满足设计要求。

十七、水库地区路基施工质量要求

(1)库区路基施工应根据地质水文情况、设计线位与库岸的位置关系等,制订合理的施工方案。

(2)库区路基施工,应采取措施减少对水库水体及周围环境的污染。

(3)沿水库边缘修筑路基或路基离岸距离近时,应充分考虑库岸的稳定性,采取必要的防护措施。

(4)路堤填料宜选用透水性和水稳定性好的材料。

(5)边坡防护材料应采用强度高、不易风化的硬质石料。冰冻地区的护坡采用片石防护时,应选择抗冻性好的石料。在水库上游地段,护坡基础埋深应满足设计要求。

(6)库区浸水路堤施工应符合下列规定:

①填料应采用不易风化的硬质石料。

②路堤外侧边坡的码砌厚度应满足设计要求,码砌石块粒径宜不小于300mm,错缝台阶式砌筑,块体紧贴边坡,块体接触面向内倾斜。

③路基高且浸水深的路段,可在靠水库库心一侧的迎水坡面护坡坡脚上设置片石石垛。

十八、季节性冻土地区路基施工质量要求

(1)季节性冻土地区路基施工应符合下列规定:

①应复核路基填料的冻胀率、天然含水率等参数。

②季节性冻土地区路基宜在非冰冻季节施工。冻胀和弱冻胀材料路基不应在冰冻季节施工,非冻胀材料冰冻季节施工应通过试验确定具体指标要求。

③高速公路、一级公路的土质路堤不得在冰冻期施工。半填半挖地段、填挖交界处不得在冰冻期施工。

④临时排水应与永久排水结合施作。

⑤已完工路基,越冬时应覆盖素土并碾压,并做好顶面及地表排水等保护措施。

⑥越冬路基压实度应满足设计及规范要求。

⑦春融期路基宜在完全解冻融化后施工。

(2)地基处理应符合下列规定:

①填筑前应将基底范围内的积雪和冰块清除干净并进行压实,压实度应符合表3-2 的规定。

②需要换填处理的地段应开挖至设计深度,选用合适填料及时整平压实。

(3)路堤填料应符合下列规定:

①应根据冻胀率将季节性冻土分为不冻胀、弱冻胀、冻胀、强冻胀和特强冻胀五类,冻胀性分级应符合规定。

②路基冻深范围内土质填料应符合规范和设计的规定。

③取土场取土时应将未融化的冻土夹层清除,含有冻结块的路基填料,应充分晾晒融化后使用。

(4)路堤填筑应符合下列规定:

①填筑前应在路基两侧挖出排水沟或边沟,并结合永久排水先做渗沟、渗井等地下排水设施。

②冻深范围内的填土不得混杂,冻胀性不同的土应分层填筑,抗冻性强的土宜填在上部层位。

③每层路基填土顶面应设2%~4%的横坡。

(5)挖方路段施工应符合下列规定:

①挖方路段应提前填筑拦水埝,并及时疏通排水沟渠。

②路床部位挖除换填砂砾等粗粒土时,填料中粒径小于0.075mm 的颗粒含量宜小于5%。

③石质挖方段不宜超挖,超挖和清除软层后的凸凹面宜采用水稳性好的砂砾料或混凝土回填找平。

(6)边坡防护应符合下列规定:

①冰冻期挖方土质边坡不得一次挖到设计线,应根据坡面土质强度预留100~400mm 的覆盖层,到正常施工季节后再修整到设计坡面。路基挖至路床顶面以上1m 时应停止开挖,并完成临时排水沟,待冬季过后再施工。

②边坡植物防护应选择耐寒、抗旱、耐贫瘠、根系发育的草种和灌木。
③护面墙基础应埋置在冻结线以下不小于 0.25m，基础应采用砂砾或碎石垫层处理，厚度不应小于 0.15m。
④挡土墙基础最小埋置深度应不小于 1m，且应设置在冻结线以下不小于 0.25m。应将基底至冻结线以下 0.25m 深度范围内的地基土换填为非冻胀材料。
⑤挡土墙背填料应采用砂性土等透水性好的材料填筑，严禁采用淤泥、腐殖土等。
⑥圬工及砌石边沟等应在冰冻前完成施工。
(7)防排水施工应符合下列规定：
①施工过程中应及时排走地下渗水和地表流水。
②临时性排水设施施工质量应满足抗冻融破坏的要求。
③冰冻前未完成的内部排水设施应采取保温措施，避免冻结。
④冻结前应完善路基及其影响范围的地表排水系统，疏干路基，以防冻胀。

十九、沿河地段路基施工质量要求

(1)沿河地段路基施工前应根据设计要求，现场核实河滩地形地貌、物质组成、水位、水深、流速、冲刷深度等，制订合理的施工方案。
(2)路基施工不应压缩河道，弃方应妥善处理，严禁向河中倾弃。
(3)受水位涨落影响及常水位以下路堤，宜用水稳性好、不易风化的透水性材料填筑，粒径宜不大于 300mm。常水位以下坡脚宜用装石钢筋笼进行防护处理。沿河地段路堤水毁的主要表现形式是路基侧蚀坍塌，因此沿河路段边坡防护工程的设计与施工是重点。
(4)沿河地段的高填方、半挖半填、拓宽路段的新老交界面应按设计要求采取措施保证路基稳定，峡谷地段宜采用石质填料。
(5)路基边坡有潜水或渗水层时，应采取措施将水引出路基范围之外。

第四节　路基排水工程、防护与支挡工程施工质量监理

一、路基排水工程质量要求

由于各种地面水与地下水对路基的强度和稳定性影响极大，必须修建路基排水设施，保证危害路基的地面水和地下水排出路基范围之外。在施工中应不断完善排水系统，使全线沟渠、管道、桥涵组成完整的排水系统。

路基排水工程主要分为地面排水设施和地下排水设施。地面排水设施包括边沟、截水沟、排水沟、跌水、急流槽、拦水缘石、蒸发池和油水蒸发器等；地下排水设施包括排水垫层、暗沟暗道、渗沟、渗井、排水隧道等，渗沟也可分为填石渗沟、管式渗沟和洞式渗沟三种形式。

(1)施工前要根据路基施工的现场情况核对路基排水设计，如设计与现场情况相符时，应检查各类排水设施的位置、断面、尺寸、坡度、高程。如有问题应及时反馈处理。全线的沟渠、桥涵等应形成完整的排水系统。

(2)各类排水设施的砌石工程应符合规范及设计要求。

(3)各类防渗、加固设施要坚实稳固。

(4)地表排水。

①截水沟。一般要求截水沟先行施工,与其他排水设施衔接平顺,纵坡宜不小于0.3%。不良地质路段、土质松软路段、透水性大或岩石裂隙多地段的截水沟沟底、沟壁、出水口应检查防渗处理。

②排水沟施工应检查线形平顺,转弯处宜为弧线形。排水沟的出水口应设置跌水或急流槽,水流应引出路基或引入排水系统。

③急流槽施工的基础应检查嵌入稳固的基面内,底面应按设计要求砌筑抗滑平台或凸榫,对超挖的或局部的坑洞应采用相同材料与急流槽同时施工。急流槽进水口的喇叭口应与排水设施衔接平顺,汇集的水簸箕底口不得高于接口的路肩表面。

④跌水的施工应参照急流槽的施工。无消力池的跌水,其台阶高度应小于600mm,每个台阶高度与长度之比应与原地面坡度相协调。消力池的基底应检查防渗措施。

⑤蒸发池施工。蒸发池与路基之间的距离应满足路基稳定要求。底面和侧面应检查防渗措施。池底要设0.5%的横坡,入口处应与排水沟连接平顺。蒸发池应远离村镇等人口密集区,四周应采用隔离栅进行防护,高度应不低于1.8m,并设置警示牌。

(5)地下排水。

①地下排水的垫层厚度不宜小于300mm,垫层材料应采用天然砂砾或中粗砂,含泥量不大于5%。垫层宜分层摊铺压实或夯实。垫层的两侧已采用浆砌片石或其他防护方式。

②隔离工程的要求应符合设计及规范要求,其采用的土工合成材料要符合要求。

③暗沟、暗管施工应符合下列要求:

a.应检查沟底埋入不透水层内,沟壁最低一排渗水孔高出沟底200mm,进口截水措施。其设置在路基侧时,宜沿路基方向布置。设在低洼地带或天然沟谷时,宜沿沟谷走向布置。

b.寒冷地区的暗沟应检查保温处理,出水口坡度宜不下于5%。

c.暗沟顶面应检查设置的混凝土盖板或石料盖板,板顶填土厚度应不下于500mm。

d.施工时应严格检查暗管的所用材料,设置的渗水孔及反滤层,对回填施工应检查是否为透水性材料,填筑厚度不大于150mm,材料粒径不大于50mm。

④渗沟施工:

a.应检查设置的排水层、反滤层和封闭层。检查渗水材料的洁净度,粒径小于2mm的颗粒含量不大于5%,检查反滤层的透水土工织物材料和透水管。透水材料的顶面不得低于原地下水位。

b.粒料反滤层应分层填筑,渗沟顶部封闭层应采用干砌片石或浆砌片石。

c.填石渗沟和管式渗沟应符合规范要求。

⑤渗井施工:

a.应检查渗井的开挖支撑,以及采取的照明通风、排水设施。

b.填充料应在开挖后及时回填,不同区域的填充料应采用单一粒径分层填筑,填筑料和反滤层要同步施工。渗井顶部四周要用黏土围护,并加盖封闭。

⑥中央分隔带采用铺面封闭时,铺面层下要采取防水措施,铺面层的横坡与道路横坡一

致。中央分隔带未采用铺面封闭时,施工时排水管应采用反挖法。要检查铺设高度、横坡及防水布的铺设,不得破坏漏水。沟槽回填要采用种植土,施工中应做好临时排水。

(10)质量验收:

①要严格检查排水工程的高程及尺寸,确保地下排水设施的埋设深度、高度符合设计要求。

②对于回填要选择适宜的材料,回填密实度符合要求。

③检查护面砌体的质量(包括砂浆饱满程度和密实程度),要求砌体咬扣紧密,勾缝平顺无脱落,缝宽大体一致。

(11)严格控制地下排水设施的施工程序,上一道工序的质量未经施工监理检查认可,不得进行下一道工序的施工。

(12)地下排水设施的施工后,对施工单位填报的各种记录进行审核检查,确认符合设计要求方能认可。

二、涵洞工程质量要求

涵洞按照形式可分为管式涵、盖板涵、拱涵与箱涵等。每座涵洞由基础,涵身与进、出洞口组成。洞口的建筑形式有八字翼墙式、直墙式、端墙式,必要时尚需铺砌进洞口处的路堤,以防水流冲刷。涵洞的施工一般可分为基础开挖、涵身砌筑与进、出洞口砌筑几道工序。

1. 基础开挖

(1)基础开挖应符合设计要求。开挖基坑时,应核对地质情况,检查基底土质的均匀性、地基稳定性及承载力(小桥和涵洞的地基检验,一般采用直观或触探方式,必要时可进行土壤分析试验和试压试验)。

(2)检查基底表面位置、尺寸大小、基底高程,并检查施工原始记录。

(3)基坑开挖后,应紧接着进行垫层铺设,并紧接着进行下一工序的施工。承包人应采取措施,保护基坑的暴露面不致破坏。

(4)砂砾垫层应为压实的连续材料层,应分层摊铺压实不得有离析现象,其压实度应在90%以上。混凝土基座浇筑时,应防止混凝土中的水分被基底吸收或积水渗入混凝土中而降低混凝土的强度,基座的尺寸应符合设计要求,并按图纸要求设置沉降缝。

2. 涵管敷设与涵身砌筑

1)涵管敷设

(1)管节安装宜从下游开始,使接头面向上游,每节涵管应紧贴于垫层或基座上,使涵管受力均匀,所有管节应按正确的轴线和坡度敷设,如管壁厚度不同,应使内壁齐平。

(2)涵管接缝宽度不应大于10mm,并应用沥青麻絮或其他具有弹性的不透水材料填塞接缝的内、外侧,以形成一柔性密封层,不得有裂缝、空鼓、漏水等现象。

(3)如果图纸有规定,在管节接缝填塞好后,应在其外部设置C20混凝土箍圈。箍圈环绕接缝浇筑好后,应给予充分养生,且不产生裂缝、脱落等现象。

(4)当管节采用承插式接缝时,在承口端应先坐以干硬性水泥砂浆,在管节套接以后再在承口端的环形孔隙内塞以砂浆使接头紧密,并将内壁表面抹平。

2)盖板涵施工

(1)混凝土的涵台及基础分别浇筑时,基础顶面与涵台相接部分应拉毛。涵台或盖板可按图纸设置的沉降缝处分段修筑,盖板必须与墙身沉降缝对齐,不得跨沉降缝安装。

(2)当设计有支撑梁时,应在安装或浇筑盖板之前完成,应按图纸规定或监理工程师批准的其他方法固定锚栓。

(3)盖板安装前,应检查成品及边墙尺寸。并检查涵台强度是否达到设计强度的70%以上。盖板安装时必须坐浆稳固。

(4)盖板安装后,盖板上的吊装装置应用砂浆填满,相邻板块之间采用1:2水泥砂浆填塞密实。

3)箱涵现场浇筑

(1)在浇筑底板以前,应清除基座上的杂物,然后按设计立模板、绑扎钢筋,浇筑混凝土。

(2)底板达到设计强度后,方可在底板上绑扎钢筋、立模浇筑侧板及顶板。

(3)为保证搭板与箱体的连接,在浇筑侧板上的牛腿时,应按图纸预埋锚固筋。

(4)严格按图纸所示的高程,纵坡和预拱度设置垫层、基座以及立模和浇筑混凝土。

4)石拱涵施工

(1)拱架、支架、模板等由施工设计,经监理工程师批准后进行施工。

(2)拱圈圬工砌筑,应由两端的拱脚向中间同时的对称进行,砌筑时拱圈或支架不得有变形。

(3)拱圈砂浆强度达到设计强度70%时方可拆除拱架;拱顶填土,必须达到设计强度后方可进行。

(4)沉降缝、防水层应按设计规定施工。

(5)涵身直顺,涵底铺砌密实平整,拱圈圆滑。

3.进出水口

(1)进出水口应采用混凝土或圬工修筑。所用原材料及砂浆应符合设计及规范要求。

(2)帽石及一字墙应表面平整、轮廓清晰、线条平直。

(3)进出水口与上下游沟槽连接顺适,流水畅通。

4.回填

(1)回填所用材料,应采用透水性土,严禁使用含有淤泥、杂草、腐殖物、冻土块的土。

(2)回填材料的压实,应在接近最佳含水率时分层填筑和夯实。

(3)对圆管涵在检验管节安装及接缝符合要求后,在管节两侧分层回填至与涵管中心齐平。夯实作业方式应不使涵管和接缝部位引起任何损坏或扰动。

(4)盖板涵及箱涵台背填土必须在支撑梁(或涵底铺砌)及盖板安装且砂浆强度达到70%以后方可进行,填土时应在两个台背同时对称填筑,盖板上面填土时,第一层土的摊铺及碾压厚度分别不得少于30cm和20cm,并防止剧烈的冲击。

(5)拱涵拱顶填土必须在拱圈砂浆达到设计强度后方可进行。

三、防护工程及支挡质量要求

支挡构造物可利用墙身自重支撑墙背土压力,以防止路基变形或支挡路基本身保证路基稳定性。常用的支挡构造物有各种挡土墙、护肩、砌石、石垛等。砌石、石垛多用干砌,护肩、挡墙则多为浆砌。

石砌防护构造物主要起隔离作用,以防止冲刷和风化。常用的石砌防护构造物有护坡和护面墙。

支挡及石砌防护构造物施工一般分为挖基、构造物砌筑和回填等工序。

挖基与回填的质量控制与涵洞的相同。构造物施工时应注意:

(1)沿构造物长度方向地面有纵坡时,应沿纵向挖成台阶。
(2)用来修筑构造物的片石、砂浆、混凝土等材料应满足规范要求。
(3)砌筑基础的第一层时,如基底为基岩或混凝土基础,应先将其表面加以清洗、湿润、坐浆砌筑。
(4)砌体工程应符合设计和规范规定。
(5)沉降缝、伸缩缝、防水层、泄水孔的位置和数量应符合设计规定。
(6)墙背填料应符合设计要求。用作挡土墙泄水孔进口处的反滤层和墙背渗水层,其材料为砾石、砂石、砂或其组合,其级配应符合设计要求。
(7)各类路基防护与支挡工程的质量标准应符合规范的规定。

第五节 路基工程常见质量问题

路基在建成后使用过程中,在自重、行车荷载及许多自然因素的作用之下,都会产生变形。路基产生的变形有弹性变形和非弹性变形,有的可以恢复,但非弹性变形大多不可恢复,这些不可恢复的变形发展到一定程度,将会产生路基病害,进而影响路面使用,以致影响道路使用,严重的影响路基的稳定,危及路基及其各部分的完整性,甚至丧失使用功能。

路基在复杂作用下,常见的路基质量问题主要有路堤的沉陷、边坡塌方、路基沿坡面滑动及特殊地质水文情况的损坏。

一、路基常见质量问题及其原因

1. 路堤沉陷

路基沉陷是指路基在垂直方向产生的较大沉落。沉陷主要有两种情况:一是路基本身的压缩沉降,二是路基原地面以下承载力不足造成的沉陷。产生路基沉陷的主要原因有:

(1)路基填料不当。主要是在路基填料选择的过程中采用非适宜路基填料。
(2)填筑方法不合理。主要包括不同土混杂、未分层填筑和压实、土中含有未经打碎的大土块或冻土块等。填石路堤亦因石料规格不一、性质不匀,或就地爆破堆积,乱石中空隙很大,在一定期限内亦可能产生局部的明显下沉。
(3)压实不足。主要采用不合适的压实工艺、压实功率不足、碾压遍数不够,造成局部路段破坏。

（4）填土因季节性交替地发生含水率变化及温度变化的物理作用,使土体发生膨胀、收缩以及冬季冻胀、春季融化,强度减弱,形成翻浆而破坏。

（5）原地面比较软弱,比如软土路段、池塘河海水库边上、垃圾堆积路段等,在填筑路基前没能处治或没完全处治得当。

2. 路基边坡塌方

路基边坡塌方是最常见的路基病害,亦是水毁的普遍现象。按照破坏规模与原因的不同,路基边坡塌方可以分为剥落、碎落、滑坍、崩坍及坍塌等。

（1）剥落是指边坡表土层或风化岩层表面,在大气的干湿或冷热的循环作用下,表面发生胀缩现象使零碎薄层成片状从边坡上剥落下来,而且老的剥落后,新的又不断产生。此种破坏现象,对于填土不均匀和易溶盐含量大的土层,以及泥灰岩、泥质页岩、绿泥岩等松软岩层而言,较易产生。路堑边坡剥落的碎屑堆积在坡脚下,堵塞边沟,影响路基稳定,妨碍交通。

（2）碎落是岩石碎块的一种剥落现象,其规模与危害程度比剥落严重。产生的主要原因是路堑边坡较陡（大于45°）,岩石破碎和风化严重,在胀缩、振动及水的侵蚀与冲刷作用下,块状碎屑沿坡面向下滚落。如果落下的岩块较大（直径在40cm以上）,以单个或多块落下,此种碎落现象可称为落石或坠落。落石的石块较大,降落速度极快,所产生的冲击力可使路基结构物遭到破坏,亦会威胁到行车和行人的安全,有时还会引起其他病害同时发生。

（3）滑坍是指路基边坡土体或岩石,沿着一定的滑动面成整体状向下滑动,其规模与危害程度较碎落更为严重,有时滑动体可达数百立方米以上,造成严重的阻车。产生滑坍的主要原因是原山坡具有倾向公路的软弱构造面,由于施工不当以及水的侵蚀、冲刷改变了原山坡平衡状态,使山坡在重力作用下沿软弱面整体滑动。如岩层倾向公路,层间又有软弱夹层或风化层、覆盖层,基岩的界面倾向公路,特别是有地下水时,均可能形成滑坍。

（4）崩坍是整体岩块在重力作用下倾倒、崩落。主要原因是岩体风化破碎,边坡较高。崩坍是比较常见,而且危害较大的路基病害之一。它同滑坍的主要区别就在于崩坍无固定滑动面,坡脚线以下地基无移动现象,崩坍体的各部分相对位置在移动过程中完全打乱,其中较大石块翻滚较远,边坡下部形成倒石堆或岩堆。

此外,还有坍塌（亦称为堆塌）等。其成因与形态同崩坍相似,但坍塌主要是土体（或土石混杂的堆积物）遇水软化,在45°~60°的较陡边坡无支撑情况下,自身重力所产生的剪应力超过黏聚力和摩擦力所构成的抗剪力,沿松动面坠落散开。坍塌的变形速度比崩坍慢,很少有翻滚现象。

3. 路基沿山坡滑动

在较陡的山坡上填筑路基,如果原地面未清除杂草、凿毛或人工挖台阶,坡脚又未进行必要支撑,特别是又受水的润湿时,填方与原地面之间的抗剪力很小,填方在自重和荷载作用下,有可能使路基整体或局部沿原地面向下移动。此种破坏现象虽然不普遍,但亦不应忽视,如果不针对产生上述破坏的原因采取相应预防措施,路基的稳定性就得不到保证,破坏将难以避免。

4. 特殊地质水文情况的毁坏

公路通过不良地质和水文地带或遇较大的自然灾害，如滑坡、岩堆、错落、泥石流、雪崩、岩溶、地震及特大暴雨等，均能导致路基结构的严重破坏。

在季节性冰冻地区，由于冻融影响而产生冻胀。由于路基含水率的增大，路基土饱水而强度降低，在荷载作用下产生翻浆。

二、路基损坏控制要点

产生路基病害的原因是多方面的，各种病害既有各自的特点，又往往具有共同原因，在路基施工监理过程中要做到以下几点：

(1) 做好不同地质和环境条件下的调查，掌握第一手资料，包括不良工程地质、水文地质条件、不利气候因素等。

(2) 做好设计审查，杜绝设计不合理现象。如断面尺寸不合要求，其中包括边坡取值不当，挖填布置不符要求，最小填土高度不足，以及排水、防护与加固不妥等。以及不利的水文与气候因素，如降雨量大、洪水猛烈、干旱、冰冻、积雪或温差特大等。

(3) 审查好施工组织设计，选择适宜的施工工艺和施工组织。

(4) 重视试验段，做好总结。不同地质和环境条件下要跟施工单位的施工力量要紧密结合，选择最佳的施工组合，找出最佳的施工单位等，总结经验并推广。

(5) 做好施工组织管理。施工不合规定，如填筑顺序不当、土基压实不足、盲目采用大型爆破，以及不按设计要求和操作规程进行施工、工程质量不合标准等。

(6) 做好检查和验收，杜绝不符合规范及设计要求的现象发生。

(7) 加强观测，严格按照批复的观测方案进行。

(8) 出现苗头及时处理，杜绝问题的发生。出现问题时尽早处理，防止隐患扩大，杜绝再出现。

地质条件是影响路基工程质量和产生病害的基本前提，水是路基病害的主要原因，为此必须强调设计前进行地质与水文的勘察工作，针对具体条件及各种因素的综合作用，采取正确的设计方案与施工方法，才能消除和尽可能减轻路基病害，确保路基工程达到规定的质量要求。

第四章 路面工程施工质量监理

第一节 路面工程概述

一、路面的功能与构造

1. 路面的功能

路面是用各种筑路材料铺筑在路基上供车辆行驶的层状构造物。路面不仅直接承受车辆荷载的作用,而且要经受自然因素(日光、温度和水等)和其他人为因素的作用。因此,高速公路、一级公路的路面必须具备下述功能:

(1)全天候地、稳定地供汽车行驶,即应保证路面良好的行车性能,使之不受任何季节和气候的影响。

(2)保证汽车高速和舒适地行驶,即路面应具有和保持较好的平整度,使汽车在高速行驶时不发生颠簸。

(3)保证汽车安全和经济地行驶,即路面表面应具有和保持一定的粗糙度,使汽车在高速行驶中需要紧急制动时不致因路滑而产生侧向或超长的纵向滑移,乃至冲撞事故。

2. 对路面的基本要求

路面应具有下述一系列性能:

(1)强度和刚度:指路面整体结构能够抵抗各种外力综合作用,而不发生破坏和过大变形的性能。

(2)稳定性:指路面在日光、大气、温度、湿度等自然因素影响之下,其整体强度不致迅速降低的性能。

(3)耐久性:指路面在自然因素和行车荷载多次重复作用下,材料不致迅速衰变、结构不致因疲劳而破坏的性能。

(4)表面性能:指路面表面的平整度和粗糙度,平整度用路面纵向凹凸量的偏差值表示,而粗糙度则用路面与轮胎的摩擦系数和路表纹理深度表示。

3. 路面构造及结构层次的划分

路面构造及结构层次的划分如图 4-1 所示。

路面由行车道、硬路肩、土路肩、路缘石及中央分隔带等组成。路面结构层次自上而下可分为面层、基层、功能层,有时在面层之下还设有联结层。路面结构组成如图 4-2 所示。各结

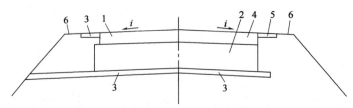

图 4-1 路面构造及结构示意图

i-路拱横坡度;1-面层;2-基层(包括底基层);3-垫层;4-路缘石;5-加固路肩;6-土路肩

构层次的作用如下：

(1)面层。面层是直接同行车和大气接触的表面层,承受较大的行车荷载的垂直力、水平力和冲击力作用,同时还受到降水的侵蚀和气温变化的影响。因此,同其他层相比,面层应具备较高的结构强度,抗变形能力好,有较好的水稳定性和温度稳定性,而且应当耐磨,不透水,其表面还应有良好的抗滑性和平整度。

修筑面层所用的材料主要有：水泥混凝土、沥青混凝土、沥青碎(砾)石混合料、砂砾或碎石掺土或不掺土的混合料以及块料等。

(2)基层。基层主要承受由面层传来的车辆荷载的垂直力,并扩散到下面的功能层(垫层)和土层中去。实际上基层是路面结构中的承重层,它应具有足够的强度和刚度,并具有良好的扩散应力的能力。基层遭受大气因素的影响虽然比面层小,但是仍然有可能经受地下水和通过面层渗入雨水的浸湿,所以基层结构应具有足够的水稳定性。基层表面虽然不直接供车辆行驶,但仍然要求有较好的平整度,这是保证面层平整度的基本条件。

修筑基层的材料主要有各种结合料(如石灰、水泥或沥青等)稳定土或稳定碎(砾)石、贫水泥混凝土、天然砂砾、各种碎石或砾石、片石、块石或圆石,各种工业废渣(如煤渣、粉煤灰、矿渣、石灰渣等)和土、砂、石所组成的混合料等。

(3)功能层(垫层)。它的功能是改善土层的湿度和温度状况,以保证面层及基层的强度、刚度和稳定性不受土层水文状况变化而产生不良影响。另一方面的功能是将基层传下的车辆荷载应力加以扩散,以减小土层产生的应力和变形。同时也能阻止路基土挤入基层中,影响基层结构的性能。

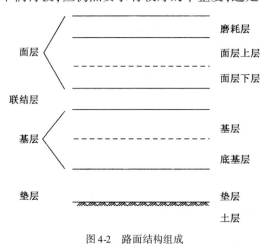

图 4-2 路面结构组成

修筑功能层(垫层)的材料,强度要求不一定高,但水稳定性和隔温性能要好。常用的功能层(垫层)材料分为两种,一类是由松散粒料,如砂、砾石、炉渣等组成的透水性垫层;另一类是用水泥或石灰稳定土等修筑的稳定类垫层。

二、路面分类

路面类型可以从不同的角度来划分,但是一般都按面层所用的材料区划,如水泥混凝土路面、沥青路面、砂石路面等。但是在工程设计中,主要从路面结构的力学特性和设计方法的相似性出发,将路面划分为柔性路面、刚性路面和半刚性路面三类。

1. 柔性路面

柔性路面的总体结构刚度较小,在车辆荷载作用之下产生较大的弯沉变形,路面结构本身的抗弯拉强度较低,它通过各结构层将车辆荷载传递给土层,使土层承受较大的单位压力。路基路面结构主要靠抗压强度和抗剪强度承受车辆荷载的作用。柔性路面主要包括各种未经处理的粒料基层和各类沥青面层、碎(砾)石面层或块石面层组成的路面结构。

2. 刚性路面

刚性路面主要指用水泥混凝土作面层或基层的路面结构。水泥混凝土的强度高,与其他筑路材料相比,它的抗弯拉强度高,并且有较高的弹性模量,故呈现出较大的刚性。在车辆荷载作用下,水泥混凝土结构层处于板体工作状态,竖向弯沉较小,路面结构主要靠水泥混凝土板的抗弯拉强度承受车辆荷载,通过板体的扩散分布作用,传递给基础上的单位压力较柔性路面小得多。

3. 半刚性路面

用水泥、石灰等无机结合料处治的土或碎(砾)石及含有水硬性结合料的工业废渣修筑的基层,在前期具有柔性路面的力学性质,后期的强度和刚度均有较大幅度的增长,但是最终的强度和刚度仍远小于水泥混凝土。由于这种材料的刚性处于柔性路面与刚性路面之间,因此把这种基层和铺筑在它上面的沥青面层统称为半刚性路面,这种基层称为半刚性基层。

刚性路面、柔性路面和半刚性路面,这种以力学特性为标准的分类方法主要是为了便于从功能原理和设计方法出发进行分区,并没有绝对的定量分界界线。近年来材料科学的发展正在逐步改变这种属性,如水泥混凝土的增塑研究使其刚性降低而保留它的高强性质,沥青的改性研究使得沥青混凝土随气候而变化的力学性质趋于稳定,大幅度提高其刚度。这说明事物都是在相互转化之中。

三、路面工程材料选择

(一)沥青面层材料选择

1. 沥青的分类

沥青材料是由一些极其复杂的高分子碳氢化物和这些碳氢化物的非金属(O、S、N 等)衍生物所组成的混合物,其中 C 占 80% ~ 87%,H 占 10% ~ 15%,O、S、N 小于 3%,此外还有少量的金属元素。石油沥青的化学组分按三组分法分为油分、树脂和沥青质;按四组分法分为饱和分、芳香分、胶质和沥青质。沥青路面采用的沥青结合料,主要有两大类:一类来源于石油系统,天然存在或经人工提炼而得到,称为地沥青;另一类为各种有机物干馏的焦油,经过再加工而得到,称为焦油沥青。沥青材料按产源分类如图 4-3 所示。地沥青按其产源又可分为天然沥青和石油沥青。天然沥青是天然条件下,地球物理因素作用而形成的产物,其中又以湖状、泉状等存在的纯地沥青,渗透于岩石中的岩地沥青,与岩石和砂石相混的地沥青岩等。石油沥青是指石油经过精制加工成油品后,最后加工而得到的产品。焦油沥青按其为获得焦油所加工的有机物的名称而命名,如由煤焦油获得的沥青叫煤焦油沥青,其他还有木沥青、泥炭沥青等。我国常用的焦油沥青是煤沥青。

石油沥青的性质不仅与产源有关,而且与制造沥青的石油基属有关。据此,可将石油沥青分为石蜡基沥青、中间基沥青和环烷基沥青(图4-4)。

图4-3 沥青材料按产源分类　　　　　　　　图4-4 石油沥青基属

按状态可分为液体沥青和黏稠沥青。

按照交通标准分,可分为重交通沥青、轻交通沥青和中交通沥青。

按照使用的道路等级和层位,可分为A级沥青、B级沥青和C级沥青。

目前我国在炼油厂中生产沥青的主要工艺方法有:蒸馏法、氧化法、半氧化法、溶剂脱沥青法和调配法等,由于制造方法不同,沥青性质亦产生很大差异。

2. 沥青路面材料的选择

1)沥青

拌制沥青混合料用的沥青材料的技术性质,随气候条件、交通性质、沥青混合料的类型和施工条件等因素而异。通常在较热的气候区、较繁重的交通情况下,细粒式或砂粒式的混合料则应采用黏度较高的沥青;反之,采用黏度较低的沥青。在其他配料条件相同的情况下,较黏稠的沥青配置的混合料具有较高的力学强度和稳定性,但如果黏度过高,则沥青混合料的低温变形能力较差,沥青路面容易产生裂缝。反之,在其他配料条件相同的条件下,采用黏度较低的沥青,虽然配置的混合料在低温时具有较好的变形能力,但在夏季高温时,往往由于稳定性不足而使路面产生推挤现象。

根据现行技术规范规定,道路石油沥青适用于各类沥青面层,道路石油沥青应符合表4-1要求,高速公路的表面层和中面层所采用的沥青质量应符合A级沥青技术要求,高速公路的下面层、沥青稳定碎石基层、一级和二级公路沥青质量应符合A级或B级沥青技术要求,C级沥青宜用于三级及三级以下的公路。同时沥青面层所采用的沥青标号,宜根据公路的等级、气候条件、交通条件、路面类型及在结构层位、施工方法等,结合当地的使用经验,经过技术认证后确定。

(1)按照沥青路面气候分区的条件综合选择沥青的标号,通常情况下按表4-1选用。对夏季温度高、高温时间长的地区,宜采用黏度大的沥青,也可提高一个高温气候分区选用沥青等级;对冬季寒冷的地区,宜选用黏度小、低温延度大的沥青;对温度日温差、年温差大的地区应选用针入度指数大的沥青。

第四章　路面工程施工质量监理

道路石油沥青技术要求

表 4-1

指　标	单位	等级	沥青标号 160号[4]	130号[4]	110号	90号	70号[3]	50号	30号[4]	试验方法[1]
针入度(25℃,5s,100g)[6]	0.1mm		140~160	120~140	100~120	80~100	60~80	40~60	20~40	T 0604
适用的气候分区			注[4]	注[4]	2-1　2-2	1-1　1-2　1-3 ／ 2-2　2-3	1-1　1-2　1-3　1-4 ／ 2-2　2-3　2-4	1-3　1-4 ／ 2-2　2-3	注[4]	附录A[5]
针入度指数 PI[2]		A				−1.5 ~ +1.0				T 0604
		B				−1.8 ~ +1.0				
软化点(R&B),不小于	℃	A	38	40	43	45	45　46	49	55	T 0606
		B	36	39	42	43	43　44	46	53	
		C	35	37	41	42	42	45	50	
60℃动力黏度[2],不小于	Pa·s	A	—	60	120	160	160　180	200	260	T 0620
10℃延度[2],不小于	cm	A	50	50	40	30	30　20	20　15	10	T 0605
		B	30	30	30	20	20　15	15　10	8	
15℃延度,不小于	cm	A,B	80	80	60	50	40	80	50	
		C				100		30	20	
蜡含量(蒸馏法),不大于	%	A				2.2				T 0615
		B				3.0				
		C				4.5				
闪点,不小于	℃		230	230		245		260		T 0611
溶解度,不小于	%					99.5				T 0607

续上表

指标	单位	等级	沥青标号							试验方法[1]
			160号[4]	130号[4]	110号	90号	70号[3]	50号	30号[4]	
密度(15℃)	g/cm³		实测记录							T 0603
质量变化,不大于	%		±0.8							T 0610 或 T 0609
残留针入度比,不小于	%	A	48	54	55	57	61	63	65	T 0604
		B	45	50	52	54	58	60	62	
		C	40	45	48	50	54	58	60	
残留延度(10℃),不小于	cm	A	12	12	10	8	6	4	—	T 0605
		B	10	10	8	6	4	2	—	
残留延度(15℃),不小于	cm	C	40	35	30	20	15	10	—	T 0605

注:1. 试验方法按照《公路工程沥青及沥青混合料试验规程》(JTG E20—2011)规定的方法执行。用于仲裁试验求取PI时的5个温度的针入度关系的相关系数不得小于0.997。
2. 经建设单位同意,表中的PI值、60℃动力黏度、10℃延度可作为选择性指标,也可不作为施工质量检验指标。
3. 70号沥青可根据需要要求供应商提供针入度范围为60~70或70~80的沥青,50号沥青可要求提供针入度范围为40~50或50~60的沥青。
4. 30号沥青仅适用于沥青稳定基层。130号和160号沥青除在中低级公路上直接应用外,通常用作乳化沥青、稀释沥青、改性沥青的基质沥青。
5. 老化试验以TFOT为准,也可以RTFOT代替。
6. 气候分区见《公路沥青路面施工技术规范》(JTG F40—2017)附录A。

(2)根据交通条件调整选择的沥青标号。对重载交通量路段、高速公路等实行渠化交通的路段、山区及丘陵区上坡路段、服务区、停车场等行车速度慢的路段,宜采用黏度大的沥青,也可提高一个高温气候分区选用沥青等级,同时又是炎热地区时可以提高两个气候分区选择沥青等级;对交通量小、公路等级低、混合交通的路段选用黏度较小的沥青等级;对旅游公路应选用黏度较小的沥青等级。

(3)根据沥青路面的类型及施工工艺选择沥青的标号,对于热拌沥青混合料使用的沥青标号根据气候分区及交通条件按表4-1选用,不满足要求时宜采用改性沥青;对于SMA结构的沥青,黏度在按表4-1选择的基础上大一个等级,或采用改性沥青。

沥青面层用的沥青标号,应根据气候、路面类型、施工方法和矿料类型等来选用。通常面层的上层采用较稠的沥青,下层或黏层采用较稀的沥青。对于渠化交通的道路,宜采用较稠的沥青。其他各层的沥青可采用相同的标号,也可采用不同标号。当沥青标号不符合使用要求时,可采用不同标号的沥青掺配,但掺配后的技术指标应符合要求。

2)粗集料

沥青混合料用的粗集料,可以采用碎石、破碎砾石和矿渣等。沥青混合料用粗集料应该洁净、干燥、无风化、不含杂质。在力学性质方面,压碎值和洛杉矶磨耗率应符合道路等级的要求(表4-2)。

沥青混合料用粗集料质量技术要求 表4-2

指标	单位	高速公路及一级公路		其他等级公路	试验方法
		表面层	其他层次		
石料压碎值,不大于	%	26	28	30	T 0316
洛杉矶磨耗损失,不大于	%	28	30	35	T 0317
表观相对密度,不小于		2.60	2.50	2.45	T 0304
吸水率,不大于	%	2.0	3.0	3.0	T 0304
坚固性,不大于	%	12	12	—	T 0314
针片状颗粒含量(混合料),不大于	%	15	18	20	T 0312
其中粒径大于9.5mm,不大于	%	12	15	—	
其中粒径小于9.5mm,不大于	%	18	20	—	
水洗法<0.075mm颗粒含量,不大于	%	1	1	1	T 0310
软石含量,不大于	%	3	5	5	T 0320

注:1. 坚固性试验可根据需要进行。
2. 用于高速公路、一级公路时,多孔玄武岩视密度限度可放宽至2.45t/m³,吸水率可放宽至3%,但必须得到建设单位的批准,且不得用于SMA路面。
3. 对S14即3~5规格的粗集料,针片状颗粒含量可不予要求,<0.075mm含量可放宽到3%。

对于用于抗滑表层的沥青混合料中的粗集料,应该选用坚硬、耐磨、韧性好的碎石或碎砾石,矿渣及软质集料不得用于防滑表层。对于坚硬石料来源缺乏的情况下,允许掺加一定比例普通集料作为中等或小颗粒的粗集料,但掺加比例不应超过粗集料总质量40%。

破碎砾石的技术要求与碎石相同。但破碎砾石用于高速公路、一级公路、城市快速路、主干路沥青混合料时,5mm 以上的颗粒用有一个以上破碎面的质量含量不得少于 50%。

钢渣作为粗集料时,仅限于一般道路,并应经过试验论证取得许可后使用。钢渣应有 6 个月以上的存放期,质量应符合表 4-2 的要求。

经检验,属于酸性岩石的石料如花岗岩、石英岩等用于高速公路、一级公路、城市快速路、主干路时,宜使用针入度较小的沥青,并采用下列抗剥离措施,使其对沥青的黏附性符合要求:

(1)用干燥的生石灰或消石灰粉、水泥作为填料的一部分,其用量宜为矿料总量的 1% ~2%。

(2)在沥青中掺加抗剥离剂。

(3)将粗集料用石灰浆处理后使用。

3)细集料

用于拌制沥青混合料的细集料,可以采用天然砂、人工砂或石屑。

细集料应洁净、干燥、无风化、不含杂质,并有适当的级配范围。对于细集料的技术要求列于表 4-3。

沥青混合料用细集料质量要求　　　　　　　　　　　　　　　　　表 4-3

项目	单位	高速公路、一级公路	其他等级公路	试验方法
表观相对密度,不小于	—	2.50	2.45	T 0328
坚固性(>0.3mm 部分),不小于	%	12	—	T 0340
含泥量(小于 0.075mm 的含量),不大于	%	3	5	T 0333
砂当量,不小于	%	60	50	T 0334
亚甲蓝值,不大于	g/kg	25	—	T 0349
棱角性(流动时间),不小于	s	30	—	T 0345

注:坚固性试验可根据需要进行。

热拌沥青混合料的细集料宜采用优质的天然砂或人工砂,在缺砂地区,也可使用石屑,但用于高速公路、一级公路、城市快速路、主干路沥青混凝土面层及抗滑表层石屑用量不得超过砂的用量。

细集料应与沥青有良好的黏结能力,高速公路、一级公路、城市快速路、主干路沥青面层使用与沥青黏结性能差的天然砂及用花岗岩、石英岩等酸性岩石破碎的人工砂或石屑时,应采用前述的粗集料的抗剥离措施。

细集料的级配,天然砂宜按表 4-4 中的粗砂、中砂或细砂的规格选用,机制砂或石屑宜按表 4-5 的规格选用。但集料的级配在沥青混合料中的适用性,应以其与粗集料和填料配置成砂制混合料后,判定其是否符合矿质混合料的级配要求来决定。当一种细集料不能满足级配要求时,可采用两种或两种以上的细集料掺和使用。

沥青混合料用天然砂规格　　　　　　　　　　　　　　　　　　　　表 4-4

筛孔尺寸 (mm)	通过各筛孔的质量百分率(%)		
	粗砂	中砂	细砂
9.5	100	100	100
4.75	90 ~100	90 ~100	90 ~100

续上表

筛孔尺寸 (mm)	通过各筛孔的质量百分率(%)		
	粗砂	中砂	细砂
2.36	65~95	75~90	85~100
1.18	35~65	50~90	75~100
0.6	15~30	30~60	60~84
0.3	5~20	8~30	15~45
0.15	0~10	0~10	0~10
0.075	0~5	0~5	0~5

沥青混合料用机制砂或石屑规格　　　　　　表4-5

规格	公称粒径 (mm)	水洗法通过各筛孔的质量百分率(%)							
		9.5	4.75	2.36	1.18	0.6	0.3	0.15	0.075
S15	0~5	100	90~100	60~90	40~75	20~55	7~40	2~20	0~10
S16	0~3	—	100	80~100	50~80	25~60	8~45	0~25	0~15

注:当生产石屑采用喷水抑制扬尘工艺时,应特别注意含粉量不得超过表中要求。

4) 填料

沥青混合料地矿粉必须采用石灰岩或岩浆岩中的强基性岩石(憎水性石料)经磨细得到的矿粉,原石料中泥土杂质应除净。矿粉应干燥、洁净,其质量应符合表4-6的技术要求。

沥青混合料用矿粉质量要求　　　　　　表4-6

项　目	单　位	高速公路、一级公路	其他等级公路	试验方法
表观密度,不小于	t/m³	2.50	2.45	T 0352
含水率,不大于	%	1	1	T 0103
粒度范围 <0.6mm <0.15mm <0.075mm	% % %	100 90~100 75~100	100 90~100 70~100	T 0351
外观	—	无团粒结块		—
亲水系数	—	<1		T 0353
塑性指数	—	<4		T 0354
加热安定性	—	实测记录		T 0355

粉煤灰作为填料使用时,烧失量应小于12%,与矿粉混合后塑性指数应小于4%,其余质量要求与矿粉相同。粉煤灰的用量不宜超过填料总量的50%,并应经试验确认与沥青有良好的黏附性,沥青混合料的水稳定性能满足要求。高速公路、一级公路的沥青面层不宜采用粉煤灰作填料。

拌和机采用干法除尘,石粉尘可作为矿粉的一部分回收使用。湿法除尘、石粉尘回收使用时应注意干燥粉尘处理,且不得含有杂质,回收粉尘的用量不得超过填料总量的50%,掺入粉尘填料的塑性指数不得大于4%,其余质量要求与矿粉相同。

由粗集料、细集料和填料组成的矿质混合料,应保证具有足够的密实度和高的初始内摩擦角,其组成级配应符合现行《公路沥青路面施工技术规范》(JTG F40)的规定范围。密级配沥青混合料宜根据公路等级、气候及交通条件按表4-7选择采用粗型(C型)或细型(F型)混合料,并在表4-7范围内确定工程设计级配范围。通常情况下,工程设计级配范围不宜超出表4-8的要求,其他类型的混合料宜直接以表4-9~表4-13作为工程设计级配范围。

粗型和细型密集配沥青混凝土粗级配和细级配的关键性筛孔通过率 表4-7

混合料类型	公称最大粒径（mm）	用以分类的关键性筛孔(mm)	粗型密级配		细型密级配	
			名称	关键性筛孔通过率(%)	名称	关键性筛孔通过率(%)
AC-25	26.5	4.75	AC-25C	<40	AC-25F	>40
AC-20	19	4.75	AC-20C	<45	AC-20F	>45
AC-16	16	2.36	AC-16C	<38	AC-16F	>38
AC-13	13.2	2.36	AC-13C	<40	AC-13F	>40
AC-10	9.5	2.36	AC-10C	<45	AC-10F	>45

密集配沥青混凝土混合料矿料级配范围 表4-8

级配类型		通过下列筛孔(mm)的质量百分率(%)											
		31.5	26.5	19	16	13.2	9.5	4.75	2.36	1.18	0.6	0.3	0.15	0.075
粗粒式	AC-25	100	90~100	75~90	65~83	57~76	45~65	24~52	16~42	12~33	8~24	5~17	4~13	3~7
中粒式	AC-20		100	90~100	78~92	62~80	50~72	26~56	16~44	12~33	8~24	5~17	4~13	3~7
	AC-16			100	90~100	76~92	60~80	34~62	20~48	13~36	9~26	7~18	5~14	4~8
细粒式	AC-13				100	90~100	68~85	38~68	24~50	15~38	10~28	7~20	5~15	4~8
	AC-10					100	90~100	45~75	30~58	20~44	13~32	9~23	6~16	4~8
砂粒式	AC-5						100	90~100	55~75	35~55	20~40	12~28	7~18	5~10

沥青玛蹄脂碎石混合料矿料级配范围 表4-9

级配类型		通过下列筛孔(mm)的质量百分率(%)											
		26.5	19	16	13.2	9.5	4.75	2.36	1.18	0.6	0.3	0.15	0.075
中粒式	SMA-20	100	90~100	72~92	62~82	40~55	18~30	13~22	12~20	10~16	9~14	8~13	8~12
	SMA-16		100	90~100	65~85	45~65	20~32	15~24	14~22	12~18	10~15	9~14	8~12
细粒式	SMA-13			100	90~100	50~75	20~34	15~26	14~24	12~20	10~16	9~15	8~12
	SMA-10				100	90~100	28~60	20~32	14~26	12~22	10~18	9~16	8~13

开级配排水式磨耗层混合料矿料级配范围　　　　表4-10

级配类型		通过下列筛孔(mm)的质量百分率(%)										
		19	16	13.2	9.5	4.75	2.36	1.18	0.6	0.3	0.15	0.075
中粒式	OGFC-16	100	90~100	70~90	45~70	12~30	10~22	6~18	4~15	3~12	3~8	2~6
	OGFC-13		100	90~100	60~80	12~30	10~22	6~18	4~15	3~12	3~8	2~6
细粒式	OGFC-10			100	90~100	50~70	10~22	6~18	4~15	3~12	3~8	2~6

密级配沥青稳定碎石混合料矿料级配范围　　　　表4-11

级配类型		通过下列筛孔(mm)的质量百分率(%)													
		53	37.5	31.5	26.5	19	16	13.2	9.5	4.75	2.36	1.18	0.6	0.3	0.15	0.075
特粗式	ATB-40	100	90~100	75~92	65~85	49~71	43~63	37~57	30~50	20~40	15~32	10~25	8~18	5~14	3~10	2~6
	ATB-30		100	90~100	70~90	53~72	44~66	39~60	31~51	20~40	15~32	10~25	8~18	5~14	3~10	2~6
粗粒式	ATB-25			100	90~100	60~80	48~68	42~62	32~52	20~40	15~32	10~25	8~18	5~14	3~10	2~6

半开级配沥青碎石混合料矿料级配范围　　　　表4-12

级配类型		通过下列筛孔(mm)的质量百分率(%)										
		26.5	19	16	13.2	9.5	4.75	2.36	1.18	0.6	0.3	0.15	0.075
中粒式	AM-20	100	90~100	60~85	50~75	40~65	15~40	5~22	2~16	1~12	0~10	0~8	0~5
	AM-16		100	90~100	60~85	45~68	18~40	6~25	3~18	1~14	0~10	0~8	0~5
细粒式	AM-13			100	90~100	50~80	20~45	8~28	4~20	2~16	0~10	0~8	0~6
	AM-10				100	90~100	35~65	10~35	5~22	2~16	0~12	0~9	0~6

开级配沥青碎石混合料矿料级配范围　　　　表4-13

级配类型		通过下列筛孔(mm)的质量百分率(%)													
		53	37.5	31.5	26.5	19	16	13.2	9.5	4.75	2.36	1.18	0.6	0.3	0.15	0.075
特粗式	ATPB-40	100	70~100	65~90	55~85	43~75	32~70	20~65	12~50	0~3	0~3	0~3	0~3	0~3	0~3	0~3
	ATPB-30		100	80~100	70~95	53~85	36~80	26~75	14~60	0~3	0~3	0~3	0~3	0~3	0~3	0~3
粗粒式	ATPB-25			100	80~100	60~100	45~90	30~82	16~70	0~3	0~3	0~3	0~3	0~3	0~3	0~3

5）沥青改性剂的性能和要求

改性沥青可单独或复合采用高分子聚合物、天然沥青或其他改性材料制作。各类聚合物改性沥青的质量应符合表4-14的技术要求，当使用表列以外的聚合物及复合改性沥青时，可通过试验研究制定相应的技术要求。

天然沥青可以单独与石油沥青混合使用或与其他改性沥青混融后使用。天然沥青的质量要求宜根据其品种参照相关标准和成功的经验执行。

用作改性剂的 SBR 乳胶中的固体物含量不宜少于 45%，使用中严禁长时间暴晒或遭冰冻。

改性沥青宜在固定式工厂或在现场设厂集中制作，也可在拌和场现场边制作边使用，改性沥青的加工温度不宜超过 180℃。胶乳类改性剂和制成颗粒的改性剂可直接投入拌和缸中生成改性沥青混合料。

用溶剂法生产改性沥青母液时，挥发性溶剂回收后的残留量不得超过 5%。

现场制作的改性沥青宜随配随用，需做短时间保存。运送到附近的工地时，使用前必须搅拌均匀，在不发生离析的状态下使用。改性沥青制作设备必须设有随机采样的取样口，采集的试样宜立即在现场灌模。

工厂制作的成品改性沥青到达施工现场后储存在改性沥青罐中，改性沥青罐中必须加设搅拌设备并进行搅拌，使用前改性沥青必须搅拌均匀。在施工过程中应定期取样检验产品质量，发现离析等质量不符合要求的改性沥青不得使用。

聚合物改性沥青技术要求　　　　表 4-14

指　标	SBS 类（Ⅰ类）				SBR 类（Ⅱ类）			PE、EVA 类（Ⅲ类）			
	Ⅰ-A	Ⅰ-B	Ⅰ-C	Ⅰ-D	Ⅱ-A	Ⅱ-B	Ⅱ-C	Ⅲ-A	Ⅲ-B	Ⅲ-C	Ⅲ-D
针入度（25℃，100g，5s）(0.1mm)，不小于	>100	80~100	60~80	40~60	>100	80~100	60~80	>80	60~80	40~60	30~40
针入度指数 PI，不小于	-1.2	-0.8	-0.4	0	-1.0	-0.8	-0.6	-1.0	-0.8	-0.6	-0.4
延度（5℃，5cm/min）(cm)，不小于	50	40	30	20	60	50	40	—	—	—	—
软化点 $T_{R\&B}$（℃），不小于	45	50	55	60	45	48	50	48	52	56	60
运动黏度（135℃）(Pa·s)，不大于	3										
闪点（%），不小于	230				230			230			
溶解度（℃），不小于	99				99						
离析，软化点差（℃），不大于	2.5				—			无改性剂明显析出、凝聚			
弹性恢复（25℃）(%)，不小于	55	60	65	70	—	—	—	—	—	—	—
黏韧性（N·m）	—				5			—			
韧性（N·m）	—				2.5			—			
RTFOT 后残留物											
质量损失（%），不大于	1.0				1.0			1.0			
针入度（25℃）(%)，不小于	50	55	60	65	50	55	60	50	55	58	60
延度（5℃）(cm)，不小于	30	25	20	15	30	20	10	—	—	—	—

(二)水泥混凝土面层材料选择

普通混凝土(简称混凝土)是由水泥、砂、石和水所组成。在混凝土中,砂、石起骨架作用,称为骨料,也称为集料;水泥与水形成水泥浆,水泥浆包裹在集料表面并填充其空隙。在硬化前,水泥浆起润滑作用,赋予拌合物一定的和易性,便于施工。水泥浆硬化后,则将集料胶结成一个坚实的整体。混凝土的技术性质在很大程度上是由原材料的性质及其相对含量决定的,同时也与施工工艺有关。因此,我们必须了解其原材料的性质、作用及其质量要求,合理选择原材料,这样才能保证混凝土的质量。

1. 水泥

配制水泥混凝土一般可采用硅酸盐水泥、普通硅酸盐水泥、矿渣硅酸盐水泥、火山灰质硅酸盐水泥和粉煤灰硅酸盐水泥。必要时也可采用快硬硅酸盐水泥或其他水泥。采用何种水泥,应根据混凝土工程的特点和所处的环境条件进行选择。

1)定义

(1)硅酸盐水泥。

凡由硅酸盐水泥熟料、0%~5%石灰石或粒化高炉矿渣、适量石膏磨细制成的水硬性胶凝材料,称为硅酸盐水泥(即国家通称的波特兰水泥)。硅酸盐水泥分两种类型,不掺加混合材料的称为Ⅰ型硅酸盐水泥,代号P.Ⅰ;在硅酸盐水泥熟料粉磨时掺加不超过水泥质量5%石灰石或粒化高炉矿渣混合材料的称为Ⅱ型硅酸盐水泥,代号P.Ⅱ。

(2)普通硅酸盐水泥。

凡由硅酸盐水泥熟料、6%~15%混合材料和适量石膏磨细制成的水硬性胶凝材料,称为普通硅酸盐水泥(简称普通水泥),代号P.O。

掺活性混合材料时,最大掺量不得超过15%,其中允许用不超过水泥质量5%的窑灰或不超过水泥质量10%的非活性混合材料来代替。掺加非活性混合料时最大掺量不得超过水泥质量10%。

2)组分材料

(1)硅酸盐水泥熟料(clinker):凡以适当成分的生料烧至部分熔融所得,以硅酸钙为主要成分的产物称为硅酸盐水泥熟料(简称熟料)。

(2)石膏(gypsum):天然石膏必须符合现行《天然石膏》(GB/T 5483)的规定。工业副产石膏是工业生产中以硫酸钙为主要成分的副产品。采用工业副产石膏时必须经过试验,证明对水泥性能无害。

(3)活性混合材料(active admixture):指符合现行《用于水泥和混凝土中的粉煤灰》(GB/T 1596)的粉煤灰、符合现行《用于水泥中的火山灰质混合料》(GB/T 2847)的火山灰质混合材料和符合现行《用于水泥中的粒化高炉矿渣》(GB/T 203)的粒化高炉矿渣。

(4)非活性混合材料(inactived mixture):活性指标低于GB/T 1596、GB/T 2847和GB/T 203要求的粉煤灰、火山灰质混合材料和粒化高炉矿渣以及石灰石和砂岩。石灰石中Al_2O_3含量不得超过2.5%。

(5)窑灰(kindest):从回转窑窑尾废气中收集下来的粉尘,品质指标应符合现行《掺入水泥中的转窑灰》(JC/T 742)的规定。

硅酸盐水泥熟料主要由 CaO、SiO_2、Al_2O_3 和 Fe_2O_3 四种氧化物组成,其含量总和通常都在 95% 以上。现代生产的硅酸盐水泥熟料,各氧化物含量的波动范围为:CaO 62% ~ 67%,SiO_2 20% ~ 24%,AlO_3 34% ~ 37%,Fe_2O_3 2.55% ~ 6.0%。

硅酸盐水泥熟料中 CaO、SiO_2、Al_2O_3 和 Fe_2O_3 不是以单独的氧化物存在,而是以两种或两种以上的氧化物经高温化学反应而生成的多种矿料的集合体。其结晶细小,一般为 30 ~ 60μm。它主要有以下四种矿物:硅酸三钙($3CaO \cdot SiO_2$,简写为 C_3S)、硅酸二钙($2CaO \cdot SiO_2$,简写为 C_2S)、铝酸三钙($3CaO \cdot Al_2O_3$,简写为 C_3A)、铁相固溶体(通常以铁铝酸四钙 $4CaO \cdot Al_2O_3 \cdot Fe_2O_3$ 作为代表式,简写成 C_4AF)。此外,还有少量游离氧化钙、方镁石(结晶氧化镁)、含碱矿物及玻璃体。

另外,水泥粉磨时还允许加入主要起助磨作用而不损害水泥性能的助磨剂,其加入量不得超过水泥质量1%。使用助磨剂、工业副产石膏时,须经省(自治区、直辖市)、市以上建材行业主管部门批准,投产后定期进行质量检验。

3)强度等级

硅酸盐水泥分为 42.5、42.5R、52.5、52.5R、62.5、62.5R 六个强度等级;普通硅酸盐水泥分为 32.5、32.5R、42.5、42.5R、52.5、52.5R 六个强度等级。R 型水泥属于快硬型,对其3d强度有较高的要求。

4)技术要求

(1)不溶物(insoluble residue):Ⅰ型硅酸盐水泥中不溶物不得超过 0.75%;Ⅱ型硅酸盐水泥中不溶物不得超过 1.50%。

(2)氧化镁:水泥中氧化镁含量不得超过 5.0%。如果水泥经压蒸安定性试验合格,则水泥中氧化镁含量允许放宽到 6.0%。

(3)三氧化硫:水泥中 SO_3 含量不得超过 3.5%。

(4)烧失量(ignition loss):Ⅰ型硅酸盐水泥中烧失量不得大于 3.0%,Ⅱ型硅酸盐水泥中烧失量不得大于 3.5%。普通水泥中烧失量不得大于 5.0%。

(5)细度(fineness):硅酸盐水泥比表面积大于 $300m^2/kg$,普通水泥 80μm 方孔筛的筛余量不得超过 10.0%。

(6)凝结时间(setting time):硅酸盐水泥初凝不得早于 45min,终凝不得迟于 6.5h。普通水泥初凝不得早于 45min,终凝不得迟于 10h。

(7)安定性(soundness):用沸煮法检验必须合格。

(8)强度(strength):水泥强度等级按规定龄期的抗压强度和抗折强度来划分,各标号水泥各龄期强度不得低于表4-15中数值。

各龄期、各类型水泥强度[《通用硅酸盐水泥》(GB 175—2007)] 表4-15

品种	强度等级	抗压强度(MPa)		抗折强度(MPa)	
		3d	28d	3d	28d
硅酸盐水泥	42.5	17.0	42.5	3.5	6.5
	42.5R	22.0	42.5	4.0	6.5
	52.5	23.0	52.5	4.0	7.0
	52.5R	27.0	52.5	5.0	7.0

续上表

品种	强度等级	抗压强度(MPa)		抗折强度(MPa)	
		3d	28d	3d	28d
硅酸盐水泥	62.5	28.0	62.5	5.0	8.0
	62.5R	32.0	62.5	5.5	8.0
普通水泥	32.5	11.0	32.5	2.5	5.5
	32.5R	16.0	32.5	3.5	5.5
	42.5	16.0	42.5	3.5	6.5
	42.5R	21.0	42.5	4.0	6.5
	52.5	22.0	52.5	4.0	6.5
	52.5R	26.0	52.5	5.0	7.0

(9)碱：水泥中含量按 $Na_2O + 0.658K_2O$ 计算值来表示，若使用活性集料，用户要求提供低碱水泥时，水泥中碱含量不得大于0.60%或由供需双方商定。

2.粗集料的技术性质

普通混凝土常用的粗集料有碎石和卵石，由天然岩石或卵石经破碎、筛分而得。

1）物理性质

(1)物理常数。

①表观密度。粗集料表观密度是单位体积(含颗粒固体及其闭口孔隙体积)物质颗粒的干质量。测定方法见现行《公路工程集料试验规程》(JTG E42)。

②毛体积密度。粗集料的毛体积密度同石料的毛体积密度。测定方法见现行《公路工程集料试验规程》(JTG E42)。

③堆积密度。粗集料的堆积密度是单位体积(含物质颗粒固体及其闭口、开口孔隙体积及颗粒间空隙体积)物质颗粒的质量。测定方法见现行《公路工程集料试验规程》(JTG E42)。

④空隙率。粗集料空隙率是集料的颗粒之间空隙体积占集料总体积的百分比。

(2)级配。

粗集料中各组成颗粒的分级和搭配称为级配，级配是通过筛分试验确定的。筛分试验和有关参数的计算详见细集料技术性质中的内容。

(3)坚固性。

粗集料坚固性按《公路工程集料试验规程》(JTG E42—2005)选取规定数量，分别装在金属网篮中浸入饱和硫酸钠溶液中再进行干湿循环试验，经一定的循环次数后，观察其表面破坏情况，并用质量损失百分率来计算其坚固性。

(4)针片状颗粒含量。

粗集料颗粒的最大长度(或宽度)方向与最小厚度(或直径)方向的尺寸之比大于3倍的颗粒含量。

(5)含泥量和泥块含量。

①含泥量是指颗粒小于0.08mm颗粒的含量。

②泥块含量是指颗粒大于5mm,经水洗、手捏后可破碎成小于2.5mm的颗粒含量。

2)化学性质

(1)有害杂质含量。

有害杂质含量主要指硫化物和硫酸盐的含量。

(2)碱活性反应。

当水泥混凝土中碱含量较高时,应鉴定集料与碱发生潜在有害反应,即水泥混凝土-硅酸盐反应的可能性。

3)力学性质

(1)强度。

通常岩石的抗压强度由碎石生产单位提供。试验方法同现行《公路工程岩石试验规程》(JTG E41)。

(2)压碎值。

压碎值是按规定方法测得的石料抵抗压碎的能力,以压碎试验后小于规定粒径的石料质量百分率表示,试验方法见现行《公路工程集料试验规程》(JTG E42)。

3. 细集料的技术性质

普通混凝土中的细集料一般采用天然砂,它是岩石风化后所形成的大小不等、由不同矿物散粒组成的混合物,一般有河砂、海砂及山砂。

1)物理常数

细集料的表观密度或堆积密度和空隙率等物理常数的含义与粗集料完全相同。

2)级配

级配是集料各级粒径颗粒的分配情况,砂的级配可通过砂的筛分试验确定。砂的筛分试验是取试样500g,在整套标准筛上进行筛分,分别求出试样存留在各筛上质量的一种试验方法。级配有关参数按如下方法计算:

(1)分计筛余百分率:在某号筛上的筛余质量占总质量的百分率。

(2)累计筛余百分率:某号筛的分计筛余百分率和大于某号筛的各筛余百分率之总和。

(3)通过百分率:通过某筛的质量占试样总质量的百分率,即100%与累计筛余百分率之差。

(4)细度模数 M_x:

$$M_x = \frac{(A_2 + A_3 + A_4 + A_5 + A_6) - 5A_1}{100 - A_1} \tag{4-1}$$

式中:A_1、A_2、A_3、A_4、A_5、A_6——5mm、2.5mm、1.25mm、0.63mm、0.315mm、0.16mm 各筛上的累计筛余百分率。

通常砂的粗细程度用细度模数来表示。砂按细度模数分三级:粗砂($M_x = 3.1 \sim 3.7$)、中砂($M_x = 3.0 \sim 2.3$)、细砂($M_x = 2.2 \sim 1.6$)。

3)有害杂质含量

砂中常含有的有害杂质主要有泥、泥块、云母轻物质、硫酸盐硫化物和有机质。

4. 粗集料的技术要求

配制混凝土时所采用的粗、细集料的技术要求有以下几个方面。

1)粗集料技术要求

水泥混凝土用粗集料的技术要求应符合表 4-16 的规定。

水泥混凝土用粗集料的技术要求　　　　表 4-16

项次	技术指标	技术要求 I 级	技术要求 II 级	技术要求 III 级	试验方法
1	碎石压碎值(%),不大于	18	25	30	JTG E42 T 0316
2	卵石压碎值(%),不大于	21	23	26	JTG E42 T 0316
3	坚固率(按质量损失)(%),不大于	5	8	12	JTG E42 T 0314
4	针片状颗粒含量(按质量计)(%),不大于	8	15	20	JTG E42 T 0311
5	含泥量(按质量计)(%),不大于	0.5	1.0	2.0	JTG E42 T 0310
6	泥块含量(按质量计)(%),不大于	0.2	0.5	0.7	JTG E42 T 0310
7	吸水率(按质量计)(%),不大于	1	2	3	JTG E42 T 0307
8	硫化物及硫酸盐含量(按 SO_3 计)(%),不大于	0.5	1.0	1.0	GB/T 14685
9	洛杉矶磨耗损失(%),不大于	28	32	35	JTG E42 T 0317
10	有机物含量(比色法)	合格	合格	合格	JTG E42 T 0313
11	岩石抗压强度(MPa)	岩浆岩≥100、变质岩≥80、沉积岩≥60			JTG E41 T 0221
12	表观密度(kg/m³),不小于	2500			JTG E42 T 0308
13	松散堆积密度(kg/m³),不小于	1350			JTG E42 T 0309
14	空隙率(%),不大于	47			JTG E42 T 0309
15	磨光值(%),不小于	35			JTG E42 T 0321
16	碱活性反应	不得有碱活性反应或疑似碱活性反应			JTG E42 T 0325

2)粗集料的坚固性

碎石或卵石的坚固性是指集料在气候、环境变化或其他物理因素作用下抵抗碎裂的能力。用硫酸钠溶液法检验,试样经 5 次循环后,其质量损失应符合表 4-16 的规定。

3)有害物质含量

碎石或卵石中的硫化物和硫酸盐含量,以及卵石中有机质含量,应符合表 4-17 规定。

碎石或卵石中有害物质含量　　　　表 4-17

项　　目	品质指标
硫化物及硫酸盐含量折算成 SO_3 按质量计,(%)不大于	1
卵石中有机质含量(用比色法试验)	颜色不深于标准色。如深于标准色,则应配置混凝土进行强度试验,抗压强度应不低于95%

注:如含有颗粒硫酸盐或硫化物,则要进行混凝土耐久性试验,确认能满足要求时方能采用。

4)碱活性反应

当水泥混凝土中碱含量较高时,应采用下列方法鉴定集料与碱是否发生潜在有害反应,即水泥混凝土碱-硅酸盐反应和碱-硅酸反应的可能性。

(1)用岩相法检验(T 0324—94)确定哪些集料可能与水泥中的碱发生反应。当集料中下列材料含量为 1% 或更少时即有可能成为有害反应的集料,这些材料包括下列形式的二氧化硅:蛋白石、玉髓、鳞石英、方石英;在流纹岩、安山岩或英安岩中可能存在的中性重酸性(富硅)的火山玻璃;某些沸石和千枚岩等。

(2)用砂浆长度法检验(T 0325—94)集料产生有害反应的可能性。如果用高碱硅酸盐水泥制成的砂浆长度膨胀率 3 个月低于 0.05% 或者 6 个月低于 0.10% 即可判定为非活性集料。超过上述数值时,应通过混凝土试验结果做出最后评定。

5)水泥混凝土用粗集料级配规格

(1)混凝土用碎石或卵石的颗粒级配应符合表 4-18 的规定。

(2)根据工程要求,连续粒级可与单粒级配合使用,也允许直接采用单粒级,但必须避免混凝土离析。

(3)2.5mm 以下的石屑、石粉,易黏附在颗粒上,对水泥混凝土和易性影响很大。因此,这种细料含量不宜超过 5%。

(4)若生产的集料规格不符合表 4-18 的规定,但确认与其他材料掺配后的级配符合规格时,可以使用。

碎石或卵石的颗粒级配规格 表 4-18

级配情况	公称粒径(mm)	累计筛余,按质量计(%) 方孔筛筛孔尺寸(mm)										
		2.5	5	10	16	20	25	31.5	40	50	63	80	100
连续级配	5~10	95~100	80~100	0~15	0								
	5~16	95~100	90~100	30~60	0~10	0							
	5~20	95~100	90~100	40~70	—	0~10	0						
	5~25	95~100	90~100	—	30~70	—	0~5	0					
	5~31.5	95~100	90~100	70~90	—	15~45	—	0~5	0				
	5~40	—	95~100	75~90	—	30~60	—	—	0~5	0			
单级配	10~20	—	95~100	85~100	—	0~15	—	—	—	—			
	16~31.5	—	95~100	—	85~100	—	—	0~10	0				
	20~40	—	—	95~100	—	80~100	—	—	0~10	0			
	31.5~63	—	—	—	95~100	—	—	75~100	45~75	—	0~10	0	
	40~80	—	—	—	—	95~100	—	—	70~100	—	30~60	0~10	0

5.细集料技术要求

1)分类、等级和规格

(1)用于水泥混凝土中的砂是指粒径小于 5mm 的岩石碎屑,主要是在江河湖海水域中水流冲刷自然形成的,也可以是在破碎岩石的过程中形成的岩石碎屑(人工砂)。其技术要求应符合表 4-19、表 4-20。

天然砂的质量标准   表4-19

项次	项目	技术要求			试验方法
		Ⅰ级	Ⅱ级	Ⅲ级	
1	坚固性(按质量损失计)(%),不大于	6.0	8.0	10.0	JTG E42 T 0340
2	含泥量(按质量计)(%),不大于	1.0	2.0	3.0	JTG E42 T 0333
3	泥块含量(按质量计)(%),不大于	0	0.5	1.0	JTG E42 T 0335
4	氯离子含量(按质量计)(%),不大于	0.02	0.03	0.06	GB/T 14684
5	云母含量(按质量计)(%),不大于	1.0	1.0	2.0	JTG E42 T 0337
6	硫化物及硫酸盐含量(按SO_3质量计)(%),不大于	0.5	0.5	0.5	JTG E42 T 0341
7	海砂中的贝壳类物质含量(按质量计)(%),不大于	3.0	5.0	8.0	JGJ 206
8	轻物质含量(按质量计)(%),不大于	1.0			JTG E42 T 0338
9	吸水率(%),不大于	2.0			JTG E42 T 0330
10	表观密度(kg/m³),不小于	2500.0			JTG E42 T 0328
11	松散堆积密度(kg/m³),不小于	1400.0			JTG E42 T 0331
12	空隙率(%),不大于	45.0			JTG E42 T 0331
13	有机物含量(比色法)	合格			JTG E42 T 0336
14	碱活性反应	不得有碱活性反应或疑似碱活性反应			JTG E42 T 0325
15	结晶态二氧化硅含量(%),不小于	25.0			JTG E42 T 0324

机制砂质量标准   表4-20

项次	项目	技术要求			试验方法
		Ⅰ级	Ⅱ级	Ⅲ级	
1	机制砂母岩的抗压强度(MPa),不小于	80.0	60.0	30.0	JTG E41 T 0221
2	机制砂母岩的磨光值,不小于	38.0	35.0	30.0	JTG E42 T 0321
3	机制砂单粒级最大压碎指标(%),不大于	20.0	25.0	30.0	JTG E42 T 0350
4	坚固性(按质量损失计)(%),不大于	6.0	8.0	10.0	JTG E42 T 0340
5	氯离子含量(按质量计)(%),不大于	0.01	0.02	0.06	GB/T 14684
6	云母含量(按质量计)(%),不大于	1.0	2.0	2.0	JTG E42 T 0337

续上表

项次	项　目	技术要求 I级	技术要求 II级	技术要求 III级	试验方法
7	硫化物及硫酸盐含量（按SO₃质量计）(%)，不大于	0.5	0.5	0.5	JTG E42 T 0341
8	泥块含量（按质量计）(%)，不大于	0	0.5	1.0	JTG E42 T 0335
9	石粉含量(%)，小于　MB值<1.4或合格	3.0	5.0	7.0	JTG E42 T 0349
	石粉含量(%)，小于　MB值≥1.4或不合格	1.0	3.0	5.0	
10	轻物质含量（按质量计）(%)，不大于	1.0			JTG E42 T 0338
11	吸水率(%)，不大于	2.0			JTG E42 T 0330
12	表观密度(kg/m³)，不小于	2500.0			JTG E42 T 0328
13	松散堆积密度(kg/m³)，不小于	1400.0			JTG E42 T 0331
14	空隙率(%)，不大于	45.0			JTG E42 T 0331
15	有机物含量（比色法）	合格			JTG E42 T 0336
16	碱活性反应	不得有碱活性反应或疑似碱活性反应			JTG E42 T 0325

（2）按国家有关标准，用于水泥混凝土中的砂按其细度模数分为三大类，见表4-21。

水泥混凝土中的砂按其细度模数分类　　表4-21

分　类	粗　砂	中　砂	细　砂
细度模数 M_x	3.1~3.7	2.3~3.0	1.6~2.2

注：细度模数主要反映全部颗粒的粗细程度，不完全反映颗粒的级配情况，混凝土配制时应同时考虑砂的细度模数和级配情况。

2）颗粒级配

对用于水泥混凝土中细度模数为1.6~3.7的砂，其颗粒级配应处于表4-22中任何一个级配区内。

砂颗粒级配区表　　表4-22

筛孔尺寸(mm)	级配区 I区	级配区 II区	级配区 III区	筛孔尺寸(mm)	级配区 I区	级配区 II区	级配区 III区
	累计筛余(%)				累计筛余(%)		
5.00	0~10	0~10	0~10	0.63	71~85	41~70	16~40
2.50	5~35	0~25	0~15	0.315	80~95	70~92	55~85
1.25	35~65	10~50	0~25	0.16	90~100	90~100	90~100

注：1. 砂的实际颗粒级配，除5.00mm、0.63mm、0.16mm筛孔外，其余各筛孔累计筛余允许超出本表的规定界限，但不应超出5%。

2. I区砂宜提高砂率以配低流动性混凝土，II区砂宜优先选用以配不同等级混凝土，III区砂宜适当降低砂率以保证混凝土强度。

3. 对于高强泵送混凝土用砂宜选用中砂，细度模数为2.4~2.9。2.5mm筛孔的累计筛余量不得大于15%。0.315mm筛孔的累计筛余量宜在85%~92%范围内。

3) 含泥量及泥块含量

水泥混凝土用砂的含泥量（即粒径小于 0.08mm 的尘屑、淤泥和黏土的总含量百分比）及泥块（即原颗粒大于 1.25mm，经水洗、手压后可破碎成小于 0.63mm 的颗粒）含量，应符合表 4-23 的规定。

砂含泥量即泥块含量　　　　　　　　　　表 4-23

混凝土强度等级	≥C30	<C30	试验方法	混凝土强度等级	≥C30	<C30	试验方法
含泥量（按质量计）（%）	≤3	≤5	T 0333—94	其中泥块含量（按质量计）（%）	≤1.0	≤2.0	T 0335—94

注：1. 对有抗冻、抗渗或其他特殊要求的混凝土用砂，总含泥量应不大于 3%，其中泥块含量应不大于 1.0%。
2. 对于 C10 及以下的混凝土用砂，根据水泥标号，其含泥量及泥块含量可以放宽。

4) 细集料坚固性

用于水泥混凝土的砂的坚固性是指砂在气候、环境变化或其他物理因素作用下抵抗破碎的能力。用硫酸钠溶液法检验，试样经 5 次循环后，其质量损失应符合表 4-24 的规定。

砂的坚固性指标　　　　　　　　　　　　表 4-24

混凝土所处的环境条件	循环后的质量损失（%）	试验方法
在寒冷地区室外使用，并经常处于潮湿或干湿交替状态下的混凝土	≤8	T 0340—94
在其他条件下使用的混凝土	≤12	

注：1. 寒冷地区指最寒冷月份的月平均温度低于 -5℃ 的地区。
2. 当同一产源的砂在类似的气候条件下使用已有可靠经验时，可不做坚固性试验。
3. 对于有抗疲劳、耐磨、抗冲击要求的混凝土用砂，或有腐蚀介质作用或经常处于水位变化区的地下结构混凝土用砂，其坚固性质量损失率应小于 8%。

5) 有害物质含量

用于水泥混凝土的砂中云母、轻物质（表观密度小于 2.0，如煤和褐煤等）、有机物、硫化物和硫酸盐等有害物质，其含量应符合表 4-19、表 4-20 的规定。

6. 水

（1）符合现行《生活饮用水卫生标准》（GB 5749）的饮用水可直接作为混凝土搅拌与养生用水。

（2）非饮用水应进行水质检验，并应符合表 4-25 的规定，还应与蒸馏水进行水泥凝结时间与水泥浆强度的对比试验；对比试验的水泥初凝与终凝时间差均不应大于 30min，水泥胶砂 3d 和 28d 强度不应低于蒸馏水配制的水泥胶砂 3d 和 28d 强度的 90%。

7. 外加剂

外加剂的质量应符合现行《水泥混凝土外加剂》（GB 8076）的规定。

非饮用水质量标准 表 4-25

项次	项　目	钢筋混凝土及钢纤维混凝土	素混凝土	试验方法
1	pH 值,不小于	5.0	4.5	JGJ 63
2	氯离子含量(mg/L),不大于	1000	3500	
3	硫酸盐含量(mg/L),不大于	2000	2700	
4	碱含量(mg/L),不大于	1500	1500	
5	可溶物含量(mg/L),不大于	5000	10000	
6	不溶物含量(mg/L),不大于	2000	5000	
7	其他杂质	不应有漂浮的油脂和泡沫；不应有明显的颜色和异味		

第二节　路面基层(底基层)施工质量监理

一、基层的作用及对材料的基本要求

路面基层与底基层主要承受由面层传来的车辆荷载的垂直力，并扩散到下面的垫层(功能层)和土层中去，实际上基层与底基层是路面结构中的承重层，一般应具备足够的强度和刚度、足够的水稳定性和冰冻稳定性、足够的抗冲刷能力、收缩性小、足够的平整度、与面层结合良好等性能。公路路面常用的基层与底基层材料可分为三大类：柔性基层、半刚性基层、刚性基层，也可以分为无机结合料稳定类、有机结合料稳定类和粒料类。我国常用的基层材料包括：水泥稳定土、石灰稳定土、石灰工业废渣稳定土、级配碎石、级配砾石或级配砂砾、填隙碎石等类型。

在粉碎的或原状松散的土中掺入一定量的无机结合料(包括水泥、石灰或工业废渣等)和水，经拌和得到的混合料在压实与养生后，其抗压强度符合规定要求的材料称为无机结合料稳定材料。适用于基层与底基层的无机结合料稳定材料主要有：水泥稳定土、石灰稳定土、石灰工业废渣稳定土等。其中土作为基层材料的骨架，水泥和石灰则属于基层材料的胶凝物质。由于胶凝的机理不同，水泥属于水硬性胶凝材料，而石灰属于气硬性胶凝材料。无机结合料稳定土由于胶凝性质的不同和材料配比的多变性原因，其工程性质千差万别，相应的试验检测方法也较复杂。

粒料类基层是用加工轧制碎石(或砾石)按嵌挤原理铺压而成的结构。粒料类基层的强度主要依靠石料的嵌挤锁结作用以及填充结合料的黏结作用。嵌挤力的大小主要取决于石料的内摩阻角。黏结作用(用材料的黏结力表示)的大小主要取决于填充结合料本身的内聚力及其与矿料之间的黏附力大小。

有关有机结合料稳定类的技术要求和试验方法参见有关规范。本节主要介绍无机结合料稳定材料的力学特性、碎(砾)石路面的力学特性、无机结合料稳定粒料基层与底基层指标的

试验检测方法、级配碎砾石、填隙碎石与天然砂砾基层与底基层检测方法等内容。

1. 用于路面基层材料土的一般定义

按照土中单个颗粒(指碎石、砾石和砂颗粒)的粒径大小和组成,将土分为细粒土、中粒土和粗粒土。

(1)细粒土:颗粒的最大粒径小于10mm,且其中小于2mm的颗粒含量不少于90%。

(2)中粒土:颗粒的最大粒径小于30mm,且其中小于20mm的颗粒含量不少于85%。

(3)粗粒土:颗粒的最大粒径小于50mm,且其中小于40mm的颗粒含量不少于85%。

2. 无机结合料稳定土组成材料要求

无机结合料稳定土的力学特性取决于材料组成,因此首先应对其材料的基本性质有所了解。

1)土

(1)水泥稳定土。

凡能被经济粉碎的土都可用水泥稳定,其最大颗粒和颗粒组成应满足规范的要求。对于细粒土而言,土的均匀系数应大于5,液限不应超过40,塑性指数不应大于17。

集料的压碎值要求:

①对于二级和二级以下公路基层不大于35%。

②对于二级和二级以下公路底基层不大于40%。

③对于高速公路和一级公路不大于30%。

(2)石灰稳定土。

塑性指数为15~20的黏性土以及含有一定数量黏性土的中粒土和粗粒土均适宜于用石灰稳定。用石灰稳定不含黏性土或无塑性指数的级配砂砾、级配碎石和未筛分碎石时,应添加15%左右的黏性土。硫酸盐含量超过0.8%的土和有机质含量超过10%的土,不宜用石灰稳定。

石灰稳定土中集料压碎值要求:

①一般公路的底基层不大于40%。

②高速公路和一级公路的底基层、二级以下公路的基层不大于35%。

③二级公路的基层不大于30%。

(3)石灰工业废渣土。

宜采用塑性指数为12~20的黏性土(亚黏土),有机质含量超过10%的土不宜选用。最大颗粒和颗粒组成应满足规范的要求。集料压碎值要求同水泥稳定土。

2)水泥

普通水泥、矿渣水泥、火山灰水泥等都可使用,但应选用终凝时间较长(宜在6h以上)的水泥,快硬水泥、早强水泥以及已受潮变质的水泥不应使用。宜采用标号较低(如强度等级为32.5MPa)的水泥。

3)石灰

石灰质量应符合Ⅲ级以上的生石灰或消石灰的技术指标,要尽量缩短石灰的存放时间。石灰在野外堆放时间较长时,应妥善覆盖保管,不应遭日晒雨淋。

对于高速公路和一级公路,宜采用磨细生石灰粉。

4)粉煤灰

粉煤灰中 SiO_2、Al_2O_3 和 Fe_2O_3 的总含量应大于70%,烧失量不应超过20%;其比面积宜大于 $2500cm^2/g$。

干粉煤灰和湿粉煤灰都可以应用。干粉煤灰如堆在空地上应加水,防止飞扬造成污染。湿粉煤灰的含水量不宜超过35%。

使用时,应将凝固的粉煤灰块打碎或过筛,同时清除有害杂质。

5)煤渣

煤渣是经锅炉燃烧后的残渣,它的主要成分是 SiO_2 和 Al_2O_3,它的松干密度在(700~1100)kg/m^3 之间。煤渣的最大粒径不应大于30mm,颗粒组成宜有一定级配,且不含杂质。

6)强度标准

无机结合料稳定土强度标准见表4-26。

无机结合料稳定土强度标准 表4-26

层位	稳定材料类型	水泥稳定类							
		高速公路及一级公路				二级及二级以下公路			
		压实度(%)	抗压强度(MPa)			压实度(%)	抗压强度(MPa)		
			极重、特重	重	中、轻		极重、特重	重	中、轻
基层	集料	≥98	5.0~7.0	4.0~6.0	3.0~5.0	≥97	4.0~6.0	3.0~5.0	2.0~4.0
	细粒土	—	—	—	—	≥95			
底基层	集料	≥97	3.0~5.0	2.4~4.5	2.0~4.0	≥95	2.5~4.5	2.0~4.0	1.0~3.0
	细粒土	≥95				≥93			

层位	稳定材料类型	石灰稳定类			
		高速公路及一级公路		二级及二级以下公路	
		压实度(%)	抗压强度(MPa)	压实度(%)	抗压强度(MPa)
基层	集料	—	—	≥97	≥0.8
	细粒土	—		≥95	
底基层	集料	≥97	≥0.8	≥95	≥0.5~0.7
	细粒土	≥95		≥93	

层位	稳定材料类型	石灰粉煤稳定类							
		高速公路及一级公路				二级及二级以下公路			
		压实度(%)	抗压强度(MPa)			压实度(%)	抗压强度(MPa)		
			极重、特重	重	中、轻		极重、特重	重	中、轻
基层	集料	≥98	≥1.1	≥1.0	≥0.9	≥97	≥0.9	≥0.8	≥0.7
	细粒土	—	—	—	—	≥95			
底基层	集料	≥97	≥0.8	≥0.7	≥0.6	≥95	≥0.7	≥0.6	≥0.5
	细粒土	≥95				≥93			

二、路面基层的类型

基层(底基层)可分为粒料类和无机结合料稳定类。

1. 粒料类基层(底基层)

粒料类常分为嵌锁型和级配型,目前常用的有填隙碎石(嵌锁型)、级配碎(砾)石、天然砂砾(级配型)几种。粒料类基层(底基层)的主要特点是透水性大、施工方便。我国大都将此类结构作为高速公路、一级公路的底基层或垫层,有些国家用级配碎(砾)石修筑基层或底基层,还用作沥青面层与半刚性基层间的联结层。

嵌锁型粒料基层的整体强度主要依靠碎石颗粒之间的嵌锁和摩阻作用,颗粒间的黏结力很小,即这种结构层的抗剪强度主要取决于剪切面上的法向应力和材料的内摩阻角。内摩阻角由三项因素构成:粒料表面的相互滑动摩擦、剪切时体积膨胀而需克服的阻力、粒料重新排列而受到的阻力。因此,嵌锁型结构强度主要取决于石料的强度、形状、尺寸、均匀性、表面粗糙度以及施工时的压实程度。当石料强度高,形状接近立方体、有棱角、尺寸均匀、表面粗糙、压实度高时,结构层的强度就高。

级配型粒料基层的强度和稳定性取决于内摩阻角和黏结力的大小。即其强度与稳定性在很大程度上取决于集料的类型(碎石、砾石或碎砾石)、集料的最大粒径和级配以及混合料中0.5mm 以下细粒的含量及塑性指数,同时还与其密实程度有关系。因此,对级配型粒料,主要控制最大粒径、细粒含量及其塑性指数和现场压实度。

2. 无机结合料稳定类基层(底基层)

无机结合料稳定类基层又称半刚性基层,常用的半刚性基层的类型有:

(1)水泥稳定类。主要有水泥稳定土、水泥稳定碎石(或砂砾)及水泥稳定为筛分碎石(或石屑、石渣)等。

(2)石灰稳定类。主要有石灰土、石灰碎石土、石灰砾石土以及石灰土稳定级配碎石和级配砂砾等。

(3)综合稳定类。主要有水泥石灰综合稳定土、水泥石灰稳定碎石(或砾石)、水泥石灰稳定煤渣等。

(4)石灰工业废渣类。主要有石灰粉煤灰(简称二灰)土、二灰砂、二灰砂砾、二灰碎石等、石灰煤渣、石灰煤渣土、石灰煤渣碎石(或砂砾)、石灰煤渣矿渣等。

半刚性基层(底基层)具有良好的力学性能,强度高、水稳定性好、板体性好。其强度不仅与使用材料本身性质有关,更主要的是混合料加水拌和碾压后发生的一系列物理-化学作用,强度随时间增长而逐渐提高。但这类基层的最大缺点是干缩或低温收缩时易产生裂缝。为减少开裂,可在混合料中掺入 60%～80% 的粒料。无机结合料稳定粒料基层中,水泥稳定碎石(或石屑)的强度较高,适用于大交通重轴载道路的基层,而无机结合料稳定土(如水泥土、石灰土、二灰土等)仅适用于高级路面的底基层。

由此可见,无机结合料稳定类基层的力学特性不仅与各组成材料本身的性质有关,而且与混合料的配合比有关。

三、混合料配合比设计

1. 混合料试验项目

1)重型击实试验

确定最佳含水率和最大干密度,以规定工地碾压时的合适含水率和应达到的最大干密度;确定制备强度试验和耐久性试验的试件所应该用的含水率和干密度;确定制备承载比试件的材料含水率。

2)承载比

根据工地预期干密度下的承载比,确定材料是否适宜做基层或底基层。

3)抗压强度

进行材料组成设计,选定最适宜用于水泥或石灰稳定的材料(包括土),规定施工中所用的结合料剂量,为工地提供质量评定标准。

4)耐久性

用干湿循环或冻融循环试验确定适宜于用石灰或水泥稳定的材料,探索石灰水泥稳定材料在潮湿冰冻条件下的使用性能。

2. 混合料配合比设计的一般方法

1)一般原则

混合料配合比设计要求达到的目标是:所设计的混合料组成在强度上满足设计要求,抗裂性达到最优且便于施工,而配合比设计的基本原则是结合料剂量合理,尽可能采用综合性能稳定的集料,且集料应有一定的级配。

混合料组成中,结合料剂量太低则不能成为半刚性材料,剂量太高则刚度太大,容易脆裂。实际上,限制低剂量是为了保证整体材料具有基本的抗拉强度,以满足荷载作用的强度要求,限制高剂量可使模量不致过大,避免结构产生太大的拉应力,同时降低收缩系数,使结构层不会因温度变化而引起拉伸破坏。

采用水泥、石灰综合稳定时,混合料中掺入一定数量的水泥可提高早期强度,掺入一定数量的石灰可使刚度不会太大,掺入一定数量的粉煤灰可以降低收缩系数,必要时可根据材料性质和施工季节,加入早强剂或其他外掺剂。

集料应有一定的级配,集料数量以达到靠拢而不紧密为原则(骨架密实结构),其空隙让无机结合料填充,形成各自发挥优势的稳定结构。因此,较为理想的基层材料应是石灰、粉煤灰、水泥综合稳定粒料等半刚性材料。半刚性基层材料中结合料和集料的种类繁多,应以就地取材为前提,并根据以上原则通过试验求得合理组成,以充分发挥其优势。

2)配合比设计方法

混合料配合比设计的主要内容是根据表4-26的强度标准值,通过试验选取适宜于稳定的材料,确定材料的配比及最大干密度和最佳含水率。表中所列数值指7d(湿养6d、浸水1d)的无侧限抗压强度。

具体设计步骤如下:

(1)制备同一种土样、不同结合料剂量的混合料,水泥和石灰的剂量可参考表4-27、

表4-28所列数值。

水泥剂量参考值 表4-27

土 类	层 位	水泥剂量(%)				
中粒土和粗粒土	基层	3	4	5	6	7
	底基层	3	4	5	6	7
塑性指数小于12的土	基层	5	7	8	9	11
	底基层	4	5	6	7	9
其他细粒土	基层	8	10	12	14	16
	底基层	6	8	9	10	12

石灰剂量参考值 表4-28

土 类	层 位	石灰剂量(%)				
砂砾土和碎石土	基层	3	4	5	6	7
塑性指数小于12的黏性土	基层	10	12	13	14	16
	底基层	8	10	11	12	14
塑性指数大于12的黏性土	基层	5	7	9	11	13
	底基层	5	7	8	9	11

二灰稳定类混合料试件的制备可根据不同情况进行。对于石灰粉煤灰,采用石灰粉煤灰做基层或底基层时,石灰与粉煤灰之比可以是1:2~1:9。采用石灰粉煤灰土做基层或底基层时,石灰与粉煤灰之比常用1:2~1:4(对于粉土,以1:2为宜)。石灰粉煤灰与细粒土的比例可以是30:70~90:100。采用石灰粉煤灰粒料做基层或底基层时,石灰与粉煤灰的配比常用1:2~1:4,石灰粉煤灰与级配粒料(中粒土和粗粒土)的配比可以是1:4~1:6,石灰粉煤灰与粒料的配比也可以是1:1左右,但后者可能强度较低、裂缝较多。

(2)采用重型击实试验确定各种混合料的最佳含水率和最大干密度。至少做三个不同水泥或石灰剂量混合料的击实试验,即最小剂量、中间剂量和最大剂量。其他剂量混合料的最佳含水率和最大干密度用内插法确定。

(3)按工地预定达到的压实度,分别计算不同结合料剂量时试件应有的干密度。

(4)按最佳含水率和计算得到的干密度制备试件,进行强度试验。作为平行试验的试件数量应符合表4-29中的规定。如试验结果的偏差系数大于表中规定的值,则应重做试验,并找出原因,加以解决。如不能降低偏差系数,则应增加试验数量。

最少的试验数量 表4-29

稳定土类型	下列偏差系数时的试验数量		
	小于10%	10%~15%	15%~20%
细粒土	6	9	—
中粒土	6	9	13
粗粒土	—	9	13

(5)试件在规定温度下保湿养生6d,浸水1d,进行无侧限抗压强度试验,试验温度为:冰

冻地区 20℃ ±2℃,非冰冻地区 25℃ ±2℃。计算试验结果的平均值和偏差系数。

(6)根据强度标准,选定合适的结合料剂量。此剂量条件下,试件室内试验结果的平均抗压强度 R 应满足下式的要求:

$$R \geqslant \frac{R_d}{1 - Z_\alpha C_v} \tag{4-2}$$

式中:R_d——设计抗压强度;
　　　C_v——试验结果的偏差系数(以小数计);
　　　Z_α——标准正态分布中随保证率(或置信度 α)而变的系数。高速公路上应取保证率 95%,此时 $Z_\alpha = 1.645$。

工地实际采用的石灰或水泥剂量应较室内试验确定的剂量多 0.5% ~1.0%。

石灰土稳定碎石和石灰土稳定砂砾,仅对其中的石灰土进行组成设计,对碎石和砂砾,只要求它具有较好的级配。石灰土与碎石砂砾的质量比宜为 1∶4。二灰稳定粒料的组成设计,则应包括全部混合料(或 25mm 以下的粒料)。条件不具备时,可仅对二灰进行组成设计,确定二灰的配合比后,在二灰中掺入一定比例的粒料。

四、基层(底基层)施工准备阶段的质量控制

基层(底基层)施工前,监理应检查审核以下几个方面:

(1)施工机械设备:主要指摊铺设备、压实机械及其他机械设备的数量、型号,生产能力等。

(2)混合料拌和场的位置、拌和设备以及运输车辆能否满足质量要求及连续施工的要求。

(3)路用原材料:检查土、粗细集料、结合料等各种原材料,要求满足《公路路面基层施工技术准备细则》(JTG/T F20—2015)的要求。

(4)混合料配合比设计试验报告,检查原材料的试验结果及混合料的击实试验、承载比、抗压强度的试验结果。

(5)试验路段施工与总结报告。

在正式开工前至少一个月,承包人应在监理工程师批准的地点自费铺筑一段面积为 400 ~800m² 的基层(底基层)试验路段。如经验收合格,可作为主体工程的一部分。

承包人应提供用于试验路段的原材料、混合料组成设计,以及备料、拌和、摊铺、碾压、养生设备一览表和施工程序、施工工艺及操作计划等详细书面说明,并报监理工程师审核批准。

铺筑试验路段的目的是:检验承包人提出施工方案和施工方法的适用性,检验拌和、摊铺与压实机械所具有的实际效果,检验和确认基层(底基层)施工中各道工序的质量控制指标,并提出保证质量的有效措施及质量检验的试验方法。最终获得大面积基层(底基层)施工时的各项技术参数。

通过试验路段的修筑,需提交正式施工的技术参数有:

①用于正式施工的基层(底基层)材料的配合比。
②材料的松铺系数。
③水泥稳定类材料施工的允许延迟时间。
④标准的施工方法:

a. 混合料的数量控制方法。
b. 混合料摊铺方法和适用的机具。
c. 拌和机械是否适用,正确的拌和方法、拌和深度及拌和遍数。
d. 混合料最佳含水率的控制方法。
e. 压实机械的选择和组合,压实的顺序、速度和遍数。
f. 现场密实度的检查方法,初定每一作业段的最小检查数量。
g. 整平和整型的合适机具和方法。
⑤ 确定每一作业段的合适长度。
⑥ 确定一次铺筑的合适厚度。
(6) 签发"路面底基层和基层开工通知单"。

路面基层(底基层)质量监理工作流程图如图 4-5 所示。

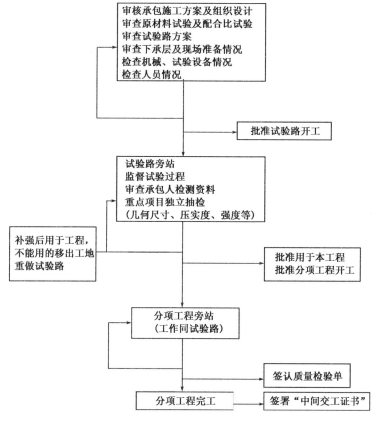

图 4-5　路面基层(底基层)质量监理工作流程图

五、基层(底基层)施工阶段的质量控制

1. 水泥稳定砂砾(碎石)、石灰粉煤灰稳定砂砾(碎石)施工

1) 拌和与运输

(1) 水泥稳定混合料或二灰稳定混合料的拌和应采用厂拌法(振动拌和)。

(2)厂拌的设备及布置位置应在拌和以前提交监理工程师并取得批准。水泥、石灰、粉煤灰与集料应准确过秤,按质量比例掺配,并以质量比加水。拌和时加水时间及加水量应有记录,以提交监理工程师检验。

(3)当进行拌和操作时,稳定料加入方式应能保证自始至终均匀分布于被稳定材料中。应在通向称量漏斗或拌和机的供应线上为抽取试样提供安全方便的设备。拌和机内的死角中得不到充分搅动的材料,应及时排除。

(4)运输混合料的运输设备,应分散设备的压力,均匀地在已完成的铺筑层整个表面上通过,速度宜缓,以减少不均匀碾压或车辙。

(5)当厂拌离摊铺距离较远,混合料在运输中应加以覆盖以防水分蒸发,保持装载高度均匀以防离析。应注意卸料速度、数量与摊铺厚度及宽度,拌和好的混合料要尽快摊铺。

2)摊铺和整型

(1)摊铺必须采用监理工程师批准的机械进行,使混合料按要求的松铺厚度,均匀地摊铺在要求的宽度上。

(2)摊铺时混合料的含水率宜高于最佳含水率0.5%~1.0%,以补偿摊铺及碾压过程中的水分损失。

(3)当压实层厚度超过20cm时,应分层摊铺,最小压实厚度为10cm。先摊铺的一层应经过整型和压实,经监理工程师批准后,将先摊铺的一层表面翻松后再继续摊铺上层。并按规定的路拱进行整型。

3)碾压

(1)混合料经摊铺和整型后,应立即在全宽范围内进行碾压。直线段,由两侧向中心碾压;超高段,由内侧向外侧碾压。每道碾压应与上道碾压相重叠,使每层整个厚度和宽度完全均匀地压实到规定的密实度为止。压实后表面应平整无轮迹或隆起,且断面正确,路拱符合要求。

(2)碾压过程中,混合料的表面应始终保持潮湿。如表面水蒸发得快,应及时补洒少量的水。

(3)严禁压路机在已完成的或正在碾压的路段上掉头和紧急制动,以保证结构层表面不受破坏。

(4)施工中,从加水拌和到碾压终了的延迟时间不应超过规定要求。

4)接缝和掉头的处理

施工接缝和压路机掉头,应按《公路路面基层施工技术准备细则》(JTGT F20—2015)的规定处理。

5)养生

碾压完成后应立即进行养生。养生时间不应少于7d。养生方法可视具体情况采用洒水,或采用沥青乳液等。养生期间应封闭交通,不能封闭时,应将车速限制在30km/h以下,且应禁止重型车辆通行。

6)气候条件

工地气温低于5℃时,不应进行施工。雨季施工,应特别注意天气变化,勿使水泥和混合料受雨淋。降雨时应停止施工,但已摊铺的混合料应尽快碾压密实。

7）取样和试验

混合料应在施工现场每天取样一次或每拌和 250t 混合料取样一次，并按《公路工程无机结合料稳定材料试验规程》(JTG E51—2009)的标准方法进行含水率、稳定剂用量和无侧限抗压强度试验。按《公路工程无机结合料稳定材料试验规程》(JTG E51—2009)的规定进行压实度试验，并检查其他项目。所有试验结果均报监理工程师审批，所发生的一切费用由承包人自负。

2. 石灰土稳定砂砾基层、水泥石灰稳定土基层施工

1）一般要求

(1) 石灰土稳定砂砾、水泥石灰稳定土基层应在夏季到来之前和夏季组织施工，施工期最低气温应在 5℃ 以上。多雨地区，应避免在雨季进行施工。

(2) 石灰土稳定砂砾、水泥石灰稳定土宜用中心站集中拌和的办法施工，也可用路拌法施工。

(3) 当基层压实采用 12～15t 三轮压路机碾压时，每层的压实厚度不应超过 15cm，用 18～20t 三轮压路机碾压时，每层的压实厚度不应超过 20cm。压实厚度超过上述规定时，应分层铺筑，分层最小压实厚度为 10cm。

(4) 当铺筑层不只一层时，先铺筑的一层，将表面轻轻地耙松，并在铺筑下一层之前洒水湿润，使后铺的一层相互结构良好。

2）准备工作

(1) 在新完成并经验收的下承层上测量恢复中线，直线段每 20～25m 设一排桩，平曲线每 10～15m 设一排桩，并进行水平测量以确定基层的铺装厚度。

(2) 根据监理工程师批准的配合比在料场用强制式拌和机或双转轴桨叶式拌和机生产集料，拌和时应做到：

① 土块要粉碎。

② 配料要准确。

③ 含水率要略大于最佳含水率。

④ 拌和要均匀。

3）摊铺

(1) 混合料堆置时间不应过长，尤其雨季施工一定要做到当天堆置，当天摊铺、整型、碾压。

(2) 用平地机或摊铺机按摊铺厚度将混合料摊铺均匀，如发现有粗细颗粒离析现象，应用机械或人工补充拌匀。

4）碾压

(1) 整型后，当混合料处于最佳含水率 ±1% 时进行碾压，如表面水分不足，应适当洒水。

(2) 用 12t 以上三轮压路机、重型轮胎压路机或振动压路机在路基全宽内进行碾压。直线段，由两侧路肩向路中心碾压；平曲线段，由内侧路肩向外侧路肩进行碾压。碾压时，后轮应重叠 1/2 的轮宽，并必须超过两段的接缝处。后轮压实路面全宽时，即为一遍，进行碾压直到要求的密度为止。一般需碾压 6～8 遍。压路机的碾压速度，头两遍以采用 1 挡(1.5～1.7km/h)为宜,以后用2挡(2.0~2.5km/h)。

(3)在路面的两侧,应多压2~3遍。

(4)严禁压路机在作业段上掉头和紧急制动。

(5)在碾压结束前,用平地机终平一次,使其纵向顺适,路拱及超高均符合设计要求,终平应仔细进行。

5)养生

(1)每一段碾压完成并经压实度检查合格后,即开始进行养生。

(2)应用湿砂进行养生。用砂覆盖时,砂层应厚7~10cm。砂铺均匀后,立即洒水。在整个养生期间都应使砂保持潮湿状态。也可以用潮湿的帆布、粗麻布、草帘或其他合适的材料覆盖,但不得用湿黏性土覆盖。养生结束后,必须将覆盖物清除干净。

(3)也可用洒水车经常洒水,每天洒水次数应视气候而定。在整个养生期间要始终保持表面潮湿,不应时干时湿。

(4)养生不宜少于7d。除洒水车可通行外,应封闭交通。

(5)养生期满后,进行工程质量验收,立即喷洒透层沥青,并在5~7d内铺筑沥青面层。

3. 粒料基层(底基层)施工

1)级配碎石施工

级配碎石施工的一般要求如下:

(1)用于二级和二级以上公路底基层的级配碎石应预先筛分成几组不同粒径的碎石(如37.5~19mm,19~9.5mm,9.5~4.75mm的碎石)及4.75mm以下的石屑组配而成。

(2)在其他等级公路上,级配碎石可用未筛分碎石和石屑组配而成。

(3)缺乏石屑时,可以添加细砂砾或粗砂。也可以用颗粒组成合适的含细集料较多的砂砾与未筛分碎石组配成级配碎砾石。

(4)级配碎石可用于各级公路的基层和底基层。

(5)级配碎石可用做较薄沥青层与半刚性基层之间的中间层。

(6)当级配碎石用作二级和二级以下公路的基层时,其最大粒径应控制在37.5mm以内;当级配碎石用作高速公路和一级公路的基层以及半刚性路面的中间层时,其最大粒径宜控制在31.5mm以下。

(7)级配碎石层施工时,应遵守下列规定:

①颗粒组成应是一根顺滑的曲线。

②配料必须准确。

③塑性指数应符合规定。

④混合料必须拌和均匀,没有粗细颗粒离析现象。

⑤在最佳含水率时进行碾压,直到达到按重型击实试验法确定的要求压实度:中间层100%;基层98%;底基层96%。

⑥应使用12t以上的三轮压路机碾压,每层的压实厚度不应超过15~18cm。用重型振动压路机和轮胎压路机碾压时,每层的压实厚度可达20cm。

⑦级配碎石基层未洒透层沥青或未铺封层时,禁止开放交通,以保护表层不受破坏。

(8)级配碎石用作半刚性路面的中间层以及用作二级以上公路的基层时,应采用集中厂拌法拌制混合料,并用摊铺机摊铺混合料。

级配碎石中心站集中厂拌法施工:

(1)级配碎石混合料可以在中心站用多种机械进行集中拌和,如强制式拌和机、卧式双转轴桨叶式拌和机、普通水泥混凝土拌和机等。

(2)对于高速公路和一级公路的级配碎石基层和中间层,宜采用不同粒级的单一尺寸碎石和石屑,按预定配合比在拌和机内拌制级配碎石混合料。

(3)不同粒级的碎石和石屑等细集料应隔离,分别堆放。

(4)细集料应有覆盖,防止雨淋。

(5)在正式拌制级配碎石混合料之前,必须先调试所用的厂拌设备,使混合料的颗粒组成和含水率都能达到规定的要求。

(6)在采用未筛分碎石和石屑时,如未筛分碎石或石屑的颗粒组成发生明显变化,应重新调试设备。

(7)将级配碎石用于高速公路和一级公路时,应用沥青混凝土摊铺机或其他碎石摊铺机摊铺碎石混合料,摊铺机后面应设专人消除粗细集料离析现象。级配碎石用于二级和二级以下公路时,如没有摊铺机,也可用摊铺箱或自动平地机进行摊铺施工。

(8)在任何情况下,拌和的混合料都应均匀,含水率适当,无粗细颗粒离析现象。

(9)级配碎石应在最佳含水率时遵循先轻后重的原则进行碾压,并碾压至要求的压实度。用振动压路机、三轮压路机进行碾压。

①摊铺后,当混合料的含水率等于或略大于最佳含水率时,立即用12t以上三轮压路机、振动压路机或轮胎压路机进行碾压。直线和不设超高的平曲线段,由两侧路肩开始向路中心碾压;在设超高的平曲线段,由内侧路肩向外侧路肩进行碾压。碾压时,后轮应重叠1/2轮宽;后轮必须超过两段的接缝处。后轮压完路面全宽时,即为一遍。碾压一直进行到要求的密实度为止。一般需碾压6~8遍,应使表面无明显轮迹。压路机的碾压速度,头两遍以采用1.5~1.7km/h为宜,以后用2.0~2.5km/h。

②路面的两侧应多压2~3遍。

③严禁压路机在已完成的或正在碾压的路段上掉头或紧急制动。

(10)级配碎石基层,如没有摊铺机,也可用自动平地机(或摊铺箱)摊铺混合料。

①根据摊铺层的厚度和要求达到的压实干密度,计算每车混合料的摊铺面积。

②将混合料均匀地卸在路幅中央,路幅宽时,也可将混合料卸成两行。

③用平地机将混合料按松铺厚度摊铺均匀。

④设一个三人小组跟在平地机后面,及时消除粗细集料离析现象。对于粗集料"窝"和粗集料"带",应添加细集料,并拌和均匀;对于细集料"窝",应添加粗集料,并拌和均匀。

(11)用平地机摊铺级配碎石基层混合料后的整型应按下列步骤进行:

①混合料拌和均匀后,立即用平地机初步整平和整型。在直线段,平地机由两侧向路中心进行刮平;在曲线段,平地机由内侧向外侧进行刮平。必要时,再返回刮一遍。

②用推土机、平地机或轮胎压路机立即在初平的路段上快速碾压一遍,以暴露潜在的不平整。

③用平地机再进行整型,再碾压一遍。

④对于局部低洼处,应用齿耙将其表面层 5cm 以上耙松,并用新拌的水泥混合料进行找补整平。

⑤再用平地机整型一次。

⑥每次整型都应按照规定的横坡和路拱进行。应特别注意接缝必须顺适平整。

⑦当用人工整型时,应用揪和耙先将混合料摊平,用路拱板进行初步整型。用推土机初压 1~2 遍后,根据实测的压实系数,确定纵横断面的标高,并设置标记和挂线。利用揪耙按线整型,并再用路拱板校正成型。

⑧在整型过程中,严禁任何车辆通行,并配合人工消除粗细集料窝。

(12)集中厂拌法施工时的横向接缝按下述方法处理:

①用摊铺机摊铺混合料时,靠近摊铺机当天未压实的混合料,可与第二天摊铺的混合料一起碾压,但应注意此部分混合料的含水率。必要时,应人工补充洒水,使其含水率达到规定的要求。

②用平地机摊铺混合料时,两作业段的衔接处,应搭接拌和。第一段拌和后,留 5~8m 不进行碾压,第二段施工时,前段留下未压部分与第二段一起拌和整平后进行碾压。

(13)应避免纵向接缝。如摊铺机的摊铺宽度不够,必须分两幅摊铺时,宜采用两台摊铺机一前一后相隔约 5~8m 同步向前摊铺混合料。在仅有一台摊铺机的情况下,可先在一条摊铺带上摊铺一定长度后,再开到另一条摊铺带上摊铺,然后一起进行碾压。

(14)在不能避免纵向接缝的情况下,纵缝必须垂直相接,不应斜接,并按下述方法处理:

①在前一幅摊铺时,在靠后一幅的一侧应用方木或钢模板做支撑,方木或钢模板的高度与级配碎石层的压实厚度相同。

②在摊铺后一幅之前,将方木或钢模板除去。

③如在摊铺前一幅时未用方木或钢模板支撑,靠边缘的 30cm 左右难于压实,而且形成一个斜坡,在摊铺后一幅时,应先将未完全压实部分和不符合路拱要求部分挖松并补充洒水,待后一幅混合料摊铺后一起进行整平和碾压。

2)级配砾石施工

级配砾石施工一般要求如下:

(1)天然砂砾符合规定的级配要求,而且塑性指数在 6~9 以下时,可以直接用做基层。

(2)塑性指数偏大的砂砾,可加少量石灰降低其塑性指数,也可以用无塑性的砂或石屑进行掺配,使其塑性指数降低到符合要求,或塑性指数与细土(粒径小于 0.5mm 的颗粒)含量的乘积符合要求。

(3)可在天然砂砾中掺加部分碎石或轧制碎石,以提高混合料的强度和稳定性。天然砂砾掺加部分未筛分碎石组成的混合料的强度和稳定性介于级配碎石和级配砾石之间。

(4)级配砾石可适用于轻交通的二级和二级以下公路的基层以及各级公路的底基层。

(5)级配砾石层施工时,应遵循下列规定:

①颗粒级配应符合规定。

②配料应准确。

③塑性指数应符合规定。

④混合料应拌和均匀,没有粗细颗粒离析现象。

⑤在最佳含水率时进行碾压,直到达到下列按重型击实试验法确定的要求压实度:

a.基层为98%。

b.底基层为96%。

⑥级配砾石应用12t以上三轮压路机碾压,每层的压实厚度不应超过15~18cm。用重型振动压路机和轮胎压路机碾压时,每层的压实厚度不应超过20cm。

⑦级配砾石基层未洒透层沥青或未铺封层时,禁止开放交通,以保护表层不受破坏。

(6)级配砾石施工。

①级配砾石施工的工艺流程如下:准备下承层→施工放样→运输和摊铺主要集料→运输和摊铺掺配集料→洒水拌和→整型→碾压。

②准备下承层,同半刚性基层施工的要求。

③施工放样,同半刚性基层施工的要求。

④计算材料用量。根据各路段基层或底基层的宽度、厚度及预定的干密度,计算各段需要的集料数量。如级配砾石是用两种集料合成时,分别计算两种集料的数量;根据料场集料的含水率以及所用运料车辆的吨位,计算每车材料的堆放距离。

⑤运输和摊铺集料:

a.集料装车时,应控制每车料的数量基本相等。

b.同一料场供料的路段内,由远到近将料按前述计算的距离卸置于下承层上。卸料距离应严格掌握,避免料不够或过多。采用两种集料时,应先将主要集料运到路上,待主要集料摊铺后,再运另一种集料并摊铺。如粗细两种集料的最大粒径相差很多,应在粗集料处于潮湿状态下摊铺细集料。

c.料堆每隔一定距离应留一个缺口。

d.集料在下承层上的堆置位置,堆置时间不宜过长。运送集料时间较摊铺集料工序时间宜只提前数天。

e.应通过试验确定集料的松铺系数,并确定松铺厚度。人工摊铺混合料时,其松铺系数约为1.40~1.50;平地机摊铺混合料时,其松铺系数约为1.25~1.35。

f.用平地机或其他合适的机具将料均匀地摊铺在预定的宽度上,表面应力求平整,并有规定的路拱。应同时摊铺路肩用料。

g.检查松铺材料层的厚度是否符合预计要求,必要时,应进行减料或补料工作。

(7)拌和及整型。

①用平地机拌和时,每一作业段的长度宜为300~500m。

a.拌和时,平地机刀片的安装角度宜符合规定。一般需拌和5~6遍。拌和过程中,用洒水车洒足所需的水分。拌和结束时,混合料的含水率应均匀,并较最佳含水率大1%左右。应无粗细颗粒的离析现象。

b.使用符合级配要求的天然砂砾时,如摊铺后混合料有粗细颗粒离析现象,应用平地机进行补充拌和。

c.用平地机将拌和均匀的混合料按规定的路拱进行整平和整型。

d.用拖拉机、平地机和轮胎压路机在已初平的路段上快速碾压一遍,以暴露潜在的不平整。

e. 再用平地机进行整平和整型。

②用拖拉机牵引四铧犁或五铧犁进行拌和时,每一作业段的长度宜为100~150m。第一遍由路中心开始,将混合料向中间翻,同时机械应慢速前进。第二遍则应从两边开始,将混合料向外翻。拌和过程中,用洒水车洒足所需水分。拌和遍数以双数为宜,一般需拌6遍。拌和结束时,混合料含水率应均匀,并较最佳含水率大1%左右,且无离析现象。用平地机或用其他机具按规定的路拱进行整平和整型。在整型过程中,严禁任何车辆通行。

(8)碾压的有关要求同级配碎石施工。

(9)横缝的处理同级配碎石施工。

(10)纵缝的处理同级配碎石施工。

3)填隙碎石

填隙碎石施工的一般规定:

(1)填隙碎石可采干法或湿法施工,干旱缺水地区宜采用干法施工。

(2)单层填隙碎石的压实厚度宜为公称最大粒径的1.5~2.0倍。

(3)缺乏石屑时,可以添加细粒砂或粗砂等细集料。

(4)填隙碎石可用于各等级公路的底基层和二级以下公路的基层。

(5)填隙碎石施工时,应遵循下列规定:

①细集料应干燥。

②应采用振动轮每米宽质量不小于1.8t的振动压路机进行碾压。填隙料应填满粗碎石层内部的全部孔隙。碾压后,表面粗碎石间的孔隙应填满,但不得使填隙料覆盖粗集料而自成一层,表面应看得见粗碎石。碾压后基层的固体体积率应不小于85%,底基层的固体体积率应不小于83%。

③填隙碎石基层未洒透层沥青或未铺封层时,禁止开放交通。

填隙碎石的施工:

(1)填隙碎石施工时,应符合下列规定:

①填隙料应干燥。

②宜采用振动压路机碾压,碾压后,表面集料间的空隙应填满,但表面应看得见集料。填隙碎石层上薄沥青面层时,宜使集料的棱角外露3~5mm。

③碾压后基层的固体体积率宜不小于85%,底基层的固体体积率宜不小于83%。

④填隙碎石基层未洒透层沥青或未铺封层时,不得开放交通。

(2)填隙碎石施工前,应按《公路路面基层施工技术细则》(JTG/T F20—2015)的要求准备下承层和施工放样。

(3)应根据各路段基层或底基层的宽度、厚度及松铺系数,计算各段需要的集料数量,并应根据运料车辆的车厢体积,计算每车的堆放距离。填隙料的用量宜为集料质量的30%~40%。

(4)材料装车时,应控制每车料的数量基本相等。

(5)应由远到近将集料按计算的距离卸置于下承层上,应严格控制卸料距离。

(6)用平地机或其他合适的机具将集料均匀地摊铺在预定的范围内,表面应平整,并有规定的路拱。应同时摊铺路肩用料。

(7)应检验松铺材料层的厚度,不满足要求时应减料或补料。

第四章 路面工程施工质量监理

基层（底基层）完工验收阶段的质量控制要求

表 4-30

项次		水泥土基层和底基层		水泥稳定粒料基层和底基层		石灰土基层和底基层		石灰，粉煤灰稳定土基层和底基层		石灰，粉煤灰稳定粒料基层和底基层		级配碎（砾）石基层和底基层		填隙碎石（矿渣）基层和底基层		检查方法和频率
		高速一级	其他公路	高速一级	其他公路	高速一级	其他公路	高速一级	其他公路	高速一级	其他公路	高速一级	其他公路	高速一级	其他公路	
基本要求		\multicolumn{14}{l|}{(1) 土质应符合设计要求，土块应经粉碎。(2) 水泥、石灰、土的用量应按设计要求控制准确。(3) 路拌深度应达到层底，用重型压路机碾压至要求的压实度。(4) 混合料处于最佳含水率状况下，碾压后应立即覆盖洒水养生；矿渣应分解稳定，未分解稳块应予剔出。(7) 矿料级配应按设计控制准确。(8) 摊铺时应注意消除离析现象。(9) 石灰质量应符合要求，灰浆须经充分消解才能使用。(10) 混合料配合比应准确，不得含有灰团和生石灰块。(11) 二灰稳定类应先用轻型压路机稳压，后用重型压路机碾压至要求的压实度。(12) 级配碎（砾）石基层和底基层配料必须准确，塑性指数必须符合规定。(13) 填隙碎石（矿渣）基层应用振动压路机碾压，使填封料（5mm以下的轧制细料或粗砂）填满粗粒料空隙。)														
实测项目	压实度(%) 代表值	95	91	98	97		95	95	93	97	96	98	96	85	83	
	极值	91	89	94	93		91	91	89	93	92	94	92	82	80	
	平整度(mm)	12	15	8	12		12	12	15	8	12	8	12	12	15	3m直尺：每200m每车道2处
	纵断高程(mm)	+5 −15	+5 −20	+5 −10	+5 −15		+5 −15	+5 −15	+5 −20	+5 −10	+5 −15	+5 −10	+5 −15	+5 −15	+5 −20	水准仪：每200m测4个断面
	宽度(mm)	\multicolumn{14}{l	}{符合设计要求}		尺量：每200m测4个断面

续上表

检查项目		规定值或允许偏差				检查方法和频率
		基层		底基层		
		高速、一级	其他公路	高速、一级	其他公路	
实测项目	厚度(mm) 代表值	-10	-12	-10	-12	水准仪：每200m测4个断面
	厚度(mm) 合格值	-20	-25(-30)	-25	-30	每车道1点
	横坡(±%)	0.5	0.3(0.5)	0.5	0.3(0.5)	水准仪：每200m测4个断面
	强度(MPa)	符合设计要求				按JTG F80/1—2017 附录G检查
外观鉴定		(1)表面平整密实、无坑洼。(2)施工接茬平整、稳定。(3)无明显离析。(4)边线整齐、无松散				

注：填隙碎石(矿渣)基层(底基层)实测项目中，用固体体积率代替压实度，用灌砂法检测。

①干法施工。

a. 初压宜用两轮压路机碾压 3~4 遍,使集料稳定就位,初压结束后,表面应平整,并具有规定的路拱和纵坡。

b. 填隙料应采用石屑撒布机或类似的设备均匀地撒铺在已压稳的集料层上,松铺厚度宜为 25~30mm;必要时,用人工或机械扫匀。

c. 应采用振动压路机慢速碾压,将全部填隙料振入集料间的孔隙中。如无振动压路机,可采用重型振动板。路面两侧宜多压 2~3 遍。

d. 再次撒布填隙料,松铺厚度宜为 20~25mm。应用人工或机械扫匀。

e. 同 c 条,再次振动碾压;局部多余的填隙料应扫除。

f. 碾压后,应对局部填隙料不足之处进行人工找补,并用振动压路机继续碾压,直到全部空隙被填满,应将局部多余的填隙料扫除。

g. 填隙碎石表面孔隙全部填满后,宜再用重型压路机再碾压 1~2 遍。在碾压过程中,不应有任何蠕动现象。在碾压之前,宜在表面先洒少量水,洒水量宜不少于为 $3kg/m^2$。

h. 需分层填筑时,应将已压成的填隙碎石层表面集料外露 5~10mm,然后在其上摊铺第二层集料,并按上述 a~g 条要求施工。

②湿法施工。

a. 开始工序同干法施工的 a~g 条要求相同。

b. 集料层表面孔隙全部填满后,宜立即用洒水车洒水,直到饱和。

c. 宜用重型压路机跟在洒水车后碾压。应将湿填隙料及时扫入出现的孔隙中;必要时,宜再添加新的填隙料。

d. 应洒水碾压至填隙料和水形成粉浆,粉浆应填塞全部空隙,并在压路机前轮形成微波纹状。

e. 碾压完成的路段应让水分蒸发一段时间,结构层变干后,应将表面多余的细料及细料覆盖层扫除干净。

f. 需要分层铺筑时,宜待结构层变干后,将已压成的填隙碎石层表面的填隙料扫除一些,使表面集料外露 5~10mm,然后在其上摊铺第二层粗碎石。

六、基层(底基层)完工验收阶段的质量控制

基层(底基层)完工验收阶段的质量控制要求应符合表 4-30 的规定。

第三节　沥青面层施工质量监理

一、沥青路面概述

1. 沥青混合料的分类

沥青混合料是指由适当比例的粗集料、细集料以及填料与沥青在严格控制条件下拌和而成的符合技术标准的混合料(以 AC 表示)。

(1)按密实类型分为 5 类:
①密级配沥青混凝土混合料。
按密级配原理设计组成的各种粒径颗粒的矿料,与沥青结合料拌和而成,经马歇尔标准击实成型试件的剩余空隙率为 3%~5%(对重载道路为 4%~6%,对人行道路为 2%~5%)的密实型沥青混凝土混合料。按粒径大小分为砂粒式、细粒式、中粒式、粗粒式、特粗式等。按关键性筛孔通过率的不同又可分为细型密级配、粗型密配沥青混合料等。
②开级配沥青混合料。
矿料级配主要由粗集料嵌挤组成,细集料及填料较少,经高黏度沥青结合料黏结,经马歇尔标准击实成型试件的空隙率通常大于 15%~18%。代表性结构有铺筑于沥青层表面的排水式大孔隙沥青混合料磨耗层,如美国的 OGFC、欧洲的 PEM、国内的 PAC 等;以及铺筑在沥青层底部的排水式沥青稳定基层(ATPB)。
③半开级配沥青混合料。
由适当比例的粗集料、细集料及少量填料(或不加填料)与沥青结合料拌和而成,经马歇尔标准击实成型试件的剩余空隙率在 8%~10% 以上的半开式沥青碎石混合料,我国的 AM 型沥青碎石混合料属于此类。
④间断级配沥青混合料。
矿料级配组成中缺少 1 个或几个档次,使部分筛孔上的分计筛余很少,而形成的级配曲线不连续的沥青混合料。根据混合料的空隙率不同,间断级配混合料可以是密级配或非密级配的混合料。密级配间断级配混合料的代表性结构是沥青玛𫧃脂碎石混合料(SMA)。
⑤沥青稳定碎石混合料(沥青碎石)。
由矿料和沥青组成具有一定级配要求的混合料,按空隙率、集料最大粒径、添加矿粉数量的多少,分为三种类型:
a. 密级配沥青稳定碎石基层混合料(ATB)。
它与沥青混凝土的区别主要是公称最大粒径的不同,实际上相当于用于基层的粗粒式或特粗式沥青混合料,公称最大粒径通常大于 26.5mm,其设计空隙率为 3%~6%,不大于 8%,粒径大于 37.5mm 的特粗式沥青稳定碎石混合料也称大粒径沥青混合料。
b. 开级配排水式沥青稳定基层混合料(ATPB)。
公称最大粒径通常大于 19mm,铺筑在沥青层底部起排水作用,设计空隙率大于 15%~18%。
c. 半开级配沥青稳定混合料。
设计空隙率在 8%~10% 以上,适用于缺乏添加矿粉的沥青拌和设备和人工炒拌(只加少量矿粉或不加矿粉)制造沥青混合料铺筑中低级公路的情况,根据路面的压实层厚度可采用不同的公称最大粒径,通常成为沥青碎石(AM)。
(2)按沥青结合料分为 5 类:
①普通沥青和改性沥青混合料。
②乳化沥青碎石混合料。
采用乳化沥青与矿料在常温状态下拌和而成,压实后剩余空隙率在 10% 以上的常温沥青混合料。
③沥青玛𫧃脂碎石混合料。

由沥青结合料与少量的纤维稳定剂、细集料以及较多量的填料（矿粉）组成的沥青玛蹄脂,填充于间断级配的粗集料骨架的间隙,组成一体形成的沥青混合料,简称 SMA。

④沥青玛蹄脂。

由沥青结合料与少量的纤维稳定剂、细集料及较多量的填料（矿粉）组成的混合料。

⑤沥青胶浆。

由沥青结合料、矿粉,或掺加部分纤维组成的混合料。

（3）按颗粒最大粒径和级配又可以分成 5 个不同级别：

①砂粒式沥青混合料。

公称最大集料粒径小于或等于 4.75mm 的沥青混合料,也称为沥青石屑或沥青砂。

②细粒式沥青混合料。

公称最大集料粒径为 9.5mm 或 13.2mm 的沥青混合料。

③中粒式沥青混合料。

公称最大集料粒径为 16mm 或 19mm 的沥青混合料。

④粗粒式沥青混合料。

公称最大集料粒径为 26.5mm 或 31.5mm 的沥青混合料。

⑤特粗式沥青混合料。

公称最大粒径为大于或等于 37.5mm 的沥青混合料。

（4）按沥青生产工艺分为 2 类：

①热拌热铺沥青混合料：沥青与矿料在热态下拌和、热态下铺筑的沥青路面混合料。

②再生沥青混合料：采用适当的工艺,将已破破坏的旧沥青路面混合料进行再生处理,或与新沥青混合料混合得到的沥青混合料。

（5）按强度构成原则,分为按嵌挤原则构成的结构和按密实级配原则构成的结构两类。

按嵌挤原则构成的沥青混合料的结构强度,是以矿料颗粒之间的嵌挤力和内摩阻为主,沥青结合料的黏附作用为辅而构成的。沥青贯入式路面、沥青表面处治、沥青碎石路面均属此类结构。这一类路面是以颗粒较粗的、尺寸较均匀的矿料构成骨架,沥青混合料填充其空隙,并把矿料粘成一个整体。这种混合料的强度受自然因素（温度、水）的影响较小。

按密实级配原则构成的沥青混合料的结构强度,是以沥青与矿料之间的黏结力为主,矿质颗粒之间的嵌挤力和内摩阻力为辅而构成的。沥青混凝土路面属于此类。这类的沥青混合料的结构强度受温度影响较大。

2. 沥青混合料结构类型

沥青混合料按其结构组成通常可以分成下列三种组成方式：

（1）悬浮密实结构。由连续级配矿料组成的密实混合料,当主集料约为 30%～40% 时,沥青混合料虽可以形成密实结构,但因为粗集料数量较少,不能形成骨架,而以悬浮状态处于较小颗粒之中,这种沥青混合料表现为黏结力较高,内摩阻力受沥青材料的性质和物理状态的影响较大,稳定性较差,密实、疲劳和低温性能强。

（2）骨架空隙结构。采用连续型级配矿质混合料,当矿质集料中主集料较多,可以形成骨架,但因细集料数量过少,不足以填满空隙时,则形成"骨架-空隙"结构。这种沥青混合料强度主要取决于内摩阻力。内摩阻力和黏结力低时,其结构强度受沥青的性质和物理状态影响较小,高温稳定性较好,抗水损害、疲劳和低温性能较差。

(3)骨架密实结构。当采用间断型密级配时,混合料中既有一定数量的粗集料形成骨架,同时细集料足以填满骨架的空隙。这种沥青混合料黏结力和内摩阻力均较高,高温稳定性较好,抗水损害、疲劳和低温性能较好。

三种结构示意图见图4-6。

a)悬浮密实结构　　　b)骨架空隙结构　　　c)骨架密实结构

图4-6　沥青混合料结构示意图

3.沥青混合料的使用范围

沥青混合料的种类可以按交通性质、路面结构、现有材料、施工地区的气候条件和施工条件加以选择。

热拌沥青混合料用途最广,适用于任何交通量的道路,可用于路面的上层、下层和整平层,也可以用于修建基层。一般剩余空隙率较大的沥青碎石(砾石),只用于修建路面的下层或整平层,路面上层宜用空隙率较小的沥青混凝土铺筑,粗粒式沥青混合料只用于修建路面的下层,它的粗糙表面有助于与上层牢固结合。中粒式沥青混合料主要用于修建路面上层和单层式面层,这种混合料修筑路面表面非常粗糙,可以保证汽车轮胎与路面之间有可靠的摩擦力。细粒式沥青混合料广泛用于修建路面上层,这种混合料具有较大均匀性、足够的嵌挤能力,可以防止拥包、波浪和其他剪切变形的发生。只要沥青混合料中有足够数量坚硬、耐磨的碎石,就能使路面具有必要的粗糙度。砂粒式沥青混合料仅用于路面的封层和表面处治,由于颗粒过小,该沥青混合料层厚以10mm为宜,过厚容易发生推挤和拥包现象。

在现行技术规范中对沥青混合料的使用提出了要求如下:

(1)热拌沥青混合料的一般规定。

对热拌沥青混合料(HMA)适用于各个等级公路的沥青面层提出了要求。其种类按集料公称最大粒径、矿料级配、空隙率划分,集料规格以方孔筛为准,并按表4-31选用。各类沥青混合料的使用范围应遵循以下规定:

热拌沥青混合料种类　　　　　　　　　　　　　　表4-31

混合料类型	密级配			开级配		半开级配	公称最大粒径(mm)	最大粒径(mm)
	连续级配	间断级配		间断级配				
	沥青混凝土	沥青稳定碎石	沥青玛蹄脂碎石	排水式沥青磨耗层	排水式沥青碎石基层	沥青碎石		
特粗式	—	ATB-40	—	—	ATPB-40	—	37.5	53.0
粗粒式	—	ATB-30	—	—	ATPB-30	—	31.5	37.5
	AC-25	ATB-25	—	—	ATPB-25	—	26.5	31.5

续上表

混合料类型		密级配		开级配		半开级配	公称最大粒径 (mm)	最大粒径 (mm)
		连续级配	间断级配	间断级配				
		沥青混凝土	沥青稳定碎石	沥青玛蹄脂碎石	排水式沥青磨耗层	排水式沥青碎石基层	沥青碎石		
中粒式		AC-20	—	SMA-20	—	—	AM-20	19.0	26.5
		AC-16	—	SMA-16	OGFC-16	—	AM-16	16.0	19.0
细粒式		AC-13	—	SMA-13	OGFC-13	—	AM-13	13.2	16.0
		AC-10	—	SMA-10	OGFC-10	—	AM-10	9.5	13.2
砂粒式		AC-5	—	—	—	—	—	4.75	9.5
设计空隙率(%)		3~5	3~6	3~4	>18	>18	6~12	—	—

注：设计空隙率可按配合比设计要求适当调整。

①密级配沥青混凝土混合料(AC)适用于各级公路沥青面层的任何层次。

②沥青玛蹄脂碎石混合料(SMA)适用于铺筑新建公路的表面层、中面层或旧路面加铺磨耗层使用。

③设计空隙率为6%~12%的半开级配的沥青碎石混合料(AM)仅适用于三级及三级以下公路、乡村公路，且沥青混合料拌和设备缺乏添加矿粉的装置和人工炒拌的情况。

④设计空隙率3%~6%粗粒式及特粗式的密级配沥青稳定碎石混合料(ATB)适用于基层。

⑤设计空隙率大于18%的粗集料及特粗式排水式沥青稳定碎石混合料(ATPB)适用于基层。

⑥设计空隙率大于18%的细粒式排水式沥青稳定碎石混合料(OGFC、PAC)适用于高速行车、多雨潮湿、不宜被尘土污染、非冰冻地区铺筑排水式沥青路面磨耗层。

(2)选择沥青混合料类型时应注意的事项：

①密级配和间断级配的沥青混凝土适用于各等级公路的各个层次。当采用间断级配沥青混合料时，混合料应不至于在施工过程中发生明显离析。

②为提高沥青混合料的使用性能，或普通沥青混合料不能适用于使用需要时，宜铺筑改性沥青混合料路面，SMA宜同时采用改性沥青。

③开级配排水式沥青混合料磨耗层必须采用具有高黏结性能的特殊的改性沥青铺筑，其下的层次应采用空隙率小、密水性好的结构层，并设置封层。工程上必须通过试验，取得成功的经验，并经过论证后使用。

④开级配排水式沥青混合料基层(ATPB)的下卧层应具有排水和抗冲刷的能力。工程必须通过试验，取得成功的经验，并经过论证后使用。

⑤特粗式沥青混合料适用于基层，粗粒式沥青混合料适用于下面层或基层，中粒式沥青混合料适用于中面层和表面层，细粒式沥青混合料适用于表面层和薄面罩面。砂粒式沥青混合料适用于非机动车道或行人道路。对高速公路及一级公路，除沥青稳定碎石基层外，通常宜选用公称最大粒径为13.2~26.5mm的沥青混合料。

(3)沥青面层的混合料类型根据公路等级及所处的层位的功能性要求选择,从表4-31中选择适当的结构组合,并应遵循以下原则:

①沥青面层宜采用双层或三层式结构,各层之间应联结成为整体,为此在沥青层下必须浇洒透层沥青,沥青层与沥青层之间必须喷洒黏层沥青。

②沥青路面应满足耐久性、抗车辙、抗裂、密水、抗滑等多方面性能要求,便于施工,并应根据施工机械、工程造价等实际情况选择沥青混合料的种类。

③对高速公路、一级公路,为提高沥青混合料的使用性能和延长沥青路面的使用寿命,或采用普通的道路沥青不能满足使用要求时,宜对上面层或中面层沥青结合料采用改性措施,或采用SMA等特殊的矿料级配。如有必要,二级公路也可采用改性沥青或SMA结构。

④对沥青层较厚的高速公路、一级公路,在选择级配类型,确定矿料级配和最佳沥青用量时,应首先保证各层的组合不致发生早期破坏。并在此基础上优先或侧重考虑各层的服务功能,进而做出选择:

a.表面层应具有良好的表面功能、密水、耐久、抗车辙、抗裂等多方面性能要求,潮湿地区和湿润地区的路面上面层应符合潮湿条件下的抗滑性能,如不符合要求,宜铺筑抗滑磨耗层。在寒冷地区,表面层应考虑抗裂性能的要求。

b.三层式路面的中面层或双层式路面的下面层应重点满足混合料的高温抗车辙性能。

c.下面层应在满足高温抗车辙性能基础上,重点考虑抗疲劳性能及抗裂性能的要求。

d.除排水式沥青混合料外,每一层都应考虑密水性,当上层属渗水性结构层时,层间或下层应采取防渗水或排水措施。

⑤高速公路的紧急停车带(硬路肩)沥青面层宜采用与车行道相同的结构,但表面层宜采用密级配沥青混凝土铺筑。

(4)沥青面层集料的最大粒径宜从上至下逐渐增大,并应与设计厚度相匹配。除行人道路外,沥青层的压实厚度不宜小于集料最大粒径的2倍。对高速公路和一级公路,密级配沥青混合料的厚度不宜小于公称最大粒径的3倍,SMA等嵌挤密实型混合料的厚度不宜小于公称最大粒径的2.5倍,以减少离析,便于施工和压实。

(5)热拌热铺沥青混合料路面必须采用机械化连续施工。

二、沥青混合料配合比设计

1.沥青混合料组成及各参数

沥青混合料是具有空间网络结构的分散体系,客观上讲沥青混合料是由沥青、矿质集料和部分空气组成的三相体系,沥青混合料物理力学性质取决于组成材料本身的性质以及它们之间的配比。对沥青混合料进行物理力学性质分析时,常用到下列一些概念。与集料有关的有:集料毛体积密度、视密度、有效密度和粗集料间隙率;与沥青混合料有关的有:沥青混合料的最大密度、压实混合料毛体积密度、有效沥青含量、空隙率以及矿料间隙率 VMA 等。各自定义如下:

(1)集料毛体积密度:在规定温度下单位体积(含集料的实体成分及不吸收水分的闭口孔隙、能吸收水分的开口孔隙等颗粒表面轮廓线所包围的全部毛体积)集料在空气中的质量,以

g/cm³表示。表干法测定的毛体积密度,又称饱和面干毛体积密度,是集料在常温条件下的干燥质量与表干状态下的毛体积(指饱和面干状态下的实体体积与闭口孔隙、开口孔隙之和)之比值,它适用于吸水较小的粗集料。

(2)视密度:在规定温度下单位体积(包括封闭空隙)集料在空气中的质量。

(3)有效密度:在规定温度下单位体积(不包括被沥青渗入的空隙)集料在空气中的质量。

(4)沥青混合料的密度:指压实沥青混合料常温条件下单位体积的干燥质量,以 g/cm³ 表示。

(5)沥青混合料的相对密度:同温度条件下压实沥青混合料试件密度与水的密度的比值,单位无量纲。

(6)沥青混合料的理论最大密度:为计算沥青混合料空隙率之需,假设压实沥青混合料试件全部为矿料(包括矿料自身内部的孔隙)及沥青所占有,空隙率为零的理想状态下的最大密度,以 g/cm³ 表示。

(7)沥青混合料的理论最大相对密度:同温度条件下沥青混合料的理论最大密度和水的密度的比值,单位无量纲。

(8)沥青混合料的表观密度:单位体积(含混合料实体体积与不吸收水分的内部闭口孔隙之和)压实沥青混合料的干质量,又称视密度,由水中重法测定(仅仅适用于几乎不吸水的密实试件),以 g/cm³ 表示。

(9)沥青混合料的表观相对密度:又称视比重,是表观密度和同温度水的密度之比值,单位无量纲。

(10)沥青混合料的毛体积密度:单位体积(含混合料的实体矿物成分及不吸收水分的闭口孔隙、能吸收水分的开口孔隙等颗粒表面轮廓线所包围的全部毛体积)压实沥青混合料的干质量,由表干法、蜡封法或体积法测定,以 g/cm³ 表示。

(11)表干法测定的毛体积密度:又称饱和面干毛体积密度,是压实沥青混合料试件常温条件下的干燥质量与表干状态下的毛体积(指饱和面干状态下的实体体积与闭口孔隙、开口孔隙之和)之比值,它适用于较密实且吸水很少的试件。

(12)蜡封法测定的毛体积密度:是压实沥青混合料试件常温条件的干燥质量与蜡封条件的毛体积(指混合料蜡封状态下实体体积与闭口孔隙、开口孔隙之和,但不计蜡被吸入混合料的部分)之比值,它适用于吸水较多而不能由表干法测定的试件。

(13)体积法测定的毛体积密度,是压实沥青混合料试件的干质量与直接用卡尺测量的试件毛体积(指用卡尺测量的试件名义表面以内包括凹陷在内的全部毛体积)之比值,它适用于吸水严重至完全透水,不能由表干或蜡封法测定的试件。

(14)有效沥青含量 P_{be}:沥青总含量减去被集料吸收的沥青量。

(15)空隙率 VV:压实后的沥青混合料中被沥青包裹的粒料之间的空隙占总体积的百分比。

(16)粗集料松装间隙率:干燥粗集料(通常指 4.75mm 或 2.36mm 以上的集料)在标准量筒中经捣实形成的粗集料骨架部分以外的体积占容量筒总体积的百分率,以 VMA_{DRC} 表示。

(17)沥青混合料试件的粗集料间隙率:压实沥青混合料试件内粗集料骨架部分以外的体积占试件总体积的百分率,以 VMA_{mix} 表示。

(18)沥青含量:沥青混合料中沥青质量与沥青混合料总质量的比值,以百分率计。
(19)油石比:沥青混合料中沥青质量与矿料总质量的比值,以百分率计。
沥青混合料各参数关系可用图4-7来表示。

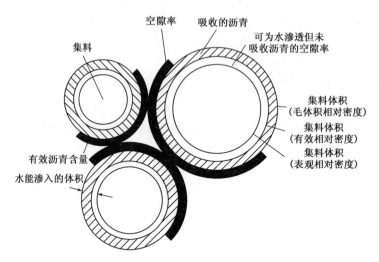

图4-7 沥青混合料各参数关系图

2. 沥青混合料各参数的计算

沥青混合料的主要组成参数计算方法如下:

(1)矿料混合料的合成毛体积相对密度 γ_{sb}:对于具有一定级配的集料毛体积相对密度可用式(4-3)计算:

$$\gamma_{sb} = \frac{100}{\frac{P_1}{\gamma_1} + \frac{P_2}{\gamma_2} + \cdots + \frac{P_n}{\gamma_n}} \tag{4-3}$$

式中:P_1、P_2、$\cdots$、P_n——各种矿料成分的配合比,其和为100;

  γ_1、γ_2、$\cdots$、γ_n——各种矿料相应的毛体积相对密度,粗集料按 T 0304 方法测定,机制砂及石屑可按 T 0330 方法测定,也可以用筛出的 2.36~4.75mm 部分的毛体积相对密度代替,矿粉(含消石灰、水泥)以表观相对密度代替。

注:沥青混合料配合比设计时,均采用毛体积相对密度(无量纲),不采用毛体积密度,故无须进行密度的水文修正。生产配合比设计时,当细料仓中的材料混杂各种材料而无法采用筛分替代法时,可将0.075mm部分筛除后以实测值计算。

(2)按式(4-4)计算矿料混合料的合成表观相对密度 γ_{sa}。

$$\gamma_{sa} = \frac{100}{\frac{P_1}{\gamma'_1} + \frac{P_2}{\gamma'_2} + \cdots + \frac{P_n}{\gamma'_n}} \tag{4-4}$$

式中:γ'_1、γ'_2、$\cdots$、γ'_n——各种矿料按试验规程方法测定的表观相对密度。

(3)确定矿料的有效相对密度。

①对非改性沥青混合料,宜以预估的最佳油石比拌和2组的混合料,采用真空法实测最大

相对密度,取平均值。然后由式(4-5)反算合成矿料的有效相对密度 γ_{se}。

$$\gamma_{se} = \frac{100 - P_b}{\dfrac{100}{\gamma_t} - \dfrac{P_b}{\gamma_b}} \tag{4-5}$$

式中:γ_{se}——合成矿料的有效相对密度;

P_b——试验采用的沥青用量(占混合料总量的百分数)(%);

γ_t——试验沥青用量条件下实测得到的最大相对密度,无量纲;

γ_b——沥青的相对密度(25℃/25℃),无量纲。

②对改性沥青及 SMA 等难以分散的混合料,有效相对密度宜直接由矿料的合成毛体积相对密度与合成表观相对密度按式(4-6)计算确定,其中沥青吸收系数 C 值根据材料的吸水率由式(4-7)求得,材料的合成吸水率按式(4-8)计算:

$$\gamma_{se} = C \times \gamma_{sa} + (1 - C) \times \gamma_{sb} \tag{4-6}$$

$$C = 0.033\omega_x^2 - 0.2936\omega_x + 0.9339 \tag{4-7}$$

$$\omega_x = \left(\frac{1}{\gamma_{sb}} - \frac{1}{\gamma_{sa}}\right) \times 100 \tag{4-8}$$

式中:γ_{se}——合成矿料的有效相对密度;

C——合成矿料的沥青吸收系数,可按矿料的合成吸水率从式(4-7)求取;

ω_x——合成矿料的吸水率(%);

γ_{sb}——集料的合成毛体积相对密度,无量纲;

γ_{sa}——集料的合成表观相对密度,无量纲。

(4)确定沥青混合料的最大理论相对密度。

①对非改性沥青的普通沥青混合料,在成型马歇尔试件的同时,按真空法实测各组沥青混合料的最大理论密度 γ_{ti}。当只对其中一组油石比测定最大理论相对密度时,也可按式(4-9)计算其他不同油石比的最大理论相对密度 γ_{ti}。

②对改性沥青或 SMA 混合料宜按式(4-10)计算各个不同沥青用量混合料的最大理论相对密度。

$$\gamma_{ti} = \frac{100 + P_{ai}}{\dfrac{100}{\gamma_{se}} + \dfrac{P_{ai}}{\gamma_b}} \tag{4-9}$$

$$\gamma_{ti} = \frac{100}{\dfrac{P_{si}}{\gamma_{se}} + \dfrac{P_{bi}}{\gamma_b}} \tag{4-10}$$

式中:γ_{ti}——相对于计算沥青用量 P_{bi} 时沥青混合料的最大理论相对密度,无量纲;

P_{ai}——所计算的沥青混合料中的油石比(%);

P_{bi}——所计算的沥青混合料中的沥青用量(%),$P_{bi} = P_{ai}/(1 + P_{ai})$;

P_{si}——所计算的沥青混合料中的矿料含量(%),$P_{si} = 100 - P_{bi}$;

γ_{se}——合成矿料的有效相对密度,无量纲;

γ_b——沥青的相对密度(25℃/25℃),无量纲。

(5)按式(4-11)~式(4-13)计算沥青混合料试件的孔隙率,矿料间隙率 VMA,有效沥青的饱和度 VFA 等体积指标,取 1 位小数,进行体积组成分析。

$$VV = \left(1 - \frac{\gamma_f}{\gamma_t}\right) \times 100 \qquad (4\text{-}11)$$

$$VMA = \left(1 - \frac{\gamma_f}{\gamma_{sb}} \times P_s\right) \times 100 \qquad (4\text{-}12)$$

$$VFA = \frac{VMA - VV}{VMA} \times 100 \qquad (4\text{-}13)$$

式中:VV——试件的空隙率(%);

VMA——试件的矿料间隙(%);

VFA——试件的有效沥青饱和度(有效沥青含量占 VMA 的体积比例)(%);

γ_f——试件的毛体积相对密度,无量纲;

γ_t——沥青混合料的最大理论相对密度,无量纲;

P_s——各种矿料占沥青混合料总质量的百分率之和(%),即 $P_s = 100 - P_b$;

γ_{sb}——矿料混合料的合成毛体积相对密度。

(6)按式(4-14)、式(4-15)计算沥青结合料被集料吸收的比例及有效沥青含量。

$$P_{ba} = \frac{\gamma_{se} - \gamma_b}{\gamma_{se} \cdot \gamma_{sb}} \cdot \gamma_b \cdot 100 \qquad (4\text{-}14)$$

$$P_{be} = P_b - \frac{P_{ba}}{100} \cdot P_s \qquad (4\text{-}15)$$

式中:P_{ba}——沥青混合料中被集料吸收的沥青结合料比例(%);

P_{be}——沥青混合料中的有效沥青用量(%);

γ_{se}——集料的有效相对密度,无量纲;

γ_{sb}——材料的合成毛体积相对密度,无量纲;

γ_b——沥青的相对密度(25℃/25℃),无量纲;

P_b——沥青含量(%);

P_s——各种矿料占沥青混合料总质量的百分率之和(%),即 $P_s = 100 - P_b$。

如果需要,可按式(4-16)、式(4-17)计算有效沥青的体积百分率 V_b 及矿料的体积百分率 V_g。

$$V_b = \frac{\gamma_f \cdot P_{be}}{\gamma_b} \qquad (4\text{-}16)$$

$$V_g = 100 - (V_{be} + VV) \qquad (4\text{-}17)$$

(7)检验最佳沥青用量时的粉胶比和有效沥青膜厚度。

①按式(4-18)计算沥青混合料的粉胶比,宜符合 0.6～1.6 的要求。对常用的公称最大粒径 13.2～19mm 的密级配沥青混合料,粉胶比宜控制在 0.8～1.2 范围内。

$$FB = \frac{P_{0.075}}{P_{be}} \qquad (4\text{-}18)$$

式中:FB——粉胶比,沥青混合料的矿料中 0.075mm 通过率与有效沥青含量的比值,无量纲;

$P_{0.075}$——矿料级配中 0.075mm 的通过率(水洗法)(%);

P_{be}——有效沥青含量(%)。

②按式(4-19)的方法计算集料的比表面积,按式(4-20)估算沥青混合料的沥青膜有效厚度。

$$SA = \sum (P_i \times FA_i) \tag{4-19}$$

$$DA = 10 \frac{P_{be}}{\gamma_b \cdot SA} \tag{4-20}$$

式中:SA——集料的比表面积(m^2/kg);

P_i——各种粒径的通过百分率(%);

FA_i——相应于各种粒径的集料的表面积系数,如表4-32所列;

DA——沥青膜有效厚度(μm);

P_{be}——有效沥青含量(%);

γ_b——沥青的相对密度(25℃/25℃),无量纲。

注:各种公称最大粒径混合料中大于4.75mm尺寸集料的表面积系数FA均取0.0041,且只计算一次,4.75mm以下部分的FA_i如表4-32所示。表中$SA=6.60m^2/kg$,若混合料的有效沥青含量为4.65%,沥青的相对密度1.03,则沥青膜厚度为$DA=4.65/(1.03\times6.60)\times10=6.83\mu m$。

集料的表面积系数计算算例　　表4-32

筛孔尺寸(mm)	19	13.2	4.75	2.36	1.18	0.6	0.3	0.15	0.075	集料比表面积总和 $SA(m^2/kg)$
表面积系数 FA_i	0.0041	—	0.0041	0.0082	0.0164	0.0287	0.0614	0.1229	0.3277	
通过百分率 P_i(%)	100	85	60	42	32	23	16	12	6	
比表面积 $FA_i \times P_i$ (m^2/kg)	0.41	—	0.25	0.34	0.52	0.66	0.98	1.47	1.97	6.60

关于沥青膜的厚度,在现行《公路沥青路面施工技术规范》(JTG F40)里没提出具体指标,根据国外的资料介绍,通常情况下连续密级配沥青混合料的沥青膜有效厚度宜不小于6μm,密实式沥青碎石混合料的有效沥青厚度宜不小于5μm,在进行配合比设计时也可参考这个数值控制。

3. 沥青混合料配合比设计方法

热拌沥青混合料配合比设计采用沥青混合料马歇尔试验方法,包括目标配合比设计、生产配合比设计和生产配合比验证等三个阶段,通过配合比设计决定沥青混合料的材料品种、矿料级配及沥青用量。根据现行《公路沥青路面施工技术规范》(JTG F40)中,其设计步骤宜按图4-8的框图进行。

1)材料准备

按相关试验规程规定的方法,取足够数量的具有代表性沥青及矿料试样。按现行《公路沥青路面施工技术规范》(JTG F40)材料质量的技术要求试验各项性质,当检验不合格时,不得用于试验。

2)矿质混合料的配合比组成设计

沥青与矿料级配选定之后,如何确定沥青混合料配合比,目前大多数国家仍采用马歇尔法。但是大量实践证明,马歇尔稳定度和流值与沥青路面的长期使用性能关系不显著,并且往往流值合格但高温车辙仍很严重,该法不能很好地反映沥青混合料的高温稳定性。用马歇尔

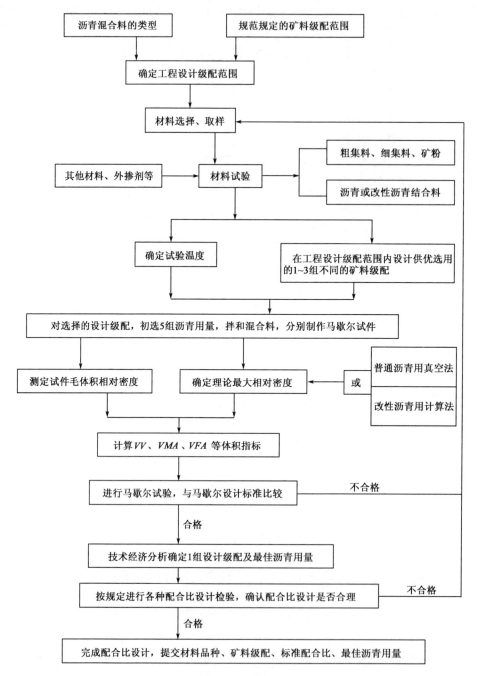

图 4-8 沥青混合料配和比设计流程图

试验方法进行混合料设计存在着片面性,鉴于此,不少公路工程研究者提出了对混合料进行综合设计,作为对马歇尔试验方法的补充和完善。

沥青混合料的综合设计应该包括两个方面的含义,一方面是对沥青路面的各种可能的破坏形式综合考虑,使沥青混合料在性能上得到保证,避免沥青路面可能出现的破坏,即综合考虑沥青路面的各种可能破坏形式及相应的沥青混合料路用性能。另一方面是沥青混合料设计与沥青路面结构设计的综合考虑,最理想的应是结构分析理论即所用的材料性能参数能够在沥青混合料设计中体现。

从本质上讲,混合料综合设计就是考虑其抗疲劳能力、高温稳定性、水稳定性、低温抗裂性和抗滑性等路用性能,通过确定沥青混合料的结构参数如沥青用量及与级配类型相关的空隙率等,使各项指标达到理想、协调,使混合料具有良好的结构特点,从而获得较为理想的受力变形特性,达到要求的性能指标。保证沥青路面在使用期限内就可以具有抵抗各种可能形式破坏的能力。

矿质混合料的配合比组成设计主要包括以下步骤:

(1)确定沥青混合料类型。

沥青混合料类型根据道路等级、路面类型、所处的结构层位和设计厚度综合确定,公称最大粒径根据设计层厚确定,各国对沥青混合料的公称最大粒径(D)同路面结构层最小厚度的关系均有规定,除苏联规定矿料公称最大粒径分别为面层厚度的 0.6 倍与底基层厚度的 0.7 倍外,一般均规定为 0.5 倍以下。我国研究表明:随 h/D 增大,耐疲劳性提高,但车辙量增大。相反 h/D 减少,车辙量也减少但耐久性降低,特别是在 $h/D<2$ 时,疲劳耐久性急剧下降。为此建议结构层厚度 h 与最大粒径 D 之比应控制在 $h/D \geqslant 2.5 \sim 3$,对 SMA 和 OGFC 等嵌挤型混合料 $h/D \geqslant 2 \sim 2.5$。只有控制了结构层厚度与最大公称粒径之比,才能保证摊铺的沥青混合料拌和均匀,易于达到要求的密实度和平整度,保证施工质量。

(2)确定矿质混合料的级配范围。

级配范围确定主要综合以下方面考虑:

①沥青混合料的设计级配范围按工程设计文件或招标文件的规定执行。当无明确规定时,工程单位应根据工程所在地的气候条件、交通条件、公路等级、路面类型、混合料所处的层次,按照下述②的原则对规范规定的矿料级配范围进行调整,确定设计级配范围。当发现设计文件规定的级配明显不合理时,有责任提出修改建议。在经实践证明是合理且有成功的把握的情况下,设计级配范围允许超出规范规定的级配范围,所确定的设计级配范围必须得到主管部门,包括工程设计单位、建设单位和监理的认可和批准。设计级配范围一经确定,不得随意变更。

②确定设计级配范围时宜按下列原则进行调整:

a. 根据公路等级和施工设备的控制水平确定设计级配范围上限和下限的差值,设计级配范围上限、下限差值,通常情况下对 4.75mm 和 2.36mm 通过率的范围差值宜小于 12%。

b. 确定设计级配范围时应特别重视实践经验,通过对条件大体相当的工程的使用情况进行调查研究,证明选择的级配范围能适用于使用需要。

c. 对温度炎热、夏季持续时间长,但冬季不太寒冷的地区,或者重载路段,应重视考虑抗车辙能力的需要,降低 4.75mm 和 2.36mm 通过率,采用较粗的级配,适当提高 VMA,选用较高的设计空隙率。

d. 对温度寒冷、夏季高温持续时间短的北方地区,或者非重载路段,应在保证抗车辙能力的前提下,充分考虑提高低温抗裂性能,适当增大 4.75mm 和 2.36mm 通过率,采用较细的级配,适当减少 VMA,选用较小设计空隙率。

e. 对我国许多地区,夏季温度炎热,高温持续时间长,冬季又十分寒冷,年温差特别大,且属于重载路段的工程,高温要求和低温要求发生矛盾时,应以提高高温抗车辙能力为主,兼顾提高低温抗裂性能的需要,在减少 4.75mm 和 2.36mm 通过率的同时,适当增加 0.075mm 通过率,使规范级配范围成 S 型,并取中等或偏高水平的设计空隙率。

  f. 在潮湿区和湿润区等的雨水、冰雪融化水对路面有严重危险的地区,在考虑抗车辙能力的同时还应重视密水性的需要,减少水损害破坏,宜适当减少设计空隙率,应保持良好的雨天抗滑性能。对干旱地区的混合料,受水的影响很小,对密水性及抗滑性能的要求可放宽。

  g. 对等级较高的公路,沥青层厚度较厚时,可采用较粗的级配范围;反之,对等级较低的公路,沥青层厚度较薄时,宜采用较细的级配范围。

  h. 对重点考虑高抗车辙能力、设计空隙率较高的混合料,细集料宜采用较多的石屑(机制砂);而对更需要低温抗裂性能、较小设计空隙率的混合料,相对而言,宜采用较多的天然砂作细集料。

  i. 确定沥青混合料设计级配范围时应考虑不同层次的功能需要。对沥青面层较厚的三层式面层,表面层应综合考虑满足高温抗车辙能力、低温抗裂性能、抗滑的需要,中面层应考虑高温抗车辙能力,底面层重点考虑抗疲劳开裂性能、密水性等。对沥青面层较薄时或双层式路面的下面层,底面层应在满足密水性能的同时,提高高温抗车辙能力,并满足抗疲劳开裂性能。

  j. 对交通量大、轴载重的道路,宜偏向级配范围的下(粗)限;对中小交通量或人行道路等宜偏向级配范围的上(细)限。可根据实践经验选用连续级配或间断级配,当无成功经验或不能确保施工中不产生严重的离析时,宜采用通常的连续级配沥青混凝土。在通常情况下,连续级配宜成为 S 型的级配范围,即适当减少公称最大粒径附近的粗集料通过率,减少 0.6mm 以下部分细粉的用量,使中等粒径粗集料(如 5mm、10mm)的材料较多的级配曲线。

  (3)级配曲线确定的示例。

  按照《公路工程沥青及沥青混合料试验规程》(JTG E20—2011)的方法,采用泰勒曲线的指数 $n=0.45$,横坐标 $y=10^{0.45\lg d_i}$ 计算(见表4-33),纵坐标为普通坐标,利用计算机的电子表格功能或其他文字处理功能绘制,绘制级配曲线图。以图中的原点(零点)与通过集料最大粒径100%的点的连线作为最大密度线。在级配曲线图上绘制设计级配范围及中值级配。其示例如图4-9所示,图中的级配范围如表4-34所列。

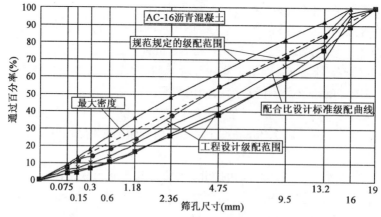

图 4-9 级配曲线标准画法示例(AC-16)确定的示例

泰勒曲线的横坐标 表4-33

d_i	0.075	0.15	0.3	0.6	1.18	2.36	4.75
y	0.312	0.426	0.582	0.795	1.077	1.472	2.016
d_i	9.5	13.2	16	19	26.5	31.5	37.5
y	2.745	3.193	3.482	3.762	4.370	4.723	5.109

矿料级配范围与级配曲线示例 表4-34

级配类型	通过下列筛孔(方孔筛,mm)的质量百分率(%)										
粒径(mm)	19	16	13.2	9.5	4.75	2.36	1.18	0.6	0.3	0.15	0.075
规范规定的级配范围	100	90~100	76~92	60~80	34~62	20~48	13~36	9~26	7~18	5~14	4~8
工程设计级配范围	100	95~100	70~84	59~72	40~54	27~37	16~24	10~18	7~14	6~12	4~8
标准级配曲线	100	97	79	67	44	32	21	14	10	7	6
施工控制级配范围（高速公路、一级公路）	100	97±6 且≤100	79±6	67±6	44±6	32±5	21±5	14±5	10±5	7±5	6±2

注：其他等级公路的质量要求或允许偏差是0.075mm为±2%，≤2.36mm为±6%，≥4.75mm为±7%。

根据已确定的沥青混合料类型，查阅推荐（规范或设计）的矿质混合料级配范围。

3)矿质混合料配合比计算

(1)组成材料的原始数据测定。根据现场取样，对粗集料、细集料和矿粉进行水筛，按筛分结果分别绘出各组成材料的筛分曲线，同时测出各组成材料的相对密度，以供计算物理常数备用。

(2)各种矿料的配合比宜采用试配法进行计算，也可用图解法或其他计算进行。设计的合成级配应符合下列要求：

①合成矿料级配必须符合设计级配范围的要求。

②合成的级配曲线，不得有太多的锯齿形交错。当反复调整，仍有两个以上的筛孔超出设计级配范围时，应更换原材料重新设计。

(3)根据需要，可在确定的设计级配范围内，计算1~3组粗细不同的配比，使包括0.075mm、2.36mm、4.75mm筛孔在内的较多筛孔的通过率分别接近设计级配范围的上限、中限及下限。但应避免0.3~0.6mm范围内出现驼峰。

(4)在级配曲线上绘制配制的几组设计级配曲线。查看其与最大密度线的接近程度，估计设计级配的VMA值。如果过分接近，VMA值可能太小，宜调节设计级配（尤其是0.075mm、2.36mm、4.75mm筛孔），使之稍稍偏离最大密度线的两侧，具有适宜的VMA值。适宜的VMA值按表4-35由集料的公称最大粒径确定。

(5)根据当地实践经验选择一个沥青用量，对每一组配比分别进行马歇尔试验，计算VMA体积指标。选择符合要求的级配作为设计级配。但如果有两种以上的级配符合要求，则选择较细最小VMA值的一组为设计级配。通常情况下，择优确定设计级配中小于4.75mm的部分宜在最大密度线的下方通过。

最小 VMA 值 表4-35

密级配沥青混凝土混合料马歇尔试验矿料间隙率 VMA(%),不小于	设计空隙率(%)	相应于以下公称最大粒径(mm)的最小 VMA 及 VFA 技术要求(%)					
		26.5	19	16	13.2	9.5	4.75
	2	10	11	11.5	12	13	15
	3	11	12	12.5	13	14	16
	4	12	13	13.5	14	15	17
	5	13	14	14.5	15	16	18
	6	14	15	15.5	16	17	19
沥青稳定碎石混合料马歇尔试验配合比设计密级配基层 ATB 的矿料间隙率 VMA(%),不小于	设计空隙率(%)	ATB-40		ATB-30		ATB-25	
	4	11		11.5		12	
	5	12		12.5		13	
	6	13		13.5		14	
SMA 混合料马歇尔试验配合比设计矿料间隙率 VMA,不小于		17%					

(6)矿料级配设计时应符合施工需要,尽量考虑各种材料在供料时各料仓之间的平衡,减少废弃料。

4)马歇尔试验

(1)配合比设计各阶段都应进行马歇尔试验。经配合比设计得到的沥青混合料应符合规范规定的马歇尔设计技术标准。

(2)沥青混合料的试件的制作温度及试验温度,通常应通过沥青结合料在135℃及175℃条件下测定的黏度-温度曲线按表4-36的规定确定。缺乏黏温曲线数据时,可按表4-37规定的范围选择,但应得到主管部门的批准。

确定沥青混合料拌和及压实温度的适宜温度 表4-36

黏度	适宜于拌和的沥青结合料黏度	适宜于压实的沥青结合料黏度	测定方法
表观黏度	(0.17 ± 0.02) Pa·s	(0.28 ± 0.03) Pa·s	T 0625
运动黏度	(170 ± 20) mm^2/s	(280 ± 30) mm^2/s	T 0619
赛波特黏度	(85 ± 10) s	(140 ± 15) s	T 0623

热拌沥青混合料的施工温度 表4-37

施工工序		石油沥青的标号			
		50号	70号	90号	110号
沥青加热温度(℃)		160~170	155~165	150~160	145~155
矿料加热温度(℃)	间隙式拌和机	集料加热温度比沥青温度高 10~30			
	连续式拌和机	矿料加热温度比沥青温度高 5~10			
沥青混合料出料温度(℃)		150~170	145~165	140~160	135~155
混合料储料仓储存温度(℃)		储料过程中温度降低不超过10			
混合料废弃温度(℃),高于		200	195	190	185
运输到现场温度(℃),不低于		150	145	140	135

续上表

施工工序		石油沥青的标号			
		50号	70号	90号	110号
混合料摊铺温度(℃),不低于	正常施工	140	135	130	125
	低温施工	160	150	140	135
开始碾压的混合料内部温度(℃),不低于	正常施工	135	130	125	120
	低温施工	150	145	135	130
碾压终了的表面温度(℃),不低于	钢轮压路机	80	70	65	60
	轮胎压路机	85	80	75	70
	振动压路机	75	70	60	55
开放交通的路表温度(℃),不高于		50	50	50	45

注：1.沥青混合料的施工温度采用具有金属探测针的插入式数显温度计测量。表面温度可采用表面接触式温度计测定。当采用红外线温度计测量表面温度时,应进行标定。

2.表中未列入的130号、160号及30号沥青的施工温度由试验确定。

(3)根据以往工程的实践经验,预估适宜的沥青用量(或油石比)。当工程使用的材料密度不同,原工程矿料的合成相对密度为 D_1,使用的最佳沥青用量为 a_1,新工程矿料的合成相对密度为 D_2 时,预估需要的沥青用量 a_2 可按式(4-21)换算预估。以此沥青用量 a_2 为中值,按0.5%间隔,取5个不同的沥青用量,每一组的试样数不少于6个。其中按规范规定的击实次数和试验温度成型的马歇尔试件不少于4个;用于测定理论最大相对密度的试样不少于2个。

$$a_2 = \frac{a_1}{\frac{(100 - a_1)}{D_1} \times D_2 + a_2} \quad (4-21)$$

(4)按现行试验规程用真空法测定不同沥青用量的试件的理论最大相对密度,取2个以上试样的平均值。对改性沥青混合料和SMA混合料,如混合料分散操作难以进行时,可采用按试验规范方法计算最大理论相对密度。

(5)测定试件的毛体积相对密度和吸水率,取4个以上试件的平均值。测定方法必须按下列要求进行:

①通常采用表干法测定毛体积相对密度。

②对吸水率小于0.3%的试件,允许采用水中重法测定的表观相对密度代替毛体积相对密度。

③对吸水率大于2%的试件,宜采用蜡封法测定的毛体积相对密度。

④对空隙率大于10%的试件,应采用体积法测定的毛体积相对密度。

⑤当采用其他配合比设计方法及试件成型方法时,测定的毛体积相对密度、空隙率等指标必须通过规范规定的马歇尔试验方法进行校核,并由马歇尔试验得出各项体积设计指标与规范规定的技术标准相比较是否符合要求。

(6)计算各组成的空隙率、矿料间隙率、沥青结合料的体积百分率、沥青饱和度等体积指标,取1位小数,进行体积组成分析。

5)确定沥青最佳用量

以沥青含量为横坐标,沥青混合料的密度、稳定度和流值、空隙率及矿料间隙率为纵坐标,绘制如图4-10所示关系曲线,选择的沥青用量范围应尽可能使密度及稳定度曲线出现峰值。

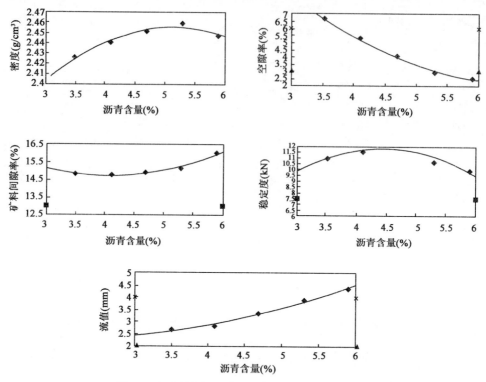

图4-10 沥青混合料技术指标与沥青含量的关系曲线

要求在OAC的基础上减少0.1%~0.2%作为设计沥青用量,或提高设计孔隙率至4%~6%。同时必须要求在施工时加强碾压,提高压实标准,使路面的空隙率达到没有减少沥青用量条件下施工得到的沥青路面的空隙率。对寒区公路、旅游公路,最佳沥青用量(OAC)可以以中限值加0.1%~0.3%作为设计沥青用量,或减少设计孔隙率至2%~4%,但不得降低施工压实度。

若所设计的沥青混合料不能满足热拌沥青混合料马歇尔试验技术标准的规定,应进行调整。如果设计的沥青混合料空隙率低于规定值,可通过增大矿质集料中粗集料或细集料的含量,而为沥青提供足够的集料空隙。当沥青含量过高时,供集料吸收的沥青有富余,需占据一定的空隙。因而,剔除多余的沥青、降低沥青含量即可提高空隙率。采用上述措施提高空隙率可能降低稳定度;若稳定度不符合要求,应更换集料级配。一般情况下,增大碎石用量可以改善沥青混合料的稳定度、提高空隙率。但有时石英石一类的石料,由于表面光滑,使用太多反而会降低沥青混合料的稳定度。

6)其他性能检验

按照马歇尔试验方法确定最佳沥青用量后,依据规范或设计要求尚须进行水稳定性检验、高温稳定性检验、低温抗裂性能检验和钢渣活性检验。

(1)低温抗裂性能检验。

对改性沥青混合料应按最佳沥青用量(OAC)轮碾成型试件,再用切割机锯成规定尺寸的长方体试件,在-10℃条件下用50mm/min加载速率进行低温弯曲试验,检测其破坏应变是否符合要求,如不符合要求应对矿料级配进行调整,必要时更换改性沥青品种。当最佳沥青用量(OAC)与两个初始值(OAC_1、OAC_2)相差较大时,宜按OAC与OAC_1或OAC_2分别制作试件,进行低温抗裂试验,根据试验结果对OAC做适当调整。

(2)钢渣活性检验。

对粗集料或细集料使用钢渣的沥青混合料进行马歇尔试验时,应增加3个试件,将在60℃水浴中浸泡48h,然后取出冷却至室温,观察有无裂缝或鼓包,测量试件体积,其增大量不得超过1%,同时还应满足浸水马歇尔和冻融劈裂试验的要求,达不到这些要求的钢渣不得使用。

三、沥青路面施工阶段质量控制

1.热拌沥青混合料面层质量控制要点

1)试验路段

(1)在铺筑试验路段之前28d,承包人应安装好与本项工程有关的全部试验仪器和设备(包括沥青、石料、混合料等,以及多项室内外试验的配套仪器,设备及取芯机等),配备足够数量的熟练试验技术人员,报请监理工程师审查批准。

(2)在工程开工前14d,承包人应在监理工程师批准的现场并在监理工程师的监督下,用备齐的并投入该项工程的全部机械设备及每种沥青混合料各铺筑一段长约100~200m(单幅)的试验路段。

(3)试验路的目的是证实混合料的稳定性以及拌和、摊铺和压实设备的效率和施工方法、施工组织的适应性。

(4)沥青混合料摊铺、压实12h以后,应对其厚度、密实度、沥青含量及矿料级配及其他项目进行抽样试验。抽样试验的频度应满足规范要求。

(5)试验路完成后,承包人应写出书面报告,报请监理工程师审查批准。

(6)经监理工程师批准的试验路应成为比较的标准,正式工程应按批准的同一方法和同一标准施工。

(7)批准的试验路应同完成后的工程一起支付。如未能取得监理工程师的批准,承包人应破碎清除该试验路,重新铺筑试验路,并承担其费用。

2)施工设备

(1)拌和及运料设备。

①拌和厂应在其设计、协调配合和操作方面,都能使生产的混合料符合工地配合比设计要求。拌和厂必须配备足够试验设备的试验室,并能及时提供使监理工程师满意的试验资料。

②拌和机应能按用量(以质量计)分批配料,并有装有温度计及示温的成品储料仓和二次除尘设置,拌和设备的产量应和生产进度相匹配,在安装完成后应按批准的配合比进行试拌调试,直到符合要求。

③拌和场地布置应远离居民区。其距离不少于1km。

④运料设备应采用干净有金属底板的自卸槽斗车辆运送混合料，车槽内不得沾有有机物质。为了防止尘埃污染和热量过分损失，运输车辆应备有覆盖设备，车槽四角应密封坚固。

（2）摊铺及压实设备

①沥青混合料摊铺机应是自动式摊铺设备，安装有可调的活动整平板或整平组件。整平板在需要时可以加热，能按照规定的典型横断面和图纸所示的厚度在车道宽度内摊铺，并备有修边的套筒，摊铺机应有一套夯板和可调整振幅的振动整平板的组合装置，夯板与振动整平板的频率，应能随意变化，并能各自单独的调整。

②摊铺混合料时，摊铺机应能按照与摊铺混合料相协调的前进速度运行。

③摊铺机应配备整平板自控装置，其一侧或双侧装有传感器，可通过外面的参考线探出纵坡和整平板的横坡，并能自动发出信号来操纵整平板，使摊铺机能铺筑出理想的纵横坡度。

④压实设备应配有钢轮式、轮胎式及振动压路机，能按合理的压实工艺进行组合压实。还应备有监理工程师认可的小型振动压（夯）实机具，以用于压路机不便压实的地方。

3）混合料的拌和

（1）粗、细集料应分类堆放和供料，取自不同料源的集料应分开堆放。每个料源的材料应进行抽样试验，并经监理工程师批准。

（2）拌和应将集料包括矿粉充分地烘干。每种规格的集料、矿粉和沥青都必须分别按要求的配合比进行配料。

（3）沥青的加热温度、石料加热温度、混合料的出厂温度、运到施工现场的温度均应满足规范要求。

（4）所有过度加热的混合料，或已经炭化、起泡和含水的混合料都应废弃。拌和后的混合料必须均匀一致，无花白、无粗细料离析和结块现象，否则不得用于工程项目。

（5）材料的规格或配合比发生改变时，都应根据室内试验资料进行试拌。试拌时必须抽样检查混合料的沥青含量、级配组成和有关力学性能，并报请监理工程师批准。

4）混合料的运送

（1）已经离析或结成不能压碎的硬壳、团块或在运料车辆卸料时留于车上的混合料，以及低于规定铺筑温度或被雨水淋湿的混合料都应废弃，不得用于工程项目。

（2）运至铺筑现场的混合料，应在当天或当班完成压实。

5）混合料的摊铺

（1）摊铺混合料之前，必须对下层进行检查，并取得监理工程师的批准，同时必须按规定铺洒沥青透层、黏层或下封层。

（2）在开始摊铺混合料时，应考虑在路面边缘设置路缘石（拦水带）的具体位置、埋设深度，将预制的路缘石块，按图纸要求进行设置，基础及后背填料必须夯实，缝宽均匀线条顺直、顶面平整、砌筑牢固。

（3）为消除纵向接缝，应采用全路摊铺。当采用两台摊铺机组成梯队联合摊铺的方式时，两台摊铺机前后的距离以前面摊铺的混合料尚未冷却为度，一般为10~30m。

（4）沥青混合料的摊铺温度应随沥青的标号及气温的不同通过试验确定，进行调节。正常施工，摊铺温度不低于125℃，但不得超过160℃。

(5)摊铺机应以均匀的速度行驶。它的输出量和沥青混合料的运送量相匹配,以保证混合料均匀、不间断地摊铺。摊铺过程中不得随意变换速度,避免中途停顿,影响施工质量。

(6)对外形不规则,路面厚度不同,空间受到限制以及人工构造物接头等摊铺机无法工作的地方,经监理工程师批准可以采用人工铺筑混合料。

6)混合料的压实

(1)混合料完成摊铺和刮平后应立即进行宽度、厚度、平整度、路拱及温度检查,对不合格之处应及时进行调整,随后按试验路确定的压实设备的组合及程序进行充分均匀的压实。

(2)压实分初压、复压和终压。压路机碾压速度见表4-38。

压路机碾压速度　　表4-38

碾压阶段		初压(km/h)	复压(km/h)	终压(km/h)
压路机类型	钢轮压路机	2.0~3.0	3.0~5.0	3.0~6.0
	轮胎压路机	2.0~3.0	3.0~5.0	4.0~6.0
	振动压路机	静压或振动2.0~3.0	振动3.0~4.5	静压3.0~6.0

(3)初压应采用钢轮压路机或振动压路机(静压)。初压后应检查平整度和路拱,必要时应予以修整。复压应采用串联式双轮振动压路机或轮胎压路机。终压应采用光面钢轮压路机或振动压路机(静压)。

(4)碾压作业时混合料的温度,初压温度不应低于120℃,碾压终了温度钢轮压路机不得低于60℃,轮胎压路机不得低于70℃,振动压路机不得低于55℃。

(5)碾压应纵向并由低边向着高边慢速均匀的进行。相邻碾压至少重叠宽度为:双轮30cm,三轮为后轮宽度的二分之一。

(6)碾压时,压路机不得中途停留,转向或制动。当压路机来回交替碾压时,前后两次停留地点应相距10m以上,并应驶出压实起始线3m以外。

(7)压路机不得停留在温度高于60℃的已经压过的混合料上。同时,应采取有效措施,防止油料、润滑脂、汽油或其他杂质在压路机操作或停放期间落在路面上。

(8)压实时,如接缝处的混合料温度已不能满足压实温度要求,应采用加热器提高混合料的温度,压实温度达到要求后,再压实到无缝迹为止。否则,必须垂直切割混合料并重新铺筑后立即共同碾压到无缝迹为止。

(9)在压路机压不到的其他地方,应采用振动夯板、手夯或机夯把混合料充分压实。已经完成碾压的路面,不得修补表皮。

(10)当层厚等于或大于40mm时,监理工程师可使用核子密度仪进行现场密实度检验,以代替试验室试样测定。但每读10个核子密度仪读数,必须钻取一个试样送交试验室进行密度试验,以检验核子密度仪的准确性。

7)接缝的处理

(1)铺筑工作的安排应使纵、横向两种接缝都保持在最小数量。接缝的方法及设备,应取得监理工程师批准。在接缝处的密度和表面修补应与其他部分相同。

(2)纵向接缝应该采用一种自动控制接缝机装置,以控制相邻行程间的高程,并做到相邻行程间可靠的结合。纵向接缝应是热接缝,应连续和平行,缝边垂直并形成直线。

(3)纵缝上的混合料,应在摊铺机的后面立即用一台静力钢轮压路机以静力进行碾压。

(4)纵向接缝与横坡变坡线的重合应在15cm以内,与下层接缝应错开15cm以上。

(5)当由于工作中断,摊铺混合料的末端已经冷却,或者在第二天恢复工作时,就应做成一道与铺筑方向大致成直角的横向接缝。横向接缝在相连的层次和相邻的行程间均应至少错开1m。

8)气候条件

(1)沥青混合料的摊铺应避免在雨季进行。当路面滞水时,应暂停施工。

(2)施工气温低于10℃时,应停止摊铺,或摊铺时采取措施,并经监理工程师同意方可继续摊铺。否则在气温还没有上升到10℃以上前,不得开始摊铺,当气温下降到15℃以下时,应控制混合料的最大运距,保证碾压温度在规定的范围以内。

(3)未经压实即遭雨淋的沥青混合料应全部清除,更换新料。所发生的一切费用由承包人承担。

9)取样和试验

(1)沥青混合料应按统计法取样,以测定集料级配、沥青含量、压实度等,集料取样地点应在沥青掺入前的热拌设备旁,沥青含量试验应在摊铺机后面及压路机前面,从已摊铺的混合料中取样。压实度试验应从压好的路面上钻取试样。

(2)混合料的试样,应在施工现场每天进行一次,或拌500t混合料取一次并按规范进行检验。

(3)所有的试验结果均应报监理工程师审批,所发生的一切费用由承包人自理。

2. 沥青表面处治施工质量控制要点

1)一般规定

(1)沥青表面处治宜选择在干燥和较热的季节施工,并在雨季前及日最高气温低于15℃到来之前半个月结束。

(2)沥青表面处治宜采用层铺法施工,厚度不宜大于3cm,可采用沥青洒布机及集料撒铺机联合作业。

(3)施工工序紧密衔接,沥青洒布长度与石料撒铺相配合,避免浇油后等待较长时间才撒铺石料。

2)施工设备

(1)沥青表面处治应采用沥青洒布机喷洒沥青,洒布机应能稳定在控制的速度和确定的用油量,并能在整个洒布宽度内均匀洒布沥青。

(2)应采用一台自行式的集料撒布机,配有可靠的控制系统,能把所需的集料均匀撒铺到沥青材料的整个宽度上。

(3)沥青表面处治宜采用轮胎式光面钢筒压路机,压路机的吨位应能使集料嵌挤紧密又不致使石料有较多的压碎为度。通常采用6~8t及10~12t压路机进行碾压,乳化沥青表面处治宜采用较轻的压路机进行碾压。

3)表面准备

(1)沥青表面处治层的表面应平整、清洁、无松散,并应符合图纸所示或监理工程师确定的典型断面。

(2)当监理工程师有指示时,应视需要用机动路帚或电鼓风机,并辅以人工扫净表面,清除有害物质。

4)沥青洒布

(1)沥青材料的加热温度应满足规范要求。

(2)沥青应采用压力喷洒机均匀地洒布,洒油量、温度条件及处治面积均应在洒布前获得认可,在洒布沥青之前,集料和集料撒布设备均应运抵施工现场。处治区附近的结构物和树木的表面应加以保护,以免溅上沥青,受到污染。

(3)沥青洒布机应在喷嘴打开的同时按适当的洒布速度向前行驶,除监理工程师同意采用其他材料或方法外,应在每次喷洒开始一端和结束的末端后面足够距离的表面上铺上施工用纸,以使喷嘴洒出来的沥青在开始和结束时都落在纸上,并保证喷嘴在喷洒的整个长度内喷洒正常。

(4)在喷洒交接处洒布沥青时应精心控制,不超过批准的洒油量,应把过量的沥青材料从洒布表面刮掉,漏洒或少洒的地区应补洒纠正。

5)集料撒铺

(1)符合指定级配的集料,事先清除或减少集料上的浮土,以提高和改进黏着质量。

(2)在沥青洒布后3min内应按确定的用量撒铺集料,撒铺期间,如集料多少不匀,应用补撒集料的方法校正,直至达到均匀的表面结构,撒布机械无法靠近的地方,需用人工撒铺。

(3)在半宽施工情况下,应留下一条15cm宽的接头地带暂不撒布集料,以使沥青材料略微重叠。

6)碾压

(1)碾压应在沥青和集料撒铺后立即进行,并在当日完成。

(2)撒铺一段集料后即用6~8t轮胎或双轮压路机碾压,每层集料应按集料撒铺的全宽初压一遍,并应按需要进行补充碾压以使盖面集料适当就位,碾压时每次轮迹重叠约30cm,从路边逐渐移向路中心,然后再从另一边开始移向路中心,以此作为一遍,一般全宽的碾压不少于3~4遍,以不大于2km/h的速度进行碾压。

7)养护

(1)集料表面应用扫帚轻轻扫过,或用其他方法养护4d,或按指示的天数养护。

(2)表面养护应包括把盖面料撒布到整个沥青表面上,以吸收游离的沥青材料或覆盖集料不足之处。

(3)养护不应使已嵌锁的集料移动位置。

(4)应采用旋转路帚把多余的材料从整个处治表面上清扫出去,面层清扫应在监理工程师指定的时间进行。

8)多层表面处治

(1)多层表面处治是在由准备好的基层上连续洒布的沥青材料和撒铺的盖面集料构成,材料应反复摊铺直至达到所需的层数。

(2)多层表面处治的沥青洒布、集料撒铺等的施工方法和要求与第一层相同,但第二层、第三层的碾压可采用8~10t压路机。

9)稀浆封层、微表处施工质量控制要点

(1)稀浆封层和微表处必须使用专用的摊铺机进行摊铺。

(2)微表处必须采用改性乳化沥青,稀浆封层可采用普通乳化沥青或改性乳化沥青,其品种和质量应符合规范的要求。

(3)稀浆封层和微表处应选择坚硬、粗糙、耐磨、洁净的集料。各项性能应符合前述沥青混合料用粗集料和细集料的技术指标要求。其中稀浆封层用通过4.75mm筛的合成矿料的砂当量不得低于50%。当用于抗滑表层时,还应符合规范中有关磨光值的要求。细集料宜采用碱性石料生产的机制砂或洁净的石屑。对集料中的超粒径颗粒必须筛除。

(4)稀浆封层和微表处的矿料级配根据铺筑厚度、处治目的、公路等级条件可按表4-39选择。

稀浆封层的矿料级配 表4-39

筛孔尺寸(mm)	不同类型通过各筛孔的百分率(%)				
	微表处		稀浆封层		
	MS-2型	MS-3型	ES-1型	ES-2型	ES-3型
9.5	100	100	—	100	100
4.75	95~100	70~90	100	95~100	70~90
2.36	65~90	45~70	90~100	65~90	45~70
1.18	45~70	28~50	60~90	45~70	28~50
0.6	30~50	19~34	40~65	30~50	19~34
0.3	18~30	12~25	25~42	18~30	12~25
0.15	10~21	7~18	15~30	10~21	17~18
0.075	5~15	5~15	10~20	5~15	5~15
一层的适宜厚度(mm)	4~7	8~10	2.5~3	4~7	8~10

(5)稀浆封层和微表处的混合料中乳化沥青及改性乳化沥青的用量应通过配合比设计确定。混合料的质量应符合表4-40的技术要求。

稀浆封层和微表处混合料的技术要求 表4-40

项目	单位	微表处	稀浆封层	试验方法
可拌和时间	s	>120		手工拌和
黏度	cm	—	2~3	T 0751
黏结力试验 30min(初凝时间) 60min(开放交通时间)	N·m	≥1.2 ≥2.0	(仅适用于快开放交通的稀浆封层) ≥1.2 ≥2.0	T 0754
负荷轮碾压试验(LWT) 黏附砂量 轮迹宽度变化率	g/m² %	<450 <5	(仅适用于重交通道路表层) <450 —	T 0755
湿轮磨耗试验的磨耗值(WTAT) 浸水1h 浸水6d	g/m²	<540 <800	<800	T 0752

注:负荷轮碾压试验(LWT)的宽度变化率适用于需要修补车辙的情况。

(6)稀浆封层和微表处混合料的配合比设计按下列步骤进行:

①根据选择的级配类型,按表4-39确定矿料的级配范围。计算各种集料的配合比例,使

合成级配在要求的级配范围内。

②根据以往的经验初选乳化沥青、填料、水和外加剂用量,进行拌和试验和黏聚力试验。可拌和时间的试验温度应考虑最高施工温度,黏聚力试验的温度应考虑施工中可能遇到的最低温度。

③根据上述试验结果和稀浆混合料的外观状态,选择1~3个认为合理的混合料配方,按表4-40规定试验稀浆混合料的性能,如不符合要求,适当调整各种材料的配合比例再试验,直至符合要求为止。

④根据经验在沥青用量的可选范围内选择适宜的沥青用量。

⑤根据以往经验及配合比设计试验结果,在充分考虑气候及交通特点的基础上综合确定混合料配方。

(7)稀浆封层和微表处施工前,应彻底清除原路面的泥土、杂物,修补坑槽、凹陷,较宽的裂缝宜清理灌缝。

(8)稀浆封层和微表处的最低施工温度不得低于10℃,严禁在雨天施工,摊铺后尚未成型的混合料遇雨时应予铲除。

(9)稀浆封层和微表处两幅纵缝搭接宽度不宜超过80cm,横向接缝宜做成对接缝。分两层摊铺时,第一层摊铺后至少应开放交通24h后方可进行第二层摊铺。

(10)稀浆封层和微表处铺筑后的表面不得有超粒径料拖拉的严重划痕,横向接缝和纵向接缝处不得出现余料堆积或缺料现象,用3m直尺测量接缝处的不平整度不得大于6mm。经养生和初期交通碾压稳定的稀浆封层,在行车作用下应不飞散且完全密水。

10)透层与黏层施工质量控制要点

(1)透层施工质量控制要点。

①沥青透层的材料要求应符合现行《公路沥青路面施工技术规范》(JTG F40)的规定。

②沥青透层可采用煤油稀释沥青或慢裂的洒布型乳化沥青。乳化沥青透层的规格和质量应符合规范的要求。

③各种透层沥青的品种和用量应根据基层的种类通过试洒确定。

④透层宜在基层表面稍干后浇洒。当基层完工后时间较长、表面过于干燥时,应对基层进行清扫,并在基层表面少量洒水,等表面稍干后浇洒透层沥青。

⑤透层沥青宜采用沥青洒布车喷洒。

⑥喷洒透层沥青应符合下列要求:

a.喷洒透层前,路面应清扫干净,应采取防止污染路缘石及人工构造物的设施。

b.洒布的透层沥青应渗入基层一定深度,不应在表面流淌,并不得形成油膜。

c.如遇大风或即将降雨时不得喷洒透层沥青。

d.气温低于10℃时,不宜喷洒透层沥青。

e.应按沥青用量一次喷洒均匀,当有遗漏时,应采用人工补洒。

f.喷洒透层沥青后,严禁车辆、行人通过。

⑦在铺筑沥青面层前,当局部地方有多余的透层沥青未渗入基层时,应予清除。

⑧透层洒布后应尽早铺筑沥青面层。当用乳化沥青做透层时,洒布后应待其充分渗透,水分蒸发后方可铺筑沥青面层,其时间间隔不宜少于24h。

(2)黏层施工质量控制要点。

①高速公路路面工程中在中面层与下面层之间,应浇洒黏层,并在与新铺沥青混合料接触的路缘石、雨水进水口、检查井等的侧面也应洒黏层。

②黏层的沥青材料采用乳化沥青或改性乳化沥青。黏层沥青的规格和质量应符合规范的要求;重交通沥青和改性沥青分别满足相应的技术规范要求。

③各种黏层沥青品种和用量应根据黏结层的种类通过试洒确定,并符合现行《公路沥青路面施工技术规范》(JTG F40)的要求。

④黏层沥青应采用沥青洒布车喷洒,洒布车应符合规范要求。在路缘石、雨水进水口、检查井等局部应用刷子进行人工涂刷。

⑤喷洒黏层沥青应符合下列要求:

a. 施工准备工作。

准备喷洒沥青的工作面,应整洁无尘埃。路面有脏物时应清除干净。当粘有土块时应用水刷净,待表面干燥后喷洒。

b. 气候条件。

洒布沥青材料的气温不应低于10℃,风速适度。浓雾或下雨路面潮湿时不应施工。

c. 喷洒温度。

液体石油沥青和乳化沥青在正常温度下洒布,如气温较低,黏度较大的可适当加热。重交通沥青和改性沥青应在规范要求的温度下喷洒。

d. 喷洒。

黏层沥青应均匀洒布或涂刷,喷洒过量处,应予刮除。并按《公路路基路面现场测试规程》(JTG 3450—2019)中有关要求和方法检测洒布量,每次检测不少于3处。

沥青洒布设备应配备有适用于不同黏度沥青喷洒用的喷嘴,在沥青洒布机喷洒不到的地方可采用手工洒布。喷洒超量或漏洒或少洒的地方应予纠正。

喷洒黏层油时,喷油管宜与路表面形成约30°角,并有适当高度,以使路面上喷洒的透层油或黏层油形成重叠。

喷洒区附近的结构物和树木表面应加以保护,以免溅上沥青受到污染。

黏层沥青应在铺筑覆盖层之前24h内洒布或涂刷。

e. 养护

喷洒黏层沥青后严禁除沥青混合料运输车外的其他车辆、行人通过。黏层沥青洒布后应紧接铺筑沥青层。当使用乳化沥青作黏层时,应待破乳、水分蒸发完后铺筑。

3. 沥青贯入式路面施工质量控制要点

沥青贯入式路面根据沥青贯入深度的不同,可分深贯式及浅贯式;深贯入式厚6~8cm;浅贯入式厚4~5cm。

(1)施工准备。

下承层沥青贯入式路面施工前,基层必须清扫干净,贯入式使用乳化沥青时,必须洒透层或黏层沥青。

(2)撒料。

撒主层集料时,应注意撒铺均匀,避免颗粒大小不均,并不断检查松铺厚度和校验路拱。

撒布集料后,严禁车辆通行。

(3)碾压。

主层集料撒布后,先用6~8t压路机以2km/h的初碾速度碾压3~4遍,使集料基本稳定,无显著推移为止,然后再用10~12t压路机以3~4km/h的速度进行碾压,直到主层集料嵌挤稳定,无显著轮迹为止,碾压遍数一般为2~4遍,视集料硬度而定。

(4)浇洒第一层沥青。

主层集料碾压完毕后,应立即浇洒第一层沥青。当采用乳化沥青贯入时,为防止乳液下漏过多,可在主层集料碾压稳定后,先撒布一部分上一层嵌缝料,再浇洒主层沥青。

(5)撒布第一层嵌缝料。

主层沥青浇洒后应立即均匀撒布第一层嵌缝料。当使用乳化沥青时,嵌缝料的撒布必须在乳液破乳前完成。

(6)再碾压。

嵌缝料扫匀后立即用8~12t钢筒式压路机碾压4~6遍,直至稳定为止,碾压时随压随扫,使嵌缝料均匀嵌入。

(7)浇洒第二层沥青→撒布第二层嵌缝料→碾压→浇洒第三层沥青→撒布封层料→最后碾压(宜采用6~8t压路机碾压2~4遍)。

(8)交通控制及初期养护。

沥青混凝土面层施工监理流程图如图4-11。

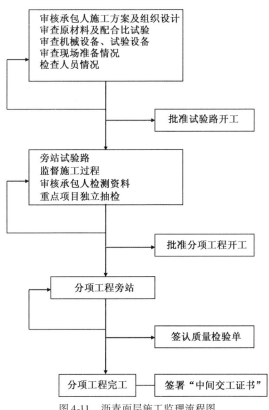

图4-11 沥青面层施工监理流程图

第四节　水泥混凝土路面质量控制

一、水泥混凝土路面概述

水泥混凝土路面俗称白色路面,是一种高级路面,它是以水泥与水拌和成的水泥浆为结合料,以碎(砾)石、砂为集料,再加适当的掺和料及外掺剂,拌和成水泥混凝土混合料而筑成的路面,经过一定时间的养护,达到很高的强度与耐久性。当车轮行驶在路面上,整个水泥混凝土路面会起抵抗作用,不使路面产生较大的弯曲变形,当车轮驶过后,又重新恢复原来的形状。这种性质的路面,又称为刚性路面。

水泥混凝土路面不但具有很高的强度,而且具有汽车运行中所必需的平整度,很好的耐磨性和必要的粗糙度,可以确保汽车的高速安全行驶。为了修筑好水泥混凝土路面,保证行车安全、舒适以及耐久性等指标达到标准,不仅要求在设计中准确计算出路面的结构和厚度,而且也要求在施工时必须选择优质材料,科学的组成设计,文明、合理地组织施工,认真操作,做到"精心设计,精心施工"。

水泥混凝土路面,包括普通混凝土、钢筋混凝土、连续配筋混凝土、预应力混凝、装配式混凝土和钢纤维混凝土等面层板和基(垫)层所组成的路面。目前采用最广泛的是就地浇筑的普通混凝土路面,简称混凝土路面。

所谓普通混凝土路面,是指除接缝区和局部范围(边缘和角隅)外不配置钢筋的混凝土路面。与其他类型路面相比,混凝土路面具有以下优点:

(1)强度高,混凝土路面具有很高的抗压强度和较高的抗弯拉强度以及抗磨耗能力。

(2)稳定性好,混凝土路面的水稳性、热稳性均较好,特别是它的强度能随着时间的延长而逐渐提高,不存在沥青路面的那种"老化"现象。

(3)耐久性好,由于混凝土路面的强度和稳定性好,所以它经久耐用,一般能使用20~40年,而且它能通行包括履带式车辆等在内的各种运输工具。

(4)有利于夜间行车,混凝土路面色泽鲜明,能见度好,对夜间行车有利。

但是,混凝土路面也存在一些缺点,主要有以下几方面:

(1)对水泥和水的需要量大,修筑0.2m厚、7m宽的混凝土路面,每1000m要耗费水泥约400~500t和水约250t,尚不包括养生用的水在内,这对水泥供应不足和缺水地区带来较大困难。

(2)有接缝,一般混凝土路面要建造许多接缝,这些接缝不但增加施工和养护的复杂性,而且容易引起行车跳动,影响行车的舒适性,接缝又是路面的薄弱点,如处理不当,将导致路面板边和板角处破坏。

(3)开放交通较迟,一般混凝土路面完工后,要经过28d的潮湿养生,才能开放交通,如需提早开放交通,则需采取特殊措施。

(4)修复困难,混凝土路面损坏后开挖很困难,修补工作量也大,且影响交通。

二、水泥混凝土配合比设计

公路、城市道路水泥混凝土路面和机场道面,面板厚度的计算是以混凝土的抗折强度为依据,与其相应的路面混凝土配合比,也应以混凝土的抗折强度为指标进行设计。

1. 混凝土配合比设计总的要求、原则和一般步骤

路面水泥混凝土应具有设计要求的强度、耐久性,抗磨性好、质量均匀、离散性小,根据这些质量要求,以及便于施工操作的和易性,采用选定的材料,通过试验和必要的调整来确定混凝土单位体积中各种组成材料的用量。

混凝土配合比设计以抗折强度为指标,采用经验公式法或正交试验法,在水泥用量和用水量一定的条件下,根据和易性好,坍落度最大或工作度最小进行砂石用量的优选,同时通过抗折强度试验确定配合比,不同于一般混凝土配合比的设计方法。

水灰比是决定混凝土强度和耐久性的主要因素,选用水灰比不得超过有关规范规定的最大值。在满足和易性的条件下,应力求最小单位用量,既可节约水泥,降低造价,又可减少混凝土路面铺筑时的温度和收缩裂缝。

混凝土应具有与铺筑方法相适应的和易性,以及具有容易达到要求的平整度的易修整性。在施工可能的条件下,尽量采用坍落度小或工作度大的混凝土。

路面混凝土应优先考虑采用优质硅酸盐水泥、减水剂或引气减水剂。

2. 混凝土配制强度的确定

混凝土配制强度应按下式计算:

$$f_{cu,0} \geqslant f_{cu,k} + 1.645\sigma \tag{4-22}$$

式中:$f_{cu,0}$——混凝土配制强度(MPa);

$f_{cu,k}$——混凝土立方体抗压强度标准值(MPa);

σ——混凝土强度标准差(MPa)。

遇有下列情况时应提高混凝土配制强度:

(1)现场条件与试验室条件有显著差异时。

(2)C30级及其以上强度等级的混凝土,采用非统计方法评定时。

混凝土强度标准差宜根据同类混凝土统计资料计算确定,并应符合下列规定:

(1)计算时,强度试件组数不应少于25组。

(2)当混凝土强度等级为C20和C25级,其强度标准差计算值少于2.5MPa时,计算配制强度用的标准差应取不小于2.5MPa;当混凝土强度等级大于或等于C30级,其强度标准差计算值小于3.0MPa时,计算配制强度用的标准差应取不小于3.0MPa。

(3)当无统计资料计算混凝土强度标准差时,其值应按《混凝土结构工程施工及验收规范》(GB 50204—2015)的规定取用。

3. 混凝土配合比设计中的基本参数

每立方米混凝土用水量的确定,应符合下列规定:

(1)干硬性和塑性混凝土用水量的确定:

水灰比在0.40~0.80范围时,根据粗集料的品种、粒径及施工要求的混凝土拌合物黏度,

其用水量可按标表 4-41、表 4-42 选取。

干硬性混凝土的用水量(kg/m^3)　　　　　　　　　表 4-41

拌合物黏度		卵石最大粒径(mm)			碎石最大粒径(mm)		
项目	指标	10	20	40	16	20	40
维勃黏度(s)	16~20	175	160	145	180	170	155
	11~15	180	165	150	185	175	160
	5~10	185	170	155	190	180	165

塑性混凝土的用水量(kg/m^3)　　　　　　　　　表 4-42

拌合物黏度		卵石最大粒径(mm)				碎石最大粒径(mm)			
项目	指标	10	20	31.5	40	16	20	31.5	40
坍落度(mm)	10~30	190	170	160	150	200	185	175	165
	35~50	200	180	170	160	210	195	185	175
	55~70	210	190	180	170	220	205	195	185
	75~90	215	195	185	175	230	215	205	195

注:本表用水量系采用中砂时的平均取值。采用细砂时,每立方米混凝土用水量可增加 5~10kg;采用粗砂时,则可减少 5~10kg。掺用各种外加剂或掺合料时,用水量应相应调整。

水灰比小于 0.4 的混凝土以及采用特殊成型工艺的混凝土用水量应通过试验确定。

(2)流动性和大流动性混凝土的用水量宜按下列步骤计算:

以表 4-42 中坍落度 90mm 的用水量为基础,按坍落度每增大 20mm 用水量增加 5kg,计算出未掺外加剂时的混凝土的用水量。

掺外加剂时的混凝土用水量可按下式计算:

$$m_{wa} = m_{w0}(1 - \beta) \qquad (4-23)$$

式中:m_{wa}——掺外加剂混凝土每立方米混凝土用水量(kg);

m_{w0}——未掺外加剂混凝土每立方米混凝土用水量(kg);

β——外加剂的减水率。

外加剂的减水率应经试验确定。

当无历史资料可参考时,混凝土砂率的确定应符合下列规定:

①坍落度为 10~60mm 的混凝土砂率,可根据粗集料品种、粒径及水灰比按表 4-43 选取。

混凝土的砂率(%)　　　　　　　　　表 4-43

水灰比(W/C)	卵石最大粒径(mm)			碎石最大粒径(mm)		
	10	20	40	16	20	40
0.40	26~32	25~31	24~30	30~35	29~34	27~32
0.50	30~35	29~34	28~33	33~38	32~37	30~35
0.60	33~38	32~37	31~36	36~41	35~40	33~38
0.70	36~41	35~40	34~39	39~44	38~43	36~41

注:本表数值系中砂的选用砂率,对细砂或粗砂,可相应地减少或增大砂率。只用一个单粒级粗集料配制混凝土时,砂率应适当增大。对薄壁构件,砂率取偏大值。本表中的砂率系指砂与集料总量的重量比。

②坍落度大于60mm的混凝土砂率,可经试验确定,也可在表4-42的基础上,按坍落度每增大20mm,砂率增大1%的幅度予以调整。

③坍落度小于10mm的混凝土,其砂率应经试验确定。

外加剂和掺合料的掺量应通过试验确定,并应符合现行《混凝土外加剂应用技术规范》(GB 50119)、《粉煤灰混凝土应用技术规范》(GB/T 50146)、《用于水泥、砂浆和混凝土中的粒化高炉矿渣粉》(GB/T 18046)等的规定。

④当进行混凝土配合比设计时,混凝土的最大水灰比和最小水泥用量,应符合表4-44中的规定。

混凝土的最大水灰比和最小水泥用量　　　　　表4-44

环境条件	结构物类型	最大水灰比			最小水泥用量(kg)		
		素混凝土	钢筋混凝土	预应力混凝土	素混凝土	钢筋混凝土	预应力混凝土
干燥环境	正常的居住和办公用房屋内部件	不作规定	0.65	0.60	200	260	300
潮湿环境	无冻害	高湿度的室内部件;室外部件;在非侵蚀土和(或)水中的部件	0.70	0.60	0.60	225	280	300
	有冻害	经受冻害的室外部件;在非侵蚀性土和(或)水中且经受冻害的部件;高湿度且经受冻害的室内部件	0.55	0.55	0.55	250	280	300
有冻害和除冰剂的潮湿环境	经受冻害和除冰剂作用的室内和室外部件	0.50	0.50	0.50	300	300	300

注:当用活性掺合料取代部分水泥时,表中的最大水灰比和最小水泥用量即为替代前的水灰比和水泥用量。配制C15级及其以下强度等级的混凝土时,可不受本表限制。

⑤长期处于潮湿和严寒环境中的混凝土,应掺用引气剂或引气减水剂。引气剂的掺入量应根据混凝土的含气量并经试验确定,混凝土的最小含气量应符合表4-45的规定。混凝土的含气量亦不宜超过7%。混凝土中的粗集料和细集料应做坚固性试验。

长期处于潮湿和严寒环境中混凝土的最小含气量　　　　　表4-45

粗集料最大粒径(mm)	最小含气量(%)
40	4.5
25	5.0
20	5.5

注:含气量的百分比为体积比。

4. 混凝土配合比的计算

进行混凝土配合比计算时,其计算公式和有关参数表格中的数值均系干燥状态集料为基准。当以饱和面干集料为基准进行计算时,则应做相应的修正。

混凝土配合比应按下列步骤进行计算：

（1）计算配制强度 $f_{cu,0}$ 并求出相应的水灰比。

（2）选取每立方米混凝土的用水量，并计算出每立方米混凝土的水泥用量。

（3）选取砂率，计算粗集料和细集料的用量，并提出供试配用的计算配合比。

混凝土强度等级小于 C60 级时，混凝土水灰比宜按式（4-24）计算：

$$W/C = \frac{\alpha_a \cdot f_{ce}}{f_{cu,0} + \alpha_a \cdot \alpha_b \cdot f_{ce}} \tag{4-24}$$

式中：α_a、α_b——回归系数；

　　　f_{ce}——水泥 28d 抗压强度实测值（MPa）。

①当无水泥 28d 抗压强度实测值时，式（4-24）中的 f_{ce} 值可按式（4-25）确定：

$$f_{ce} = \gamma_c \cdot f_{ce,g} \tag{4-25}$$

式中：γ_c——水泥强度等级值的富余系数，可按实际统计资料确定；

　　　$f_{ce,g}$——水泥强度等级值（MPa）。

② f_{ce} 值也可根据 3d 强度或快测强度推定 28d 强度关系式推定得出。

回归系数 α_a 和 α_b 宜按下列规定确定：

①回归系数 α_a 和 α_b 应根据工程所使用的水泥、集料，通过试验由建立的水灰比与混凝土强度关系式确定。

②当不具备上述试验统计资料时，其回归系数可按表 4-46 采用。

回归系数 α_a、α_b 选用表　　　　表 4-46

系数	石子品种	
	碎石	卵石
α_a	0.46	0.48
α_b	0.07	0.33

每立方米混凝土的用水量（m_{w0}）可按前述规定确定。

每立方米混凝土的水泥用量（m_{c0}）可按式（4-26）计算：

$$m_{c0} = \frac{m_{w0}}{W/C} \tag{4-26}$$

混凝土的砂率可按前述的规定选取。

粗集料和细集料用量的确定，应符合下列规定：

①当采用重量法时，应按下列公式计算：

$$m_{c0} + m_{g0} + m_{s0} + m_{w0} = m_{cp} \tag{4-27}$$

$$\beta_s = \frac{m_{s0}}{m_{g0} + m_{s0}} \times 100\% \tag{4-28}$$

式中：m_{c0}——每立方米混凝土的水泥用量（kg）；

　　　m_{g0}——每立方米混凝土的粗集料用量（kg）；

m_{s0}——每立方米混凝土的细集料用量(kg);

m_{w0}——立方米混凝土的用水量(kg);

m_{cp}——每立方米混凝土拌合物的假定重量(kg);

β_s——砂率(%)。

②当采用体积法时,应按下列公式计算:

$$\frac{m_{c0}}{\rho_c} + \frac{m_{g0}}{\rho_g} + \frac{m_{s0}}{\rho_s} + \frac{m_{w0}}{\rho_w} + 0.01\alpha = 1 \quad (4-29)$$

$$\beta_s = \frac{m_{s0}}{m_{g0} + m_{s0}} \times 100\% \quad (4-30)$$

式中:ρ_c——水泥密度(kg/m³);

ρ_g——粗集料的表观密度(kg/m³);

ρ_s——细集料的表观密度(kg/m³);

ρ_w——水的密度(kg/m³),可取1000kg/m³;

α——混凝土的含气量百分数,在不使用引气型外加剂时,可取1。

5. 混凝土配合比的试配、调整与确定

1)配合比试配

进行混凝土配合比试配时应采用工程中实际使用的原材料。混凝土的搅拌方法,宜与生产时使用的方法相同。

混凝土配合比试配时,每盘混凝土的最小搅拌量应符合表4-47的规定,当采用机械搅拌时,其搅拌量不应小于搅拌机额定搅拌量的1/4。

混凝土试配的最小搅拌量　　　　表4-47

集料最大粒径(mm)	拌合物数量(L)
31.5以下	15
40	25

按计算的配合比进行试配时,首先应进行试拌,以检查拌合物的性能。当试拌得出的拌合物坍落度或维勃稠度不能满足要求,或黏聚性和保水性不好时,应在保证水灰比不变的条件下相应调整用水量或砂率,直到符合要求为止。然后提出供混凝土强度试验用的基准配合比。

混凝土强度试验时至少应采用三个不同的配合比。当采用三个不同的配合比时,其中一个应为所确定的基准配合比,另外两个配合比的水灰比宜较基准配合比分别增加和减少0.05;用水量应与基准配合比相同,砂率可分别增加和减少1%。

当不同水灰比的混凝土拌合物坍落度与要求值的差超过允许偏差时,可通过增、减用水量进行调整。

制作混凝土强度试验试件时,应检验混凝土拌合物的坍落度或维勃稠度、黏聚性、保水性及拌合物的表观密度,并以此结果作为代表相应配合比的混凝土拌合物的性能。

进行混凝土强度试验时,每种配合比至少应制作一组(三块)试件,标准养护到28d时试压。

需要时可同时制作几组试件,供快速检验或较早龄期试压,以便提前定出混凝土配合比供施工使用。但应以标准养护28d强度或按现行国家标准等规定的龄期强度的检验结果为依据调整配合比。

2）配合比的调整与确定

根据试验得出的混凝土强度与其相对应的灰水比（C/W）关系，用作图法或计算法求出与混凝土配制强度（$f_{cu,0}$）相对应的灰水比，并应按下列原则确定每立方米混凝土的材料用量：

（1）用水量（m_w）应在基准配合比用水量的基础上，根据制作强度试件时测得的坍落度或维勃稠度进行调整确定。

（2）水泥用量（m_c）应以用水量乘以选定出来的灰水比计算确定。

（3）粗集料和细集料用量（m_g 和 m_s）应在基准配合比的粗集料和细集料用量的基础上，按选定的灰水比进行调整后确定。

经试配确定配合比后，尚应按下列步骤进行校正：

（1）应根据前述所确定的材料用量按下式计算混凝土的表观密度计算值 $\rho_{c,c}$：

$$\rho_{c,c} = m_c + m_g + m_s + m_w \tag{4-31}$$

（2）应按下式计算混凝土配合比校正系数 δ：

$$\delta = \frac{\rho_{c,t}}{\rho_{c,c}} \tag{4-32}$$

式中：$\rho_{c,t}$——混凝土表观密度实测值（kg/m^3）；

$\rho_{c,c}$——混凝土表观密度计算值（kg/m^3）。

（3）当混凝土表观密度实测值与计算值之差的绝对值不超过计算值的2%时，按前述确定的配合比，即为确定的设计配合比；当二者之差超过2%时，应将配合比中每项材料用量均乘以校正系数 δ，即为确定的设计配合比。

根据本单位常用的材料，可设计出常用的混凝土配合比备用；在使用过程中，应根据原材料情况及混凝土质量检验的结果予以调整。但遇有下列情况之一时，应重新进行配合比设计。

（1）对混凝土性能指标有特殊要求时。

（2）水泥、外加剂或矿物掺合料品种、质量有显著变化时。

（3）该配合比的混凝土生产间断半年以上时。

三、水泥混凝土路面施工阶段质量控制

1. 摊铺机施工

（1）高速公路、一级公路水泥混凝土路面的摊铺必须采用机械摊铺，所采用的摊铺机械性能必须达到监理工程师的要求。基层强度不符合要求者，不得进行路面摊铺。

（2）试验路段

①在水泥混凝土路面摊铺开工之前，承包人应在严密的组织下，按照批准的施工方案，在监理工程师选定的现场上，铺筑面积不小于400m^2的试验路段，承包人应提供并使用要在正常生产工作中采用的全部设备。

②铺筑试验路段的目的是证明在正常生产的情况下，工程质量能达到要求。

③承包人应根据试验路段结果提出对机械设备或操作进行合理的改进。

④竣工的试验路段如经监理工程师认可验收,可作为竣工项目支付;如不予验收,则应由承包人把所有不合格的路段清除出去,重做试验,费用由承包人承担。

(3)钢筋的设置

①横向缩缝及胀缝设置传力杆时,应与中线及路面表面平行,其偏差不应大于5mm,传力杆应采用监理工程师认可的支承装置,在铺筑路面之前装设好传力杆。

②传力杆长度的一半再加上5cm,应涂上两层沥青乳液或一层沥青,胀缝处的传力杆尚应在涂沥青的一端加一个预制的盖套,内留36mm的空隙,填以纱头或泡沫塑料。

③拉杆不应露头。拉杆端应切正,横断面积上不应变形,装设拉杆时,不应使其穿过已摊铺好的混凝土顶面,拉杆应在混凝土摊铺之前就装设好,或者用一台拉杆震动器把它装入接缝边缘内,或者用混凝土摊铺机上的拉杆自动穿杆器来装设,在已凝固的混凝土内安装拉杆时,应采用经监理工程师认可的拉杆穿插装置来进行。

④工程中所用的全部钢筋的设置及绑扎都应先经监理工程师同意后才能浇筑混凝土,承包人至少应在12h以前把浇筑混凝土的意图通知监理工程师,以使他有足够的时间检查钢筋和采取纠正措施。

⑤钢筋不应沾土、污垢、油脂、油漆、毛刺以及松散的或厚的铁锈,以免损坏钢筋与混凝土之间的黏结。

(4)混凝土拌合物的搅拌和运输。

混凝土的搅拌和运输应符合现行《公路水泥混凝土路面施工技术细则》(JTG/T F30)的要求。

(5)混凝土拌合物的摊铺。

①承包人应提供摊铺的设备和方法,以及摊铺宽度、接缝布置和预计的进度等全部详情和细节报工程师审批。

②当庇荫处的气温低于5℃或高于35℃时,或者正在下雨或估计4h内有雨时,不得铺筑混凝土,工程中铺筑的混凝土的温度不应低于5℃或高于35℃。

③承包人应提供测定保养气温、混凝土温度、相对湿度及风速的设备,并应按照监理工程师的指示测定和记录这些数据。当蒸发率超过 $0.75kg/(m^2/h)$,承包人应采取使监理工程师满意的防止水分损失的预防措施,如果监理工程师认为这些预防措施不能令人满意时,可下令停止施工。

④监理工程师应检查和批准所有的模板、基层准备情况、接缝和养生材料的供应情况,备用振捣器的储存情况,以及承包人的全面准备情况,以保证工程的正常进行。

⑤混凝土应采用摊铺机械铺筑。手工摊铺只应局限于小范围或不能用机械摊铺的区域。手工摊铺应在施工前由承包人报经监理工程师审批。

⑥摊铺机应是经批准的自行式机械。铺摊时应以缓慢的速度均匀地进行,以保证摊铺机的连续操作。摊铺机还应有以下特点:

a.有带传感装置的自动控制系统,以便把线形和高程控制到规定的标准。

b.有能均匀摊铺混合料及调节混合料流向的振捣器,能捣实混凝土整个深度。

c.有单独的发动机作动力的插入式振捣器,能捣实混凝土整个深度。

d.有可调整的挤压整平板和整型板,并在所有表面上做出要求的修饰。

e.具有适应混凝土板不同宽度或组合宽度与板厚的摊铺能力,其组合板宽应符合图纸或监理工程师的要求。

⑦摊铺机应具有摊铺、捣实、整型和修饰的功能,使后来只需要最少的手工修饰,就能铺筑成符合规范要求的修饰表面和密实而均质的混凝土。

⑧摊铺机、汽车以及养生、切缝和做纹理的设备行走路线的承力面,应由承包人进行准备及保养,以便能适应操作。

⑨混凝土拌合物摊铺工作一旦开始,不得中断,摊铺机应不致因缺乏混凝土而停工,如停工时间延续超过30min,则应设置经批准的横向施工缝。距胀缝、缩缝或薄弱面3m之内不得出现横向施工缝。如果不能充分供应混凝土,则在至少做成3m长的板的工作中断之时,应把最后一条缝后面的多余混凝土按指示清除掉。

⑩混凝土均匀浇注在模板内,不应有离析现象。靠边角应先用插入式振捣器顺序捣实,再用平板振捣器纵横交错全面振捣,然后用震动梁振捣,平行移动往返拖震2~3遍,使表面泛浆,赶出水泡。

(6)终饰。

①混凝土震动梁震动整平后,应保持路拱的准确,并检查平整度,由承包人用长度不小于3m的直尺检查新铺混凝土表面,每次用直尺进行检查时,都应与前一次检查面至少重叠1/2的直尺长度。

②表面修饰前应做好清边整缝,清除粘浆,修补掉边、缺角,表面修整时,严禁在混凝土面板上洒水、撒水泥。

③表面整修宜分二次进行,先找平抹面,等混凝土表面无泌水时,再做第二次抹平,板面应平整密实。

④整修作业应在混凝土保持塑性和具有和易性的时候进行,以确保从路表面上清除水分和浮浆。新铺混凝土表面,平整度检查出来的高处,应用手镘法清除高出的混凝土,低洼处不得填以表面的浮浆,必须用新制混凝土填补与修整。

⑤板面抹平后在混凝土仍具有塑性时,应采用拉槽器、滚动压纹器或其他合适的工具在混凝土表面沿横向制作纹理,但不得挠动混凝土。表面纹理应符合图纸规定。拉槽时,一般槽口宽度为4~5mm,槽深为1~2mm。

(7)工程防护。

①承包人应提交在下雨干扰工程时拟采用的防护方法及设备的详细建议。防护设备应停放在工地,以便随时可以投入使用。

②应采取预防措施,保证路面铺筑完的前96h期间混凝土的温度不降到5℃以下,当主导温度偏低,或当有寒冷气候预报以及新铺混凝土的温度有降到规定极限以下的危险时,承包人应停止摊铺混凝土拌合物作业。如果承包人采取了预防措施,可保证混凝土拌合物的温度能在上述时间内维持在5℃时,施工可继续进行,否则,拒绝验收。

(8)接缝。

①承包人应在开始铺筑路面混凝土之前28d,提交一份整个工程范围的平面图,标示出建议在混凝土路面内设置的全部接缝的部位和布置细节。路面板锚头、桥头搭板及末端板亦均应在平面图中示出。

②横向施工缝。

a. 横向施工缝的位置宜改在胀缩缝处,设在缩缝处或非胀、缩缝处时,横向施工缝采用平缝加传力杆,并应垂直于中线和按图纸所示尺寸及其他要求施工。传力杆采用光面钢筋,其长度的一半以上,应涂以沥青,设在胀缝处时,横向施工缝应按胀缝的要求施工,传力杆最外边距接缝或自由边的距离,不应小于15cm。

b. 横向施工缝只应在摊铺作业中断时间超过30min时才设置。

c. 横向施工缝若与横向缩缝、胀缝分开设置时,其距离不得小于2m,必要时为了保证获得最小间距,监理工程师可授权改变横向缩缝的间距。

d. 横的施工缝应在做纹理之前修整出光顺平齐的表面。

③横向缩缝。

a. 横向缩缝应横过路面全宽设置。缩缝一般采用假缝形式,且缩缝应做成一条直线,不得有任何中断。图纸规定缩缝处设传力杆时,其要求与施工缝的传力杆相同。

b. 除监理工程师另有指示外,横向缩缝(假缝)应采用锯缝,并按图纸规定的尺寸锯成,承包人应负责修建除规定位置外,不得出现任何横向裂缝的路面。在规定部位之外出现裂缝的混凝土路面应拒绝验收。

c. 锯缝垂直或水平的边缘剥落,不应超过5mm,边缘剥落长度,在任何一米长的锯缝内不得超过300mm。

d. 承包人应采用能适合割锯混凝土硬度的锯刀、设备和控制方法,并应由有经验的操作人员来施工,以确保锯口平直和把边缘剥落控制在规定范围以内。工地上应储备充足的备用锯缝机和锯刀,以供损坏时更换。

e. 当混凝土硬化到足以承受锯缝设备时,即可开始锯缝作业,锯缝作业完成后,应立即把所有锯屑和杂物彻底清除干净。

f. 混凝土板养生完毕后,用空气压缩机很好地清扫接缝的沟槽内任何杂物,混凝土充分干燥后,用符合图纸规定的填料予以填封。

④胀缝。

a. 胀缝应按图纸所示或监理工程师指示,在桥头搭板端部、路面板的锚头处、沿行车道与交叉道之间以及其他规定处设置,胀缝应采用滑动传力杆,即在传力杆涂沥青的一端加一个盖套,内留30mm的空隙,填纱头或泡沫塑料,盖套一端宜在相邻板中交错布置。

b. 胀缝应连续贯通路面全宽,并应垂直于道路中心线以及按图纸所示尺寸设置,胀缝与其他横缝的距离不得小于2m,必要时,为保证获得最小净距,监理工程师可授权改变横向缩缝的间距。

c. 接缝用的接缝板和填缝料应符合图纸规定。

d. 在设置接缝材料时,胀缝要彻底扫净,缝的侧面均应用接缝材料制造厂家推荐的结合料抹涂。填缝料的顶部低于路面表面不得少于5mm,也不得多于7mm。

⑤纵向缩缝。

a. 纵向缩缝应平行于中线或按图纸所示或监理工程师指示的位置设置。拉杆应采用螺纹钢筋。

b. 除监理工程师另有指示外,纵向缩缝采用假缝,用锯缝机按图纸规定的尺寸锯成。

c. 所有纵向缩缝的缝线与平面图所示位置之间的偏差在任何一点上都不得超过 10mm。
⑥纵向施工缝。

纵向施工缝一般采用平缝,并应在板厚中央设置拉杆,拉杆的设置与纵向缩缝拉杆设置相同,接缝应符合规范或图纸规定的填缝料予以填封。

(9)混凝土板养护及模板的拆除。

混凝土板表面修整完毕后,应及时采用湿治养护和塑料薄膜养护 14~21d。模板的拆除,应符合现行《公路水泥混凝土路面施工技术细则》(JTG/T F30)的规定。

(10)开放交通。

混凝土板达到设计强度时,监理工程师可允许开放交通。当遇特殊情况需要提前开放交通时,则应根据《公路工程水泥混凝土试验规程》(JTG E30—2005)的试验方法测定混凝土试块的强度应达到设计强度的 80% 以上,其车辆荷载不得大于设计荷载,在开放交通之前,路面应清扫干净,所有接缝均应封闭好。

(11)取样和试验。

①施工过程中,弯拉强度试验取样频率为:高速公路和一级公路每工作班制作 2~4 组,日进度大于等于 1000m 取 4 组,大于或等于 500m 取 3 组,小于 500m 取 2 组;其他公路每工作班制作 1~3 组,日进度大于或等于 1000m 取 3 组,大于或等于 500m 取 2 组,小于 500m 取 1 组。每组 3 个试件的 28 天强度的平均值作为一个统计数据。

抗压强度试验取样频率为:不同强度等级及不同配合比的混凝土应在浇筑地点或拌和地点分别随机制取试件;浇筑一般体积的结构物时每一单元结构物应制取 2 组;连续浇筑大体积结构物时,每 80~200m^3 或每工作班应制取 2 组。每组 3 个试件的 28d 强度的平均值作为一个统计数据。

强度试验按《公路工程水泥混凝土试验规程》(JTG E30—2005)规定方法进行。如果试件的试验结果表明 28d 混凝土强度达不到规定强度时,监理工程师可允许承包人提交从工程中挖取的试件进行试验,此外监理工程师可选择任何时间从工程中提取样芯以使和按要求制备的试样所取得的测试强度结果进行校验核对。

②摊铺好的混凝土面板厚度应在统计基础上取样,并进行量测,以确定面板厚度是否符合设计要求。

③所有试验结果均应报监理工程师审批,所发生的一切费用由承包人自理。

(12)混凝土面板的拆除及更换。

①凡不符合规定要求时,任何混凝土面板均应按监理工程师的指示予以拆除及更换,拆除及更换所发生的一切费用均由承包人负担。

②拆除的混凝土板应打碎后再拆除,拆除时不能损坏邻近的混凝土板和基层。

③更换的新板及接缝均应符合新建的规定。

(13)冬季施工和夏季施工。

在冬季或夏季施工时,应按现行《公路水泥混凝土路面施工技术细则》(JTG/T F30)的要求进行施工。

2.人工、小型机械化施工

1)模板安装的检查

(1)钢模板的高度应与混凝土板厚度一致。

(2)木模板应选用质地坚实、变形小、无腐朽、扭曲、裂纹的木料。

(3)模板高度的允许误差为±2mm,企口舌部或凹槽的长度允许误差:钢模板为±1mm;木模板为±2mm。

(4)立模的平面位置与高程,应符合设计要求,支立准确并稳固,接头紧密平顺,不得有离缝、前后错茬和高低不平等现象。

(5)混凝土拌合物摊铺前,应对模板的间隔、高度、润滑、支撑稳定情况和基层的平整、润湿情况以及钢筋的位置和传力杆装置等进行全面检查。

2)混凝土拌合物的搅拌和运输

(1)混凝土拌合物应采用机械搅拌施工,其搅拌站宜根据施工顺序和运输工具设置,搅拌机的容量应根据工程量大小和施工进度配置。施工工地宜有备用的搅拌机和发电机组。

(2)搅拌机每批的拌合物数量,应按混凝土施工配合比和搅拌机容量确定,并应符合下列规定:

①进入拌和机的砂、石料必须准确过秤,磅秤使用前应检查校正。

②散装水泥必须过秤,袋装水泥,当以袋计量时,应抽查其重量是否准确。

③严格控制加水量,每班开工前,实测砂、石料的含水率,根据天气变化,由工地试验确定施工配合比。

(3)搅拌第一批混凝土拌合物应先用适量的混凝土拌合物或砂浆搅拌,拌后排弃,然后再按规定的配合比进行搅拌。

(4)混凝土拌合物每批的搅拌时间,应根据搅拌机的性能和拌合物的和易性确定。

(5)混凝土拌合物的运输,宜采用自卸机动车运输。当运距较远时,宜采用搅拌运输车运输。混凝土拌合物自搅拌机出料后,运至铺筑地点进行摊铺、振捣、做面,直至浇筑完毕的允许最长时间,由试验室根据水泥初凝时间及施工气温确定。

(6)装运混凝土拌合物,不得漏浆,并应防止离析。夏季和冬季施工,必需时应有遮盖或保温措施,出料及铺筑时的卸料高度,不应超过1.5m,当有明显离析时,应在铺筑时重新拌匀。

3)混凝土浇筑施工的质量控制

混凝土拌合物的施工,应符合下列规定:

(1)对厚度不大于22cm的混凝土板,靠边角应先用插入式振捣器顺序振捣,再用功率不小于2.2kW平板振捣器纵横交错全面振捣。纵横振捣时,应重叠10~20cm,然后用振动梁振捣拖平,有钢筋的部位,振捣时应防止钢筋变位。

(2)振捣器在每一位置振捣的持续时间,应以拌合物停止下沉、不再冒气泡为宜。当水灰比小于0.45时,不宜少于30s,用插入式振捣器时,不宜少于20s。

(3)当采用插入式与平板振捣器配合使用时,应先用插入式振捣器振捣,后用平板式振捣器振捣。分二次摊铺的,振捣上层混凝土拌合物时,插入式振捣器应插入下层混凝土拌合物5cm,上层混凝土拌合物的振捣必须在下层混凝土拌合物初凝以前完成。插入式振捣器的移动间距不宜大于其作用半径的0.5倍,并应避免碰撞模板和钢筋。

(4)振捣时应辅以人工找平,并应随时检查模板,如有下沉、变形或松动,应及时纠正。

(5)干硬性混凝土搅拌时可先增大水灰比,浇筑后采用真空吸水工艺再将水灰比降低,以提高混凝土在未凝结硬化前的表层结合强度。

(6)混凝土拌合物整平时,填补板面应先选用碎(砾)石较细的混凝土拌合物,严禁用纯水泥砂浆填补找平。经用振动梁整平后,可再用铁滚筒进一步整平。设有路拱时,应使用路拱成形板整平。整平时必须保持模板顶面整洁,接缝处板面平整。

(7)混凝土板做面,应符合下列规定:

①做面前,应做好清边整缝,清除粘浆,修补掉边、缺角。做面时严禁在面板混凝土上洒水、撒水泥粉。

②做面宜分二次进行。先找平抹平,待混凝土表面无泌水时,再做第二次抹平。混凝土板面应平整、密实。

③抹平后沿横坡方向拉毛或采用机具压槽。公路和城市道路、厂矿道路的拉毛和压槽深度应为 1~2mm,民航机场道面拉毛的平均纹理深度(铺砂法):跑道、高速出口滑行道不得小于 0.8mm;滑行道、停机坪不得小于 0.4mm。

4)水泥混凝土路面接缝施工

人工及小型机械化施工水泥混凝土路面接缝时,其要求与摊铺机施工水泥混凝土路面接缝相同。

5)混凝土板养护及模板的拆除

混凝土板表面修整完毕后,应及时采用湿治养护或塑料薄膜养护 14~21d,模板的拆除应符合现行《公路水泥混凝土路面施工技术细则》(JTG/T F30)的规定。

四、连续配筋混凝土路面施工质量控制

连续配筋混凝土路面的施工工序可按图 4-12 实施。

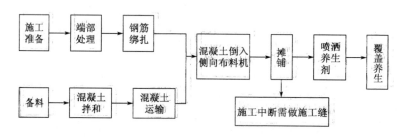

图 4-12 连续配筋混凝土路面施工工序简图

1. 配合比设计

(1)承包人应将计划用于铺筑水泥混凝土面层的各种材料,提前通过试验进行混合料组成配合比设计,这些设计应包括材料标准试验、混凝土抗折和抗压强度、集料级配、水灰比、坍落度、水泥用量、质量控制等,承包人应及时提供所有设计、试验报告单和详细说明,报监理工程师批准。混凝土的单位水泥用量,应根据摊铺选用的水灰比和单位用水量进行计算。

(2)为了确定在整个施工过程中,混凝土混合料配合比是否需要调整,承包人可按规定做 7d 的抗折强度试验。

(3)混凝土配合比除了应保证设计强度、耐磨、耐久性外,还必须满足摊铺对混凝土拌合物工作性能的要求。

(4)承包人按上述要求提供的试验室理论配比,必须经过试验路段的试拌,试铺检验满足要求后,将确定的配合比资料报监理工程师批准后才能用于施工配比。

(5)已批准的混凝土施工配比,施工方法和材料,除由于原材料天然含水率变化引起的用水量变化需适量调整外,未经监理工程师的同意不应改变,如需改变时,承包人应重新报送资料,试拌试铺经监理工程师批准后才能使用。

2. 施工准备

1)人员准备

在摊铺开始前,施工单位应对施工、试验、机械、管理等岗位的技术人员和各工种技术工人进行培训,未经培训的人员不得单独上岗操作。

2)材料

(1)施工单位应安排专人负责材料的准备工作,所有材料的供、储备应不影响摊铺的正常施工。

(2)所有运至工地的材料必须经监理工程师验收。

(3)料场应建在地势较高、排水通畅的位置,其底部应硬化处理,严禁料堆积水和泥土污染。不同规格的砂石料之间应有隔离设施,严禁混杂。

3)机械设备

施工前,必须对搅拌楼、运输车辆、布料机、滑模摊铺机(或三轴仪)、拉毛、养生机等施工机械,经纬仪、水准仪或全站仪等测量基准线仪器和人工辅助施工的振捣棒、整平梁、模板等机具、工具及试验仪器进行全面的检查、调试、校核、标定、维修和保养,并试运行正常。对主要设备易损零部件应有适量储备。

4)下卧层

(1)面层施工前,应对下卧层进行评定。必须保证下卧层的平整度、高程等指标符合要求。

(2)摊铺前,必须将下卧层表面清扫干净,并洒水湿润,若下卧层表面被泥土等污染,应用洒水车冲洗干净。

(3)摊铺前,应对基层上的沥青封层进行认真检查,若发现沥青封层损坏,应补洒沥青。

(4)施工前,必须对透层、封层验收合格后,方可进行下一步工作。

5)模板安装

(1)下卧层验收合格后,应进行路面施工段的水准复测和补测,以及对中线的复测,核对原有中线桩和补测丢失的中桩。

(2)模板应根据测量的高程进行准确安装,应安装稳固、牢靠。模板安装完毕后,应检查其安装准确与否。

(3)模板安装完毕后,禁止扰动,特别是正在摊铺时,严禁碰撞和振动。确保模板的稳定,保持混凝土路面边缘形状与高程准确,保证路面的平整度。

6)基准线设置

(1)基层验收合格后,应进行路面施工段的水准复测和补测,以及对中线的复测,核对原有中线桩和补测丢失的中桩。

（2）摊铺机导线桩的设置间距为10m，在变坡和弯道段应加密至5m，每个桩要打牢固，应打入基层10~15cm，夹线臂到基层顶面的距离为45~75cm。导线必须拉紧，每根导线上应有100kg的拉力，张紧后准线上的垂度不应大于1mm。其长度最大不超过400m。导线安装完毕后，应检查其安装准确与否。

（3）导线安装完毕后，禁止扰动，特别是正在摊铺时，严禁碰撞和振动。断开的导线连接后可使用，但接头不得大于1cm。大风天气将引起导线振动，若导线振动会引起路面平整度不良，应停止施工。

3. 施工

1) 设备

（1）路面施工应采用滑模摊铺机为主的大型机械配套施工技术（或人工及小型机械化施工）。混凝土的搅拌、运输、表面整修与纹理制作等设备必须与其相配套，搅拌机的生产率、混凝土运输生产能力必须与摊铺速度合理配套。

（2）混凝土拌和设备。

混凝土拌和机必须采用强制式搅拌机，并有自动供料、自动计量设备，设有集料配料系统、供水系统、外加剂加入装置和水泥及粉煤灰供应系统。

搅拌站的生产能力应保证摊铺均衡地、不停顿地作业，按半幅路面全宽摊铺所需要的水泥混凝土量来决定，其生产能力不宜小于$300m^3/h$。采用多台搅拌机组合时，必须保证新拌混凝土的质量均衡性。

搅拌站应有备用搅拌机和发电机组，应保证搅拌、清洗、养生用水的供应，并保证水质。

应配备足够的试验设备和人员，以对混凝土的质量进行检验与控制。

（3）新拌混凝土的运输应采用10~20t的大吨位自卸汽车为主，辅以汽车式混凝土搅拌运输车，每台运输车应带有附着式振捣器，以方便卸料。自卸车的车斗要平整、光滑、不渗漏，后挡板应关闭严密，无漏浆，不变形。运料时应加盖，以防水分蒸发，每天应对运输车辆检查清洗。

（4）滑模摊铺机应可以在施工中一次完成主线半幅路面两条行车带（含路缘带）混凝土板的摊铺、振捣、成型、传力杆安置、拉杆插入、抹光等工序。滑模摊铺机应有行驶方向以及摊铺高度两个方向的自动控制功能。

2) 钢筋设置

（1）纵向钢筋必须紧密绑扎、安装好且稳固可靠（所有接点必须稳固），搭接点可采用细铁丝绑扎或者点焊，纵向钢筋最小搭接长度为钢筋直径的30倍，搭接位置应错开布置。横向钢筋布置于纵向钢筋之下，一般不应搭接，若有搭接也应错开布置，搭接长度不小于钢筋直径的30倍。纵横向钢筋绑扎的钢筋网必须平直成带片状，至板边的侧距应保持相等。除了临时中断的施工缝以外，钢筋网应保持连续。

（2）支架应按照设计图纸设置，根据监理工程师批准，也可以采用其他可靠的方法。混凝土摊铺和振捣期间，钢筋的排列和间距应保持和控制在正确的位置，且在规定的允许误差范围内，其竖向允许误差为±5mm，钢筋网间距允许误差为±5mm。应将支架牢固地竖立在基层上，以防止支架倾倒或刺入基层。固定装置不应影响混凝土的摊铺和振捣。

(3)施工缝和纵缝处外露的普通钢筋和补强钢筋宜进行防锈处理。

(4)拉杆按规范进行设置,其位置位于纵向钢筋之上。

3)混凝土的搅拌与运输

(1)各种规格的集料应分开堆放和供料,取自不同料源的集料应分开堆放;每个料源的材料要进行抽样试验,并报经监理工程师批准。

(2)搅拌站的计量系统在工地安装之后,应进行检定、校正,经监理工程师验收合格后方可正式投入生产。

(3)混凝土拌合物的拌和时间应根据搅拌机的性能和拌合物的和易性确定。净拌最短时间,即材料全部进入拌和楼起,至拌合物开始出料的连续搅拌时间,对强制式搅拌一般不应小于35~40s。

(4)对搅拌站的大型搅拌机的生产性验证,应根据试验室提供的配合比试拌,进行混凝土和易性、含气量、弯拉强度等三项检验,并从每台搅拌机试拌时的初期、中期和后期分别取样制作试件,以检验各台搅拌机拌制混凝土的均匀性。

(5)每天应对混凝土的生产进行全面的监督,并要求将多台搅拌机的实际配料记录和材料使用统计、机械操作参数以及搅拌混凝土生产时间、数量等记录进行统计,并作定期分析,以提高混凝土生产质量的均匀性。

(6)混凝土拌合物从搅拌机出料后,运至铺筑地点进行摊铺完毕的最长允许时间,由试验室根据水泥初凝时间、施工气温以及坍落度试验结果确定,一般不应大于1.5h,在气温不同的条件下,可以采用外掺剂来调节初凝时间。

(7)自卸汽车装运混凝土拌合物时,不得漏浆,并应防止离析。在夏季或冬季施工时,自卸车厢上应加遮盖。混凝土出料时应注意移动自卸汽车,避免离析。出料时的卸料高度不得超过1.5m。

4)混凝土的摊铺

(1)连续配筋混凝土路面宜采用能够一次完成半幅路面滑模摊铺机施工。

(2)摊铺时,宜采用侧向进料方式,可采用经监理工程师同意的侧向布料机或其他侧向进料设备。同时,在布料机械出现故障时,应有相应的应急措施。对布料机上的易损零部件应有储备。如采用人工摊铺时,不应对混合料进行抛掷和搂耙,以防离析。

(3)在摊铺机起步、收机等路段,应采用刚运到的新混凝土拌合物,辅以人工浇筑、捣实,以保证混凝土板的板厚、密实度、平整度及饰面质量。

(4)在滑模摊铺的最初50m之内,应测量校核路面高程、厚度、宽度、中线、横坡等技术参数,并及时通知机手,以便调整滑模摊铺机上传感器、挤压板等设备,保证所铺的路面满足要求。

(5)摊铺机应保持均匀摊铺速度,摊铺时应随时观察新拌混凝土的级配和黏度情况,并根据其稠度调整摊铺的速度和振捣频率。摊铺后的混凝土表面应无麻面,板侧应垂直光洁,无坍边和麻面。如有少量麻面、气泡、边角塌陷等,应及时用人工修整,如缺陷严重,应立即对摊铺机加以调整,经调整后仍不能克服的,应立即停机,查出原因,清除弊端后方可继续工作。

(6)在滑模摊铺机施工过程中,要求供料与摊铺机速度密切协调,尽可能减少停机次数。

若出现新拌混凝土供应不上的情况,滑模摊铺机停机等待时间不得超过 30min,在 30min 内,应每隔 10min 开动振捣棒振动 2min;超过 30min 时,应将滑模摊铺机开出路面摊铺位置,且该处应做施工缝。

(7)施工时要求尽量保证连续施工,以减少横向缝的数量。当遇实际情况不得不中断施工时,其间距不宜小于 200m。在施工缝处增加纵向抗剪钢筋,钢筋的数量比纵向钢筋数量少 2 根,其布置位置保证距两根纵向钢筋的间距相等,钢筋的直径与纵向钢筋相同,且应具有足够的长度,抗剪钢筋应伸入先施工的面板一端至少 95cm,后摊铺的面板一端 245cm。施工缝端部应平整、光洁、无麻面。

(8)对混合料进行振捣,每一位置的持续时间应以混凝土停止下沉,不再冒气泡并泛出砂浆为准,振捣时间不宜太长。振捣时应辅以人工找平,并随时检查模板有无下沉、变形和松动。

(9)下列情况下不能进行摊铺:准备工作不充分;气温低于 5℃ 或高于 35℃;正在下雨或估计 4h 内有雨;其他监理工程师认为不应摊铺的情况。

5)表面修整

(1)混凝土摊铺、捣实、刮平作业完成后,应用批准的饰面设备进一步整平,使混凝土表面达到要求的坡度和平整度。

(2)饰面作业时,不得在混凝土表面洒水或洒水泥粉,当烈日暴晒或干旱风吹时,宜在遮阳棚下进行。

(3)接缝和路表面不规则处的必要的人工修整作业,应选用较细的碎石混合料,严禁使用纯砂浆找平,并在经监理工程师批准的工作桥上进行,工作桥不得支撑在尚未达到强度要求的混凝土上。

(4)修整作业应在混凝土仍保持塑性和具有和易性的时候进行,以确保从路表面上清除水分和浮浆。表面低洼处不得填以表面的浮浆,而必须用新制混凝土填补与修整。

(5)在混凝土仍具有塑性时,应按照要求纵向拉毛,横坡方向拉槽措施在混凝土表面沿横向做纹理,以保证混凝土路面的抗滑要求,不宜采用刚性刻槽方式,以免损坏混凝土表面开裂处。

6)混凝土养生

(1)混凝土浇筑作业完成后,应开始养生并进行防护。所选择的养生方法应经监理工程师批准。

(2)采用喷洒养护剂的方式进行养护时,应采用专用的养生机喷洒,养护剂的品种和数量应满足规范的要求,并应均匀喷洒两遍,面板两侧也应喷洒。养护剂的喷洒量必须以在混凝土表面形成完全封闭的薄膜为度,然后再用塑料薄膜覆盖或加盖麻袋进行湿治养生。在养护膜未形成前,如遇雨水侵袭,应重新喷洒。覆盖应持续到 14d 或达到混凝土设计强度的 80%。

(3)应控制养生初期的养生温度。养生时间应随混凝土强度的增长情况而定,并经监理工程师同意。

水泥混凝土面层监理工作流程图如图 4-13。

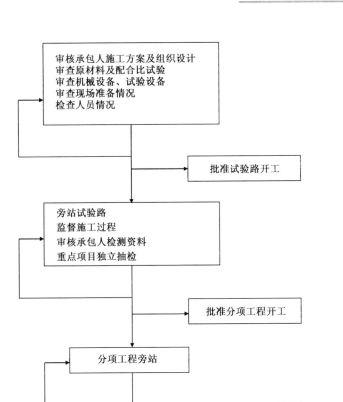

图 4-13 水泥混凝土面层监理工作流程图

第五节 路面工程常见质量问题

一、沥青路面常见质量问题

沥青路面由于环境因素的不断影响和行车荷载的反复作用,经过一段时间的使用,便会产生破坏而失去原有的使用能力。沥青路面常见的病害类型如下:

(1)龟裂:应按面积计算,损坏程度应按下列标准判断。

①轻度应为主要裂缝块度在 0.2~0.5m 之间,平均裂缝宽度小于 2mm。

②中度应为主要裂缝块度小于 0.2m,平均裂缝宽度在 2~5mm 之间。

③重度应为主要裂缝块度小于 0.2m,平均裂缝宽度大于 5mm。

(2)块状裂缝:应按面积计算,损坏程度应按下列标准判断。

①轻度应为主要裂缝块度大于 1m,平均裂缝宽度在 1~2mm 之间。

②重度应为主要裂缝块度在 0.5~1m 之间,平均裂缝宽度大于 2mm。

(3)纵向裂缝:应是路面上与行车方向基本平行的裂缝,应按长度(m)进行计算。检测结果应用影响宽度 0.2m 换算成损坏面积。损坏程度应按下列标准判断。

①轻度应为主要裂缝宽度小于或等于 3mm。

②轻度应为主要裂缝宽度大于 3mm。

(4)横向裂缝:应是路面上与行车方向基本垂直的裂缝,应按长度(m)进行计算。检测结果应用影响宽度 0.2m 换算成损坏面积。损坏程度应按下列标准判断。

①轻度应为主要裂缝宽度小于或等于 3mm。

②中度应为主要裂缝宽度大于 3m。

(5)沉陷:应为路面的局部下沉,应按面积计算。损坏程度应按下列标准判断。

①轻度应沉陷深度在 10~25mm 之间,行车无明显颠簸感。

②重度应为沉陷深度大于 25mm,行车有明显颠簸感。

(6)车辙:应按长度(m)进行计算,检测结果应用影响宽度 0.4m 换算成损坏面积。损坏程度应按下列标准判断。

①轻度应为车辙深度在 10~15mm 之间。

②重度应为车辙深度大于 15mm。

(7)波浪拥包:应按面积计算,损坏程度应按下列标准判断。

①轻度应为波峰波谷高差在 10~25mm 之间。

②重度应为波峰波谷高差大于 25mm。

(8)坑槽:应按面积计算,损坏程度应按下列标准判断。

①轻度应为坑槽深度小于 25mm,或面积小于 $0.10m^2$。

②重度应为坑槽深度大于或等于 25mm,或面积大于或等于 $0.10m^2$。

(9)松散:应按面积计算,损坏程度应按下列标准。

①轻度应为路面表面细集料散失、脱皮、麻面等。

②重度应为路面粗面细集料散失、脱皮、麻面、露骨、表面脱落等。

(10)泛油:应为沥青路面表面出现的薄油层,损坏应按面积计算。

(11)修补:应为裂缝、坑槽、松散、沉陷、车辙等损坏的修复。块状修补应按面积计算,条状修补应按长度(m)乘以 0.2m 影响宽度计算。长度大于 5m 的整车道修复不计为路面修补损坏。修补范围内的再次损坏,应按新的损坏类型进行计算。

二、水泥混凝土路面常见质量问题

根据病害发生的原因、表现形态、对使用性能的影响、对应的处治措施等因素,并考虑简明实用和避免不必要的烦琐,将水泥路面病害分为 11 类。

(1)破碎板:应按板块面积计算,损坏程度应按下列标准判断。

①轻度应为板块被裂缝分为 3 块及以上,破碎板未发生松动和沉陷。

②重度应为板块被裂缝分为 3 块及以上,破碎板有松动、沉陷和唧泥等现象。

(2)裂缝:应为板块上只有一条裂缝的情况,应按长度(m)进行计算。检测结果应用影响宽度 1.0m 换算成损坏面积。

①轻度应为主要裂缝宽度小于 3mm,一般为未贯通裂缝。

②中度应为主要裂缝宽度在3～10mm之间。

③重度应为主要裂缝宽度大于10mm。

(3)板角断裂:应为裂缝与纵横裂缝相交,且交点距板角小于或等于板边长度一半的破坏,应按断裂板角的面积计算。损坏程度应按下列标准判断。

①轻度应为主要裂缝宽度小于3mm。

②中度应为主要裂缝宽度在3～10mm之间。

③重度应为主要裂缝宽度大于10mm。

(4)错台:应为接缝两边出现的高差,应该长度(m)进行计算,检测结果应用影响宽度(1.0m)换算成损坏面积。损坏程度应按下面标准判断。

①轻度应为接缝两侧高差在5～10mm之间。

②重度应为主要接缝两侧高差大于10mm。

(5)拱起:应为横缝两侧板体高度大于10mm的抬高,损坏应按拱起涉及板块的面积计算。

(6)边角剥落:为沿接缝方向板边上出现的碎裂和脱落,裂缝面与板面成一定角度,应按长度(m)计算。检测结果应用影响宽度(1.0m)换算成损坏面积。损坏程度应按下列标准判断。

①轻度应为板边上的碎裂和脱落。

②中度应为板边上的碎裂和脱落,接缝附近水泥混凝土有开裂。

③重度应为板边上的碎裂和脱落,接缝附近水泥混凝土多处开裂,开裂深度超过接缝槽底部。

(7)接缝料损坏:应按长度(m)进行计算,检测结果应用影响宽度(1.0m)换算成损坏面积。损坏程度应按下列标准判断。

①轻度应为填料老化、不密水,尚未剥落脱空,未被砂、石、土等填塞。

②重度应为三分之一以上接缝出现空缝或被砂、石、土填塞。

(8)坑洞:应为板面出现直径大于30mm、深度大于10mm的坑槽,损坏应按坑洞或坑洞群的包络面积计算。

(9)唧泥:应为板块接缝处有基层泥浆涌出,损坏应按长度(m)进行计算。检测结果应用影响宽度(1.0m)换算成损坏面积。

(10)露骨:应为板块表面细集料散失,粗集料暴露或表层疏松剥落,损坏应按面积计算。

(11)修补:应为裂缝、板角断裂、边角剥落和坑洞等损坏的修复。块状修补应按面积计算,裂缝类的条状修补应按长度(m)乘以0.2m影响宽度计算。长度大于5m的整车道修复不计为路面修补损坏。修补范围内再次发生的损坏,应按新的损坏类型计算。

第五章　桥梁工程施工质量监理

公路桥梁工程施工应符合设计文件的规定,满足安全、耐久、节能、环保的要求。公路桥梁工程施工应遵守国家建设工程质量方面的法律法规,建立健全质量保证体系,明确质量责任,加强质量管理,保证工程质量。公路桥梁工程施工应遵守国家安全生产的有关法律法规,建立健全安全生产管理体系,明确安全责任,严格执行安全操作规程,保障施工人员的职业健康,保证施工安全。公路桥梁工程施工应遵守国家环境保护的有关法律法规,节约用地,少占农田,减少污染,保护环境。施工结束后,应及时对各种临时工程、临时辅助设施、临时用地和弃土等进行处理,做到工完场清。

随着科学技术的发展和社会的进步,人们物质、文化生活水平的不断提高,对公路交通建设的要求也越来越高,尤其对高速公路中的桥梁工程建设,提出了以下几点要求:

(1)桥梁的设置要尽可能符合路线布设规定,并服从于路线的走向,以确保行车舒适、安全、经济。

(2)桥梁的造型要美观,尤其是城市和风景区的桥梁,其建筑造型往往成为评选方案的重要条件。

(3)桥梁的环保要求严,以免造成水土流失、破坏生态环境。

(4)桥梁的工程质量要求高,施工期限要求紧,这是取得较好的社会效益的重要前提条件。所以,应尽可能采用工业化和机械化施工。

因此,在现代桥梁建设中,以钢筋混凝土和预应力混凝土为主要的建筑材料,以梁、拱、悬索为主要结构体系的桥梁结构,不仅得到了广泛的应用,而且正向大跨度方向发展。

第一节　桥梁工程概述

桥梁,一般指架设在江河湖海上,使车辆、行人等能顺利通行的建筑物。为适应现代高速发展的交通运输行业,桥梁亦引申为跨越山涧、不良地质或满足其他交通运输需要而架设的使通行更加便捷的建筑物。

一、桥梁工程的基本组成及分类

1. 桥梁工程的基本组成

桥梁一般由上部构造、下部结构、支座和附属构造物等四大部分组成。

(1)上部结构又称桥跨结构,是跨越河流、山谷或构筑物等障碍的主要结构,直接承受自重荷载、车辆、人员和其他活载等。

(2)下部结构包括桥台、桥墩和基础,是支撑桥跨结构并将恒载和车辆等活载传至地基的建筑物。它还需承受地震、水流、船舶、车辆等冲击和撞击,并与路堤相衔接,以抵御路堤土压力,防止路堤填土的滑坡和坍落。

(3)支座为桥跨结构与桥墩或桥台的支承处设置的传力装置。它不仅需要传递上部结构的荷载,并且要保证上部结构按设计要求能产生一定的变位。

(4)附属构造物包括桥面系、伸缩缝、桥台搭板、护坡、护岸、导流工程等,以及交通与机电工程设施等。

2.桥梁工程的分类

按承重构件受力体系情况分:

(1)梁式桥:梁式桥是一种在竖向荷载作用下无水平反力的结构。由于外力的作用方向与承重结构的轴线接近垂直,故与同样跨径的其他结构体系相比,梁内产生的弯矩最大,通常用抗弯能力强的材料来建造。这种桥梁结构简单、施工方便。

(2)拱式桥:拱式桥的主要承重结构是拱圈或拱肋,这种结构在竖向荷载作用下,桥墩或桥台将承受水平推力。同时,这种水平推力将显著抵消荷载所引起在拱圈内的弯矩。因此,与同跨径的梁相比,拱的弯矩和变形要小很多。鉴于拱桥的承重结构以受压为主,通常就可用抗压能力强的圬工材料和钢筋混凝土等材料来建造。

(3)刚架桥:刚架桥的主要承重结构是梁或板和立柱或竖墙整体结合在一起的刚架结构,梁和柱的连接处具有很大的刚性。

在竖向荷载作用下,梁部主要受弯,而在柱脚处也具有水平反力,其受力状态介于梁桥和拱桥之间。因此,对于同样的跨径,在相同的荷载作用下,刚架桥的跨中正弯矩要比一般梁桥小。根据这一特点,刚架桥跨中的建筑高度可以做得较小。

(4)吊桥:传统的吊桥均用悬挂在两边塔架上的强大缆索作为主要承重结构。在竖向荷载作用下,通过吊杆使缆索承受很大的拉力,通常就需要在两岸桥台的后方修筑非常巨大的锚碇结构。吊桥也是具有水平反力的结构。现代的吊桥上,广泛采用高强度钢丝编制的钢缆,以充分发挥其优异的抗拉性能,因此结构自重较轻,相较于其他桥型,吊桥就能以较小的建筑高度跨越其他任何桥型无法达到的特大跨度。吊桥的另一特点是:成卷的钢缆易于运输,结构组成构件较轻,便于无支架悬吊拼装。

(5)组合体系桥:根据结构的受力特点,由几个不同体系的结构组合而成的桥梁称为组合体系桥。组合体系桥实质是利用梁、拱、吊三者的不同组合,上吊下撑以形成新的结构。

按跨经大小和桥梁总长分为特大桥、大桥、中桥和小桥,见表5-1。

按使用性质分为:公路桥、铁路桥、人行桥、拖拉机桥、过水桥及其他专用桥梁等。

按主要承重结构所用的材料划分:有木桥、圬工桥(砖、石、混凝土)、钢筋混凝土桥、预应力混凝土桥、钢桥及钢混组合桥等。

按行车道位置可分为上承式桥、中承式桥和下承式桥等。

按跨越障碍物的性质分跨河桥、跨海桥、立交桥、高架桥、栈桥等。

桥梁涵洞按总长和跨径分类　　　　　　　　　　表5-1

桥涵分类	特大桥	大桥	中桥	小桥
多孔跨径总长 L	$L>1000$	$100\leqslant L\leqslant 1000$	$30<L<100$	$8\leqslant L\leqslant 30$
单孔跨径 $L_K(\mathrm{m})$	$L_K>150$	$40\leqslant L_K\leqslant 150$	$20\leqslant L_K<40$	$5\leqslant L_K<20$

注：1. 单孔跨径系指标准跨径。
  2. 梁式桥、板式桥的多孔跨径总长为多孔标准跨径的总长；拱式桥为两岸桥台内起拱线间的距离；其他形式桥梁为桥面系车道长度。
  3. 管涵及箱涵不论管径或跨径大小、孔数多少，均称为涵洞。
  4. 标准跨径：梁式桥、板式桥以两桥墩中线间距离或桥墩中线与台背前缘间距为准；拱式桥和涵洞以净跨径为准。

3. 与桥梁布置和结构有关的主要尺寸和术语名称

低水位：指在枯水季节的最低水位。

高水位：指在洪峰季节河流中的最高水位。

设计洪水位：指桥梁设计中按规定的设计洪水频率计算所得的高水位。

净跨径：对于梁式桥是设计洪水位上相邻两个桥墩（或桥台）之间的净距；对于拱式桥是每孔拱跨两个拱脚截面最低点之间的水平距离。

计算跨径：对于有支座的桥梁，是指桥跨结构相邻两个支座中心之间的距离；对于拱式桥，是两相邻拱脚截面形心点之间的水平距离。

标准跨径：对于梁式桥，是指两相邻桥墩中线之间的距离，或墩中线至桥台背前缘之间的距离；对于拱桥，则是指净跨径。

总跨径：多孔桥梁中各孔净跨径的总和。

多孔跨径总长：多孔桥梁中各孔标准跨径的总长。

桥梁全长：桥梁两端两个桥台的侧墙或八字墙后端点之间的距离；对于无桥台的桥梁为桥面系行车道的全长。

桥梁高度：指桥面与低水位之间的高差，或为桥面与桥下线路路面之间的距离。

建筑高度：指桥上行车道路面高程至桥跨结构最下缘之间的距离。

4. 桥梁工程质量评定单元划分及评定方法

1）桥梁工程质量评定单元划分

桥梁工程根据建设任务、施工管理和质量检验评定的需要，按《公路工程质量检验评定标准　第一册　土建工程》（JTG F80/1—2017）将建设项目划分为单位工程、分部工程和分项工程。施工单位、工程监理单位和建设单位应按相同的工程项目划分进行工程质量的监控和管理。

2）桥梁工程质量评定方法

工程质量检验评定以分项工程为单元，采用合格率法进行。在分项工程评定的基础上，逐级计算各相应分部工程、单位工程、合同段和建设项目等级。

工程质量评定等级分为合格与不合格，应按分项工程、分部工程、单位工程、合同段和建设项目逐级评定。

施工单位应对各分项工程按《公路工程质量检验评定标准　第一册　土建工程》（JTG F80/1—2017）所列基本要求、实测项目和外观质量进行自检，并按照该标准附录K中"分项工程质量检验评定表"及相关施工技术规范提交真实、完整的自检资料,对工程质量进行评定。

工程监理单位应按规定要求对工程质量进行独立抽检,对施工单位检评资料进行签认,对工程质量进行评定。监理工程师资料评定从分部工程开始。

建设单位根据对工程质量的检查及平时掌握的情况,对工程监理单位所做的工程质量评分及等级进行审定。

质量监督部门、质量检测机构对公路工程质量进行检测、鉴定。

二、桥梁工程施工准备

(1)桥梁工程施工前应熟悉设计文件、领会设计意图,且宜由设计单位进行设计交底。参建各方均要参与。

(2)应在对工程进行全面施工调查和现场核对后,根据设计要求、合同条件及现场情况等,施工单位编制实施性施工组织设计,总监理工程师进行审批,并报建设单位及有关单位。

(3)对技术条件复杂的工程,应进行多方案比选,施工单位编制安全可靠、技术可行、经济合理的专项施工技术方案和专项安全技术方案,监理工程师进行审批,必要时进行专家论证。

(4)施工前施工单位应建立健全质量保证体系和质量管理体系,明确质量方针、质量目标和质量责任;同时应建立质量管理机构、质量检测体系及流程,制定质量管理制度,提出质量保证措施,对工程的施工实施质量控制,监理工程师做好审查。

(5)施工前施工单位应建立健全安全生产管理体系,落实安全责任,提出安全技术组织措施。对施工中可能存在的各种潜在风险应进行分析、评估,提出防范对策,制订必要的突发事件应急预案,使施工的全过程能安全地进行,监理工程师做好审查。

(6)施工前应建立健全环保管理体系,制订保护环境、节能减排和文明施工的实施方案,减少工程施工过程中对环境的污染,监理工程师做好审查。

(7)应根据工程的规模和有关规定,施工和监理单位建立工地试验室。工地试验室配备的试验人员和试验仪器应满足工程施工的需要,且试验仪器应通过国家法定计量机构的检验标定。

(8)施工人员的配备应满足工程施工的需要,并应在进场时对其进行岗前培训和技术、安全交底,监理工程师的配备要满足现场需要和合同要求。

(9)水泥、砂、石、外加剂等施工原材料的选择应在工程开工前通过试验确定。各种原材料进场时,应按规范的有关规定进行相应的质量检测和试验工作;进场后,应根据不同的品种、规格及用途分别妥善存放,对容易受潮、锈蚀的材料应有防雨、防潮或防锈的措施。监理工程师要做好平行试验、验证试验、标准试验和抽检试验。

(10)施工单位应结合工程的规模、工期、地形特点等情况合理布置施工场地,所设置的各种临时设施应满足工程施工的需要及安全施工的要求,开工前应完成现场的"四通一平"工作。

(11)应根据工程施工的需要,施工单位配备足够的机械设备和生产工具,且应在施工前对施工机具进行安装调试。

(12)对拟采用新技术、新工艺、新材料、新设备的工程项目,应提前做好试验研究和论证等工作,保证工程施工能顺利进行。

(13)施工前应根据工程的特点,监理工程师和施工单位制定现场管理的各项规章制度,并应在施工过程中贯彻执行,监理工程师要做好审查。

三、桥梁工程施工测量

(1)桥梁工程施工前应根据其结构形式、跨径及精度要求等编制施工测量方案,选定控制测量等级,确定测量方法。

(2)施工前应由勘测设计单位对控制性桩点进行现场交桩,并应在复测原控制网的基础上,根据施工需要适当加密、优化,建立施工测量控制网。

(3)对测量控制点,应编号绘于施工总平面图上,并应采取有效措施妥善保护。施工过程中,应对控制网(点)进行不定期的检测和定期复测,定期复测周期不应超过6个月,当发现控制点的稳定性有问题时,应立即进行局部或全面复测。

(4)桥梁工程施工的高程控制测量和平面控制测量应符合《公路桥涵施工技术规范》(JTG/T F50—2011)规定:

①各等级平面控制测量,其最弱点点位中误差为±50mm,最弱相邻点间相对点位中误差为±30mm,最弱相邻点边长相对中误差不得大于表5-2的规定。

平面控制测量精度要求　　　　　　　　　　　　　　　　　　　　　表5-2

测量等级	最弱相邻点边长相对中误差	测量等级	最弱相邻点边长相对中误差
二等	1/100000	四等	1/35000
三等	1/70000	一级	1/20000

②桥梁工程平面控制测量的等级不得低于表5-3的规定,同时桥梁轴线精度尚应符合表5-4的规定。对特大跨径及特殊结构桥梁,应根据其施工允许误差,确定控制测量的精度和等级。

平面控制测量等级　　　　　　　　　　　　　　　　　　　　　　　表5-3

多跨桥梁总长 L(m)	单跨桥梁跨径 L_k(m)	其他构造物	测量等级
L≥3000	L_k≥500	—	二等
2000≤L<3000	300≤L_k<500	—	三等
1000≤L<2000	150≤L_k<300	高架桥	四等
L<1000	L_k<150		一级

桥梁轴线相对中误差　　　　　　　　　　　　　　　　　　　　　　表5-4

测量等级	桥梁轴线相对中误差	测量等级	桥梁轴线相对中误差
二等	≤1/150000	四等	≤1/60000
三等	≤1/100000	一级	≤1/40000

③大桥、特大桥以及特殊结构桥梁的平面控制测量坐标系,其投影长度变形值不应大于10mm/km,投影分带位置不得选在桥址处。

④当采用独立坐标系、抵偿坐标系时,应确认与国家坐标系的转换关系。

⑤在布设面控制点时,四等及以上平面控制网中相邻点之间的距离不得小于500m;一级

平面控制网中相邻点之间的距离在平原、微丘区不得小于200m,重丘、山岭区不得小于100m;最大距离不应大于平均边长的2倍。特大桥及特殊结构桥梁的每一端应至少埋设2个平面控制点。

(5)桥涵工程施工的高程控制测量应符合下列规定:

①同一工程项目应采用同一高程系统,并应与相邻工程项目的高程系统相衔接。桥位水准点的高程测量应与路线控制高程联测。

②用于跨越水域或深谷的大桥、特大桥的高程控制网最弱点高程中误差为±10mm。

③高程控制网每千米观测高差中误差和附合(环线)水准路线长度应小于表5-5的规定。

高程控制测量的技术要求 表5-5

测量等级	每千米高差中数中误差(mm)		附合或环线水准路线长度(km)
	偶然中误差	全中误差 M_W	
二等	±1	±2	100
三等	±3	±6	10
四等	±5	±10	4

注:控制网节点间的长度不应大于表中长度的0.7倍。

④桥梁工程的高程测量控制等级不得低于表5-6规定。

高程控制测量等级 表5-6

多跨桥梁总长 L(m)	单跨桥梁跨径 L_k(m)	其他构造物	测量等级
$L \geqslant 3000$	$L_k \geqslant 500$		二等
$1000 \leqslant L < 3000$	$150 \leqslant L_k < 500$	—	三等
$L < 1000$	$L_k < 150$	高架桥	四等

⑤施工水准网中的各水准点,对于大桥和特大桥应构成连续水准环。大桥和特大桥的每端应至少设置2个水准点,作为水准网的控制点。

⑥对与相邻工程项目接合处的平面位置和高程,应在施工前进行联测,发现问题应查明原因,及时处理。

⑦宽阔水域和海上桥梁工程的施工测量宜采用GPS测量,且宜在水域和海上建立专门的测量平台。

⑧宽阔水域和海上桥梁工程的GPS平面控制网宜分为首级网、首级加密网、一级加密网和二级加密网4个等级,首级和首级加密网宜由勘测设计单位布设,一级和二级加密网宜由施工单位布设。一级和二级加密网的布设和使用应符合下列规定:

a. 加密网应采用与全桥统一的坐标系统,且宜由三角形或大地四边形组成,并应一次完成网形设计、施测与平差。加密网应保证至少与最近的2个高级网点为起算点进行联测,任一加密网点应至少与另外2个控制点通视。加密网应按一级GPS测量精度施测,其精度应保证最弱相邻点点位中误差小于±10mm。

b. 控制网点应安全、稳定,在使用过程中应进行定期或不定期检测,当对控制点的稳定性有怀疑时,应立即进行局部或全面复测。加密网两次复测的间隔时间不应超过3个月。

c. 宜每隔1.5km左右选择一个桥墩先行施工其基础,并应在该基础上设立稳固可靠且带有强制对中观测装置的测量控制点,作为桥梁其他墩台施工放样的基准点。

⑨宽阔水域和海上桥梁工程的高程控制网应采用全桥统一的高程基准。对首级网点、首级加密网点和全桥高程贯通测量,应采用不低于国家二等水准测量的精度进行联测;对一级和二级加密网点,应采用不低于国家三等水准测量的精度进行联测。先行施工桥墩的高程控制宜采用GPS测量,其间的其他桥墩、桥塔及上部结构可根据跨海贯通测量的成果,采用常规的高程测量方法进行测量。采用GPS高程测量时,应符合下列规定:

a. 宜选用与桥位区大地水准面较密合的重力场模型,根据高程联测结果,采用曲面拟合法,求取先行施工桥墩或海中暂时无法进行水准测量的GPS测量点的高程异常值和正常高。当跨海水准贯通测量完成后,应根据贯通测量成果对正在施工桥墩的GPS高程值进行修正。

b. 采用拟合法求得的GPS测量点的正常高,在其精度情况得到确认后可代替三等以下精度的水准测量或三角高程测量。

⑩采用GPS实时动态测量系统(RTK)进行宽阔水域、海上桥梁工程的定测和施工放样测量时,基准站的设置及测量方法宜符合所用产品的相应技术规定,测量精度应满足测量的要求。

⑪桥涵工程施工放样测量时,应对桥涵各墩台的控制性里程桩号、基础坐标、设计高程等数据进行复核计算,确认无误后再施测。

⑫施工放样测量需设置临时控制点时,其精度应符合相应等级的精度要求,并应与相邻控制点闭合。

⑬特大桥以及特殊结构的桥梁,在施工过程中宜对主要墩、台(或索塔、锚碇)的沉降变形、倾斜度等进行监测。

⑭桥涵工程完工后,应配合交(竣)工验收进行交(竣)工测量。

⑮桥涵工程的施工测量除应符合现行《公路桥涵施工技术规范》(JTG/T F50)的规定外,尚应符合现行《公路勘测规范》(JTG C10)的规定。

⑯特大跨径公路桥梁测量应符合现行《特大跨径公路桥梁施工测量规范》(JTG/T 3650-02)的规定。

四、桥梁工程原材料的质量要求及混凝土配合比设计

桥梁工程所用原材料主要有水泥、细集料、粗集料、水、外加剂、石料、钢筋、预应力筋等。钢筋混凝土工程所用的各种原材料,均应符合现行国家或行业标准的规定,并应在进场时对其性能和质量进行检验。

1. 桥梁工程原材料的质量要求

1)水泥

公路桥梁工程采用的水泥应符合现行国家标准《通用硅酸盐水泥》(GB 175)的规定,水泥的品种和强度等级应通过混凝土配合比试验选定。且其特性应不会对混凝土的强度、耐久性和工作性能产生不利影响。当混凝土中采用碱活性集料时,宜选用含碱量不大于0.6%的低碱水泥。

(1)水泥进场时,应附有生产厂的品质试验检验报告等合格证明文件,并应按批次对同一

生产厂、同一品种、同一强度等级及同一出厂日期的水泥进行强度、细度、安定性和凝结时间等性能的检验,散装水泥应以每500t为一批,袋装水泥应以每200t为一批,不足500t或200t时,亦按一批计。当对水泥质量有怀疑或受潮或存放时间超过3个月时,应重新取样复验,并应按其复验结果使用。水泥的检验试验方法应符合现行《公路工程水泥及水泥混凝土试验规程》(JTG E30)的规定。

(2)公路桥涵混凝土工程宜采用散装水泥,散装水泥在工地应采用专用水泥罐储存;采用袋装水泥时,在运输和储存过程中应防止受潮,且不得长时间露天堆放,临时露天堆放时应设支垫并覆盖。不同品种、强度等级和出厂日期的水泥应分别按批存放。

2)细集料

细集料宜采用级配良好、质地坚硬、颗粒洁净且粒径小于5mm的河砂;当河砂不易得到时,可采用符合规定的其他天然砂或人工砂;细集料不宜采用海砂,不得不采用时,应经冲洗处理。细集料宜按同产地、同规格、连续进场数量不超过400m³或600t为一验收批,小批量进场的宜以不超过200m³或300t为一验收批进行检验;当质量稳定且进料量较大时,可以1000t为一验收批。检验内容应包括外观、筛分、细度模数、有机物含量、含泥量、泥块含量及人工砂的石粉含量等;必要时尚应对坚固性、有害物质含量、氯离子含量及碱活性等指标进行检验。检验试验方法应符合现行《公路工程集料试验规程》(JTG E42)的规定。

3)粗集料

粗集料宜采用质地坚硬、洁净、级配合理、粒形良好、吸水率小的碎石或卵石,粗集料宜根据混凝土最大粒径采用连续两级配或连续多级配,不宜采用单粒级或间断级配配制,必须使用时,应通过试验验证。

(1)粗集料最大粒径宜按混凝土结构情况及施工方法选取,但最大粒径不得超过结构最小边尺寸的1/4和钢筋最小净距的3/4;在两层或多层密布钢筋结构中,最大粒径不得超过钢筋最小净距的1/2,同时不得超过75.0mm。混凝土实心板的粗集料最大粒径不宜超过板厚的1/3且不得超过37.5mm。泵送混凝土时的粗集料最大粒径,除应符合上述规定外,碎石不宜超过输送管径的1/3;卵石不宜超过输送管径的1/2.5。

(2)施工前应对所用的粗集料进行碱活性检验,在条件许可时宜避免采用有碱活性反应的粗集料,必须采用时应采取必要的抑制措施。

(3)粗集料的进场检验组批应符合现行《公路桥涵施工技术规范》(JTG/T F50)的规定,检验内容应包括外观、颗粒级配、针片状颗粒含量、含泥量、泥块含量、压碎值指标等,检验试验方法应符合现行《公路工程集料试验规程》(JTG E42)的规定。

4)外加剂

公路桥梁工程使用的外加剂,与水泥、矿物掺合料之间应具有良好的相容性。所采用的外加剂,应是经过具备相关资质的检测机构检验并附有检验合格证明的产品,且其质量应符合现行《混凝土外加剂》(GB/T 8075)的规定。外加剂使用前应进行复验,复验结果满足要求后方可用于工程中。外加剂的品种和掺量应根据使用要求、施工条件、混凝土原材料的变化等通过试验确定。

5)掺合料

掺合料应保证其产品品质稳定,来料均匀;掺合料应由生产单位专门加工,进行产品检验并出具产品合格证书。混凝土中需要掺用粉煤灰、磨细矿渣、硅灰等掺合料时,其掺入量应在使用前通过试验确定。

6) 钢筋

桥梁工程中采用钢筋和预应力钢筋各项技术性能、力学性能、化学性能、机械性能和可焊性,必须均符合国家现行的标准规定和设计要求,其他特殊钢筋应符合其相应产品标准的规定。

(1) 钢筋应具有出厂质量证明书和试验报告单,进场时除应检查其外观和标志外,尚应按不同的钢种、等级、牌号、规格及生产厂家分批抽取试样进行力学性能检验,检验试验方法应符合现行国家标准的规定。钢筋经进场检验合格后方可使用。

(2) 钢筋分批检验时,可由同一牌号、同一炉罐号、同一尺寸的钢筋进行组批,每批的质量不宜大于60t,超过60t的部分,每增加40t(或不足40t的余数)应增加一个拉伸和一个弯曲试验试样;钢筋的进场检验亦可由同一牌号、同一冶炼方法的不同炉罐号组成混合批进行,但各炉罐号的含碳量之差应不大于0.02%,含锰量之差应不大于0.15%。

(3) 钢筋在运输过程中应避免锈蚀、污染或被压弯;在工地存放时,应按不同品种、规格、分批分别堆置整齐,不得混杂,并应设立识别标志,存放的时间不宜超过6个月。存放场地应有防水、排水设施,且钢筋不得直接置于地面,应垫高或堆置在台座上,顶部应采用合适的材料予以覆盖,防止水浸和雨淋。

(4) 在工程施工过程中,应采取适当的措施,防止钢筋产生锈蚀。对设置在结构或构件中的预留钢筋的外露部分,当外露时间较长且环境湿度较大时,宜采取包裹、涂刷防锈材料或其他有效方式,进行临时性防护。

(5) 钢筋的级别、种类和直径应按设计规定采用,当需要代换时,应得到设计人员的书面认可。

(6) 钢筋加工、连接及绑扎与安装等必须符合现行《公路工程质量检验评定标准 第一册 土建工程》(JTG F80/1)和《公路桥涵施工技术规范》(JTG/T F50)的要求。

(7) 预应力钢丝分批检验时每批质量应不大于60t。检验时应先从每批中抽查5%且不少于5盘,进行表面质量检查,如检查不合格,则应对该批钢丝逐盘检查。在表面质量检查合格的钢丝中抽取5%,但不少于3盘,在每盘钢丝的两端取样进行抗拉强度、弯曲和伸长率的试验。试验结果如有一项不合格时,则不合格盘报废,并从同批未试验过的钢丝盘中取双倍数量的试样进行该不合格项的复验;如仍有一项不合格,则该批钢丝为不合格。

(8) 钢绞线分批检验时每批质量应不大于60t,检验时应从每批钢绞线中任取3盘,并从每盘所选的钢绞线端部正常部位截取一组试样进行表面质量、直径偏差和力学性能试验。如每批少于3盘,则应逐盘取样进行上述试验。试验结果如有一项不合格时,则不合格盘报废,并再从该批未试验过的钢绞线中取双倍数量的试样进行该不合格项的复验;如仍有一项不合格,则该批钢绞线为不合格。

(9) 螺纹钢筋分批检验时每批质量应不大于100t,对表面质量应逐根目视检查,外观检查合格后在每批中任选2根钢筋截取试件进行拉伸试验。试验结果如有一项不合格时,则应另取双倍数量的试件重做全部各项试验;如仍有一根试件不合格,则该批钢筋为不合格。钢丝的表面质量要求钢丝表面不得有裂纹、小刺、机械损伤、氧化铁皮及油迹;回火成品表面允许有回火颜色。

7)砌体工程用石料、预制块

(1)石料应符合设计规定的类别和强度,石质应均匀、不易风化、无裂纹。一月份平均气温低于 –10℃的地区,除干旱地区的不受冰冻部位或根据以往实践经验证明材料确有足够的抗冻性者外,所用砖石及混凝土须通过冻融试验证明抗冻性指标时,才可使用。

(2)片石一般指用爆破或楔劈法开采的石块,厚度不应小于150mm(卵型和薄片者不得使用)。用作镶面的片石,应选择表面较平整、尺寸较大者,并应稍加修整。

(3)块石应形状大致方正,上下面大致平整,厚度200～300m,宽度约为厚度的1.0～1.5倍,长度约为厚度的1.5～3.0倍。如有锋棱锐角,应敲除。块石作镶面时,应由外露面四周向内稍加修凿;后部可不修凿,但应略小于修凿部分。

(4)粗料石应外形方正,成六面体,厚度为200～300m,宽度为厚度的1.0～1.5倍,长度为厚度的2.5～4.0倍,表面凹陷深度不大于20mm。加工镶面粗料石时,丁石长度应比相邻顺石宽度至少大150mm,修凿面每100mm长须有錾路约4～5条,侧面修凿面应与外露面垂直,正面凹陷深度不应超过15mm,外路面带细凿边缘时,细凿边缘的宽度应为30～50mm。

(5)镶面粗料石的外露如带细凿边缘时,细凿边缘的宽度应为30～50mm。

(6)混凝土预制块的规定应与粗料石相同,其强度应符合合同规定,尺寸根据砌体形状确定。预制块做拱石时,应比封顶时间提前2～4个月预制,以减少混凝土的收缩。

其他材料检验,如材料检验、橡胶伸缩缝检验、板式橡胶支座、四氟板式橡胶支座、盆式橡胶支座、盆式四氟板式橡胶支座的检验,预应力锚具、夹具、连接器的检验均应符合规范规定的要求。

2.混凝土配合比设计要求

(1)混凝土的配合比应以质量比表示,并应通过计算和试配选定。试配时应使用施工实际采用的材料,配制的混凝土拌合物应满足和易性、凝结时间等施工技术条件;制成的混凝土应满足强度、耐久性(抗冻、抗渗、抗侵蚀)等质量要求。

(2)普通混凝土的配合比,可按照现行《普通混凝土配合比设计规程》(JGJ 55)的规定进行计算,并应通过试配确定。混凝土的试配强度,应根据设计强度等级,并考虑施工条件的差异和变化以及原材料质量可能的波动,按照现行《公路桥涵施工技术规范》(JTG/T F50)的附录计算确定;混凝土的坍落度和工作性能宜根据结构物情况和施工工艺要求确定,在满足工艺要求的前提下,宜采用低坍落度的混凝土施工。通过设计和试配确定的配合比,应经监理工程师批准后方可使用,且应在混凝土拌制前将理论配合比换算为施工配合比。监理工程师应根据监理平行或验证试验结果对施工单位配合比报告进行批复。

(3)混凝土的最大水胶比、最小水泥用量及最大氯离子含量应符合表5-7的规定。

混凝土的最大水胶比、最小水泥用量及最大氯离子含量　　　　表5-7

环境类别	环境条件	最大水胶比	最小水泥用量 (kg/m³)	最低混凝土强度等级	最大氯离子含量(%)
Ⅰ	温暖或寒冷地区的大气环境、与无侵蚀的水或土接触的环境	0.55	275	C25	0.30

续上表

环境类别	环境条件	最大水胶比	最小水泥用量（kg/m³）	最低混凝土强度等级	最大氯离子含量（%）
Ⅱ	严寒地区的大气环境、使用除冰盐环境、滨海环境	0.50	300	C30	0.15
Ⅲ	海水环境	0.45	300	C35	0.10
Ⅳ	受侵蚀性物质影响的环境	0.40	325	C35	0.10

注：1. 水胶比、氯离子含量系指其与胶凝材料用量的百分比。
　　2. 最小水泥用量，包括掺合料，当掺用外加剂且能有效地改善混凝土的和易性时，水泥用量可减少25kg/m³。
　　3. 严寒地区系指最冷月份平均气温低于或等于 -10℃，且日平均温度低于或等于5℃的天数在145d以上的地区。
　　4. 预应力混凝土结构中的最大氯离子含量为0.06%，最小水泥用量为350kg/m³。
　　5. 封底、垫层及其他临时工程的混凝土，可不受本表的限制。

（4）在混凝土中掺入外加剂时尚应符合下列规定：
①在钢筋混凝土和预应力混凝土中，均不得掺用氯化钙、氯化钠等氯盐。
②当从各种组成材料引入的氯离子含量（折合氯盐含量）大于表5-7规定的限值时，宜在混凝土中采取掺加阻锈剂、增加保护层厚度、提高密实度等防腐蚀措施。
③掺入引气剂的混凝土，其含气量宜为3.5%～5.5%。

（5）除应对由各种组成材料带入混凝土中的碱含量进行控制外，尚应控制混凝土的总碱含量。每立方米混凝土的总碱含量，对一般桥涵不宜大于3.0kg/m³，对特大桥、大桥和重要桥梁不宜大于1.8kg/m³；当混凝土结构处于受严重侵蚀的环境时，不得使用有碱活性反应的集料。

（6）泵送混凝土的配合比宜符合下列规定：
①最小水泥用量宜为280～300kg/m³（输送管径100～150mm）。通过0.3mm筛孔的砂不宜少于15%，砂率宜控制在35%～45%范围内。
②混凝土拌和物的出机坍落度宜为100～200mm，泵送入模时的坍落度宜控制在80～180mm之间。
③宜通过试验掺用适量的减水剂、泵送剂和掺合料。

（7）大体积混凝土在选用原材料和进行配合比设计时，应按照降低水化热温升的原则进行，并应符合下列规定：
①宜选用低水化热和凝结时间长的水泥品种。粗集料宜采用连续级配，细集料宜采用中砂。宜掺用可降低混凝土早期水化热的外加剂和掺合料，外加剂宜采用缓凝剂、减水剂；掺合料宜采用粉煤灰、矿渣粉等。
②进行配合比设计时，在保证混凝土强度、和易性及坍落度要求的前提下，宜采取改善粗集料级配、提高掺合料和粗集料的含量、降低水胶比等措施，减少单方混凝土的水泥用量。

（8）有抗冻性要求的混凝土，应符合下列规定：
①宜选用硅酸盐水泥或普通硅酸盐水泥，不宜使用火山灰质硅酸盐水泥。粗集料宜选用

连续级配,其最大粒径不宜大于37.5mm,含泥量应不大于1%;细集料的含泥量应不大于2%,集料的坚固性5次循环试验质量损失应不大于3%,并不得含有泥块。

②抗冻混凝土的配合比设计的最大水胶比要小于0.50,同时应进行抗冻融性能试验。混凝土抗冻性试验方法应符合现行《公路工程水泥及水泥混凝土试验规程》(JTG E30)的规定。

③位于水位变动区有抗冻要求的混凝土,其抗冻等级指标不应低于表5-8的规定。

水位变动区混凝土抗冻等级选定标准　　　　　　　　　　　　表5-8

结构物所在地区	海水环境	淡水环境
严重受冻地区(最冷月的月平均气温低于-8℃)	F350	F250
受冻地区(最冷月的月平均气温在-4~-8℃之间)	F300	F200
微冻地区(最冷月的月平均气温在0~-4℃之间)	F250	F150

注:1. 试验过程中试件所接触的介质应与结构物实际接触的介质相近。
　　2. 墩、台身等结构物的混凝土应选用比同一地区高一级的抗冻等级。

(9)有抗冻性要求的混凝土宜掺入适量引气剂,同时宜掺入减水剂,其拌合物的适宜含气量应在表5-9范围内选择。

有抗冻性要求的混凝土拌合物含气量控制范围　　　　　　　　表5-9

集料最大粒径(mm)	含气量范围(%)	集料最大粒径(mm)	含气量范围(%)
9.5	5.0~8.0	31.5	3.5~6.5
19.0	4.0~7.0	37.5	3.0~6.0

注:当要求的含气量为某一定值时,其检测结果与要求值的允许偏差范围应为±1.0%;当含气量要求值的为某一范围时,检测结果应满足规定范围的要求。

(10)有抗渗性要求的混凝土应符合下列规定:

①混凝土的抗渗等级应符合设计规定。

②粗集料宜选用连续级配,其最大粒径不宜大于37.5mm。

③胶凝材料总量不宜小于320kg/m³;砂率宜为35%~45%;最大水胶比应符合表5-10的规定。

抗渗混凝土最大水胶比　　　　　　　　　　　　　　　　　　表5-10

抗渗等级	最大水胶比	
	C20~C30混凝土	C30以上混凝土
W6	0.60	0.55
W8~W12	0.55	0.50
W12以上	0.50	0.45

④掺引气剂的抗渗混凝土,应做含气量试验,其含气量宜控制在3%~5%之间。

⑤混凝土抗渗性试验方法应符合现行《公路工程水泥及水泥混凝土试验规程》(JTG E30)的规定。试配时要求的抗渗水压值应比设计值提高0.2MPa。

(11)高强度混凝土原材料的选用应符合下列规定:

①水泥宜选用强度等级不低于52.5的硅酸盐水泥和普通硅酸盐水泥,不得使用立窑水泥。

②细集料还要宜选用质地坚硬、级配良好的中砂,细度模数应不小于2.6,含泥量应不大

于1.5%;配制C70及以上等级混凝土时,含泥量应不大于1.0%,且不应有泥块存在,必要时应冲洗后使用。

③粗集料宜选用质地坚硬、级配良好、无风化颗粒的碎石。粗集料的最大粒径尚不宜大于25mm,含泥量应不大于0.5%,针片状颗粒含量不宜大于5%;配制C80及以上等级混凝土时,最大粒径不宜大于20mm。

④所采用的减水剂应为高效减水剂或缓凝高效减水剂,其掺量应根据试验确定。

⑤掺合料可选用粉煤灰、磨细矿渣和硅灰等,掺量应根据试验确定。

⑥高强度混凝土的配合比应有利于减少温度收缩、干燥收缩和自身收缩引起的体积变形,避免早期开裂,还应符合下列规定:

a. 配制高强度混凝土所用砂率及所采用的外加剂和矿物掺合料的品种、掺量等,均应通过试验确定。

b. 高强度混凝土的水泥用量不宜大于500kg/m^3,胶凝材料总量不宜大于600kg/m^3。

c. 当采用3个不同的配合比进行混凝土强度试验时,其中一个应为基准配合比,另外两个配合比的水胶比宜较基准配合比分别增加和减少0.02~0.03。

d. 高强度混凝土的设计配合比确定后,尚应采用该配合比进行不少于6次的重复试验进行验证,其平均值应不低于配制强度。

(12) 高性能混凝土

①高性能混凝土的原材料和配合比还应符合现行《公路工程混凝土结构耐久性设计规范》(JTG/T 3310)的规定。

②配制高性能混凝土时,应选用优质水泥和级配良好的优质集料,同时应掺加与水泥相匹配的高效减水剂及优质掺合料。

③水泥宜选用品质稳定、标准稠度低、强度等级不低于42.5的硅酸盐水泥或普通硅酸盐水泥,不宜采用矿渣硅酸盐水泥、火山灰质硅酸盐水泥及粉煤灰硅酸盐水泥。水泥的技术要求除应符合现行《通用硅酸盐水泥》(GB 175)的规定外,尚应符合表5-11的规定。

水泥技术要求　　　　　　　　　表5-11

项目	技术要求	检验标准
比表面积(m^2/kg)	≤350(硅酸盐水泥、抗硫酸盐硅酸盐水泥)	现行《水泥比表面积测定方法 勃氏法》(GB/T 8074)
80μm方孔筛筛余(%)	≤10.0(普通硅酸盐水泥)	现行《水泥细度检验方法 筛析法》(GB/T 1345)
游离氧化钙含量(%)	≤1.5	现行《水泥化学分析方法》(GB/T 176)
碱含量(%)	≤0.60	
熟料中的C_3A含量(%)	≤8;海水环境下≤10	按现行《水泥化学分析方法》(GB/T 176)检验后计算求得
氯离子含量(%)	≤0.03	现行《水泥原料中氯离子的化学分析方法》(JC/T 420)

④细集料宜选用级配良好、质地均匀坚固、吸水率低、空隙小、细度模数2.6~3.2的洁净天然中粗河砂,或符合要求的人工砂,不得使用山砂和海砂。细集料其有害物质含量的限值尚应符合表5-12的规定。

细集料有害物质含量限值　　　　　　　　　　　　　　　　表 5-12

项目	有害物质含量限值		
	混凝土强度等级		
	<C30	C30~C45	≥C50
含泥量(%)	≤3.0	≤2.5	≤2.0
泥块含量(%)	≤0.5		
云母含量(%)	≤0.5		
轻物质含量(%)	≤0.5		
氯离子含量(%)	<0.02		
有机物含量	合格		
硫化物及硫酸盐含量（按 SO_3 质量计）(%)	≤0.5		

注：对可能处于干湿循环、冻融循环下的混凝土，细集料的含泥量应小于1.0%。

⑤粗集料宜选用质地均匀坚硬、粒形良好、级配合理、线胀系数小的洁净碎石或卵石，不宜采用砂岩加工成的碎石。粗集料其压碎指标应不大于10%；坚固性试验结果失重率对钢筋混凝土结构应小于8%，对预应力混凝土结构应小于5%。粗集料应采用两级配或多级配，其松散堆积密度应大于1500kg/m³；紧密空隙率宜小于40%；吸水率应小于2%，当用于干湿循环、冻融循环下的混凝土时应小于1%。粗集料的最大粒径不宜超过25mm（大体积混凝土除外），且不得超过保护层厚度的2/3。粗集料中有害物质含量的限值应符合表5-13的规定。

粗集料有害物质含量限值　　　　　　　　　　　　　　　　表 5-13

项目	有害物质含量限值		
	混凝土强度等级		
	<C30	C30~C45	≥C50
含泥量(%)	≤1.0	≤1.0	≤5
泥块含量(%)	≤0.25		
针片状颗粒含量(%)	≤7		
硫化物及硫酸盐含量（按 SO_3 质量计）(%)	≤0.5		
氯离子含量(%)	<0.02		
有机物含量(比色法)	合格		

⑥外加剂应选用高效减水剂或复合减水剂，并应选择减水率高、坍落度损失小、适量引气、与水泥之间具有良好的相容性、能明显改善或提高混凝土耐久性能且质量稳定的产品；引气剂或引气型外加剂应有良好的气泡稳定性。用于提高混凝土抗冻性的引气剂、减水剂和复合外加剂中均不得掺有木质硫酸盐组分，并不得采用含有氯盐的防冻剂。外加剂的性能指标应符合表5-14的规定。

外加剂性能指标 表 5-14

项 目		指标	检 验 标 准
水泥净浆流动度(mm)		≥240	现行《混凝土外加剂匀质性试验方法》(GB/T 8077)
硫酸钠含量		≤5.0	
氯离子含量(%)		≤0.02	
碱含量($Na_2O+0.658K_2O$)(%)		≤10.0	
减水率(%)		≥20	现行《混凝土外加剂匀质性试验方法》(GB/T 8077)、《混凝土外加剂》(GB 8076)
含气量(%)	用于配制非抗冻混凝土时	≥3.0	
	用于配制抗冻混凝土时	≥4.5	
坍落度保留值(mm)	30min	≥180	参考《混凝土泵送剂》(JC 473—2001)
	60min	≥150	
常压泌水率比(%)		≤20	现行《混凝土外加剂》(GB 8076)
压力泌水率比(%)		≤90	参考《混凝土泵送剂》(JC 473—2001)
抗压强度比(%)	3d	≥130	
	7d	≥125	
	28d	≥120	现行《混凝土外加剂》(GB 8076)
对钢筋锈蚀作用		无锈蚀	
收缩率比(%)		≤135	
相对耐久性指标(200次)(%)		≥80	

注：表中坍落度坍落度保留值、压力泌水率比仅适用与泵送混凝土用外加剂。

⑦矿物掺合料应选用品质稳定、来料均匀的粉煤灰、磨细矿渣粉和硅灰等，应分别符合表5-15～表5-17的规定。

粉煤灰技术要求 表 5-15

项 目	技 术 要 求		检 验 标 准
	C50以下混凝土	C50及以上混凝土	
细度(%)	≤20	≤12	现行《用于水泥和混凝土中的粉煤灰》(GB/T 1596)
需水量比(%)	≤105	≤100	
含水率(%)	≤1.0(干排灰)		
烧失量(%)	≤5.0	≤3.0	
SO_3含量(%)	≤3		
CaO含量(%)	≤10(硫酸盐侵蚀环境)		现行《水泥化学分析方法》(GB/T 176)
游离CaO含量(%)	F类粉煤灰≤1.0 C类粉煤灰<4.0		
氯离子含量(%)	≤0.02		现行《水泥原料中氯离子的化学分析方法》(JC/T 420)
安定性(雷氏夹沸煮后增加距离)(mm)	C类粉煤灰≤5.0		现行《水泥标准稠度用水量、凝结时间、安定性检验方法》(GB/T 1346)

磨细矿渣粉技术要求　　　　　　　表 5-16

项目	技术要求	检验标准
比表面积(m^2/kg)	350~450	现行《水泥比表面积测定方法 勃氏法》(GB/T 8074)
需水量比(%)	≤100	现行《高强高性能混凝土用矿物外加剂》(GB/T 18736)
含水率(%)	≤1.0	现行《用于水泥、砂浆和混凝土中的粒化高炉矿渣粉》(GB/T 18046)
烧失量(%)	≤3	现行《水泥化学分析方法》(GB/T 176)
SO_3 含量(%)	≤4	现行《水泥化学分析方法》(GB/T 176)
MgO 含量(%)	≤14	现行《水泥化学分析方法》(GB/T 176)
氯离子含量(%)	≤0.02	现行《水泥原料中氯的化学分析方法》(JC/T 420)
28d 活性指数(%)	≥95	现行《用于水泥、砂浆和混凝土中的粒化高炉矿渣粉》(GB/T 18046)

硅灰技术要求　　　　　　　表 5-17

项目	技术要求	检验标准
比表面积(m^2/kg)	≥18000	现行《高强高性能混凝土用矿物外加剂》(GB/T 18736)
需水量比(%)	≤125	现行《高强高性能混凝土用矿物外加剂》(GB/T 18736)
含水率(%)	≤3.0	现行《水泥化学分析方法》(GB/T 176)
烧失量(%)	≤6	现行《水泥化学分析方法》(GB/T 176)
SiO_2 含量(%)	≥85	现行《高强高性能混凝土用矿物外加剂》(GB/T 18736)
氯离子含量(%)	≤0.02	现行《水泥原料中氯的化学分析方法》(JC/T 420)
28d 活性指数(%)	≥85	现行《高强高性能混凝土用矿物外加剂》(GB/T 18736)

⑧高性能混凝土的配合比应根据原材料品质、设计强度等级、耐久性以及施工工艺对工作性能的要求,通过计算、试配和调整等步骤确定。进行配合比设计时应符合下列规定:

a. 对不同强度等级混凝土的胶凝材料总量应进行控制,C40 以下不宜大于 400kg/m^3;C40~C50 不宜大于 450kg/m^3;C60 及以上的非泵送混凝土不宜大于 500kg/m^3,泵送混凝土不宜大于 530kg/m^3。配有钢筋的混凝土结构,在不同环境条件下,其最大水胶比和单方混凝土中胶凝材料的最小用量应符合设计要求,设计未要求时应符合表 5-18 的规定。

高性能混凝土的最大水胶比和最小胶凝材料用量　　　　　　　表 5-18

环境作用等级	强度等级	最大水胶比	最小胶凝材料用量(kg/m^3)	强度等级	最大水胶比	最小胶凝材料用量(kg/m^3)
	设计基准期 100 年			设计基准期 50 年		
A	C30	0.55	280	C25	0.60	260
B	C35	0.50	300	C30	0.55	280
C	C40	0.45	320	C35	0.50	300
D	C45	0.40	340	C40	0.45	320
E	C50	0.36	360	C45	0.40	340
F	C50	0.32	380	C50	0.36	360

注:1. 大掺量矿物掺合料混凝土的水胶比应不大于 0.42。
　　2. 对环境作用等级为 E 或 F 的重要工程,其混凝土材料的拌和用水量不宜高于 150kg/m^3。
　　3. 对冻融和化学腐蚀环境下的薄壁结构或构件,其水胶比宜适当低于表中对应的数值。

b. 混凝土中宜适量掺加优质的粉煤灰、磨细矿渣粉或硅灰等矿物掺合料,用以提高其耐久性,改善其施工性能和抗裂性能,其掺量宜根据混凝土的性能要求通过试验确定,且不宜小于胶凝材料总量的 20%。当混凝土中粉煤灰掺量大于 30% 时,混凝土的水胶比不得大于 0.45;在预应力混凝土及处于冻融环境的混凝土中,粉煤灰的掺量不宜大于 30%,且粉煤灰的含碳量不宜大于 2%。对暴露于空气中的一般构件混凝土,粉煤灰的掺量不宜大于 20%,且单方混凝土胶凝材料中的硅酸盐水泥用量不宜小于 240kg。

c. 对耐久性有较高要求的混凝土结构,试配时应进行混凝土和胶凝材料抗裂性能的对比试验,并从中优选抗裂性能良好的混凝土原材料和配合比。

d. 混凝土中宜适量掺加符合表 5-14 规定的外加剂,且宜选用质量可靠、稳定的多功能复合外加剂。

e. 冻融环境下的混凝土宜采用引气混凝土。冻融环境作用等级 D 级及以上的混凝土必须掺用引气剂,并应满足表 5-19 对相应强度等级中最大水胶比和胶凝材料最小用量的要求;对处于其他环境作用等级的混凝土,亦可通过掺加引气剂(含气量不小于 4%)提高其耐久性。混凝土抗冻性的耐久性指数(DF)应符合现行《公路工程混凝土结构耐久性设计规范》(JTG/T 3310)的规定。引气混凝土的适宜含气量和气泡间距系数应符合表 5-19 的规定。

引气混凝土的适宜含气量和气泡间距系数　　　　　　表 5-19

集料最大粒径(mm)	含气量(%)		
	高度水饱和环境	中度水饱和环境	盐冻环境
10	7.0	5.5	7.0
15	6.5	5.0	6.5
25	6.0	4.5	6.0
40	5.5	4.0	5.5
气泡间距系数(μm)	≤250	≤300	≤200

注:1. 高度水饱和指冰冻前长期或频繁接触水或湿润土体,混凝土体内高度水饱和;中度水饱和指冰冻前偶受雨水或潮湿,混凝土体内饱水程度不高。
2. 表中含气量为在现场新拌混凝土中取样测得的平均值,允许误差为 ±1.0%。
3. 气泡间距系数为在现场或模拟现场的硬化混凝土中钻芯取样测得的数值。

f. 对混凝土中总碱含量的控制,应符合普通混凝土规定。混凝土中的氯离子总含量,对钢筋混凝土不应超过胶凝材料总质量的 0.10%;对预应力混凝土不应超过 0.06%。

g. 混凝土的坍落度宜根据施工工艺的要求确定,条件允许时宜选用低坍落度的混凝土施工。

3. 桥梁结构施工质量要求

(1)钢筋加工应符合现行《公路桥涵施工技术规范》(JTG/T F50)的要求。

(2)钢筋的接头应符合现行《公路桥涵施工技术规范》(JTG/T F50)的规定。

(3)钢筋的焊接方法、形式及使用范围应符合现行《公路桥涵施工技术规范》(JTG/T F50)的规定。

(4)钢筋骨架和钢筋网的组成和安装要求见表 5-20。

(5)预应力高强钢丝、钢绞线、热处理钢筋及冷拉Ⅳ级钢筋的切断,宜采用切割机或砂轮锯,不得使用电弧。

钢筋骨架和钢筋网的组成及安装　　　　　　　　　　　　　　　　表 5-20

项　目	钢筋骨架与钢筋网拼接安装要求
钢筋骨架片和钢筋网片的制作	在钢筋工程中,对适于预制钢筋骨架或钢筋网的构件,宜先预制成钢筋骨架片或钢筋网片,在工地就位后进行拼装(绑扎或焊接),以保证安装质量并加快施工进度。 　　钢筋骨架的焊接拼装应在坚固的工作台上进行,预制成的钢筋骨架,必须具有足够的刚度和稳定性,以利运输、吊装和浇筑混凝土过程中不致松散、移位、变形,必要时可在钢筋骨架的某些连接点处加以焊接或增设加强钢筋
骨架的焊接拼装要求	(1) 拼装时应按设计图纸放大样,同时还应考虑焊接变形并预留拱度。 (2) 钢筋拼装前,对有焊接接头的钢筋应检查每根接头的焊缝有无开焊、变形,如有开焊,应及时补焊。 (3) 为防止电焊时局部变形,拼装时在需要焊接的位置先用楔形卡卡住,待所有焊接点卡好后,焊缝两端以点焊定位,然后进行焊缝施焊。 (4) 骨架焊接时,不同直径钢筋的中心线应在同一平面上。因此,在焊接较小直径钢筋时,下面宜垫以厚度适当的钢板。 (5) 焊接顺序宜由中到边对称向两端进行,先焊骨架下部,再焊骨架上部,相邻的焊缝采用分区对称跳焊,不得顺着一个方向一次焊成,药皮应随焊随敲除
钢筋网点的焊接要求	钢筋网焊点应符合设计规定。当设计无规定时,可按下述要求: (1) 当钢筋网的受力钢筋为变形钢筋时,网内焊点的数目和位置可按运输和安装条件决定。 (2) 当焊接网的受力钢筋为Ⅰ级或冷拉Ⅰ级钢筋时,如焊接网只有一个方向为受力钢筋,网两端边缘的两根锚固横向钢筋与受力钢筋的全部相交点必须焊接,如焊接网的两个方向均为受力钢筋,则沿网四周边的两根钢筋的全部相交点均应焊接,其余的相交点,可根据运输和安装条件决定,一般可焊接和绑扎一半交叉点。 (3) 当焊接网的受力钢筋为冷拔低碳钢丝、而另一方向的间距小于 10cm 时,除网两端边缘的两根锚固横向钢筋的全部相交点必须焊接外,中间部分的焊点距离可增大至 25cm
现场绑扎钢筋时有关规定	(1) 钢筋的交叉点应用直径 0.7~2.0mm 铁丝绑扎结实,必要时,亦可用点焊焊牢。 (2) 除设计有特殊规定者外,柱和梁中的箍筋应与主筋垂直。 (3) 箍筋的末端应向内弯曲,箍筋转角与钢筋的交接点均应绑扎牢(钢筋与箍筋的平直部分的相交点可成梅花式交叉牢)。 (4) 箍筋的接头(弯钩迭合处),在柱中应沿竖向线方向交叉布设,在梁中应沿纵向线方向交叉布设。 (5) 墩、台身、柱中的竖向钢筋搭接时,转角处的钢筋弯钩均应与模板成 45°,中间钢筋的弯钩应与模板成 90°。如采用插入式振动器浇筑小型截面时,弯钩与模板的角度最小不得小于 15°,在浇筑过程中不得松动。 (6) 绑扎用的铁丝应向里弯,不得伸向保护层内
对先绑扎后入模的骨架安装要求	(1) 绑扎梁、柱、桩等钢筋骨架,宜在绑扎工作台上进行。 (2) 运送、搬移钢筋骨架要轻起轻落,不得猛摔或翻滚。 (3) 抬运钢筋骨架时,应注意不使骨架有变形情况,必要时可加斜筋加以撑固或增设吊点。 (4) 钢筋在入模前,在底部应加好垫块,在侧部绑好垫块,以保证应有的保护层厚度。 (5) 钢筋入模前,对模板上的浮油要加以清除,以免油污钢筋影响质量。 (6) 已经绑扎好的钢筋骨架或钢筋网上不得践踏或在其上放置重物

(6)钢绞线在使用前宜进行预拉,预拉力值可采用整根钢绞线破断负荷的80%,持荷时间不应少于5min。但对质量可靠的低松弛钢绞线可不进行预拉。

(7)预应力钢材由多根钢丝或钢绞线组成时,同束内应采用强度相等的钢材,且应编束时理顺直,预应力钢材镦粗头及冷拉和冷拔要求见表5-21。

预应力钢筋镦粗头及冷拉和冷拔　　　　表5-21

项　目	有关规定和要求			
预应力钢材镦粗头	预应力钢材镦粗头锚固时,对于高强钢丝,宜采用液压冷镦,对于冷拔低碳钢丝,可采用冷冲镦粗,对于钢筋,宜采用热电镦粗,但Ⅳ级钢筋镦粗后应进行电热处理。 冷拉钢筋端头的镦粗及热处理工作,应在钢筋冷拉之前进行,否则应对镦头逐个进行抗拉检查,检查时的控制应力应不小于钢筋冷拉的控制应力			
预应力钢材的冷拉	预应力混凝土结构用的冷拉钢筋,可采用Ⅱ~Ⅳ级热扎钢筋,冷拉控制应力及冷拉率应符合下列规定			
	钢筋冷拉参数			
	序号	钢筋种类	双控	单控
			控制应力(MPa) ｜ 冷拉率不大于(%)	冷拉率(%)
	1	Ⅱ级钢筋	450　　　　　5.5	3.5~5.5
	2	Ⅲ级钢筋	530　　　　　6.0	3.5~5.0
	3	Ⅳ级钢筋	750　　　　　4.0	2.5~4.0
用单控方法冷拉钢筋时的冷拉率	其冷拉率应有试验确定。当试验冷拉率小于上述规定的下限时,控制冷拉率按下限值采用,同时控制冷拉率也不得大于表中列的上限值			
冷拉钢筋由多根钢筋组成时的冷拉率	按总长控制的冷拉率除应符合上述单控规定外,还宜分别测定各根钢筋的冷拉率,当采用单控方法时,不应超过上列冷拉参数规定的上限值,而允许低于下限值,当采用双控方法时,不应超过规定参数的限值			
钢筋的冷拉速度	冷拉速度不宜过快,一般控制在5MPa/s左右,冷拉至控制应力时,应停置1~2min再放松。冷拉后,有条件时宜进行时效处理,应按冷拉延伸率大小分组堆放,以备编束时选用。冷拉钢筋应做记录			
冷拔钢丝的采用与冷拔速度	预应力钢材采用冷拔低碳钢丝时,应采用直径为6~8mm的Ⅰ级热轧钢筋盘条拔制。拔丝模孔为盘条0.85~0.9,拔制次数一般不超过3次,超过3次时应将拔丝退火处理。拉拔总压缩率应控制60%~80%,平均拔丝速度应为50~70m/min。冷拔达到要求直径后,应按规定进行检验,以决定其组别和力学性能(包括伸长率)			

(8)预应力张拉一般采用双控,用应力控制方法张拉时,应以伸长值进行校核,实际伸长值与理论伸长值之差应在6%以内。最大超张拉应力要符合设计要求或现行《公路桥涵施工技术规范》(JTG/T F50)的要求。

(9)混凝土的拌和、运输、浇筑、接缝、养生等处理应符合现行《公路桥涵施工技术规范》(JTG/T F50)的要求。一般情况下应满足:

①钢筋混凝土结构在自重的作用下,不允许出现受力裂缝。

②钢管混凝土应保证管内混凝土饱满,管壁与混凝土紧密结合。

③对拱式、悬臂等对称结构浇筑必须对称、均衡施工。

④对大体积、大面积混凝土施工应注意其水化热温度的影响,可按规范要求分块、分层施工;大体积混凝土施工还应符合现行《大体积混凝土施工标准》(GB 50496)。

⑤对现浇桥梁上部结构应重视其支架和模板的稳定,且应根据需要设置预拱度,其拆模的期限应符合规范的规定。

⑥当气温在5℃以下时,应符合冬季施工的规定。混凝土结构模板的估计拆除期限见表5-22、表5-23。

拆除承重模板的估计期限　　　　表5-22

项次	达到设计强度的比例(%)	水泥		拆模期限(d)及硬化时昼夜的平均温度(℃)						
		品 种	强度等级	+5	+10	+15	+20	+25	+30	+35
1	50	硅酸盐、普通	52.5	6.5	5	4.2	3	3	2.5	2
		矿渣	42.5	17	15	9.5	6	4	3	2.5
		矿渣	32.5	18	15	12	8	6.5	5	3.8
2	70	硅酸盐、普通	52.5	11	9.5	8	6	4.5	3.5	3
		矿渣	42.5	31	19	14	11.5	8.5	6	4.5
		矿渣	32.5	34	26	18	15	12.5	8.5	7
3	100	硅酸盐、普通	52.5	41	36	32	28	19	15	13
		矿渣	42.5	56	47	39	28	26	19	17
		矿渣	32.5	62	51	41	28	26	22	18

注:1. 本表按C20以上一般混凝土考虑。
  2. 火山灰水泥、粉煤灰水泥可参照表中矿渣水泥考虑。
  3. 普通水泥强度等级小于或等于42.5号的拆模期限应酌情予以延长。
  4. 采用干硬性、低流动性或掺有外加剂的混凝土时,拆模期限可通过试验确定。

拆除非承重模板的估计期限　　　　表5-23

项次	混凝土强度等级(MPa)	水泥品种	混凝土强度达到2.5MPa所需的时间(h)及硬化时昼夜平均温度(℃)						
			+5	+10	+15	+20	+25	+30	+35
1	20	32.5级矿渣水泥	23	16	13	10	9	8	7
2	40	42.5级矿渣水泥	22	10	9	7	6	5	5
		52.5级矿渣水泥	15	11	9	8	6	5	4
		52.5级硅酸盐水泥	14	9	7	6	4	4	4

注:1. 本表拆模期限按混凝土强度达到2.5MPa的时间考虑。
  2. 当采用火山灰水泥、粉煤灰水泥时,可参考矿渣水泥考虑。
  3. 混凝土强度等级小于或等于C15时,拆模时间应酌情予以延长。

五、桥梁工程施工监理工作流程图

桥梁工程施工监理工作流程图如图5-1所示。

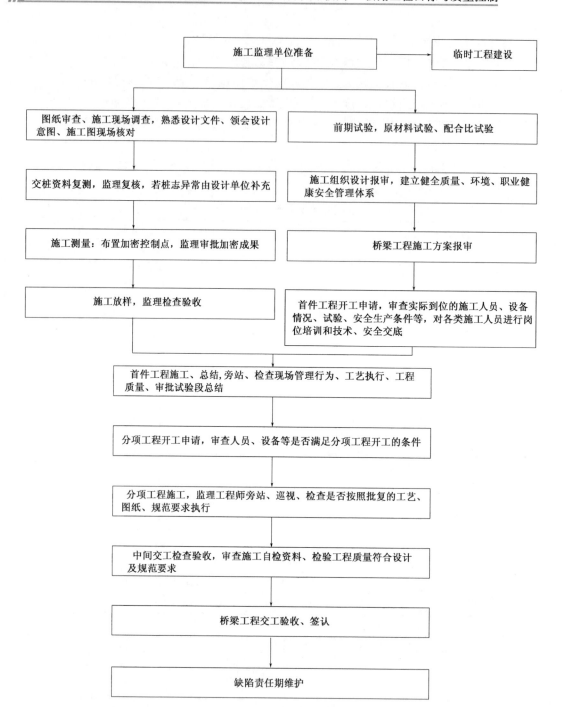

图 5-1 桥梁工程施工监理工作流程图

六、桥梁荷载试验

桥梁荷载试验分为动载试验和静载试验,试验阶段分为试验准备、现场实施、试验结果分析三个阶段。荷载试验应在桥面铺装完成达到设计要求后进行。做荷载试验应保证桥梁结构整体和局部受力安全。

（1）桥梁完工以后，对于特大跨径的桥梁、结构复杂的桥梁和承载力需要验证的桥梁应进行荷载试验，监理工程师应根据合同要求指示施工单位做荷载试验，要求试验结果应满足设计要求和符合相关技术规范的规定。

（2）荷载试验应委托经监理工程师同意的有相应资质的检测、科研或设计单位承担。

（3）施工单位应在进行荷载试验以前至少14天向监理工程师提交一份测试设备、方法、步骤及测试要求的计划，报监理工程师批准。

（4）荷载试验完成后，施工单位应向监理工程师提供一份完整的试验报告。

（5）按试验结果，结构物或结构物的任一部分，如由于施工原因不能满足图纸要求，施工单位应报监理工程师批准后进行重建或补强，其结构安全和使用功能满足设计要求，并得到监理工程师认可。

（6）桥梁荷载测试项目由监理工程师按按设计要求指定。如图纸无规定测试项目时，一般动载试验包括冲击、自振频率、动挠度、脉动、动应变试验；静载试验包括静挠度及静应变试验。

七、地质钻探及取样试验

桥梁基础在施工过程中，地质情况有变化，需要进行补充钻探，以查明桥梁基础的地质情况，经报请监理工程师审查批准，施工单位可进行补充地质钻探并取样做必要的试验，据以继续进行基础施工或改变基础设计。改变基础设计时，需经监理工程师审查批准。

八、开放交通

（1）水泥混凝土桥面铺装在浇筑混凝土的强度达到设计等级后，才可开放交通。如果经监理工程师同意采用快硬水泥混凝土铺装，开放交通的时间需根据试验确定，但在任何情况下，至少在浇筑混凝土以后7天，才能开放交通。当日平均气温低于10℃时，上述时间尚应根据监理工程师指示予以推迟。因不遵守上述规定开放交通行驶车辆而造成的不良后果，由施工单位负责。

（2）开放交通需经监理工程师批准。

第二节　桥梁基础工程施工质量监理

桥梁基础常用的基础类型有明挖基础、桩基础、沉井基础、沉箱等。根据《公路桥涵地基与基础设计规范》（JTG 3363—2019）的规定和要求，基础类型应根据桥址处的工程地质勘测资料，以及水文、地形情况，结合上下部结构、荷载、材料供应和施工条件等合理选用。

一、明挖基础施工质量要求

1. 明挖基础的分类

明挖基础一般可分为刚性扩大基础、单独或联合基础、条形基础、片筏和箱形基础等。

2.明挖基础质量控制的要求

明挖基础施工一般包括以下几项内容:基坑、围堰、挖基和排水、基底处理和基底检验、基础施工、回填等。明挖地基施工前,应对基坑边坡的稳定性进行验算,并应制订专项施工技术方案和安全技术方案,基坑的开挖如需爆破,爆破作业的安全管理应符合现行国家标准《爆破安全规程》(GB 6722)的规定,并经监理工程师批准后方可予以施工。基坑开挖时,应对其边坡的稳定性进行检测。对特大型深基坑,除按照边开挖、边支护的原则进行施工外,尚应建立边坡稳定信息化、动态化的监控系统,指导施工。

1)基坑

(1)基坑大小应满足基础施工的要求,有渗水土质的基坑坑底开挖尺寸,应根据基坑排水设计和基础模板设计所需基坑大小而定。

(2)基坑开挖前应根据水文、地质、开挖方式及施工环境条件等因素确定是否对坑壁采取支护措施。当基坑深度较小且坑壁土层稳定时,可直接放坡开挖;坑壁土层不易稳定且有地下水影响,或放坡开挖场地受到限制,或放坡开挖工程量大时,应按设计要求对坑壁进行支护,设计未要求时,应结合实际情况选择适宜的坑壁支护方案。

(3)基坑坑壁的坡度宜根据地质条件、基坑深度、施工方法等情况确定。当为无水基坑且土层构造均匀时,基坑坑壁的坡度可按表5-24确定;当土的湿度有可能使坑壁不稳定而引起坍塌时,基坑坑壁坡度应缓于该湿度下的天然坡度。

基坑坑壁坡度　　　　表5-24

坑壁土类别	坑壁坡度		
	坡顶无荷载	坡顶有静载	坡顶有动载
砂类土	1:1	1:1.25	1:1.5
卵石、砾类土	1:0.75	1:1	1:1.25
粉质土、黏质土	1:0.33	1:0.5	1:0.75
极软岩	1:0.25	1:0.33	1:0.67
软质岩	1:0	1:0.1	1:0.25
硬质岩	1:0	1:0	1:0

(4)当基坑有地下水时,地下水位以上部分可放坡开挖;地下水位以下部分,若土质易坍塌或水位在基坑底以上较高时,应采用加固土体或降地下水位等方法开挖。

(5)基坑为渗水性的土质基底时,坑底的平面尺寸应根据排水要求(包括排水沟、集水井、排水管网等)和基础模板所需基坑大小确定。

2)围堰

围堰常采用的形式有:土石围堰、木笼围堰、竹(铅丝)笼围堰、钢笼围堰、膜袋围堰等。

(1)围堰尺寸要求。

堰顶高度宜高出施工期间可能出现的最高水位(包括浪高)50~70cm;围堰外形应考虑河流断面被压缩后,流速增大引起水流对围堰、河床的集中冲刷及影响通航、导流等因素;堰内面积应满足基础施工的需要;围堰断面应满足堰身强度和稳定的要求。

(2)围堰要求防水严密,尽量减少渗漏,以减轻排水工作。

3)挖基和排水

挖基一般要求：

(1)施工单位应在基础开挖开始之前通知监理工程师，以便检查、测量基础平面位置和现有地面高程。在未完成检查测量及监理工程师批准之前不得开挖。为便于开挖后的检查校核，基础轴线控制桩应延长至基坑外加以固定。

(2)开挖应进行到图纸所示或监理工程师所指定的高程。最终的开挖深度要依据设计期间所进行的钻探和土工试验，并结合基础开挖的实际调查资料来确定。在开挖的基坑未经监理工程师批准之前，不得浇筑混凝土或砌筑圬工。低于批准基底高程的超挖或纵横向超过规定界线的部分，应由施工单位自费补填，并应使用批准的材料压实到规定的标准。

(3)在原有建筑物附近开挖基坑时，应采取有效防护措施，使开挖不致危及附近建筑物的安全，所采用的防护措施须经监理工程师同意。所有从挖方中挖出的材料，如果监理工程师认为适用，可以作回填或修筑路堤，或按监理工程师指示的其他方法处理。

(4)在基桩处的基坑开挖，应在打桩之前完成。

(5)必要时，挖方的各侧面应始终予以可靠的支撑。

(6)石方基础挖方的施工也要符合上述的规定。

排水的一般要求：

(1)所有基础挖方都应始终保持良好的排水，在挖方的整个施工期间都不致遭受水的危害。凡低于已知地下水位的地方进行开挖并构成基础时，施工单位必须提交一份建议用于每个基础的排水方法以及为此而采取的各项措施的报告，并取得监理工程师的批准。

(2)在施工期间，施工单位应维护天然水道并使地面排水畅通。

4)地基处理

(1)一般规定。

地基处理应根据地基土的种类、强度和密度，结合现场情况，按照设计图纸和监理工程师要求，采取相应的处理方法；地基处理的范围至少应宽出基础之外 0.5m；符合设计要求的细粒土、特殊土基底，修整妥善后，应尽快修建基础，不得使基底浸水和长期暴露。

(2)细粒土及特殊土地基的处理。

细粒土或特殊土类的饱和软弱黏土层、粉砂土层及湿陷性黄土、膨胀土和黏土及季节性冻土，强度低，稳定性差，处理时应视该类土的处治深度、含水率等情况，按基底的要求采取固结处理，以满足设计要求。

(3)对于强度和稳定性满足设计要求的粗粒土及巨粒土基底，应将其承重面平整夯实，其范围应满足基础的要求。基底有水不能彻底排干时，应将水引至排水沟，然后在其上修筑基础。

(4)岩层基底的处理。

对风化的岩层，应挖至设计高程并满足地基承载力要求后尽快进行封闭，防止其继续风化；在未风化的平整岩层上，基础施工前应先将淤泥、苔藓、松动的石块清除干净，并凿除新鲜岩面；坚硬的倾斜岩层，应将岩层面凿平。倾斜度较大，无法凿平时，则应凿成多级台阶。台阶的宽度宜不小于 0.3m。

(5) 多年冻土地基的处理。

基础不应置于季节冻融土层上,并不得直接与冻土接触;基础的基底修筑于多年冻土层(即永冻土)上时,基底之上应设置隔温层或保温层材料,且铺筑宽度应在基础外缘加宽 1m;按保持冻结的原则设计的明挖基础,其多年平均地温等于或高于 −3℃时,应于冬季施工;多年平均地温低于 −3℃时,可在其他季节施工,但应避开高温季节,并应按下列规定处理:

①严禁地表水流入基坑。
②及时排除季节冻层内的地下水和冻土本身的融化水。
③必须搭设遮阳棚和防雨棚。
④施工前做好充分准备,组织快速施工。做好的基础应立即回填封闭,不宜间歇。必须间歇时,应以草袋、棉絮等加以覆盖,防止热量侵入。

施工时,明水应在距坑顶 10m 之外修排水沟。水沟中水应引流远离坑顶并及时排除融化水。

(6) 溶洞地基的处理。

影响基底稳定的溶洞,不得堵塞溶洞水路;干溶洞可用砂砾石、碎石、干砌或浆砌片石及灰土等回填密实;基底干溶洞较大,回填处理有困难时,可采用桩基处理,桩基应进行设计,并经监理工程师或有关单位批准。

(7) 泉眼地基的处理。

可采取封闭处理。将有螺口的钢管紧紧打入泉眼,盖上螺帽并拧紧,阻止泉水流出;或向泉眼内压注速凝的水泥砂浆,再打入木塞堵眼;堵眼有困难时,可采用引流,将水引流至集水坑排出或在基底下设盲沟引流至集水坑排出,待基础圬工完成后,向盲沟压注水泥浆堵塞。采用引流排水时,应注意防止砂土流失,引起基底沉陷;基底泉眼,不论采用何种方法处理,都不应使基底饱水。

5) 地基检验

(1) 检验内容。
①检查基底平面位置、尺寸大小、基底高程。
②检查基底地质情况和承载力是否与设计资料相符。
③检查基底处理和排水情况是否符合要求。
④检查施工记录及有关试验资料等。

(2) 检验方法。

按基底大小、地基土质复杂(如溶洞、断层、软弱夹层、易溶岩等)情况及结构对地基有无特殊要求,经监理工程师同意,可采用以下检查方法:

①小桥涵的地基检验:可采用直观或触探方法,必要时可进行土质试验。
②大、中桥和地基土质复杂、结构对地基有特殊要求的地基检验,一般采用触探和钻探(钻深至少 4m)取样做土工试验,或按设计的特殊要求进行荷载试验。
③特大桥按设计要求处理。

(3) 基底平面位置和高程允许偏差规定如下:

平面周线位置不小于设计要求。基底高程:土质 ±50mm;石质 +50mm,−200mm。

6) 基础

(1) 浇筑基础混凝土前,应进行地基清理和钢筋模板检查验收。当基底为干燥地基时,应将地基润湿。如果是岩石地基,在湿润后,先铺一层不低于基础混凝土强度的水泥砂浆。

(2)一般基础应在整个平截面范围水平分层进行浇筑,当浇筑量过大或大体积混凝土温控需要时,可分块进行浇筑。扩大基础质量标准见表 5-25。

扩大基础质量标准   表 5-25

检 查 项 目		规定值或允许偏差
混凝土强度(MPa)		在合格标准内
平面尺寸(mm)		±50
基础高程(mm)	土质	±50
	石质	-200～50
基础顶面高程(mm)		±30
轴线偏位(mm)		25

7)回填

(1)所有结构物的回填必须采用经监理工程师批准的能够充分压实的材料,不得用草皮土、垃圾和有机土等回填。严禁结构物基础超挖并回填虚土。

(2)未经监理工程师许可,不得对结构物回填。一般要到结构物的拆模期终了 3d 之后进行回填。如果养生条件反常,应按监理工程师的指示延长时间。桥台、桥墩等周围的回填,应同时在两侧及基本相同的高程上进行,特别要防止对结构物形成单侧受土压。必要时,挖方内的边坡应修成台阶型。

(3)回填材料应分层摊铺,并用符合要求的设备压实。每层都应压实到图纸或监理工程师要求的压实度标准,回填用土的含水率应严格控制。

(4)需回填的基坑应尽可能地及时排水。若无法排除基坑积水时,应采用砂砾材料回填,并在水中分薄层铺筑,直到回填进展到该处的水全部被回填的砂砾材料所吸收并达到能充分压实的程度时,再进行充分夯实。

二、桩基础施工质量要求

桩基础根据施工方法不同可分为沉入桩、钻孔桩、挖孔桩等。钻孔桩根据施工机械的不同可分为冲击钻、旋转钻等,旋转钻又分为正循环与反循环。

1. 沉入桩基础基本要求

施工单位在沉桩之前,应通知监理工程师,以便检查、测量。

(1)桩位应根据已测定基础的纵横中心线放出,并标志、固定。测定基桩轴线应填写记录。在陆地或静水区,基桩轴线定位允许偏差:

①每根基桩的纵横轴线位置为 2cm。

②单排桩的每根基桩轴线位置为 1cm。

在流速较大的深水河流中,基桩轴线定位允许偏差,在设计允许范围内可适当增大。

(2)桩基轴线的定位点,应设置在不受沉桩影响处。在施工过程中应对桩基轴线应做系统的、经常的检查。定位点需移动时,应先检查其正确性,并做好测量记录,各桩位置的正确性,应在沉桩过程中随时检查。

（3）施工单位可根据具体情况选择沉桩的方法，其施工组织方案须报请监理工程师审批。选择沉桩方法应依据桩重、桩型、设计荷载、地质情况、设备条件及对附近建筑物产生的影响等条件而定。附近有重要建筑物时，不宜用射水沉桩或振动沉桩。在城市附近采用锤击或振动沉桩方法时，应采取减小噪声和振动影响的措施。

（4）除一般的中、小桥沉桩工程，有可靠的依据和实践经验可不进行试桩外，其他沉桩工程在施工前应先沉试桩，以确定沉桩工艺和检验桩的承载力。

（5）特大桥和地质复杂的大、中桥，应采用静载试验方法确定单桩允许承载力，一般的大、中桥的试桩，原则上宜采用静载试验法，在条件适合时，可采用可靠的动力振动波方法。

（6）施工中，如监理工程师对基桩桩身质量或承载力生疑问时，应选用可靠的无破损检验方法进行检验。

2. 钻孔灌注桩的基本要求

施工单位应将准备采用的施工方法和施工方案，报送监理工程师批准，其中包括材料和全部设备的说明。任一钻孔工作开始前，都应得到监理工程师的书面批准。施工单位应保存每根桩的全部施工记录，当需要时，记录应报送监理工程师作为检查之用。记录格式当由监理工程师统一发放时，应按监理工程师的要求填列记录。如监理工程师要求由施工单位自行拟定记录格式时，记录格式应经监理工程师批准。

（1）水下灌注混凝土（导管灌注混凝土）应符合下列要求：

①水泥的强度等级应不低于42.5MPa，其初凝时间不早于2.5h。

②粗集料应为卵石，或级配良好的碎石。

③粗集料最大粒径为37.5mm，且不得大于导管内径的1/8～1/6及钢筋最小净距的1/4。

④混凝土的含砂率宜为40%～50%。

⑤缓凝外掺剂，只有得到监理工程师的批准，才能采用。

⑥抗硫水泥应按图纸说明，或按监理工程师的要求采用。

⑦其坍落度当桩孔直径 $D<1.5m$ 时，宜为180～220mm；$D\geqslant1.5m$ 时，宜为160～200mm，且应充分考虑气温、运距及施工时间的影响导致的坍落度损失。

⑧除非监理工程师另有许可，水泥用量应不少于350kg/m³。

⑨水灰比宜为0.5～0.6。

（2）钻孔。

①钻机的选型宜根据孔径、孔深、桩位处的水文和地质情况、施工环境条件等因素综合确定，所选用的钻机及钻孔方法应能满足施工质量和施工安全的要求。完成的钻孔，应符合规定的允许偏差。

②钻孔时，应采用长度适应钻孔地基条件的护筒，保证孔口不坍塌及不使地表水进入钻孔，并保持钻孔内泥浆表面高程。护筒应符合以下要求：

a. 护筒护筒宜采用钢板卷制。在陆上或浅水区筑岛处的护筒，其内径应大于桩径至少200mm，壁厚应能使护筒保持圆筒状且不变形；在水中以机械沉设的护筒，其内径和壁厚的大小，应根据护筒的平面、垂直度偏差要求及长度等因素确定；对参与结构受力的护筒，其内径、壁厚及长度应符合设计的规定。

b. 护筒在埋设定位时，除设计另有规定外，护筒中心与桩中心的平面位置偏差应不大于

50mm,护筒在竖直方向的倾斜度应不大于1%;对深水基础中的护筒,平面位置的偏差可适当放宽,但不应大于80mm,在旱地和筑岛处设置护筒时,可采用挖坑埋设法实测定位,且护筒的底部和外侧四周应采用黏质土回填并分层夯实,使护筒底口处不致漏失泥浆;在水中沉设护筒时,宜采用导向架定位,并应采取有效措施保证其平面位置、倾斜度的准确,以及护筒接长连接处的焊接质量,焊接连接处的内壁应无突出物,且应耐拉、耐压、不漏水。

c. 护筒顶宜高于地面0.3m或水面1.0~2.0m;在有潮汐影响的水域,护筒顶应高出施工期最高潮水位1.5~2.0m,并应在施工期间采取稳定孔内水头的措施;当孔内有承压水时,护筒顶应高于稳定后的承压水位2.0m以上。

d. 护筒的埋置深度在旱地或筑岛处宜为2~4m,在水中或特殊情况下应根据设计要求或桩位的水文、地质情况经计算确定。对有冲刷影响的河床,护筒宜沉入施工期局部冲刷线以下1.0~1.5m,且宜采取防止河床在施工期过度冲刷的防护措施。

e. 桩孔钻进过程,如发生故障,应及时查明原因予以处理。

(3)固孔。

①施工单位应采用钻孔泥浆,始终支持孔壁,但采用全长护筒除外。

②施工单位可用膨润土悬浮泥浆或合格的黏土悬浮泥浆作为钻孔泥浆,钻孔泥浆不得污染地下水。根据钻孔方法的适用性的论证,不加掺加物的清水仅在监理工程师书面同意后才可采用。

③钻孔泥浆应始终高出孔外水位或地下水位1.0~1.5m。

④胶泥应用清水彻底拌和成悬浮体,使在灌注混凝土时及至施工完成保持钻孔的稳定。泥浆的性能指标符合要求,施工时除相对密度和黏度应进行试验外,如果监理工程师要求,其他指标也应予以抽检。

⑤地面或最低冲刷线以下部分护筒宜在灌注混凝土时拔除,图纸另有规定者除外。

(4)钻孔工序。

①桩的钻孔和开挖,应在中距5m内的任何桩的混凝土灌注完成后24h才能开始,以避免干扰邻桩混凝土的凝固。

②钻孔应连续进行,不得中断,如用抓斗开挖,应注意提升抓斗时,不致下面产生真空。

③软土地段排架桩桥台处的钻孔、应先挖去软土,并回填适当新土,经夯实后再行钻孔。

④钻孔过程应经常对泥浆的性能指标进行检测,并根据检测结果及时调整泥浆指标。

⑤钻孔时须及时填写钻孔记录,在土层变化处捞取渣样,判明土层,以便与地质剖面图进行核对。

(5)清孔。

①钻孔深度达到设计高程后,应对孔径、孔深和孔的倾斜度进行检验,且成孔质量符合设计要求或监理工程师要求,应立即进行清孔。清孔时,孔内水位应保持在均必须保持孔内水头,以防止钻孔的任何塌陷。

②钻孔底沉淀物厚度:对于摩擦桩,要符合设计规定,设计未规定时,对于直径≤1.5m的桩应≤20mm,对于直径大于1.5m,或桩长大于40m的桩或土质较差时,应≤30mm;对于支撑桩,不大于设计规定,没有规定时不大于5cm。

③清孔后的泥浆指标:相对密度1.03~1.20;黏度17~20(Pa·s);含砂率<2%,胶体率

>98%。

(6)钻孔检查及允许偏差。

①钻孔灌注桩在终孔后,应对桩孔的孔位、孔径、孔形、孔深和倾斜度进行检验,清孔后,应对孔底的沉淀厚度进行检验;挖孔桩终孔并对孔底处理后,成对桩孔孔位、孔径、孔深、倾斜度及孔底处理情况等进行检验。

②孔径、孔形、倾斜度和孔底沉淀厚度宜采用专用仪器检测,孔深可采用专用测绳检测。钢筋检孔器仅可用于对中、小桥梁工程桩孔的检测,检孔器的外径应不小于桩孔直径、长度宜为外径的4~6倍;采用钻杆测斜法量测桩的倾斜度时,量测应从钻孔平台顶面算起至孔底。

③钻(挖)孔应符合下列允许偏差:

a. 孔的中心位置:群桩不大于100mm,单排桩不大于50mm。

b. 孔径:不小于桩的设计直径。

c. 倾斜度:钻孔不大于1%;挖孔不大于0.5%。

d. 孔深:对于摩擦桩,不小于设计;对于支撑桩,应比设计深度超深不小于50mm。

(7)钢筋笼。

钢筋骨架的制作、运输要求应符合规范的规定。安装钢筋骨架时,应将其吊挂在孔口的钢护筒上,或在孔口地面上设置扩大受力面积的装置进行吊挂,不得直接将钢筋骨架支承在孔底。

(8)声测管。

当桩长超过40m桩基内宜布置声测管,一般布置3~4根。

声测管的内径比换能器直径大15~20mm,声测管的长度、重量应符合设计要求。其工艺性能试验如抗弯曲性能、耐压扁性能、密封性能应符合规范及设计要求。

声测管应顺直,弯曲度不大于5mm/m,不允许有裂缝、结疤、折叠、分层、搭接焊缺陷存在,声测管内应保证畅通无异物,管两端应封口处理。可直接固定在钢筋笼内侧上,固定方式可采用焊接或绑扎,固定点距离一般不超过2m。对于无钢筋笼的部位,可用钢筋支架固定。声测管管子之间应基本上保持平行,钢筋笼放入桩孔时应防止扭曲。

(9)灌注混凝土。

①灌注水下混凝土前的准备工作应符合下列规定:

应按水下混凝土灌注数量和灌注速度的要求配齐施工机具设备,设备的能力应满足桩孔在规定时间内灌注完毕的要求,且应保证其完好率,对主要设备应有备用。

水下混凝土宜采用钢导管灌注,导管的内径宜为200~350mm。导管使用前应进行水密承压和接头抗拉试验,严禁采用压气试压。进行水密试验的水压应不小于孔内水深1.3倍的压力,亦不应小于导管壁和焊缝可能承受灌注混凝土时最大内压力的1.3倍,P可按下式计算:

$$P = y_c h_c - y_w h_w \tag{5-1}$$

式中:P——导管可能受到的最大内压力(kPa);

y_c——混凝土拌合物的重度,取24kN/m³;

h_c——导管内混凝土柱最大高度(m),以导管全长或预计的最大高度计;

y_w——桩孔内水或泥浆的重度(kN/m³);

h_w——桩孔内水或泥浆的深度(m)。

②灌注水下混凝土应符合下列规定：

水下混凝土的灌注时间不得超过首批混凝土的初凝时间。混凝土运至灌注地点时,应检查其均匀性和坍落度等,不符合要求时不得使用。

首批灌注混凝土的数量应能满足导管首次埋置深度1.0m以上的需要,所需混凝土数量可根据需要计算。首批混凝土入孔后,混凝土应连续灌注,不得中断。

在灌注过程中,应保持孔内的水头高度;导管的埋置深度宜控制在2～6m,并应随时测探桩孔内混凝土面的位置,及时调整导管埋深;应将桩孔内溢出的水或泥浆引流至适当地点处理,不得随意排放。

灌注时应采取措施防止钢筋骨架上浮。当灌注的混凝土顶面距钢筋骨架底部1m左右时,宜降低灌注速度;混凝土顶面上升到骨架底部4m以上时,宜提升导管,使其底口高于骨架底部2m以上后再恢复正常灌注速度。

对变截面桩,应在灌注过程中采取措施,保证变截面处的水下混凝土灌注密实。

采用全护筒钻机施工的桩在灌注水下混凝土时,护筒应随导管的提升逐步上拔,上拔过程中除应保证导管的埋置深度外,同时应使护筒底口始终保持在混凝土面以下。施工时应边灌注、边排水,并应保持护筒内的水位稳定。

混凝土灌注至桩顶部位时,应采取措施保持导管内的混凝土压力,避免桩顶泥浆密度过大而产生泥团或桩顶混凝土不密实、松散等现象;在灌注将近结束时,应核对混凝土的灌入数量,确定所测混凝土的灌注高度是否正确。灌注的桩顶高程应比设计高程高出不小于0.5m,当存在地质较差、孔内泥浆密度过大、桩径较大等情况时,应适当提高其超灌的高度;超灌的多余部分在承台施工前或接桩前应凿除,凿除后的桩头应密实、无松散层。

3. 挖孔灌注桩

(1)在无地下或有少量地下水,且较密实的土层或风化岩层中,或无法采用机械成孔或机械成孔非常困难且水文、地质条件允许的地区,可采用人工挖孔施工。岩溶地区和采空区不宜采用人工挖孔施工。孔内空气污染物超过现行《环境空气质量标准》(GB 3095)规定的三级标准浓度限值,且无通风措施时,不得采用人工挖孔施工。

(2)人工挖孔施工安全应符合下列规定：

①施工前应制订专项安全技术方案并应对作业人员进行安全技术交底。并报监理工程师审批。

②挖孔作业前,应详细了解地质、地下水文等情况,不得盲目施工。

③桩孔内的作业人员必须戴安全帽、系安全带,安全绳必须系在孔口。

④桩孔内应设防水带罩灯泡照明,电压应为安全电压,电缆应为防水绝缘电缆,并应设置漏电保护器。

⑤人工挖孔作业时,应始终保持孔内空气质量符合要求。孔深大于10m时,必须采取机械强制通风措施。

⑥桩孔内遇岩层需爆破作业时,应进行爆破的专门设计,且宜采用浅眼松动爆破法,并应严格控制炸药用量,在炮眼附近应对孔壁加强防护或支护。孔深大于5m时,必须采用电雷管引爆。桩孔内爆破后应先通风排烟15分钟并经检查确认无有害气体后,施工人员方可进入孔

内继续作业。爆破作业的安全管理应按现行《爆破安全规程》(GB 6722)中的有关规定执行。

(3)挖孔桩施工应符合下列规定:

①人工挖孔施工应制订专项施工技术方案,并应根据工程地质和水文地质情况,因地制宜选择孔壁支护方式。

②孔口处应设置高出地面不小于300mm的护圈,并应设置临时排水沟,防止地表水流入孔内。

③挖孔施工时相邻两桩孔不得同时开挖,宜间隔交错跳挖。

④采用混凝土护壁支护的桩孔必须挖一节浇筑一节护壁,护壁的节段高度必须按施工技术方案执行,严禁只挖不及时浇筑护壁的冒险作业。护壁外侧与孔壁间应填实,不密实或有空洞时,应采取措施进行处理。

⑤桩孔直径应符合设计规定,孔壁支护不得占用桩径尺寸。挖孔过程中,应经常检查桩孔尺寸、平面位置和竖轴线倾斜情况,如有偏差应随时纠正。

⑥挖孔的弃土应及时转运,孔口四周作业范围内不得堆积弃土及其他杂物。

⑦挖孔达到设计高程并经确认后,应将孔底的松渣、杂物和沉淀泥土等清除干净。

⑧孔内无积水时,混凝土的灌注可按规范有关混凝土工程规定施工,孔内有积水且无法排净时,宜按水下混凝土灌注的要求施工。

(4)钻(挖)孔灌注桩的混凝土质量检验应符合下列规定:

①桩身混凝土和桩底后压浆中水泥浆的抗压强度应符合设计规定。每桩的试件取样组数应各为3~4组,混凝土和水泥浆的检验要求应分别符合规范规定。

②对桩身的完整性进行检验时,检测的数量和方法应符合设计要求。宜选择有代表性的桩采用无破损法进行检测,重要工程或重要部位的桩宜逐桩进行检测;设计有规定时或对桩的质量有疑问时,应采用钻取芯样法对桩进行检测,当需检验柱桩的桩底沉淀与地层的结合情况时,其芯样应钻至桩底0.5m以下。

③经检验桩身不符合要求时,应研究处理方案,报批处理。

(5)当设计或合同有要求时,钻(挖)孔灌注桩应进行单桩承载力试验。采用自平衡法进行承载力试验时,应符合现行《基桩静载试验自平衡法》(JT/T 738)的规定。

三、沉井基础施工质量要求

1.沉井基础的分类

沉井基础根据下沉方式的不同可分为浮运沉井、就地制造下沉沉井。根据使用的材料可分为混凝土沉井、钢筋混凝土沉井、竹筋混凝土沉井、钢沉井、砖沉井、木沉井。

根据外观情况可分为圆形、箱形、圆端形三类。

沉井一般由井壁、刃脚、隔墙、井孔、凹槽、封底及盖板等部分组成。

2.沉井基础的施工质量要求

(1)沉井施工前,应根据设计文件提供的工程地质和水文地质资料及现场的实际情况决定是否补充地质钻探,并应对洪汛、凌汛、河床冲淤变化、通航及漂流物等进行调查,制订专项施工技术方案,并报监理工程师审批。需要在施工中度汛、度凌的沉井,应制订防护措施,保证安全。对水中特大沉井的施工,应在施工前进行河床冲淤变化和防护的数学模型分析计算,必要时应进行物理模型的模拟试验。沉井下沉前,应对周边的堤防、建筑物和施工设备采取有效的防护措施,并应在下沉过程中,对其沉降及位移进行监测。

(2) 沉井位于浅水或可能被水淹没的岸滩上时,宜就地筑岛制作。位于无水的陆地时,若地基承载力满足设计要求,可就地整平夯实形成平台制作,地基承载力不足时应对地基采取加固措施。在地下水位较低的岸滩,若土质较好时,可在开挖后的基坑内制作。制作沉井的岛面、平台面和开挖基坑的坑底高程,应比施工期可能的最高水位(包括波浪影响)高出 0.5~0.7m。有流冰时,应再适当加高。

(3) 钢沉井宜在工厂加工,并应根据设计文件编制制造工艺,绘制加工图和拼装图。钢沉井的分段、分块吊装单元应在胎架上组装、施焊。首节钢沉井应在坚固的台座上或支垫上进行整体拼装,台座表面的高度误差应小于4mm,并应有足够的承载能力,在拼装过程中不得发生不均匀沉降。

(4) 沉井的浮运宜在气象和水文条件有利于施工时,以拖轮拖运或绞车牵引进行。对水深和流速大的河流,可在沉井两侧设置导向船增加其稳定性。在浮运、就位的任何时间内,沉井露出水面的高度均不应小于1m,并应考虑预留防浪高度或采取防浪措施。

就位前应对所有缆绳、锚链、铺碇和导向设备进行检查调整,使就位施作能顺利进行,并应考虑水位涨落对锚碇的影响。布置锚碇体系时,应使锚绳受力均匀,并应采取适当措施避免导向船和沉井产生过大摆动或折断锚绳。

(5) 沉井下沉与着床应根据水文、地质情况和沉井的结构特点确定其下沉的施工方法,并应按照下沉的不同工况进行必要的验算。正常下沉时,应自井孔中间向刃脚处均匀对称除土。沉井下沉过程中,应随时注意正位和垂直下沉,并做好观测记录,发现偏位或倾斜应及时纠正。

(6) 沉井接高时,各节的竖向中轴线与第一节竖向中轴线应相重合,接高加重应均匀、对称地进行,并应采取措施防止下沉并在接高过程中发生倾斜。

(7) 当沉井下沉至设计高程后,应检查基底情况是否符合设计要求,井壁隔墙及刃脚与封底混凝土接触面处的泥污亦应清除干净。对下沉至设计高程后的沉井尚应进行沉降观测,沉降稳定且满足设计要求后方可封底。

(8) 沉井的水下混凝土封底宜全断面一次连续灌注完成;对特大型沉井,可划分区域进行封底,但任一区域的封底工作均应一次连续灌注完成。

(9) 井孔填充时,所采用的材料、数量及填充顺序等应符合设计规定。沉井顶部钢筋混凝土顶板的浇筑施工应符合设计要求及规范规定。

四、地下连续墙基础施工质量要求

地下连续墙基础适于作为地下挡土墙、挡水围堰,承受竖向和侧向荷载的桥梁基础和平面尺寸大、形状复杂的地下构造物,及适用于除岩溶和地下承压水很高处的其他各类土层中施工。

(1) 地下连续墙工程施工前,应具备水文、地质、区域内障碍物和有关试验等资料,必要时应补充地质勘察,并应制订专项施工技术方案,并报监理工程师审批。在堤防等水利、防洪设施及其他既有构筑物周边进行地下连续墙工程施工时,应就施工可能会对其导致的不利影响进行评估,必要时应采取有效措施进行保护。

(2)施工平台应坚固、平整,适合于重型设备和运输车辆行走,平面尺寸及高度应满足施工要求。采用泥浆护壁挖槽构成的地下连续墙应先构筑导墙。导墙的材料、平面位置、形式、埋置深度、墙体厚度、顶面高程应符合设计要求。

(3)导墙分段施工时,段落的划分应与地下连续墙划分的节段错开,安装预制导墙块时,应按照设计要求施工,并应保证连接处的质量,防止渗漏,施工过程中,应对导墙的沉降和位移进行监测。导墙平面轴线与地下连续墙平面轴线的偏差不应大于10mm;导墙内墙面应竖直,顶面应水平,墙后应填土与墙顶齐平;两导墙内墙面的距离允许偏差为±5mm,导墙顶面高程的允许偏差为±10mm。

(4)地下连续墙的槽孔施工,应根据水文、地质情况和施工条件选有能满足成槽要求的机械与设备,必要时可选用多种设备组合施工。

①槽壁式地下连续墙的沟槽开挖应符合下列要求:

a.槽孔宜分段施工,开挖前应按已划分的单元槽段,决定各段开挖的先后次序,相邻槽孔之间设留有足够的安全距离。挖槽施工开始后应连续进行,直到槽段完成。

b.成槽机械开挖一定深度后,应立即输入调制好的泥浆,并宜保持槽内的泥浆面不低于导墙顶面300mm,挖掘的槽壁及接头处应保持竖直,其倾斜率应不大于0.5%。接头处相邻两槽段的挖槽中心线在任一深度的偏差值均不得大于墙厚的1/3。槽底高程不得高于墙底的设计高程。

c.挖槽时应加强观测,如遇槽壁发生坍塌或槽孔偏斜超过允许偏差时,应查明原因,采取相应措施后方可继续施工。槽段开挖达到槽底设计高程后,应对成槽质量进行检验,合格后方可进行下一工序。

d.挖槽施工要做好施工记录,应妥善处理废弃泥浆及钻渣,防止污染环境。

②槽孔的清底工作应在吊放接头装置之前进行。清底工序应包括清除槽底沉淀的泥渣和置换槽中的泥浆。清底应符合下列规定:

a.清底之前应检测槽段的平面位置、横截面和竖面;当槽壁的竖向倾斜、弯曲和宽度超过允许偏差时,应进行修槽工作,使其符合要求。修槽后的槽段接头处应进行清理。

b.清底的方法宜根据槽孔的形状、尺寸、施工环境条件及设备条件等确定。

c.清理槽底和置换泥浆工作结束1h后,应进行检验,槽底以上200mm处的泥浆相对密度不应大于1.15,槽底沉淀物厚度应符合设计要求。

③接头的结构形式应符合设计要求。钢筋骨架的制作和吊放应符合下列规定:

a.钢筋骨架应根据设计图和单元槽段的划分长度制作,并宜在胎架上试装配成型;骨架主筋的接长宜采用机械连接,骨架中间应留出上下贯通的导管位置。

b.吊放钢筋骨架时,应使其中心对准单元槽段中心。钢筋骨架应竖直、不变形并能顺利地下放插入槽内,下放时不得使骨架发生摆动。

c.全部钢筋骨架入槽后,应固定在导墙上,并应使骨架顶端高程符合设计要求。

④水下混凝土应采用导管法灌注。单元槽段长度小于4m时,可采用1根导管灌注;单元槽段长度超过4m时,宜采用2或3根导管同时灌注;采用多根导管灌注时,导管间净距不宜大于3m,导管距节段端部不宜大于1.5m;各导管灌注的混凝土表面高差不宜大于0.3m;导管内径不宜小于200mm。

第三节　桥梁下部构造施工质量监理

桥墩和桥台,包括墩台身和墩台帽等工程内容,通常称为下部构造。常用的墩台结构形式,有实体式墩、台,柱式墩、台,埋置式桥台,空心墩,Y形墩和薄壁墩以及索塔等。实体式墩、台包括以下两大类:

1. 重力式墩台

这类墩台的主要特点是靠自身重量来平衡外力而保持其稳定。因此,墩、台身比较厚实。可以不用钢筋,可用天然石材、片石或混凝土砌筑。

2. 轻型墩台

这类墩台的刚度小,受力后允许在一定的范围内发生弹性变形。所用的建筑材料大都以钢筋混凝土和少量配筋的混凝土为主,但也有一些轻型墩台,通过验算后,可以用石料砌筑。

一、浆砌块石及混凝土预制块墩台施工质量要求

1. 一般要求

(1)砌块在使用前必须浇水湿润,表面如有泥土、水锈,应清洗干净。

(2)砌筑基础的第一层砌块时,如基底为岩层或混凝土基础,应先将基底表面清洗、湿润,再坐浆砌筑;如基底为土质,可直接坐浆砌筑。

(3)砌体应分层砌筑,砌体较长时可分段分层砌筑,但两相邻工作段的高差一般不宜超过1.2m;分段位置宜尽量设在沉降缝或伸缩缝处,各段水平砌缝应一致。

(4)各砌层应先砌外圈定位行列,然后砌筑里层,外圈砌块应与里层砌块交错连成一体。砌体外露面镶面种类应符合设计规定,位于流冰或有严重漂流物河中的墩台,宜选用较坚硬的石料或高强度等级混凝土预制块进行镶砌。砌体里层应砌筑整齐,分层应与外圈一致,应先铺一层适当厚度的砂浆再安放砌块和填塞砌缝。

砌体外露面应进行勾缝,并应在砌体时靠外露面预留深约2cm的空缝备作勾缝之用;砌体隐蔽面砌缝可随砌随刮平,不另勾缝。

(5)各砌层的砌块应安放稳固,砌块间应砂浆饱满,黏结牢固,不得直接贴靠或脱空。砌筑时,底浆应铺满,竖缝砂浆应先在已砌石块侧面铺放一部分,然后在石块放好后填满捣实。用小石子混凝土填塞竖缝时,应充分捣实。

(6)砌筑上层砌块时,应避免振动下层砌块。砌筑工作中断后恢复砌筑时,已砌筑的砌层表面应加以清扫和湿润。

2. 砌筑用砂浆和小石子混凝土

(1)砌体所用砂浆或小石子混凝土的材料配合比,应经试拌试验决定。水灰比不应大于0.65。砂浆应有适当的和易性和稠度,其稠度宜为5~7cm。小石子混凝土的拌合物应具有良好的和易性,对片石砌体其坍落度宜为5~7cm,对块石砌体其坍落度宜为7~10cm。

(2)砌石和勾缝所用的砂浆或小石子混凝土等级应按设计规定。砂浆可用人工或机械拌和。人工拌和砂浆时,应将砂和水泥在干净、不漏水的槽内彻底拌和,直至拌合物均匀,然后加干净水,其数量应能形成结实的可塑体。机械拌和砂浆应在监理工程师认可的拌和机进行,其拌和时间不宜为3~5分钟。当气温超过30℃时,砂浆或小石子混凝土拌和后2~3h内应使用完毕,不允许加水使用。

(3)在铺筑砂浆或用作砂浆的小石子混凝土时,应遵守有关气候和温度的规定。

(4)水泥砂浆及小石子混凝土的取样和试验。

除监理工程师另有指示外,重要及主体砌筑物,不同等级及不同配合比的水泥砂浆及小石子混凝土,每工作班分别各制取工作试件(每组试件,水泥砂浆取3个70.7cm×70.7m×70.7mm的立方体,小石子混凝土取3个150mm×150mm×150mm的立方体)。重要及主要砌筑物,每工作班取两组试件;一般及次要砌筑物,每工作班取一组试件。

一组砂浆试样的强度为该组试样3个试件28d抗压极限强度的平均值。砂浆的抗压强度试验应按规范进行。

砂浆试样强度应符合以下要求:

①同一等级的各组砂浆试样的平均强度(MPa)应不低于图纸规定的砂浆等级的1.1倍。

②任一组试件的强度应不低于图纸规定的砂浆等级的85%。

3.片石砌体

(1)片石应分层砌筑,宜以2~3层砌块组成一工作层,每一工作层的水平缝应大致找平。各工作层竖缝应相互错开,不得贯通。

(2)外圈定位行列和转角石,应选择形状较为方正及尺寸较大的片石,并长短相间地与里层砌块咬接;砌缝宽度一般不应大于4cm,用小石子混凝土砌筑时,可为3~7cm。

(3)较大的砌块应使用于下层,安砌时应选取形状及尺寸较为合适的砌块,尖锐突出部分应敲除。竖缝较宽时,应在砂浆中塞以小石块,不得在石块下面用高于砂浆砌缝的小片石支垫。

4.块石砌体

(1)块石砌体应成行铺砌,并砌成大致水平层次。镶面石应按一丁一顺或一丁二顺砌筑。砂浆砌筑缝宽应不大于3cm,上下竖缝的错开距离不应小于8cm。

(2)砂浆砌筑平缝宽度不应大于3cm,竖缝宽度不应大于4cm;当用小石子混凝土砌筑时,砌缝不大于5cm。

5.粗料石及混凝土预制块砌体

粗料石砌体应成行铺砌并砌成水平层次。在铺砌前,应选择石料,使各层在厚度、外观及类别上相匹配。

任何镶面石应是一丁一顺砌筑。砌缝应横平竖直,缝为竖缝及平缝,粗料石砌缝宽不大于2cm,混凝土预制块缝宽不大于1cm。任何镶面石块应与邻层石块搭接,其搭接长度不小于10cm,同时在丁石的上层或下层不宜有竖缝。

6.砌体施工质量标准

砌体施工质量标准见表5-26、表5-27。

浆砌片石基础施工质量标准   表 5-26

检查项目	规定值或允许偏差	检查项目		规定值或允许偏差
砂浆强度	在合格标准内	顶面高程(mm)		±30
轴线偏位(mm)	25	基底高程(mm)	土质	±50
平面尺寸(mm)	±50		石质	−200~50

墩台身砌体施工质量标准   表 5-27

检查项目		规定值或允许偏差
砂浆强度		在合格标准内
墩台长、宽(mm)	片石	−10~40
	块石	−10~30
	粗料石	−10~20
竖直度或坡度(%)	片石	0.5
	块石、粗料石	0.3
顶面高程(mm)		±10
轴线偏位(mm)		20
大面积平整度(mm)	片石	30
	块石	20
	粗料石	10

二、混凝土承台、墩台施工质量要求

(1)承台施工前应进行桩基等隐蔽工程的质量验收,桩基内的取芯孔和声测管预留孔应处理密实。桩顶的混凝土面应按水平施工缝的要求凿毛,桩头预留钢筋上的泥土及鳞锈等应清理干净。承台基底为软弱土层时,应按设计要求采取措施避免在浇筑承台混凝土过程中产生不均匀沉降。

承台的钢筋和混凝土应在无水条件下进行施工,施工时应根据地质、地下水位和基坑内的积水等情况采取防水或排水的措施。应采取有效措施,使承台钢筋的混凝土保护层厚度符合设计规定。桩伸入承台的长度以及边桩外侧与承台边缘的净距应不小于设计规定值。承台施工质量标准见表 5-28。

承台施工质量标准   表 5-28

项目	规定值或允许偏差	项目		规定值或允许偏差
混凝土强度	在合格标准内	尺寸(mm)	B 不大于 30m	±30
			B 大于 30m	±B/1000
轴线偏位(mm)	15	顶面高程(mm)		±20

承台施工采用钢围堰作为挡水(土)设施时,应根据承台的结构特点、水文、地质和施工条件等因素确定适宜的围堰形式,并应对围堰进行专项设计,并经监理工程师审批。

(2)墩、台身的施工除应符合有关规定外,尚应符合下列规定:
①墩、台身施工前,应对其施工范围内基础顶面的混凝土进行凿毛处理,并应将表面的松

散层、石屑等清理干净;对分节段施工的墩、台身,其接缝亦应做相同的凿毛和清洁处理。

②墩、台身高度超过10m时,可分节段施工,节段的高度宜根据混凝土施工条件和钢筋定尺长度等因素确定。上一节段施工时,已浇节段的混凝土强度应不低于2.5MPa。

③在模板安装前,应在基础顶面放出墩、台身的轴线及边缘线;对分节段施工的墩、台身,其首节模板安装的平面位置和垂直度应严格控制。模板在安装过程中应通过测量监控措施保证墩、台身的垂直度,并应有防倾覆的临时措施;对高墩且风力较大地区的墩身模板,应考虑其抗风稳定性。

④应采取措施缩短墩、台身与承台之间浇筑混凝土的间隔时间,间歇期不宜大于10d。

⑤浇筑混凝土时,串筒、溜槽等的布置应方便摊铺和振捣,并应明确划分工作区域。混凝土浇筑完成后,应及时进行养护,养护时间不得少于7d。

⑥墩、台高处作业的施工安全应符合规定。

⑦墩、台身施工质量应符合表5-29的规定。

墩台身施工质量标准　　　　　　　　　　　表5-29

项目	规定值或允许偏差		项目	规定值或允许偏差
混凝土强度	在合格标准内		断面尺寸(mm)	±20
竖直度(mm)	$H \leqslant 30m$	$H/1500$,且不大于20	顶面高程(mm)	±10
	$H > 30m$	$H/3000$,且不大于30		
节段间错台(mm)	5		轴线偏位(mm)	10
预埋件位置(mm)	10		大面积平整度(mm)	5

注:H为墩台身高度。

(3)墩台帽。

①墩台帽的施工应在墩、台身质量检验合格后方可进行。

②对墩台帽施工所采用的托架、支架或抱箍等临时结构,应进行受力分析计算与验算。支架宜直接支承在承台顶部,当必须支承在承台以外的软弱地基上时,应对地基进行妥善加固处理,并应对支架进行预压。

③在墩台帽与墩身的连接处,模板与墩台身之间应密贴,不得出现漏浆现象。钢筋安装施工时,应避免在钢筋的接头处起弯,并应保证钢筋的混凝土保护层厚度。对支座垫石的预埋钢筋及上部结构所需要的预埋件,其位置应准确。

④施工过程中应采取措施防止对墩、台身成品造成损伤和污染。

墩台帽施工质量应符合表5-30的规定。

墩台帽检查项目　　　　　　　　　　　表5-30

检查项目	规定值或允许偏差
混凝土强度	在合格标准内
断面尺寸(mm)	±20
轴线偏位(mm)	10
顶面高程(mm)	±10
预埋件位置(mm)	10
大面积平整度(mm)	5

(4)片石混凝土。

①片石混凝土仅适用于较大体积的基础、墩台身等圬工受压结构。

②采用片石混凝土时,可在混凝土中掺入不多于该结构体积20%的片石,片石的抗压强度等级应符合设计规定;设计未规定时,小桥涵的墩台、基础应不低于MU30,大、中桥的墩台和基础以及轻型桥台应不低于MU40。

③片石混凝土施工时,应使用质地坚硬、密实、耐久、无裂纹和无风化的石料,片石的厚度应为150~300mm。在混凝土中埋放片石时应符合下列规定:

a. 片石应清洗干净并完全饱水,应在浇筑时埋入混凝土一半左右。

b. 当气温低于0℃时,不得埋放片石。

c. 片石应分布均匀,净距应不小于150mm,片石边缘距结构侧面和顶面的净距应不小于150mm,片石不得触及构造钢筋和预埋件。

④混凝土应采取分层浇筑的方式,每层混凝土的厚度不应超过300mm,大致水平,分层振捣,边振捣边加片石。

第四节　桥梁工程上部构造施工质量监理

桥梁上部构造常用的有梁板式、拱式等结构形式。梁板式桥的截面形式有板式、肋形梁、箱形梁、组合箱梁和桁架梁等,拱式桥的截面形式有板拱、薄壳拱、肋拱、双曲拱、箱形拱、桁架拱和刚架拱等。中小跨径公路桥梁或城市桥梁大部分是钢筋混凝土或预应力混凝土梁式桥,大跨径桥梁常采用钢箱梁、钢桁架和组合梁等。桥梁上部构造的施工工艺分为两大类:现场浇筑施工和预制装配施工。在施工过程中,监理工程师要做好施工质量要求。

一、模板、支架和拱架施工质量要求

模板宜采用钢材、胶合板或其他适宜的材料制作;支架宜采用钢材或常备式定型钢构件等材料制作。模板应不漏浆,符合结构尺寸、线形及外形,并且有足够的刚度以防浇筑混凝土时有明显挠度。拱架和支架应具有必要的强度、刚度和稳定性,应能承受施工过程中所产生的各种荷载。模板、支架的构造应简单、合理,结构受力应明确,安装、拆除应方便。模板应能与混凝土结构或构件的特征、施工条件和浇筑方法相适应,应保证结构物各部位形状尺寸和相互位置的准确。支架应稳定、坚固,应能抵抗在施工过程中可能发生的振动和偶然撞击能承受所加的荷载并使结构在线形及外形符合图纸要求。

1. 模板、拱架和支架的设计

(1)施工单位在制作模板、拱架和支架前14d,向监理工程师提交模板、拱架和支架的施工图、内力及预计挠度计算书,经监理工程师批准后才能制作和架设。

(2)模板、拱架和支架的挠度及预拱度。

结构外露表面的模板,其挠度不应超过1/400跨径,结构隐蔽表面的模板,不应超过1/250跨径。当结构自重和汽车荷载(不计冲击力)产生的向下挠度超过跨径的1/1600时,钢筋混凝土梁、板、拱的底模板应设预拱度,预拱度值等于结构自重和1/2汽车荷载(不计冲击力)所

产生的挠度。纵向预拱做成抛物线或圆曲线。跨度大于20m的预应力简支梁,应按图纸或监理工程师指示设置反拱。

(3)施工预拱度应考虑因有模板、支架承受施工荷载引起的弹性变形,受载后由于杆件接头的挤压和卸落装置压缩而产生的非弹性变形,支架地基在受载后的沉降变形。

(4)模板、拱架和支架的设计应考虑下列各项荷载:

①模板、支架自重。

②新浇筑混凝土、钢筋、预应力筋或其他圬工结构物的重力。

③施工人员及施工设备、施工材料等荷载。

④振捣混凝土时产生的振动荷载。

⑤新浇筑混凝土对模板侧面的压力。

⑥混凝土入模时产生的水平方向的冲击荷载。

⑦设于水中的支架所承受的水流压力、波浪力、流冰压力、船只及其他漂浮物的撞击力。

⑧其他可能产生的荷载,如风荷载、雪荷载、冬季保温设施荷载等。

2. 模板、拱架和支架的制作和架设

(1)模板应按批准的施工图进行制作,成品经检验合格后方可使用。组装前应对零部件的几何尺寸和焊缝进行全面检查,合格后方可进行组装。模板应按设计要求准确就位,且不宜与脚手架连接。

(2)安装侧模板时,支撑应牢固,应防止模板在浇筑混凝土时产生移位。模板在安装过程中,必须设置防倾覆的临时固定设施。模板安装完成后,其尺寸、平面位置和顶部高程等应符合设计要求,节点联系应牢固。梁、板等结构的底模板应设置预拱度。固定在模板上的预埋件和预留孔洞均不得遗漏,安装应牢固,位置应准确。

(3)支架宜采用标准化、系列化、通用化的钢构件制作拼装。

(4)支架应按施工图设计的要求进行安装。立柱应垂直,节点连接应可靠。支架在纵桥向和横桥向应加强水平、斜向连接,增强整体稳定。高支架应设置足够的斜向连接、扣件或缆风绳,横向稳定应有保证措施。应通过预压的方式,消除支架地基的不均匀沉降和支架的非弹性变形并获取弹性变形参数,或检验支架的安全性。预压荷载宜为支架需承受全部荷载的1.05~1.10倍,预压荷载的分布应模拟需承受的结构荷载及施工荷载。

(5)支架在安装完成后,应对其平面位置、顶部高程、节点连接及纵、横向稳定性进行全面检查,符合要求后,方可进行下一工序。

(6)浇筑混凝土时应保证模板内应无污物、砂浆及其他杂物。以后要拆除的模板,应在使用前彻底涂以脱模剂。脱模剂或其他相当的代用品,应使其易于脱模,使混凝土不变色。

3. 模板、拱架和支架的拆卸

(1)模板、支架的拆除期限和拆除程序等应严格按施工图设计的要求进行,设计未要求时,应根据结构物特点、模板部位和混凝土所应达到的强度要求决定,并应经得监理工程师的同意。

(2)非承重侧模板应在混凝土抗压强度达到2.5MPa,且能保证其表面及棱角不致因拆模而受损坏时方可拆除。

(3)芯模和预留孔道的内模,应在混凝土强度能保证其表面不发生塌陷或裂缝现象时,方可拆除。

(4)承重模板、拱架和支架,应在混凝土强度能承受其自重荷载及其他可能的叠加荷载时,方可拆除。

(5)对预应力混凝土结构,在混凝土抗压强度达到2.5MPa的条件下,其侧模应在预应力钢束张拉前拆除;底模及支架应在结构建立预应力后方可拆除。

(6)模板、支架的拆除应遵循后支先拆、先支后拆的原则按顺序进行。墩、台的模板宜在其上部结构施工前拆除。

(7)拆除梁、板等结构的承重模板时,在横向应同时卸落、在纵向应对称均衡卸落。简支梁、连续梁结构的模板宜从跨中向支座方向依次循环卸落;悬臂梁结构的模板宜从悬臂端开始顺序卸落。

(8)在低温、干燥或大风环境下拆除模板时,应采取必要措施,防止混凝土表面产生裂纹。

(9)卸落拱架时,应用仪器观测拱圈挠度和墩台变位情况,并做好记录经监理工程师核查。

(10)拆除模板、支架、拱架时,不得损伤混凝土结构。

二、混凝土、钢筋混凝土现浇施工施工质量要求

1. 钢筋混凝土梁在支架上浇筑

(1)浇筑梁体混凝土时,一般宜按梁的全幅横断面斜向分段、水平分层地连续浇筑。上层与下层前后浇筑距离应不小于1.5m,每层浇筑厚度当用插入式或附着式振捣器振捣时,不宜超过30cm。

若箱梁体不能一次浇筑完成,需分二次浇筑时,第一次浇筑到梁底板的承托顶部以上30cm。第一次和第二次浇筑的时间应间隔至少24h。在第二次浇筑前,应检查脚手架有无收缩和下沉,并打紧各楔块,以保证最小的压缩和沉降。

(2)简支梁桥上部构造的混凝土浇筑,一般应由墩、台两端开始向跨中方面同时进行。如果采用分层浇筑,也可从一端开始。无论采用何种方式,均应一次浇筑完成。

(3)一般跨径的悬臂梁桥混凝土浇筑,应从跨中向两端墩台进行,其邻跨悬臂应从悬臂向墩台进行。

(4)跨径较大的简支梁以及在基底刚性不同的支架上浇筑连续梁或悬臂梁,为防止支架不均匀沉降引起混凝土开裂,可按下列方法之一进行:

①加快浇筑作业,使全梁混凝土在最初浇筑的混凝土初凝前浇筑完毕。

②在支架预加等于架身重力的荷载,使支架充分变形。预加荷载于混凝土浇筑过程中逐步撤除,预压后的支架高程与设计不符时,应进行调整。

③将梁分成数段,按适当顺序分段浇筑,以消除支架沉降不均匀的影响。

(5)浇筑前,施工单位应向监理工程师送交拟采用的方法的详细内容和说明,包括静力计算和图纸,得到监理工程师批准之后方可开始工作。

2. 混凝土、钢筋混凝土拱在支架上浇筑

跨度小于 16m 的拱圈或拱肋,应全宽度自两端拱脚向拱顶对称地连续浇筑,并在混凝土凝结前全部完成。跨度大于或等于 16m 的拱圈或拱肋,应沿拱跨方向分段浇筑。分段接缝位置,拱式拱架设置在拱架受力反弯点、拱架节点、拱顶及拱脚处;满布式拱架设置在拱顶、1/4 跨径、拱脚及拱架节点处。各段接缝面应与拱轴线垂直,各分段处应预留间隔槽,其宽度为 50～100cm,且应满足钢筋接头要求。

分段浇筑时,各段混凝土应一次连续浇筑完成,如因故中断,应做垂直于拱轴线的施工缝。间隔槽混凝土,应在分段混凝土强度达到设计和规范要求后浇筑,接合面应按施工缝处理。拱顶及两拱脚的间隔槽混凝土在最后封拱时浇筑。

大跨度拱圈混凝土采用分环分段浇筑时,混凝土浇筑程序应通过计算确定,并得到监理工程师的批准。

拱上建筑混凝土应在封拱间隔槽混凝土强度达到设计等级的 30% 方可浇筑,浇筑应按施工设计程序进行,一般由拱脚至拱顶,对称、均衡地进行。立柱底座应与拱圈或拱肋同时浇筑。立柱应从底到顶一次浇筑完成,再浇横梁。两伸缩缝间的桥面板应一次浇筑完成。

3. 质量标准

1) 一般要求

(1) 除非监理工程师另有批准,混凝土及混凝土材料的试验,均需按规定的试验标准进行。

(2) 所有取样及试验,应在监理工程师在场的情况下由施工单位进行。

(3) 试验应在监理工程师批准的试验室进行,必要时可送到独立的试验室进行试验。

(4) 混凝土及原材料的取样及试验按《公路工程水泥及水泥混凝土试验规程》(JTG E30—2005)进行。

2) 结构物的施工质量标准

结构物的施工质量标准见表 5-31、表 5-32。

支架上浇筑梁板施工质量标准　　　　　　　　　　　表 5-31

检查项目		规定值或允许偏差
混凝土强度		在合格标准内
纵轴线偏位(mm)		10
梁板顶面高程(mm)		±10
断面尺寸(mm)	高度	-10～5
	顶宽	±30
	箱梁底宽	±20
	顶、底、腹板或梁肋厚	0～10
长度(mm)		-10～5
横坡(%)		±0.15
平整度(mm/2m)		8

浇筑混凝土拱圈施工质量标准　　　　　　　　表5-32

检查项目		规定值或允许偏差
混凝土强度		在合格标准内
轴线偏位(mm)	板拱或箱形拱	10
	肋拱	5
内弧线偏离设计弧线(mm)	跨径≤30m	±20
	跨径>30m	±1/1500(跨径)
断面尺寸(mm)	度高	±5
	顶、底、腹板厚	0~10
拱宽(mm)	板拱或箱形拱	±20
	肋拱	±10
拱肋间距(mm)		±5

三、混凝土、钢筋混凝土预制构件施工质量要求

1. 预制构件

预制场地应平整、坚实、清洁,应采取排水措施,防止场地沉降。每个预制块件应一次浇筑完成,不得间断。

腹板底部为扩大断面的T形梁或I形梁。应先浇筑其扩大部分并振实,再浇筑其上部腹板。

U形梁式拱肋,宜一次浇筑完成。首先浇筑底板至底板承托的顶面,待上述混凝土沉实后,再浇筑腹板。

连续箱梁梁段的浇筑,应先浇底板,振捣密实后,再行浇筑腹板。腹板浇筑可分段分层进行,亦可由一端向另一端逐步推进,并及时振捣。腹板浇筑完毕即可浇筑顶板,顶板亦可在腹板浇筑到一定长度后与腹板交叉进行。

为加速模板周转,小型构件可采用干硬性混凝土,以下述方法进行预制。

(1)翻转模板法。构件浇筑并振实后,连同模板反转,然后脱去模板,立即进行混凝土表面修抹。

(2)在移动式底模上或平整的地面上浇筑混凝土,振动时应于表面加压,增加振动时间,然后短时间内拆模,修整混凝土边角。

2. 预制箱涵

与铁路及其他结构物相交而采用顶入法施工的箱涵,在预制钢筋混凝土箱涵时,其技术要求及质量检验标准均应符合有关行业规范。

3. 预制构件的安装

预制构件的起吊、运输、装卸和安装时的混凝土强度,应符合图纸规定。对于预应力混凝土梁,应通过与梁相同的混凝土制成且与梁同一条件下养护的混凝土立方体试件,表明梁的抗压强度达到图纸规定的抗压强度,且至少达到14天龄期,才能装运。预应力混凝土预制构件

孔道内的水泥浆强度,应符合图纸规定。

装卸、运输及储存预制构件时,其位置应正立,顶面朝上。支承点应接近于构件最后放置的位置。用于制作预制构件的吊环钢筋,只允许采用未经冷拉的Ⅰ级热轧钢筋。

预制构件的起吊、运输、装卸和安装过程中的应力应始终小于设计应力。

在起吊、运输、装卸和安装过程中由施工单位损坏的任何预制构件均应由施工单位自费修复或更换,直至监理工程师满意为止。

在桥墩、支柱或桥台混凝土未达到图纸规定强度,或设计等级的80%(当图纸未规定时),以及其他方面未经监理工程师许可时,不得架设预制构件。

分段拼装的预制构件,除图纸有规定外,其接合用的混凝土的等级应不低于预制构件的设计等级。

预制构件安装就位,并经监理工程师检查认可后,才允许浇筑接合用的混凝土或焊接。

构件应在正式起吊安装前,进行满载或超载的起吊试验,以检验起吊设备的可靠性,进一步完善操作方法。

1) 简支梁、板的安装

(1) 安装前应对墩、台支座垫层表面及梁底面清理干净,支座垫石应用符合要求的水泥砂浆抹平,使其顶面高程符合图纸规定,水泥砂浆在预制构件安装前,必须进行养护,并保持清洁。

(2) 板式橡胶支座上的构件安装温度,应按图纸规定。活动支座上的构件安装温度及相应的支座上、下部分的纵向错位(如有必要),应按图纸规定。对于非桥面连续简支梁,当图纸未规定安装温度时,一般在5℃~20℃的温度范围内安装。

(3) 预制梁就位后,应妥善支承和支撑,直到就地浇筑或焊接的横隔梁强度足以承受荷载。支承系统图纸应在架梁开始之前报请监理工程师批准。

(4) 简支架、板的桥面连续设置,应符合图纸要求。

(5) 预制板的安装直至形成结构整体,各个阶段都不允许板式支座出现脱空现象,并应逐个进行检查。

2) 箱形连续梁的安装

(1) 箱形梁段的移运、搭设临时支架、安装顺序、浇筑梁段接头混凝土等施工细节,施工单位应至少在安装施工前28d报监理工程师批准。

(2) 箱形梁段移运时的吊点位置应按图纸规定。如图纸无规定时,一般采用两点吊运。对于上下面有相同配筋的等截面直杆构件,吊点位置可设在距端头$0.21L$处(L为构件长),或根据配筋情况经计算确定。

(3) 浇筑梁段接头混凝土搭设的临时支架,应进行认真检查,确保牢固可靠,支架高程应予严格控制。施工过程中,应防止支架下沉,如有发生,应立即采取措施,及时调整。

(4) 两相邻梁段的接头钢筋,焊接后应经监理工程师检查,确认符合焊接要求后,方可浇筑梁段接头混凝土。

(5) 接头混凝土的等级不得低于梁段的混凝土等级,通常较梁段混凝土提高一级,待接头混凝土强度达到图纸规定要求后,始可拆除临时支架。

3) 拱肋及拱上建筑的安装

(1) 拱肋移运、装卸、安装等的施工细节,施工单位应至少在施工前28d报送监理工程师批准。

(2)拱肋的移运应按图纸要求或监理工程师指示,同时应遵守下列各点:

①拱肋采用两点吊运,吊点位置应使吊点高于构件重心,可设在距拱肋端头 $0.22L$ ~ $0.24L$ 处(L 为吊运的拱肋长度)。

②当拱肋较长或曲率较大时,可采用 3 点或 4 点吊运,各吊点受力应均匀,吊点位置应按图纸规定。若图纸无规定,当采用 3 点吊时,除跨中一点外,其余两吊点可设在距端头 $0.1L$ 处。当采用 4 点吊时,第一吊点可设在距拱肋端头 $0.17L$ 处,第二吊点设在距端头 $0.37L$ 处,4 个吊点左右对称。

(3)拱肋的安装,可采用少支架或无支架施工方法。

少支架施工,支架的架设和拆卸的技术要求,除应满足前述有关规定外,还应符合下列规定:

①当拱肋接头混凝土、拱板混凝土及拱肋横向联结构件混凝土的强度达到设计等级的 85% 或满足图纸规定后,方可开始卸架;为避免一次卸架突然发生较大变形,可在主拱安装完成(包括拱板浇筑完成时)分两次或多次卸架,使拱圈及台、墩逐次成拱受力。

②卸架前,施工单位应对主拱圈混凝土质量、拱轴线的坐标尺寸、卸架设备、气温引起拱圈变化、台后填土等,进行全面检查。卸架时应观测拱圈挠度和墩台变位情况。

③施工单位必须在卸架前取得监理工程师的书面批准后,方可进行卸架。

无支架施工:

①拱肋吊装时,除拱顶段外,每段拱肋应各采取一组扣索悬挂。扣索固定在扣架上,扣架设在墩台顶上。扣架底部应固定,其顶部应设置风缆。

②各段拱肋应设置风缆,其布置与安装应符合下列要求:每对风缆与拱肋轴线水平投影的夹角,一般不宜小于 50°;拱肋分 3 段或 5 段拼装时,至少应保持 2 根基肋设置固定风缆,拱肋接头处应加横向联结;固定风缆应待全孔合拢、横向联结构件混凝土强度满足图纸要求后或经监理工程师同意后,才可撤除;在河流中设置风缆时,必须采取可靠的防护措施,防止风缆受到碰撞。

(4)多孔拱桥施工时,应按图纸所示的程序自桥台或制动墩起逐孔吊装。施工时桥墩承受的单向推力,应尽量降低至图纸规定的允许范围内。

(5)拱肋及拱板的合拢温度应符合图纸规定,如图纸无规定,宜在气温接近年平均温度(一般在 5℃ ~ 15℃)时进行。

(6)拱上建筑的施工:拱上构造的立柱或横墙的基座,施工单位在施工前应对其位置和高程进行复测检查。基座与拱的联结应牢固。大跨径拱桥拱上构造的吊装安砌应根据施工验算并结合施工观测进行,使施工过程中的拱轴线与设计拱轴线尽量接近。中、小跨径拱桥拱上构造,一般可由拱脚至拱顶对称吊装、安砌。

(7)拱上腹拱圈施工时,应注意腹拱圈所产生的推力对立柱或横墙的影响;相邻腹拱的施工进度应大致平衡。

4)预应力混凝土连续梁的顶推安装

(1)顶推施工前应根据主梁长度、设计顶推跨度、桥墩能承受的水平推力、顶推设备和滑动装置等条件,可选择单点顶推法或多点顶推法。采用多点顶推必须确保同步。顶推施工方案及细节,施工单位应在顶推施工前至少 28d 报监理工程师批准。

(2)水平千斤顶的实际总顶推力,不应小于计算顶推力的2倍,墩台顶上水平千斤顶的台背必须坚固,应能抵抗顶推时的总反力。在顶推过程中,各桥墩的纵向位移值不得超过图纸规定。

(3)当水平千斤顶顶推一个行程,用竖向千斤顶将梁顶高,以便拉回滑块时,其最大顶升高度不得超过图纸规定。如图纸无规定时,不得超过10mm。

(4)主梁被顶推前进时,如梁的中线偏离较大,应用导梁装置纠偏。

(5)顶推时,若导梁杆件有变形或螺丝松动,导梁与主梁联结处有变形或混凝土开裂等,应即停止顶推,进行处理。梁段中未压浆的预应力筋的锚具如有松动,亦应停止顶推,并将松动的锟锚具重新张拉、锚固。

(6)顶推时至少应在两个墩上设置保险千斤顶,如遇到滑移故障用千斤顶处理时,起顶的反力值不得大于计算反力的1.1倍,起顶高度不得大于10mm。

(7)全梁顶推到图纸规定位置后,首先应按图纸规定的张拉顺序,对补充的预应力筋进行张拉、锚固、压浆。将供顶推用的临时预应力筋按图纸规定的顺序予以拆除。张拉、拆除作业时应注意安全,防止损坏混凝土和相邻锚具。

(8)落梁前应拆除墩、台上的滑动装置和导梁。拆除时各支点宜均匀顶起,其顶力应按图示支点反力控制,相邻墩各顶点的高差不得大于2mm,同墩两侧梁底顶起高差不得大于1mm。

(9)落梁时,应根据图纸规定的顺序和每次下落量进行,同一墩、台的千斤顶应同步运行。

(10)在整个顶推施工过程中,应注意观测墩台和临时墩在承受荷载时产生的竖直、水平位移、主梁和导梁控制截面的挠度及其变化、滑动装置的静摩擦系数和动摩擦系数,并随时做好记录,整理报告监理工程师。如发现超过规定限值,应分析原因,采取措施纠正。

5)钢筋混凝土箱涵的顶入

采用顶入法施工的箱涵,在施工过程中,其施工工艺、技术要求及质量标准等均应符合有关规范。

四、预应力混凝土施工质量要求

1. 后张法预应力混凝土的浇筑

1)一般要求

(1)模板、钢筋、管道、锚具和预应力钢筋经监理工程师检查并批准后,方可浇筑混凝土。

(2)预应力结构混凝土的浇筑及养生应符合下列要求:

①浇筑混凝土时,应保持锚塞、锚圈和垫板位置的稳固。

②在混凝土浇筑和预应力钢筋张拉前,锚具的所有支承表面(如垫板)应加以清洗。

③拌和后超过45min的混凝土不得使用。

④简支梁梁体混凝土应水平分层,一次浇筑完成。箱形梁梁体混凝土,应尽可能一次浇筑完成,梁体较高时,若分二次或三次浇筑完成,第一次浇筑应浇至底板承托顶部以上30cm,而后按腹板、顶板、翼板的次序浇筑。

⑤为避免孔道变形,不允许振捣器触及套管。

⑥梁式空心板端部锚固区及预制构件,为了保证混凝土密实,应当使用外部振捣器加强振

捣,且集料尺寸不要超过两根钢筋或预埋件间距的一半。

⑦混凝土立方体强度尚未达到 15~20MPa 时,不得拆除模板。

⑧混凝土养生时,对为预应力钢束所留的孔道应加以保护,严禁将水和其他物质灌入孔道,并防止金属管生锈。

2)预应力混凝土梁的悬臂浇筑

(1)如梁体与桥墩非刚性连接,悬臂浇筑梁体混凝土时,应先将墩顶梁段与桥墩临时固定。

(2)悬臂浇筑时桥墩两侧的浇筑进度应尽量做到对称、均衡。桥墩两侧的梁体和施工设备的重量差,及相应的在桥墩两侧产生的弯矩差,应不超过图纸规定。施工单位向监理工程师送一份拟采用的施工方法的说明、图纸、静力及变形计算的资料。

(3)悬臂浇筑用挂篮,在已完成的梁段上前移时,后端应有压重稳定或采用其他可靠的稳定措施。浇筑混凝土时,挂篮后端应锚固于已完成的梁段上。挂篮前移及在其上浇筑混凝土时,抗倾覆稳定系数应不小于 1.5。

(4)悬臂浇筑开始前,应对挂篮进行质量检查,并做载重试验,以测定各构件变形量,尽可能消除非弹性变形,并对悬臂浇筑的预拱度提供数据。

(5)悬臂浇筑前,待浇筑段的前端底板高程和桥面板高程,应根据挂篮前端垂直挠度,各施工阶段的弹、塑性挠度(包括待浇及后浇各梁段的重量、预应力、混凝土的收缩与徐变、施工设备荷载、桥面系恒载、体系转换引起的挠度)及 1/2 静活载挠度,设置预拱度。

(6)浇筑梁段混凝土自前端开始向后浇筑,在浇筑的梁段根部与前一浇筑段接合。前后两段的模板的接缝应紧密接合。

(7)连续梁各跨合龙段的合龙,一般自两边跨向中跨进行。自桥端至合龙跨的所有支座均为活动支座。在合龙段合龙时,合龙段的两端应予临时固定并施加必要的预应力,临时固定装置应能承受上述活动支座的摩阻力。

(8)连续刚构合龙段两端的临时固定装置及墩身,应能承受合龙段浇筑时段内的温度变化影响力及截面温差影响力。

(9)合龙段合龙前应在合龙两端的悬臂上加压重,并于浇筑混凝土过程中逐步撤除,使悬臂挠度保持稳定。合龙段的施工,在两端临时固定完成后应尽快在短时间内完成,混凝土浇筑应在一天中最低温度进行。

(10)合龙段混凝土可掺加必要的早强剂和减水剂。全合龙段混凝土在浇筑完成后应加强养生,在达到图纸要求张拉强度后,尽早张拉预应力筋。

3)预应力混凝土梁在支架上浇筑

(1)在支架上浇筑混凝土时,应根据混凝土的弹性和非弹性变形及支架的弹性和非弹性变形设置施工预拱度。

(2)全部混凝土宜在最初浇筑的混凝土初凝前浇筑完。若跨径较大,混凝土数量较多,不能在最初浇筑的混凝土初凝前浇筑完,应考虑新浇混凝土对已初凝混凝土的影响或设置工作缝,或按适应顺序分段浇筑。

(3)箱形梁段混凝土若分次浇筑,应先浇底板至承托顶部以上 30cm,其次腹板,最后浇筑顶板及翼板。混凝土浇筑完成并初凝后,应开始养生。

(4)除非监理工程师批准,混凝土的强度未达到图纸规定值之前,不得拆除支架。

4)顶推预应力混凝土连续梁的预制

(1)施工单位应于预应力混凝土连续梁预制、顶推作业开始之前28d,将全部施工程序和细节报监理工程师审查批准。

(2)预制场地设在桥台后面桥轴线上的引道或引桥上,其长度应考虑梁段悬出时反压的长度、梁段预制长度、导梁拼装长度和机具设备材料进入预制作业线长度,宽度应考虑梁段两侧施工作业的需要。预制场地上空宜搭设活动作业棚。

(3)预制台座的地基或引桥的强度、刚度和稳定性应符合图纸要求,并做好台座地基的防水、排水设施以防沉降。在荷载作用下,台座顶面最大变形不应大于2mm。

(4)台座轴线应与桥梁轴线的延长线重合,台座的纵坡应与桥梁的纵坡一致。台座的施工允许偏差如下:

①中线偏差不大于5mm。

②相邻两支承点上台座中滑移装置的纵向顶面高程差±2mm。

③同一个支承点上滑移装置的横向顶面高程差±1mm。

④台座(包括滑移装置)和梁段底模板顶面高程差±1mm。

(5)梁段预制时,应严格控制截面尺寸、底面平整度和梁端部的垂直度,严格控制钢筋、预应力筋的孔道位置及预埋件位置和混凝土浇筑质量,采取措施提高混凝土的早期强度,缩短顶推周期。

(6)有关梁段预应力筋的布置及张拉、梁段间预应力筋的连接、临时预应力筋的拆卸等,均应严格按图纸规定、预应力筋及混凝土的施工作业技术要求、规定办理。

2.后张法预应力的施工

1)一般要求

(1)施工单位在张拉开始前,应向监理工程师提交详细说明、图纸、张拉应力和伸长量的静力计算,请求审核。

(2)施工单位应选派富有经验的技术人员指导预应力张拉作业。所有操作预应力设备的人员,应通过设备使用的正式训练。

(3)所有设备应最少每间隔两个月进行一次检查和保养。

(4)预应力张拉中,如发现下列任何一种情况,张拉设备应重新进行校验:使用时间超过6个月;张拉次数超过300次;使用过程中千斤顶或压力表出现异常情况;千斤顶检修或更换配件后。

2)施工要求

(1)除非另有书面允许,张拉工作应在监理工程师在场时进行。

(2)当气温下降到5℃以下且无保温措施时,禁止进行张拉作业。

(3)预应力钢筋在张拉前应做检查,保证它们在管道内移动自由。

(4)最少应有一组浇筑梁体的混凝土的试块达到图纸规定的传递预应力的混凝土强度,才允许进行张拉,图纸无规定时,混凝土强度应不低于设计等级的80%,弹性模量不低于设计的80%。张拉力应按图纸规定。

(5)预应力张拉应从两端同时进行,除非监理工程师同意另外的方式。

(6)当仅从一端张拉时,应精确量测另一端的回缩量,并从千斤顶量测的伸长值中适当给予扣除。

(7)控制张拉力为锚固前锚具内侧的拉力。在确定千斤顶的拉力时,应考虑锚具摩阻损失及千斤顶内摩阻损失。

3)张拉步骤

(1)除非图内有规定或监理工程师另有指示外,张拉程序如表5-33所示。

后张法预应力张拉程序 表5-33

锚具和预应力类别		张拉程序
夹片式等具有自锚性能的锚具	钢绞线束、钢丝束	普通松弛预应力筋:0→初应力→1.03σ_{con}(锚固)
		低松弛预应力筋:0→初应力→σ_{con}(持荷5min锚固)
其他锚具	钢绞线束、钢丝束	0→初应力→1.05σ_{con}(持荷5min)→σ_{con}(锚固)
		0→初应力→1.05σ_{con}(持荷5min)→0→σ_{con}(锚固)
螺母锚固锚具	螺纹钢筋	0→初应力→σ_{con}(持荷5min)σ_{con}→0→σ_{con}(锚固)

注:1.表中σ_{con}为张拉时的控制应力,包括预应力损失值。
  2.两端同时张拉时,两端千斤顶升降压、画线、测伸长、插垫等工作应基本一致。
  3.超张拉数值超过规定的最大超张拉应力限值时,应按规范规定的限值进行张拉。

(2)预应力筋在张拉控制应力达到稳定后方可锚固。对夹片式锚具,锚固后夹片顶面应平齐,其相互间的错位不宜大于2mm,且露出锚具外的高度不应大于4mm。锚固完毕并经检验确认合格后方可切割端头多余的预应力筋,切割时应采用砂轮锯,严禁采用电弧进行切割,同时不得损伤锚具。

(3)预应力钢筋的断丝、滑丝不得超过表5-34规定。

预应力钢筋断丝,滑移限制数 表5-34

类 别	检查项目及	控制数
钢丝束和钢绞线束	每束钢丝断丝或滑丝	1根
	每束钢绞线断丝或滑丝	1丝
	每个断面断丝之和不超过该断面钢丝总数的百分比	1%
单根钢筋	断筋或滑移	不允许

注:1.钢绞线断丝系指单根钢绞线内钢丝的断丝。
  2.超过表列控制数时,原则上应更换,当不能更换时,在许可的条件下,可采取补救措施,如提高其他束预应力值,但须满足设计上各阶段极限状态的要求。

(4)当计算延伸量时,应根据试样或试验证书确定的弹性模量。

(5)在张拉完成以后,测得的延伸量与预计延伸量之差应在6%以内,否则,监理工程师可指示采取以下的若干步骤或全部步骤:

①重新校准设备。

②对预应力材料作弹性模量检验。

③放松预应力钢筋重新张拉。

④预应力钢筋用润滑剂以减少摩擦损失。仅水溶性油剂可用于管道系统,且在压浆前清洗掉。

⑤监理工程师可要求按照规范规定进行摩擦损失试验。

4)记录及报告

每次预应力张拉以后,应将张拉记录给监理工程师审查:

(1)每个测力计、压力表、油泵及千斤顶的鉴定号。

(2)测量预应力钢筋延伸量时的初始拉力。

(3)在张拉完成时的最后拉力及测得的延伸量。

(4)千斤顶放松以后的回缩量。

(5)在张拉中间阶段测量的延伸量及相应的拉力。

3. 先张法预应力混凝土的施工

(1)任何先张法工作开始前,施工单位应向监理工程师提交他的先张法的建议,包括他拟采用的预应力张拉台、横梁及各项张拉设备。预应力张拉台需要有足够强度和刚度,抗倾覆系数不小于1.5,抗滑系数不小于1.3。横梁需要有足够的刚度,受力后挠度不应大于2mm。

(2)先张法预应力张拉,除图示或监理另有指示外,张拉程序如表5-35所示:

先张法预应力张拉程序 表5-35

预应力筋种类		张拉程序
螺纹钢筋		0→初应力→1.05σ_{con}(持荷5min)→0.9σ_{con}→σ_{con}(锚固)
钢丝、钢绞线	夹片式等具有自锚性能的锚具	普通松弛力筋 0→初应力→1.03σ_{con}(锚固) 低松弛力筋 0→初应力→σ_{con}(持荷5min 锚固)
	其他锚具	0→初应力→1.05σ_{con}(持荷2min)→0→σ_{con}(锚固)

注:1. 表中σ_{con}为张拉时的控制应力值,包括预应力损失值。
  2. 超张拉数值超过规定的最大超张拉应力限值时,应按该条规定的限制张拉应力进行张拉。
  3. 张拉钢筋时,应在超张拉并持荷5分钟后放张至0.9σ_{con}时再安装模板、普通钢筋及预埋件等。

(3)当用先张法张拉钢筋的温度低于10℃时,钢筋延伸量计算应考虑从张拉时到混凝土初凝时钢筋温度的增加的因素。当测得预应力钢筋的温度低于5℃时,未得监理工程师许可,不得施加预应力。

(4)同时张拉多根钢筋时,应抽查钢筋的预应力值,其偏差的绝对值不得超出按一个构件全部钢筋预应力总值的5%。

(5)当混凝土达到图纸规定强度时,荷载应逐渐传递给混凝土,而且要求混凝土与钢筋不互相隔离。放松荷载的次序应图纸所示,然后预应力钢筋端部应截断到与混凝土表面平齐,并涂一层认可的防腐蚀剂。图纸未作规定时,预应力钢筋放松时混凝土的强度应不低于设计等级的80%。

(6)所有构件应标以不易擦掉的记号,记录制造的生产线、浇筑混凝土的日期及张拉日期,标记的位置应在工程完工及构件置于最终位置以后,不致暴露于外。

4. 孔道压浆

1)压浆设备

(1)水泥浆拌和机应能制备具有胶稠状的水泥浆。水泥浆泵应可连续操作,对于水平或曲线管道,压浆的压力值为 0.5~0.7MPa,对于超长管道,最大压力不超过 1.0MPa,对于竖向预应力管道,压浆的压力值宜为 0.3~0.4MPa。

(2)采用真空辅助压浆工艺时,在压浆前应对孔道进行抽真空,真空度宜稳定在 -0.06~-0.10MPa 范围内。真空度稳定后,应立即开启孔道压浆端的阀门,同时启动压浆泵进行连续压浆。

(3)压力表在第一次使用前及此后规定需要时应加以校准。所有设备在压浆操作中至少每 3 个小时用清洁水彻底清洗一次,每天使用结束时,也应清洗一次。

2)压浆

(1)水泥浆应由精确称量的不低于 42.5 硅酸盐水泥或普通硅酸盐水泥和水组成。水灰比一般在 0.4~0.45 之间,所用水泥龄期不超过一个月。

(2)可用经监理工程师认可的减水剂掺入水泥浆混合料中,其掺入量百分比以试验确定,且须经监理工程师同意。掺入减水剂的水泥浆水灰比,可减到 0.35,其他掺入料仅在监理工程师的书面许可下才可使用。

(3)水泥浆的最大泌水率不应超过 2%,24h 后泌水应重新被吸收。

(4)水泥浆内可掺入膨胀剂,例如铝粉,铝粉约为水泥用量的 0.01%(通过试验)。掺入膨胀剂后,水泥浆不受约束的膨胀应不超过 10%。

(5)水泥浆的拌和应首先将水加入拌和机内,再放入水泥。当这些充分拌和以后再加入掺加料。掺加料内的水分应计入水灰比内。拌和应至少 2min,直至达到均匀的稠度为止。任何一次投配满足一小时的使用即可。稠度应在 14~18s 之间。

(6)水泥浆的泌水率及稠度测试按《公路桥涵施工技术规范》(JTG/T F50—2011)进行。

(7)当监理工程师认为必要时,应进行压浆试验。

(8)在压浆前,用吹入无油分的压缩空气清洗管道。接着用含有 0.01kg/L 生石灰或氢氧化钙的清水冲洗管道,直到松散颗粒除去及清水排出。管道再以无油的压缩空气吹干。

(9)压浆时,每一工作班应留取不少于 3 组试样,标准养生 28d,检查其抗压强度作为水泥浆质量评定依据。

(10)当气温或构件温度低于 5℃时,不得进行压浆。水泥浆温度不得超过 32℃。

(11)管道压浆应尽可能在预应力钢筋张拉完成和监理工程师同意压浆后尽早进行,一般不得超过 48h。在一个连续的操作中,水泥浆应自管道的最低点注入,并且使水泥浆自出气孔流出,直到流出的稠度达到注入的稠度。当有几个低点时,监理工程师可指示在各低点注入,使水泥浆不致发生向下流。管道应充满水泥浆。简支梁的管道压浆,应自梁一端注入,而在另一端流出,流出的稠度须达到规定的稠度。

(12)出气孔应在水泥浆的流动方向一个接一个的封闭,注入管在压力下封闭直至水泥浆凝固。压注满浆的管道应进行保护,使在一天内不受震动,做到使监理工程师满意,且管道内水泥浆在注入后 48h 内,混凝土温度不低于 5℃。当白天气温高于 35℃时,压浆宜在夜间进行,在压浆后,应及时检查注入端及出气孔的水泥浆密实情况,需要时进行处理。

(13)施工单位应具有完备的压浆记录,包括每个管道的压浆日期、水灰比及掺加料、压浆的压力、试块强度、障碍事故细节及需要补做的工作。这些记录的抄件应在压浆后送交监理工程师。

五、悬索桥施工施工质量要求

1. 锚碇

(1)重力式锚碇基础施工除必须按明挖地基有关规定执行外,还必须注意以下问题:

①基坑开挖时应采取沿等高线自上而下分层开挖,在坑外和坑底要分别设置排水沟和截水沟,防止地面水流入积留在坑内而引起塌方或基底土层破坏。原则上应采用机械开挖,开挖时应在基底高程以上预留150~300mm土层用人工清理,不要破坏基底结构。如采用爆破方法施工,应使用如预裂爆破等小型爆破法,尽量避免对边坡造成破坏。

②对于深大基坑边坡处理,应采取边开挖边支护措施保证边坡稳定。支护方法应根据地质情况设计。

(2)重力式锚碇锚固体系施工。

①型钢锚固体系可按下列规定进行:

a. 所有钢构件安装均应按照钢桥要求进行。

b. 锚杆、锚梁制造时必须严格按设计要求进行抛丸除锈、表面涂装和无破损探伤等工作。出厂前应对构件连接进行试拼,其中应包括锚杆拼装、锚杆与锚梁连接、锚支架及其连接系平面试装。

c. 锚杆、锚梁制作及安装精度应符合要求。

②对预应力锚固体系可按下列规定进行:

a. 预应力张拉与压浆工艺必须经监理工程师审查,除需严格按照设计与预应力混凝土结构的要求进行外,锚头要安装防护套,并注入保护性油脂。

b. 加工件必须进行超声波和磁粉探伤检查。

c. 预应力锚固系统施工精度应符合要求。

(3)重力式锚碇锚体混凝土施工。

①大体积混凝土的施工,施工单位应编制专项施工方案,经监理工程师批准后施工。要采取降温措施。

a. 采用低水化热品种的水泥。对于普通硅酸盐水泥应经过水化热试验比较后方可使用。

b. 采用降低水泥用量、减少水化热:掺入质量符合要求的粉煤灰和缓凝型外掺剂,粉煤灰用量一般为水泥用量的30%~40%;混凝土可按60d的设计强度进行配合比设计。

c. 降低混凝土入仓温度。可对砂石料加遮盖,防止日照;采用冷却水作为混凝土的拌和水等。

d. 在混凝土结构中布置冷却水管,混凝土终凝后开始通水冷却降温。设计好水管流量、管道分布密度和进水温度,使进出水温差控制在10℃左右,水温与混凝土内部温差不大于20℃。

②大体积混凝土施工时应注意以下问题:

a. 大体积混凝土应采用分层施工,每层厚度可为1~1.5m,应视混凝土浇筑能力和降温措施而定。后一层混凝土浇筑前需对已浇好的混凝土面进行凿毛、清除浮浆,确保混凝土结合面黏结良好。层间间歇宜为4~7d。

b. 根据锚碇的结构形式、大小等采取分块施工,块与块之间预留湿接缝,槽缝宽度宜为 1.5~2cm,槽缝内宜浇筑微膨胀混凝土。

c. 混凝土浇筑完后应按照规定覆盖并洒水进行养护。当气温急剧下降时须注意保温,并应将混凝土内外温差控制在 25℃以内。

(4) 隧道式锚碇在隧道开挖时应采用小型爆破,并不得损坏周围岩体。开挖后应正确支护并进行锚体灌筑。

(5) 隧道式锚碇混凝土施工应符合以下要求:

①锚体混凝土必须与岩体结合良好,宜采用微膨胀混凝土,防止混凝土收缩与拱顶基岩分离。

②混凝土浇筑完毕后,必须采取混凝土养生措施,确保混凝土的质量。

③洞内应具备排水和通风条件。

2. 索塔

(1) 塔基、混凝土塔身混凝土施工应按相关规定进行。

(2) 塔顶钢框架的安装必须在索塔上系梁施工完毕后方能进行。

(3) 塔完工后,须测定裸塔倾斜度、跨距和塔顶高程,作为主缆线形计算调整的依据。

(4) 索塔施工质量标准应符合表 5-36 的要求。

索塔施工精度要求　　　　表 5-36

项目	规定值或允许偏差
混凝土强度	在合格标准内
塔柱底水平偏位(mm)	10
倾斜度(mm)	符合设计规定;设计未规定时,塔高的 1/3000,且不大于 30
断面尺寸(mm)	±20
横梁高程(mm)	±20
索鞍底板面高程(mm)	+10,-0
预埋件位置(mm)	10

3. 施工猫道

(1) 猫道形状及各部尺寸应满足主缆工程施工的需要。猫道面层高程到被架设的主缆底面距离沿全长宜保持一致,宜为 1.3~1.5m;猫道净宽宜为 3~4m,扶手高宜为 1.2~1.5m。上、下游猫道间宜设置若干条人行通道,以增强抗风稳定性。

(2) 猫道承重索可用钢丝绳或钢绞线。设计时充分考虑猫道自重及可能作用其上的其他荷载,承重索的安全系数要符合要求。猫道宜设抗风缆,确保其稳定性。

(3) 采用钢丝绳做承重索时,须进行预张拉消除非弹性变形。预张拉荷载不得小于各索破断荷载的 0.5,保持 60min,进行两次。测长和标记在温度稳定的夜间进行。承重索按被指定的长度切断以后,其端部灌铸锚头,锚头顶面须与承重索垂直,并对锚头进行静载检验。

(4) 架设时总的原则:做到对称施工,边跨与中跨作业平衡,减少对塔的变位的影响,控制裸塔塔顶变位及扭转在设计允许范围内。猫道承重索架设后要进行线形调整,应预留 500mm 以上的可调长度,各根索的跨中高程相对误差宜控制在 ±30mm 之内。承重索在边跨与中跨应连续架设。

(5)猫道面层宜由阻风面积小的两层大、小方格钢丝网组成。

(6)猫道面层从塔顶向跨中、锚碇方向铺设,并且上、下游两幅猫道要对称、平衡的进行。铺设过程中设牵引及反拉系统,防止出现面层下滑失控而出现事故及卡环与猫道承重索卡死的现象。

(7)中跨、边跨猫道面的架设进度,要以塔的两侧水平力差异不超过设计要求为准。在架设过程中须监测塔的偏移量和承重索的垂度。

(8)抗风缆采用钢丝绳时,使用前应进行预张拉。抗风缆架设时宜按先内侧后外侧的架设顺序进行。架设前须先与有关部门联系,设置通航标志,保证航道安全。

(9)加劲梁架设前,须将猫道改吊于主缆上,然后解除猫道承重索与塔和锚碇的联结,以利施工控制。

(10)主缆防护工程完成以后,可进行猫道拆除工作。拆除时严禁伤及吊索、主缆和桥面。

4. 主缆工程

(1)索股牵引应符合下列规定:

①牵引过程中应对索股施加反拉力。

②牵引最初几根时,宜压低牵引速度,注意检查牵引系统运转情况,对关键部位进行调整后方能转入正常架设工作。

③牵引过程中发现绑扎带连续两处被切断时,应停机进行修补。监视索股中的着色丝,一旦发生扭转,须采取措施加以纠正。

④牵引到对岸,在卸下锚头前须把索股临时固定,防止滑移。索股后端宜施加反拉力。

⑤索股两端的锚头引入锚固系统前,须将索股理顺,对鼓丝段进行梳理,不许将其留在锚跨内。

⑥索股横移时,须将索股从猫道滚筒上提起,确认全跨径的索股已离开猫道滚筒后,才能横向移到索鞍的正上方。横移时拽拉量不宜过大,任何人不允许站在索股下方。

(2)索股锚头入锚后进行临时锚固。为便于夜间调整线形,应给索股一定的抬高量(一般为 200~300mm),并做好编号标志。

(3)索股线形调整应按下列要求执行:

①垂度调整须在夜间温度稳定时进行。温度稳定的条件为:

长度方向索股的温差 $\triangle t_1 \leq 2℃$;

横截面索股的温差 $\triangle t_2 \leq 1℃$。

a. 绝对垂度调整(即对基准索股高程的调整):应测定基准索股下缘的高程及跨长,塔顶高程及变位,主索鞍预偏量,散索鞍预偏量,主缆垂度和高程、气温、索股温度等值后经计算决定其调整量。基准索股高程必须连续3d在夜间温度稳定时进行测量,三次测出结果误差在允许范围内时取三次的平均值作为该基准索股的高程。

b. 相对垂度调整按一定原则进行调整。

②垂度调整精度标准如下:

索股中跨跨中高程允许误差:基准索股中跨跨中 $\pm L/20000$(L 为跨径);

边跨跨中为中跨跨中的2倍;

上下游基准索股高差10mm；

——般索股（相对于基准索股）-5mm,10mm。

（4）索力的调整以设计提供的数据为依据，其调整量应根据调整装置中测力计的读数和锚头移动量双控确定。其精度要求为：实际拉力与设计值之间的允许误差为设计锚固力的3%。

（5）紧缆工作须分两步进行，即预紧缆和正式紧缆。

①预紧缆应在温度稳定的夜间进行。预紧缆时宜把主缆全长分为若干区段分别进行。索股上的绑扎带采用边紧缆边拆除的方法，不宜一次全部拆除。预紧缆完成处必须用不锈钢带捆紧，保持主缆的形状，不锈钢带的距离可为5~6m，预紧缆目标空隙率宜为26%~28%。

②正式紧缆宜用专用的紧缆机把主缆整成圆形。其作业可以在白天进行。正式紧缆的方向宜从跨中向两侧方向进行。当紧缆点空隙率达到设计要求时，在靠近紧缆机的地方打上两道钢带，其间距可取100mm，带扣放在主缆的侧下方。紧缆点间的距离约1m。

③正式紧缆质量控制：

a. 空隙率须满足设计要求，空隙率偏差：0，+3%。

b. 圆度（即紧缆后主缆横径与竖径之差）不宜超过主缆设计直径的5%。

（6）主缆防护。

①主缆防护应在桥面铺装完成后进行。

②防护前必须清除主缆表面灰尘、油污和水分等污物，临时覆盖，待对该处进行涂装及缠丝时再揭开。

③主缆涂装应按涂装设计进行。

④缠丝工作宜在二期恒载作用于主缆之后进行，缠丝材料以选用软质镀锌钢丝为宜。缠丝工作应由电动缠丝机完成。

⑤钢丝缠绕应密贴，缠丝张力应符合设计要求。

5. 索鞍

索鞍安装：

（1）安装索鞍时必须满足高空吊装重物的安全要求。选择在白天晴朗时连续完成工作。

（2）索鞍安装时应根据设计提供的预偏量就位，加劲梁架设、桥面铺装过程中按设计提供的数据逐渐顶推到永久位置。顶推前应确认滑动面的摩阻系数，严格掌握顶推量，确保施工安全。

（3）索鞍安装精度见表5-37、表5-38。

主索鞍安装质量标准　　　　　表5-37

项目	规定值或允许偏差
纵向最终偏差	符合设计要求
横向偏位（mm）	10
高程（mm）	+20,0
四角高差（mm）	2

散索鞍安装质量标准 表 5-38

项目	规定值或允许偏差
纵、横向偏位(mm)	5
高程(mm)	±5
角度	符合设计要求

6. 索夹与吊索

1) 索夹安装

(1) 索夹安装前,须测定主缆的空缆线形,提交给设计及监控单位,对原设计的索夹位置进行确认。然后在温度稳定时在空缆上放样定出各索夹的具体位置并编号,清除索夹位置处主缆表面的油污及灰尘,涂上防锈漆。

(2) 索夹在运输和安装过程中应注意保护,防止碰伤及损坏表面。

(3) 索夹安装方法应根据索夹结构形式、施工设备和施工人员经验确定。当索夹在主缆上精确定位后,应立即紧固索夹螺栓。

(4) 紧固同一索夹螺栓时,须保证各螺栓受力均匀,并按三个荷载阶段(即索夹安装时、钢箱梁吊装后、桥面铺装后)对索夹螺栓进行紧固,补足轴力。索夹位置要求安装准确,纵向误差不应大于 10mm。记录每次紧固的数据存档。

2) 吊索安装

(1) 运输、安装过程中保证吊索不受损伤。

(2) 安装时须采取措施,防止吊索扭转。

7. 加劲梁

(1) 加劲钢箱梁制作。

① 全焊加劲钢箱梁的制造,加劲钢桁架梁的制造可按钢桥制造中的有关规定执行。

② 零部件加工。

a. 零部件加工精度应符合施工图及施工工艺的要求。

b. 零部件边缘的加工,应优先选用精密切割。

c. 边缘加工后,必须将边缘刺屑清除干净,磨去飞刺、挂渣及波纹,还应将崩坑等缺陷部位磨修匀顺。

d. 零件应根据零件预留加工量及平直度要求,加工端边。已有孔(或锁口)的零件按孔(或锁口)中心线定位加工边缘。

e. 按设计要求需要刨(铣)加工的零件,刨(铣)边时应避免油污污染钢料,加工面的表面粗糙度 R_a 不大于 $25\mu m$,顶紧加工面与板面垂直度偏差应小于 $0.01t$(t 为板厚)且不得大于 $0.3mm$。

③ 板件、部件及节段组装。

a. 组装前应熟悉施工图和工艺文件,核对编号及图纸无误后方可组装。板件、部件及节段组装应在专用平台或胎架上进行,使用专用夹具或马板进行固定,并按工艺要求施放余量或补偿量,在确保产品组装精度、控制焊接变形的条件下应尽量使用夹具,减少使用马板的数量。松开马板约束时,必须采用火焰切割的方式进行,并将约束部位修磨匀顺。桥面板、桥底板的纵、横对接焊缝应带产品试板,对产品试板进行拉伸试验及焊缝热影响区低温冲击试验。产品试板数量为桥面板、桥底板纵向对接焊缝每 10 条带 1 块产品试板,横向对接焊缝每 5 条焊缝带 1 块产品试板。组装合格后的板块或部件,应在规定部位打上编号钢印。组装精度应满足设计要求。

b. 焊接的施工和检验应符合钢桥焊接的要求。

c. 钢梁应按拼装图进行厂内试拼装,试拼不少于 3 个节段,按架梁顺序进行试拼装。试拼装前,应认真做好各项准备工作,仔细检查试拼装胎位、工具、仪器及吊具是否完好和安全可靠。依据设计图及工艺核对每个零件、部件、梁段,不允许使用未经检验或不合格的零部件及梁段参加厂内试拼装。每次试拼按有关规定进行检测,其结果应有详细的记录,首次由工厂技术负责主管组织鉴定,其余各次由工厂检验部门检验确认合格后方可进行下道工序。

d. 成品梁段基本尺寸允许偏差应符合设计和规范的要求。钢梁成品应由工厂检验部门进行全面检查、验收,并与业主委派的监理工程师共同确认,合格后方可填发产品合格证。成品移交用户时,工厂应提供产品合格证、完工图、工厂内试拼装记录、焊缝重大修补检验记录。

(2) 钢箱梁安装。

① 待索夹、吊索安装完毕并做好以下前期准备工作后方可进行吊装:

a. 对桥下地形及河床进行探测,根据实际情况进行清理。

b. 潮汐河段须掌握桥位区海域水文情况,了解该处潮汐变化规律。

c. 完成施工组织设计,并经监理工程师审定。

d. 确定吊装期间封航和航道运输管理方案。

e. 应充分掌握有关气象资料,特别是突发性风情预报,并做好防范措施。

f. 起重机安装就位,并完成各项设备安装及检查工作。

② 吊装方法可根据以下情况选定:

a. 如能将梁段运至吊点位置处,可采用垂直起吊法架设。

b. 因河床的限制,梁段不能运至吊点正下方时,可将起重机偏位将梁段垂直起吊,然后纵向牵引箱梁就位。

③ 吊装过程必须严格遵守高空作业及水上作业的安全规定。应观察索塔变位情况,应根据设计要求和实测塔顶位移量分阶段调整索鞍偏移量,以保证工程质量和施工安全。

安装前应确定安装顺序,一般可以从中跨跨中对称地向两边进行,安装完一段跨中梁段后,再从两边跨对称地向索塔方向进行。各工作面上,吊装第二节段起须与相邻节段间预偏 0.5~0.8m 的工作间隙,至高程后,牵拉连接,避免吊装过程与相邻节段发生碰伤,影响吊装工作顺利进行。安装合龙段前,必须根据实际的合龙长度,对合龙段长度进行修正。

④ 调试和定位。

在节段吊装过程中应对箱梁节段接头进行测试,并随时拧紧定位临时螺栓。当节段吊装超过一定数量时,跨中段的挠度曲线趋于平缓,接近设计要求,此时可对该接头进行定位焊,随节段吊装的增加,其他节段的挠度曲线将逐渐趋于平缓,其他节段接头也将就位,可实施定位焊。

⑤ 工地焊接。

工地焊接应做工艺评定,并严格按工地焊接工艺进行工地焊接。

工地焊缝焊接前应用钢丝砂轮进行焊缝除锈,并在除锈后24h内进行工地焊接。焊接前应检查接头坡口、间隙和板面高低差是否符合要求,同时检查环境是否满足工地焊接的环境要求,如不满足应采取措施。接头焊接时,应注意温度变化对接头焊接的影响。安装时须有足够数量的固定点并保证足够的强度。当工地焊缝形成并具有足够的刚度和强度时,方能解除安装固定点,防止焊缝裂纹及接口处错边量超差。为控制变形,应对施焊顺序进行控制,横向施焊顺序宜从桥面中轴线向两侧焊接,并尽量做到对称施焊。

工地焊接接头应进行100%的超声波探伤,其中抽30%进行X光探伤拍片检查,当有一片不合格时则对该焊缝进行100%的X光拍片。

⑥工地涂装。

a. 工地焊接后应按防腐设计要求进行表面处理。

b. 工地焊接的表面补涂油漆应在表面除锈24h内进行,分层补涂底漆和面漆,并达到设计的漆膜总厚度。

c. 根据技术文件的要求,工地焊接完成后,应按涂装工艺文件的要求涂箱外装饰面漆。

(3) 钢桁架梁安装可按钢桥的有关规定执行。悬臂吊装时,可先利用塔顶的吊装设备安装好靠塔柱的节段,再在桁梁上安装移动式悬臂起重机,利用移动式悬臂起重机从塔柱往主跨跨中及锚碇方向对称均衡地将桁梁安装到位。对于桁梁节段重量较轻者,也可采用缆索吊装。

(4) 钢加劲梁的安装应符合表5-39的要求。

钢加劲梁安装质量标准　　　　　　　　　　　　　　　　表5-39

项目	规定值或允许偏差(mm)
吊点偏位	20
顶面高程在两吊索处高差	20
相邻节段匹配高差	2
吊索防护	符合设计要求
梁段工地连接接头	符合设计要求
加劲梁工地防护	符合设计要求

六、斜拉桥的施工控制质量要求

1. 一般要求

斜拉桥施工与设计有互补和互反馈关系,施工前施工单位应全面了解设计的要求和意图,编制施工组织设计,斜拉桥梁体的施工方法可视设计要求、桥位条件、施工经验、设备状况及技术经济比较选定。施工组织设计应经监理工程师审批,其主要内容应包括:

(1) 基础、墩塔和主梁的施工工艺。

(2) 塔、梁施工控制及施工测量方法。

(3) 拉索制作、安装、张拉及锚固工艺。

2. 索塔

(1) 索塔的施工可视其结构特点、施工环境、施工设备和设计要求综合考虑选用适合的方法。裸塔施工宜用爬模法,横梁较多的高塔宜采用劲性骨架挂模提升法。

(2) 索塔施工,除设置相应的塔吊外,还应设置工作电梯及安全通道。

(3) 斜拉桥施工时应避免塔梁交叉施工干扰。必须交叉施工时,施工单位应根据设计和施工方法采取保证塔梁质量和施工安全的措施,并报监理工程师审批。

(4) 索塔横梁施工时应根据其结构、重量及支撑高度设置可靠的模板和支撑系统,考虑弹性和非弹性变形、支承下沉、温差及日照的影响。必要时应设支承千斤顶调控。体积过大的横梁经监理工程师批准可两次浇筑。

(5) 斜塔柱施工时,施工单位必须对各施工阶段塔柱的强度和变形进行计算,计算结果应报监理工程师审查,应分高度设置横撑,使其线形、应力、倾斜度满足设计要求并保证施工安全。

(6) 索塔混凝土现浇应选用输送泵施工,超过一台泵的工作高度时,允许接力泵送,但必须做好接力储斗的设置,并尽量降低接力站台高度。

(7) 宜在索塔施工中设置劲性钢骨架,以保证索管空间定位精度和钢筋架立的精度。

(8) 索塔施工组织设计中必须制定整体和局部的安全措施。

3. 主梁

主梁施工应按照预定的程序、方法和措施施工。即对梁体每一施工阶段的结果进行详细的检测分析和验算,以确定下一施工阶段拉索张拉量值和主梁线形、高程及索塔位移控制量值,周而复始直至合龙成桥。施工监控测试内容和方案应报监理工程师审批,除设计图纸或监理工程师另有规定外,一般应包括下列内容:

(1) 变形:主梁线形、高程、轴线偏差、索塔的水平位移。

(2) 应力:拉索索力、支座力以及梁塔应力在施工过程中的变化。

(3) 温度:温度场及指定测量时间内塔、梁、索的变化。

1) 混凝土主梁

(1) 主梁零号段及其两旁的梁段,在支架和塔下托架上浇筑时,应消除温度、弹性和非弹性变形及支承等因素对变形和施工质量的不良影响。

(2) 采用挂篮悬浇主梁时,除应符合梁桥挂篮施工的有关规定外,还应按下列规定执行:

①挂篮的悬臂梁及挂篮全部构件制作后均应进行检验和试拼,合格后再于现场整体组装检验,并按设计荷载及技术要求进行预压,同时测定悬臂梁和挂篮的弹性挠度、调整高程性能及其他技术性能。

②挂篮设计和主梁浇筑时应考虑抗风振的刚度要求。

③拉索张拉时应对称同步进行,以减少其对塔与梁的位移和内力影响。

(3) 为防止合龙梁段施工出现的裂缝,应采用以下方法改善受力和施工状况:

①在梁上下底板或两肋端部预埋临时连接钢构件,或设置临时纵向连接预应力索,或用千斤顶调节合龙口的应力和合龙口长度。

②合龙两端高程在设计允许范围内时,可视情况进行适当压重。

③观测合龙前连日的昼夜温度场变化与合龙高程及合龙口长度变化的关系,选定适当的合龙浇筑时间。

(4)主梁采用悬拼时,除应遵守连续梁及斜拉桥主梁悬浇的有关规定外,还应按下列规定施工:

①预制梁段,如设计无规定,可选用长线或短线法台座,亦可采用多段的联线台座,每联宜多于5段,先预制顺序中的1、3、5段,脱模后再在其间浇2、4段,使各端面啮合密贴,端面不应随意修补。

②应在底模上调整主梁分段形体所受竖曲线的影响。拼装中多段积累的超误差,可用湿接缝调整。

③梁段拼合前应试拼,以便及时调整。

④湿接缝拼合面应进行表面凿毛和清扫,干接缝应保持结合面清洁,黏合料应涂刷均匀。

⑤采用垫片调整梁段拼装线形时,每次垫片调整的高程不应大于20mm。

(5)大跨径主梁施工时应缩短双向长悬臂持续时间,尽快使一侧固定,以减少风振的不利影响,必要时应采取临时抗风措施。

2)钢主梁(包括叠合梁和混合梁)

(1)钢主梁应由符合资质要求的专业单位加工制作、试拼,经检验合格后安全运至工地。堆放和运输应无损伤、无变形和无腐蚀。

(2)钢梁制作的材料应符合设计要求。焊接材料的选用、焊接要求、加工成品、涂装等项的标准和检验内容均应按有关规定执行。

(3)应进行钢梁的连日温度变形观测对照,确定适宜的合龙温度及实施程序,并应满足钢梁安装就位时高强螺栓定位所需的时间。

4. 拉索

(1)拉索及其锚具应委托专业单位制作,严格执行国家或行业标准和规定生产,并应进行检测和验收。拉索的运输和堆放应无破损、无变形、无腐蚀。拉索成品、锚具交货时应提供下列资料:

①产品质量保证书、产品批号、设计索号及型号、生产日期、数量、长度、重量等。

②产品出厂检验报告及有关数据。

(2)拉索的安装与张拉。

①拉索安装可根据塔高、布索方式、索长、索径、索的刚柔程度、起重设备和施工现场状况等综合选择架设方法。

②安装前应根据索长、索重、斜度和风力等因素计算其安装过程中锚头距索管口不同距离以及满足锚环支撑时的牵引力,以综合选择架设方案和设备。

③施工中不得损伤索体保护层和索端锚头及螺纹,不得堆压弯折索体。

④施工中,拉索抗震的约束环和减振器未安装前,必须确保索管(特别是梁上索管)和锚端的防水、防腐和防污染。

⑤斜拉桥拉索的张拉应按下列各项执行:

a. 张拉施工的设备和方法应根据设计的索型、锚具、布索方式,塔和梁的构造确定。

b. 拉索张拉的顺序、级次数和量值应按设计规定执行。应以振动频率计测定的索力或油压表量值为准,以延伸值作校核,并应视拉索防振圈以及弯曲刚度的状况对测值予以修正。

c. 拉索张拉可在塔端或梁端单端进行,也可顶升索鞍支座进行。平行钢丝拉索宜采用整体张拉,平行钢绞线拉索可用整体或分索张拉,分索张拉应按"分级""等力"的原则进行,单根张拉后各钢绞线索力的离散误差不宜超过±2%,整体张拉完成后,各钢绞线索力的离散误差不宜超过±1%。

d. 索塔顺桥向两侧的拉索(组)和桥横向对称的拉索(组)必须对称同步张拉;同步张拉的不同步索力的相差值不得超出设计规定;两侧不对称的或设计拉力不同的拉索,应按设计规定的索力分级同步张拉。

e. 拉索锚固时不宜在锚环与承压板间加垫,需要加垫时,其垫圈材料和强度应符合承压要求,并应设成两个密贴带扣的半圆。

f. 拉索张拉完成后,悬臂施工跨中合龙前后,当梁体内预应力钢筋全部张拉完且桥面及附属设备安装完时,应采用传感器或振动频率测力计检测各拉索索力值,同时应视防振圈及索的弯曲刚度等状况对测值予以修正。每组及每索的拉力误差超过设计规定时应进行调整,调整时可从超过设计索力最大或最小的拉索开始(放或拉),直调至设计索力。调索时应对塔和相应梁段进行位移检测,并做出存档记录,记录内容包括日期、时间、环境温度、索力、索伸缩量、桥面荷载状况、塔梁的变位量及主要相关控制断面应力等。

5. 质量标准

(1)斜拉桥基础、混凝土、钢筋、预应力筋及钢结构等方面的施工质量标准,应参照规范中的有关规定执行。

(2)斜拉桥索塔和梁的施工质量标准。

①钢筋混凝土索塔的施工质量标准见表5-40。

钢筋混凝土索塔施工质量标准　　　　　表5-40

项目		规定值或允许偏差
混凝土强度		在合格标准内
塔柱底偏位(mm)		10
横梁轴线偏位(mm)		10
倾斜度(mm)	总体	符合设计规定;设计未规定时按塔高的1/3000,且不大于30
	节段	节段高的1/10000,且不大于8
塔顶高程(mm)		±20
外轮廓尺寸(mm)	塔柱	±20
	横梁	±10
拉索锚固点高程(mm)		±10
横梁顶面高程(mm)		±10
预埋孔道位置(mm)		10,且两端同向

②悬臂浇筑混凝土梁的施工质量标准见表 5-41。

悬臂浇筑混凝土主梁施工质量标准　　　　　表 5-41

项目		规定值或允许偏差
混凝土强度		在合格标准内
轴线偏位(mm)	$L \leq 100m$	10
	$L > 100m$	$L/10000$,且不大于 30
搭顶偏位(mm)		符合设计和施工控制要求;未要求时,纵向不大于 30,横向不大于 20
斜拉索拉力(kN)		符合设计要求和施工控制要求
断面尺寸(mm)	高	+5,-10
	顶宽	±30
	底宽	±20
	板厚	+10,0
梁锚固点高程(mm)	$L \leq 100m$	±20
	$L > 100m$	$\pm L/5000$
锚具轴线与孔位轴线偏位(mm)		5

注:L 为跨径。

③悬臂拼装钢筋混凝土梁应符合表 5-42 的要求。

悬臂拼装混凝土梁的施工质量　　　　　表 5-42

项目		规定值或允许偏差
合龙段混凝土强度		在合格标准内
轴线偏位(mm)	$L \leq 100m$	10
	$L > 100m$	$L/10000$,且不大于 30
斜拉索拉力(kN)		符合设计和施工控制要求
搭顶偏位(mm)		符合设计和施工控制要求;未要求时,纵向不大于 30,横向不大于 20
锚具轴线与孔道轴线偏位(mm)		5
梁锚固点高程(mm)	$L \leq 100m$	±20
	$L > 100m$	$\pm L/5000$

④悬臂施工钢及钢筋混凝土结合梁,应符合表 5-43 的要求。

钢混结合梁施工质量　　　　　表 5-43

项目		规定值或允许偏差
轴线偏位(mm)	$L \leq 200m$	10
	$L > 200m$	$L/20000$,且不大于 20
混凝土强度		在合格标准内
混凝土板断面尺寸(mm)	厚	+10,0
	宽	±30

续上表

项目		规定值或允许偏差
斜拉索拉力		符合设计和施工控制要求
桥面板中心线与梁中心线（mm）		10
梁锚固点顶面高程（mm）	$L \leq 200m$	±20
	$L > 200m$	±$L/10000$
钢梁防护		涂装符合设计要求
连接	焊缝尺寸	符合设计要求
	焊缝探伤	
	高强螺栓扭矩	±10%
塔顶偏位（mm）		符合设计和施工控制要求；未要求时，纵向不大于30，横向不大于20

七、拱桥施工施工质量要求

施工前应根据拱桥的结构特点和受力特性，进行施工设计和施工计算；对各关键工序，应制订专项施工技术方案和安全技术方案，监理工程师批准后方可施工。

(1) 大跨度拱桥的施工应进行过程控制，使拱的轴线、内力等满足设计要求；关键工序的施工应避开可能发生的灾害性天气，并应在施工中采取必要的预防措施保证结构安全。

(2) 拱架应进行专门设计。拱架设计应遵循安全可靠、结构简单、受力明确、制作和安拆方便的原则。制作拱架所采用材料和质量应符合国家和行业标准。拱架在安装前，应对桥轴线、拱轴线、跨径、高程等进行校核，确认无误后方可进行拼装。拱架应设置施工预拱度和卸落装置。拱架安装完成后，应按设计荷载进行预压；并应对其平面位置、顶部高程、节点连接及纵横向的稳定性进行全面检查。

(3) 现浇混凝土拱圈的拱架，其拆除期限应符合设计规定；设计未规定时，应在拱圈混凝土强度达到设计强度的85%后，方可卸落拆除。卸落拱架应按提前拟定的卸落程序进行，且宜分步卸落；在纵向应对称均衡卸落，在横向应同时一起卸落。

(4) 现浇混凝土拱圈。

①跨径较小的拱圈或拱肋，应按拱圈的全宽从两端拱脚向拱顶对称地连续浇筑混凝土，并应在拱脚混凝土初凝前全部完成。跨径较大的拱圈或拱肋，应沿拱跨方向分段对称浇筑，分段的位置应以拱架受力对称、均匀和变形小为原则，且宜设置在拱顶、$L/4$ 部位、拱脚及拱架节点等处；各段的接缝面应与拱轴线垂直，各分段点应预留间隔槽，其宽度宜为 0.5～1.0m，槽内有钢筋接头时，其宽度尚应满足钢筋接头的需要。

②浇筑拱圈混凝土时，应严格按照预先制定的浇筑程序对称于拱顶进行，并应控制两端的浇筑速度，避免产生过大的偏差。分段浇筑时，各分段内的混凝土宜一次连续浇筑完成，因故中断时，应浇筑成垂直于拱轴线的施工缝；如已浇筑成斜面，应凿成垂直于拱轴线的平面或台阶式结合面。

③间隔槽混凝土的浇筑应符合设计规定。设计未规定时，应在拱圈混凝土的强度达到设

计强度的85%后,由拱脚向拱顶对称进行浇筑;拱顶及拱脚间隔槽的混凝土应在最后封拱时浇筑。

④大跨径拱圈采用分环(层)、分段法浇筑混凝土时,纵向钢筋宜分段设置,且其接头应设在最后的几个间隔槽内,待浇筑间隔槽混凝土时再连接。

⑤大跨径钢筋混凝土箱形拱圈采用在拱架上组装部分预制部件然后现浇混凝土的方法进行施工时,组装和现浇均应从两拱脚向拱顶对称进行。箱形拱圈的底板施工时,应按拱架的变形情况设置间隔缝,缝内的混凝土应在底板合龙时浇筑;拱圈的底、腹板混凝土强度达到设计强度的85%后方可安装盖板,铺设钢筋,现浇顶板混凝土。

⑥拱圈合龙的温度应符合设计要求。设计未要求时,宜选择夜间气温较稳定时段的温度。拱圈合龙前如采取千斤顶对两侧拱圈施加压力的方法调整拱圈应力时,拱圈混凝土的强度应达到设计规定的强度。

⑦拱圈在浇筑过程中,应随时监测拱架的变形,如变形量超过计算值,应及时查明原因,并采取加固拱架或调整施加载荷顺序的措施,保证施工安全。

八、钢桥施工施工质量要求

1. 钢桥施工前监理工程师应检查审核以下几个主要方面:

1)钢桥材料的检验

(1)钢桥制造使用的材料必须符合设计要求和现行有关标准的规定,必须有材料质量证明及进行复验;钢材应按同一炉批、材质、板厚每10个炉(批)号抽验一组试件,焊接与涂装材料应按有关规定抽样复验,复验合格经监理工程师批准后方可使用。

(2)采用进口钢材时,应按合同规定进行商检,应按现行标准检验其化学成分和力学性能;并应按现行有关标准进行抽查复验和与匹配的焊接材料做焊接试验,不符合要求的钢材不得使用。

(3)当钢材表面有锈蚀、麻点或划痕等缺陷时,其深度不得大于该钢材厚度允许负偏差值的1/2。

2)设计文件的审核

钢桥的制作和安装应符合设计图和施工图的要求。当需要修改设计时,应取得原设计单位和监理工程师的同意,并应签署设计变更文件。

(1)钢桥由钢桥制造厂生产时,施工单位提交钢桥制造厂的设计文件应包括:

①钢桥主要受力杆件的应力计算表及杆件断面的选定图表。

②钢桥全部杆件的设计详图、材料明细表、工地螺栓表,制作时应考虑荷载引起的挠度对钉孔的影响。

③特定的设计、施工及安装说明。

④安装构件、附属构件的设计图。

(2)钢桥制造厂提交给施工单位的施工图应包括下列各项:

①按杆件编号绘制的施工图。

②厂内试装简图。

③发送杆件表。

④工地拼装简图。

3）计量器具的检验

钢桥制造和检验所用的量具、仪器、仪表等应经主管部门授权的法定计量技术机构或经监理工程师批准的有资质的检验单位进行校验。大桥工地用尺与工厂用尺应互相校对。

2. 钢桥制造的要求

1）放样、号料和切割

（1）放样和号料应根据施工图和工艺要求进行，应预留制作和安装时的焊接收缩余量及切割、刨边和铣平等加工余量。

（2）对于形状复杂的零、部件，在图中不易确定的尺寸，应通过放样校对后确定。

（3）样板、样杆、样条制作的允许偏差应符合表5-44的规定。

样板、样杆、样条制作允许偏差　　　　表5-44

项目	允许偏差（mm）
两相邻孔中心线距离	±0.5
对角线、两极边孔中心距离	±1.0
孔中心与孔群中心线的横向距离	0.5
宽度、长度	+0.5，-1.0
曲线样板上任意点偏离	1.0

（4）号料前应检查钢料的牌号、规格、质量，如发现钢料不平直，有蚀锈、油漆等污物，应矫正清理后再号料。号料外形尺寸允许偏差为±1mm。

（5）切割时精密切割面质量应符合表5-45的规定，切割面硬度不超过HV350。

精密切割表面质量标准　　　　表5-45

项目	用于主要零件	用于次要零件	备注
表面粗糙度（μm）	25	50	按GB/T 1031用样板检测
崩坑	不允许	1m长度内允许有1处1mm	深度小于2mm时，可磨修匀顺，当深度超过2mm时，应先补焊，然后磨修匀顺
塌角（mm）	圆角半径≤0.5		
切割面垂直度（mm）	≤0.05t，且不大于2.0		t为钢板厚度

2）矫正和弯曲

（1）钢材矫正前，剪切的反口应修平，切割的挂渣应铲净。

（2）零件矫正宜采用冷矫，低合金结构钢在环境温度低于-12℃时，不得进行冷矫正和冷弯曲。

（3）主要受力零件冷作弯曲时，环境温度不宜低于-5℃，内侧弯曲半径不得小于板厚的15倍，小于者必须热煨，热煨的加温温度、高温停留时间、冷却速率应与加工钢材的性能相适应。冷作弯曲后零件边缘不得产生裂纹。

（4）热矫温度应控制在600℃~800℃，矫正后钢材温度应缓慢冷却，降至室温以前，不得锤击钢料或用水急冷。

（5）矫正后的钢材表面不应有明显的凹痕或损伤。零件矫正后的允许偏差应符合有关规范的规定。

3）零件加工

（1）零件刨（铣）加工深度不应小于3mm，加工面的表面粗糙度R_a不得低于25μm；顶紧加工面与板面垂直度偏差应小于0.01倍板厚，且不得大于0.3mm。

（2）坡口可采用机加工或精密切割，坡口尺寸及允许偏差应由焊接工艺确定。

（3）零件加工的允许偏差应符合设计及规范规定。

（4）零件应根据预留加工量及平直度要求，两边均匀加工。已有孔的零件应按其中心线找正边缘。

4）制孔

（1）螺栓孔应成正圆柱形，孔壁表面粗糙度R_a不应大于25μm，孔缘无损伤不平，无刺屑。

（2）组装件可预钻小孔，然后扩钻。预钻孔径至少应较设计孔径小3mm。扩钻孔时，严禁飞刺和铁屑进入板层。

（3）使用卡板（卡样）时，必须按施工图检查零件规格尺寸，核对所用钻孔样板无误后，方可钻孔。对卡固定式样板钻孔的杆件，应检查杆件外形尺寸和制造偏差，并将误差均分。卡固限度应符合下列要求：

①工形杆件腹板中心与样板中心允许偏差1mm。

②纵向偏差应以两端部边距相等为原则。

③箱形杆件两竖板水平中线与样板中线允许偏差为1.5mm，但有水平拼接时，其允许偏差为1mm。

（4）螺栓孔孔径允许偏差应符合表5-46的规定。

螺栓孔孔径允许偏差   表5-46

项目		允许偏差（mm）	项目		允许偏差（mm）
螺栓直径	螺栓孔径（mm）		螺栓直径	螺栓孔径（mm）	
M12	14	+0.5,0	M24	26	+0.7,0
M16	18	+0.5,0	M27	29	+0.7,0
M20	22	+0.7,0	M30	33	+0.7,0
M22	24	+0.7,0			
孔壁垂直度		板厚大于30mm时，不大于0.5mm；板厚小于或等于30mm时，不大于0.3mm			

（5）螺栓孔距允许偏差应符合表5-47的规定。

螺栓孔距允许偏差   表5-47

项目		允许偏差（mm）		
		主要杆件		次要杆件
		桁梁杆件	板梁杆件	
两相邻孔距		±0.4	±0.4	±0.4（±1.0）[②]
多组孔群两相邻孔群中心距		±0.8	±1.5	±1.0（±1.5）[②]
两端孔群中心距	$l \leq 11m$	±0.8	±4.0[①]	±1.5
	$l > 11m$	±1.0	±8.0[①]	±2.0

续上表

项目		允许偏差(mm)		
		主要杆件		次要杆件
		桁梁杆件	板梁杆件	
孔群中心线与杆件中心线的横向偏移	腹板不拼接	2.0	2.0	2.0
	腹板拼接	1.0	1.0	—
杆件任意两面孔群纵、横向错位		1.0	—	—

注:1. 连接支座孔群中心距的允许偏差。
2. 括号内数值为附属结构的允许偏差。

5) 组装

(1) 组装前,零件、部件应经监理工程师验收合格。连接接触面和焊缝边缘每边30~50mm 范围内的铁锈、毛刺、污垢、冰雪等应清除干净,露出钢材金属光泽。

(2) 杆件的组装应在工作台上或工艺装备内进行。组装时应将焊缝错开。

(3) 组装时,应用冲钉使绝大多数孔正确就位,每组孔应打入10%的冲钉,但不得少于2个,冲钉直径不应小于设计孔径0.1mm。采用预钻小孔组装的杆件,使用的冲钉直径不应小于预钻孔径0.5mm。

(4) 组装时,应用螺栓紧固,保证零件、杆件相互密贴,一般在任何方向每隔320mm 至少有一个螺栓。组装螺栓的数量不得少于孔眼总数的30%;组装螺栓的螺母下最少应放置一个垫圈,如放置多个垫圈时,其总厚不应超过30mm。

(5) 焊接杆件和焊接箱形梁的组装允许偏差应分别符合规定。

(6) 卡样钻孔应经常检查钻孔套模的质量情况,如套模松动或磨耗超限时,应及时更换。

6) 焊接

(1) 在工厂或工地首次焊接工作之前,或材料、工艺在施工过程中有变化,必须分别进行焊接工艺评定试验。

(2) 焊工应经过考试,熟悉焊接工艺要求,取得资格证书后方可从事焊接工作。焊工停焊时间超过6个月,应重新考核。

(3) 工厂焊接宜在室内进行,湿度不宜高于80%。焊接环境温度,低合金高强度结构钢不应低于5℃,普通碳素结构钢不得低于0℃。主要杆件应在组装后24h 内焊接。

(4) 低合金高强度结构钢厚度为25mm 以上时进行定位焊、手弧焊及埋弧焊时应进行预热,预热温度80~120℃,预热范围为焊缝两侧,宽度50~80mm。厚度大于50mm 的碳素结构钢焊接前也应进行预热。

(5) 焊接材料应通过焊接工艺评定确定,没有生产厂家质量证明书的材料不得使用。对储存期较长的焊接材料,使用前应重新按标准检验。

(6) 焊接时应符合下列规定:

①施焊前必须清除焊接区的有害物。
②施焊时母材的非焊接部位严禁焊接引弧。
③多层焊接宜连续施焊,应注意控制层间温度,每一层焊缝焊完后应及时清理检查,清除药皮、熔渣、溢流和其他缺陷后,再焊下一层。

7) 焊缝检验

焊接完毕后,监理工程师必须进行检查验收,检验内容如下:

(1) 所有焊缝必须进行外观检查,不得有裂纹、未熔合、夹渣、未填满弧坑和超出表5-48规定的缺陷。

(2) 外观检查合格后,零、部(杆)件的焊缝应在24h后进行无损检验。

(3) 进行超声波探伤,内部质量分级应符合规定。其他技术要求可按现行《钢焊缝手工超声波探伤方法和探伤结果分级》(GB 11345)执行。

焊缝外观检查质量标准　　　　　　　　　　　　　　　表5-48

项目	质量标准	
气孔	横向对接焊缝	不允许
	纵向对接焊接缝、主要角焊缝	直径小于1.0mm
	其他焊缝	直径小于1.5mm
		每米不多于3个,间距不小于20,但焊缝端部10mm之内不允许
咬边	受拉杆件横向对接焊缝及竖加劲肋角焊缝(腹板侧受拉区)	不允许
	受压杆件横向对接焊缝及竖加劲肋角焊缝(腹板侧受压区)	≤0.3mm
	纵向对接及主要角焊缝	≤0.5mm
	其他焊缝	≤1.0mm
焊脚尺寸	主要角焊缝	$K_0^{+2.0}$
	其他焊缝	$K_{-1.0}^{+2.0}$ a
焊波	角焊缝	任意25mm范围内高低差≤2.0mm
余高	对接焊缝	焊缝宽b≤12mm时,≤2.0mm
		b>12mm时,≤3.0mm
余高铲磨后表面	横向对接焊缝	不高于母材0.5mm
		不低于母材0.3mm
		粗糙度R_a50

注:a 手工角焊缝全长10%区段内允许$K_{-1.0}^{+3.0}$。

(4) 箱形杆件棱角焊缝探伤的最小有效厚度为$\sqrt{2t}$(t为水平板厚度,以mm计)。

(5) 对接焊缝除应用超声波探伤外,尚须用射线抽探其数量的10%(并不得少于一个接头)。探伤范围为焊缝两端各250~300mm,焊缝长度大于1200mm时,中部加探250~300mm。当发现裂纹或较多其他缺陷时,应扩大该条焊缝探伤范围,必要时可延长至全长。进行射线探伤的焊缝,当发现超标缺陷时应加倍检验。

8) 节点钢枢及枢孔

(1) 枢孔直径允许偏差为±0.2mm,拉力杆件两枢孔外缘至外缘,或压力杆件两端枢孔内缘至内缘之距离,除设计文件另有规定外,允许偏差为±0.5mm。枢孔应于杆件焊接矫正后镗(钻)制。

枢接结构中,钢枢设计直径一般较枢孔设计直径小0.4mm,钢枢直径制造允许偏差为±0.1mm。

(2) 公路装配式钢桥的枢孔、钢枢直径和杆件两端枢孔距离允许偏差以及其他质量要求应符合设计文件的规定。

(3) 公路装配式钢桥的钢枢除设计另有规定外,应采用 30 铬锰钛(30CrMnTi)合金结构钢制造。

9) 除锈

表面和摩擦面的除锈应在制作质量合格后进行,并应符合下列要求:

(1) 表面的除锈方法和除锈等级设计无规定时,其质量要求应符合表 5-49 的规定。

(2) 适应范围还应与设计采用的涂装及所处环境相适应。

(3) 除锈后的摩擦面宜进行喷铝防锈处理。

表面除锈质量要求　　　　　　　　表 5-49

除锈方法	喷射或抛射除锈			手工和动工工具除锈	
除锈等级	Sa2	Sa2.5	Sa3	St2	St3
适用范围	除右边两类条件以外的其他地区	年平均相对湿度在 50% 以上及一般大气污染的工业地区	(1) 大气含盐雾的沿海地区; (2) 大气中 SO_2 含量大于 $250mg/m^3$ 的工业地区; (3) 杆件浸水部分; (4) 防腐要求高的钢梁及构件	与 Sa2 条件同	与 Sa3 条件同
质量标准	一般喷射、抛射除锈,钢材表面的油脂和污垢,氧化皮、锈和油漆涂层等附着物已基本清除,其残留物应是牢固附着的	较彻底的喷射、抛射除锈,钢材表面应无可见的油脂和污垢,氧化皮、锈和油漆涂层等附着物,任何残留的痕迹应仅是点状或条纹状的轻微色斑	彻底的喷射、抛射除锈,钢材表面应无可见的油脂和污垢,氧化皮、锈和油漆涂层等附着物,表面应呈现均匀的金属光泽	一般的手工和动力工具除筋,钢材表面应无可见的油脂和污垢,没有附着不牢的氧化皮、锈和油漆涂层等附着物	彻底的手工和动力工具除锈。钢材表面应无可见的油脂和污垢,没有附着不牢的氧化皮、锈和油漆涂层等附着物,除锈比 St2 彻底,底材显露部分的表面应具有金属光泽

(4) 采用喷射或抛射除锈时回收的钢丸应去除锈屑、锈粉等杂物。

10) 钢梁试拼装

钢梁试拼装前监理工程师应对其杆件进行检查验收,施工单位应提供试拼装方案经监理工程师审查同意后方可进行。

(1) 进行钢梁试拼装应符合下列要求:

①试拼装宜采用具有代表性的局部试拼装法,未经试拼装合格,不得成批生产。

②试拼装应根据试件施工图进行。每拼完一个单元(或节间)应检查并调整好几何尺寸,再继续进行。

③试拼装时螺栓应紧固,使板层紧密。冲钉不得少于孔眼总数的 10%,螺栓不得少于螺栓孔总数的 20%。

(2) 钢梁试拼装的质量标准如下:

①钢梁试拼时,必须用试孔器检查所有螺栓孔。主桁的螺栓孔应能 100% 自由通过较设计孔径小 0.75mm 的试孔器;桥面系和连接系的螺栓孔应 100% 能自由通过较设计孔径小 1.0mm 的试孔器;板梁的螺栓孔应 100% 自由通过较设计孔径小 1.5mm 的试孔器方可认为合格。

②钢梁试拼装的主要尺寸允许偏差应符合要求规定。

3. 钢桥验收出厂

钢桥加工完成后,监理工程师应进行检查验收,签认合格后方能出厂安装。其要求如下:

(1) 板梁制造尺寸允许偏差应符合表 5-50 的规定。

板梁制造尺寸允许偏差　　　　　　　　　表 5-50

项目		检查方法	允许偏差(mm)
名称			
梁高(h)	h≤2m	测量两端腹板处高度	±2
	h>2m		±4
跨度		测量两支座中心距离	±8
全长		测量全桥长度	±15
纵梁长度		测量两端角钢背与背之间的距离	±0.5,−1.5
横梁长度			±1.5
纵梁高度		测量两端腹板处高度	±1.0
横梁高度			±1.5
纵、横梁旁弯		梁立置时在腹板一侧距主焊缝100mm处拉线测量	3
主梁拱度(f)		梁卧置时在下盖板外侧拉线测量	不设拱度 +3~0
			设拱度 +10~−3
两片主梁拱度差		分别测量两片主梁拱度,求差值	4
主梁腹板平面度		用平尺测量(h 为梁高或纵向加劲肋至下盖板间的距离)	小于 h/500,且≤8
纵、横梁腹板平面度			小于 h/500,且≤5
主梁、纵横梁盖板对腹板的垂直度	有孔部位	用直角尺测量	0.5
	其余部位		1.5

(2) 桁梁杆件尺寸应符合有关钢构件加工精度的要求。

(3) 一般箱形梁尺寸允许偏差应符合表 5-51 的规定。

一般箱形梁制造尺寸允许偏差　　　　　　　表 5-51

项目		检查方法	允许偏差(mm)
名称			
梁高(h)	h≤2m	测量两端腹板处高度	±2
	h>2m		±4
跨度		测两支座中心距离	±8

续上表

项目		允许偏差(mm)
名称	检查方法	
全长	—	±15
腹板中心距	测两腹板中心距	±3
盖板宽度	—	±4
横断面对角线差	测两端断面对角线差	4
旁弯	—	$3+0.1L$
拱度	—	$+10, -5$
支点高度差	—	4
腹板平面度	h 为盖板与加劲肋或加劲肋与加劲肋之间的距离	小于 $h/250$，且不大于 8
扭曲	每段以两端隔板处以为准	每米≤1，且每段≤10

注：1. 分段分块制造的箱形梁拼接处，梁高及腹板中心距允许偏差按施工文件要求办理。
   2. 箱形梁其余各项检查方法可参照板梁检查方法。

(4) 钢桥构件出厂时，应提交下列资料：
① 产品合格证。
② 钢材和其他材料质量证明书或试验报告。
③ 施工图、拼装简图和设计变更文件，设计变更内容应在施工图中相应部位注明。
④ 产品试板的试验报告。
⑤ 焊缝重大修补记录。
⑥ 高强度螺栓摩擦面抗滑移系数试验报告，焊缝无损检验报告及涂层检测资料。
⑦ 工厂试拼装记录。
⑧ 构件发运和包装清单。

4. 钢桥工地安装

(1) 安装前的准备工作。
① 安装前施工单位应对临时支架、支承、起重机等临时结构和钢桥结构本身在不同受力状态下的强度、刚度及稳定性进行验算。编制实施性施工组织设计，报监理工程师审批。
② 安装前，应按照构件明细表核对进场的构件、零件，查验产品出厂合格证及材料的质量证明书。
③ 钢桥构件在运输、存放过程中损坏的涂层，应按照规定补涂。
④ 钢梁安装前，施工单位应对桥台、墩顶面高程、中线及各孔跨径进行复测，当误差在允许偏差内，经监理工程师复查签认方可安装。
⑤ 钢梁安装前，根据跨径大小、河流情况、起吊能力选择安装方法。

(2) 安装。
① 杆件宜采用预先组拼、拴合或焊接，扩大拼装单元进行安装，对容易变形的构件应进行强度和稳定性验算，必要时应采取加固措施。
② 杆件组拼前应清除杆件上的附着物，摩擦面应保持干燥、整洁。应根据外界环境和焊接

等变形因素的影响,采取措施,保证钢梁的建筑拱度及中心线位置。

③在支架上拼装钢梁时,冲钉和粗制螺栓总数不得少于孔眼总数的1/3,其中冲钉不得多于2/3。孔眼较少的部位,冲钉和粗制螺栓总数不少于6个或将全部孔眼插入冲钉或粗制螺栓。

用悬臂或半悬臂法拼装钢梁时,联结处所需冲钉数量应按所承受荷载计算决定,但不得少于孔眼总数的一半,其余孔眼布置精制螺栓。冲钉和精制螺栓应均匀的安放。

高强度螺栓栓合梁拼装时,冲钉数量应符合上述规定,其余孔眼布置高强度螺栓。吊装杆件的吊钩,必须等杆件完全固定后方可卸去。

④拼装用的冲钉直径(中段圆柱部分)应较孔眼设计直径小0.2~0.3mm,其长度应大于板束厚度。

拼装用精制螺栓直径应较孔眼设计直径小0.4mm,拼装板束用的粗制螺栓直径应较孔眼直径小1.0mm。冲钉和螺栓可用35号碳素结构钢制造。

⑤钢桥安装过程中,每完成一节间应测量其位置、高程和预拱度,如不符合要求时应进行校正。

(3)高强度螺栓连接的规定。

①由制造厂处理的钢桥杆件的摩擦面,安装前应复验所附试件的抗滑移系数,合格后方可安装,并应符合设计要求。

②高强度螺栓的设计预拉力、施加预拉力应符合《公路桥涵施工技术规范》(JTG/T F50—2011)的要求。

③高强度螺栓连接副在运输过程中应轻装轻卸,储存时应分类分批存放,不得混淆,并防止受潮生锈,在使用前应进行外观检查并应在同批内配套使用。

④施工前,高强度螺栓连接副应按出厂批号复验扭矩系数,每批号抽验不少于8套,其平均值和标准偏差应符合设计要求。设计无要求时平均值应在0.11~0.15范围内,其标准偏差应小于或等于0.01。测定数据应作为施拧的主要参数。

⑤安装钢梁的高强度螺栓的长度必须与安装图一致。安装时,高强度螺栓应顺畅穿入孔内,不得强行敲入,穿入方向应全桥一致。高强度螺栓不得作为临时安装螺栓。被栓合板束的表面应垂直于螺栓轴线,否则应在螺栓垫圈下面加垫斜坡垫板。

⑥用扭矩法拧紧高强度螺栓连接副时,初拧、复拧和终拧应在同一工作日内完成。初拧扭矩应由试验确定,一般为终拧扭矩的50%。终拧扭矩应按下式计算:

$$T_c = K \cdot P_c \cdot d \tag{5-2}$$

式中:T_c——终拧扭矩(N·m);

K——高强度螺栓连接副的扭矩系数平均值,按第④条要求测得;

P_c——高强度螺栓的施工预拉力(kN);

d——高强度螺栓公称直径(mm)。

⑦高强度螺栓终拧完毕应按下列规定进行质量检查:

a. 检查应由专职质量检查员进行,检查扭矩扳手必须标定,其扭矩误差不得大于使用扭矩的±3%,且应进行扭矩抽查。

b. 松扣、回扣法检查,先在螺栓与螺母上做标记,然后将螺母退回30°,再用检查扭矩扳手把螺母重新拧至原来位置测定扭矩,该值不小于规定值的 10% 时为合格。

c. 对主桁节点及板梁主体及纵、横梁连接处,每栓群以高强螺栓连接副总数的 5% 抽检,但不得少于 2 套,其余每个节点不少于 1 套进行终拧扭矩检查。

d. 每个栓群或节点检查的螺栓,其不合格者不得超过抽验总数的 20%,如超过此值,则应继续抽验,直至累计总数 80% 的合格率为止。然后对欠拧者补拧,超过者更换后重新补拧。

(4)工地焊缝连接和固定。

钢桥工地焊缝连接分全焊连接和焊缝与高强度螺栓合用连接两类。工地焊缝连接应符合下列规定:

①钢桥杆件工地焊缝连接应按设计规定的顺序进行。设计无规定时,纵向宜从跨中向两端,横向宜从中线向两侧对称进行。

②工地焊接应设立防风设施,遮盖全部焊接处。雨天不得焊接(箱形梁内除外)。箱形梁内采用 CO_2 气体保护焊时,必须使用通风防护安全设施。

(5)钢桥构件连接固定后落梁就位时,应符合下列规定:

①钢梁就位前应清理支座垫石,其高程及平面位置应符合设计要求。

②固定支座与活动支座的精确位置应按设计图并考虑施工安装温度、施工误差等确定。

③钢梁落梁前后应检查其建筑拱度和平面尺寸,并做记录,校正支座位置。

④钢梁安装后的允许偏差见表 5-52。

钢梁安装后的允许偏差　　　表 5-52

项目		规定值或允许偏差(mm)
轴线偏位	钢梁中线	10
	两孔相邻横梁中线相对偏差	5
梁底高程	墩台处梁底	±10
	两孔相邻横梁相对高差	5
支座偏位	支座纵、横向扭转	1
	固定支座顺桥向偏差　连续梁或 60m 以上简支梁	20
	固定支座顺桥向偏差　60m 以下简支梁	10
	活动支座按设计气温定位前偏差	3
	支座底板四角相对高差	2
连接	对接焊缝的对接尺寸、气孔率	符合规范要求
	高强度螺栓扭矩	±10%

(6)工地涂装质量检验。

钢桥工地涂装应符合设计要求。防腐蚀涂料应具有良好的附着性、耐蚀性,并具有出厂合格证和检验资料,工地涂装施工组织设计应满足使用要求。喷涂金属的表面处理的最低等级为 Sa2.5。喷涂金属系统的封闭涂层,其底漆应具有良好的封孔性能。

①涂层系统。

a. 涂装前应进行表面处理的质量检查,合格后方可进行涂装。

b. 涂装时,涂层遍数和漆膜厚度应符合设计要求,应及时测定湿膜厚度,保证干膜厚度。

涂装时发现漏涂、流挂发白、皱纹、针孔、裂纹等缺陷,应及时进行处理。每层涂装前,应对上一层涂层进行检查。涂装后,应进行涂层外观检查。表面应均匀、无气泡、无裂纹等缺陷。

c.涂层干膜厚度大于或等于设计厚度值的点数占总测点数的90%以上,其他测点的干膜厚度不应低于90%的设计厚度值。当不符合上述要求时,应进行修补。

d.厚膜涂层应进行针孔检测,针孔数不应超过测点总数的20%,当不符合要求时,应进行修补。

②喷涂金属系统。

a.可目视或用5～10倍放大镜观察,喷涂金属层应颗粒细密、厚薄均匀,并不得有固体杂质、气泡及裂缝等缺陷。

b.喷涂厚度达不到要求时,应进行补喷或重喷。

c.孔隙率检测,检测面积宜占总面积的5%,当不合格时,应进行补喷或重喷。

d.对喷涂金属层与钢结构的结合性能,可采用敲击或刀刮进行检测,当不合格时,应进行补喷或重喷。

(7)钢桥验收。

钢桥工程的验收应在钢桥全部安装并涂装完成后进行。钢桥安装、涂装的质量和允许偏差应符合本章各节的有关要求,并应符合现行《公路工程质量检验评定标准 第一册 土建工程》(JTG F80/1)的规定。

第五节 桥面系施工质量监理

桥梁工程的桥面系通常包括桥面铺装、防水和排水设备、伸缩缝、人行道、缘石、栏杆和灯柱等构造,由于桥面部分天然敞露而受气候影响十分敏感,车辆行人来往对美观也至为重要,根据以往的实践,建桥时因对桥面重视不足而造成日后修补和维护的弊病是不少的,因此,如何合理改进桥面的构造和施工,已越来越引起人们的注意。

一、桥面铺装施工质量要求

1.一般要求

(1)预制板或现浇桥面板与桥面铺装混凝土的混凝土龄期相差应尽量缩短,以避免两者之间产生过大的收缩差。

(2)为使桥面铺装与下面的混凝土构件紧密结合,应对桥面铺装下面的混凝土凿毛,并用高压水冲洗干净。

(3)当进行混凝土桥面铺装时,应按图纸所示预留好伸缩缝工作槽。当进行沥青混凝土铺装时,不必为伸缩缝预留工作槽,而在安装伸缩缝前先行切割沥青混凝土铺装所占的伸缩缝的位置。

2.混凝土桥面铺装

(1)混凝土的铺设要均匀,铺设的高度应略高于完成的桥面高程,要用振动器压实,并用整平板整平。

(2)混凝土桥面铺装的最终修整工作,应包括镘平及清理。在修整前要清理所有的表面自由水,但不能用如水泥、石粉或砂来吸干表面水分。

(3)当混凝土桥面铺装之上另有一层沥青混凝土铺装时,该混凝土桥面铺装除按上述要求外,其表面应予以适当粗糙。

3. 沥青混凝土桥面铺装

在沥青混凝土桥面铺装下,如另有一层混凝土底层时,应待底层的混凝土强度达到设计强度的70%以上时,方能铺筑沥青混凝土桥面铺装。

4. 钢桥面铺装

钢桥面铺装的结构层、厚度、材料等应符合设计规定,钢桥面铺装施工前应制订专项施工技术方案,并应做好人员培训、材料的调查试验以及机具设备的检查维护等准备工作,钢桥面铺装宜避开雨季施工。

5. 防水层

(1)铺设防水层的桥面板表面应平整、干燥、干净。防水层沿缘石或中间分隔带的边缘应封闭,以免桥面水渗入主体结构内。

(2)防水层应根据不同材料按制造商推荐的铺设要求进行。

6. 泄水管

(1)在浇筑桥面板时应预留泄水管安装孔,桥面铺装时应避免泄水管预留孔堵塞。

(2)泄水管下端应伸出结构物底面10~15cm,或按设计图将其引入地下排水设施。

二、桥梁接缝和伸缩装置施工质量要求

(1)一般要求。

①所有产品在任何时候都应严格按照生产厂家推荐的方法装卸、放置、装配和安装。

②当气温和相邻接缝的温度低于10℃时,不应浇筑热浇封缝料。

③沥青混凝土铺装,应在伸缩缝安装前完成,且不为伸缩缝预留位置,而在安装伸缩缝前,切割先前铺设的沥青混凝土铺装所占的伸缩缝的位置。

④伸缩缝的牌号、型号应符合图纸规定。安装伸缩缝时的上部构造的端部间空隙宽度及伸缩缝的安装预定宽度,均应与安装温度相适应,并应遵照图纸规定。伸缩缝的安装,应在伸缩缝制造商提供的夹具控制下进行。当伸缩缝的安装温度不同于图纸规定时,各项安装参数应予调整。

⑤伸缩缝的安装须由专业施工单位施工,并须满足制造商的有关要求。伸缩缝下面或背面的混凝土应密实、不留气泡,预埋件位置应准确。安装完成后的伸缩缝应与桥面铺装接合平整。

(2)钢-橡胶组合伸缩缝。

①伸缩缝应根据图纸提出的型号、长度及安装时宽度制造和装配。

②伸缩缝根据安装时宽度预先在工厂组装,由专门的设备包装后运送工地。若伸缩缝长度过长,超过运输允许长度,或安装期间部分车行道需维持通车,可分段组装和运输,钢构件在

工地拼焊，橡胶构件须硫化连接，或者如橡胶硫化连接有困难时，在钢构件拼焊后再装整条橡胶件。出厂前，装配好的伸缩缝，制造商按用户要求的安装尺寸，用夹具固定，以便保持用户需要的宽度。装配好的伸缩缝，应分别标有重量、吊点位置。运抵工地后，施工单位应妥善保管。

③在伸缩缝安装前，施工单位应对其宽度进行检查。在工厂说明书内注有规定的安装温度和温度范围，如果此温度不同于实际安装温度，则应进行安装宽度调整。

④在浇筑桥面板或桥台混凝土时，应按图纸或制造商提供的安装图，预留凹槽及预埋钢筋。钢筋头应伸出进入凹槽内。

⑤在预留凹槽内划出伸缩缝定位中心线和高程，用起重机将伸缩缝吊入预留凹槽内，使伸缩缝正确就位，如伸缩缝坐落于坡面上，需作适当纵横坡的调整，此后将锚固钢筋与预埋钢筋焊连，使伸缩缝固定。禁止在伸缩缝边纵梁上施焊，以免造成边梁局部变形。伸缩缝固定后即可松开夹具，使伸缩缝参与工作。

⑥安装伸缩缝的最后一道工序是在槽口立模板浇筑混凝土。模板要严密无缝，防止混凝土进入控制箱，混凝土在边纵梁、控制箱及锚固板附近要振捣密实。

（3）梳齿板式伸缩装置安装时，应采取措施防止产生梳齿不平、扭曲和变形等现象，并应对梳齿间隙的偏差进行控制，在气温最高时，梳齿的横向间隙应不小于5mm，齿板间隙应不小于15mm。

（4）钢板伸缩缝。

①钢板伸缩缝应按图纸生产和加工，安装伸缩缝时的上部构造的端部间空隙宽度及伸缩缝的安装宽度，均应与安装温度相适应，并应遵照图纸规定，当伸缩缝的安装温度不同于图纸规定时，各项安装参数应予调整。

②伸缩缝的分离的细部构件应在工厂内准确成形并在工地按图纸焊接和组装。

③伸缩缝应在桥面安装就位。应精心确保正确的空隙、路线高程和坡度，并保证钢滑板与对面的钢板完全接触。完成的伸缩缝在交通荷载下不得震响，当采用梳形板伸缩缝时，两相对齿板在合拢时应完全吻合，不得错位，且在顶平面上齐平。

④安装好的钢板伸缩缝应经过监理工程师验收后方能浇筑混凝土。

⑤完成的伸缩缝表面应与桥面平齐。

（5）模数式伸缩装置所用的异形钢梁沿长度方向的直线度应满足1.5mm/m、全长应满足10mm/10m的要求；钢构件外观应光洁、平整，不得扭曲变形，且应进行有效的防腐处理。伸缩装置应在工厂进行组装，出厂时应附有效的产品质量合格证明文件；吊装位置应采用明显颜色标明；在运输和存放过程中应避免阳光直接暴晒或雨淋雪浸，并应保持清洁，防止变形。

三、防水处理施工质量要求

施工要求：

与路堤材料及与路面接触的所有公路通道结构物的外表面，均应按照设计图纸所示及有关要求做防水处理。

1）沥青涂刷层

混凝土按规定养生之后，须做防水处理的表面应至少晾干10d，然后用刷子或喷枪给表面彻底刷上或喷上一道底层及三道地沥青或煤沥青，每层均应在完全吸收后才喷刷下一层，在封层硬结前不应与水或土接触。当混凝土或前一层未干或气候条件不适宜时不应涂防水层。

2）沥青油毛毡防水层

混凝土养生后应晾干10d。需用预制沥青油毛毡做防水层的混凝土表面应用一层底油彻底封闭。当底油的溶剂完全挥发后,连续洒布一层热沥青混合物,然后在热沥青层上铺油毡。油毡应铺得紧密,使油毡与混凝土表面之间,或各层油毡之间不存空气。油毡之间应搭接,端头至少应搭接150mm,侧向至少应搭接100mm。接头应安排得在任何一点都不超过三层油毡厚度,而且接头距离应尽可能远一些,以便把水从外露边缘排走。

3）晾干

当使用含挥发溶剂的沥青材料时,应待所有溶剂挥发后再铺筑下一层。如果使用乳化沥青,则应待全部水分蒸发。

4）保护

除非设计图上另有说明,所有暴露于外面的,无覆盖的防水层都应用最小厚度为10mm的沥青砂层进行保护。

四、栏杆及护栏施工质量要求

除非监理工程师另有批准,混凝土栏杆及护栏(防撞墙)应在该跨拱架或脚手架放松后才能浇筑。特别要注意使模板光顺并紧密装配,以能保持其线条及外形,且在拆模时不致损害混凝土,应按施工图制作所有模板以及斜角条,并具有简洁斜角接头。在完成工程中,所有角隅应准确、线条分明、加工光洁,且无裂缝、破裂或其他缺陷。

预制栏杆构件应在不漏浆的模板中浇筑。当混凝土足够硬化时,即从模板中取出预制构件并养生7d。

可以采用加湿加温方法和(或)用快硬水泥或减水剂以缩短养生期,其方法应经监理工程师批准。

存放并装卸预制构件时,应保持边缘及角隅完整和平整,在安放前或安放时任何碎裂、损坏、开裂的构件应废弃并从工程中移去。

与预制栏杆柱相连接的就地浇筑栏杆帽及护栏帽,在浇筑并整修混凝土时应防止栏杆及护栏被沾污和变形。

第六节　桥梁工程常见质量问题

一、钢筋混凝土梁桥施工质量要求

1. 钢筋混凝土梁桥常见质量问题及采处理方法

(1) 对梁(板)体混凝土的空洞、蜂窝、麻面、表面风化、剥落等应先将松散部分清除,再用高强度等级混凝土、水泥砂浆或其他材料进行修补。新补的混凝土要密实,与原结构应结合牢固、表面平整。新补的混凝土必须进行养生。

(2) 梁体若发现露筋或保护层剥落,应先将松动的保护层凿去,并清除钢筋锈迹,然后修复保护层。如损坏面积不大可用专用砂浆修补,如损坏面积过大可用喷射高强度等级水泥砂浆的方法修补。

(3)梁(板)体的横、纵向联结件开裂、断裂、开焊,可采取更换、补焊、帮焊等措施修补。

(4)钢筋混凝土梁桥的裂缝处理,当裂缝的宽度大于限值及裂缝分布超出正常范围时,应做如下处理。

当裂缝宽度在限值范围内时,可进行封闭处理,一般涂刷环氧树脂胶。

当裂缝宽度大于限值规定时,应采用压力灌浆法灌注环氧树脂胶或其他灌缝材料。

当裂缝发展严重时,应加强观测,查明原因,按照有关规定进行加固处理。

(5)混凝土构件的修补。

①在昼夜平均气温低于5℃的冬季维修桥梁时,对修补的混凝土构件应采取保温措施,保证混凝土的凝固硬化。

②用于修补加固的混凝土、钢材,其强度和其他质量指标应不低于原桥材料。修补用的混凝土强度等级应比原强度等级提高一级,在 pH 值小于 5.6 的地区,所用水泥应根据环境特点采用耐酸的硅酸盐水泥、抗铝硅酸盐水泥等。

③受拉区修补用的混凝土宜用环氧树脂配制,受压区修补用的混凝土可用膨胀水泥配制。用水泥混凝土或砂浆修补的构件应加强养生,有条件时宜用蒸汽养生或封闭养生。

2. 钢筋混凝土桥梁加固方法

(1)浇筑钢筋混凝土加大截面加固法。用于加强构件,应验算在加大截面时,自重也相应增加的受力计算。

(2)增加钢筋加固法。用于加强构件,常与上条方法共同使用。

(3)粘贴钢板加固法。是普遍采用的方法,钢板与原结构必须可靠连接,并作防锈处理。

(4)粘贴碳纤维、特种玻璃纤维加固法。主要用于提高构件抗弯承载力。使用此法加固几乎不增加原结构自重。

(5)预应力加固法。对于提高构件强度、控制裂缝和变形的作用较好。

(6)改变梁体截面形式加固法。一般是将开口的 T 形截面或 H 形截面转换成箱形截面。

(7)增加横隔板加固法。用于无中横隔或少中横隔梁的加固,可增加桥梁整体刚度、调整荷载横向分配。

(8)在桥下净空和墩台基础受力许可的条件下,采用在梁(板)底下加八字支撑加固法。

(9)桥梁结构由简支变连续加固法。

(10)当支座设置不当造成梁体受力恶化时,可采用调整支座高程的加固方法。

(11)更换主梁加固法。

二、预应力混凝土梁桥施工质量要求

1. 预应力混凝土梁桥常见质量问题

(1)混凝土表面剥落、渗水,梁角破碎、露筋,钢筋锈蚀、局部破损等。

(2)预应力钢束应力损失造成的质量问题。

(3)预应力混凝土梁出现裂缝。全预应力及部分预应力 A 类构件正常使用条件下不允许出现裂缝,只有 B 类构件允许出现裂缝。裂缝的类型除了同于钢筋混凝土梁桥外,还有沿预应力钢束的纵向裂缝,锚固区局部承压的劈裂缝。

2. 预应力混凝土梁桥常见质量问题的处理方法

预应力混凝土梁桥常见质量问题的处理方法同钢筋混凝土梁桥。对于不允许出现裂缝的桥梁,不论裂缝宽窄,都应查明原因进行处理或加固。

3. 预应力混凝土梁桥的加固方法

(1)预应力混凝土梁桥的一般加固方法及适用范围,常见前面钢筋混凝土梁桥加固方法及适用范围。

(2)因为预应力部分失效而进行加固时,若原结构有预留孔,可在预留孔内穿钢束进行张拉;采用无黏结钢束的可对原钢束重新张拉;或增设齿板,增加体外束进行张拉。

(3)腹板抗剪切强度不够时,可采用加竖向预应力进行加固。

三、拱桥施工施工质量要求

1. 拱桥构件表面缺陷及局部损坏的修补方法

(1)圬工砌体的边角压碎、砌块断裂,干砌石拱桥砌缝张口等,可用水泥砂浆修补。若个别块体压碎或脱落,应用新的块体填塞更换,更换时应保证嵌挤或填塞紧密。砌缝砂浆若发生脱离,应凿除后重新用干硬性砂浆或微膨胀砂浆填筑,表面重新勾缝。

(2)钢筋混凝土拱构件的表面缺损与裂缝修补参见钢筋混凝土梁桥有关部分。

(3)钢管混凝土拱钢构件表面的防锈涂层应保持完好,并定期重涂。

(4)实腹拱的侧墙若发生较大变形、开裂,应查明原因并做相应处理。若是填料不实或拱腔积水,应挖开拱上填料,修补防排水系统,拆除鼓凸部分侧墙后重新砌筑,重新回填拱上填料及重做路面,也可酌情换用轻质填料或加大侧墙尺寸。若发现侧墙与拱圈之间脱开,或侧墙上有斜向(若是砌体通常沿砌缝成锯齿状)开裂,应检查墩台与主拱的变形。开裂轻微且不再发展的,可作一般修补裂缝处理。若开裂严重或裂缝在发展中,应考虑加固、改造方案。

(5)中、下承式拱桥的吊杆缺陷及局部损坏的修补参见斜拉桥的拉索部分。

系杆拱桥的系杆混凝土裂缝应用环氧砂浆等材料进行处理。系杆采用无混凝土包裹的预应力钢束时,应定期对钢束的防锈保护层进行养护、更换防护油脂等。系杆的支承点如有下沉要及时调整。

2. 加固方法及适用范围

(1)拱桥的主要质量问题有:

①主拱圈抗弯强度不够引起拱圈开裂。裂缝主要发生在拱顶区段的拱圈下缘与侧面,拱脚处的拱圈上缘与侧面。

②主拱圈抗剪强度不够引起拱圈开裂。裂缝主要发生在拱脚,空腹拱的立柱柱脚。

③拱圈材料抗压强度不够,引起劈裂或压碎。

④两拱脚墩台不均匀沉降引起拱圈开裂,一般出现在拱顶区段,横桥向贯穿全拱圈,裂缝宽度上下变化不大,且两侧有错动。墩、台基础上、下游不均匀沉降引起拱圈及墩台出现顺桥

向裂缝。

⑤墩台沿桥梁纵向发生向后滑动或转动引起拱圈开裂,裂缝规律同①。当向桥孔方向滑动或转动时,裂缝在拱圈上、下缘的位置与①相反。

⑥肋拱、刚架拱、桁架拱、双曲拱的肋间横向联结(如横系梁、斜撑)强度不够引起开裂。

⑦拱上排架、梁、柱开裂,短柱的两端开裂,侧墙斜、竖方向开裂,侧墙与拱连接处开裂。开裂的主要原因分别为构造不合理、强度不够、施工质量不好,以及由于拱圈变形、墩、台变位对拱上结构造成不利影响所致。

⑧预制拼装拱桥或分环砌筑的圬工拱桥,沿连接部位或砌缝发生环向裂缝。双曲拱桥的拱肋与拱波连接处开裂。拱肋接头混凝土局部压碎。

⑨双曲拱桥的拱顶纵向开裂。多为肋间横向连接偏弱,采用平板式填平层使拱横截面刚度分配不均,墩台横向不均匀沉降等原因引起。

⑩桁架拱、刚架拱、系杆拱的节点强度不够引起节点及杆件端部开裂。

⑪中、下承式拱的吊杆锚头滑脱或钢丝锈蚀、折断。

⑫拱铰失效或部分失效,引起拱的受力恶化而开裂。

⑬钢管混凝土拱的钢管因厚度不足,或节间过大造成钢管出现压缩状折皱。

⑭桥面板(平板、微弯板、肋腋板等)开裂。引起开裂的原因主要有局部承受车辆荷载强度不够,参与主拱受力后强度不够,肋片发生较大位移,板与肋连接破坏,或在施工中已开裂未予彻底处理等。

(2)加固方法及适用范围:

①主拱圈强度不足时,可加大拱圈截面。

从拱腹面加固时可采用下列方法:粘贴钢板;浇筑钢筋混凝土加大拱肋截面;布设钢筋网用喷射混凝土或水泥砂浆加大拱圈截面;在拱肋间加底板,变双曲拱截面为箱形截面。条件许可时,也可在腹面做衬拱及相应的下部结构。

从拱背面加固时可在拱脚区段的空腹段背面加大拱圈截面;或拆除拱上建筑,在全拱圈背面加大截面。一般使用混凝土或钢筋混凝土材料。

②拱肋、拱上立柱、纵横梁、桁架拱、刚架拱的杆件损坏可用粘钢板或复合纤维片材加固。可粘贴钢板,也可在四角处粘贴角钢。

③用粘钢板或复合纤维片材加固桁架拱、刚架拱及拱上框架的节点。

④用嵌入剪力键的方法加固拱圈的环向连接。剪力键一般采用钢板或铸件,按一定间隔布置,其间的裂缝用环氧砂浆等处理。

⑤用加大截面的方法加强拱肋之间的横向连接。采用横拉杆的双曲拱,可把拉杆改为系梁。

⑥更换锈蚀、断丝或滑丝的吊杆。若原构造许可,可以用收紧锚头的方法张拉松弛的系杆或吊杆来调整内力。

⑦在钢管混凝土拱肋拱脚区段或其他构件的外面包裹钢筋混凝土。

⑧改变结构体系以改善结构受力,如在桥下通航许可的前提下加设拉杆。

⑨更换拱上建筑,减轻自重,更换实腹拱的拱上填料为轻质填料。

⑩用更换桥面板,增加桥面铺装的钢筋网,加厚桥面铺装,换用钢纤维混凝土等方法维修

加固桥面。

⑪因墩、台变位引起拱圈开裂时，应先维修加固墩台，然后修补拱圈。

⑫加固拱桥时，应注意恒载变化对拱压力线的影响及引起的推力变化，对各施工工序应进行检算，并作出详细的施工组织设计，严格按照设计的工序施工。

四、钢桥施工施工质量要求

1. 钢桥的杆件加固法

(1)钢板梁由于穿孔或破裂削弱断面时，可补贴钢板或用钢夹板夹紧并列接来加固，这时钢板的边缘应锃平，使之结合紧密。如钢板受到了较短和较深的创伤，宜用电焊填补。

(2)采用增设水平加劲肋、竖向加劲肋的方法加固钢板梁。

(3)钢桁梁加固一般用补加新钢板、角钢或槽钢来加大杆件截面。加固可用拴接、铆接或焊接。

(4)加劲杆件，或增强各杆件间的联系。

(5)在结合处用贴板拼接，加设短角钢加强桁架杆件与节点板的连接。

(6)如桥梁下挠显著增加，销子与销孔有损坏或上下弦强度不足，应停止通行进行检查修理或更换。

2. 恢复和提高整桥承载力的加固方法及适用范围

(1)增设补充钢梁，可装在原有各梁之间，也可以紧靠在原有各梁的旁边。

(2)用加劲梁装在原主梁的下缘或下弦杆上。加劲梁加固方法，适宜于不通航的桥孔或桥下净空足够的小型桥梁。

(3)用体外预应力加固，预应力施加在下挠后的下弦杆截面上。预应力加固法对桥下净空的影响较小，施工方便，但预应力钢索的防锈工作较困难。

(4)用拱式和架结构装在原主梁的上面，拱脚和原主梁固接或铰接，适宜于下部结构能承受所增加恒载的通航桥孔的加固。

(5)用悬索结构加在原主梁上面，可使被加孔的恒载转移到悬索上，以改善结构的变形。这种方法可在运营状态下进行，适宜于下部结构能承受所增加恒载的通航桥孔的加固。

(6)在不影响排洪和通航的情况下，可在桥孔中间添建桥墩，缩短跨径，减小梁和杆件的内力。为了承受新增支点处的剪应力，在新桥墩墩顶处的上部结构中，必须加置竖杆及必要的斜杆。

(7)对于多孔简支桁架，分联将其转变为连续桁架，可采用体外预应力加固方法，使被连接的主桁上弦杆在墩顶处得以补强。

五、斜拉桥施工施工质量要求

(1)斜拉桥梁体和索塔部分的主要质量问题及其处治方法，视其结构类型参见钢筋混凝土桥、预应力混凝土桥及钢桥的有关章节。

(2)斜拉索的调整和更换。

①若拉索护套出现开裂、漏水、渗水应及时处理。可剥开已损坏的护套，将潮湿的钢索吹

干,对已生锈的钢索做好除锈处理。再涂刷防护漆及防护油,并用玻璃丝布或其他防护材料包扎严密。

②对因钢索、锚具损坏而超出安全限值的拉索应及时进行更换。

③对索力偏离设计限值的拉索进行索力调整。张拉的顺序、级次和量值应按设计规定进行,并测定索力和延伸值,同时进行控制。

④拉索的更换,应对各方案技术经济的合理性进行分析比选,确定安全、简便的施工方案。完工后必须对全桥斜拉索的索力和主梁高程进行测定,检验换索效果,并作为验收的依据。

六、悬索桥施工施工质量要求

(1)悬索桥梁体和索塔部分的常见质量问题及其处治方法,视其结构类型参见钢筋混凝土桥及钢桥的有关要求。

(2)主缆索、索夹、索鞍、吊杆等常见质量问题及其处治方法。

①主缆索的防护层如有开裂、剥落,可切开防护层检查主缆是否锈蚀并作相应处理,处理完毕后应及时修复。采用涂敷黄油防锈并用简易包裹做防护层的,定期更换黄油及防护层,并保持其完好状态。

②网格式悬索桥,肢杆拉索若发现松弛,可调整端头拉杆螺母使其复位。

③索夹、索鞍、吊杆等的紧固螺栓应保持其原设计受力状态,若发现松动应及时紧固。

④若吊杆有明显摆动、倾斜或检查发现其受力变化,应查明原因。若索夹松动,应使其复位并紧固锚栓;若拉杆螺栓松动,应予拧紧;若吊索锚头出现松动,应予更换。吊杆复位后应进行索力检测。

⑤未作衬砌的岩石锚室或锚洞,若有表面风化或表面裂纹,应用环氧树脂砂浆或钢丝网水泥砂浆进行处理。

(3)加固方法及适用范围。

①减少悬索桥竖向变位的加固方法:

a.设置中央构件,把加劲梁与主缆索在跨中联结起来。

b.把直吊杆(索)改为斜吊杆(索)或交叉斜吊杆(索)。

c.增加斜拉索改变结构受力体系,斜拉索可设在主跨四分之一跨径区段,并妥善解决斜拉索与加劲梁及索塔的锚固,同时注意解决索塔受力平衡问题。

②减少悬索桥横向摆动的加固方法:

a.在桥的两岸上、下游对称增设侧风缆,风缆锚固于悬索桥的加劲梁上,锚固位置可选在四分之一跨至跨中之间。

b.在桥的上、下游各架设一根跨河钢缆,其高度可略低于桥面,用钢丝绳将加劲梁与过河钢缆作多点联结,适当张紧形成抛物面网。

c.加强加劲梁的水平风撑,加大横向刚度。

③主缆垂度调整。

对采用少量索股的悬索桥,结构条件许可时,才可对主缆的垂度进行调整。先将要调整的主缆一侧的恒载卸载,放松索夹,用卷扬机或其他张拉设备逐股张紧主缆索索股,再用调整索股端头的螺杆固定。

④索鞍座复位。当索鞍座偏移超出设计允许值时,可用千斤顶将与辊轴归位。

⑤锚旋及锚室结构开裂、变形,应及时查明原因,进行加固处理。锚旋板开裂,可增补钢筋混凝土锚旋板,支撑开裂或破损可增加型钢支撑,若锚室发生变形、位移,可用增加压重等方法处理山体。

七、墩台基础施工质量要求

墩台基础加固方法及适用范围如下:

1. 地基承载力不足时可采用的加固措施

1) 重力式基础的加固

在刚性实体基础周围浇筑混凝土扩大基础。一般应修筑围堰,抽干水后开挖基坑,再浇筑混凝土。新旧基础(承台)之间可埋置连接钢筋,并将旧基础表面刷洗干净、凿毛,使新老混凝土连成整体。

当梁式桥桥台基础承载能力不足时,可在台前增加桩基及柱并浇筑新盖梁、增设支座。这时梁的支点发生变化,应根据结构受力变化对主梁进行检算及加固。

对于拱桥基础可在桥台两侧加设钢筋混凝土实体耳墙,并将耳墙与原桥台用钢销连接起来,增大桥台基础面积,提高桥台承载力。

当桥下净空允许时,可在台前加建新的扩大基础及台身,将主拱改建为变截面拱支承到新基础及台身上。新老基础之间用钢筋或钢销进行连接,有条件时可在台前新基础下增加短桩,以提高承载力。

2) 桩基础的加固

可采用加桩加固。可用钻孔桩或打入桩增设基桩,并扩大原承台。对单排架桩式桥墩采用加桩加固时,如原有桩距较大(4~5倍桩径),可在桩间插桩。如原有桩距较小,但通航净空有富裕时,可在原排架两侧增加新桩,变为三排式墩桩。

对钻孔灌注桩桩身损坏、露筋、缩颈等质量问题,可采用灌(压)浆或扩大桩径的方法进行维修加固。

3) 人工地基加固

对墩台基础以下的地层,采用注浆、旋喷注浆或深层搅拌等方法,将各种浆液及加固剂注入或搅拌于土层中,通过浆液凝固使原来松散的土固结,成为有足够强度和防渗性能的整体。所采用的材料应通过试验确定。

2. 墩台基础防护加固

墩台基础局部被冲空时,可分情况采取下列加固措施。

(1) 水深3m以下,可筑围堰将水抽干,以砌石或混凝土填补冲空部分。桥台基础采用上述方法加固时,还应修整或加筑护坡。

(2) 水深3m以上,可在基础四周打板桩或做其他围堰,灌注水下混凝土。也可用编织袋装干硬性混凝土(每袋装量为袋容积的2/3),通过潜水作业将袋装混凝土分层填塞冲空部分,填塞范围比基础边缘宽0.4m以上。

(3) 当基础置于风化岩层上,基底外缘已被冲空时,应先清除岩层严重风化部分,再用混凝土填补。对基础周围的风化岩层还应用水泥砂浆进行封闭。

(4) 当河床不稳定,基础埋置较浅,冲刷范围较大时,可采用平面防护加固,其范围要覆盖全部冲刷坑。方法如下:

打梅花桩,桩间用块、片石砌平卡紧;用块、片石防护或用水泥混凝土板、水泥混凝土预制块防护;用铁丝笼、竹笼等柔性结构防护。

(5) 墩台周围河床冲刷严重,危及基础安全时,除分别采用上述方法进行防护加固外,在洪水期过后,采取必需的调治构造物防护措施。

3. 桥台滑移

桥台发生滑移和倾斜时,应分析原因,根据不同情况采用下列加固方案:

(1) 梁式桥或陡拱因台背土压力过大,造成桥台向桥孔方向位移,可采取下列方法进行加固:

挖除台背填土,改用轻质材料回填,减轻台后土压力,以使桥台稳定。拱桥在换填材料时,应维持与拱推力的平衡,如在桥孔设临时拉杆或在后台设临时支撑。挖去台背填土,加厚台身。

对于单跨的小跨径梁式桥,可在两桥台基础之间增设钢筋混凝土支撑梁或浆砌片石支撑板,支撑顶面应不高于河床。埋置式桥台可采用挡墙、支撑杆或挡块等进行加固。

(2) 拱桥桥台产生向台后方向位移,可根据不同情况采用下列加固方法:

在U形桥台两侧加厚翼墙。翼墙与原桥台应牢固结合,增大桥台断面和自重,以抵抗水平位移。若为一字形桥台,可增设翼墙变为U形桥台。

当桥台的位移尚未稳定时,可在台后增设小跨引桥和摩擦板,以阻止桥台继续位移。

当桥下净空许可时,可在墩台之间设置拉杆承受推力,限制水平位移。对于多孔拱桥,要注意各孔之间的推力平衡。

4. 墩台基础沉降的加固

若桥梁墩台发生了较明显的沉降、位移,除按本节前述的方法加固外,还可采用下述方法使上部结构复位。

(1) 梁式桥上部结构状况基本完好,桥面没有损坏,下部地基较好时,可对上部结构整体或单孔顶升,然后加设垫块、调整支座。

(2) 梁式桥上部结构状况基本完好,但桥面损坏严重时,可凿除桥面及主梁之间的连接,将主梁逐一移位,加厚盖梁,重新安装主梁,并重新铺装桥面。

(3) 拱桥桥台发生位移,使拱轴线变形较大,承载能力不足时,可采用顶推方法调整拱轴线,恢复其承载能力。

第六章　隧道工程施工质量监理

第一节　隧道工程施工准备

一、概述

1. 隧道工程的功能与作用

隧道是指修建在地层中的隧道工程建筑物。它被广泛用于公路、铁路、矿山、水利、市政和国防等方面。在高等级公路建设中，为了满足技术标准，克服地形和高程上的障碍，改善公路的平面线形、提高车速、减少对植被的破坏、保护生态环境，避免山区公路的各种病害（如落石、塌方、雪崩、泥石流等），常常需修建隧道。修建隧道既能保证线路平顺，行车安全，提高舒适性和节省运费，又能增加隐蔽性，提高防护能力和不受气候影响。

隧道工程施工，是一个复杂的系统工程，其特点是除洞口和洞门是在露天施工外，其余各项工程都在地下进行施工作业。由于它空间有限，工作面狭小，光线暗，劳动条件差，施工难度较大。

2. 隧道工程的分类

公路隧道一般可分为三大类：一类是修建在岩层中的，称为岩石隧道；一类是修建在土层中的，称为软土隧道；一类是修建于江、河、湖、海下的隧道，供汽车运输行驶的通道，称为海底隧道。公路隧道按长度分类见表6-1。

公路隧道按长度分类　　　　表6-1

分　类	特长隧道	长　隧　道	中　隧　道	短　隧　道
长度(m)	$L>3000$	$3000 \geqslant L>1000$	$1000 \geqslant L>500$	$L \leqslant 500$

3. 隧道内轮廓及几何尺寸拟定

隧道衬砌是一种超静定结构，所以按超静定结构设计，一般是根据工程类比和设计者的经验首先假定断面尺寸，然后经分析计算、检算，修正假定尺寸，并反复这个过程，最终确定合理的断面形式和尺寸。

设计衬砌断面主要解决内轮廓线、轴线和厚度三个问题。

衬砌的内轮廓线应尽可能地接近建筑界限，力求开挖和衬砌的数量最小。衬砌内表面力求平顺（受力条件有利），还应考虑衬砌施工的简便。

衬砌断面的轴线应当尽量与断面压力曲线重合,使各截面主要承受压应力。为此,当衬砌受径向分布的水压时,轴线以圆形最好;主要承受竖向压力或同时承受不大的水平侧压力时,可采用三心圆拱和直墙式衬砌;当承受竖向压力和较大侧压力时,宜采用五心圆曲墙式衬砌;当有沉陷可能和受底压力时,宜加设仰拱的曲墙式衬砌。

衬砌各截面厚度随所处地质条件和水文地质条件不同而有较大变化,并且与隧道的跨径、荷载大小、衬砌材料以及施工条件等有关。根据以往经验,拱圈可以采取等截面,也可采取在拱脚部分加厚20%～50%的变截面。仰拱厚度一般略小于拱顶厚度。

但从施工和衬砌质量要求出发,一般不应小于《公路隧道设计规范》(JTG D70—2004)规定的最小厚度,其值列于表6-2。

截面最小厚度　　　　　　　　　　　　　　　　表6-2

建筑材料种类	隧道和明洞衬砌			洞门端墙、翼墙和洞口挡土墙
	拱圈	边墙	仰拱	
混凝土(cm)	20	20	20	30
片石混凝土(cm)		50	50	50
浆砌粗料石(cm)		30		30
浆砌片石(cm)		50		50

4. 隧道围岩工程性质、分级

隧道围岩是指隧道(坑道)周围一定范围内,对隧道(坑道)稳定性能产生影响的岩(土)体。隧道周围的地层可以是软硬不一的岩石,也可以是松散的土,我们把土视为一种特殊的(风化破碎严重的)岩石,所以隧道周围的地层,不管是土体还是岩体,统称为围岩。

从力学分析的角度来看,围岩的边界应划在因开挖隧道而引起的应力变化可以忽略不计的地方,或者说在围岩的边界上因开挖隧道而产生的位移应该为零,这个范围在横断面上约为6～10倍的洞径。当然,若从区域地质构造的观点来研究围岩,其范围要比上述数字大得多。

围岩的工程性质,一般包括三个方面:物理性质、水理性质和力学性质。而对围岩稳定性最有影响的则是力学性质,即围岩抵抗变形和破坏的性能。

经过长期的隧道工程实践,我国公路隧道以铁路隧道围岩分级的标准为基础,参考了国内外有关围岩分级的成果,提出了适合我国公路隧道实情的围岩分级标准,下面介绍围岩分级的出发点和依据。

1)公路隧道围岩分级的出发点

隧道围岩分级的是对隧道开挖后,围岩稳定程度的分级和评价。构成围岩分级的前提是大量的隧道工程实践,在归纳、统计分析类似地质条件的基础上,通过定量和定性确定影响隧道围岩稳定性的因素,就得到隧道围岩的分级。因此,围岩分级的因素,也就是影响隧道围岩稳定性的因素。

主要考虑了以下几点:

(1)强调岩体的地质特征的完整性和稳定性,避免单一的岩石强度指标分级的方法。

(2)分级指标应采用定性和定量指标相结合的方式。

(3)明确工程目的和内容,并提出相应的措施。

(4)分级应简明,便于使用。

(5)应考虑吸收其他围岩分级的优点,并尽量和我国其他工程分级一致。

2)分级需考虑的指标和因素

主要考虑了以下几类影响围岩稳定性的指标和因素。

(1)岩体的结构特征与完整性。

岩体结构的完整状态是影响围岩稳定性的主要因素,目前主要是根据表6-3进行划分的,当风化作用使岩体结构发生变化,松散、破碎、软硬不一时,应结合因风化作用造成的各种状况,综合考虑确定围岩的结构完整状态;地质构造影响程度按表6-4确定。

岩体完整程度的定性划分　　　　表6-3

名称	结构面发育程度		主要结构面的结合程度	主要结构面(节理)的类型	相应结构类型
	组数	平均间距(m)			
完整	1~2	>1.0	好或一般	节理、裂隙、层面为原生型或构造型密闭	整体状或巨厚层结构
较完整	1~2	>1.0	差	节理、裂隙、层面呈X形,较规则,以构造型为主,多数为密闭部分微张,少有充填物	块状或厚层状结构
	2~3	1.0~0.4	好或一般		块状结构
较破碎	2~3	1.0~0.4	差	节理、裂隙、层面、小断层不规则,呈X形或米字形;以构造型或风化型为主,大部分张开,部分有充填物	裂隙块状或中厚层结构
	≥3	0.4~0.2	好		镶嵌碎裂结构
			一般		中、薄层状结构
破碎	≥3	0.4~0.2	差	各种类型结构面以风化型和构造型为主,微张或张开,均有充填物	裂隙块状结构
		≤0.2	一般或差		破碎状结构
极破碎	无序		很差		散体状结构

围岩受地质构造影响程度等级划分表　　　　表6-4

等级	地质构造作用特征
轻微	围岩地质构造变动小,无断裂(层);层状岩一般呈单斜构造;节理不发育
较重	围岩地质构造变动较大,位于断裂(层)或褶曲轴的邻近地段,可有小断层,节理较发育
严重	围岩地质构造变动强烈,位于褶曲轴部或断裂影响带内;软岩多见扭曲及拖拉现象;节理发育
很严重	位于断裂破碎带内,节理很发育;岩体破碎呈碎石、角砾状,有的甚至呈粉末、土状

(2)岩石强度。

将岩浆岩、沉积岩、变质岩按岩性、物理力学参数、耐风化能力和作为建筑材料的要求划分为硬质岩石及软质岩石二级,依饱和抗压极限强度R_c与工程的关系分类,其标准及代表性岩见表6-5;当风化作用使岩石成分改变、强度降低时,应按风化后之强度确定岩石等级。

岩石等级划分表 表6-5

岩石等级		饱和抗压极限强度 R_c(MPa)	耐风化能力		代表性岩石
			程度	现象	
硬质岩石	坚硬岩	>60	强	暴露后1、2年尚不易风化	1. 花岗岩、闪长岩、玄武岩等岩浆岩类； 2. 硅质、铁质胶结的砾岩及砂岩、石灰岩、白云岩等沉积岩类； 3. 片麻岩、石英岩、大理岩、板岩、片岩等变质岩类
	较坚硬岩	60~30			
软质岩石	较软岩	30~15	弱	暴露后数日至数月即出现风化壳	1. 凝灰岩等喷出岩类； 2. 泥砾岩、泥质砂岩、泥质页岩、灰质页岩、泥灰岩、泥岩、劣煤等沉积岩类； 3. 云母片岩和千枚岩等变质岩类
	软岩	15~5			
	极软岩	<5			

(3)围岩基本质量指标 BQ。

根据上述岩石坚硬程度和岩体完整程度两个基本因素的定性、定量特征,根据式(6-1)确定围岩基本质量指标 BQ,并由此对围岩进行初步分级。其中,岩体完整程度的定量指标用岩体完整系数 K_v 表达。K_v 一般用弹性波探测值,如无探测值时,可用岩体体积节理数 J_v 按表6-6确定对应的 K_v。此外,K_v 与定性划分岩体完整程度的对应关系可按表6-7确定。

J_v 与 K_v 对照表 表6-6

J_v(条/m³)	<3	3~10	10~20	20~35	>35
K_v	>0.75	0.75~0.55	0.55~0.35	0.35~0.15	<0.15

K_v 与定性划分岩体完整程度的对应关系 表6-7

K_v	>0.75	0.75~0.55	0.55~0.35	0.35~0.15	<0.15
完整程度	完整	较完整	较破碎	破碎	极破碎

(4)地下水等影响因素。

在早期的围岩分级中,主要考虑地下水因素对围岩分级的影响。遇有地下水时,根据围岩等级,一般采用降级处理的方法。比如,在Ⅰ级围岩或属于Ⅱ级的硬质岩石中,可不考虑降低;在Ⅰ级围岩或属于Ⅱ级的软质岩石,应根据地下水的性质、水量大小和危害程度调整围岩级别,当地下水影响围岩稳定产生局部坍塌或软化软弱面时,可酌情降低Ⅰ级;Ⅳ级、Ⅴ级围岩已成碎石状松散结构,裂隙中有黏性土充填物,地下水对围岩稳定性影响较大,可根据地下水的性质、水量大小、渗流条件、动水和静水压力等情况,判断其对围岩的危害程度,可变差1~2级;在Ⅵ级围岩中,分级中已考虑了一般含水地质情况的影响,在特殊含水地层,需另作处理。

《公路隧道设计规范》(JTG D70—2004)对围岩分级时,不仅考虑了水的影响,还考虑了软弱结构面和初始高地应力的因素,并对前述岩体基本质量指标 BQ 进行修正,得到围岩基本质量指标 BQ 的修正值 $[BQ]$,如下式:

$$[BQ] = BQ - 100(K_1 + K_2 + K_3) \quad (6\text{-}1)$$

式中:K_1——地下水影响修正系数;

K_2——主要软弱结构面产状影响修正系数;

K_3——初始应力状态影响修正系数。

3) 公路隧道围岩分级

根据调查、勘探、试验等资料,并对以上指标和因素进行分析,公路隧道围岩分级将围岩分为六级,表6-8给出了各级围岩的主要定性特征和围岩基本质量指标 BQ 或修正值 $[BQ]$。

各级围岩的主要定性特征和围岩基本质量指标　　　　　表6-8

围岩级别	围岩或土体主要定性特征	围岩基本质量指标 BQ
Ⅰ	坚硬岩(饱和抗压极限强度 $R_b>60$ MPa),岩体完整,巨块状或巨厚层状整体结构	≥551
Ⅱ	坚硬岩($R_b>30$ MPa),岩体较完整,块状或厚层状结构较坚硬岩,岩体完整,块状整体结构	550～451
Ⅲ	坚硬岩,岩体较破碎,巨块(石)碎(石)状镶嵌结构较坚硬岩或较软硬岩,岩体较完整,块状体或中厚层状结构	450～351
Ⅳ	坚硬岩,岩体破碎,碎裂(石)结构较坚硬岩,岩体较破碎～破碎,镶嵌碎裂结构较软岩或软硬岩互层,且以软岩为主,岩体较完整～较破碎,中薄层状结构	350～251
Ⅳ	土体:(1)压密或成岩作用的黏性土及砂性土; (2)黄土(Q_1、Q_2); (3)一般钙质、铁质胶结的碎、卵石土、大块石土	
Ⅴ	较软岩,岩体破碎软岩,岩体较破碎～破碎极破碎各类岩体,碎、裂状、松散结构	<250
Ⅴ	一般第四系的半干硬～硬塑的黏性土及稍湿至潮湿的一般碎、卵石土、圆砾、角砾土及黄土(Q_3、Q_4)。非黏性土呈松散结构,黏性土及黄土呈松软结构	
Ⅵ	软塑状黏性土及潮湿、饱和粉细砂层、软土等	

公路隧道围岩分级表中"级别"和"围岩主要定性特征"栏,不包括特殊地质条件的围岩,如膨胀性围岩、多年冻土等。层状岩层的层厚划分为:

厚层:大于 0.5m;

中层:0.1～0.5m;

薄层:小于 0.1m。

4) 隧道施工围岩分级

围岩分级的重要发展趋势是加强施工阶段围岩级别的判定。因为只有施工阶段的判定才是最直接、最可靠的判定,由于施工后的隧道地质状态已充分暴露,这给围岩级别的判定创造了极好的条件,因此,施工阶段围岩级别的判定是一个重要而现实的问题。

施工阶段围岩分级的评定因素采用围岩坚硬程度、围岩完整性程度和地下水状态三项因素,细分为十三个子因素,见图6-1。

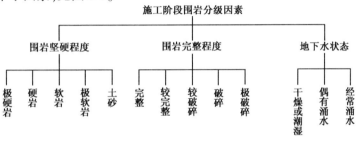

图6-1 施工阶段围岩分级的评定因素

采用数据评价围岩的完整程度。由于隧道开挖,掌子面的地质状态暴露无遗,为评定掌子面的稳定,提供了充分的基础。根据对国内外施工阶段围岩分级的调查,应采用多种方法对围岩完整程度进行分级,采用定性和定量相结合的方法,如可采用图6-2的指标,对围岩完整程度进行划分。

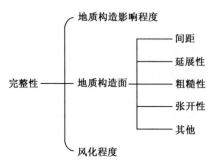

图6-2 施工阶段围岩分级完整程度的分级指标

二、施工组织

1.施工准备

施工准备是整个工程建设的序幕和整个工程按预期开工的重要保证。施工准备一般是分阶段进行的,在开工前的准备工作比较集中,开工以后随着施工的进展,各工种施工之前也都有相应的准备工作。因此施工准备工作又是经常性的,需要适应施工中经常变化的客观因素的影响。

隧道工程项目施工准备工作按其性质及内容通常包括技术准备、物资准备、劳动组织准备、施工现场准备和施工场外准备。

1)技术准备

技术准备是施工准备最重要的内容。任何技术的差错或隐患都可能危及人身安全和引起质量事故,造成巨大的损失。认真地做好技术准备工作,是工程顺利进行的保证,具体有以下内容:

(1)熟悉、审查施工图纸及有关设计资料。

①了解设计意图,对工程性质,平、纵布置,结构形式都要认真研究掌握。

②相关设计文件及说明是否符合国家有关技术规范;设计图纸及说明是否完整,图中的尺寸是否正确,图纸之间是否有矛盾。

③对工程作业难易程度做出判断,明确工程的工期要求。

④工程使用的材料、配件、构件等采购供应是否有问题,能否满足设计要求。

(2)调查工程所在地区自然条件(地形、地质、水文、气象等)的勘查资料和施工技术资料。

①自然条件调查。地形情况调查包括地形地貌、河流、交通、工程区域附近建筑物的情况。地质调查包括地层地质构造、性质、围岩类别和抗震级别。水文地质调查包括附近河流流量、水质、最高洪水位、枯水期水位,地下水的质量、含水层厚度、流向、流量、流速、最高及最低水位等。气象资料调查包括气温情况、季节风情况、雨量、积雪、冻结深度、雨季及冬季的期限。地

下障碍物调查包括各种地下管线、地下防空洞、附近建筑物基础、文物等。

②技术经济条件调查。工地附近可能利用的场地,需要拆迁的建筑,可以租用的民房等。当地可利用的地方材料和供应量。交通运输能力及当地可能提供的交通运输工具,已经修建为施工服务的临时运输道路、桥梁、码头等的可能性与条件。水、电、通信情况,当地可能支援的劳动力的数量及技术水平,以及医疗卫生、文化教育、消防治安等机构的供应和支持能力。

(3)根据获得的工程控制测量的基准资料,进行复核和校核,确定工程的测量网。

(4)在调查获得的新的资料的基础上,确定施工方案,补充和修改施工设计。

(5)编制施工图预算和施工预算。按照确定的施工方案和修改的施工图设计,根据有关的定额和标准,编制工程造价的经济文件。施工预算是按照施工图预算,根据施工组织设计和施工定额进行编制。

2)物资准备

隧道工程施工的物资准备工作,主要包括现场的基本条件和所需的材料。

开工前必须准备的基本条件有:施工道路,施工所用的水、电、气、通信设施;施工场地的平整和布置;修建施工的临时用房(机械修理房、木材加工房、炸药库房、生活用房、办公室、会计室、调度室等);搭建工程用房(压缩空气房、配电房、水泥搅拌房、材料检测房等)。

物资准备主要有:建筑材料、构件加工设备、工程施工设备(施工机具和设备、运输车辆)、安装设备等。

根据施工设计、施工预算和施工进度的计划,按各阶段施工需求量,计划组织货源和安排。

3)劳动组织

(1)工程项目的组织机构。根据工程项目的规模、结构特点和复杂程度,按照因事设职、因职选人、密切协作相结合的原则,组建工程项目的组织机构。

(2)工程项目的施工队伍。施工队伍的组建应根据该工程的劳动力需要量计划,考虑专业、工种的合理搭配,强化技术骨干的主导作用,技工、普工的比例要满足合理的劳动组织,符合流水施工组织方式的要求。

(3)建立健全各项管理制度。建立、健全工地的各项管理制度,是工程顺利进行的保证。内容一般有:工程质量检查与验收制度、工程技术档案管理制度、建筑材料(构件、配件、制品)的检查验收制度、技术责任制度、施工图纸学习与会审制度、技术交底制度、工地及班组经济核算制度、材料出入库制度、安全操作制度、劳动制度和机具使用保养制度等。

施工准备的各项工作相互关联,互为补充和配合。要保证施工准备工作的责任和检查制度,应加强与业主、设计单位和当地政府的协调工作,健全施工准备工作的责任和检查制度,在施工全过程中,有组织、有计划的进行。

2. 隧道工程施工准备阶段的质量监理

1)深入工地现场、做好调查工作

(1)预测隧道施工对地表和地下已建结构物的影响。

(2)了解施工现场布置与洞口的相邻工程、弃渣方案、农田水利、征地等的关系。

(3)了解周围建筑物、道路工程、水利工程和电信、电力线等设施的拆迁情况和数量。

(4)调查和测试水源、水质并拟定供水方案。

2）熟悉设计文件来源

（1）了解隧道方案的选定及设计经过，掌握工程的难点和重点。

（2）重点复查对隧道施工和环境保护影响较大的地形、地貌、工程地质及水文地质条件是否符合实际。

（3）核对隧道平面、纵断面设计，了解隧道与所在区段的总平面、纵断面设计的关系。

（4）核对洞门位置、式样、衬砌类型是否与洞口周围环境相适应。

（5）核对设计文件中确定的施工方法、技术措施与施工实际条件是否相符合。

（6）核对洞外排水系统和设施的布置是否与地形、地貌、水文、气象等条件相适应。

3）审核、检查承包人的准备工作

（1）检查施工机械设备的类型、数量、维修和存放地场地；各类施工人员是否进场；施工临时设施的搭建情况。

（2）检查施工总平面布置：运输便道、场区道路、材料堆放场地和临时排水设施等应合理布局，形成网络。

（3）审核承包人的施工方案及施工组织设计。

①施工方案中所安排的工程进度计划的可行性和可靠性。

②隧道各分项工程所采用的施工方案是否合理可行，并且能满足工程质量的要求。

③在隧道施工过程中，质量控制手段和措施是否有效可行。

④施工支护方式是否符合围岩的实际情况，安全防护措施是否能在整个施工过程中得到保证；在施工过程中出现地质情况发生较大变化时，是否已考虑了应变的措施。

（4）复查测量用的基准点及水准点，审核承包人的测量方案，检查承包人测量的精度是否满足要求。

（5）各种原材料（水泥、钢材、砂石料）的产地、数量、质量，供应方案及存储条件。

（6）承包人的质量保证体系是否建立、健全。

3. 控制测量检查

隧道施工测量是隧道工程修建中不可缺少的一环，它必须保证隧道开挖按规定的精度贯通，使衬砌内轮廓线符合设计要求。因此，施工单位必须重视控制点、基准点、水准点的交接和复核工作，并通过三角网或精密导线网对各点进行校核，以确保隧道施工精度。

隧道测量一般要求精度较高，其控制桩点必须稳定可靠。因为公路隧道在施工过程中很难用其他方法检验其结果，而且测量进行是否正确无误并达到必要的精度，只有在隧道贯通时才知道。因此，隧道施工测量必须以规定的精度认真慎重地进行，避免产生严重后果，造成浪费和返工。

（1）承包人应按《公路勘测规范》（JTG C10—2018）洞外控制测量的有关规定进行一切必要的测量和计算工作，并将测量工作计划和采用的方法，报监理工程师批准。

（2）承包人应根据设计文件，会同设计单位交接和复查测量隧道同线桩平面控制导线网或三角网控制点，以及施工测量用的基准点和水准点，并将复测成果报监理工程师复查。

（3）隧道每个洞口应设立中线桩点及两个以上的后视点桩，并设立两个水准点，作为进洞的依据。需进行联测，核对其是否达到精度的要求。

（4）监理工程师应对承包人的测量成果进行检查，隧道平面控制测量的精度、洞内导线测角、量距的精度以及洞口水准点间往返测高差不符值,均应符合现行《公路勘测规范》(JTJ C10—2007)的规定。

4.隧道施工组织设计

1)施工组织设计的分类

(1)按设计阶段分类。

施工组织设计的编制一般是同设计阶段相配合。

①设计为两个阶段。施工组织设计分施工组织总设计(扩大初步施工组织设计)和单位工程施工组织设计两种。

②设计为三个阶段。施工组织设计分为施工组织设计大纲(初步施工组织条件设计)、施工组织总设计和单位施工组织设计三种。

(2)按编制对象范围分类。

按编制对象范围不同可分为施工组织设计、单位工程施工组织设计、分部分项工程施工组织设计三种。

①施工组织总设计。施工组织总设计是以隧道为编制对象,以指导整个隧道施工全过程的各项施工活动的综合性文件。一般在初步或扩大初步设计被批准后,由企业的总工程师领导下进行编制。

②单位工程施工组织设计。单位工程施工组织设计是以一个单位工程为编制对象,指导其施工全过程的各项施工活动的综合性文件。一般在施工图设计完成后,在工程开工之前,由工程处的技术负责人领导下进行编制。

③分部分项工程施工组织设计。分部分项工程施工组织设计是以分项工程为编制对象,具体实施施工全过程的各项施工活动的综合性文件。一般是同单位工程施工组织设计的编制同时进行,并由单位工程的技术人员负责编制。

施工组织总设计是对整个建设项目的全局性战略部署,其内容和范围比较概括;单位工程施工组织设计是在施工组织总设计的控制下,以施工组织总设计和企业施工计划为依据编制的,针对具体的单位工程。把施工组织总设计的内容具体化;分部分项工程施工组织设计是以施工组织总设计、单位工程施工组织设计和企业施工计划为依据编制的,针对具体的分部分项工程,把单位工程施工组织设计进一步具体化,它是专业工程具体的组织施工设计。

(3)按编制内容程度分类。

施工组织设计按编制内容程度可分为完整的施工组织设计和简单地施工组织设计两种。

①完整的施工组织设计。对于规模大、结构复杂、技术要求高,采用新结构、新技术、新材料和新工艺的新建工程项目,必须编制内容详尽的完整施工组织设计。

②简单的施工组织设计。对于工程规模小、结构简单、技术要求和工艺方法不复杂的拟建工程项目,可以编制仅包括施工方案、施工进度计划和施工总平面布置图等简单的施工组织设计。

2)隧道施工组织设计的内容

(1)隧道工程施工组织总设计的内容。

①编制的依据和原则。

②建设项目工程概况(项目用途、工期、经费来源、自然条件、环境条件、勘探资料)。

③施工计划及主要施工方案(正常施工、特殊施工)。
④施工准备工作计划(任务划分、工序安排、劳动力组织、经济安排、临时设施)。
⑤施工总进度和季(月)计划。
⑥资源需要量计划(材料、水、电、气、设备、人员)。
⑦施工总平面图。
⑧主要施工技术措施(包括采用新技术、新工艺)。
⑨质量、安全、节约的技术措施。
⑩技术经济指标。
(2)施工组织设计主要图表。
①施工工序图、施工网络图、施工组织进度图。
②工班劳动力的组织循环图及劳动力需求表。
③年度材料需求计划表。
④人员组织机构图。
⑤施工场地布置详图。
⑥给水、排水、电力、通信设计图。
⑦通风设计图。
⑧交通运输图。
⑨弃渣平面图。
⑩钻爆施工图。
3)施工组织设计的编制

施工组织设计由中标的施工企业编制,编制的依据是合同书要求条款、设计文件、业主和施工会议确定的有关文件要求,对结构复杂、条件差、施工难度大或采用新工艺、新技术的项目,要进行专业性研究,通过专家审定,报业主审批后采用。

在编制过程中,要充分发挥各职能部门的作用,共同来编制施工组织设计。特别注意的是遵守合同条款要求,保证工程质量和施工的安全;做到统筹计划、科学合理、经济实用。

第二节 隧道开挖施工质量监理

一、隧道洞口、明洞与浅埋段工程

隧道洞口工程一般包括洞外土石方开挖、边仰坡护砌、截水沟修砌、明洞及洞门修筑等工程。洞口工程施工除了要给洞内施工创造条件外,还要稳固因隧道施工可能引起的坡面失稳现象。尤其是洞口坡面存在较大规模滑动、坍塌、落石等现象,监理工程师应预先提醒承包人采取施工措施,或要求承包人按设计文件及时施作工程设施,以避免产生严重的工程事故。

1. 隧道洞口开挖

开挖洞口土石方、清刷洞口边仰坡及进洞开挖方法、挖掘洞外截水沟等是洞外开挖的主要工程。各项工程及互有影响的桥涵与路基支挡等结构,应综合考虑,妥善安排,尽早完成。开挖作业应符合下列规定。

(1)确定合理开挖步骤和循环进尺,保持各开挖工序相互衔接,均衡施工。

(2)应采用有效的测量手段控制开挖轮廓线,开挖宜预留变形量。

(3)监控量测应及时进行,地质变化处和重要地段,应有相应照片或文字描述记载。

(4)开挖作业必须保证安全,宜减少对围岩的扰动。

开挖方法主要有全断面法、台阶法,以及环形开挖留核心土法、中隔壁法、双侧壁导坑法及中导洞法等其他施工方法。应根据隧道长度、断面大小、结构形式、工期要求、机械设备、地质条件等,选择适宜的开挖方案,并具有较大适应性。变换开挖方法时,应有过渡措施。

全断面法可用于Ⅰ~Ⅲ级围岩的中小跨度隧道,Ⅳ级围岩中跨度隧道和Ⅲ级围岩大跨度隧道在采用了有效的预加固措施后,也可采用全断面法开挖。对于邻近有建筑物需要控制爆破振动速度的隧道用全断面开挖时,可以选择导洞超前再全断面扩挖的方法施工,但应控制导洞超前距离。

台阶法可用Ⅲ~Ⅳ级围岩的中小跨度隧道,Ⅴ级围岩的中小跨度隧道在采用了有效的预加固措施后亦可采用台阶法开挖。采用台阶法施工时应符合下列规定:

(1)上台阶高度宜为2.5m,装渣机械应紧跟开挖面,减少扒渣距离。

(2)控制上台阶钢架下沉和变形,可采用扩大拱脚和加强锁脚锚杆,加设临时仰拱等措施。

(3)当岩体不稳定时,应缩短进尺,先施工边墙支护,后开挖中间土体,左右错开或拉中槽后再挖边墙,并及时施工仰拱。

洞外开挖质量有如下要求:

(1)路槽开挖。

路槽开挖技术要求,详见表6-9。

路槽开挖实测项目允许偏差　　　　表6-9

检查项目	允许偏差或允许值	检查频率要求
路基顶面高程	+0,-30	每100m用水准仪测3点
中线偏位(mm)	±50,-50	每100m用经纬仪测3点
路基宽度(mm)	+100,-0	每100m用尺测3处
横坡度(%)	±0.3	每100m测3处
路基平整度(mm)	20~30	每100m用3m直尺测2处
边仰坡坡度	不陡于设计值	每100m测2处

外观鉴定:

①路基表面平整,边线顺直。

②坡面平顺稳定、曲线圆滑、无松石垮坡。

③边沟排水顺畅。

(2)截水沟、排水沟开挖。

截水沟、排水沟开挖技术要求,详见表6-10。

截水沟、排水沟开挖实测项目允许偏差　　　　表 6-10

检查项目	允许偏差或允许值	检查频率要求
沟底纵坡	符合设计要求	每 200mm 用水准仪测 4 点
断面尺寸	不小于设计值	每 200m 用尺量 2 处
边坡坡度	不陡于设计值	每 200m 检查 2 处
边棱直顺度(mm)	±50	每 200m 拉线检查 2 处

观察鉴定：沟底有无阻水现象。

2. 隧道洞口边坡防护监理要点

坡面防护系指防止边仰坡开挖面因受水、风、温度和其他作用而恶化的措施，包括喷射混凝土锚杆加固、砌石护面、铺种草皮，也包括支承侧向土压力、防止土坡坍塌、保证边坡稳定的挡土墙。洞口边仰坡的防护措施，应按图纸的要求办理，如情况有变化或设计文件未作规定，应按监理工程师的指示办理。

对于岩石坡面，采用喷射混凝土封闭表面，使用锚杆深层锚固稳定坡面，防止岩土表面风化。锚杆、钢筋网、喷射混凝土是喷锚加固坡面常采用的组合构造。也可单独使用锚杆或喷射混凝土防止坡面落石或岩块松动；采用预应力锚索稳定坡体防止坡面滑动；采用喷射混凝土封闭土体坡面，可起到避免雨水冲刷、浸湿软化的作用。施工时，监理工程师应根据锚喷加固的目的，注意以下几方面：

(1) 锚喷加固应按坡面开挖顺序由上至下分段实施，一般为先锚后喷或挂网后再喷。

(2) 喷射混凝土前，应清除松动的和已经风化的岩石与浮土，最好能将坡面修整平整。

(3) 对于有地表水流经的地段，或有地下水出露处，要先设置排水设施或埋设排水管等进行引排后，方可喷射混凝土；对于软弱岩体或土体的坡面，如喷射混凝土封闭后会因水位升高、地下水压力增大而引起坡面失稳，则需事先埋入透水排水网管，并不得让混凝土堵塞管口。

(4) 坡面锚固系统锚杆，一般要求垂直坡面安置，但还应根据坡体的结构面组合，并对其方向做适当调整，尽量使锚杆能加固多的岩石层面。

(5) 局部锚固锚杆的设置要根据岩块滑落或坠落趋势确定锚固方向，根据岩块尺寸和滑落力确定锚杆长度及根数。

(6) 钢筋网铺设应与第一次喷射混凝土层密贴，并与锚杆连接牢靠，后续喷射混凝土层应覆盖钢筋网，不得裸露在外。

坡面防护质量有如下要求：

(1) 浆砌片(块)石护面墙技术要求，详见表 6-11。

浆砌片(块)石护面墙的实测项目　　　　表 6-11

检查项目	允许偏差或允许值	检查频率及要求
砂浆强度	在合格标准内	试件强度
表面平整度(mm)	50(20)	每 20m 用 2m 直尺检查 5 处
顶面高程(mm)	±20(±15)	每 20m 用水准仪测 3 处
垂直度(成坡度)(%)	0.5(0.3)	每 20m 检查 3 处
断面尺寸(mm)	±50(±30)	每 20m 检查 2 处

外观鉴定：
①砌体直顺圆滑，表面平整清洁，砂浆饱满，无空洞现象。
②勾缝平顺，无脱落现象。
(2) 干砌片(块)石护面墙技术要求，详见表6-12。

干砌片(块)石护面墙的实测项目　　　　　　　　表6-12

检 查 项 目	允许偏差或允许值	检查频率及要求
强度	在合格标准内	试件强度
表面平整度(mm)	5	2m靠尺测量；拱部不少于2处，墙身不少于4处
外形尺寸	不小于设计	每边不少于4处

外观鉴定：
①砌体应顺适，表面平整，美观。
②石块应嵌挤紧密、不松动。
(3) 浆砌片(块)石挡土墙技术要求，详见表6-13。

浆砌片(块)石挡土墙的实测项目　　　　　　　　表6-13

检 查 项 目	允许偏差或允许值	检查频率及要求
砂浆强度	满足设计要求	试件强度
平面位置(mm)	50	仪器测量：每边不少于4处；2m靠尺测量：拱部不少于2处，墙身不少于4处
顶面高程(mm)	±20	
断面尺寸	不小于设计	
平整度(mm)	块石：20；料石：30；混凝土块料石：10	拱部不少于2处，墙身不少于4处
垂直度(或坡度)(%)	0.5	每边不少于4处

外观鉴定：
①墙直、弯顺、砌筑面平整。
②砌体无空洞、勾缝平顺、无脱落现象。
③泄水孔坡度向外、无堵水现象。
④沉降、收缩缝整齐竖直、上下贯通。

3. 隧道洞口建筑及监理要点

隧道洞门结构起到稳定洞口边仰坡，防避洞口上方塌方落石的作用，通常采用浆砌块石或现浇混凝土支挡构造；隧道洞门还有美化洞口的作用。洞门形式除考虑受力条件外，还应与环境及相邻建筑的自然景观相协调，所以要特别重视洞门的施工质量。

1) 隧道洞门

隧道洞门的形式多种多样，归结起来，可以说都是基本形式的变化，以适合洞口实际的地形、地质条件和自然环境。隧道洞门应在隧道开挖的初期完成，并应符合下列规定：
(1) 基础必须置于稳固的地基上，废渣、杂物、风化软层和水泥必须清除干净。
(2) 洞门端墙的砌筑与回填应两侧对称进行，不得对衬砌产生偏压。

(3)端墙施工应保证其位置准确和墙面坡度满足设计要求。
(4)洞门衬砌完成后,其上方仰坡脚受破坏时,应及时处理。
(5)洞门的排水设施应与洞门工程配合施工,同步完成。
(6)洞门的排水沟砌筑在填土上时,填土必须夯实。

2)隧道洞门基本形式

(1)环框式洞门。

洞口地形陡峭,岩层坚硬整体性好,节理不发育、不易风化,开挖后具有稳定的仰坡,且无较大的坡面排水,这样可以采用与洞口衬砌同种混凝土整体灌注的环框作为洞门。环框式洞门的变化形式有削竹式洞门,即将洞口衬砌适量的向外延伸,并以较缓坡度修筑洞门环框,适用于地质条件较差、地形缓坦的洞口。

(2)端墙式洞门。

适用于洞口地形开阔,岩质基本稳定,洞顶排水条件稍差的坡面。洞门为镶套在洞口衬砌上的圬工挡墙或混凝土挡墙。其变化形式有柱式洞门和台阶式洞门,分别适合于地形较陡、地质条件差、洞门较窄和傍山洞门地面横坡较陡的洞门条件。

(3)翼墙式洞门。

当洞口地质情况差,地形等高线与线路近于正交需开挖路堑,山体纵面推力较大或有一定的路堑侧压力,适宜使用翼墙式洞门。

3)洞门质量要求

洞门端墙、翼墙、挡土墙模板安装质量见表6-14,砌石缝允许偏差见表6-15。

洞门端墙、翼墙、挡土墙模板安装质量标准　　表6-14

检查项目	允许偏差或允许值	检查频率及要求
基础边缘位置(mm)	±15,0	测量:每边不少于4处
基础顶面高程(mm)	±10	
边墙边缘位置(mm)	±10,0	
边墙拱脚、端翼墙面顶面高程(mm)	±10	
模板表面平整度(mm)	5	2m靠尺测量;不少于4处
模板表面错台(mm)	2	尺量
预留孔洞(mm)	±10,0	尺量

砌石缝允许偏差表　　表6-15

项目	表面灰缝宽度	两层间竖向错缝	三块石料相接处的空隙	每找平一次的高度	检查频率及要求
浆砌片石(mm)	<40	>80	<70	<1200	不少于7个点,观察、尺量
浆砌片石(mm)	<20	>80	—	700~1200	不少于7个点,观察、尺量
浆砌塑料石、混凝土预制块(mm)	15~20	>100 丁石上下只能一面有竖缝	—	每层找平	不少于7个点,观察、尺量

4. 明洞施工监理要点

拱形明洞一般适用于洞顶覆盖较薄,难于采用暗挖法修建隧道的地段,或受塌方、落石、泥石流等威胁的隧道洞口或路堑地段。拱形明洞净空与隧道一致,可采用与隧道相同的拱架和模板施工。现浇混凝土或钢筋混凝土明洞,结构整体性较好,能承受较大的垂直力和侧压力,但内外墙基础相对位移对内力会产生较大影响,因而对地基要求较高。明洞施工工序繁杂,如开挖、临时防护、绑扎钢筋、模板就位、浇筑混凝土、铺设防水层、隔水层、回填土等都是施工监理的重点。

1) 拱形明洞的一般结构形式

(1) 路堑对称型。适用于洞顶地面平缓、两侧路堑地质条件基本相同,边坡有落石、坍塌等不良现象,或洞顶覆盖较薄,难以用暗挖法修建隧道的情况。结构形式为对称型高拱。

(2) 路堑偏压型。当洞顶地面倾斜,路堑边坡一侧较低,明洞边墙顶以下部分为挖方,有坍塌、落石、泥石流等不良地质现象时应采用此种形式明洞。由于荷载不对称结构也为非对称结构。

(3) 半路堑偏压型。适用于外侧地面开敞、稳定、填土坡面线能与地面相交,另一侧边坡或山坡有坍塌、落石或泥石流等不良现象处。这种非对称结构外侧常用刚性边墙以抵抗较大的偏压荷载。

(4) 半路堑单压型。适合于外侧地形陡峻,无法填土,另一侧边坡或山坡有坍塌、落石、泥石流等不良现象的地段。这类非对称结构外侧刚性边墙上带有耳墙,以承受回填土侧压力。

2) 明洞施工方法

明洞施工方法的选择,应根据地形、地质条件、明洞类型等因素确定。常用的施工方法有:

(1) 拱墙整体灌注法。适用于浅埋地段,或地质条件较好,开挖后边坡能够稳定的地段。开挖时,先自上而下开挖,然后拱墙整体灌注。该方法需要足够配套的施工机具。

(2) 先墙后拱法。适用于开挖后边坡能够稳定的地段,而施工机具不足以供拱墙整体灌注时,施工顺序应为:先自上而下开挖,然后灌注两侧边墙,最后灌注两侧边墙。

(3) 先拱后墙法。适用于岩层破碎,路距边坡较高,全部明挖可能引起坍塌,但拱脚岩层承载力较好,且能保证拱圈稳定的地段。施工程序为:起拱线以上部分采用拉槽开挖临时边仰坡,当临时边仰坡不够稳定时,采用喷锚网临时加固。先做好拱圈,然后开挖下部断面,再做边墙,如明洞较长,边坡不够稳定时,则采用分段拉槽较为安全。

(4) 墙拱交替法。适用于半路堑式明洞,且内侧地质松软,不能采用先拱后墙法,或路堑式明洞拱脚处地层松软,不能采用先拱后墙法。施工顺序为:对于半路堑式明洞,先灌注外侧边墙,开挖内侧拱脚以上土石方,再灌注拱圈,然后开挖内侧拱脚以下部分,最后灌注内侧边墙。对于路堑式明洞,先开挖起拱线以上部分,然后采用跳槽挖井法灌注两侧部分边墙,再灌注拱圈,最后做其余边墙。

3) 明洞边墙基础施工

明洞边墙基础应设置在稳固的地基上,这是总的要求。偏压和单压明洞墙基应考虑其抗滑力。明洞基础开挖至设计高程后,如地基承载力不符合设计要求,应及时做变更设计,可采取夯填一定厚度的碎石或加深或扩大基础等措施,以达到设计要求。明洞边墙基础施工,应符合下列规定：

(1)基础开挖应核对地质条件，检测地基承载力，当地基不满足设计要求时，应及时上报监理、设计单位，并按设计单位提供的处理方案施工。

(2)偏压和单压明洞外边墙的基底，在垂直路线方向应按设计要求挖成一定坡度的斜坡，提高边墙抗滑力。

(3)基础混凝土灌注前必须排除坑内积水，边墙基础完成后应及时回填。

4)明洞回填施工

明洞回填分墙背回填和拱背回填两个部位，由于其作用不同因此工艺的要求也不同。

(1)墙背回填的作用主要是使边墙与围岩密贴，当围岩较稳定时，一般自墙顶起坡，墙背可挖垂直或较陡的坡度；当围岩稳定性较差，采用先拱后墙法施工，边墙采用开挖马口法灌注，两者的墙背空隙都不大，可用与边墙相同的材料同时灌注或用浆砌片石。

(2)拱背回填主要是缓和边坡落石和坍塌的冲击及排除坡面水的作用。根据不同类型的明洞和棚洞，设计各有具体规定。不宜过早采用机械回填是为了保证拱圈质量和安全。

明洞回填施工应符合下列规定：

①墙背回填应两侧对称进行。底部应铺填0.5~1.0m厚碎石并夯实，然后向上回填。石质地层中墙背与岩壁空隙不大时，可采用与墙身同级混凝土回填；空隙较大时采用片石混凝土或浆砌片石回填密实。土质地层，应将墙背坡面开凿成台阶状用干砌片石分层码砌，缝隙要填塞紧密，不得任意抛填土石。

②墙后有排水设施时，应与回填同时施工。

③拱背回填应对称分层夯实，每层厚度不得大于0.3m，两侧回填高差不得大于5m，回填至拱顶后应分层满铺填筑。

5)明洞防水层施工

用于路堑式和偏压式明洞防水层所使用的材料、敷设层数和厚度等均成按照设计办理。若为单压式明洞，因外侧有耳墙，不设排水盲沟，因将耳墙与拱圈中间空隙先用浆砌片石回填至与拱顶齐平，再铺防水层。黏土隔水层的质量应能防止地表水下渗，以免影响回填土的稳定。明洞防水层施工应符合下列规定。

(1)防水层施工前应用水泥砂浆将衬砌外表涂抹平顺。

(2)防水卷材应与拱背粘贴紧密，接头搭接长度不小于100mm，铺设应自下而上进行，上下层接缝宜错开，不得有通缝。

(3)回填拱背的黏土隔水层应与边坡、仰坡搭接良好，封闭严密。

(4)靠山侧边墙顶或边墙墙后，应设置纵向和竖向盲管(沟)，将水引至边墙泄水孔排出。

6)明洞衬砌施工要求

明洞衬砌有两种形式：一是拱形明洞，二是棚洞。

拱形明洞与隧道整体式衬砌基本相似，由拱圈、边墙、铺底或仰拱组成。衬砌施工一般要求除参照整体式衬砌办理外，在衬砌端部与拱、墙首轮环节处都要设置挡头板。为控制拱圈厚度，在拱部加设外模并架设骨肋连接固定。应先做一侧边墙，随即灌注拱圈时，若另一侧的拱脚基岩松软，可在拱脚下横铺木垫板加大承载面积或夯填碎石以增加拱脚承载力。

棚洞主要由盖板、内边墙和外侧支承建筑物组成，钢筋混凝土盖板最好预制，既可短期施工又能早期回填,有利于承受落石及塌方的冲击,保证安全。墙顶支座槽应用水泥砂浆填塞紧密,可使盖板安装平稳,最大地承受荷载。

7)明洞开挖监理事项

路堑设置明洞大多是为了防止边仰坡塌方和落石,其地质条件一般是较差的。若明洞较长,宜分段施,开挖一段做一段,石质地段开挖应放小炮,必要时可用预裂爆破。如必须在雨季施工时,应先将边仰坡上的排水系统做好。对裂隙和凹地应设置标志随时检查或观测有无移动,以分析判断山坡的稳定性。

(1)开挖前及施工中,根据中线、高程并结合施工方法,测定和检查建筑物各部分开挖尺寸。

(2)施工前应先做好洞顶排水设施,防止地表水冲刷边坡造成塌方落石。

(3)开挖的边坡、仰坡应力求在施工时间内不致坍塌,否则可适当放缓坡率或采用锚喷支护、防护栅栏、棚架等措施。

(4)开挖方式应先外后内,从上至下,严禁掏底开挖和上下重叠施工。在地质不良、边仰坡较高地段,应指定专人检查、看守,确保施工安全。

(5)开挖的土石,应弃在指定处,不得影响边坡及其他建筑物的稳定和行车安全。

8)明洞基础施工监理事项

(1)明洞边墙基础必须置于稳固的地基上,遇有地下水须将水引离边墙基础;松软基底可用桩基或加固地层等方法处理,提高基底的抗滑力和承载力;半路堑单压式明洞的外墙岩石基础应埋置在风化层以下0.25m,若岩层有裂隙不易清除,可采取压浆加固处理;位于陡坡坚硬完整岩石的明洞外墙基础,可将岩石切割成台阶,台阶宽度不得小于0.5m,最低一层基础宽度不得小于2m,且台阶平均坡度一般不陡于1:0.5。

(2)在边墙基础施作前,应核对地基承载力是否与设计要求相符。

(3)施工秩序应本着先难后易的原则,先做外侧边墙,后做内侧边墙,对于凹形地段或外墙深基部分要先开挖、修筑最低凹处,逐步向两端进行。

(4)挖孔桩作为明洞基础时,开挖井孔应分区跳槽开挖。桩孔井口应做锁,锁口的施工应与边墙承台梁的施工综合考虑,在保证施工安全的情况下,尽量减少拆除量。挖孔桩开挖要分节进行,挖一节立即支护一节,不应在土石层变化处和滑动面以及断层带处分节。下节在上节护壁混凝土终凝以后进行。挖至孔底高程清除浮渣后,经测量无误,方可下钢筋笼浇筑混凝土。

5. 明洞拱墙施工监理事项

(1)砌筑前应复测中线、高程,边墙、拱圈放样立模时要预留施工误差,以保证衬砌不侵入建筑限界。

(2)明洞拱圈按断面要求制作定型挡头板和外模,随着灌注逐步向上安设。为不使外模板因振捣及混凝土挤压而移动变形,除临时支顶外,还应将外模板拉紧固定。拱架如架设在立柱上,立柱基底应坚实,否则应铺设纵向卧木并将各立柱纵向连接成整体。

(3)边墙模板必须支撑牢固,有外模者在内外模间设钢筋拉杆及临时支撑,使之成为整体;无外模者采用预埋钢筋或数股铁丝来做灌浆锚杆,将模板支撑拉住。

(4)灌注拱圈混凝土时,应从两侧拱脚对称不间断地灌注到拱顶。先做一侧边墙随即灌注拱圈时,要加强对另一侧拱脚的基底处理,如超深过挖,应打纵梁、砌垫块、加设锚杆以使拱圈与岩壁连接牢固,防止拱脚基底松软沉落。采用跳槽边墙灌注拱圈时,拱圈分节处所设钢筋应预留接头,使拱节连成整体。

(5) 明洞内墙灌注前,墙背空洞应先砌回填片石,回填量不大时可用干砌片石,灌注边墙时应做好纵向盲沟和泄水孔。

(6) 明洞伸缩缝一般在土质地层每 20m 设置一道,石质地层为 30m,但不得设在侧洞范围内,通常距侧洞边缘不小于 2m。气温变化较大地区,应根据实际情况设置伸缩缝,但采用先拱后墙法施工的明洞,在与隧道相接处不宜设置伸缩缝。任何形式明洞的基础,在地质软硬变化处均须设置沉降缝。

(7) 明洞拱圈混凝土达到设计强度的 70%,并且拱顶填土高达 0.7m 以上,才能拆除拱架,如采用土石方机械填筑时,须待拱顶回填完成后方能拆除拱架。

6. 防水层及回填施工监理事项

(1) 一般在拱墙达到设计强度的 25% 时,方可拆除外模做防水层。在防水层铺设前,必须将拱墙背的灰尘污垢和积水清除干净,用砂浆抹平,不得有钢筋头露出。

(2) 对于甲种、乙种、丙种防水层,根据地区气温不同分别选用油 – 60、油 – 30、油 – 10 的石油沥青,所用麻布要求干燥清洁,易于吸透沥青。

(3) 铺设时气温不得低于 5℃,雨雪天不宜施工,夏季最好在夜间进行。沥青或沥青胶砂铺设的温度应在 160℃ 左右,先铺在拱正中然后向两侧抹平。沥青防水层每层厚度为 2mm、沥青胶砂每层厚约 2cm。沥青麻布或油毛毡应从两侧拱脚自下而上向拱顶方向铺设,并在先涂一层 2cm 厚热沥青后,立即粘贴,每次铺设面积宜大于 $0.5m^2$,以免沥青冷却粘贴不紧。

(4) 麻布或油毛毡的接头应彼此搭接 10cm,各层接头直错开其宽度的 1/3。铺好的防水层下面不得留有气泡、鼓包。最后一层防水层铺好冷却后方可实施保护层和回填土。

(5) 在拱墙背做好防水层,待混凝土达到设计强度的 70% 时,即可进行回填。

(6) 墙后排水设施应在回填时同时施工,并保证能使渗漏水排出。墙背石质地层超挖较小时,应用与边墙相同的材料整体砌筑;超挖较大时,可用浆砌片石回填,对于墙后回填数量较大时,应按设计要求办理。土质地层,墙背开挖的坡面应凿成宽 0.5m 的台阶,用砌片石分层码砌。

(7) 拱部回填土与边坡接触处,应挖成不小于 0.5m 的台阶,并用粗糙透水材料填塞,增加摩擦力以保持稳定。拱脚如没有纵向盲沟应在回填前做好。拱部回填应对称分层夯实,每层厚度不宜大于 0.3m,其两侧回填的土面高差不得大于 0.5m,回填至拱顶齐平后,成满铺分层向上填筑至要求高度,或先由人工填至拱顶以上 0.7m 厚,再用机械填筑。

(8) 明洞回填土密实度要满足图纸要求。拱背黏土隔水层应与边坡、仰坡搭接良好,封闭紧密,能防地表水下渗。

7. 明洞结构物施工监理事项

明洞结构物有拱式明洞和棚式明洞等形式,一般钢筋混凝土结构需要与明洞地段土石方开挖配合进行,监理应控制各施工环节的质量。

明洞施工准备阶段的监理工作:

(1)监理要熟悉设计文件、技术规范和施工地段的地形地质情况,技术要求和质量控制要点。

(2)监理要审核承包人的分项开工报告。重点要审核施工方法,具体应根据地形、地质条件、明洞类型等因素确定。

8.隧道浅埋段

根据大量隧道工程的施工资料调查,上部覆盖层不足毛洞洞跨2倍的隧道或区段属于浅埋式隧道,同时,浅埋段工程包括隧道洞跨加强段。

《公路隧道设计细则》(JTG/T D70—2010)对浅埋隧道的定义为:"作用在支护结构之上的土压力与隧道埋置深度、地形条件及地表环境基本无关的隧道"。

《公路隧道设计规范 第一册 土建工程》(JTG 3370.1—2018)浅埋与深埋的分界,按荷载等效高度值,并结合地质条件施工方法等因素综合判定。按荷载等效高度的判定公式为 $H_p = (2 \sim 2.5) h_q$,H_p 为浅埋隧道分界深度,h_q 为荷载等效高度。

基本工艺要点:短进尺,少扰动,强支护,早封闭,勤观测。

二、隧道开挖

隧道掘进包括隧道内的施工测量放线、洞身开挖、弃渣运输等工序。隧道掘进质量会直接关系到隧道整体线形质量、结构受力状态以及工程数量的增加。监理工作的要点是把握每项工序的质量,使其对后序工作的不利影响降到最低程度,从而使隧道的整体质量达到规范和设计文件要求。

1.隧道开挖监理事项

1)开挖方法

隧道施工前在决定开挖方法时,应对断面尺寸及形式、围岩条件、工区长度、工期、当地条件等综合考虑后,最大限度利用围岩自身具有的支承能力,在不使围岩松动的情况下,尽可能使用开挖断面大的开挖方法。通常采用的开挖方法大体可按全断面法、台阶法、导坑超前法划分。

(1)全断面法适用于地质稳定的地层中,在大断面隧道施工中,开挖和支护衬砌能够使用大型机械,能实现机械化快速施工,且开挖一次完成,不存在多次挠动围岩情况。由于掌子面集中于一处,便于工程管理和质量控制,但对围岩条件变化的适应性差,施工过程中遇有问题时,要改变施工方式往往非常困难。

(2)台阶法一般指上半断面与下半断面同时并进的开挖方法。在围岩条件或施工机械不适合全断面法施工时可采用这种开挖方法。围岩是否稳定,直接关系到台阶的长短,在膨胀性地层或在土砂地层中,通过断面支护尽快使衬砌早期闭合,以使掌子面稳定,要求台阶长度尽可能短。多台阶法是在一般台阶法不能保证掌子面自立的情形下采用的,由于分段多,闭合时间晚,坑道变形会增大。与全断面法比较,台阶法使用的机械设备数目增多,且易出现各工序间的干扰,对工程管理和质量控制带来一定困难。

(3)导坑超前法包括侧导坑超前、下导坑超前、上导坑超前等。其中侧导坑超前是在断面较大,围岩支承力不够的情形下,以及限制覆盖层薄地表下沉的地段使用这种开挖方法,由于其开挖、支护施工较为复杂，因此要仔细研究各阶段的掌子面及支撑的稳定、坑道的变形动态、对下阶段开挖的影响、支护构件的接连等问题。

2) 开挖方式

隧道开挖方式有爆破、机械及人力开挖几种。决定开挖方式要考虑施工可能性及经济合理性，并力图使围岩不致松动。所以必须考虑隧道长度、断面尺寸及形状、围岩地质条件、隧道涌水、开挖方案及邻近构造物、对附近居民的振动、噪声干扰等因素选定开挖方式。

(1) 爆破开挖是利用炸药的化学能破碎岩石，是目前隧道开挖使用最多的开挖方式之一。在使用中应注意尽可能地减少围岩松弛和断面挖超及对附近建筑的振动损坏。

(2) 机械开挖是利用机械能压碎或切削岩石，是噪声及振动均小的有利于环境保护的开挖方式，但机械开挖常受施工工区长度、断面尺寸及形状、基岩强度、涌水条件等的限制。

(3) 人工开挖在施工效率、安全性等方面都很差，一般仅在其他开挖方式不宜使用或围岩极不稳定、不得不用小断面开挖、未固结围岩中应用。

3) 稳定措施

(1) 隧道开挖的前提条件为：开挖后至支护完毕这段时间内开挖面应能够自稳，否则必须采取能稳定掌子面的措施。选择稳定掌子面方法有：环形开挖留核心土、缩短进尺及支撑间距及早形成闭合支护等。

(2) 土砂围岩、破碎围岩及膨胀性围岩中稳定掌子面的辅助方法有：超前管棚、预注浆固结、插钢板支护等。

(3) 特殊地层中稳定掌子面的特殊方法有：帷幕注浆、井点降水、冻结法等。

4) 超挖注意事项

考虑变形富余量后，其开挖轮廓线以外的超挖应尽量减少，不仅是因为超挖会增加出渣量和衬砌数量，而且是由于局部挖掉围岩会产生应力集中，不利于隧道结构的受力。

(1) 采用爆破法开挖时，要充分考虑围岩的岩质、裂隙、风化程度，实施爆破时应尽量减少剧烈振动，以免造成掉块形成超挖。

(2) 提高钻孔精度，研究光面爆破效果，减少超挖量。

(3) 严格控制插管、插板方向，在自立性差的围岩中，采用管棚法、插板法以使超挖降到最小。

5) 排水措施

从隧道开挖时起，就必须设置洞内排水设施。洞内排水不良会使路面泥泞降低作业效率，底板积水可能导致漏电致死人命。特别是像泥岩、凝灰岩、土砂等遇水软化的地层，洞室基脚遇水会下沉变形，将对结构产生极不利的影响。

(1) 施工中能自流排水的施工段应保持排水沟的畅通，软弱地层的排水沟应离开边墙脚并用砂浆等材料封闭，不使水沿沟下渗。

(2) 需用水泵排洞内水的施工段，水泵的扬程、容量要有充分的富余，并有备用水泵。

(3) 斜井、竖井应准备充足能力的排水泵等设备，并要考虑停电的对策。

6) 小净距隧道

小净距隧道的中间岩柱宽度介于连拱隧道和分离隧道之间，一般小于1.5倍隧道开挖断面的宽度。

(1)工法特点。

为确保开挖过程中围岩的稳定性,减小因隧道间距小引起的围岩变形、爆破震动等不利因素,满足小净距隧道中夹岩特有的加固要求,关键是如何保证中夹岩的稳定,有效地减少对中夹岩的扰动。相对于分离式隧道,小净距隧道施工对工序控制更加严格,必须正确安排双洞的开挖、支护的间隔和顺序。

(2)工艺原理。

小净距双洞隧道施工的难点、重点是控制爆破作业,必须确保隧道开挖过程围岩的稳定,减小两隧道之间由于净距较小引起的围岩变形、爆破震动等不利因素。小净距隧道施工的关键是中间岩柱的加固和稳定,由于围岩自稳性和支护结构的受力较一般隧道复杂,必须充分利用隧道围岩的自承、自稳能力,通过围岩加固措施使隧道修建达到经济、合理的目的。

(3)小净距隧道施工时要注意以下六点:

①先行洞和后行洞开挖方法。

②先行洞和后行洞爆破设计和爆破振动控制。

③先行洞和后行洞开挖错开距离。

④先行洞衬砌和后行洞开挖错开距离。

⑤中岩墙保护方法。

⑥非小净距隧道施工方案中的其他内容。

7)隧道支护几个特殊问题

(1)初期支护要遵循"短进尺,早封闭"原则,必须一炮一支,防止围岩暴露太长而引起塌方。

(2)隧道内的超前支护,注浆锚杆,除起加固围岩的作用外,也起一定的堵水作用。

(3)中侧导洞断面的选择。

(4)中隔墙的水平推力平衡。

(5)中隔墙防水。

(6)在开挖施工过程中,及时做好洞内排水系统,严禁洞内积水,排水沟不能沿边墙设置,避免软化边墙基底围岩使其强度降低造成隧道坍塌。

(7)由于联拱隧道跨度大,即使在围岩好的情况下也要坚持"短进尺、弱爆破、强支护、早闭合"的开挖施工原则,以减少或杜绝塌方。

(8)仰拱最好在二次衬砌之前施工,使支护体系尽早形成封闭系统。

(9)由于联拱隧道跨度大、洞口一般偏压严重,洞口刷坡后极易造成山体松动下滑,进而失稳。因此,从开挖到支护时间间隔不能太长,同时加强边仰坡的变形观测。

(10)中导洞的开挖施工对正洞来说是最好的、最准确的超前地质预报,因而在开挖过程中要对围岩进行详细、准确的记录,指导正洞施工。

8)隧道开挖质量监理要点

(1)审查承包人的爆破方案。

①方案中单位用药量是否符合地质条件、开挖方法和隧道断面积,是否会因用药过量对周边围岩产生严重挠动及对附近建筑物产生振动损坏。

②掏槽炮、扩大炮、周边炮、翻底炮的设计参数取值是否合适,是否影响到开挖向质量和形

状,爆渣堆形状和爆渣尺寸是否便于装载运输或后续工程利用;

③所用爆破材料、器材是否适合地层条件,能否保证顺利、安全进行爆破。如涌水地层、高温地层、含瓦斯地层所选用的炸药品种是否合适;光面爆破选用的毫秒差雷管段数是否可行等;

④炮眼设计深度是否考虑到掌子面自立性。

(2)查询承包人确保钻眼质量的措施。

①布孔方法是否能保证精度及布孔后的检查方法;

②凿岩机、钻孔台车的钻杆抵位和插角确定及钻孔深度控制的保证措施。

(3)检查爆破的安全措施。

①在含瓦斯地层中,着重检查机电设备防爆及沼气自动检测报警断电装置。

②采用电雷管起爆的隧道,要检查起爆主线绝缘情况,工作面是否有动力电、照明电的电流导入。

(4)爆破效果检查。

①炮眼痕迹保存率,硬岩80%、中硬岩70%、软岩50%,最小允许炮眼痕迹率不小于规定值的60%。

②两茬炮衔接台阶的最大尺寸不得超过15cm。

(5)开挖质量检查。

①整体式衬砌开挖形状、尺寸应符合设计要求。拱墙脚以上1m内断面应无欠挖,其他部位,在岩层完整、抗压强度大于30MPa时,个别突出部分(每平方米内不大于$0.1m^2$)侵入衬砌断面不大于5cm。隧道断面允许超挖值见表6-16。

隧道断面允许超挖值(cm)　　　　　　　　　　表6-16

开挖部位	围岩条件			检查数量	检查方法
	硬岩,相当于Ⅰ级围岩	中硬岩、软岩,相当于Ⅱ、Ⅳ级围岩	破碎松散岩石及土质,相当于Ⅴ、Ⅵ级围岩,一般不需爆破作业开挖		
拱部	平均100mm 最大200mm	平均150mm 最大250mm	平均100mm 最大150mm	每5~10m检查一次,衬砌紧跟时,没衬砌前检查一次	量测周边轮廓断面,经断面图核对、立模板核对、尺量
边墙	每侧:+100mm,0mm;全宽:+200mm,0mm				
仰拱、隧底	平均100mm,最大250mm				

②喷锚衬砌断面开挖形状、尺寸要符合设计要求,在坚硬岩层中局部断面岩石突出部分每平方米内不大于$0.1m^2$,侵入断面不大于3cm。隧道断面允许超挖值见表6-17。

喷锚衬砌断面允许超挖值　　　　　　　　　　表6-17

围岩	项目			
	平均线性超挖(cm)	最大超挖(cm)	检查数量	检查方法
硬岩	<10	<20	每5~10m检查一次	测绘周边轮廓断面,核对设计断面图
中硬岩	<13	<25		

注:平均线性超挖=超挖面积÷开挖断面周长。

③开挖断面除考虑施工误差和位移量外,再预留作为必要的补强加固量。

④复合式衬砌断面开挖的允许超欠挖值与锚喷衬砌断面开挖的允许超欠挖值相同,检查

频率与方法也一样。复合衬砌开挖断面应按设计要求预留变形量,当无规定时,预留变形量可参考表 6-18 取值。

开挖轮廓预留变形量参考值   表 6-18

围岩类别	预留变形量(cm)	检查数量	检查方法
Ⅳ	5～7	每 5～10m 检查一次,初期支护紧跟时,锚喷前检查一次	测绘周边轮廓断面,与设计断面核对
Ⅲ	7～12		
Ⅱ	12～17		

(6)爆破振动、噪声的限制。

①爆破或其他作业所引起的地面振动不得损坏地面现有建筑物,对现有建筑物振动的最大质点速度应小于 2.5cm/s。对于新灌注混凝土的振速要求,不超过表 6-19 中的值。

混凝土的振速限值表   表 6-19

混凝土龄期(h)	振速限值(cm/s)	混凝土龄期(h)	振速限值(cm/s)
12～24	0.625	48～120	2.5
24～48	1.25	—	—

②最邻近爆破点的现有建筑物所量测的爆破冲击噪声不得超过 130dB。

2. 隧道开挖中的地质预报

隧道开挖施工中的地质预报,主要报告已开挖的隧道地段的地质调查和各种探测方法取得的资料,用地质推断法预测掌子面前方一定距离范围内(一般每次预报长度为 10～20m)围岩的工程地质和水文地质条件,为预防突发事件、修改施工方案、变更隧道设计提供地质依据。

1)施工地质调查

(1)开挖面的地质素描。

一般只作掌子面和一侧边墙的地质素描,对于地质条件复杂或重点地段,除进行掌子面地质素描外,还应作隧道地质展示图。地质素描图的内容应包括:

①岩性、地成时代、岩层产状、软弱夹层、岩脉穿插情况。

②主要节理裂隙的产状、规模、相互切割关系。

③断层及破碎带的形态、产状及充填物特征。

④地下水出水点、出露水量。

⑤岩溶位置、规模。

⑥不稳定块体的位置、范围。

(2)岩体结构面调查。

该调查是为查明岩体结构类型、结构面形态及结构面的组合关系。调查时按不同的岩组或岩段、不同构造部位,选择有代表性的边墙岩面进行观测。测量范围一般为 4～10m²。观测内容有:

①结构面产状,力学属性。

②节理裂隙特征,包括延伸性、粗糙程度、张开度。

③结构面充填特征、含水情况。

(3)洞内涌水观测。

除观测其水温、水质、颜色、气味等,最重要的是观测其涌水量及变化情况,尤其对较大的股流,应进行定期观测。涌水量观测方法有:

①股状涌水和钻孔集中涌水可用容器直接量测。

②呈降雨状的面积涌水,可按涌水面积与接水容器口面积比来推算涌水量。

③围岩的隧道内涌水,可用三角堰或梯形堰测定。

2)施工地质探测

(1)在长大或地质条件复杂的隧道中,导坑探测常采用超前导坑、平行导坑超前或专用的探测坑道进行探测。根据导坑开挖揭露的围岩地质情况,能比较清楚地了解隧道开挖工作面前方相应地段围岩的工程地质和水文地质条件。

(2)超前水平岩芯钻孔可看作是隧道中微型导坑超前探测。通过钻孔可以探测掌子面前方几百米范围内围岩情况。

(3)掌子面上的浅孔钻探是利用隧道工作面上的炮眼或探水孔、声波探测孔的钻进情况来探测前方几米至几十米范围的地质情况。如遇卡钻时说明岩体破碎;遇跳钻时可能有空洞或溶洞;在遇到断层泥时,钻进时间短、钻进速度快、钻孔冲洗液浑浊。

3)施工地质预测

施工地质预测是根据施工地质调查和施工地质探测的结果,对隧道开挖面前方一定范围内的围岩地质条件做出推断和评估。

围岩工程地质特征的预测方法如下:

①前推法:根据隧道掌子面及其附近的地质情况推断、预测掌子面前方围岩的工程地质特征。首先按1:200或1:100比例尺做出开挖面附近及开挖面前方一定长度的隧道设计尺寸展开图,并标清拱脚线、墙脚线、洞轴线,展开图被这些线分划出拱部和墙部,然后逐一将开挖面或其附近边墙的岩性、断层界线、节理轨迹线等描绘图上,按其产状展绘到展开图上,即得到用于地质预报的隧道预测平面图。

②平推法:根据超前导坑揭露的地质界线向两侧或一侧推断、预测未开挖地段隧道围岩的地质情况。首先按比例做出超前导坑底板平面图和隧道未施工地段的展开图,然后将超前导坑底板平面图的地质界线,逐一沿其走向延伸到隧道两边墙脚,再按其视倾向和视倾角延伸到边墙上,即得到隧道预测地质展示图。

4)围岩塌方的预测

围岩的变形破坏、失稳塌方是有一个从量变到质变的过程,在这个过程中必然会表现出一些征兆,根据这些征兆可以预测围岩失稳塌方。

(1)遇断层、破碎带、滑动层、溶洞、陷穴、堆积体、流沙、淤泥、松散地等稳定性差的围岩极易产生塌方。

(2)出现突然出水,水量突然增大,水质由清变浊等现象都是即将发生塌方的前兆。

(3)由小断层或软弱结构面构成不稳定块体的出露处,是局部塌方的部位。

(4)拱顶不断掉下小石块,较大的石块相继掉落,预示即将发生塌方。

(5)裂缝旁出现岩粉或洞内无故出现岩粉飞扬,裂缝逐步扩大,可能即将发生塌方。

(6)支撑变形,甚至发生声响,喷射混凝土出现大量明显裂纹,可能出现失稳塌方。

5)地质预报中监理事项

(1)及时了解、确认承包人通过地质素描对隧道开挖面上的地质特征的记录;仔细分析经整理、加工绘制成的地质展开图,对照设计文件对该地段地质的描述,找出差异和需要改善设计、施工的方面,提请有关方面注意。

(2)详细记录、分析与坍塌变形有关的地质情况,及其对继续掘进的影响进行评价;根据对隧道围岩的直接观察,判定坑道的稳定性,核定岩层构造、岩性及地下水情;当发现设计文件与实际情况不相符时,可能危及隧道施工,应及时修改支护参数。

(3)在临近设计文件中圈定的大的断层破碎带,或岩溶发育段时,必须督促采取超前钻探,以利于采取措施预防大规模坍塌、涌水和突发性泥石流的发生。

3. 不良地段、特殊地段的施工

不良地质地段是指滑坡、崩塌、岩堆、偏压地层、岩溶、高应力、高强度地层、松散地层、软土地段等不利于隧道工程施工的不良地质环境;特殊地质地段是指膨胀地层,软弱黄土地层,含水未固结围岩,溶洞、断层、岩爆、流沙等地段以及瓦斯和有害气体溢出地层等。

膨胀土,系指土中黏土矿物成分主要由亲水性矿物组成,同时具有吸水显著膨胀软化和失水收缩硬裂两种特性,且具有湿胀干缩往复变形的高塑性黏性土。决定膨胀性的亲水矿物主要是蒙脱石黏土矿物。

黄土,是在干燥气候条件下形成的一种具有褐黄、灰黄或黄褐等颜色,并有针状大孔、垂直节理发育的特殊性土。黄土在我国分布较广。黄河中游的河南西部、山西南部、陕西和甘肃的大部分地区为我国黄土和湿陷性黄土的主要分布区。这些地区的黄土分布厚度大、地层全而连续,发育亦较典型。

溶洞,是在岩溶水的溶蚀作用下,间有潜蚀和机械塌陷作用而造成的基本呈水平方向延伸的通道。溶洞是岩溶现象的一种。

岩爆,是岩体中聚集的高弹性应变能,因隧道开挖而发生的一种应力释放现象。它的形成需要两个条件:

(1)地层的岩性条件。岩爆只发生于结构完整或基本完整的脆性硬岩地层中。多见于石英岩、花岗岩、正长岩、闪长岩、花岗闪长岩、大理岩、花斑状大理岩、片麻岩等岩体。

(2)地应力条件。岩爆多发生于埋深大的隧道中,因只有埋深大才足以形成高地应力,在高地应力作用下,地层中才能积聚很高的弹性应变能。

瓦斯,是隧道内有害气体的总称,其成分以沼气(甲烷)为主。当隧道中的瓦斯浓度达到爆炸限度时,一旦与火源接触,就会引起爆炸。

松散地层,指漂卵石地层、极度风化破碎岩石的松散体、砂夹砾石和含有少量黏土的土层、无胶结松散的干砂等。这类地层的胶结性弱,稳定性差,在隧道施工中极易发生坍塌。

流沙,是沙土或粉质黏土在水的作用下丧失其内聚力后形成的,多呈糊浆状,所到之处,围岩失稳坍塌、支护结构变形,危害极大。

1)工艺设计和控制要求

(1)技术要求。

①必须进行施工监控量测,及时以量测数据反馈指导施工。在特殊地质地段中开挖隧道,辅助施工措施是关键,各种预支护和预加固手段必须严格按设计要求执行到位;

②爆破设计按围岩实际情况进行，原则是尽量少扰动围岩，必要时可选择不爆破而采用机械或手工挖掘。

(2) 材料质量要求。

①水泥、砂、石、水及外掺剂的质量和规格必须符合设计和规范要求，按规定的配合比施工。

②钢筋、钢管的加工、接头、焊接和安装以及混凝土的拌制、运输、浇筑、养护、拆模均须符合设计和规范要求。

③寒冷地区混凝土集料应按有关规定进行抗冻试验，结果应符合规范要求。

(3) 职业健康安全要求。

①施工过程中隧道内的氧气含量按体积计不应小于20%，隧道内气温不宜高于28℃。

②有害气体浓度控制：一氧化碳一般情况下不大于30mg/m³；特殊情况下，施工人员必须进入工作面时，可为100mg/m³，但工作时间不得超过30min；二氧化碳按体积计不得大于0.5%；氮氧化物在5mg/m³以下；甲烷按体积计不得大于0.5%。

③粉尘浓度控制：含10%以上游离二氧化硅的粉尘，每立方米空气中不得大于2mg；含10%以下游离二氧化硅的矿物性粉尘，每立方米空气中不得大于4mg。

④噪声不宜大于80dB。

⑤隧道施工必须采用机械通风。通风方式应根据隧道长度、施工方法和设备条件等确定。长隧道应优先考虑混合通风方式。当主机通风不能保证隧道施工通风要求时，应设置局部通风系统、风机间隔串联或加设另一路风管增大风量。如有辅助坑道，应尽量利用坑道通风。瓦斯地段通风，应将新鲜空气送至开挖面，将开挖面附近的瓦斯含量稀释到0.5%以下；并用排风管将瓦斯气体排到洞外，不允许瓦斯气体流入隧道后方内。

⑥隧道施工应定期测试粉尘和有害气体的浓度。

(4) 环境要求。

①当采用注浆措施时，应尽量避免注浆材料的撒漏，对进入排水系统中的有害物质应进行净化处理，避免流入当地水系破坏环境。

②合理选择弃渣场地，并按规范要求施作弃渣排水设计。如隧道通过的岩层含有放射性元素，应经严格测定后，依据含量浓度确定堆渣场地位置，并按规范要求作好处理措施。

第三节　隧道支护施工质量监理

一、支护方式及适用范围

支护是指隧道开挖后，用于控制围岩变形、防止坍塌所及时施作的支护。其类型有锚杆支护、喷射混凝土支护、喷射混凝土与钢筋网联合支护、喷射混凝土与锚杆及钢筋网联合支护、喷钢纤维混凝土支护、喷钢纤维混凝土锚杆联合支护，以及上述几种类型加设钢架而成的联合支护。初期支护的类型及参数应根据围岩的性质及状态、地下水情况、隧道净空尺寸及其埋深等条件确定。其支护方式及使用范围见表6-20。

隧道支护方式及使用范围　　　　　　　表 6-20

支护方式	适用范围	备注
不支护	Ⅵ类围岩	—
局部喷混凝土或局部锚杆	Ⅴ类围岩	为防止岩爆和局部落石可局部加挂钢筋网
锚杆、锚杆挂网、喷混凝土或锚喷联合支护	Ⅳ～Ⅲ类围岩	Ⅲ类围岩必要时可加设钢架
锚喷挂网联合支护，并可结合辅助施工方法进行施工支护	Ⅱ～Ⅰ类围岩	地质条件差、围岩不稳定时，可用构件支撑

二、锚杆种类

锚杆由锚固器、杆身、垫板组成。根据锚固方式、杆身受力状态，可将锚杆分为低预应力、非预应力、预应力锚杆，其主要种类见表6-21。

锚杆主要种类　　　　　　　表 6-21

种类	锚固方式	锚固装置	基 本 型	适用范围
低预应力锚杆	端头集中锚固	机械锚固	楔缝式、胀壳式	在比较坚硬的围岩中，起串联岩石效果
非预应力锚杆	全长锚固	机械锚固	开缝管式	适用于硬岩、中硬岩、软岩、土砂、膨胀性围岩，锚杆全长上约束围岩
		黏结锚固	树脂式、水泥砂浆式	
预应力锚杆	端头集中和全长锚固	机械和黏结锚固，全长黏结锚固	楔缝式、树脂式、水泥砂浆式、早强水泥砂浆式	在膨胀性围岩，或需施加预应力的情况中有效

三、锚杆材料

1. 抗拉强度

锚杆在工作时主要承受拉力，所以检查材质时首先应检测其抗拉强度。方法是从原材料中或成品锚杆上截取试样，在拉力试验机上拉伸，测试材料的力学特性，确定其是否满足工程要求。

2. 延展性与弹性

有些隧道的围岩变形量较大，这就要求锚杆材质具有一定的延展性，过脆可能导致锚杆中途断裂失效，必要时应对材料的延展性进行试验。另外，对管缝式锚杆，要求原材料具有一定的弹性，使锚杆安装后管壁和孔壁紧密接触。检查时，可采用现场弯折或锤击，观察其塑性变形情况。

锚杆材料基本要求情况见表6-22。

锚杆材料基本要求　　　　　　　　　　表6-22

材料类型	基本要求
钢筋	主要为Q235级钢筋和20Mnsi钢。杆体直径一般为16~22mm
砂浆	普通水泥砂浆:强度不低于C20号,配合比一般为:水泥:砂:水=1:(1~15):(0.4~0.5);早强水泥砂浆:在砂浆中掺入一定比例的早强剂,砂浆灌注后2~8h内,锚杆抗拔力大于50kN;快硬水泥卷锚固剂:由硫铝酸盐水泥和双快型水泥配制而成
树脂	以环氧树脂为主要成分,其成分(质量比):环氧树脂:填料(石英砂):固化剂(聚乙烯聚酰胺)=100:300:(25~30)。另由松香封端不饱和聚酯树脂制成的树脂药卷锚固剂
垫板	一般用厚6~10mm的钢板或铸铁制成,规格为150mm×150mm或200mm×200mm

四、喷射混凝土材料质量要求及喷射方式

1. 质量检验指标

喷射混凝土是指将水泥、砂、石子、外加剂和水按一定的配合比和水灰比拌和而成的混合物,以压缩空气为动力快速喷至岩体表面而形成的人造石材。喷射混凝土的质量检验指标主要有喷射混凝土的强度和喷射混凝土的厚度。此外,还应采取措施减少喷射混凝土粉尘、回弹率。

喷射混凝土强度包括抗压强度、抗拉强度、抗剪强度、疲劳强度、黏结强度等。因此,喷射混凝土强度应是这些强度指标的综合结果。因为这些强度之间存着一定的内在联系,从而有可能在具体试验中只检测喷射混凝土的某一种强度,并由此推知混凝土的其他强度。其中,喷射混凝土抗压强度是表示其物理力学性能及耐久性的一个综合指标,所以工程中往往把它作为检测喷射混凝土质量的重要指标。

喷射混凝土厚度是指混凝土喷层表面至隧道围岩接触界面间的距离。达到前述喷射混凝土支护的作用原理和效果的关键是要确保混凝土支护的施工质量。在施工中保证喷射混凝土厚度是确保喷射混凝土质量的前提。所以,喷射混凝土厚度也是喷射混凝土质量检验的一个重要指标。

喷射混凝土施工过程中,部分混凝土由隧道岩壁跌落到底板的现象称为喷射混凝土的回弹。回弹下来的混凝土数量与混凝土总数量之比,就是喷射混凝土的回弹率。喷射混凝土施工过程中,回弹率也是检验喷射混凝土施工质量的一项检测指标。

喷射混凝土支护工程质量必须做到内坚外美。外观上无漏喷、离鼓、裂缝、钢筋网(或金属网)外露现象,做到混凝土表面平整密实,断面轮廓符合要求;从内部看,喷射混凝土抗压强度和厚度必须达到设计要求。

2. 喷射混凝土材料质量要求

喷射混凝土原材料主要包括水泥、砂、石子、速凝剂等,提供能满足质量要求的原材料是保证喷射混凝土强度的前提。喷射混凝土材料质量要求见表6-23。

第六章 隧道工程施工质量监理

喷射混凝土材料质量要求　　　　　表 6-23

材料类型	基本要求
水泥	喷射混凝土应优先选用普通硅酸盐水泥,水泥不应低于 42.5 级
砂	应采用洁净的中、粗砂,细度模数大于 2.5,含水为 5%～7%,使用前应一律过筛
石料	采用坚硬耐久的碎石或卵石,粒径不宜大于 15mm。钢纤维喷射混凝土的粒径不应大于 10mm,且级配良好。当使用碱性速凝剂时,石料不得含活性二氧化硅
速凝剂	必须采用合格产品。应根据水泥品种、水灰比等,通过试验确定速凝剂的掺量。使用前应做速凝效果试验,初凝不超过 5min,终凝不超过 10min
钢纤维	直径宜为 0.3～0.5mm,长度 20～25mm,抗拉强度不得低于 380MPa,不得有油渍及明显的锈蚀。钢纤维含量宜为混合料质量的 3%～6%
水	水质应符合工程用水有关标准,水中不得含影响水泥正常凝结与硬化的有害物质
钢筋网	一般为 $\phi4$～$\phi12$ 的 I 级钢筋制成,网孔一般为 150mm×150mm～300mm×300mm

3. 喷射方式

根据混凝土搅拌方式及压送方式不同,大体分为干式与湿式两种。干式是将水泥及集料干拌后加速凝剂,用压缩空气压送至喷嘴,在喷嘴处加水喷出;湿式是将水泥和集料加水搅拌成混凝土,用压缩空气或泵压送,在喷嘴处加入速凝剂而喷出;为了在干式中吸收湿式的优点,在到达喷嘴前数米处加水,这种方式称为潮式。干式喷混凝土的质量受喷射工的熟练程度和能力影响,与干式比较,湿式喷混凝土质量容易管理,但不适合长距离压送。两者有各自的优缺点,要结合现场的规模、状况、喷射量等条件选用。

五、相关检测仪器的原理

根据隧道的结构特点,在隧道外观检查的基础上,根据病害特征对一些重点部位采用专门技术和检测设备进行深入而细致的监测,可以更加全面准确地掌握隧道的技术状况,为隧道质量评定提供可靠的根据。相关检测仪器的原理见表 6-24。

相关检测仪器的原理　　　　　表 6-24

检测项目	仪器设备	原理
锚杆拉拔力测试	拉拔仪(千斤顶、油压泵、读数表)	将锚杆外端与千斤机内缸固定在一起,油压泵加压将锚杆向外拉,通过读数表可读出锚杆承受的拉拔力和位移
砂浆锚杆注满度检测	锚杆质量检测器	通过超声波脉冲在锚杆体中传播的反射波振幅大小来判定水泥砂浆的饱满强度
端锚式锚杆施工质量无损检测	扭力扳手(力臂、刻度盘、指示杆和套筒)	对于带螺栓和托板的端锚式锚杆来说,拉力的大小与螺母的拧紧程度有关,继而又与加在螺母上的力矩有关。利用锚杆拉力与扭力扳手所加力矩之间的关系,可间接确定锚杆的锚固质量
喷射混凝土厚度检测	激光断面仪	喷混凝土的前后分别用断面仪测出 2 个周边轮廓,然后相减,即可检测出厚度
可现场实测的喷射混凝土与围岩黏结强度的方法	带有丝扣及加力板的拉杆	在围岩表面预先设置带有丝扣和加力板的拉杆,用 10cm 厚的喷射混凝土将加力板埋入,经养护后进行拉拔试验

六、普通水泥砂浆锚杆的施工要点

普通水泥砂浆锚杆的施工要点见表 6-25。

普通水泥砂浆锚杆的施工要点　　　　表 6-25

要　点	要　　　　求
配合比	砂浆强度不低于 C20，砂浆配合比一般为水泥：砂：水 = 1：(1～15)：(0.45～0.50)，砂的粒径不宜大于 3～15mm
钻孔	钻孔方向尽量与岩层主要结构面垂直，钻孔完成后用高压水将孔冲洗干净
锚杆	锚杆及黏结剂材料制作，应符合设计要求
砂浆	砂浆应拌和均匀，随拌随用，一次拌和的砂浆应在初凝前用完
灌浆作业	灌浆作业就遵守以下规定： (1) 注浆开始或中途暂停超过 30min 时，应用水润滑灌浆罐及其管路。 (2) 注浆孔口压力不得大于 0.4MPa。 (3) 注浆管应插至距孔底 5～10cm 处，随水泥砂浆的注入缓慢匀速拔出，随即迅速将杆体插入，杆体插入孔内的长度不得短于设计长度的 95%。若孔口无砂浆流出，应将杆体拔出重新注浆。 (4) 杆体到位后，要用木楔或小石头在孔口卡住杆体。锚杆安设后不得随意敲击，其端部 3d 内不得悬挂重物

七、早强水泥砂浆锚杆的施工要点

早强水泥砂浆锚杆的施工要点见表 6-26。

早强水泥砂浆锚杆的施工要点　　　　表 6-26

要　点	要　　　　求
普通砂浆锚杆相同点	施工重点与普通砂浆锚杆施工重点基本相同
早强水泥	要采用硫铝酸盐早强水泥并掺早强剂
注浆作业	注浆开始或中途停止超过 30min 时，应测定砂浆坍落度，其值小于 10mm 时，不得注入罐内使用

八、喷射混凝土施工要点

(1) 审批进场喷射混凝土的施工设备，不得使用干喷设备。

(2) 审批喷射混凝土所用的进场原材料，包括水泥品种、强度等级、出厂批号及质量，石子砂的级配、细度等，检查水泥、外掺剂、砂石的存放条件。

(3) 审批喷射混凝土配合比设计，承包人提出的配合比设计应使喷射混凝土具有必要的强度、耐久性、防水性、附着性以及良好的施工性。当喷射混凝土所用材料不为同一批号或品种改变或产地不同时，承包人应提供新的配合比设计，供监理审批。

(4) 每次喷射作业前或作业期间，检查水泥品种、强度等级、用量，检查砂石的含水率。

(5) 检查喷射机械配套情况和实际功效，进行必要的试喷。

(6) 检查喷射作业面是否存在欠挖、浮石，如有应清除；要求用高压水或高压气清除岩面浮沉土；检查钢筋网、钢拱架是否安装牢靠密贴，位置是否正确。

（7）检查喷射拌料是否均匀，人工干拌料不少于三遍，掺有钢纤维拌料不得有团存在；所拌料应及时喷射，放置时间不应超过 30min；喷射回弹料不得再次使用。

（8）检查喷层厚度，最简单易行的方法是标桩法，采用轮廓仪测定更可靠。喷混凝土厚度一般按断面中最小厚度计，但在中硬岩以上围岩，开挖向凹凸较大时也可按断面的平均厚度计。

（9）检查喷射混凝土表观和强度试验值，如发现喷射混凝土出现非收缩开裂、脱落或强度不足需返工补强时，分析原因后批准补强措施。喷混凝土补强一般采用增设钢筋网、添加钢纤维来加强喷混凝土构件，也有用钢拱支撑配合使用的。在附着比较差的软岩和砂土条件下，细网目的金属网能够提高喷混凝土的施工性能；在膨胀性围岩，金属网可防止脱落，提高混凝土的韧性；在硬岩中节理裂隙发育处，金属网能提高喷混凝土的抗剪强度。

（10）检查涌水点处理措施，因为涌水会冲洗喷射混凝土，成为剥落、削弱附着力的原因。一般针对涌水量和出水面积大小采用带孔集水管集水、半管导排的方法，将涌水归笼后再施喷混凝土。

（11）检查喷射混凝土施工环境，当喷射区的气温低于 5℃或层面结冰处不得喷射混凝土。混凝土强度未达到 6MPa 前，不得受冻。

（12）检查喷射混凝土的养护，喷混凝土终凝后 2h 起，开始洒水养护，洒水次数以能保持混凝土具有足够的湿润状态为度，养护期不少于 14 个昼夜。黄土和其他土质隧道，混凝土以喷雾养护为宜。

喷射混凝土的施工要点可见表 6-27。

喷射混凝土的施工要点　　　　　　　　表 6-27

序号	重　点	内　　容
1	喷前检查准备	检查开挖面尺寸，清除松动危石，清洗受喷面，做好排水引流，埋设喷层厚度检查标志，调试各机械设备，进行材料质量的检测，控制砂石含水率
2	速凝剂掺量和水灰比	掌握规定的速凝剂掺量，添加均匀。应严格控制水灰比，使喷层表面平整光滑
3	检查喷嘴压力	拌和之前，先开高压风和水，如喷嘴风压正常，喷出物呈雾状；如风压不足（一般应为 0.1～0.15MPa）或喷嘴不出风，有可能出料口堵塞或输料管堵塞，需排除故障。待喷机运转正常后才能投料、搅拌和喷射
4	喷射作业顺序	喷射作业应分段、分层由下而上顺序进行，每段长度不超过 6mm，以减少混凝土因重力作用而滑动或脱落的现象。喷射移动可采用螺旋形或 S 形移动前进
5	一次喷射厚度	喷射作业应分层进行，一次喷射厚度应根据设计厚度和喷射部位确定，初喷厚度不得小于 4～6cm，岩面有较大凹注时，应结合初喷找平
6	分层喷射的间隔时间	后一层喷射应在前一层混凝土终凝后进行，若终凝后间隔 1h 以上且初喷表面已蒙粉尘时，应用高压气体、水清洗干净受喷面
7	控制回弹率	掌握好喷嘴与受喷面的距离和角度，调节好风压和水压，保证回弹小而喷射质量好。回弹率在拱部不超过 40%，边墙不超过 30%，挂网后，回弹率限制可放宽 5%。回弹物不得重新用做喷混凝土材料
8	养护	喷射混凝土终凝 2h 后，应喷水养护，养护时间一般大于 7d

钢筋网铺设要点可见表6-28。

钢筋网铺设要点 表6-28

序号	要点	内容
1	清除锈蚀	钢筋使用前应清除锈蚀
2	铺设	钢筋网应随受喷面的起伏铺设,与受喷面的间隙一般不大于3mm,成品钢筋网的搭接长度大于200mm,采用双层钢筋网时,第二层网应在第一层网被混凝土覆盖后再铺设
3	固定	钢筋网应与锚杆或其他固定装置连接牢固,并尽可能多点连接,在喷射混凝土时不得晃动

九、喷射混凝土及钢纤维混凝土原料与配合比要求

喷射钢纤维混凝土是在普通混凝土中掺入分布均匀且离散的钢纤维,依靠压缩空气将钢纤维混凝土高速喷射到结构的表面,快速凝固后形成支护壳体。钢纤维的掺入,能显著改善混凝土的抗裂性、延性、韧性和抗冲击性能。喷射混凝土及钢纤维混凝土原料与配合比要求见表6-29。

喷射混凝土及钢纤维混凝土原料与配合比要求 表6-29

材料	配合比要求
水泥与砂石	质量比一般为1:4~1:4.5;1m^3干集料中,水泥用量约为375~400kg/m^3
含砂率	一般为45%~55%。宜用中砂或中粗混合砂,砂含水率应控制在5%~7%(按质量计)
水灰比	一般以0.4%~0.45%为宜
速凝剂	一般为水泥质量的2%~4%,应通过试验确定最佳掺量
钢纤维	掺量一般为混合料质量的3%~6%,也可按1m^3混凝土加入70~80kg计

十、锚喷支护的质量要求

锚喷支护的质量要求见表6-30。

锚喷支护的质量要求 表6-30

项次	检查项目	规定值或允许偏差	检查方法和频率	备注
1	喷射混凝土强度(MPa)	同批试块的抗压强度平均值不小于设计强度或C20。任一组试块抗压强度平均值不小于0.8倍的设计强度。同批试块3~5组时,低于设计强度的不得多于1组;试块为6~16组时,不得多于2组	每10m,至少在拱脚部和边墙各取一组试样,材料和配合比变更时另取一组,每组至少取3个试样进行抗压试验	若不合格要查明原因,并立即采取措施
2	喷层厚度(mm)	平均厚度不小于设计厚度,60%的检查点不小于设计厚度,最小厚度不小于0.5倍的设计厚度,且不小于50mm,不宜大于300mm	凿孔法或激光断面仪:每10cm检查一个断面,每个断面从拱顶中线起每3m检查1点。也可施工过程中设标志检查	发现喷射混凝土表面有裂纹等情况,应予以修补整治

续上表

项次	检查项目	规定值或允许偏差	检查方法和频率	备注
3	锚杆拔力(kN)	28d拔力平均值不小于设计值,最小拔力不小于0.9倍的设计值	按锚杆数1%,且至少3根做拔力试验	—

十一、钢筋网和锚杆检查方法与技术要求

钢筋网和锚杆检查方法与技术要求见表6-31。

钢筋网和锚杆检查方法与技术要求　　　　表6-31

材料	项次	检查项目	规定值或允许偏差	检查方法和频率
钢筋网	1	网格尺寸(mm)	±10	尺量:每50m²检查2个网眼
	2	钢筋保护层厚度(mm)	≥10	凿孔检查:每20m检查5点
	3	与受喷岩面的间隙(mm)	≤30	尺量:每20m检查10点
	4	网的长宽(mm)	±10	尺量
	5	基本要求	(1)所用材料质量规格应符合设计要求。 (2)采用双层钢筋网时,第二层钢筋网应在第一层钢筋网被混凝土覆盖后铺设	
	6	外观鉴定	钢筋网与锚杆或其他固定装置连接牢固,喷混凝土时不得晃动	
锚杆	1	锚杆数量(根)	不少于设计要求	按分项工程统计
	2	锚杆拔力(kN)	28d拔力平均值不小于设计值,最小拔力不小于0.9倍的设计值	按锚杆数1%,且不小于3根做拔力试验
	3	孔位(mm)	±50	尺寸:检查锚杆数的10%
	4	钻孔深度(mm)	±50	尺寸:检查锚杆数的10%
	5	孔径(mm)	符合设计要求	尺寸:检查锚杆数的10%
	6	外观鉴定	钻孔应尽量与围岩和岩层结构面垂直,锚杆垫板与岩面紧贴	
	7	基本要求	(1)锚杆材质、类型、质量、规格、数量和性能必须符合设计和规范的要求。 (2)锚杆插入孔内的长度不得短于设计长度的95%。 (3)砂浆和注浆锚杆的灌浆强度应大于设计规范要求,锚杆孔内灌浆密实饱满。 (4)锚杆垫板满足设计要求,垫板应紧贴围岩,围岩不平时,要用M10砂浆填平。 (5)锚杆应垂直于开挖轮廓线布设,对沉积岩锚杆应尽量垂直岩层面	

十二、钢架施工要点

1. 钢拱架制作质量

拱架制作所用材料、规格应符合设计文件要求,材质应具有良好的焊接性和弯曲冷加工

性;拱架加工成形,其形状尺寸要符合设计文件要求;拱的轴线应在同一平面内,不得弯曲;所有焊接缝应饱满,不得有沙眼或漏焊处;焊缝药皮应清除干净;钢拱架安置前应清除油污、铁锈和泥土。

2. 检查钢拱架安设质量

拱架安设间隔应符合设计图纸要求,并要放在与隧道轴线垂直的平面内;拱架脚应置于坚实的地层上,能提供足够的支承力,否则要采取增加接触面积或其他措施加以确保;拱架拼装接头处应连接牢靠,可采用螺栓连接和拼接板骑缝焊接并举的方法;拱架与岩面空隙用钢斜楔楔紧,楔得越紧,钢拱架提供的支撑力越大,支撑效果越好;钢楔块应沿拱架大致均匀布置,间距不宜过大;钢拱架之间应用纵向拉杆联系,拱顶与拱脚处必须设置纵向拉杆,其余部位可间隔1m左右增设;在钢拱支撑较少地段,洞口附近或可能产生偏压地段,还应加设纵向斜撑杆;如有锚杆、钢筋网构件时,钢拱架需与之焊连。

3. 检查喷混凝土覆盖钢拱架

拱架背后与岩面的间隔应用喷射混凝土填充密实,钢拱架表面喷混凝土保护层不应小于4cm。

十三、隧道监控量测项目、量测方法与频率

1. 必测和选测项目

施工监测项目分必测和选测项目。必测项目是用以判断围岩的变化情况和支护结构工作状态的经常性量测;选测项目是用以判断围岩松动状态、喷锚支护效果为目的的量测。各类围岩量测项目见表6-32。

各类围岩量测项目　　　　表6-32

量测类别	量测项目	硬岩(断层等破碎带除外)	软岩(发生强大塑性地压)	极软岩(发生强大塑性地压)	土、砂
必测	洞内观察	***	***	***	***
	围边收敛	***	***	***	***
	拱顶下沉	***	***	***	***
选测	地表沉降	*	*	*	***
	围岩位移	*	*	***	**
	锚杆轴力	*	*	***	*
	衬砌应力	*	*	**	*
	锚杆拉拔试验	*	*	*	**
	围岩试件试验	*	*	**	***
	洞内弹性波	*	*	*	*

注:***表示必须进行项目;**表示应进行项目;*表示必要时进行项目。

2. 量测方法与频率

隧道监控量测各项目的量测方法及量测频率见表6-33。

隧道监控量测各项目的量测方法及量测频率 表6-33

项目名称	方法及工具	布 置	量测间隔时间			
			1~18d	16d~1个月	1~3个月	3个月以后
洞内观察	地质锤、尺子	开挖后及初期支护后进行	每次开挖后进行量测			
周边位移	各种类型收敛计	每8~100m一个断面,围岩变化处增加一个断面,每断面1~8个对测点	1~2次/d	1次/2d	1~2次/周	1~3次/月
拱顶下沉	高精度水准仪 钢尺	每8~100m一个断面,围岩变化处增加一个断面,每断面一个对测点	1~2次/d	1次/2d	1~2次/周	1~3次/月
地表沉降	水平仪水准尺	每8~100m一个断面,每断面至少11个测点;每隧道至少2个断面;中心每8~20m一个测点	(1)开挖面距离量测断面前后<2倍的坑道宽,1~2次/d。(2)2倍的坑道宽≤开挖面距离量测断面前后<8倍的坑道宽,1次/2d。(3)开挖面距离量测断面前后>8倍的坑道宽,1次/周			
围岩内部位移(地表设点)	地面钻孔中安设各类位移计	每代表性地段一个断面,每断面3~8个钻孔	(1)开挖面距离量测断面前后<2倍的坑道宽,1~2次/d。(2)2倍的坑道宽≤开挖面距离量测断面前后<8倍的坑道宽,1次/2d。(3)开挖面距离量测断面前后>8倍的坑道宽,1次/周			
围岩内部位移(洞内设点)	洞内钻孔中安设单点、多点杆式或钢丝式位移计	每8~100m一个断面,每断面2~11个测点	1~2次/d	1次/2d	1~2次/周	1~3次/月
围岩压力及两层支护间压力	各种类型压力盒	每代表性地段一个断面,每断面宜为18~20个测点	1次/d	1次/2d	1~2次/周	1~3次/月
钢支撑内力及外力	支柱压力计或其他测力计	每10榀钢拱支撑一对测力计	1次/d	1次/2d	1~2次/周	1~3次/月
支护、衬砌内应力、表面应力及裂缝量测	各类混凝土内应力计、变形计,测缝计及表面应力解除法	每代表性地段一个断面,每断面宜为11个测点	1次/d	1次/2d	1~2次/周	1~3次/月
锚杆内力及抗拔力	各类电测锚杆,锚杆测力计及拉拔器	必要时进行	—	—	—	—
围岩弹性波测试	各种声波仪、配套探头	在有代表性地段设置	—	—	—	—

十四、周边位移与拱顶下沉测试基本原理

周边收敛量测和拱顶下沉应在同一断面上进行量测,其测试基本原理见表6-34。

周边位移与拱顶下沉测试基本原理　　　　　　表6-34

项目	仪器设备	基 本 原 理
周边位移	收敛计	隧道内壁面两点连线方向的位移之和称为收敛。在开挖后的洞壁上及时安设测点,用收敛计量测两测点间的距离,两次测定的距离之差为该时段的收敛值(周边位移值)。根据洞壁收敛值或位移速率,可判断围岩与支护是否稳定
拱顶下沉	高精度水准仪、悬吊钢尺、收敛计	隧道拱顶内壁点垂直方向的绝对位移值称为拱顶下沉量。在开挖后的拱顶壁面上及时安设测点,通过已知的高程水准点(通常借用隧道高程控制点),用悬吊钢尺和水准仪测量读出测点高程,两次测定的高程之差即为拱顶下沉量,根据拱顶下沉量和下沉速率,可判断围岩的稳定状态和支护效果。也可用收敛计测出拱顶相对于隧道某点(边墙或隧底)的位移

十五、洞内、外观察重点

隧道洞内、外观察的内容有洞内掌子面观察、已施工区间观察和洞外观察。

1. 洞内掌子面观察

洞内掌子面观察主要以目视调查来了解开挖工作面的工程地质和水文地质条件。主要包括以下内容:岩石种类和产状;岩性特征(岩石的颜色、成分、结构、构造);地层时代归属及产状;节理性质、组数、间距、规模,节理裂隙的发育程度和方向性,断面状态特征,充填物的类型和产状等;断层的性质、产状,破碎带宽度、特征;地下水类型,涌水量大小,涌水位置,涌水压力,水的化学成分等;开挖工作面的稳定状态,顶板有无剥落现象。

将观察到的有关情况和现象,详细记录,并需绘制图册。

2. 已施工区间观察

已施工区间观察主要以目视调查来了解支护状态。主要内容包括:渗漏水情况(位置、状态、水量等);喷层表面的观察以及裂缝状况(位置、种类、宽度、长度及发展)的描述和记录;喷混凝土与围岩接触状况,是否产生裂隙或剥离,要特别注意喷混凝土是否发生剪切;有无锚杆被拉坏或垫板陷入围岩内部的现象;有无锚杆和混混凝土施工质量问题;钢拱架有无被压屈现象;二次衬砌表面的观察以及裂缝状况(位置、种类、宽度、长度及发展)的描述和记录。

观察中,如果发现异常现象,要详细记录发现时间、距开挖工作面的距离以及附近测点的各项量测数据。

3. 洞外观察

洞外观察是浅埋隧道和隧道洞口段特别重要的量测。为了确认地表面下沉对隧道及周边围岩稳定性和地上结构物的影响,要积极地利用洞外观察。

隧道洞口段附近及一般埋深在20m以下的埋深小的隧道施工时,开挖影响会波及地表面而使地表面下沉,因此,已施工区间的观察就是要观察隧道上部地表面的状况。在地表面应对

以下项目进行观察：

(1) 地表面开裂的分布、树木的破损以及移动、水系状况等。

(2) 根据洞外(地表面)观察配合洞内观察到的隧道开挖后的围岩变化，就有可能掌握围岩的动态。

4. 观察时间

每次隧道开挖工作面爆破后立即观察，按要求及时记录和整理。

十六、量测数据的处理方法

量测原始记录应呈表格形式，注明断面编号、测点设置时间，列出量测内容并填写具体量测值，表中应留备注栏以便记录施工情况。每次量测后，需将原始记录及时整理成正式记录。量测数据的处理方法见表 6-35。

量测数据的处理方法　　　　　　表 6-35

项　目	数据处理方法
地质和支护状况观察	围岩和支护稳定状态观察与分析，作地质素描、地质断面展示图或纵、横剖面图
周边位移、拱顶下沉、地表下沉	根据记录绘制位移 u 与时间 t 的关系曲线，绘制位移 u 与开挖面距离 L 的关系曲线；绘制位移速度 v 与时间 t 的关系曲线，以上关系曲线也可以列表
锚杆轴力测试	绘制不同时间锚杆轴力(应力 σ)与深度 L 的关系，各测点轴力(应力 σ)与时间的关系曲线
岩体内位移	绘制孔内各测点位移与时间的关系曲线、不同时间位移与深度(测点位置)的关系曲线
围岩与支护界面上的接触压力	整理支护内应力及支护与围岩界面上接触压力分布图，绘制应力与时间的关系曲线
围岩弹性波测试	绘制各测孔弹性波传播速度与孔深的关系曲线

十七、利用量测资料指导施工并且修正设计参数

开挖后观察到的地质情况与开挖前勘测结果有很大不同时，应根据观察的情况重新修正方案。设计参数修正应注意事项及可修正的内容见表 6-36。

设计参数修正应注意事项及可修正的内容　　　表 6-36

序号	要　点	注意事项及可修正的内容
1	一个断面量测信息的适用范围	根据一个断面的量测信息结果，进行设计参数修正，只适用于该断面前后不大于 5m 的同类围岩地段
2	修正依据需充分，修正后参数需验证	隧道较长地段同类围岩设计参数的修正，特别是降低设计参数，必须以不少于三个断面的量测信息为依据。按修正后的设计参数进行开挖的地段，其设计参数的正确性和合理性仍根据量测信息分析予以验证
3	可修正的内容	(1) 修正支护参数，如锚杆数量和长度、喷层厚度、钢架的增减和间距等。 (2) 修正施作时间，如二次衬砌施作时间、仰拱的封底时间。 (3) 调整开挖方法，如缩短台阶长度、修改爆破参数、加固开挖面等

十八、直观评价已暴露围岩稳定状态

对于已暴露的围岩,应对其开挖后的稳定状态进行直观的评价分析,见表6-37。

直观评价已暴露围岩稳定状态　　　　表6-37

类别	围岩开挖后的稳定状态
Ⅵ	围岩稳定、无坍塌、可能产生岩爆
Ⅴ	长时间会出现局部小坍塌,侧壁稳定。层间结合差的平缓岩层顶板易坍落
Ⅳ	拱部无支撑时可产生小坍塌,侧壁基本稳定。爆破震动过大,易坍塌
Ⅲ	拱部无支撑时可产生较大的坍塌。侧壁有时失去稳定
Ⅱ	围岩易坍塌,处理不当会出现大坍塌,侧壁经常小坍塌,浅埋时易出现地表下沉(陷)或塌至地表
Ⅰ	围岩极易坍塌变形,有水时土砂常与水一起涌出,浅埋时塌至地表

十九、根据量测资料对围岩进行稳定性判别及决定应采取的应对措施

通过分析、处理监测结果,对监测数据及时进行处理和反馈,预测围岩及结构和支护状态的稳定性,提出施工应对措施,确保工程的顺利施工,见表6-38。

对围岩进行稳定性判别及应对措施　　　　表6-38

序号	量测项目	反馈的信息	稳定性判别	应对措施
1	周边位移拱顶下沉	当变形速度率无明显下降,实测相对位移值已接近允许相对位移值	可能失稳	立即采用补强措施并改变施工方法或设计参数
2	围岩内位移和声波测试	位移-时间关系、位移-深度关系曲线,以及声波速度与孔深的关系曲线综合分析出松动圈半径超过允许值	可能失稳	加强支护或改变施工方法,以控制松动范围
3	锚杆轴力量测	锚杆极限抗压强度与锚杆压力的比值 k 小于1	反映锚杆受力较大,可与其他测试信息综合分析、高度关注	可考虑改用高强度钢材的锚杆,或增加锚杆数量
4	围岩压力	围岩压力小,变形位移大	不稳定	立即停止开挖加强支护和采取相应辅助施工措施
4	围岩压力	围岩压力很大,位移很大	可能失稳	加强支护、限制围岩变形和控制围岩压力的增长
5	喷层压力	喷层压力大,有裂损、剥落现象	可能失稳	适当增加喷层厚度、锚杆加长、加粗、加强量测监控
6	浅埋隧道地表下沉	地表下沉量大或下沉速率增加	可能失稳	加强支护、调整施工措施

第四节　隧道洞内防排水

施工隧道防排水应采取"堵、排、防结合,因地制宜,综合治理"的原则,以达到衬砌不漏水、隧底不涌水、路面不积水的效果,从而达到保证隧道结构和设备正常使用,地下水环境也受到保护的要求。地层注浆堵水可起到封堵裂隙、隔离水源、堵塞水点作用,以减少洞内涌水量,防止地下水大量泄漏,同时也能改善围岩条件,为后续的开挖、衬砌创造好的施工环境;通过一次支护和二次衬砌背后的排水系统,将进入隧道开挖范围内的地下水引到隧底的排水沟中,进而排出隧道,可以改善隧道结构受力状态,减少地下水对结构材料的溶蚀;采用防水卷材或涂料设置衬砌防水层,采用止水带等处理衬砌的施工缝、沉降缝、伸缩缝,采用防水混凝土做衬砌,都是为防止地下水渗入隧道净空内,以获得良好的使用条件。水是无孔不入的,隧道防排水施工中任何一点疏忽都会导致防排水失效,因此这项工作的监理应该严格细致,力求使施工质量达到堵得住、排得顺、防得严。

一、注浆堵水施工监理事项

开挖后的注浆是为了控制涌水量在允许排放量以内,同时可以保证初期支护的质量,注浆方式有径向注浆、局部注浆和回填注浆等;初期支护背后的注浆一是充填背后的空隙,二是控制渗漏水量,三是利于二次衬砌的施工。

1. 注浆材料

1)注浆材料的分类

注浆材料的分类如图 6-3 所示。

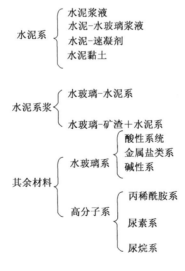

图 6-3　注浆材料的分类

2)材料基本成分及适用范围(表6-39)

注浆材料的基本成分及适用范围 表6-39

浆液名称	主要成分	适用范围	注入方式	扩散半径(mm)
单液水泥浆	水泥、其他附加剂	基岩裂隙预注浆	单液	200~300
水泥水玻璃	水泥、水玻璃	基岩裂隙预注浆、墙特大涌水等	双液	200~300
铬木素类	亚硫酸盐纸浆液、重铬酸钠、过硫酸铵、其他	冲积层注浆	单液或双液	300~400
丙烯酰胺	丙烯酰胺、过硫酸铵、NN-亚甲基双丙烯酰胺、ρ-二甲基丙磺酸	冲积层堵水防渗	双液	500~600
PM型浆液	甲苯二异氰酸酯、聚醚树脂、溶剂催化剂、表面活性剂	冲积层或裂隙中堵水	单液	400~500
水玻璃类	水玻璃、其他外加剂	冲积层注浆	双液	300~400
糠醛树脂类	糠醛树脂、尿素、硫酸等	冲积层或小裂隙堵水	双液	500~600
脲醛树脂	脲醛树脂、尿素甲醛、酸性盐等	冲积层注浆	单液或双液	300~400

3)根据地层条件选择注浆材料(表6-40)

不同地质工程下的注浆材料 表6-40

地质工程条件		施工目的				备注
		堵水	加固	充填	防渗	
岩石层	裂隙	水泥浆 水泥-水玻璃浆				细小裂缝用化学浆
	空隙	MG-646 铬木素	—			MG-646 折算丙烯脘胺类浆液
松散砂层		MG-646、铬木素、水玻璃、脲醛树脂、聚氨酯、糠醛树脂	—		MG-646	砾石、卵石层可用水浆液
特殊地层		集料+水泥浆 集料+水泥-水玻璃浆 集料+水泥黏土浆				根据地层内有无充填物及空洞大小选择骨料
混凝土衬砌	衬砌体内	水泥-水玻璃浆、MG-646、铬木素、聚氨酯、水泥浆	—		MG-646	小裂缝用化学浆、大裂缝用水泥浆
	衬砌背后 岩石层	水泥浆、水泥砂浆、水泥-水玻璃浆				填充注浆可加黏土、炉渣
	衬砌背后 砂层	MG-646、铬木素、聚氨酯、脲醛树脂	—			

(1)在断层破碎带和砂卵石地层,当裂隙宽度(或粒径)大于1mm或渗透系数$K \geq 5 \times 10^{-4}$ m/s时,选用料源广、价格便宜的单液水泥浆和水泥-水玻璃浆液。

(2)在断层地带,当裂隙宽度(或粒径)小于1mm或渗透系数$K \geq 5 \times 10^{-4}$ m/s时,优先选用水玻璃类注浆材料。

(3)在中、细、粉砂层及细小裂隙岩层,断层泥段堵水压浆宜选用渗透性好、低毒、遇水膨胀的化学浆液,如聚胺酯类。对于颗粒更小的黏土层,采用水泥浆、水泥-水玻璃类注浆材料。

(4)在岩溶地段突泥、突水和裂隙较大的地质构造中,为堵塞突泥、涌水通道在适应压浆设备条件下,可用劈裂法代替渗透注浆。此法对注浆材料种类、黏度、颗粒性要求没有静压渗透注浆严格。

4)浆液的一般要求

(1)浆液在受压浆的岩层中具有良好的渗入性,即在一定的压力下能渗到一定宽度的裂隙或空洞中去。

(2)浆液凝胶时间可调节。

(3)浆液须具有良好的流动性,以增大浆液的扩散范围。

(4)浆液具有良好的稳定性,以免过早地产生沉淀,影响浆液的压注。

(5)凝结成石后,应具有一定的强度和抗渗性、耐久性。

(6)无毒或低毒,对环境污染小。

2. 注浆堵水施工

1)注浆堵水方法

(1)地表预注浆。

在隧道两侧地表钻孔注浆,以形成隔水帷幕。一般适用于覆盖展较薄的地段,此法的主要优点是工作条件好,全部作业在地面进行,可以采用多台钻机同时作业,压浆不受洞内掘进限制。钻孔一般离隧道中线7~10m两侧交错排列梅花形布置,或根据涌水方向决定,钻孔间距由浆液扩散半径确定,孔深超过隧底约2m。可垂直钻孔也可钻斜孔,以增加揭露裂隙的概率。

(2)掌子面预注浆。

在隧道工作面朝掘进方向钻孔注浆,其注浆孔长短结合,并呈伞形辐射状,以形成隔水帷幕。适用于深埋隧道或采用地表钻孔工作量过大,且钻孔不易钻到突水层处。绝大多数钻孔的终止位置在隧道外轮廓线处2m以上,终孔间距5m左右,以达到沿隧道轮廓形成封闭帷幕。洞内工作面预注浆是分段进行的,一次注浆段长度,在极破碎岩层为5~10m,在破碎岩层中为10~15m,在裂隙岩层中为15~30m,重复注浆可取30~50m。掘进长度为注浆长度的70%~80%,每段预留20%~30%作为下段注浆的止浆盘。

(3)对开挖面进行预注浆。

开挖前,若开挖面(即掌子面)处涌水量大,且围岩软弱破碎,可在开挖前对开挖面进行预注浆处理。预注浆不仅能够堵水,还能对开挖面处的围岩预先加固,便于爆破开挖作业。

(4)洞身围岩注浆。

开挖后的洞身有渗漏水时,可对围岩进行注浆堵水。

(5)对衬砌背后注浆。

衬砌完成后,如果有渗漏水现象,可向衬砌背后的间隙或围岩注浆防水。设置有防水层的复合式衬砌,不宜采用衬砌背后注浆作业,防止损坏防水层。

(6)对衬砌体内注浆。

如果采取各种防、排水措施后,衬砌表面仍有渗漏水现象,则可对衬砌体内注浆堵水。

2)注浆孔的布置一般注意事项

(1)在水流方向及岩层倾斜上方,钻孔可距隧道远些,孔适当密些。

(2)布孔应先稀后密、先外后内,根据情况再增加钻孔,如先钻一般溶裂地层的孔,再集中于大的溶裂、溶洞层。

(3)裂隙越密小,孔数应增加;反之减少。

(4)注浆泵压力低,孔数应适当增多。

3)注浆钻孔的要求

(1)按设计要求准确定孔位,开孔时要轻加压、慢速、大水量,防止把孔开斜,钻错方向。

(2)为防止串浆,钻孔顺序应按上、中、下、左、右孔错开,且长短孔错开的原则钻孔。

(3)钻孔结构要力求简单,不宜过多改变钻孔直径,一般为先用大于开孔直径的钻头钻进一定深度,安装孔口管,再用开孔直径钻进一定深度,改用较小直径钻头钻至终孔。

(4)钻深孔应防止压弯钻具甩打孔壁,造成塌孔或断杆事故;如遇破碎带时停止钻进,先行压浆,再继续钻进。

(5)详细做好钻孔记录,如钻进进尺、起止深度、钻具尺寸、变径位置、岩石名称、裂隙发育程度及分布位置、出水量、出水位置、处理事故和时间、终孔深度等。

4)注浆要求事项

(1)注浆前,进行试泵与注水试验,安装注浆管路和止浆塞。

(2)用1.5~2倍的注浆终压对注浆管路系统进行吸水试验检查,以查明管路系统能否耐压、有无漏水,连接是否正确,检查设备、机械状况是否正常。试运转的时间一般为20min。

(3)注浆顺序一般为先压注内圈孔,后压注外圈孔;先压注无水孔,后压注有水孔;先拱顶后边墙顺序向下压注;如遇串浆跑浆,则间隔一个孔或几个孔灌压。

(4)压注过程中注意对注浆压力、浆液配比、凝胶时间的控制。

3. 注浆效果检查

监理工程师在注浆段的注浆孔全部注完后,要进行注浆效果检查和评定,不合格者应补钻孔注浆。

(1)对注浆过程中的各种记录资料综合分析,注浆压力和注浆量变化是否合理、是否达到设计要求。

(2)设检查孔,工作面预注浆每段设2~3个检查孔,地面预注浆每10~15m设1个检查孔。

①检查孔取岩芯,观察浆液充填情况。

②检查孔内涌水量,严重破碎带应小于0.2L/min,且某一处漏水小于10L/min;一般地段应小于0.2L/min,且某一处漏水小于10L/min;或进行压水检查,在1.0MPa压力下,进水量小于2L/min。

二、隧道排水结构施工监理事项

1. 衬砌背后排水

(1)衬砌背后排水设施类型见表6-41。

排水设施类型 表 6-41

名称	断面形式	适用范围	制作与施工	说明
暗沟	矩形或半圆形	主要环向、竖向及纵向沟	常用乙烯制成 Ω 形半管,其内夹有钢丝,可以任意弯曲,根据岩面、喷射混凝土面涌水现象,将半管沿环向铺设,将出水点、缝盖住,后用砂浆或喷混凝土覆盖	也有用薄铁皮弯成 Ω 形,用法相同;在一次支护中可多层铺设,形成暗沟;当大面积渗水时,可采用集水孔集水后,用暗沟导排到边沟
暗管	圆形	主要纵向沟和竖向沟	常用渗水塑料管或渗水软管,外裹土工布或其他材料,置于防水层内面或衬砌内,汇集导排较大水量	常与环向暗沟、暗管接通,也有用钢管作纵向沟
盲沟	矩形	水流较小的竖向沟	衬砌厚度以外,挖出竖向矩形沟,其内用片石或卵石干砌,顺线路方向的前后面作反滤层,下端与水平盲沟相通	根据围岩岩质,作好反滤层,防止岩屑、砂、土填塞盲沟空隙,使盲沟失效

(2)衬砌背后排水设施施工注意事项。

①衬砌背后的排水设施应配合支护衬砌同时施工。

②排水设施的设置应视洞内渗漏水情况确定。出水点多处应多设置,相反应少设置;渗水面较大时宜先钻集水孔集水,后设沟管引排;拱部出水常作环形沟管,边墙出水应从上向下引流到竖向沟管,多处渗漏水可设纵向沟管,最终都应引流到排水沟中。

③有排水设施的地段如需要衬砌背后压浆时,沟管四周圬工更应密实,衬砌完成后应将背后的排水设施做出明显标志,以便钻孔和压浆时能避开排水设施位置,严防浆液流入沟管堵塞水流。

④严寒地区的排水设施要注意防冻保温层的施作,勿使排水设施内的水流受衬砌表面低温的影响而造成冻害。

2. 隧底排水

(1)排水沟类型见表 6-42。

排水沟类型表 表 6-42

名称	断面形式	适用范围	施工	说明
边沟	多为矩形	纵向排水,常温下或寒冷地区	与衬砌铺底同时浇筑,也有预制成形现场安装,或与隧道公共管共用的	寒冷地区可在边沟内设保温层
中心沟	矩形或圆形	纵向排水,有仰拱处或寒冷地区	在仰拱施作前或施作后,多为预制件安装就位	埋深较大,在寒冷地区可不用保温材料
泄水沟	多为拱形	纵向汇水排水,用于严寒地区	类似于平行导坑,位于隧道底部岩层中,可起到探查地质、降低水位的作用,主要靠埋深防冻	一般洞顶距隧底 3m 厚岩层,并用泄水钻孔收集衬砌背后水

(2)施工注意事项。

①排水沟纵向坡度应与线路纵坡一致,沟内不应有集水段,尤其是不能出现反坡段。

②对于预制安装的排水沟,在铺底时要严格禁止出现灰浆流入沟内堵塞沟道。

③侧沟位置应在开挖边墙基脚时一次挖好,以免做好边墙后进行爆破,损坏圬工。

④防冻排水边沟深度超过边墙基础很多,可能会影响边墙稳定,宜采用分段间隔施工,一段不能开挖过长。

⑤防冻水沟的出口、汇水坑、检查坑都应采取防冻设施。

⑥排水沟洞施工应根据隧道中线桩放样,以保证水沟洞的平纵位置。

3. 排水设施监理工作

(1)观察衬砌背后沟管布设及施作过程,及时纠正沟管布设中存在的问题,通过查看沟管排水情况,确认施工质量。

(2)通过量测,检查洞内水沟、泄水洞等的结构尺寸、设置位置、纵向坡度等是否符合设计要求。

(3)具有保温要求的结构须检查其结构形式、建筑材料、回填材料是否符合设计和保温技术要求。

(4)盲沟须检查过滤层级配和回填质量。盲沟、暗沟、排水孔等有无堵塞现象,水流是否畅通。

(5)水沟盖板的尺寸、边缘平顺、铺设平稳也应抽检。

(6)检查路面水排向边沟或地下水排向泄水洞的集水孔、排水孔和水管是否符合设计要求。

三、隧道防水设施施工监理事项

1. 防水层铺设

(1)铺设防水塑料板的机具。

①工作台车长度必须大于塑料板幅宽 3~4m,并设有栏杆和专用电源插座。

②热焊机应包括用于洞外大幅塑料板焊接的壁夹式热焊及用于洞内塑料板合龙焊接的鹤颈式热焊机及普通电烙铁。

③手提式电锤或冲击电钻和射钉枪。

(2)铺设塑料防水板应在初支护变形基本稳定和在二次衬砌灌注前进行。施作点距爆破面应大于150m,距灌注二次衬砌处应大于20m。要求开挖用光面爆破,喷层厚度应不小于50cm,喷面基本平顺,锚杆尾部外露长度应小于1cm,并用砂浆抹平。

(3)隧道中因塌方掉块造成的坑洼或岩溶洞穴,必须回填处理,并待其稳固后再行铺设塑料板。

(4)铺设塑料板时应环向进行,一般应按实测洞壁周长增加40cm剪裁下料,铺挂时不可绷得过紧,以松些为宜,以免灌注混凝土时将薄板胀破。

(5)塑料板焊接应以机械热焊为主,手工焊接仅用于零星修补。洞内环向塑料板搭接宽度10cm左右,焊缝为2cm,不得小于1cm。严格掌握热焊温度,保证不焊穿、烤焦,且完全黏合成一体。如有漏焊或焊接不佳处,立即补焊。

(6)塑料板固定可用射钉锚固、塑料膨胀螺栓锚固和用胶粘剂黏结,所有用锚固钉、栓刺穿处必须用20cm×20cm的塑料板做好补丁块。拱部固定点间距0.5~1.0m,边墙固定点间距1.0~1.5m,固定点距塑料板边缘应不小于5cm。

(7)特殊情况下的处理。

①对断面内坑洼、坍塌回填较困难部位,可用单幅塑料板贴在坑洼处,进行铺焊,后与隧道塑料板焊接一起,且不可悬空铺挂。

②在浇筑混凝土过程中,若发现防水板铺设绷得过紧,可将该处塑料板破开,在破口内插入一块塑料板使其紧贴岩壁,然后将新旧两块塑料板焊成整体。

③在大面积漏水处应加设排水板,有流水处应加设排水管,将水引排后再铺挂防水板。

(8)施工注意事项。

①防水卷材存放库房应整洁、干燥、无火源,自然通风要好,库房温度不高于40℃,存放时应立放,不得倒放堆码。

②洞外拼接塑料板,工作人员必须穿清洁的软底鞋,搬运时严禁沿地面拖拉;塑料板上不得搁置焊枪,不得扔弃烟头及火柴梗等。

③塑料板施焊表面必须保证洁净、无灰尘和油脂等污物;如有油脂,应用丙酮洗净。

④立拱架、安模板、浇筑混凝土时应防止撞碰和刮破防水板;挡头板的支撑物在接触塑料板处必须加橡皮垫层;预埋的管件与塑料板的间距不应小于5cm;绑扎钢筋和浇筑混凝土时,应有专人跟班观察,若发现防水板损伤立即修补。

(9)塑料板作业质量检查。

①在灌注混凝土衬砌前,必须检查防水层质量,作好记录,并处理出现的问题。

②目测检验,用手将已固定好的塑料板上托或挤压,检查其是否与喷混凝土层密贴;检查塑料板有无破损、断裂、小孔;锚固点是否牢固,外露点是否用塑料片补疤;焊缝有无烤焦、焊穿、假焊和漏焊;焊缝宽度是否达到设计要求,焊缝表面是否平整光滑。

③试验检查,每10~15m制作一组焊接试件,对焊缝强度、密实性、抗渗性进行检查。焊缝的强度值不得小于受高温焊接过的塑料板的断裂强度;密实性检查用压缩空气法进行,其原理为:检查方法是将5号注射针与压力表相连接,用打气筒进行充气,当压力表达到0.25MPa时停止充气。保持15min,压力下降在10%以内,说明焊缝合格。如压力下降过快,说明有渗漏,用肥皂水涂在焊缝上,有气泡的地方重新补焊。

2. 喷涂防水层

1)喷涂防水材料

现阶段普遍认为,喷涂的防水材料中阳离子乳化沥青胶乳效果较好,其性能见表6-43。

阳离子乳化沥青胶乳防水层主要性能　　表6-43

成膜厚度 (mm)	黏结强度 (MPa)	抗渗压力 (MPa)	延伸率 (%)	抗裂性 (mm)	温度适应性 (℃)
1.5~2.0	>0.5	>1.5	600~1000	>10	-30~0

2)对前施工面的要求

(1)施工地段和开挖面应有一定距离,防止因爆破而损坏防水层。

(2)喷锚支护变形基本稳定之后才能施喷防水层。喷混凝土层要平顺,外露的钢筋、锚杆应截掉。

(3)有大面积漏水处,最好喷一层防水水泥砂浆层,并加强养护,使基面暂不渗漏,以便于沥青胶乳膜成型。如有大股流水应先引流之后再喷涂防水层。

3)喷涂防水层施工注意事项

(1)严格掌握配料比例,拌和要均匀,小范围可用人工涂抹,大范围要用机械喷涂。

(2)喷涂应由下而上,喷涂方向应逆向进行,喷嘴离壁面距离一般为 0.5~0.8m,喷射压力应不小于 0.3MPa。

(3)喷涂应注意细致均匀,每次喷厚宜为 1~2mm,一般需喷 3~4 次,两次喷涂间隔时间一般要大于 4h。

(4)喷涂中及时处理漏水点,当确认防水层不漏水时,再喷水泥砂浆保护层。

(5)喷涂防水层作业完成后与模筑混凝土施工之间,应有 5~10d 间隔时间,以便于对防水层进行观察和补漏处理。

(6)模筑混凝土衬砌应注意切勿损伤防水层。

(7)进行防水层喷涂施工时,应采取必要的防火措施,并做好操作人员的防护工作。

3. 衬砌缝隙防水

(1)施工缝类型及防水适用条件见表 6-44。

施工缝类型及防水适用条件 表 6-44

类 型	方 法	优 点	缺 点	适 用 条 件
混凝土表面刷毛	施工缝的处理在混凝土灌注后 4~12h 内,用钢丝刷将接缝处的混凝土面刷毛,或用高压水冲洗,直至露出表面石子。再予浇筑前,先刷水泥浆两遍,再铺设 1cm 厚砂浆(同原混凝土配合比,除去粗集料),过 0.5h 后灌注混凝土	施工方便	防水效果欠佳	仅有少量地下水的混凝土衬砌
L 形施工缝		防水性较好	施工较复杂	地下水压力不高、厚度小于 40cm 的防水混凝土衬砌
企口式施工缝		防水性能较好	施工较复杂	地下水压不高、厚度大于 40cm 的防水混凝土衬砌
钢板施工缝	在施工缝处预埋入 2mm 厚并涂刷防锈剂的钢板,防水要求高的拱部可用塑料止水带代替钢板,接缝混凝土处理同上所述	防水性能好,施工质量易保证	需用钢材,造价较高,耐久性较差	地下水压较高、防水要求较严的防水混凝土衬砌

(2)变形缝主要类型及防水适用条件见表 6-45。

变形缝主要类型及防水适用条件 表 6-45

类 型	优 点	缺 点	适 用 条 件
沥青木丝板(沥青木板)变形缝	施工方便,材料来源容易	防水性能差	仅有少量地下水的地层

续上表

类　　型	优　　点	缺　　点	适 用 条 件
沥青麻筋变形缝	防水性能一般,材料来源容易	施工使用难	有外贴式防水层的明洞沉降缝,或明洞与隧道衔接缝
塑料止水带	质量可靠,抗渗性能好;能承受较大的相对变形;施工较方便;材料来源容易,价格较低	不宜用于冻害区段	一般用于防水要求严格的衬砌,在高于0℃、低于50℃或无油类、强氧化剂侵蚀的环境均可使用
橡胶止水带或遇水膨胀橡胶止水带	质量可靠,抗渗性能好,可达0.8MPa;能承受较大的相对变形;施工较方便,可用于冻害区段	价格较贵	在-40~40℃温度条件下,用于防水要求严格的补衬,不适用于温度超过50℃及受强氧化剂或油类侵蚀的环境

第五节　隧道工程常见质量问题

近年来,随着我国的交通建设的发展,公路隧道的数量也迅猛增加,加之公路隧道具有断面积大、防水要求高、所处自然环境一般均较复杂等特点,目前,由于设计、施工等方面的原因,国内已建和在建的部分公路隧道都不同程度地出现了质量问题,有些甚至出现了严重的质量问题,因此,对其进行检查、养护和维修变得日益重要,也成为隧道界关注的焦点。其中,最常见问题主要有以下几个方面。

一、洞口坍塌

1. 质量问题及现象

在隧道施工过程中,洞口部位经常出现滑坡坍塌,导致洞口堵塞,干扰洞内正常施工,延误工期,甚至会出现人员伤亡事故。

2. 原因分析

多数隧道洞口部位地质条件不良,土质松散,稳定性差,开挖隧道又破坏了原有的土体平衡状态,开挖不好,特别在雨水的作用下易产生坍塌现象。

3. 预防措施

(1)隧道开挖进洞前应尽早完成洞口排水系统,按设计要求进行边坡仰坡放线,自上而下逐段开挖,不得掏底开挖或上下重叠开挖。

(2)清除洞口上方可能滑塌的表土、树木及危石等;石质地段爆破后,应及时清除松动石块,土质地段开挖后应及时夯实整平边(仰)坡。

(3)不得采用深眼大爆破开挖边(仰)坡,开挖的土石方不得弃在危害边仰坡稳定的地点,洞口支挡工程应结合土石方开挖一并完成。

二、洞口段洞顶出现偏压

1. 质量问题及现象

当隧道洞口位于山坡不稳定、地形条件较差处,且隧道顶两侧土体严重不一致时,即为偏压现象,如果处治不当,可能会出现隧道开裂,严重时发生坍塌事故。

2. 原因分析

当隧道单侧压力过大、隧道结构受力不均、局部应力集中、变形过大时,可能会使隧道结构遭到剪切破坏。

3. 预防措施

(1)平衡压重填土,即对地形较低侧进行填土夯实,增加侧压力,当填土达到一定高度后,两侧压力基本平衡时再开挖洞口。

(2)隧道边墙基础应坐在稳固的岩层上,否则应设混凝土基础。

(3)隧道拱圈应采用钢筋混凝土结构,且外墙尺寸加厚,必要时应加设仰拱,以增强隧道结构的整体抗变形能力。

三、坍方及冒顶事故

1. 质量问题及现象

出现大量超挖,增大出渣量和填塞量,造成人员伤亡、机械设备损坏,影响工期,增大投资。

2. 原因分析

(1)隧道开挖中,围岩性质及地质条件发生变化,岩质由硬变软,或出现断层、破碎带、梯形软弱带等不利地质情况而未及时改变开挖方法、支护方式。

(2)未严格按钻爆设计要求钻孔、装药;孔间距不符合要求或过量装药,爆破后使洞壁围岩过于破碎,裂缝深大而坍落爆破振动过大,造成局部围岩失稳而坍方、冒顶。

(3)施工组织管理不善、工序衔接不当,支护不及时,采用支护方式不妥,衬砌未及时跟进。

(4)忽视对开挖面和未衬砌面、未支护段围岩变化情况的监测检查,或对已发现的险情未及时处理。

3. 预防措施

(1)隧道开挖中,如发现围岩性质、地质情况发生变化,应及时对所用的掘进方法、支护方式做相应调整,以适应新的围岩条件,确保安全施工。

(2)施工操作人员应严格按钻爆设计要求钻孔、装药、爆破,严格禁止超量装药,爆破工必须经培训合格方能上岗,避免人为因素造成坍方冒顶。

(3)加强施工组织管理,严格按施工组织设计施工,各工序应有序跟进,相互衔接;如因施工组织设计中开挖、支护方式与实际开挖围岩情况不相适应,应及时做出调整。

(4)加强对开挖面、未支护及未衬砌面围岩变化情况的监测和检查,如有坍方、冒顶征兆,要及时做强支护处理;对已支护地段,也要经常检查有无变形或破坏,锚杆是否松动,喷射混凝土是否开裂、掉落等;一经发现应立即补救,采取适当方式加固处理。

四、喷射混凝土质量问题

1. 质量问题及现象

混凝土开裂、剥落、离层、厚度不够。

2. 原因分析

(1)受喷面粉尘、杂物未清除或清除不彻底,松动危石未清除,松动石块存有较大空隙,混凝土受遮挡无法喷入。

(2)喷射混凝土所用的材料不合格或混凝土配比不合适,养护不及时或养护时间不足。

(3)开挖爆破距喷射混凝土作业完成时间间隔过短,受爆破冲击、振动,受喷面平整度太差,高低起伏过大或钢筋网钢筋过粗。

3. 预防措施

(1)喷射混凝土作业前应对上喷面用高压风或水彻底清除干净,对松动石块、危石或遮挡物用人工彻底清除。

(2)喷射混凝土所用的各种材料必须合格,宜采用普通硅酸盐早强水泥且等级不低于32.5级,混凝土配合比应通过试验确定,拌制的混凝土有良好的流动性、和易性并满足设计强度和喷射工艺要求;为减少回弹量,喷射混凝土应均匀、分层进行施工,直至达到设计厚度。

(3)混凝土终凝2h后应喷水养护,经常保持其表面湿润,养护不得少于7d。

(4)严格控制开挖爆破距喷射混凝土作业完成时间间隔,对于受喷面高低起伏过大的,应事先对低洼处用喷射混凝土作找平处理,个别突出的地方应予凿除。

五、衬砌混凝土开裂、拱顶下沉

1. 质量问题及现象

开裂损害外观形象,出现渗漏水病害,严重的会使衬砌垮塌;拱顶下沉会影响隧道的净空高度。

2. 原因分析

(1)设计方面的原因。隧道设计时,因围岩级别划分不准、衬砌类型选择不当,造成衬砌结构与围岩实际荷载不相适应引发裂损病害。例如:

①对一些具有膨胀性围岩地段,未采取曲墙加仰拱衬砌。

②偏压地段未采用偏压衬砌。

③断层破碎带、褶皱区等局部围岩松散压力或构造应力较大地段,衬砌结构未能相应采取加强措施。

④对基底软弱和易风化泥化地段,未设可靠防排水设施,混凝土铺底厚度及强度不足。

(2)施工方面的原因。施工时,受技术条件限制,方法不当,管理不善,造成工程质量不良。如:

①先拱后墙法施工时，拱架支撑变形下沉，造成拱部衬砌产生不均匀下沉，拱腰和拱顶发生施工早期裂缝。对Ⅲ级以下的围岩，过去通常采用先拱后墙（上下导坑）施工方法，但由于工序配合不当、衬砌成环不及时、落中槽挖马口时拱部衬砌悬空地段过长、拱架支撑变形下沉等原因，都容易造成拱部衬砌产生不均匀下沉，导致拱腰和拱顶衬砌发生施工早期裂缝。

②拱顶与围岩不密贴，在"马鞍形"受力作用下，拱腰内移张裂，相应拱顶上移，内缘受挤压。模筑混凝土衬砌拱背部位常出现拱顶衬砌与围岩不密贴的空隙，由于不及时压浆回填密实，就形成拱腰承受围岩较大荷载，而拱顶一定范围空载的现象。这种常见的与设计拱部荷载不相符、对拱部衬砌不利的"马鞍形"受力状态，正是导致拱腰内移张裂、相应拱顶上移、内缘受挤压等常见病害产生的荷载条件。

③由于施工测量放线发生差错、欠挖、模板拱架支撑变形、塌方等在施工中未能妥善处理，造成局部衬砌厚度偏薄。

④过早拆除模板支撑，使衬砌承受超容许的荷载，易发生裂损。

⑤施工质量管理不善，混凝土材料检验不力，施工配合比控制不严，水灰比过大，混凝土捣实质量不佳，拱部浇筑间歇施工形成水平状工作缝等，造成衬砌质量不良，降低承载能力。

3. 预防措施

(1) 加强地质勘探工作，为隧道衬砌结构设计提供准确的工程地质与水文地质资料。采用地质雷达探测、开挖面超前钻探等方法进行超前地质预报，加强施工中的地质复查核实工作，正确选择施工方法和衬砌断面。对不良地质地段衬砌，应坚持"宁强勿弱，宁曲勿直，加强衬砌过渡段，宁长勿短"的设计原则。例如，衡广复线某隧道原设计200多米长的Ⅲ级围岩地段，开挖后发现绝大部分只能算作Ⅵ级围岩，出入甚大，因而设计所选用的衬砌类型也就无法符合实际地层情况，这是施工现场经常遇到的问题。为了弥补设计上的缺陷，作为现场施工技术人员，要对开挖暴露后的围岩情况及时与设计图纸进行核对，如有不符之处，不可盲目照图施工，而应立即会同现场设计人员协商做出相应的变更。

(2) 采用先进的施工技术设备，尽量减少施工对围岩的扰动，提高衬砌质量。大力推广光面爆破，锚喷支护，提高喷混凝土永久性衬砌的抗裂、抗渗性能。采用模板台车进行模筑混凝土，进行壁后压浆提高混凝土衬砌与围岩之间的密实性。

六、衬砌后隧道洞顶、洞壁渗水及路面冒水

1. 质量问题及现象

在渗漏水的长期作用下，隧道的衬砌和设备会受到侵蚀，在寒冷地区因冻融的反复循环下，加快衬砌和设备的损坏，路面冒水造成行车环境恶化，降低车轮与路面的摩擦力，影响行车安全。

2. 原因分析

地表水渗透到衬砌中，地下水上冒到隧道路面或衬砌中，围岩中的水渗透到衬砌中。

3. 预防措施

(1) 衬砌后设置排水管沟时，应根据隧道的渗水部位及开挖情况适当选择好位置，并配合

衬砌进行施工,注意防止排水管沟堵塞。

(2)在初期支护与二次衬砌间铺设防水板,宜选用耐老化、耐细菌腐蚀、易操作、强度及延伸率较好的塑料板材。

(3)采用防水混凝土作隧道衬砌,必须严格按混凝土防水要求进行施工。

(4)为防止路面冒水,可在路面底部每隔10~20m设置一道横向碎石盲沟,并使其与纵向排水沟相连。

(5)洞外排水要根据当地的地形、地质、气候条件因地制宜在洞顶设置防排水设施,可将地表填平、铺砌、抹面、喷射混凝土等,将坑穴或钻探堵死、封闭,达到防渗、抗渗的目的。

七、隧道冻害

1. 质量问题及现象

隧道冻害会导致衬砌冻胀开裂,甚至疏松剥落,造成隧道衬砌结构的失稳破坏,降低衬砌结构的安全可靠性,严重影响运输的安全和正常运行。

2. 原因分析

(1)寒冷气温的作用。隧道冻害与所在地区气温(低于0℃或正负交替)直接相关,气温变化冻融交替是主因。

(2)季节冻结圈的形成。季节性冻害隧道中,衬砌周围冬季冻结、夏季融化范围的围岩,沿衬砌周围各最大冻结深度连成的圈叫季节冻结圈。当衬砌周围超挖尺寸不等时,超挖回填用料不当及回填密实不够产生积水,形成冻结圈。修建在多年冻土中的隧道,衬砌周围夏季融化范围的围岩,称为融化圈。

在严寒冬季,较长的隧道,两端各有一段会形成冻结圈,称为季节冻结段。中部的一段、不会形成季节冻结圈,成为不冻结段。隧道两端冻结段长度不一定相等。同一座隧道内,季节冻结段的长度恒小于洞内季节负温段的长度。

隧道的排水设备如埋在冻结圈内,冬季易发生冰塞。

(3)围岩的岩性对冻胀的影响。在隧道的季节冻结圈内如果是非冻胀性土,不会发生冻胀性病害。因此,如果季节性结圈内是冻胀性土,采用更换为非冻胀性土是有效的整治措施。

(4)隧道设计和施工的影响。隧道在设计和施工时,对防冻问题没有考虑或考虑不周,造成衬砌防水能力不足,洞内排水设施埋深不够、治水措施不当、施工有缺陷等,都会造成和加重运营阶段隧道的冻害。

3. 预防措施

(1)综合治水。隧道冻害的根本原因就是围岩地下水的冻结,如果能将水排除在冻结圈以外,杜绝水进入冻结圈,就能达到防止冻害的目的,因此,综合治水是防治冻害的最基本措施。

综合治水要在查明冻害地段隧道漏水及衬砌背后围岩含水情况后,采取"防、排、堵、截"综合治水措施,消除隧道漏水和衬砌背后积水,具体措施包括:

①加强接缝防水,防水材料要有一定抗冻性,以消除接缝漏水。

②完善冻害段隧道的防、排水系统,消除衬砌背后积水,并防止冻结圈外的地下水向冻结

圈内迁移。

(2)更换或改造土壤。

将冻结圈内的围岩更换或改造,将冻胀土变为非冻胀土、透水性强的粗粒土或保温隔热材料,从而达到防治冻害的目的。更换土壤一般是将砂黏土、粉砂、细砂更换为碎、卵石或炉渣,换土厚为冻深的多年冻深的0.85~1.0倍,同时加强排水,防止换土区积水。

改造土壤就是采用压浆固结方法,在砂类土及砾卵石等容易压浆的岩土中注入水泥-水玻璃或其他化学浆固结冻结圈内岩土,消除冻胀性。

改造土壤的另一种方法就是在冻结圈注入憎水性填充材料,使之堵塞所有孔隙、裂隙,阻止土中水分迁移和聚冰作用。

(3)保温防冻。

保温防冻通过控制湿度,使围岩中水分达不到冰点,以达到防冻目的,方法主要有保温、供热、降低水的冰点。

①加设保温衬层。

在消除隧道渗、漏水的基础上,隧道衬砌加筑一层保温层,净空富裕地段修建在原衬砌的内侧,改建衬砌段可设在衬砌外侧。适用于隧道的内衬保温材料有:加气混凝土、膨胀珍珠岩(膨胀岩石、漂石)混凝土、多孔烧黏土陶粒混凝土。这些材料可制成预制块砌筑,以便施工和更换,也可喷射混凝土。

②降低水的冰点。

向围岩中注入丙二醇、氯化钙、氯化钠,使水的冰点降低,从而降低围岩的起始冻结温度,达到防冻的目的。

③采暖防冻。

在浅埋侧沟洞口段上下层水沟间铺设暖气管道,冬季每天以锅炉供热汽三次,保持气温+3~+4℃,不发生冰塞,或夏季白天机械送热风融化泄水洞内结冰。

(4)结构加强。

①防水混凝土曲墙加仰拱衬砌。

冻结圈或融化圈内的岩土,经受强烈频繁的冻融破坏,岩土性质改变,冻胀性由弱变强,冻害逐步发展,需要采用加强衬砌,一般宜采用半圆形拱圈、曲边墙加仰拱衬砌形式,这适用于Ⅳ~Ⅵ级围岩和风化破碎、裂隙发育的Ⅲ级围岩地段。

②防水钢筋混凝土衬砌。

为了减少开挖和衬砌圬工,可采用加设单层或双层钢筋网的防水钢筋混凝土衬砌,适用于Ⅲ级以上局部冻胀性围岩地段。

③网喷混凝土加固,加设抗冻胀锚杆有锚固条件的Ⅳ级以上围岩,局部冻胀性硬岩地段,对既有冻胀裂损衬砌,可应用喷锚加固技术,但需满足限界要求。

(5)防止融坍。

隧道洞内要防止基础融沉,可采用加深边墙至冻土上限以下或冻而不胀层;防止道床春融翻浆可采用加强底部排水,疏干底部围岩含水或采用换土法。

也可采用:①加大侧向拱度,使拱轴线能更好地抵抗侧向冻胀;②拱部衬砌厚度增加,一般加厚10cm左右;③提高衬砌混凝土强度等级号或采用钢筋混凝土;④隧底增设混凝土支撑。

八、衬砌腐蚀

1．质量问题及现象

铁路、公路线分布广，隧道所接触的地质条件千差万别，其中有些地区富含腐蚀性介质。衬砌背后的腐蚀性环境水，容易沿衬砌的毛细孔、工作缝、变形缝及其他孔洞渗流到衬砌内侧，成为隧道渗漏水，对衬砌混凝土和砌石、灰缝产生物理性或化学性的侵蚀作用，造成衬砌腐蚀。

2．原因分析

(1)隧道在寒冷和严寒地区衬砌混凝土充水部位冻融交替冻胀性裂损。

(2)隧道周围有含石膏、芒硝和岩盐的环境水，干湿交替盐类结晶性胀裂损坏。

(3)硫酸盐侵蚀、镁盐侵蚀、软水溶出性侵蚀、碳酸性侵蚀、一般酸性侵蚀。

3．预防措施

1）提高衬砌的密实度和整体性

这是提高混凝土抗侵蚀性能最主要的，也是最重要的措施。因为不管是混凝土或砌块、砂浆遭受化学侵蚀，还是冻融交替或是干湿交替作用，甚至几种情况同时存在的最不利情况，共同的必要条件是衬砌的透水性。由于水及其中侵蚀介质能渗透到衬砌内部，才会发生一系列物理、化学变化，致使衬砌混凝土或砌块、灰缝产生腐蚀损坏。如果在修建隧道衬砌时，采用了防水混凝土(或防水砂浆砌不受侵蚀的石料)作衬砌，提高了衬砌的密实度和整体性，外界侵蚀性水就不易渗入混凝土内部，从而阻止了环境水的侵蚀速度，就可以提高衬砌的耐久性，降低侵蚀的影响。

一般用集料级配法和掺外加剂法配制防水混凝土，来提高隧道衬砌的密实性和防水性。由于隧道衬砌是现场浇筑，在有地下水活动的地段，往往很难保证防水混凝土的质量，从而影响防水性，因此要采取相应措施。

2）外掺加料法

腐蚀主要是由于混凝土中游离的 $Ca(OH)_2$ 等引起的，可以采取降低混凝土中 $Ca(OH)_2$ 浓度的措施来达到抗侵蚀的目的。比如：掺加粉煤灰可以除去游离的 $Ca(OH)_2$，且给予铝相以不活泼性。也可以掺加硅粉，但由于硅粉颗粒细，施工时污染严重，对环境有害，影响其使用。

3）选用耐侵蚀水泥

合理选择水泥品种，尽量改善混凝土受侵蚀的内因(如：对抗硫酸盐侵蚀的水泥要限制 C_3A 含量≤5%，在严寒地区不宜选用火山灰质水泥等)，但目前尚没有完全可以消除腐蚀的水泥品种。从合理选择水泥品种，与优选粗细集料及级配、掺外加剂、减少用水量等项措施结合起来，最大限度地提高衬砌的抗蚀性和密实度，配制成防腐蚀混凝土，效果就更好。

目前隧道工程常用的防腐蚀水泥有抗硫酸盐水泥、高抗硫酸盐水泥、低碱高抗硫酸盐水泥、矾土水泥、石膏矿渣水泥等。

4）加强衬砌外排水措施

将侵蚀性环境水排离隧道周围，减少侵蚀性地下水与衬砌的接触。目前，在地下水丰富地区，用泄水导洞法将地下水引至导洞内，减少地下水对主体隧道的影响，一般泄水导洞应根据地下水的活动规律和流向，做在主洞的上游，拦截住地下水。地下水不发育地区，在隧道背后做盲沟,将地下水排入盲沟,从而减少对隧道衬砌的腐蚀。

5)使用密实的与混凝土不起化学作用的材料,在衬砌外表面做隔离防水层

国内常用的防水卷材有 EVA、ECB、PE、PVC 等,这些材料的耐酸碱性能稳定,是作为隔离防水层较理想的材料。

6)采用与侵蚀性环境水不起化学反应的天然石料砌筑衬砌

这种方法适用地质条件较好的隧道。

7)向衬砌背后压注防蚀浆液

这种方法一般适用于隧道。目前,常用材料有阳离子乳化沥青、沥青水泥浆液等沥青类的乳液及高抗硫酸盐、抗硫酸盐水泥类浆液。

在衬砌表面涂抹防水防蚀涂料,常用的有阳离子乳化沥青胶乳涂料、编织乙烯共聚涂料,近几年又使用了焦油聚氨醋涂料、RG 防水涂料等。

8)防腐蚀混凝土

防腐蚀混凝土是针对环境水侵蚀性介质不同,选用相应抗侵蚀性能较好的水泥品种,通过调整配合比、掺减水剂、引气剂,并采用机械拌和、机械振捣生产的一种密实性和整体性较高的抗腐蚀的防水混凝土。

对寒冷和严寒地区受冻部位的隧道耐腐蚀混凝土,宜选用 1 或 2 级。温和地区设计耐蚀混凝土的等级,应通过环境水检验,按相应的侵蚀性介质的允许值来确定。

提高混凝土的密实性和整体性,是提高混凝土抗侵蚀能力最重要的措施,因为混凝土内部结构均匀密实,外界侵蚀性环境水就不容易渗入混凝土内部,$Ca(OH)_2$ 也不易被水析出。

防腐蚀混凝土的制作,除了严格控制水灰比和最小水泥用量及按上表对水泥类型选择之外,还应满足以下要求:

(1)抗硫酸盐水泥的矿物成分:

$3CaO \cdot Al_2O_3$ 即 C_3A 应≤5%;

$3CaO \cdot SiO_2$ 即 C_3S 应≤50%;

$4CaO \cdot Al_2O_3 \cdot Fe_2O_3 + C_3A$ 应≤22%。

(2)防腐蚀混凝土原材料。

粗集料应符合规范对大于或等于 C28 混凝土的规定,最大粒径≤60mm;最低耐冻循环次数不得低于 10 次(硫酸钠法)。应选用坚硬洁净的中(粗)砂;特细砂不得配制防腐蚀混凝土。

(3)施工与养护。

防腐蚀混凝土必须采用拌和机捣。养护:使用 AP、BP、CP 类水泥,不得少于 14d;使用 AS、BS、CS 类水泥,不得少于 21d。

防腐蚀混凝土结构物外露面边缘、棱角、沟槽应为圆弧形;钢筋混凝土钢筋的保护层不得小于5cm。对既有线隧道的普通混凝土衬砌,产生腐蚀病害。应查明病害原因,结合隧道裂损、漏水病害,综合考虑衬砌加固和改善防、排水条件。对于拱部质量较差的衬砌(有裂损、漏水、厚度不足和腐蚀等种病害),一般应同时考虑衬砌背后压浆,对衬砌圬工仍存在的局部渗漏,应采用排堵结合整治,并采用喷射混凝土补强堵漏。成昆线既有隧道裂损、漏水、腐蚀病害综合整治取得了大量的成功经验证明:压浆与喷射混凝土,是综合整治隧道裂损、漏水、腐蚀三种病害的有效措施。对不需要补强的大面积渗漏水地段,也可采用喷涂阳离子乳化沥青胶乳

或喷射防水砂浆,做成内贴式防水、防蚀层。在凿毛冲洗干净的圬工面上,喷射混凝土和防水砂浆,均具有黏结性好、密实度高(满足抗渗标号>B8)、质量耐久可靠等突出优点,应优先考虑采用。

九、通风、照明不良

1. 质量问题及现象

在部分运营隧道中有害气体浓度超限,洞内照明昏暗,影响驾乘人员健康,威胁行车安全。

2. 原因分析

造成隧道通风与照明不良的原因有以下三个方面:

(1)设计欠妥。

(2)器材质量存在问题。

(3)运营管理不当。

3. 预防措施

(1)鉴于设计方向的问题,应从加强理论与试验研究着手,不断总结经验,提高设计水平来加以解决。

(2)对于器材,应在安装前对其性能指标加以检测,不符合要求者不予采用。

(3)目前造成隧道通风与照明不良的主要原因是隧道管理部门资金不足,管理不善,风机与灯具开启强度不足。为了不降低隧道的使用标准,确保安全运营,应定期对隧道的有关通风、照明指标进行抽检。

第七章 公路交通安全设施施工质量监理

第一节 公路交通安全设施概述

公路交通安全设施是公路的重要组成部分,是最基本的信息提供和安全保障系统,其构成主要包括标志、标线、护栏、隔离设施(含防抛物网)、轮廓标、防眩设施、突起路标、百米桩、里程碑及避险车道等。

1. 公路交通标志

公路交通标志用于提供道路交通信息、组织疏导交通流并贯彻执行交通法规。按使用功能,交通标志可分为警告、禁令、指路和指示四大类;按标志板面形状可分为方形、圆形、三角形和菱形标志;按结构形式可分为单柱支撑式、双柱支撑式、单悬臂(F形)、双悬臂(T形)和门架式及附着式六大类。

2. 公路交通标线

公路交通标线主要用于交通渠化、实行分道行驶。标线也是交通执法与守法的依据。高速公路的交通标线分道路纵向标线(车道分界线和车道边缘线)、横向标线(车距确认标线、匝道出入口),其他标线和立面标线(收费岛头标线和可能的标志柱上、上跨桥边梁侧面等处的标线)。

3. 公路护栏

公路护栏设置于道路两侧或中央分隔带,用以降低交通事故的严重程度,保护人车安全。按护栏在公路道路的安装部位可分为路基护栏、桥梁护栏、中央分隔带开口护栏。公路护栏标准段、护栏过渡段、中央分隔带开口护栏、防撞端头及防撞垫的防护等级及性能应满足现行《公路护栏安全性能评价标准》(JTG B05-01)规定。按碰撞刚度可分为柔性护栏、半刚性护栏和刚性护栏三类,分别对应于实用中的缆索护栏、波形梁钢板护栏和混凝土护栏。

4. 隔离栅及防抛物网

公路隔离栅是用于阻止人和动物随意进入或横穿高等级公路,防止非法占用公路用地的公路基础设施。它可有效地排除横向干扰,避免由此产生的交通延误或交通事故。按网片形式,隔离栅分为钢板网、编织网、电焊网和刺钢丝网。公路防抛物网指设置于上跨公路主线的分离式立交或人行天桥两侧,以防止坠物危及主线行车的防护设施,其形式比较简单。

5. 防眩设施

公路防眩设施的设置可防止对向车前照灯使驾驶员产生眩目,改善夜间行车条件,消除驾驶员夜间行车的紧张感,可减少交通事故。良好的防眩设施还可改善高速公路的景观。高速公路上的防眩设施主要有防眩板、防眩网和绿植防眩等。

6. 轮廓标

公路轮廓标以指示道路线形轮廓为主要目标,设置于道路边缘。当路边无构造物时,轮廓标为柱体,独立设置于路边土路肩中,一般称为柱式轮廓标;当路边有护栏、桥梁栏杆等构造物时,轮廓标可附着于构造物的适当位置上,一般称为附着式轮廓标。

高速公路、一级公路的主线及其互通式立体交叉、服务区、停车区等处的进出匝道和连接道及避险车道应全线连续设置轮廓标,中央分隔带开口路段应连续设置轮廓标,隧道侧壁应设置双向轮廓标。轮廓标应在公路前进方向左右侧对称设置。高速公路、一级公路按行车方向配置白色反射体的轮廓标安装在公路右侧,配置黄色反射体的轮廓标安装在中央分隔带。避险车道轮廓标颜色为红色。轮廓标反射体面向交通流安装。

7. 突起路标

公路突起路标配合标线使用,以一定间隔设置于标线上。突起路标亮度较高,标线在夜间能更好地发挥作用,也可以作为标线单独使用。

8. 里程碑及百米桩

公路里程碑表示的是高速公路的里程数,用水泥混凝土或单柱式反光标志制作,每公里设置一块。每两块里程碑之间,每间隔100m设置一块百米桩,显示每百米的距离,通常为附着于护栏上的反光标志或单柱式反光标志。

9. 避险车道

公路避险车道是指在长陡下坡路段行车道外侧增设的供速度失控(或刹车失灵)车辆驶离正线安全减速的专用车道。

第二节　公路交通安全设施施工质量监理

一、公路交通安全设施施工监理要点

(1) 对工程项目购置的公路安全设施的材料或半成品进行工厂检验(根据合同约定或施工进程情况决定)。

可根据合同约定、现场工程情况或建设单位要求,对工程项目购置的安全设施的材料或半成品进行工厂检验。

(2) 对进场的材料或半成品进行检验。

对于现场具备检测能力的进场材料或半成品进行检验;现场不具备检测能力的部分进场材料或半成品,可送有资质的检测机构进行检验。

(3) 审批试验段工程开工报告。

公路交通安全工程正式施工前,应先进行试验段的安装;在试验段开工前,应审批试验段工程开工报告,试验段施工满足设计及标准规范要求后才能正式开工。

(4)放样定位。

公路交通安全设施施工前应首先进行放样定位,部分安全设施的设计桩号,可能和公路上其他构造物、设施发生冲突或阻挡,此时,施工单位应上报相关部门修改其位置,在得到批准后才能进行施工。

(5)施工及施工过程、工艺的质量控制。

施工过程中,应按照相应的施工标准规范进行施工。

(6)施工后的质量控制。

施工结束后,应按照现行《公路工程质量检验评定标准 第一册 土建工程》(JTG F80/1)进行检验。

二、公路交通安全设施施工质量的基本要求

(1)公路护栏、隔离设施的立柱应有足够的强度,安装位置正确、牢固可靠。

(2)公路交通标志、路面标线及视线诱导设施应当清晰、醒目,反光膜效果良好。

(3)金属材料必须做防锈处理或采取相应的防锈措施,依据标准为现行《高速公路交通工程钢构件防腐技术条件》(GB/T 18226)。

(4)各种构件的安装应满足设计和标准的要求。

三、公路交通标志

公路交通标志从结构上可分为单柱、双柱、悬臂、门式几种形式。除门式标志以外,其他均设在公路路侧。

1. 质量要求

(1)交通标志支撑结构都应按施工图设计所给的尺寸建造,所有钢构件应进行防腐处理,应符合现行《道路交通标志和标线》(GB 5768)、《道路交通标志板及支撑件》(GB/T 23827)、《高速公路交通工程钢构件防腐技术条件》(GB/T 18226)及《道路交通反光膜》(GB/T 18833)的规定。

(2)交通标志的形状、图案、颜色及文字应符合《道路交通标志和标线》(GB 5768)的规定。

(3)标志面反光膜逆反射系数($cd \cdot lx^{-1} \cdot m^{-2}$)应符合设计要求。

(4)定向反光标识膜应使用设计中要求的定向反光膜。定向反光膜应采用压合胶结剂粘贴。

2. 施工质量监理要点

(1)对运到现场的粘贴反光标识膜的标志,要进行抽检,抽检内容包括外观尺寸、字符尺寸、反光膜逆反射系数、气泡及拼接等,标志立柱、横梁等钢构件,应进行焊接及防腐层的检查。

(2)交通标志的设置及安装应符合施工图设计要求并符合施工技术规范的规定。

(3)交通标志及支撑件应安装牢固,基础混凝土强度应满足设计要求。

(4)安装好的交通标志,应进行立柱竖直度的检查,其应符合现行《公路工程质量检验评定标准 第一册 土建工程》(JTG F80/1)的规定。

(5) 交通标志在安装过程中，要求施工单位对已完工程进行保护，同时标志处的路缘石、路面等要用保护物进行覆盖。

(6) 为减少交通标志板面对驾驶员的眩光，标志的竖向和侧向净空，应符合现行《道路交通标志和标线》(GB 5768)的要求，在安装过程中，要检查板面与水平轴或垂直轴的旋转角度以及板面下沿与道路路面的净空高度，应符合设计要求。

(7) 交通标志在安装后，标志面及钢结构件的防腐层涂层应无损伤。

四、公路交通标线

公路交通标线分为雨夜标线和非雨夜标线两种，其使用的材料为热熔型、双组分型和溶剂型(水性涂料)。按标线设置方式可分为纵向标线、横向标线和其他标线。

1. 质量要求

(1) 交通标线用涂料产品应符合现行《路面标线涂料》(JT/T 280)、《路面标线用玻璃珠》(GB/T 24722)的规定，防滑涂料应符合现行《路面防滑涂料》(JT/T 712)的规定，同时，也应符合现行《道路交通标线质量要求和检测方法》(GB/T 16311)的规定。

(2) 交通标线施划前，路面应清洁、干燥，无起灰现象。

(3) 交通标线的位置、颜色、形状，应符合施工设计图和现行《道路交通标志和标线》(GB 5768)的规定。

(4) 所有交通标线应具有光洁、均匀及整齐的外观。

2. 施工质量监理要点

(1) 交通标线施工前，施工单位应将拟用的涂料样品、施工方法报监理工程师审查批准，涂料样品一般采用外委试验的方法进行检测，应喷涂实验标段，以此检验涂料配方是否满足施工图设计的要求，施工机具和工艺是否合适。

(2) 交通标线位置应以道路横纵断面图为基准进行放样，经检查符合设计要求后，方可开始施工。

(3) 喷涂底漆前，道路表面上的污物、松散的石子和其他杂物应予以清除。施划时，道路表面应干净和干燥，严禁在阴雨天气施划。在有风天气施划时，应采取防风措施。

(4) 认真检查施工机械设备。

(5) 热熔型标线的施划，要检查材料的加热温度。

(6) 交通标线的线段长度、宽度、厚度应符合设计要求；在施工完成后，要对其进行保护，防止污染和破坏。

(7) 交通标线的逆反射亮度系数 $R_L(mcd \cdot m^{-2} \cdot lx^{-1})$ 应满足规定值。

(8) 抗滑标线和彩色抗滑标线的抗滑值(BPN)满足规定或设计要求。

(9) 交通标线表面不应出现网状裂缝、断裂裂缝、起泡、剥落现象。

(10) 交通标线线形不得出现施工图设计要求以外的弯折。

五、公路护栏

公路护栏有半刚性护栏、刚性护栏及柔性护栏，其代表形式为波形梁护栏、混凝土护栏和缆索护栏三种形式。缆索护栏施工质量监理可参照现行《缆索护栏》(JT/T 895)的规定进行，以下介绍目前广泛使用的波形梁护栏和混凝土护栏施工质量监理。

1. 波形梁护栏

1）质量要求

(1) 波形梁钢护栏产品，包括波形梁、端头、立柱、横隔梁、防阻块等护栏部件的质量要求，应符合现行《波形梁钢护栏》(GB/T 31439)的规定。

(2) 波形梁护栏的检验包括外观检查、外观尺寸、定尺长度、螺孔尺寸及长度检查，立柱截面尺寸、定尺长度及螺孔定位，端头、防阻块、托架的外形尺寸检查，以及防腐层质量检查。其采用的钢材力学性能和工艺应符合相应标准的规定，通常此项检查采用外委试验。

2）施工质量监理要点

(1) 对到场材料进行严格检查，要检查热浸镀锌外观及防腐层厚度，防腐层厚度可采用涂层测厚仪，按批量进行抽检。

(2) 对立柱的放线进行检查，以桥梁、通道、涵洞、中央分隔带开口、立交、平交等作为控制点，特别要对桥梁、构造物处的放线进行重点检查。

(3) 检查混凝土基础的定位、浇筑及预埋件的安装。

(4) 在中央分隔带上设置的波形梁护栏有分设型和组合型两种，其构造特征及埋设方式也不同，应按施工设计图及现行《公路交通安全设施施工技术规范》(JTG F71)的要求和规定进行施工。

(5) 钢立柱应采用打桩机打入已压实的路基上。在石方区或不具备打入条件的路段，立柱应采用混凝土基础进行固定，基础尺寸应满足设计要求，混凝土质量应符合现行《公路工程水泥及水泥混凝土试验规程》(JTG E30)的要求。

(6) 在沙石回填地段打入立柱时，要注意防止立柱变形、扭曲现象，保证立柱四周的土不被扰动。

(7) 护栏立柱因施工现场原因，无法打入设计要求的深度时，施工单位应上报，经批准后，采用混凝土基础固定立柱，严禁对立柱进行切割。

(8) 护栏横梁中心高度、立柱中距、立柱竖直度、立柱埋置深度应符合设计要求或规定值。

(9) 护栏各构件表面应无漏镀、露铁、擦痕。

(10) 护栏的端头处理及护栏过渡段的处理应满足设计要求。

(11) 护栏板在安装初期，拼接螺栓和连接螺栓不宜拧得过紧，以便在安装过程中充分利用护栏板上的长螺孔进行调整，使护栏线形顺直。

2. 混凝土护栏

1）质量要求

公路混凝土护栏用材料的质量，应按现行《公路工程水泥及水泥混凝土试验规程》(JTG E30)的规定进行检验。

2）施工质量监理要点

(1) 对公路混凝土护栏的中心位置、高程、起止位置进行检查核对。控制好混凝土护栏的长度，定好控制点，以便根据公路沿线构造物的实际情况合理布置。

(2)注意检查混凝土护栏模板的制作安装,模板应有足够的刚度和稳定性,能可靠地承受施工过程中可能产生的各项荷载,保证构件的形状、尺寸准确。

(3)检查钢筋的质量及配筋是否满足设计要求的安装,检验合格后,才允许浇注混凝土。

(4)混凝土浇注完成后,要进行养护,养护时间应满足规范要求。

(5)采用预制型混凝土护栏时,在安装前,应检查放样定位,检验合格后,按设计要求做好基层,在基层夯实、整平并符合高程和平面位置无误后,才可开始安装护栏。

(6)混凝土护栏的地基承载力应满足设计要求。

(7)混凝土护栏块件标准段、混凝土护栏起终点的几何尺寸应满足设计要求。

(8)混凝土护栏预制块件在吊装、运输、安装过程中,不得断裂。

(9)各混凝土护栏块件之间、护栏与基础之间的连接应满足设计要求。

(10)混凝土护栏的埋入深度、配筋方式及数量应满足设计要求。

(11)混凝土护栏的端头处理及护栏过渡段的处理应满足设计要求。

(12)混凝土护栏表面的蜂窝、麻面、裂缝、脱皮等缺陷面积不得超过设计和相关标准的限制要求。

(13)混凝土护栏块件的损边、掉角长度不得超过设计和相关标准的限制要求。

(14)护栏线形应无凹凸、起伏现象。

六、公路隔离栅及防抛物网

公路隔离设施主要是隔离栅和防抛物网,网面材料通常使用编织网、焊接网、钢板网和刺钢丝。隔离栅或防抛物网的产品应满足国家现行标准的技术要求,经监理工程师检验合格,必要时应要求施工单位对制造该批隔离栅构件的原材料取样进行力学性能或化学分析试验和物理性能分析试验。

1. 质量要求

(1)公路隔离栅产品应符合现行《隔离栅》(GB/T 26941)的规定,防落物网应满足设计要求。

(2)产品质量检验包括外观检查、尺寸检查、基底钢材的抗拉强度、屈服强度、延伸率和防腐层厚度测试。

2. 施工质量监理要点

(1)分批检验检查隔离栅立柱、斜撑、连接件和网片等材料质量及防腐层质量。

(2)放样时,应按照公路的红线图进行,为了与地形协调,施工前应根据现场情况设计纵断面曲线,确定每个立柱的设计高程。

(3)检查基础开挖,保证基础几何尺寸符合设计要求。

(4)立柱要保证安装牢固和垂直度满足相关要求,基础不得有松动。

(5)编织网隔离栅纵向连接铺设,边铺边拉紧,并尽可能在立柱挂钩上扣牢。编织网要求卷网自如,弯钩时保证不变形。隔离栅安装完毕后,网面要平整,在任何方向均不得有明显的倾斜。各类隔离栅网片安装完毕后,立柱基础均应进行压实处理。

(6)施工完成后,要检查隔离栅整体的稳定性和平整。

(7) 立柱竖直度、立柱埋置深度、立柱中距应符合设计或规定要求。
(8) 混凝土立柱表面无裂缝、无蜂窝。
(9) 立柱混凝土基础应满足设计要求。
(10) 各构件的安装应满足设计要求并符合施工技术规范的规定。
(11) 防落物网网孔应均匀,结构牢固,围封严实。
(12) 隔离栅起终点端头围封应满足设计要求。

七、公路防眩设施

高速公路一般采用防眩板、防眩网及绿植防眩,防眩板或防眩网,可采用钢材、塑料或其他不易变形的材料,绿植防眩可参考绿化相关标准。

1. 质量要求

(1) 公路防眩板产品应符合现行《防眩板》(GB/T 24718)的规定,其他防眩设施应满足设计要求并符合施工技术规范的规定。
(2) 防眩设施整体应与路线线形一致。
(3) 防眩设施的几何尺寸及遮光角应符合设计要求,安装要牢固。

2. 施工质量监理要点

(1) 施工前应检查施工场地清洁,检查放样定位的准确性。
(2) 防眩板的安装高度、设置间距、竖直度与防眩网网孔尺寸应符合设计要求或规定值。
(3) 防眩板单独埋设立柱时,应在基础达到设计强度后,方可安装上部构件。
(4) 金属材料的防眩产品,施工前应检查防腐层厚度,施工过程中不得损坏防腐层。

八、轮廓标

公路视线诱导设施有轮廓标(柱式及附着式)、分流、合流诱导标,指示性线形诱导标,警告性线形诱导标;除轮廓标外,其他设施可参照标志的施工方法。

1. 质量要求

(1) 轮廓标的反射器的亮度、颜色应满足现行《轮廓标》(GB/T 24970)及《道路交通标志和标线》(GB 5768)的规定。
(2) 柱式轮廓标的形状尺寸应符合设计要求,柱体表面不应有明显的伤痕、掉角等缺陷。轮廓标的混凝土基础尺寸应符合施工设计的要求。
(3) 附着于构造物上的轮廓标,其连接方式应符合设计要求。

2. 施工质量监理要点

(1) 附着式轮廓标,可在护栏安装过程中或在护栏安装完成后进行。
(2) 柱式轮廓标在安装前,应对全线埋设条件、位置、数量进行核查,以符合设计的要求。
(3) 轮廓标应按施工图放样定位。
(4) 柱式轮廓标应浇筑混凝土基础,基础浇筑完成后应采取正常的养护措施,直到混凝土达到规定的强度。

九、突起路标

在高速公路上,突起路标一般配合标线使用,以一定间隔设置于标线上或标线侧。

1. 质量要求

突起路标产品的形状尺寸、反射器的亮度、颜色应符合现行《突起路标》(GB/T 24725)、《太阳能突起路标》(GB/T 19813)及《道路交通标志和标线》(GB 5768)的规定。

2. 施工质量监理要点

(1)突起路标放样定位应准确。

(2)突起路标施工前,路面应清洁、干燥。

(3)突起路标和路面黏结后可用橡皮锤敲击突起路标上表面,从而保证黏结牢固。

(4)突起路标安装角度、纵向间距及横向偏位应满足设计要求。

十、里程碑和百米桩

公路里程碑采用水泥混凝土或单柱式反光标志制作,百米桩通常为附着于公路护栏上的反光标志或单柱式反光标志;标志式的里程碑和百米桩可参照交通标志质量控制部分,混凝土制作的可参考相关混凝土规范。

1. 质量要求

公路里程碑及百米桩形式、尺寸、颜色及字体应符合现行《道路交通标志和标线》(GB 5768)的规定。

2. 施工质量监理要点

(1)里程碑及百米桩外观应无裂缝、蜂窝及破损。

(2)里程碑及百米桩放样定位应准确、安装牢固。

(3)里程碑及百米桩在运输和安装过程中不得断裂破损。

十一、避险车道

公路避险车道的施工质量监理要点:

(1)避险车道的车道基床、排水应符合现行《公路工程质量检验评定标准 第一册 土建工程》(JTG F80/1)的规定。

(2)避险车道制动床铺材料与级配应满足设计要求。

(3)避险车道宽度、制动床长度、制动床集料厚度及坡度应符合设计要求。

十二、公路交通安全设施质量检验

公路交通安全设施工程质量检验按现行《公路工程质量检验评定标准 第一册 土建工程》(JTG F80/1)执行。

第八章 机电工程质量监理

第一节 公路机电工程概述

一、公路机电工程的内容

公路机电工程包括公路监控设施、公路通信设施、公路收费设施、公路隧道机电设施和公路供配电、照明设施的设计与实施。

1. 公路监控设施

公路监控设施主要是实时收集公路道路状况、交通流信息、气象信息及相关设备工作状态，控制与调节交通流，疏导交通，减少交通事故，保证行车安全。

公路监控设施组成一个闭环系统，主要由信息采集系统、信息处理系统及信息发布系统三大部分组成。信息采集系统采集的公路信息反映道路上车辆运行情况的交通参数和交通状况，经信息处理系统分析、处理、判断后，可发出指令，控制道路信息发布系统，改变其显示内容，实时对交通流的调节和控制。

2. 公路通信设施

公路通信设施为公路运营管理信息快速、准确传输提供了保障，为公路监控设施、收费设施的数据传输、图像传输提供相应的传输介质、传输设备。

公路通信设施主要由光纤数字传输系统与综合业务接入系统、程控数字交换系统、专用通信电源系统、紧急电话系统、移动通信系统、视频传输设备和室内外光电缆等主要传输介质构成。

3. 公路收费设施

公路收费设施是指从车辆进入收费道路、交纳通行费直到费款安全进入存储点的过程以及为完成车辆过路缴费所采用的所有系统、设备的集合。

公路收费设施可以实现人工收费、人工半自动和自动收费（ETC，不停车电子收费）方式，可选用IC卡、磁票、二维条码作为通行券，支持现金、预付卡、储值卡等支付方式。

公路各级收费系统可以实现监控下级的收费操作过程，实时监测收费站出、入口车道的设备状态；各级收费系统可以自动统计交通量和收费款项、金额，实现对通行费、通行券（卡）、票据以及设备等的严格管理。

4.公路供配电、照明设施

公路供配电设施是指将国家输电网提供的电能经输电线路(10kV或35kV)送到公路变电所,经由变压器将电压降为公路机电设备使用的电压(380V/220V)或专用的自备柴油发电机发电,经由低压线路直接为公路沿线设施(包括监控、通信、收费系统设备、养护服务设施及道路照明、隧道机电设备、沿线收费站、路段中心、服务区等)提供符合标准的电能;是保证公路安全、通畅、经济、快速和舒适通行的电力保障;是实现公路运营管理现代化的基础与保证。

公路照明设施是为保证交通安全视认性以及视觉效果的舒适性,在公路按路段、互通立交、收费广场及收费天棚、特大桥、隧道、平面交叉路口等区段设置的照明设施,以满足机动车安全行驶与交通管理的需要。照明设施主要是由照明光源、灯具与电器附件等装置、配电线路与控制设备、安全防护设备等组成。

5.公路隧道机电设施

公路隧道机电设施一般由信息采集系统(车辆检测、气象检测、环境检测)、通风系统、照明系统、交通控制系统、闭路电视监视系统、火灾报警与消防系统以及中央控制系统等组成。

隧道通风系统根据隧道信息采集系统上传的数据,决策生成并下发控制策略,由本地控制器对风机进行启动、停机以及正转、反转的控制。隧道照明系统根据洞外亮度对隧道照明回路进行控制,实现亮度调节。隧道交通控制系统用于隧道正常交通、火灾、交通事故、维修施工等各种工况时的交通管控。火灾报警与消防系统用于探测、收集隧道火灾信息,经操作员进行确认,由监控中心监控计算机采取相应的控制方案,以便快速、有序地疏导隧道内的车辆和人员。闭路电视监视系统在公路隧道处于正常运行期间用于掌握交通状况,在发生交通事故或火灾等意外情况时用于确认现场情况,指挥救援及事故处理等系列活动。中央控制系统主要由监控计算机及辅助设备构成,是公路隧道监控系统的核心部分,通过对上述系统控制与管理,实现保障公路隧道安全运行的目的。

二、公路机电工程施工质量监理

根据《公路工程施工监理规范》(JTG G10—2016)的规定,公路工程监理根据工程管理过程划分为三个阶段,即:施工准备阶段、施工阶段和验收与缺陷责任期阶段。将公路机电工程的试运行期划入施工阶段的后期,但公路机电工程试运行依然是机电工程建设过程中一个不可或缺的重要阶段。公路机电工程监理内容包括公路监控、通信、收费、供配电、照明、隧道机电工程的施工监理。本节按《公路工程施工监理规范》(JTG G10—2016)的要求介绍公路机电工程施工质量监理。

1.施工准备阶段质量监理

1)监理准备工作

(1)编制监理计划。

依据公路机电工程项目的组成、规模、技术特点、施工环境、施工条件,按监理规范要求、合同约定编制监理计划,针对性地制订公路机电工程质量监理工作方案,并明确巡视、旁站、抽检和验收等具体计划。

(2)编制监理细则。

针对技术复杂、专业性较强、危险性较大的分部、分项工程以及采用新技术、新材料、新工艺或在特殊季节施工的具体情况,按监理规范要求,结合已批准的监理计划编制专项监理细则,且应与总监办批准的施工组织设计相呼应,保证监理细则具有较强的针对性和操作性。

巡视、旁站、抽检和验收的重点包括公路机电工程主要设施、设备安装、调试,主要技术指标、功能检验和隐蔽工程施工、验收等;监理细则应明确巡视、旁站和抽检的项目、部位、人员、时间。

经单独招标组建驻地监理工程师办公室的监理机构或总监办根据监理工作需要批准的驻地办,由驻地监理工程师根据监理合同或总监的要求完成监理细则的编制工作。

(3)熟悉工程资料。

监理人员需熟悉工程资料:公路机电工程建设项目有关的技术标准、合同文件[监理合同、施工合同、采购合同(如有)等]、监理计划和工程设计文件(施工图设计、技术规格书等),为做好监理工作奠定基础。

将发现施工合同、施工图设计文件等的差、错、漏或文件之间要求不一致之处,归纳、整理并形成书面材料报告建设单位处理。

(4)了解、核查施工环境和条件。

监理工程师需了解、核查现场施工环境和条件,根据合同约定的公路机电工程与其他工程的界面,了解、核查主体工程为机电工程建设、预留、预埋的房屋、设备基础、孔洞、沟槽、管路等的位置、规格、质量、进度是否满足机电工程施工需要,了解、掌握施工单位驻地建设、施工准备条件是否完成与达到的程度。

(5)监理检测仪器、仪表。

按合同要求监理机构应配备公路机电工程监理的常规检测仪器、仪表,并制定检测仪器、仪表的进场计划。

2)监理工作

(1)审查施工组织设计。

公路机电总监组织机电监理工程师对施工单位报审的施工组织设计进行审查,各监理工程师按各自的职责与分工,根据审查施工组织设计的内容,逐项、逐条地结合机电工程的建设规模、特点、合同工期与建设环境条件、施工单位投入情况进行审查,审查是否满足现场施工需求及是否达到预期目标。对于机电工程质量目标、保证体系、技术措施,要求实事求是,要求达到科学、合理、严谨、可行。

(2)审核分项工程划分。

总监办组织各监理工程师熟悉工程设计图纸、工程量清单,按现行《公路工程质量检验评定标准 第二册 机电工程》(JTG F80/2)附录A的划分规定,对施工单位提交的机电工程分项工程划分表进行审核,并将审核意见及确定的划分结果报建设单位。

(3)审核施工单位的工程质量责任登记表。

监理机构按照《关于严格落实公路工程质量责任制的若干意见》的要求审查施工单位的工程质量责任登记表,工程质量责任登记表中的责任人所承担的质量责任内容应能够覆盖整个机电工程工程建设。人员信息、岗位职责、到岗情况真实全面,不得缺漏,保证工程质量责任登记表内容符合要求。

监理机构应检查施工单位的技术、质量、安全和环保等保证体系的建立情况。在施工准备阶段,主要是检查其建立、到位情况是否符合施工组织设计中的组织,重点是制度建立、人员到位、设施到位、资金到位、规章制度到位和职责分工到位等,保证机电工程施工进程中技术、质量保证体系运行有效,在施工组织、运行体系上保证公路机电工程的建设质量。

(4)核查施工单位的试验、检测仪器设备。

监理机构安排监理工程师按照施工合同约定核查施工单位为建设机电工程项目准备或提供的试验检测的仪器设备数量及型号。仪器设备的功能、准确度和技术指标均应符合建设公路机电工程试验检测项目技术指标的需求或符合现行规范规程的要求,即试验检测人员、仪器设备和试验检测能力应满足施工合同约定的能力与公路机电工程施工建设需要。

(5)参加设计交底。

总监(驻地理工程师)及相关监理工程师参加设计交底会,掌握公路机电工程设计意图、设计标准和要点;详细了解对施工质量、安全和环保控制的要求;对施工图设计文件有一个系统的、全面的、详细的、清楚的理解和认知;对公路机电工程项目构成的完整性、适用标准的准确性,设计文件与施工图之间的一致性等有一个基本的、明确的了解;对建设规模、设计特点、技术标准、施工工艺、关键检验项目等质量要求有一个全面的、深入的认知。监理工程师根据研读施工图设计文件、技术标准规范,结合机电工程建设特点、环境,澄清设计文件的有关问题。

(6)参加设备安装位置确认。

监理工程师参加由建设单位、施工单位人员一起进行的公路机电工程设备安装位置的确认,特别是外场设备,需与标志、照明以及自然环境条件相协调、配合,保证公路机电工程设施能够最大程度地发挥其应有的功能、效能。

(7)召开监理交底会。

总监应在机电工程开工前主持召开监理交底会,监理交底会由施工单位项目经理和技术、质量、安全负责人,试验检测人员,其他主要管理人员及主要监理人员等参加。

会议主要介绍监理计划的相关内容,以及最新发布的新政策、法规、规程及标准。重点强调监理控制工作的基本程序和方法,有关报表的申报要求,基本工作制度(流程)。基本工作流程包括:施工组织设计(施工方案)审查制度、开/复工申请审批制度、设备材料质量检验制度、监理取样见证、现场安装、调试、检测旁站监理制度、隐蔽工程验收制度、分项(部)工程质量验收制度、工程质量安全事故处理制度、计量支付签审制度、监理报告制度、工程竣工验收制度、监理日志和会议制度、工程信息报送流程、项目监理的作息时间及值班管理制度、奖罚规章制度等。

介绍监理工作方法,如巡视为主、精简旁站等,监理计划的内容及要求,施工单位应给予的配合。

强调确保机电工程监理工作顺利进行的其他有关注意事项,如地下管线、电力、电信等施工时应采取有效的保护,确保安全;强调不同季节施工的措施等。

会议讨论公路机电工程开工前需要解决的问题。

根据机电工程实际和准备工作情况,监理交底会有的在机电工程开工前单独召开,有的与第一次工地会议一起召开。

(8)签发合同工程开工令。

总监办应审核施工单位提交的工程开工申请,具备开工条件的,总监理工程师应签发工程开工令,并报建设单位。

2. 施工阶段质量监理

1)一般规定

(1)审查分部及主要分项工程开工申请。

总监办应审查施工单位提交的分部、主要分项工程开工申请,在规定的期限内批复。

审查施工单位申请开工的分部、主要分项工程与施工合同、总监办审核的分项工程划分相一致;申请开工的分部、主要分项工程的施工方案及主要施工工艺控制要点符合设计要求与有关技术标准;施工机械配备、质量、安全、环保等施工管理措施科学、合理;施工单位配备的技术、质量、安全管理人员和主要操作人员满足施工合同要求和施工需要。

(2)监督检查施工单位。

在施工过程中,监理机构定期或不定期地对施工单位主体责任落实情况、施工合同执行情况和质量安全等保证体系运行情况进行监督检查。

监理机构履行监督检查职责时,做好检查记录,针对发现的问题,及时通知施工单位整改、落实。

(3)巡视。

监理工程师采取以巡视为主的方式进行施工现场监理,按计划定期或不定期巡视施工现场,对施工的主要工程每天不少于1次,按监理规范规定的格式要求填写巡视记录。

监理人员应重点巡视:正在施工的分项、分部工程是否已批准开工;质量、安全、测试人员是否按规定到岗;特种作业人员是否持证到岗;现场使用的设备、材料、施工机具及采用的施工方法与工艺是否与批准的一致;质量、安全措施是否落实到位;测试仪器、仪表是否按规定进行了校准;是否按规定进行了施工自检和工序交接。

(4)旁站、检测见证。

监理人员应对公路机电工程各主要分项工程首件施工及重要工程施工进行旁站监理,对于机电工程中的隐蔽工程和完工后检测其质量难度较大或返工后会造成较大损失的工程施工,按施工单位的要求也应进行旁站。旁站监理人员应重点对旁站项目的工艺过程进行监督,对发现的问题应责令施工单位立即改正;当可能危及工程质量、安全时,应予以制止并及时向总监理工程师报告。

监理人员应对公路机电工程的主要工程的检测项目进行检测见证,确认检测项目的设备状态符合检测条件,检测仪器设备满足检测要求,检测方法及使用标准规程正确,检测数据准确,检测结果真实,监理人员检查检测记录正确无误,签认检测见证结果。

监理人员应按监理规范规定的要求填写旁站记录。

2)工程质量监理

(1)确认安装位置。

监理工程师应审查施工单位按照施工设计图明确的设备安装位置(内、外场)、管道与光、电缆敷设线路、外场设备基础位置、电缆桥架位置等等,尤其是外场监控摄像机、情报板、可变标志等设施设备应避免与交通标志、照明设施冲突,保证机电工程设施功能效益。与建设单位代表、施工单位技术负责人及工程师共同确认机电工程设施设备、构件、线缆的安装位置。

(2)检验进场设备、材料及软件。

监理工程师应检查施工单位根据合同采购进场的设备、材料是否符合合同要求,是否具有产品检验合格证、质量检验单和出厂合格证;进口设备、材料还应提交商检部门的检验合格证书;进场的计算机平台软件应具有软件拷贝、说明书和最终的授权文件。

经监理工程师检验不合格的设备、材料、软件,必须清退出场,不得在公路机电工程中使用。

(3)抽检。

监理工程师对施工单位报验的进场设备、材料采取抽检的方式进行检验,监理工程师抽检的条件是施工单位自检合格。抽检的比例视报验设备、材料的构成、品牌、数量确定,通常情况是主要设备、干线光、电缆抽检比例高,但最少不低于15%;当设备数量少于或等于3台(件)时,全部检测。检测参数选择设备、材料的主要技术指标以及在工程检验评定标准中要求的实测项目指标。

(4)厂验。

对施工现场不具备检测条件或无法进行现场检测的主要设备、材料,监理工程师应到生产厂监督检测,监督检测频率不得低于15%;当设备数量少于等于3台(件)时,宜逐台检测。

(5)隐蔽工程验收。

监理工程师应检查验收施工单位报验的隐蔽工程,留存施工单位报验的隐蔽工程施工过程影像资料和监理工程师检查验收的影像资料。

监理工程师对隐蔽工程使用的材料、施工方案、施工工艺、施工效果进行检查,经检查验收合格的,应在检查验收记录上签字后施工单位才能进行覆盖。对于检查验收不合格的,要求施工单位进行修复、整改,并重新履行隐蔽工程检查验收程序。

未经监理工程师验收或验收不合格的隐蔽工程,施工单位不得进行下道工序施工。

(6)安装验收。

监理工程师应对施工单位安装完工并自检合格的分部或分项工程设备、构件、线缆安装的位置、工艺、质量、数量进行检查验收。经验收合格的工程由总监签发安装验收合格证书(类似于监理规范的《分项工程(中间)交工证书》);未经安装验收或验收不合格的工程,不得进行加电调试工序。

(7)工程质量评定。

监理机构应及时对已完工的分项工程、分部工程、合同段工程进行质量检验评定,公路机电工程检验评定按现行《公路工程质量检验评定标准 第二册 机电工程》(JTG F80/2)执行,如果标准中没有明确规定的分项工程或检测项目,参照检评标准的检验评定方法,结合项目设计文件的要求进行。

(8)不符合事项处理。

监理机构在监理的过程中发现施工不符合法律法规、技术标准及施工合同约定的,应要求施工单位整改。

监理机构处理施工质量问题应遵循的规定是：
①质量不合格的设备、材料、构件不得在工程上使用。
②检查发现工程质量缺陷，监理机构应签发监理指令单，要求施工单位整改。
③检查发现质量不合格工程，监理机构应签发监理指令单，要求施工单位返工处理。
④对可能危及安全或存在重大隐患的质量问题，应签发停工令并向建设单位报告。
⑤当发生质量事故时，监理机构应依法按有关规定报告和处理。

当发生可由监理机构处理的质量缺陷、质量隐患时，监理工程师应立即向施工单位发出工程暂时停工指令，并要求其立即书面报告质量缺陷、质量隐患的发生时间、部位、原因及已采取的措施和进一步处理方案；监理工程师应对处理方案进行审核后报建设单位批准，对处理方案的实施进行监理并予以验收，处理合格、隐患消除的可发出复工指令。

监理机构应建立专门台账，记录质量事故发生、处理和返工验收的过程和结果。

(9) 应用软件开发监理。

监理工程师应审批施工单位提交的公路机电工程应用软件的需求分析、概要设计、详细设计。使机电工程应用软件开发质量、进度受控；应用软件开发完成后，需经测试合格才允许在公路机电工程中安装运行。应用软件测试须经国家认可的软件机构测试合格或已在类似公路机电工程实际使用并证明软件工作功能满足合同要求、工作性能稳定。

监理工程师应审核施工单位提交的开发应用软件测试大纲，施工单位按审核通过的测试大纲进行测试，并提交测试报告。监理工程师重点审核应用软件测试大纲的测试方案（测试目标、测试项目清单、测试标准、方法、环境、人员、计划等）的完整性、符合性及可行性；主要审查应用软件测试报告的差异、测试充分性和软件评价，经监理工程师审核合格的应用软件方可安装上线运行。

附：(1) 应用软件开发主要应符合的标准：
①《信息技术软件生存周期过程》(GB/T 8566—2007)；
②《计算机软件文档编制规范》(GB/T 8567—2006)；
③《计算机软件需求规格说明规范》(GB/T 9385—2008)；
④《计算机软件测试文件编制规范》(GB/T 9386—2008)；
⑤《计算机软件测试规范》(GB/T 1553—2008)；
⑥《软件文档管理指南》(GB/T 16680—1996)；
⑦《计算机软件可靠性和可维护性管理》(GB/T 14394—2008)；
⑧《信息处理数据流程图、程序流程图、系统流程图、程序网络图和系统资源图的文件编制符号及约定》(GB/T 1526—1989)；
⑨《信息技术软件工程术语》(GB/T 11457—2006)。

(2) 应用软件的文档要求：
①可行性研究报告；
②项目开发计划；
③软件需求说明书；
④数据要求说明书；
⑤概要设计说明书；

⑥详细设计说明书;
⑦数据库设计说明书;
⑧用户手册;
⑨操作手册;
⑩模块开发卷宗;
⑪测试计划;
⑫测试分析报告;
⑬开发进度月报;
⑭项目开发总结报告。

(10)系统测试监理。

监理工程师应按合同约定、设计文件要求的系统功能、技术指标等内容和现行《公路工程质量检验评定标准 第二册 机电工程》(JTG F80/2)规定的检测项目审核施工单位提交的公路机电工程系统测试大纲。施工单位按监理工程师审核批准的系统测试大纲完成自测并提交自测报告。监理工程师审查施工单位的自测报告认为符合公路机电工程建设项目的设计要求后,由监理工程师现场主持系统检验测试并对各项功能与指标是否合格做出评定。公路机电工程系统检验测试包括施工单位自测及监理签证测试两项工作,系统测试内容包括功能测试与技术指标测试两部分。

公路机电工程系统测试包括公路监控、收费、通信、照明、供配电、隧道机电设施分部工程各系统等的测试。

监理工程师现场主持系统检验测试的条件是施工单位按照经监理工程师审核批准的测试大纲进行系统测试,并提交系统测试报告,经监理工程师审查其结论为合格,即监理工程师审查认为施工单位的自测项目完整,各项功能、指标满足合同要求。

监理工程师现场主持系统检验测试也是按监理工程师审核通过的系统测试大纲进行,测试内容同样包括功能测试(包括软件测试)与技术指标测试。公路机电工程系统检验测试在施工单位技术人员的配合下进行,测试项目为100%。

公路机电工程现场检验测试应按现行《公路工程质量检验评定标准 第二册 机电工程》(JTG F80/2)执行,还应坚持检验测试系统的功能、技术性能要求必须符合合同要求,否则检验测试系统不合格。机电工程分部工程所属各系统检验测试合格,分部工程设施系统才合格。

监理工程师应对测试系统是否合格做出评定,检验测试不合格的系统要求施工单位重新调试,调试合格后再进行检验测试。

(11)系统试运行监理。

机电工程试运行主要考查系统设备、软件的运行稳定性、可靠性。公路机电工程建设项目可以整体全部同一时间投入试运行,也可以根据建设工期的具体情况按设施分部分时投入试运行。监理工程师应按巡视要求检查各系统设备的运行情况,巡视发现的功能、设备故障等问题应详细记录,并要求施工单位及时排除故障、调整系统参数等,以保证投入试运行的设施系统、设备工作正常、运行稳定、性能良好。

监理工程师在试运行期间发现公路机电工程各设施、系统使用功能、设备运行有问题时,还要判断发生问题的性质、原因,如果发生问题是属于设备质量原因,则要求施工单位及时更换,更换设备的试运行期从更换设备投入正常工作时重新计算。

公路机电工程试运行后,监理工程师应按照进场设备的检验方法对施工单位按合同约定提供的专用工具、备品、备件进行核查、检验,保证专用工具及备品、备件的品牌、规格、型号、产地、数量、配置等符合合同要求。

3. 验收与缺陷责任期阶段质量监理

1)审核竣工图

监理机构应按规定审核施工单位编制的公路机电工程竣工图,施工单位编制的竣工图与合同工程项目内容一致,竣工图与交工工程实体一致,竣工图绘制符合相关标准,内容完整。监理工程师确认交工的公路机电工程合同段项目竣工图详实、准确、标准。

2)工程质量评定、归集整理工程监理资料

监理机构依据公路机电工程施工合同,按工程验收办法、《公路工程质量检验评定标准 第二册 机电工程》(JTG F80/2—2004)对完成合同段工程进行质量评估或质量评定,工程质量评定应客观、公正,评定资料应完整、规范、标准;依据合同文件和《公路工程竣工文件材料立卷归档管理办法》,参考《公路工程施工监理规范》(JTG G10—2016)第九章监理资料编写监理工作总结、归集整理工程监理资料,并提交建设单位。

3)检查遗留问题的整改、工程质量缺陷修复

监理机构督促施工单位完成交工遗留问题的整改或完成剩余工程的实施,施工单位按批准的整改方案完成整改或剩余工程实施后,应经监理工程师按程序进行检查、检测、验收。

缺陷责任期内,监理工程师应巡视检查已交工的工程质量,记录发生的工程缺陷,并要求施工单位及时进行修复,监理工程师对修复过程采用巡视、旁站、检测见证等方式进行监理,保证修复工程质量符合合同与标准的要求。

监理机构应调查分析造成工程质量缺陷的原因是否属于施工单位的原因。由施工单位的原因造成的工程质量缺陷,应由施工单位承担工程缺陷修复费用;非施工单位的原因造成的工程质量缺陷,由建设单位向施工单位支付工程缺陷修复费用。

工程质量缺陷整改、修复更换的设备应从监理工程师检验合格之日起重新起计质保期限。

第二节 公路监控工程质量监理

一、公路监控设施概述

公路监控设施的用途是保证道路行车安全和道路畅通,提高公路使用效率和服务水平,实现公路交通高效、舒适和环保等。公路监控设施建设应遵循"统筹规划、统一标准、联网监控、分级管理、逐步完善"的原则,实现省(自治区、直辖市)内公路联网监控。

省域高速公路监控管理体系架构包括省级监控中心、路段监控分中心和基层监控单元(隧道管理站、桥梁管理站等)。省域高速公路一般采用"省级监控中心—路段监控分中心—

基层监控单元"三级监控管理架构。

伴随着全国高速公路信息通信联网工程的实施,公路监控管理体系架构从全国层面可分为,国家路网监控中心→省级监控中心→路段监控分中心→基层监控单元4级管理。我国部分省份还设置区域监控中心,在一部分区域实际存在5级公路监控管理架构形式。

二、公路监控设施的构成

各省(自治区、直辖市)公路监控设施由省级监控中心设施、路段监控分中心设施、基层监控单元设施以及监控外场设备构成。

1. 省级监控中心设施

①计算机系统:由监控数据服务器、磁盘阵列等数据存储设备、各类应用服务器、核心交换机、各类监控业务工作站和打印机等构成,能够实现全省公路路网交通综合监控及各类数据信息的存储、查询和应用。

②闭路电视监视系统:由视频管理服务器、视频查询服务器、视频交换机、网路视频解码器、视频监控工作站网络视频存储设备、组合式监视器墙、视频查询工作站和桌面监视器等构成,能实现全省公路路网视频图像的综合监控。

③大屏幕显示系统:由显示屏、多屏拼接控制器和多屏控制工作站等构成,能实现全省公路路网视频、数据信息的综合显示。

④交通地理信息系统:由GIS数据库服务器、应用服务器、工作站和打印机等构成,能实现全省公路路网交通地理信息数据库的建立、查询、检索及其他各类综合应用功能。

⑤公众信息服务系统:由数据服务器、各类应用服务器和工作站构成,能实现公路路网面向公众的综合信息对外发布。

⑥应急救援指挥系统:由前端设备(包括视频、语音、数据)、车载系统、传输系统、管理终端等构成,能实现对重大交通事件的应急救援和指挥。

⑦网络安全与管理系统:由网络管理服务器、安全管理服务器以及相应管理工作站等构成,能实现省级监控中心的网络管理和安全管理。

⑧数据交换系统:由接入控制系统、软件和安全认证系统构成,能实现与部、其他省级公路路网中心的数据交换。

⑨附属设施:主要由UPS电源系统、精密空调系统、机房配电系统、防雷接地系统、综合控制台构成。

2. 路段监控分中心设施

①监控计算机系统:由监控服务器、以太网交换机、各类监控业务工作站、网络安全工作站、打印机等构成。能实现所辖公路路段交通综合监控及各类数据信息的存储。

②闭路电视监视系统:由视频切换控制设备,视频管理服务器,视频交换机,网络视频编、解码器,视频监控工作站,硬盘录像机,视频存储设备,组合式监视器墙,桌面监视器等构成。能实现所辖公路路段所有视频图像的综合监控。

③大屏幕显示系统:由显示屏、多屏拼接控制器和多屏控制工作站等构成。能实现所辖公

路路段的视频、数据信息的综合显示。

④附属设施:由UPS电源系统、机房配电系统、防雷接地系统、综合控制台等构成。

3. 基层监控单元设施

①计算机系统:由监控服务器、以太网交换机、各类监控业务工作站和打印机等构成。能实现所辖公路区段交通综合监控及各类信息数据的存储。

②闭路电视监视系统:由视频切换控制设备,视频管理服务器,视频交换机,网络视频编、解码器,视频监控工作站,硬盘录像机,视频存储设备,组合式监视器墙,桌面监视器等构成。能实现所辖公路路段所有视频图像的综合监控。

③附属设施:由UPS电源系统、机房配电系统、防雷接地系统、综合控制台等构成。

4. 监控外场设备

公路监控外场设备主要包括信息采集设备、信息发布设备以及其他设备。信息采集设备主要包括:车辆检测器、能见度检测器、气象检测器、事件检测设备和沿线外场摄像机以及隧道、桥梁、高边坡的健康信息采集设备等;信息发布设备主要包括:天棚式、门架式等大型可变信息标志,立柱式、悬臂式等小型可变信息标志以及路侧广播。

三、公路监控工程施工质量监理

公路机电工程施工是按分项工程进行的,监理人员紧紧抓住各分项工程的施工质量就能够保证监控工程的施工质量。公路监控工程施工质量监理同样是监控工程的分项工程的重要环节。

1. 监控工程施工质量监理

1)车辆检测器

(1)基本要求

①主机及配件数量、型号规格符合合同要求。

②安装位置正确,机箱外部完整,门锁开闭灵活。

③线圈(探头)安装尺寸符合设计要求。

④电源、通信线缆按设计要求连接到位,检测器能正常工作。

⑤隐蔽工程验收记录、分项工程自检和设备调试记录、有效的设备检验合格报告或证书资料齐全。

(2)技术要求

①交通量计数精度:允许误差为±2%。

②平均车速精度:允许误差为±5%(km/h)。

③传输性能:24h观察时间内失步现象不大于1次或$BER \leqslant 10^{-8}$。

④强电端子对机壳绝缘电阻:$\geqslant 50M\Omega$。

⑤安全保护接地电阻:$\leqslant 4\Omega$。

⑥自检功能:自动检测线圈(探头)的开路、短路和损坏情况。

⑦逻辑识别线路功能:一辆车占用两个车道的两个线圈,处理器逻辑正常,输出的检测信息正确。

⑧复原功能:加电后硬件恢复和重新设置时,原存储数据保持不变符合设计要求。
⑨本地操作与维护功能:能用便携机维护与测试。
⑩控制功能:符合设计要求。
⑪基础尺寸、机箱和地脚防腐涂层质量:符合设计要求。
(3)外观质量
①机箱安装牢固、端正。
②机箱表面光泽一致、无划伤、无刻痕、无剥落、无锈蚀。
③基础混凝土表面应刮平,无损边、无掉角;联结地脚及螺栓规格符合设计要求,防腐措施得当,裸露金属基体无锈蚀;金属机箱与接地极连接可靠,接地极引出线无锈蚀。
④机箱的出线管与箱体连接密封良好,箱体内无积水、尘土、霉变。
⑤机箱内电力线、信号线、元器件等布线平直、整齐、固定可靠,标识正确、清楚,插头牢固。
(4)质量保证资料
①隐蔽工程验收记录。
②分项工程自检和设备调试记录。
③安装和非安装设备及附(备)件清单。
④有效的设备、材料检验合格报告或证书,其他要求资料(设备、材料报验)。
⑤施工中如发生质量事故,经整改达到设计要求的认可证明文件等。
2)气象检测器
(1)基本要求
①主机及配件数量、型号规格符合合同要求。
②安装位置正确,机箱外部完整,门锁开闭灵活。
③线圈(探头)安装方位、尺寸符合设计要求。
④电源、通信线缆按规范要求连接到位,气象检测器能正常工作。
⑤隐蔽工程验收记录、分项工程自检和设备调试记录、有效的设备检验合格报告或证书资料齐全。
(2)技术要求
①立柱竖直度:≤5mm/m。
②立柱、法兰和地脚几何尺寸、基础尺寸,机箱、立柱、法兰和地脚的防腐涂层厚度:符合设计要求。
③强电端子对机壳绝缘电阻:≥50MΩ。
④安全接地电阻:≤4Ω。
⑤防雷接地电阻:≤10Ω。
⑥湿度误差:±1.0℃。
⑦能见度误差:±10%或符合设计要求。
⑧风速误差:±5%或符合设计要求。
⑨数据传输性能:24h观察时间内失步现象不大于1次或BER≤10^{-8}。
⑩功能验证:能检测到降水天气。

(3)外观质量

①立柱、机箱及各探头传感器安装牢固、端正。

②各部件表面光泽一致、无划伤、无刻痕、无剥落、无锈蚀。

③基础混凝土表面应刮平,无损边、无掉角;机箱、立柱、法兰及地脚螺栓规格符合设计要求,防腐措施得当,裸露金属基体无锈蚀。

④防雷接地和安全接地应分开设置,接地体焊接牢固,焊缝饱满并做防腐处理;金属机箱与安全保护地连接可靠,接地极引出线无锈蚀。

⑤机箱的出线管与箱体连接密封良好,箱体内无积水、尘土、霉变。

⑥机箱内电力线、信号线、元器件等布线平直、整齐、固定可靠,标识正确、清楚,插头连接牢固。

3)闭路电视监视系统

(1)基本要求

①闭路电视监视系统的设备及配件数量、型号规格符合合同要求,部件完整。

②摄像机基础安装位置正确,立柱安装竖直、牢固。

③防雷部件安装到位、连接措施符合规范要求。

④摄像机(云台)安装方位、高度符合设计要求。

⑤控制机箱外部完整,门锁开闭灵活。

⑥电源、控制线缆以及视频传输线缆按设计连接到位,闭路电视监视系统能正常工作运行。

⑦隐蔽工程验收记录、分项工程自检和设备调试记录、有效的设备检验合格报告或证书资料齐全。

(2)技术要求

①立柱竖直度:≤5mm/m。

②立柱、避雷针(接闪器)、法兰和地脚几何尺寸、基础尺寸,机箱、立柱、法兰和地脚的防腐涂层厚度:符合设计要求。

③强电端子对机壳绝缘电阻:≥50MΩ。

④安全保护接地电阻:≤4Ω。

⑤防雷接地电阻:≤10Ω。

⑥传输通道指标:

a. 视频电平:700mV ± 30mV。

b. 同步脉冲幅度:300mV ± 20mV。

c. 回波:<7% kF。

d. 亮度非线性:≤5%。

e. 色度/亮度增益差:±5%。

f. 色度/亮度时延差:≤100ns。

g. 微分增益:≤10%。

h. 微分相位:≤10°。

i. 幅频特性:5.8MHz 带宽内 ±2dB。

j. 视频信杂比:≥56dB(加权)。
⑦监视器画面指标:
a. 随机信噪比(雪花干扰):黑白:≥37db、彩色:≥36db。
b. 单频干扰(网纹):黑白:≥40db、彩色:≥37db。
c. 电源干扰(黑白滚动):黑白:≥40db、彩色:≥37db。
d. 脉冲干扰(跳动):黑白:≥37db、彩色:≥31db。
⑧云台水平转动角度:水平:≥350°。
⑨云台垂直转动角度:上仰:≥15°、下俯:≥90°。
⑩监视范围:符合设计要求。
⑪外场摄像机安装稳定性:受大风影响或受变焦、转动等控制时,动作平滑、无抖动。
⑫自动光圈调节:自动调节。
⑬调焦功能:快速自动调焦。
⑭切换功能:监控中心可切换到任一摄像机。
⑮录像功能:可录像,且录像回放效果清晰符合设计要求。
⑯硬拷贝功能:拷贝图像清楚。
⑰报警功能:故障报警。
(3)外观质量
①立柱、机箱及摄像机(云台)安装牢固、端正。
②各部件表面光泽一致、无划伤、无刻痕、无剥落、无锈蚀。
③基础混凝土表面应刮平,无损边、无掉角;机箱、立柱、法兰及地脚螺栓规格符合设计要求,防腐措施得当,裸露金属基体无锈蚀。
④防雷接地和安全接地应分开设置,接地体焊接牢固,焊缝饱满并做防腐处理;防雷引下线及接地体所用材料规格、防腐与连接措施、安装位置符合设计要求;金属机箱与安全保护地连接可靠,接地极引出线无锈蚀。
⑤云台防护罩和机箱的出线管与箱体连接密封性良好,箱体内无积水、尘土、霉变。
⑥机箱内电力线、信号线、元器件等布线平直、整齐、固定可靠,标识正确、清楚,插头连接牢固。

4)可变标志
(1)基本要求
①主机及配件数量、型号规格符合设计要求,部件完整。
②基础安装位置正确,立柱安装竖直、牢固。
③防雷部件安装到位、连接符合设计要求。
④可变标志面板安装方位、角度、高度符合设计要求。
⑤控制机箱外部完整,门锁灵活。
⑥电源、控制、通信线缆按设计要求连接到位,可变标志设备能正常工作。
⑦显示屏发光单元处于受控状态,失效率符合产品标准要求。
⑧隐蔽工程验收记录、分项工程自检和设备调试记录、有效的设备检验合格报告或证书资料齐全。

(2)技术要求

①立柱竖直度:≤5mm/m。

②基础尺寸,机箱、立柱、立柱避雷针(接闪器)法兰和地脚的防腐涂层厚度:符合设计要求。

③强电端子对机壳绝缘电阻:≥50MΩ。

④安全接地电阻:≤4Ω。

⑤防雷接地电阻:≤10Ω。

⑥视认距离:120km/h,≥250m。

⑦发光单元色度坐标(x,y):

a. 可变信息标志按JT/T 431测量红、绿、蓝、白色。

b. 可变限速标志按JT/T 432测量测量红、黄色。

c. 其他标志按GB 14887测量红、绿色。

⑧显示屏平均亮度:最大、最小亮度符合设计要求。无规定时,应不小于8000cd/m^2。

⑨数据传输性能:24h观察时间内失步现象不大于一次或BER小于10^{-8}。

⑩自检功能:能向中心计算机提供显示内容的确认信息及本机工作状态自检信息。

⑪显示内容:及时正确显示中心计算机发送信息的内容。

⑫亮度调节功能:能自动根据环境照度自动调节显示屏的亮度。

(3)外观质量

①立柱、控制机箱及显示屏安装牢固、端正。

②各部件表面光泽一致、无划伤、无刻痕、无剥落、无锈蚀。

③基础混凝土表面应刮平,无损边、无掉角;控制机箱、立柱、法兰及地脚螺栓规格符合设计要求,防腐措施得当,裸露金属基体无锈蚀。

④防雷接地和安全接地应分开设置,接地体焊接牢固,焊缝饱满并做防腐处理;防雷引下线及接地体所用材料规格、防腐与连接措施、安装位置符合设计要求;金属机箱与接地极连接可靠,接地极引出线无锈蚀。

⑤显示屏、控制机箱的出线管与箱体连接密封良好,箱体内无积水、尘土、霉变。

⑥显示屏、控制机箱内电力线、信号线、元器件等布线平直、整齐、固定可靠,标识正确、清楚,插头连接牢固。

5)光电缆线路

(1)基本要求

①各种光、电缆规格及使用的保护管道符合合同要求。

②人(手)孔及管道设置安装齐全、合格,防水措施得当、性能良好。

③塑料通信管道敷设与安装符合设计要求。

④光、电缆接线及占用管道孔位正确,防水措施符合规范要求。

⑤光、电缆成端及进室措施得当,符合规范要求。

⑥直埋电缆符合相关规范要求。

⑦隐蔽工程记录、分项工程自检和光电缆线路检测记录、有效的光、电及接续附件的检验报告或资料齐全。

(2)技术要求

①光纤护层绝缘电阻:≥1000MΩ·km。

②单模光纤接头损耗平均值:≤0.1dB。

③多模光纤接头损耗平均值:≤0.2dB。

④低速误码率:BER≤10^{-8}。

⑤同轴电缆衰耗:符合设计要求。

⑥同轴电缆内外导体绝缘电阻:≥500MΩ。

⑦电力设施设备绝缘电阻:≥2MΩ。

⑧光、电缆埋深:符合设计要求。

(3)外观质量

①在配电箱和用电设备控制箱内,光、电缆排列整齐、有序,绑扎牢固,标识清楚;电力电缆尾端连接与接续应使用专用连接器并用热塑套管封合与标记。

②同轴电缆成端应使用焊接方式,端头处理时预留长度一致,各层的开剥尺寸与电缆插头相应部分配合良好;芯线焊接端正、牢固,焊锡适量、焊点光滑、不带尖、不成瘤;组装成的同轴电缆插头配件齐全、位置正确、装配牢固。

③监控中心(局内)光、电缆排列整齐有序,进入墙壁要有保护套管,预留长度满足使用要求。

④人(手)孔位置正确,预埋件安装牢固,防水措施得当,人(手)孔内无积水,高程符合设计要求。

⑤光、电缆在人(手)孔内余留长度符合规定;光缆接续箱安装牢固,密封良好。

⑥直埋电缆两端铠装层接地处理措施得当,电缆标石埋设符合设计要求。

6)监控(分)中心

(1)基本要求

①硬件:

a.机房整洁,通风、照明良好。

b.设备数量、型号符合合同要求,部件完整。

c.防雷、水暖、供电、空调通风、照明等辅助设施安装调试完毕并通过相关专业验收。

d.设备安装到位并已连通,能够正常工作,并进行严格测试和联调。

e.隐蔽工程验收记录、分项工程自检和设备调试记录、有效的设备检验合格报告或证书资料齐全。

②软件:

a.能准确及时采集交通流、交通环境和主要监控设备运行状态的各种信息。

b.能监测恶劣气候。

c.能以交通事故快速做出响应,迅速准确地提供事故信息。

d.根据已掌握的信息,迅速做出有针对性的处理和优化控制方案,并立即执行。

e.有多种信息发布渠道,为用户提供信息服务,通过驾驶员调整行驶行为,达到交通流动态平衡。

f.可以建立交通流数据库,用以支持道路运行状况评价,为改善道路经营和交通管理的决策提供数据。

g. 按国家相关标准要求进行了软件的稳定性、可靠性测试并提供了报告;编制并提供了符合规范的软件手册及相关文档。

h. 监控(分)中心计算机平台软件应具有软件拷贝、说明书和最终的授权文件。

(2)技术要求

①监控室环境:

a. 温度:18~28℃。

b. 相对湿度:30%~70%。

c. 噪声:<70db(A)。

d. 照明:5~200lx 可调。

②强电端子对机壳绝缘电阻:≥50MΩ。

③接地电阻:

a. 联合接地电阻:≤1Ω。

b. 工作接地电阻:≤4Ω。

c. 安全接地电阻:≤4Ω。

d. 防雷接地电阻:≤10Ω。

④与外场设备通信轮询周期:30~60s 可调。

⑤与下端设备的交换数据的实时性和可靠性:按设定的系统轮询周期,及时准确地与车辆检测器、气象检测器、可变标志等交换数据。

⑥图像监视功能:监视公路全程和重点路段的运行状况。

⑦与收费系统交换数据功能:正确接收收费数据、收费闭路电视抓拍图像。

⑧监控设备工作状态监视功能:在计算机和投影仪上正确显示监控外场设备工作状态。

⑨事故阻塞报警功能:符合设计要求。

⑩恶劣气候告警:天气异常时,自动报警。

⑪紧急情况告警:能识别交警、消防、急救等特殊电话并在大屏幕上提示。

⑫信息提供功能:指令信息通过监控系统正确地传送到可变标志、交通信号灯、车道控器及消防救援部门。

⑬报表统计、查询及打印功能:迅速正确地统计、查询、打印命令指示、设备状况、系统故障、交通参数等数据。

⑭数据备份、存档功能:每日数据备份并有存档功能。

⑮加电自检功能:可循环检测监控中心内、外场设备运行情况,正确及时地显示故障位置、类型。

(3)外观质量

①控制台上设备布局合理,安装稳固、横竖端正,符合设计和人机工学的要求,接线端子和接、插座标识清楚。

②CCTV 监视器布局合理,屏幕拼接完整,无明显歪斜,安装稳固、横竖端正,符合设计和人机工学的要求,接线端子和接、插座标识清楚。

③控制台、CCTV 电视墙内以及各设备之间布线整齐、美观、编号标识清楚、正确;信号和

电源线缆及其接头插座应明确区分,预留长度适当。

④电力配电柜、信号配线架内布线整齐、美观;绑扎牢固、成端符合规范要求;编号标识清楚、正确;预留长度适当。

7)大屏幕投影系统

(1)基本要求

①投影仪、屏幕及配件数量、型号符合合同要求,部件完整。

②投影仪、屏幕安装方位、角度、高度符合设计要求。

③电源、控制线缆及通信线缆按设计要求连接到位,大屏幕投影系统能够正常工作运行。

④分项工程自检和设备调试记录、有效的设备检验合格证或证书等资料齐全。

(2)技术要求

①拼接缝:≤2mm 或符合设计要求。

②亮度:≤150cd/m^2(达到白平衡时的亮度)。

③亮度不均匀度:≤10%。

④图像显示:正确显示监控中心 CCTV 系统监视器的切换图像及图形计算机输出信息。

⑤窗口缩放:可对所选择的窗口随意的缩放控制。

⑥多视窗显示:同时显示多个监视断面的窗口。

(3)外观质量

①投影仪外观完整无损伤、镜头洁净,屏幕平整整洁、白度均匀。

②图像清晰、稳定、无抖动。

③图像明亮、色泽鲜艳可调。

8)监控计算机软件与网络

(1)基本要求

①网线、插座、连接线、网卡、集线器、交换机、路由器、调制解调器、服务器等网路设备的数量、型号规格符合合同要求。

②插座、双绞线接头的压接形式(线对分配)符合 EIA/TIA 568A 或 568B 要求,一个系统中只能选用一种压接形式,不得混用。

③网络设备安装调试完毕,系统处于正常运转工作状态。

④隐蔽工程验收记录、分项工程自检和设备及系统联调记录、有效的设备检验合格报告或证书等资料齐全。

⑤监控计算机平台软件应具有软件拷贝、说明书和最终的授权文件。

(2)技术要求

①网线接线图(双绞线缆):符合 EIA/TIA 568 标准。

②布线长度(双绞线缆):符合设计要求。

③衰减(双绞线缆):符合 EIA/TIA 568 标准。

④近端串扰(双绞线缆):符合 EIA/TIA 568 标准。

⑤环路阻抗(双绞线缆):符合 EIA/TIA 568 标准。

⑥远方近端串扰(双绞线缆):符合 EIA/TIA 568 标准。

⑦相邻线对综合串扰(双绞线缆):符合 EIA/TIA 568 标准。
⑧远端串扰与衰减比(双绞线缆):符合 EIA/TIA 568 标准。
⑨综合远端串扰比(双绞线缆):符合 EIA/TIA 568 标准。
⑩综合远端串扰比(双绞线缆):符合 EIA/TIA 568 标准。
⑪回波衰耗(双绞线缆):符合 EIA/TIA 568 标准。
⑫线对间传输时延(双绞线缆):符合 EIA/TIA 568 标准。
⑬同轴电缆特性阻抗:50Ω 或 70Ω。
⑭光纤接头衰耗:≤0.2dB 或符合设计要求。
⑮光纤接头回损、光纤衰耗:符合设计要求。
⑯网络维护性测试:符合设计要求。
⑰网络健康测试:符合设计要求。

(3)外观质量

①网络设备、网线线槽、信息线缆插座布放整齐美观,安装牢固、标识清楚、正确。
②线缆布放路由正确、绑扎牢固、端头连接规范、标识清楚,线缆弯曲半径和预留长度符合设计或 GB/T 50132—2000 规范要求。

2. 监控设施质量标准及要求

监理工程师在监控工程监理过程中,应根据现行《公路工程质量检验评定标准　第二册　机电工程》(JTG F80/2)的规定进行公路监控工程质量评定。

监控工程质量检验评定包括三个方面:基本要求;实测项目(标注"Δ"项目为关键项目)和外观鉴定。

第三节　公路通信工程质量监理

一、公路通信设施概述

公路通信设施是公路现代化管理的支撑设施,实现监控设施和收费设施的数据、语音和图像等信息准确而及时的传输,保持公路各级管理部门之间业务联络通信的畅通,并为公路内部各部门和外界建立必要的联系提供了方便;同时,公路通信设施作为交通专用通信网的重要组成部分,是交通信息的主要传输载体,为各种网络服务及会议电视提供传输通道。

公路通信设施提供服务业务主要分为语音、数据、视频图像和多媒体。

(1)语音主要包括业务电话、指令电话、对讲电话、紧急电话等业务,也包括 G3 类传真。

(2)图像主要包括用于高等级公路营运管理的监控、收费业务的静态或动态图像,也包括公路路政、运输、稽查、建设管理及救援等所需的其他图像信息,分为数字图像及模拟图像两种类型。

(3)数据包括公路营运管理的监控、收费业务数据和政务信息、安全信息等数据。

从公路的管理模式、机构分布、业务需求讨论,公路通信业务具有以下主要特点:

(1)集语音、数据、视频图像和多媒体于一体的综合业务;就公路管理所需的通信业务而言,话音通信仅占整个通信业务很小的部分,主要通信业务是数据、视频、图像及多媒体等。

(2)业务流向呈现星型分布:高速公路管理机构由省中心、分中心、管理处、收费站、服务区、养护中心等构成,基本上采取分段管理,管段内的各种管理数据先汇集到分中心,然后再由分中心汇集到省中心。

(3)通信传输距离长、业务接入点分散:公路里程一般从十几公里到几百公里,其管理机构沿公路线路分散在道路两旁,构成公路通信网长距离和链状网络结构的特点。

二、公路通信网的组成

1. 公路通信网

公路通信网的作用是为公路使用者和管理者,提供大容量网络传输平台和高质量语音、数据、图像等信息传输、交换服务。

各省(自治区、直辖市)公路通信网由公路省级通信中心(以下简称"省级通信中心")、路段通信(分)中心和基层无人通信站三级管理架构构成,其中,省级通信中心通常与省级收费、监控中心合址建设。

公路通信传输网由干线传输网与路段接入网构成。

在省级通信中心和路段通信(分)中心之间设立干线传输网,干线传输网应沿全省(自治区、直辖市)公路网建设。在路段通信(分)中心与其直接管辖的基层无人通信站之间应设立路段接入网。各省(自治区、直辖市)交通运输厅(委)所辖的地方公路局和交通局的通信可经由传输网与省级公路通信网汇接。

2. 公路通信设施的组成

公路通信设施在公路通信工程中以通信网的形式体现,由以下六部分组成:

(1)传输网系统:干线及接入网的网络制式、网络结构、网络配置、网络系统等。

(2)业务网系统:语音业务网、数据传输网、图像传输网、会议电视网、呼叫服务中心、紧急电话系统、有线广播系统、无线通信系统。

(3)支撑网系统:同步系统、信令系统、网管系统。

(4)通信光、电缆:构成、选型、芯数要求、敷设。

(5)通信电源系统:交流供电系统、直流供电系统、防雷接地系统、电源管理系统,功能、配置、性能。

(6)通信管道:构成、设置原则、路由、材料、人(手)孔、埋深、段长与弯曲。

三、公路通信设施构成

1. 数字程控交换系统

公路通信网的数字程控交换系统是语音业务网的核心设备,主要由数字程控交换机、话务台、维护终端、计费终端、调度指令电话总机以及语音用户终端(话机)设备组成。根据公路通信网的需要,可以是一台及多台数字程控交换机。

2. SDH 数字光纤通信系统

SDH 数字光纤设备是数据传输网的核心设备,公路数字光纤传输系统分为干线传输系统和路段综合业务接入网系统两部分。干线传输系统由设在通信中心的 SDH 光同步传输设备(ADM、终端 TM)、再生器 REG、光缆和网管设备等组成。干线传输各方向光群路接口板和光纤一般为 1+1 方式配置(4 芯光纤),形成链状保护。路段综合业务接入网系统由设在通信分中心的光纤线路终端(OLT)、沿线各站点的光纤网络单元(ONU)、光缆和网管设备等组成。

3. 呼叫服务中心系统

公路呼叫服务中心应采用省级呼叫服务中心、路段呼叫服务(分)中心两级架构。省级中心设置呼叫服务中心,配置排队机(ACD)/用户交换机(PBX)或软交换服务器;路段呼叫服务(分)中心设置远端座席,通过 10/100M 以太网传输通道接入省级呼叫服务中心。

根据实际需要,路段(分)中心也可设置独立的呼叫服务(分)中心、配置排队机(ACD)/用户交换机(PBX)或软交换服务器,并应能与省级呼叫服务中心协同工作。

4. 紧急电话系统

紧急电话系统构成有紧急电话主控设备、紧急电话分机和传输介质等。

5. 有线广播系统

有线广播系统由有线广播主控设备、功放设备、扬声器和传输介质等构成。

6. 无线通信系统

公路无线通信系统是公路通信网的重要组成部分,是公路范围内实现宽带无线接入的支撑系统。主要业务包括车辆的自动识别,电子不停车收费,道路、桥梁、隧道等基础设施监测,车辆与路侧系统的数据交互等。

公路无线电通信可采用 3.5GHz、2.4GHz 固定无线接入、专用无线短距通信(DSRC)、无线局域网(WLAN)、全球微波互联接入(WiMAX)、点对点无线数据传输(ZigBee)、数字集群、无线调频广播、VSAT/海事卫星通信等技术。短距离通信和高速无线局域网技术要求见表 8-1。

短距离通信和高速无线局域网技术要求　　　　表 8-1

技 术 类 别	无线接入技术
技术标准	GB/T 20581 系列短程通信及高速无线局域网
系统配置	车载单元、路边单元、中心接入点、无线网络控制器
无线电频段	5.8GHz
主要技术指标	覆盖距离:15~300m

7. 支撑网系统

公路通信网支撑网系统包括:同步网系统、公共信令网系统和网络管理网系统。

1)同步网

(1)公路数字同步网应采用分布式多基准时钟控制的组网方式,同步区原则上按照省(自治区、直辖市)来划分,各同步区内采用主从同步方式。

(2)可设置全国基准时钟(PRC),为省际公路通信网提供同步源;在省内设置区域基准时钟(LPR),为省内公路通信网提供同步源,构成省内定时平台;在路段通信(分)中心设置同步供给单元(SSU),为路段内接入同步源,构成本地定时平台;路段内通信网从本地定时平台上获取同步信号。

2)公共信令网

(1)公共信令网应采用我国 No.7 信令方式,由信令转接点(STP)、信令点(SP)和信令链路组成。

(2)公共信令网的信令转接点(STP)宜采用与交换系统(SP)合设在一起的综合式信令转接设备。

3)网络管理网

(1)路段通信(分)中心设置网元级管理系统,对所辖的程控交换机、光传输网、综合业务接入网、通信电源、紧急电话、有线广播、会议电视、呼叫服务中心设备等网元进行管理。由工作台、打印机、数据通信设备(如交换机、调制解调器等设备)等组成。

(2)省级通信中心设置子网级管理(网络级综合管理)系统,与网元级管理系统互联,对省内同厂家设备组成的语音业务网、光传输网、通信电源、时钟同步网络、会议电视、呼叫服务中心设备及网管系统进行管理,由服务器、工作站、打印机、数据通信设备(如交换机、调制解调器等设备)等组成。

8. 通信光、电缆线路

(1)光缆线路是指通信站内光缆终端设备到相邻通信站的光缆终端设备之间的光缆路径以及由外场设备至通信站的光缆路径,由光缆、光纤连接和分歧设备及其保护设施设备构成。

(2)电缆线路主要指通信网设备之间的连接电缆的路径,由电缆连接和分歧设备及其保护设施设备构成。

9. 通信电源系统

通信电源设施由交流供电系统、直流供电系统、防雷接地系统、电源管理系统、蓄电池和电力电缆等构成。

10. 通信管道

公路通信管道主要为保护公路机电工程设施、交通信息化系统敷设的传输光缆、电缆,由主干管道、分歧管道、人(手)孔及其他辅助性构件、材料组成。

通信管道材料应符合国家或行业标准规定,并经省级以上检测机构检测合格后方可在公路通信管道建设中使用。公路上使用的通信管道材料有:

(1)水泥管块。

(2)聚氯乙烯和聚乙烯材料管道。

(3)硬聚氯乙烯和高密度聚乙烯材料管道。

(4)高密度聚乙烯 HDPE 硅芯管。

(5) COD 管。

(6) 镀锌钢管。

四、公路通信工程施工质量监理

1. 公路通信工程施工

公路通信工程施工主要包括光、电缆线路施工和通信设备施工两部分。光、电缆线路施工包括按合同约定的通信管道与通信光、电缆按施工设计图敷设在符合设计要求的区段、位置,要求施工规范、检测合格;通信设备施工包括将合同约定的通信设备按施工设计图安装在符合设计与标准要求的机房内正确的位置,施工规范、安装稳固、连接正确、调试检测合格。通信工程施工质量监理重点是抓好施工质量控制,按公路机电工程合同和技术要求,为公路运营管理建设一个合格的通信平台,其工作内容如下:

1) 光电缆线路施工监理

(1) 公路光电缆线路工程主要采取管道敷设方式,故应会同建设单位、施工单位对已建管道进行调查,了解其试通情况、人(手)孔布置、引入位置及室内沟、槽建筑情况,发现问题及时提出并尽快解决。

(2) 审查施工单位的光电缆线路配盘情况,对不合理的提出修正意见。

(3) 应对首段管道光(电)缆敷设过程进行旁站监理;检查光(电)缆规格及光(电)缆所占用的管孔位置是否符合设计要求;检查人(手)孔内光(电)缆的盘留、保护和识别标志是否符合设计要求。

(4) 掌握光电缆接续施工情况,特别是光缆接续人员要求持证上岗,OTDR(光时域反射仪)检测方式正确,以确保光缆接续质量。

(5) 测试光电缆传输段,特别是光中继段的衰减特性、电缆使用段的电特性指标,均应符合设计要求,发现问题要督促施工单位分析原因、制订解决方案,并监督其及时解决。

2) 通信设备安装的施工监理

(1) 监督施工单位根据施工项目的设计文件、施工图,结合需安装的通信设备,对建设单位所提供的通信设备机房的技术条件进行全面调查了解,包括机房位置、面积、净空高度、防静电地板及线缆引入走向(地槽、支线架等)、室内温度、湿度、供电照明及接地保护等方面,发现不符合要求的问题,要汇总整理提出报告,经监理审核加注意见报建设单位解决。

(2) 通信设备的配置及在机房内的平面布置应满足合同及联合设计的技术要求,在技术规范允许的情况下,通信设备的平面布置可以部分调整,以达到布局配线合理,操作、维护方便。

(3) 通信设备的安装及配线应符合《通信设备安装工程施工监理规范》(YD 5125—2014)的技术要求,设备机架要安装固定在机房的混凝土面层上,其垂直度和水平度的偏差要控制在允许范围之内。设备配线要走向合理,绑扎顺直,标识清楚,室内配线不允许中间接头。

(4) 通信设备的加电应遵循先单机、再系统的顺序进行,以确保设备安全。将通信设备按设计要求进行设置、调试使其达到最佳工作状态。

(5) 通信设施各系统的调测应先调通、再调测,然后进行通信设施系统功能、技术指标测试,使其达到设计要求,调测时做好测试记录。

2. 通信工程的系统调试及完工测试

通信工程的完工测试及联调是施工监理的重要阶段，是对通信工程设备质量、施工质量的总检验。通信工程的完工测试包括设施设备功能测试和技术指标测试两部分，其测试程序为单机测试、系统测试、相关系统联调测试，任何一项指标不符合设计要求，监理工程师都不应进行签验。

（1）系统测试前，要求施工单位提供系统测试大纲，监理工程师审查其测试内容、方法、计划，符合设计要求、国家相关规程，监理工程师应批准。

（2）经审批的测试大纲对通信设施各系统，如光纤传输系统、程控数字交换系统、光电缆线路等，进行各项指标及功能测试，并由施工单位整理详细的测试报告向监理机构提交。经监理工程师审查认为通信设施功能和系统技术指标已符合设计要求，即应由监理工程师主持进行现场系统检验测试，监理工程师应将通信工程各系统的检验测试结果作为通信设施工程评定的基础材料。

（3）通信工程各系统测试合格后，将进行机电工程各设施系统联调，在分清通信设施与机电工程其他设施工作界面的基础上，确保通信设施的正常工作，配合机电工程其他设施如收费、监控等设施系统调试，并为其提供良好正常的工作平台。

3. 通信工程施工的质量控制重点及目标

1）光纤同步数字传输系统

公路通信设施的光纤数字传输系统施工的控制重点是设备的安装、配线及系统测试。

（1）设备安装配线。

需调查了解设备安装机房的环境，包括温度、湿度、供电、走线沟槽、接地系统等是否完善，并应符合技术要求，审查设备的平面布置是否合理，设备配线（包括信息线、电源线、地线等）应符合设计要求，接续可靠、绑扎顺直、配线架（ODF：光纤配线架，MDF：配线架）标识正确。

（2）系统测试。

系统测试前应审查施工单位递交的系统测试大纲，使测试项目、方法符合设计及标准要求，测试项目和测试记录表格齐全，时间安排合理可行。根据测试数据对照设计及标准中的技术指标要求对该系统做出质量评估，对不合格项提出整改意见。

2）程控数字交换系统

程控数字交换系统一般采用专网小型复用交换机，基本上大多安装在管理中心内的通信中心机房内，其工程质量控制要点主要是设备安装配线。

（1）程控交换设备安装的平面布置在通信中心机房内应与其他通信设备布局相协调，便于维护管理，设备安装牢固，总配线架安装要便于配线及跳线。

（2）设备之间配线连接正确，布放整齐，标识明确。

3）光电缆线路工程

光电缆线路是公路通信设施的重要组成部分，其传输质量将直接影响整个公路通信网的技术指标，故光电缆线路是通信工程的控制重点。

（1）光缆线路工程。

光缆线路工程的控制重点是敷设及接续两个工序，施工后应使每个光中继段的光传输特性符合设计文件和光电数字传输设备的技术要求。

①施工前,应对到场光缆进行单盘测试检验,到场光缆光纤按100%的要求进行测试,保证准备施工的光缆技术指标符合设计技术要求。应对光缆经路及人(手)孔分布情况调查了解,监督施工单位的光缆配盘合理。

②光缆敷设应根据人(手)孔间距长短决定采用气吹法或人工牵引法施工方法,光缆预留地点及长短应符合设计及规范要求,如接续预留、引入点预留、过桥涵等处预留,光缆弯曲半径应大于其外径的20倍,敷设过程中杜绝出现"背扣"现象。

③光缆接续及接续测试应由经过专门培训的技术工人持证上岗操作,并在操作现场进行接续监测,以确保接续损耗符合设计及标准要求。应检查光纤接续如缆芯、金属护套的连接操作工艺是否符合规范要求,接续盒在人(手)孔中的安装、固定、标识应牢固、清晰、正确。光缆预留绑扎等应符合设计及技术规范要求。

整个中继段光缆接续完毕,应进行光传输指标测试,包括传输衰耗、接续点损耗等技术指标是否满足设计及标准的要求。

④施工完成后整理光缆线路工程资料。光缆线路工程资料主要包括工程技术资料和工程竣工图纸两方面的内容。工程技术资料由中继段光缆配盘图、中继段光纤衰减统计表、接续损耗测试表、中继段光纤线路衰减测试记录、对地绝缘测试表、光纤后向散射信号曲线图片组成;工程竣工图重点图纸有光缆竣工路由图、局内光缆安装及ODF架安装位置图、光纤分配图表、ODF架光纤配纤图。监理工程师首要检查资料是否完整、齐全,然后要对资料内容的准确程度进行现场核实。

(2)电缆线路工程。

通信电缆线路是程控交换业务电话传输线路,目前主要采用充油、全塑型市话电缆,电缆线路工程的控制重点是敷设和接续两个工序。

①施工前,应对到场的电缆进行单盘测试,使其符合合同要求。

②根据施工图设计要求调查了解电缆经路及人(手)孔情况,核实施工单位的电缆配盘是否合理。

③电缆敷设应符合规范,电缆预留应符合设计及规范有关规定,电缆的弯曲半径应大于其电缆外径的15倍,敷设后电缆的两端头应密封防潮,防止电缆芯线裸露。

④电缆接续及配线应由经过培训的专业人员上岗操作,全塑市话电缆的接续主要采用接线子及热可缩套管接续工艺。电缆芯线的直接、交接、分歧接应符合《通信线路工程验收规范》(YD 51171—2016)的要求,其芯线接续应松紧适度,接线子排列整齐,接续后不应有混、断及接触不良等故障。电缆及配线应色谱正确,线序无误,全部接续完毕后应对使用段进行全程测试,并符合设计要求。

4.通信设施检测的主要项目与方法

1)通信设施质量检测的主要项目

(1)光、电缆线路。

(2)光纤数字传输设备。

(3)数字程控交换设备。

(4)会议电视设备。

(5)数字同步时钟设备。

(6)紧急电话、有线广播设备。

(7)通信电源设备。

2)通信设施质量检测方法

(1)光、电缆线路的检测。

①光、电缆到货后核对规格、型号、盘长符合合同要求,查验出厂测试报告与到货产品相吻合,检查光电缆外观完好、无损伤。

②单盘测试,用光时域反射仪(OTDR)测试光纤损耗和长度。用直流电桥、电容测试仪和500V 绝缘电阻测试仪测试电缆芯线的直流电阻和不平衡电阻,线间电容和对地电容以及绝缘电阻。测试指标应符合设计要求。

③光、电缆敷设,先核对端别,按照设计要求的 A、B 端敷设光、电缆。检查通信站引入光缆接头处、大桥、隧道等特殊地段光缆的预留长度。

④光纤接续损耗检测,可用 OTDR 测试。

⑤光中继段测试。

a.用光源和光功率计测试光中继段光纤衰减,有两种方法:剪断法和介入法。

b.光中继段开通 SDH 传输系统,若速率大于 622Mbit/s 时,则应对 S 点回波损耗进行测试,用光回波损耗测试仪进行测试。

(2)通信设备的检测。

①通信机房环境、安全检查

a.通信站机房应符合建筑技术施工工艺要求。

b.专用交流电源到位,电压波动范围。

c.预留沟槽孔洞符合设计要求。

d.接地电阻符合设计要求。

②安装工艺检查

a.机架设备位置安装正确、牢固。

b.机架安装垂直偏差不大于 3mm,列内机架相互靠拢,机架间隙不大于 3mm,列内机面平齐,无明显参差不齐现象。

c.机房布线路由按设计进行;排列整齐,外皮无损伤;电源线、信号线缆分离布放。

③设备检查和本机测试

a.通信设施各系统设备需逐项检查设备出厂记录或厂验记录,是否符合合同要求。

b.SDH 光纤数字传输设备。按《同步数字体系 SDH 光纤传输系统工程验收规范》(YD/T 5044—2014)进行测试,性能及指标需符合规定要求。SDH 设备测试主要有电源及告警功能检查、光接口检查及测试、电接口检查和测试以及抖动性能测试和时钟性能检查测试,可采用光功率计、SDH 数字传输分析仪和误码测试仪等仪表测试。

c.数字程控交换设备。按《固定电话交换网工程验收规范》(YD/T 5077—2014)进行测试,性能及指标需符合规定要求。主要进行硬件检查测试和系统检查测试。

系统检查测试主要包括系统的建立功能、系统的交换功能、系统的维护管理功能和系统的信号方式及网络支撑。

d. 会议电视设备。按《会议电视系统工程验收规范》(YD/T 5033—2018)进行测试,性能及指标需符合规定要求。会议电视系统检查测试主要包括视频部分、语音部分、会议控制、MCU 组网方式、系统的维护管理功能及业务联络系统。

e. 数字同步时钟设备。按《数字同步网同步设备安装工程验收规范》(YD/T 5090—2005)进行测试,性能及指标需符合规定要求。设备功能和性能检验主要包括倒换功能检验、告警功能检验、监测功能检验、同步状态信息功能检验、通信功能检验等。

f. 紧急电话、有线广播设备。主要对系统功能的测试包括通信呼叫、呼叫排队、地址码显示、自动录音、故障报告、定时自检、手动自检功能等。通话音量测试,用声级检测仪在距电话亭 40cm 处测试音量≥90dB。广播额定声压级强度测试,用声级检测仪在广播正前方 100cm 处测量≥120dBA。

g. 通信电源设备。按《通信电源设备安装工程验收规范》(GB 51199—2016)进行测试,性能及指标需符合规定要求。检验主要电气性能参数:输入交流电压、输出的电压、电流;输出纹波电平;稳压精度,输入、输出过压、欠压保护值、浮充、均充电压和自动转换性能。阀控式密封铅酸蓄电池,应用万用表检查电池端电压和极性,保证极性正确连接;使用前应检查各单体开路电压,低于 2.13V 或储存期超过 6 个月则应进行充电。

3)通信设施的调试

(1)设备单机调试。

通信设备单机调试主要在工厂进行,并由工厂提供调试记录。施工现场是按设计要求进行设备参数、系统参数设置及设备工作状态调试、检测。

(2)系统调试。

①光纤数字传输系统的调试。

a. SDH 光纤传输系统的系统误码性能指标应符合设计要求。

b. 测试时间为 24h 和 15min 两种。

c. 具有 24h 测试接口。

d. 系统抖动性能测试最大允许输出抖动不应超过规定值,测试时间为 60s。

e. 光通道衰减测试应符合通信工程设计要求。

f. 2M 支路口漂移指标:MTIE≤18μs(24h);40h 滑动≤1 次。

g. 公务电话质量评定:声音清晰、无杂声。

h. 激光器保护功能检查:接收系统无光信号时应能自动关闭激光器。

i. 选择和切换定时源的功能检查:按 SDH 设备软件中的同步定时源的配置进行各种定时源选择,一旦检测到当前同步源时钟丢失,则选择下一个最优先级的同步时钟源,当最高优先级时钟源恢复后,能自动或手动倒回最优先级时钟。

j. 光缆线路系统出现下列情况之一时应立即倒换:信号丢失(LOS)、帧丢失(LOF)、告警指示信号(AIS)、超过门限的信号劣化。

k. 根据功能要求进行软件的配置、光传输线路和光传输设备(SDH、OLT、ONU、网管设备等)的联调。

②数字程控交换系统的调试。

a. 根据设计要求,在单机测试的基础上进行程控交换主机和其他外围设备的联调,如话务台、维护终端、计费终端、调度指令电话总机以及总配线架间的联调。

b.本局呼叫,出入局呼叫,汇接呼叫等电话交换功能、热线功能、会议功能、114查询、故障受理等功能应满足设计要求。

c.设备和线路故障自检等应满足设计要求。

d.程控交换机的传输指标应符合《邮电部电话交换设备总技术规范书》(YDN 065—1997)的规定要求。

③紧急电话系统的调试。

a.紧急电话主机功能应符合设计要求,能接听分机呼叫并有保持排队功能,记录通话时间和路侧分机编号地址;可自动接通、保持、断开与路侧分机的通路。

b.有事故记录、打印及录音功能,还可对录音电话进行检索和重放。

c.按设计要求进行通话试验。

d.紧急电话分机与紧急电话控制台之间的传输特性应满足传输衰减小于18dB(800Hz)。

④通信电源系统的调试。

a.通信电源系统调试包括交流供电和直流供电的调试,供电指标应符合设计要求,能为通信设备提供可靠的交流和直流电能,保证通信设备的不间断供电。

b.电源网管系统的调试,应满足设计要求,能对高频开关整流电源、蓄电池及远端无人通信站的电源进行遥控、遥测和遥信。

c.整流器在稳压工作的基础上,能与蓄电池以浮充工作方式或均充工作方式向通信设备供电。

d.主备用电源能自动切换,具有两路电源不能同时供电的互锁功能。

(3)通信设施各系统之间的联调。

①干线传输系统、综合业务接入网系统、数字程控交换系统、会议电视系统、数字同步时钟系统及电源系统之间的联调,各项功能应满足设计要求。

②干线传输系统与相邻公路路段干线传输系统之间的联调,保证各项指标符合设计或标准要求。

③数字程控交换机与相邻公路路段交换机、省中心交换机以及本地公用网交换机之间的联调,出、入局呼叫、汇接呼叫及局间信令等应满足设计要求。

④会议电视系统主会场与分会场之间的联调,图像及话音应符合设计要求。

⑤数字同步时钟系统与各系统之间的联调,各系统时钟应同步于主时钟系统,指标应符合规定的要求。

⑥公路通信设施与收费、监控设施之间的系统联调,各种接口和通道应满足设计要求。

施工单位对公路机电工程各系统自行调试完成后,应申请工程的系统签证测试。施工单位宜按以下步骤做准备:提交系统测试大纲+监理审查系统测试大纲→确定系统测试大纲→按系统测试大纲自测→提交系统测试报告→监理签证测试(评定检测)→公路机电工程质量评定结论。

第四节　公路收费工程质量监理

一、公路收费的基本概念

公路收费通常采用全线均等收费制（以下简称"均一式"）、按路段收费制（以下简称"开放式"）和实际行驶里程收费制（以下简称"封闭式"）三种收费制式。

公路收费方式可分为人工收费、半自动收费、全自动收费；从用户（驾驶员）的角度区分，可分为停车和不停车收费方式。我国高速公路正在推广公路全自动收费（ETC）。

二、公路收费设施组成

公路收费设施由省公路收费中心设施、路段收费分中心设施、收费站设施、收费车道设施组成。各级收费设施分别由基本功能设施和扩展功能设施组成，基本功能设施有计算机系统、收费视频监视系统、内部对讲系统、紧急报警系统、电源系统等；其扩展功能设施有计重系统、车牌自动识别系统等。

1. 省公路收费中心

省公路收费中心是全省高速公路的统一收费管理机构，主要职责是协调和指挥全省各条高速公路的收费管理，对收取的高速公路通行费进行拆分和结算。

省公路收费中心设施主要由通行费拆分与结算系统、系统参数管理系统、报表统计/查询/打印系统、票证及通行券管理系统、数据传输系统、数据存储系统、数据备份与恢复系统、信息发布系统、网络管理系统、操作权限管理系统、密钥管理系统、安全认证系统等构成。

省公路收费中心网络宜选用千兆以太网等高速网络通信技术组网，采用开放式网络构架，采用双机热备份服务器并配置适当的数据存储系统。

1) 省公路收费中心基本功能设施

省公路收费中心主要由主数据服务器、通信服务器、结算服务器、访问服务器、通行券（包括票据管理）服务器、备份服务器、交换机、路由器、联网收费密钥管理工作站、通行券管理工作站、非接触式IC卡初始化和发卡设备、各种应用业务工作站、打印机、磁带库和电源等组成。

2) 省公路收费中心扩展功能设施

(1) 电子收费。

需增加电子标签运营管理系统，主要由交换机、电子收费数据管理服务器（包括现金支付交易安全认证服务器）、管理工作站、密钥管理工作站、交易安全认证工作站、加密机、打印机、数据备份设备等组成。

(2) 非现金支付。

需增加非现金支付运营管理系统，主要由交换机、非现金支付数据管理服务器（可以与电子收费系统共用）、密钥管理工作站、交易安全认证工作站、加密机、打印机、数据备份设备等组成。

(3) 计重收费。

需增加计重收费运营管理系统,由计重收费数据库及其相关计重收费软件模块组成。

2. 公路收费分中心

公路收费分中心是指各独立运行管理公路路段的收费管理机构,直接对公路路段所辖的各收费站进行调度、管理,并监督各收费站的业务。

收费分中心设施:

公路收费分中心设施主要由数据处理与存储系统、系统参数管理系统、数据传输系统、报表统计/查询/打印系统、票证及通行券管理系统、数据备份与恢复系统、收费监控管理系统、特殊事件[如通行券不可读(坏卡)、超时、"U"形(回头)、未付(欠费)、车牌查询等]处理系统等构成。

公路收费分中心宜选用千兆以太网(或快速以太网)等高速网络通信技术组网。主要由服务器、工作站(收费管理、通行券管理、财务等)、打印机、数据备份设备、交换机、路由器和UPS电源等组成。

可根据需要增加图像采集工作站;采用双机热备份服务器并配置磁盘阵列柜。

3. 公路收费站

公路收费站是公路联网收费管理的最基层的管理单位,对所辖公路收费车道实施实时管理,包括对收费数据、收费金额、收费员操作、收费车道事件的管理等。

公路收费站设施主要由管理参数管理系统、数据传输与处理系统、交接班管理系统、报表统计/查询/打印系统、票证及通行券管理系统、数据备份与恢复系统、收费监控管理系统、通行券不可读(坏卡)/超时/车牌查询管理系统、供电系统等构成。

公路收费站网络一般采用星形开放网络结构,选用100M/1000M双速以太网技术,由服务器、多层交换机、客户机(收费管理、车道运行监控、财务工作站)、打印机、数据备份设备和UPS电源等组成。

根据公路联网收费管理的需要,可以增加通行券管理工作站、图像采集处理工作站(需要高速率公路专用通信网支持)和图像存储设备。如果公路联网收费设施中采用电子收费系统,建议采用低配置容错服务器。

采用以收费站为主的收费监控模式,在站长室可设置一台具有视频图像功能的工作站,该工作台除检索收费数据外,还具有切换控制、观察收费站摄像机视频图像的功能。

4. 收费车道

公路收费车道是公路联网收费的核心,公路收费车道设施必须具备很好的可靠性、强壮性、适应性和安全性。

1) 封闭式入口车道

(1) 基本构成。

封闭式入口车道设施由车道控制机(含车道计算机)、收费员终端(显示器、收费专用键盘)、通行券(卡)读写器、车辆检测器及车检线圈、车道通行信号灯、亭内摄像机、车道摄像机、雨棚信号灯、雾灯、对讲分机、声光报警器和紧急报警设备、自动栏杆机和手动栏杆等组成。

(2) 可选车道外部设备。

包括车牌识别设备、车辆分离器以及自动收发卡机等。

2)封闭式出口车道

(1)基本构成。

封闭式出口车道设施由车道控制机(含车道计算机)、收费员终端(显示器、收费专用键盘)、通行券(卡)读写设备、车辆检测器及车检线圈、车道通行信号灯、车道摄像机、雨棚信号灯、雾灯、对讲分机、自动栏杆机、费额显示器、票据打印机、语音报价器、亭内摄像机、声光报警器、紧急报警设备、自动栏杆机和手动栏杆机等组成。

(2)可选车道外部设备。

包括车牌自动识别系统、自动收发卡机、车型自动判别仪、称重控制器、称重平台、车辆分离器以及轮胎识别器等。

3)开放式或混合式收费车道

开放式或混合式收费车道设施构成可以参考封闭式出口车道设施,酌情增减系统、设备。

5.闭路电视监控系统

闭路电视监控是对收费业务进行实时监控以及稽查的主要手段之一。

闭路电视监控系统由广场摄像机、车道摄像机、亭内摄像机、字符叠加器、传输设备、视频切换器、图像记录和图像显示设备等组成。

6.内部对讲系统

收费内部对讲系统由收费站内对讲主机、收费亭内对讲分机、通信线缆和电源等构成。

7.紧急报警系统

收费紧急报警系统由收费站内报警主机、收费亭内的报警开关和连接它们之间的信号电缆构成。

8.公路收费软件

公路收费软件一般包括系统软件(操作系统、数据库、支撑软件等)和应用软件。

公路收费应用软件应满足公路监控、收费等相应系统的功能和性能的全部要求,做到结构化、模块化。

三、公路收费工程施工质量监理

1.计算机及网络系统

公路收费计算机网络系统施工包括省收费管理中心、区域收费管理中心、路段收费管理分中心、收费站和收费车道计算机网络系统。

省收费管理中心、区域收费管理中心、路段收费管理分中心、收费站机房和收费监控大厅(室)装修须按《电子信息系统机房设计规范》(GB 50174—2008)的要求实施。

收费管理中心(分中心)、收费站所需服务器等计算机、外设等硬件设备必须符合合同文件要求,监理工程师检验合格后方可安装。

所有计算机所需安装的操作系统、数据库等操作系统软件必须是正版的,工作站前端软件安装必须是有授权的。执行软件安装的技术人员必须是经过专业培训,且具有专业软件从业资格。

1)收费管理中心计算机网络系统

(1)流程与监理要点。

①电源设备安装:按照设计要求对中心(分中心)电源设备进行安装。

②中心(分中心)设备单机安装:服务器、配置计算机(收费系统计算机、收费CCTV监控计算机及通信计算机)按统一收费软件来设置各管理工作站的用途,用来实现对收费分中心的管理。

③相关软件安装:依据统一收费软件系统的安装步骤,依次对中心(分中心)的服务器、管理计算机等安装软件。

④设备参数配置:正确配置收费车道和中心(分中心)各计算机与服务器的网络地址。正确配置各计算机和服务器的访问权限。正确配置收费站与车道交换机。

⑤联网调试:收费站计算机系统设备安装完成后,检查、调整设备安装位置,使之正确、牢固,设备连接符合施工图设计,检测确认线缆合格,可对设备进行通电调试,检测各设备工作正常。核对服务器、工作站、车道工控机IP地址、机器名及其相应的机构代码,检查数据流程是否正常。

⑥恢复现场与成品保护:现场所有设备安装调试完毕后,对施工现场进行清理恢复,并注意在投入使用前的成品保护。

(2)质量标准。

①基本要求。

a.计算机网络系统设备数量、型号符合合同要求,部件完整。

b.设备安装到位并已连通,处于正常工作状态,并进行了严格测试和联调。

c.分项工程自检和系统联调记录、设备及附(备)件清单、有效的设备检验合格报告或证书等资料齐全。

②技术要求。

a.各端子对机壳绝缘电阻:$\geqslant 50\text{M}\Omega$。

b.机房和车道联合接地电阻:$\leqslant 1\Omega$。

c.与收费分中心的数据传输功能:定时或实时上传数据。

d.系统时间设定功能:对车道计算机的时钟进行统一校准。

e.图像稽查功能:可稽查所有出入口车道"有问题"车辆图像。

f.报表统计管理及打印功能:收费中心(分中心)计算机系统可打印规定的各种报表。

g.对各收费站及车道CCTV图像切换及控制功能:可切换、可控制。

h.与收费分中心计算机通信功能:与收费分中心(站)传输规定的数据,传输准确。

i.通行卡管理功能:通过授权正确制作通行卡、公务卡、身份卡,并能记录、统计、查询本中心发行卡的信息。

j.系统崩溃或电源故障重新启动时,系统能自动引导至正常工作状态,不丢失任何历史数据。

③外观质量。

a.计算机设备安装稳固、端正。

b.监控室内操作、座椅、设备、配线列架等整齐、有序、无明显歪斜,标志清楚、正确。

c. 所有设备安装后,外观无划伤、刻痕以及防护层剥落等缺陷。
d. 设备及收费监控室内布线整齐美观、固定可靠、标志清楚、正确;过墙、板、地下通道处要有保护套管,并留有适当余量。
e. 设备之间各连接、插头等部件要求连接可靠、紧密、准确到位;布线整齐、余留规整、标志清楚、正确;固定螺栓等要求紧固,无松动。
f. 配电箱内信号线、电源线及其接插头要求明显区分,标志清楚,有永久性接线图。

2)收费站计算机网络系统

(1)流程与监理要点。

①收费站安装的主要设备材料型号、规格、数量等符合合同要求。

②机柜内安装定位时,保证机柜前后空间分配合理,与整个机房通风良好。

③机房内机柜摆放一般以机房为中心一字排开,保证整体整洁。

④所有机柜、计算机桌(控制台)确认安装位置后,均需与地面进行固定处理,如安装防静电地板,则需落地固定。

⑤收费站操作台与电视墙须符合人机学原理要求。

⑥设备布置应符合施工设计图纸的要求。

(2)质量标准。

①基本要求。

a. 计算机网络系统设备数量、型号符合合同要求,部件完整。

b. 设备安装到位并已连通,处于正常工作状态,并进行了严格测试和联调。

c. 分项工程自检和系统联调记录、设备及附(备)件清单、有效的设备检验合格报告或证书等资料齐全。

②技术要求。

a. 各端子对机壳绝缘电阻:$\geqslant 50 M\Omega$。

b. 机房和车道联合接地电阻:$\leqslant 1\Omega$。

c. 与收费分中心的数据传输功能:定时或实时上传数据。

d. 系统时间设定功能:对车道计算机的时钟进行统一校准。

e. 图像稽查功能:可稽查所有出入口车道"有问题"车辆图像。

f. 报表统计管理及打印功能:收费站计算机系统可打印规定的各种报表。

g. 对各站及车道 CCTV 图像切换及控制功能:可切换、可控制。

h. 与收费分中心计算机通信功能:与收费分中心传输规定的数据,传输准确。

i. 系统崩溃或电源故障重新启动时,系统能自动引导至正常工作状态,不丢失任何历史数据。

③外观质量。

a. 计算机设备安装稳固、端正。

b. 监控室内操作、座椅、设备、配线列架等整齐、有序、无明显歪斜,标志清楚、牢固。

c. 所有设备安装后,外观无划伤、刻痕以及防护层剥落等缺陷。

d. 设备及收费监控室内布线整齐美观、固定可靠、标志清楚、正确;过墙、板、地下通道处要有保护套管,并留有适当余量。

e. 设备之间各连接、插头等部件要求连接可靠、紧密、准确到位;布线整齐、余留规整、标志清楚、正确;固定螺栓等要求紧固,无松动。

f. 配电箱内信号线、电源线及其接插头要求明显区分,标志清楚,有永久性接线图。

3)收费车道计算机网络系统

(1)流程与监理要点。

①计算机设备安装牢固、标志清楚,线缆布放路由正确、绑扎牢固、端头连接规范、标志清楚、正确,弯曲半径和预留长度符合施工图设计要求或《公路收费车道控制机》(GB/T 24968—2010)的要求。

②车道设备安装布线整齐美观、固定可靠、标志清楚、正确;过墙、板、地下通道处要有保护套管,并留有适当余量,以及防护层无剥落等缺陷。

③设备之间的连接、插头等部件要求连接可靠、紧密、到位准确;布线整齐、余留规整、标志清楚、正确;固定螺钉等要求坚固,无松动。

④所有线缆标志能体现该线缆的作用与起止点,设备标志能体现出该设备的作用与主要设置参数(如本设备的 IP 地址、IP 段、编码地址等)。

⑤按施工设计图纸将收费亭安装在收费岛上,将收费车道计算机安装在收费亭内。安装时,注意设备摆放顺序应尽可能与施工图设计要求一致,设备之间应有一定的距离,以便接线调试和通风散热。

⑥按施工设计图纸,将设备连接线缆分强电线槽和弱电线槽,分开布放,并与对应设备依次连接。

⑦按照设计要求,将设备接地线与机房接地母线、地线排可靠连接。

⑧整理设备连接线缆,并绑扎固定,绑扎、悬挂线缆标牌。线缆标志须内容清晰明了,和线缆对应正确无误。

⑨正确配置收费车道和收费站各计算机与服务器的网络地址。

⑩收费车道计算机设备安装完成后,检查、调整设备安装位置,确保正确、牢固,设备安放符合设计要求,检测线缆符合要求后,可对设备进行通电调试,检测各设备工作是否正常。

⑪核对服务器、工作站、车道工控机 IP 地址、机器名及其相应的机构代码,检查数据流程是否正常。

(2)质量标准。

①基本要求。

a. 计算机网络系统设备数量、型号符合合同要求,部件完整。

b. 设备安装到位并已连通,处于正常工作状态,并进行了严格测试和联调。

c. 分项工程自检和系统联调记录、设备及附(备)件清单、有效的设备检验合格报告或证书等资料齐全。

②技术要求。

a. 各端子对机壳绝缘电阻:≥50MΩ。

b. 机房和车道联合接地电阻:≤1Ω。

c. 系统时间设定功能可实现对车道计算机的时钟进行统一校准。

d. 完成对各站及车道 CCTV 图像切换及控制功能。

e. 系统崩溃或电源故障重新启动时，系统能自动引导至正常工作状态，不丢失任何历史数据。

③外观质量。

a. 计算机设备安装稳固、端正。

b. 监控室内操作、座椅、设备、配线列架等整齐、有序，无明显歪斜，标志清楚、牢固。

c. 所有设备安装后，外观无划伤、刻痕，以及防护层剥落等缺陷。

d. 设备及收费监控室内布线整齐美观，固定可靠，标志清楚、正确；过墙、板、地下通道处要有保护套管，并留有适当余量。

e. 设备之间的连接、插头等部件要求连接可靠、紧密、准确到位；布线整齐、余留规整、标志清楚；固定螺钉等要求紧固，无松动。

f. 配电箱内信号线、电源线及其接插头要求明显区分，标志清楚，有永久性接线图。

2. 收费车道系统

收费车道系统包括车道控制机（含工控机和车道控制器）、收费员终端（显示器、专用键盘）、通行券发券装置（入口）、通行券读写装置（出口）、票据打印机（出口）、IC 卡收发卡机、收费亭内摄像机、收费亭内拾音器、对讲分机、报警开关等设备。

设备安装位置应符合施工图设计要求，设备安装牢固且不侵入建筑限界，布局应合理，线缆连接应正确并便于维修。车道控制机放置位置，应不妨碍收费员的正常操作，报警开关原则上应安装在隐蔽位置。

1）车道控制机

（1）流程与监理要点。

①按施工设计图纸要求的位置安装车道控制机，将车道机进线孔与收费亭内防静电地板的出线孔位对准并匹配孔径。地板下线槽至车道机进线孔之间的线缆，应加穿金属软管保护并绑扎固定。

②核查确认所有外设线缆均已布设完毕，并将线缆自地板下经线缆孔引至地板上；安装固定车道控制器。

③检查核对布设的收费线缆完好。

④按规范制作线缆成端，每根线缆护套根部均加套热缩管，用热风枪缩封。对照施工图设计接线图表，将各条缆线接入相应端子排接线端。

⑤按施工设计图纸安装开关电源，并按电源容量布设输入、输出电源电缆。

⑥按施工设计图纸安装车辆检测器，根据线圈电感量及应用软件要求，调整车辆检测器模式及频率。

⑦在车道机柜预留卡槽位安装并固定字符叠加器，并接入直流电源。将视频电缆的摄像机输入、显示器输出和上传监控室输出分别制作终端，接入字符叠加器对应的输入、环路输出和叠加输出端口。

⑧将网络、视频和音频线缆分别制作 RJ45、BNC 和 RFI 端头，对应接入工控机的网卡、视频捕捉卡和声卡接口。

⑨全部线缆接续完毕，检查确认，保证线缆全部到位并且接续无误。确认电源电压符合设计工作电压，对车道机供电开机。使用测试软件操作，通过观察外设工作状态及继电器板上的

继电器切换状态对受控设备进行初步测试。

⑩整理设备内所有线缆,并绑扎固定,绑扎、悬挂线缆标牌。线缆标志内容须清晰明了,和线缆对应正确无误。

⑪将车道机内的箱体、门体等接地端子用导线压接铜线卡子进行连接固定。对引上线缆进行盘留绑扎。清理施工现场,保持收费亭干净、整洁。

(2)质量标准。

①车道控制器的安装质量应符合设计要求与《公路工程质量检验评定标准 第二册 机电工程》(JTG 80/2—2004)的规定。

②车道控制器的安装位置,应符合施工设计图纸的要求,安装稳固、端正,并便于维护。

③车道机设备安装后,外观无划痕、刻痕,以及防护层剥落等缺陷。

④设备及收费亭内布线整齐美观、固定可靠,并留有适当余量、标志清楚、正确;地板下、通道处应架设金属线槽或有保护套管。

⑤设备之间连接插头等部件要求连接可靠、紧密、准确到位;固定螺钉等要求紧固,无松动。

⑥机柜内部件、器件的线缆连接插头等部件要求连接可靠、紧密、牢固,有永久性连接线图。

⑦车道控制器设备强电端子对机壳绝缘电阻:≥50MΩ。

⑧车道控制器安全接地电阻:≤4Ω。

2)雾灯

(1)流程与监理要点。

①安装地脚膨胀螺钉:按施工设计图纸指定位置,根据立柱法兰盘尺寸,打入膨胀螺栓。安装膨胀螺栓时,须注意防止损坏螺纹。

②布设线缆:使用钢质管道内的引线铁丝将电源及控制线缆自基础管道内引出至岛头雾灯杆体上端。将平垫、弹簧垫和螺母依次套入膨胀螺栓,暂时不拧紧紧固螺母。

③安装校正立柱:调整雾灯立柱杆体垂直度符合要求,然后紧固螺母。

④安装灯箱:将雾灯箱体与立柱法兰相连接,检查可视角度后,将连接螺栓紧固。

⑤连接线缆:测量检查确认线缆完好,按照施工图设计接线图表,将电源、控制线缆分别接入相应端口。

⑥通电调试:仔细检查线缆连接正确无误,检测电源电压正确无误后,给设备供电调试。

⑦恢复现场与成品保护:现场所有设备安装完毕后,对施工现场进行清理,保持环境干净整洁,并注意在设施投入使用前对其进行保护。

(2)质量标准。

①收费岛雾灯的安装质量应符合设计要求与《公路工程质量检验评定标准 第二册 机电工程》(JTG F80/2—2004)的规定。

②雾灯应符合国家标准《道路交通信号灯》(GB 14887—2011)的各项规定。

③雾灯部件表面光泽一致,无划伤、无刻痕、无剥落、无锈蚀。

④同一收费站区同向车道的所有雾灯的中心线应为一条直线,侧面垂直度也须保持一致。

⑤灯箱密封性能必须良好,防护效果符合设计的防护等级的要求,保证雨水不能进入箱体

内部造成侵蚀。

3) 手动栏杆

(1) 流程与监理要点。

①安装地脚螺栓。按施工图设计位置,根据手动栏杆机压铁尺寸,安装地脚螺栓。

②安装立柱。将手动栏杆机安放于车道基础上,保证安装后同向车道所有的栏杆机在同一直线上。套上垫片及膨胀螺栓螺母,调整手动栏杆立柱垂直度并达到要求值时,紧固安装螺母。

③安装手动栏杆横臂。将销轴放入栏杆横臂中,然后和栏杆托臂相连,套上连接螺栓进行紧固,最后将栏杆推入托臂槽中。沿行车方向,栏杆臂应能在水平面上打开90°。

④恢复现场与成品保护。现场所有设备安装完后,对施工现场进行清理,保持环境干净整洁,并注意在投入使用前对成品进行保护。

(2) 质量标准。

①手动栏杆机的安装质量,应符合设计要求与《公路工程质量检验评定标准 第二册 机电工程》(JTG F80/2—2004)的规定。

②设备外观无划痕、无刻痕以及防护层剥落等缺陷;安装过程中,避免损坏箱体外表面喷塑层。

③手动栏杆机基础中心距路边距离符合设计要求,沿行车方向栏杆臂应能在水平面上打开90°。

4) 车辆检测器

(1) 流程与监理要点。

①画线定位。清扫车道,按施工图设计位置在现场确定车检线圈施工位置,确定线圈切割位置、尺寸。

②路面切割。用切割机缓慢匀速下刀,切割深度符合要求。线槽要求走线平直,保证槽底平整。

③线圈倒角。矩形线槽切割完毕后,应对四角150mm处,进行45°角切割出倒角槽,保证倒角槽和线圈槽连接处的平滑。

④清洗切缝。用高压水枪对线槽进行数遍冲洗,将缝内泥浆洗净,以保证随后的灌封质量。

⑤风干切缝。用吹风机将切缝槽内存水吹出风干。

⑥安装垫底层泡沫胶条。确定线槽内清洁无杂物,用直径为6mm的弹性发泡密封条垫入切割线槽底部,用线钩压实。

⑦布设电缆。将线圈线缆松紧度适中地逐层下入线槽内,用线钩逐层压实,根据设计要求的电感计算确定布设线圈的匝数。

⑧安装上面层泡沫胶条。在线缆上用弹性发泡密封条压入线槽内,用线钩将胶条尽量压实。

⑨缠绞馈线。线缆留足接入线圈检测器的长度后截断,将两根馈线每米10~15转顺时针缠绕。用万用表测量并记录电感、环阻等原始数据。检测符合要求后,引入设备待接端口。

⑩贴防污染胶带。在各条切槽两边用不干胶带粘贴,防止灌封时密封胶污染路面。

⑪灌胶回填。用专用胶枪将硅酮密封胶均匀地灌入安装了线圈的切割线槽中,所有切槽均需灌封并保证饱满密实,不能有空层及气泡。

⑫勾缝抹平。灌胶完成后,用油灰刀将硅酮密封胶压实抹平,不能留有缝隙。

⑬清理恢复车道。清理安装车检线圈后的路面,可将切割线槽产生的水泥灰覆盖于切槽勾缝之上,防止粘连。

(2)质量标准。

①切缝外观平直美观。检查切槽深度是否符合设计要求。

②拐角处应进行倒角切割,避免锐角损伤线缆。

③灌胶前应测量电感量是否符合设计要求。

④隐蔽工程原始数据记录应及时完整。

5)电动栏杆机

(1)流程与监理要点。

①安装地脚螺栓。按施工设计图指定位置,根据栏杆机压铁尺寸,用电锤钻出底孔,安装地脚膨胀螺栓。

②安装电动栏杆机体。将电动栏杆机放置于车道基础上,用细线绳将所有设备进行吊线检测,保证安装后同向所有车道的电动栏杆机处在同一直线上。

③布设线缆。使用收费岛内钢质管道内的引线铁丝将电源及控制线缆自基础管道内牵引至电动栏杆机进线孔位。将线缆护套根部加装热缩套管,线缆留取足够长度截断,用剥线钳剥除端口绝缘层,按线缆规格选用冷压端子,用压线钳压接。

④固定电动栏杆机箱体。将随机附带的安装压铁放置于栏杆机内部,套上垫片及膨胀螺栓螺母,调整电动栏杆机箱垂直度,待其符合要求后紧固螺母固定。

⑤连接控制线缆。按照施工图纸的接线图表和设备安装使用说明书,将控制线缆接入电动栏杆机的控制模块相应端口。

⑥连接电源线缆。将电源线缆接入相应的电源端口,同时连接设备外壳接地线。

⑦安装电动栏杆机横臂。将销轴放入栏杆横臂中,然后和栏杆托臂相连,套上连接螺栓进行紧固,最后将栏杆推入托臂槽中。沿行车方向栏杆臂应能水平打开90°。

⑧防锈润滑处理。设备安装完毕后,对设备接头、旋转等关节处涂抹工业润滑剂,同时对设备做防锈处理。

⑨设备通电调试。全部安装工作完成,经检查确认符合设计要求,对设备进行通电调试。检查栏杆起落状态是否正常,设备能否按线圈的触发状态正常工作。

⑩恢复现场与成品保护。现场所有设备安装完成后,对施工现场进行清理,保持环境干净整洁,并注意在设备投入使用前对其进行保护。

(2)质量标准。

①自动栏杆机的安装质量应符合设计要求与《公路工程质量检验评定标准 第二册 机电工程》(JTG F80/2—2004)的规定。

②设备外观无划痕、刻痕,以及防护层剥落等缺陷,安装过程中,避免损坏箱体外表面喷塑层。在同一收费站同向车道,所有电动栏杆机设备箱体中心应在一条直线上。

③电动栏杆机基础中心距路边距离应符合设计要求,沿行车方向栏杆臂应能在水平面上

打开90°。

④电动栏杆机杆臂在受撞击时能90°转开。

⑤电动栏杆机设备强电端子对机壳绝缘电阻：≥50MΩ。

⑥电动栏杆机安全接地电阻：≤4Ω。

⑦感应线圈的引出线在机箱内应尽量缩短，不允许盘绕。

6）费额显示器

（1）流程与监理要点。

①安装地脚螺栓。按施工设计图要求的位置，根据立柱法兰盘尺寸，用电锤钻出底孔，安装地脚膨胀螺栓。

②安装立柱。调整费额显示器立柱杆体垂直度，待其符合要求后，紧固费额显示器地脚螺栓螺母。

③布设线缆。使用钢管内引线铁丝将电源及控制线缆自基础管道内引出至费额显示器箱体内。

④制作线缆成端。将线缆护套根部加装热缩套管，长度为40~50mm，然后用热风枪缩封。线缆留取足够长度截断，用剥线钳剥除端口绝缘层，按线缆规格选用冷压端子，用压线钳压接。

⑤安装机箱。用抱箍将费额显示器箱体与立柱相连接，检查设备的可视角度后，将连接螺栓紧固。

⑥连接线缆：测量检查确认连接线缆合格，按照施工图设计接线图表将电源、控制线缆接入相应的接线端口。

⑦通电调试。费额显示器安装完毕，经检查确认准确无误后，检测电源电压符合设计要求，对设备进行供电调试。检查设备和车道对应准确，并且设备能按规定的触发状态切换及正常工作。

⑧固定线缆标志。整理安装的所有线缆并绑扎固定，将制作好的正式线缆标牌分别用扎带悬挂在线缆之上。线缆标志内容清晰明了、正确无误。

⑨恢复现场与成品保护。恢复设备接线端口盖板。清理施工现场，保持环境干净整洁，并注意在设备投入使用前对其进行保护。

（2）质量标准。

①费额显示器的安装质量应符合设计要求与《公路工程质量检验评定标准 第二册 机电工程》（JTG F80/2—2004）的规定。

②安装设备、部件表面光泽一致，无划伤、无刻痕、无剥落、无锈蚀。

③同向车道所有设备中心应在一条直线上，侧面垂直度也须保持一致。

④设备箱体密封性能必须良好，防护效果符合设计的防护等级的要求，保证雨水不能进入箱体内部造成侵蚀。

7）车道通行信号灯

（1）流程与监理要点。

①安装地脚螺栓。按施工设计图指定位置，根据车道通行信号灯立柱法兰盘尺寸，安装地脚膨胀螺栓，注意防止损坏螺纹。

②布设线缆。使用引线铁丝将电源及控制线缆自基础管道内引出至车道通行信号灯灯杆体上端。将平垫、弹簧垫和螺母依次套入膨胀螺栓，暂时不紧固螺母。

③安装立柱。调整车道通行灯立柱垂直度且符合要求后，彻底紧固螺母。

④安装灯箱。将车道通行信号灯箱体与立柱法兰相连接，检查可视角度后将连接螺栓紧固。

⑤连接线缆。检查确认线缆完好，按照施工设计图的接线图表，将电源、控制线缆连接至相应端口。

⑥通电调试设备。车道通行信号灯安装完毕，经检查确认准确无误后，检测电源电压符合设计要求，对设备进行供电调试。设备通电前，必须确认设备端的电源、控制线缆连接正确。

⑦恢复现场与成品保护。设备安装完工后，清理施工现场，保持环境干净整洁，并注意在设备投入使用前对其进行保护。

（2）质量标准。

①车道通行信号灯的安装质量应符合设计要求与《公路工程质量检验评定标准 第二册 机电工程》（JTG F80/2—2004）的规定。

②车道通行信号灯应符合《道路交通信号灯》（GB 14887—2011）的规定。

③车道通行信号灯部件表面光泽一致、无划伤、无刻痕、无剥落、无锈蚀。

④同一收费区域内同向车道通行信号灯的中心应安装在一条直线上，侧面垂直度也须保持一致。

⑤灯箱密封性能必须良好，防护效果符合设计的防护等级的要求，保证雨水不能进入箱体内部造成侵蚀。

8）雨棚信号灯

（1）流程与监理要点。

①制作安装附件。根据现场勘测结果进行安装附件设计、生产。

②搭建施工平台。在施工现场搭建雨棚信号灯安装施工平台。

③吊运设备及工器具。在施工现场布设安全保护设施，吊运灯箱、安装附件以及施工机具到达施工作业平台。

④安装灯体。将雨棚信号灯箱体安装在收费大棚的通行信号灯安装位置上，同一收费雨棚上的通行信号灯灯箱正面应处在同一水平线上，灯箱侧面垂直度也须保持一致，安装高度符合设计要求。

⑤连接线缆。检查线缆完好，按照施工图设计的接线图表，将电源、控制线缆正确连接至相应端口。

⑥通电调试设备。雨棚通行信号灯安装完毕，经检查确认准确无误后，检测电源电压符合设计要求，对设备加电进行调试。

⑦恢复现场与成品保护。安装设备完工后，清理施工现场，保持环境干净整洁，并注意在设备投入使用前对其进行保护。

（2）质量标准。

①雨棚信号灯的安装质量应符合设计要求与《公路工程质量检验评定标准 第二册 机电工程》（JTG F80/2—2004）的规定。

②雨棚信号灯应符合《道路交通信号灯》(GB 14887—2011)的规定。

③施工作业须遵循《建筑施工高处作业安全技术规范》(JGJ 80—2016)的要求。

④雨棚信号灯部件表面光泽一致,无划伤、无刻痕、无剥落、无锈蚀。

⑤所有灯箱正面应处在同一水平线上,灯箱侧面垂直度也须保持一致,安装高度符合设计要求。

⑥灯箱密封性能必须良好,防护效果符合设计的防护等级的要求,保证雨水不能进入箱体内部造成侵蚀。

9)广场摄像机

(1)流程与监理要点。

①清理复核地锚尺寸。复核地锚尺寸公差是否符合要求,清理地锚螺纹,清理基础表面。

②安装维护爬梯。安装钢立柱的维护爬梯,用螺栓固定。

③安装摄像机立柱。用吊车起吊安装摄像机立柱将法兰孔对正地锚螺栓后,指挥吊车放下立柱。调整摄像机立柱杆体垂直度符合要求。

④紧固地锚螺栓。将平垫、弹簧垫和螺母依次套入地锚螺栓,并用扳手彻底紧固螺母。

⑤安装避雷针及连接导线。将接地导线引上杆顶,与避雷针连接,并用螺栓固定避雷针。

⑥布设线缆。将电源及视频线缆自基础管道内引出至广场摄像机杆体上端。

⑦安装摄像机。将摄像机与立柱顶端凸缘相连接,检查设备的可视角度后将连接螺栓紧固。

⑧连接线缆。对照施工图设计接线图表,将电源电缆及视频同轴电缆分别接入相应端口,保证线缆全部连接到位并且接续正确无误。

⑨通电调试设备。将摄像机连接监视器,通电试调试,通过监视器的接收图像,对光圈、镜头进行调节,直至图像质量达到要求。

⑩观察摄像机的监视区的覆盖范围,通过调整转向凸缘调整水平、垂直角度,使取景角度、范围符合设计要求,最后将螺栓彻底紧固定位。

⑪恢复现场及成品保护。安装设备完工后,清理施工现场,保持环境干净整洁,并注意在设备投入使用前对其进行保护。

(2)质量标准。

①摄像机杆体及摄像机的安装质量应符合设计要求与《公路工程质量检验评定标准 第二册 机电工程》(JTG F80/2—2004)的规定。

②立柱表面光泽一致,无划伤、无刻痕、无剥落、无锈蚀。

③防雷接地与保护接地必须符合设计要求。

④接地线引线与接地连接部分应做防腐处理。

3. 车牌识别系统

车牌识别系统包括触发线圈、车牌采集摄像机和处理单元。

1)流程与监理要点

(1)组装车牌识别器。运输摄像机、立柱、连接件到施工现场,仔细阅读设备安装说明书,检验摄像机合格后开始组装、安装。

(2)安装地脚螺栓。按施工设计图指定位置,根据立柱法兰盘尺寸,用电锤钻出底孔,安装地脚膨胀螺栓。

(3)布设线缆。使用引线铁丝将电源及视频线缆自基础管道内牵引至车牌识别器杆体上端。

(4)安装摄像机杆体。安装摄像机立柱就位,将平垫、弹簧垫和螺母依次套入膨胀螺栓,暂不紧固螺母。调整摄像机立柱杆体垂直度符合要求,然后彻底紧固螺母固定摄像机立柱。

(5)连接转向凸缘。将组装好的车牌识别器、转向凸缘和立柱用螺栓进行连接。

(6)制作线缆成端。将视频同轴电缆引入防护罩内并制作 BNC 接头;使用电烙铁将电缆芯线、屏蔽铜网分别与 BNC 头的主轴、外壳焊接,屏蔽网应与芯线分开不能搭接相连。

(7)连接线缆。按照施工设计图接线图(表),将电源线缆及视频同轴电缆分别接入相应端口,保证线缆全部到位并且准确连接。

(8)通电调试设备。将车牌识别器连接至监视器,通电调试,通过监视器的接收图像,对光圈、镜头进行调节,直至达到图像设计质量要求。

(9)观察摄像机监视区的覆盖范围,通过调节转向凸缘调整水平、垂直角度,使取景角度、范围达到设计要求。

(10)恢复现场与成品保护。安装设备完工后,清理施工现场,保持环境干净整洁,并注意在设备投入使用前对其进行保护。

2)质量标准

(1)车牌识别器的安装质量应符合设计要求与《公路工程质量检验评定标准 第二册 机电工程》(JTG F80/2—2004)的规定。

(2)各部件表面光泽一致,无划伤、无刻痕、无剥落、无锈蚀。立柱安装牢固、端正、无明显缝隙。

(3)摄像机护罩及支架的安装,应符合设计要求,固定要安全可靠,水平和俯、仰角应能在设计要求的范围内灵活调整。

(4)在安装摄像机过程中,严禁打开镜头盖;安装高度须符合设计要求。

4.计重收费系统

计重收费系统施工要求路面平整度、坡度、收费岛长度、岛头长度、路面宽度、广场硬化路面长度、广场渐变线起始位置、排水等指标与状况符合要求。

1)流程与监理要点

(1)开挖基础。基础符合施工设计图纸的要求;管线开槽宽度以满足布设各种线缆的管道埋设为宜,要保证各车道的手孔和集线井处于同一直线。

(2)浇筑基础。根据现场选定的安装位置和施工图设计的要求,进行车道开挖基础的画线;按照施工图设计的开槽区域进行切割,要求外框符合施工图设计要求;轮胎判别器基础垫板上沿与路面平整度、数据采集处理器基础垫板水平度、红外线车辆分离器基础垫板水平度及其高低误差符合规定的要求。

(3)综合布线。电源电缆与信号线缆应分管布设;线缆在穿线管两端应留有长度余量。一根线缆中间不允许有接头;手孔内的线缆应套上蛇皮管;集线柜里的线缆必须保证整齐美观,并且均套蛇皮管;所有布设线缆的管道端口都应封堵、清洁并做防鼠处理。

(4)现场清理和预埋设施检查。清除松散混凝土块,保证表面干净粗糙,以利于新旧混凝土的凝接；固定钢筋笼和框架，保证在浇注混凝土时不变形、不移位，钢筋的弯制和焊接等均应符合施工图设计要求和有关技术标准、施工规范要求。

（5）安装秤台冲洗设施。秤台式计重设备的冲洗设施包括秤台基坑、积水管槽、加压水泵、横穿收费岛排水管道。

（6）安装秤台式计重设备秤台底座与浇筑混凝土。检查车道路面质量，测量纵横坡度、平整度是否符合施工要求；基础以下的土质要求浇筑 C20 以上混凝土；浇筑时，应注意用泡沫或其他物品把穿线缆管道管口密封好，防止进浆封堵管道；二次浇筑前应按图纸将相关位置凿毛。

（7）安装秤台式计重设备与接线。按正确方向将秤台放入框架；四只传感器压柱与垫板压实；秤台与框架上平面相平，秤台与框架间的距离应保持均匀、等距；按接线图将线缆与设备接线端子可靠连接、固定，电源电缆根部需采用热缩管保护；理顺连接数据采集器的线缆，电源电缆与数据线缆应分开布设；所有线缆均有明确的标志。

（8）配置设备参数。包括时钟设置、波特率设置、命令模式、方向使能、通信协议、台面宽度设定、线圈抓拍、更改口令、抓拍使能、缓存车数、看门狗设置等。

（9）安装软件与配置参数。根据设计文件提供接口协议进行软件安装和参数设置。

2）质量标准

（1）计重收费系统的设备及配件数量、型号规格符合合同要求，部件及配件完整。

（2）计重收费系统中使用的称重平台（承载器）必须通过相关部门形式评价（定型鉴定）的检测并取得《计量器具制造许可证》。

（3）称重平台、车辆分离器、胎型识别器安装位置正确，符合施工图设计要求。

（4）收尾线圈、称重显示屏（选件）安装尺寸符合施工图设计要求，线槽顺直、均匀，封填后平整，引线过缘石处理得当。

（5）控制机箱外部完整，门锁开闭灵活。

（6）电源、通信线缆按设计要求连接到位，计重收费系统工作正常。

（7）隐蔽工程验收记录、分项工程自检和设备调试记录、有效的设备检验合格报告或证书等资料齐全。

（8）称重平台、车辆分离器、胎型检测器、收费线圈、控制机箱等安装牢固、端正。

（9）计重收费系统各部件表面光泽一致、无划伤、无刻痕、无剥落、无锈蚀。

（10）基础混凝土表面应刮平，无损边、无掉角；机箱、各部件、法兰及地脚螺栓规格符合设计要求，防腐措施得当，裸露金属基体无锈蚀。

（11）防雷接地和安全接地应分开设置，接地焊接牢固，焊缝饱满并做防腐处理；防雷引下线及接地体所用材料规格、防腐与连接措施、安装位置符合施工图设计要求；金属机箱与安全保护地连接可靠，接地极引出线无锈蚀。

（12）各部件之间的出线管及与收费亭连接管线密封良好，箱体内无积水、尘土、霉变。

（13）机箱内电力线、信号线、元器件等布线平直、整齐、固定可靠，标识正确、清楚，插头牢固。

5. 收费闭路监视系统

收费闭路监视系统包括收费车道摄像机、收费亭内摄像机、收费站监控室摄像机以及收费站监控室视频设备。

1) 车道摄像机

流程与监理要点:

①组装摄像机部件。仔细阅读摄像机设备安装说明书,将摄像机、立柱、连接件按要求组装,安装前查验摄像机工作正常。

②安装地脚螺栓。按施工图设计位置,根据立柱法兰盘尺寸,安装地脚膨胀螺栓。膨胀螺栓安装打入时须注意防止损坏螺纹。

③布设线缆。用线铁丝引线将电源、控制及视频线缆自基础管道内引至摄像机杆体上端。将平垫、弹簧垫和螺母垫和螺母依次套入膨胀螺栓,暂时不拧紧螺母。

④安装杆体。安装摄像机立柱,拧上坚固螺母,固定信摄像机立柱,调整摄像机立柱垂直度符合要求,然后彻底紧固螺母,将立柱牢固固定。

⑤连接转向凸缘。将组装好的摄像机、转向凸缘与立柱螺栓连接,并紧固螺栓。

⑥制作线缆成端。将视频同轴电缆引入防护罩内并制作 BNC 接头。使用电烙铁将电缆芯线、屏蔽铜网分别与 BNC 头的主轴、外壳焊接,屏蔽网与芯线分开不可搭接相连。

⑦连接线缆。按照施工图设计接线图(表),将电源、控制线缆及视频同轴电缆分别连接至相应端口,保证线缆全部到位并且连接正确无误。

⑧通电调试设备。检查核对电源电压符合设计要求,给摄像机加电进行调试,对光圈、镜头进行调节,直至图像达到质量要求;调节转向凸缘调整水平、垂直角度,使取景角度、范围符合设计要求。

⑨恢复现场与成品保护。安装设备完工后,清理施工现场,保持环境干净整洁,并注意在设备投入使用前对其进行保护。

2) 收费亭内摄像机

流程与监理要点:

①设备定位。亭内摄像机固定于收费亭的右侧顶部,对准收费员工作作业区域。

②敷设线缆。亭内敷设线缆不允许中间有接头,不得有硬伤。线缆在收费亭地板下侧壁固定处应留出盘留长度余量。

③安装设备。制作 BNC 接头,焊接牢固,电源线、控制线、视频线加冷压端子接在摄像机端子上,连接牢固,无虚接现象。摄像机装配调试好后,引出视频线、电源线、控制线至摄像机配电箱中,由此引线与相应设备连接。

④视频线缆成端。视频电缆屏蔽网应与芯线分开不可搭接相连。

⑤通电调试设备。检查核对电源电压符合设计要求,给摄像机加电进行调试,对光圈、镜头进行调节,直至图像达到质量要求;调节转向凸缘调整水平、垂直角度,使取景角度、范围符合设计要求。

3) 财务室、监控室摄像机

流程与监理要点:

①财务室、监控室摄像机安装位置按照施工图设计定位,必要时可与建设单位代表在施工现场协商确定。

②按照施工图设计沿财务室、监控至预埋管道敷设线缆。

③室内摄像机采用吸顶安装,固定在天花板上。
④室内连接线缆(电源、控制、视频)不允许中间接头,不得有线缆硬伤。
⑤安装前调整好摄像机焦距和光圈。
⑥摄像机安装稳固后调整监视角度。

4)收费站监控室视频设备

(1)施工流程。

①安装监视墙、机柜、设备流程。按照施工图设计:现场位置测量→安装地脚螺栓→安装校正电视墙、机柜底座→安装与校正电视墙支架与机柜→安装设备→敷设线缆与制作线缆标志、接头并连接→敷设电源线与安装标志→设备加电→通电调试设备→恢复现场与成品保护。

②安装控制台流程。按照施工图设计:现场位置测量→组装控制台→开进线孔→敷设线缆→设备摆放、连接线缆→连接地线→通电调试设备→清理现场与成品保护。

(2)监理要点。

①监视墙。

a. 按照施工图设计的要求,在现场用盒尺测量出电视墙的安装位置,并做好标记。如果房间有防静电地板,则安装时需要去掉设备定位处的地板。

b. 根据电视墙底座和底座安装孔的尺寸,在已经测量确定的位置地面标记好底座固定螺栓安装孔位,用电锤钻出底孔,打入膨胀螺栓并紧固。膨胀螺栓安装时须注意防止损坏螺纹。

c. 将电视墙底座安装在已经固定的膨胀螺栓上,利用垫铁调整底座的水平及垂直度,直至符合设计要求后,拧紧螺栓固定电视墙底座。

d. 将电视墙支架部件按图纸组装好,并利用连接螺栓安装在电视墙支架底座上后,将监视器托板连接固定在电视墙支架上。通过垫铁和连接螺栓调整支架和托板的水平和垂直度,直至符合设计要求后将其紧固。

②控制台。

a. 按照施工图设计的要求,在安装现场进行位置测量,以确定准确的操作台摆放位置。

b. 将操作台部件按照图纸设计组装好,摆放到已经测量确定的位置上,操作台之间须用地线连接起来,以保证操作台的接地符合设计要求。

c. 使用开孔器在操作台下的线槽侧壁和防静电地板上开孔,孔径大小根据穿线的数量与线径确定。线槽至防静电地板间的线缆应使用包塑金属软管进行保护,并通过套头固定。

③收费机柜。

a. 按照施工图设计的要求,在现场测量确定收费机柜的安装位置。

b. 在已确定的收费机柜安装位置处,根据设备机柜底座的大小尺寸,用电锤钻出底孔,并打入膨胀螺栓。膨胀螺栓安装打入时须注意防止损坏螺纹。

c. 将设备机柜底座安装固定好,并保证设备机柜底座的水平和垂直度符合要求。把设备机柜安装在机柜底座上。安装时应注意机柜的垂直度,如多个机柜并排安装,应注意机柜前门保持在同一水平面,中间缝隙适当。

④计算机、显示器、打印机等设备。

a. 检查设备的品牌、型号、规格、产地和数量符合合同要求。

b. 按照施工图设计的要求将设备安装在机柜中或独立放置在操作台上,螺钉安装应紧固,并应预留足够大的维护空间。

c.设备安装(摆放)好后,将设备机体外壳连接地线,设备接地线必须与机房接地线汇流排可靠良好的连接,检查电源电压,将设备电源接头与供电线路连接,进行设备通电调试。

d.设备电源线、数据线缆从机柜、控制台底部引入,顺线缆盘留方向理直绑扎整齐。

⑤财务稽查设备。

a.检查设备的品牌、型号、规格、产地和数量符合合同要求。

b.按照施工图设计的要求,将设备安装在机柜中或独立放置在操作台上,螺钉安装应紧固,并应预留足够大的维护空间。

c.设备安装(摆放)好后,将设备机体外壳连接地线,设备接地线必须与机房接地线汇流排可靠良好的连接,检查电源电压,将设备电源接头与供电线路连接,进行设备通电调试。

d.设备电源线、数据线缆从机柜、控制台底部引入,顺线缆盘留方向理直绑扎整齐。

⑥配置设备参数。

a.正确配置收费车道和机房各计算机与服务器的网络地址。

b.正确配置各计算机和服务器的访问权限。

c.正确配置收费站机房与车道交换机。

⑦通电调试设备。

a.收费站监控室设备安装完成后,检查、确认设备安装位置正确、安装牢固,设备间距符合设计要求。

b.检查检测电缆、光缆线路完好、规范;检查确认设备安装和线缆连接符合设计要求;检测电源电压符合设计要求,给设备加电调试,调试使设备工作正常。

c.核对服务器、工作站、车道工控机 IP 地址、机器名及其相应的机构代码,检查数据流程是否正常。

d.调试过程中需注意测试数据的处理,避免将测试数据误传至省收费中心,影响省收费中心的正常作业运行,同时注意设备相应保护措施。

(3)质量标准。

①闭路电视系统的设备及配件规格、型号、数量符合合同要求,部件完整。

②电源端子与设备机壳绝缘电阻:$\geqslant 50M\Omega$;机房和车道联合接地电阻:$\leqslant 1\Omega$。

③防雷部件安装到位,接线连接符合规范要求。

④车道以及收费亭内摄像机(云台)安装方位、高度符合设计要求。

⑤控制机箱外部整洁、完好,门锁开闭灵活。

⑥电源、数据线缆和视频传输线缆按设计要求正确连接到位,闭路电视系统所有设备处于正常工作状态。

⑦收费监控系统软件功能符合设计要求。

⑧收费管理中心(分中心)、收费站、收费车道各级业务联络按设计要求已经建立并开通。

⑨提交了隐蔽工程验收记录、分项工程自检和设备调试记录、有效的设备检验合格报告或证书等资料。

⑩所有设备安装完工后,外观无划伤、刻痕和防护层剥落等缺陷。

⑪设备及收费监控室内布线整齐美观、固定可靠、标志清楚;过墙、板、地下通道处要有保

护套管,并留有适当余量。

⑫设备之间连接、插头等部件要求连接可靠、紧密、到位准确;布线整齐、余留规整、标志清楚、正确;固定螺钉等要求坚固,无松动。

⑬配电箱内信号线、电源线及其接插头要求明显区分,标志清楚,有永久性接线图。

6. 报警系统

1) 流程与监理要点

(1) 安装地脚螺栓。按施工图设计位置,根据报警器立柱法兰盘尺寸,安装地脚膨胀螺栓。

(2) 布设线缆。使用引线铁丝将电源及控制线缆自基础管道内引出至报警器立柱杆体上端。

(3) 安装立柱。将报警器立柱法兰孔位对准地脚螺栓就位,将平垫、弹簧垫和螺母依次套入膨胀螺栓,暂时不拧紧紧固螺母;调整报警器立柱杆体垂直度,直至符合设计要求后,彻底紧固螺母,牢固固定立柱。

(4) 安装箱体。将声光报警器箱体与立柱法兰相连接,调整好可视角度后将连接螺栓紧固。

(5) 连接线缆。检查线缆合格、无损伤,按照施工图设计接线图(表)将电源电缆、控制线缆与设备接线端子连接。

(6) 通电调试设备。设备通电前,检查设备两端的线缆接续是否正确,检查确认电源电压符合设计要求,避免因线缆错接或电源电压过高,加电后造成设备和部器件的损坏。

(7) 全部设备安装工作完毕,经检查确认无误,对设备进行加电调试。检查设备工作情况,保证报警设备与收费车道准确对应。

(8) 恢复现场与成品保护。现场所有设备安装完工后,清理施工现场,保持环境干净整洁,并注意在设备投入使用前对其进行保护。

2) 质量标准

①报警系统的安装质量应符合设计要求与现行《公路工程质量检验评定标准 第二册 机电工程》(JTG F80/2)的规定,并符合现行《道路交通信号灯》(GB 14887)的规定。

②设备部件表面光泽一致,无划伤、无刻痕、无剥落、无锈蚀。

③同一收费区域同向车道的报警器设备中心应在一条直线上,侧面垂直度也须保持一致。

④声光报警器箱体密封性能必须良好,防护效果符合设计的防护等级的要求,保证雨水不能进入箱体内部造成侵蚀。

7. 电子收费(ETC)系统

1) 流程与监理要点

(1) 综合布线。

①敷设电缆前,按施工图设计的要求,检查、核对线缆起始点、终结点端子,按接线图(表)核实接线端子间距离,计算好线缆长度。本着先布设数据、控制线缆,后布设电源电缆的原则施工。

②检验进场电缆。检查到场电缆的规格、型号、数量是否符合合同要求,合格证等技术资料齐全。

③敷设电缆前的其他准备工作。清理缆沟内外杂物,支架安装完毕。

④配置管道。强弱线缆管道分开敷设,避免干扰、漏电。

⑤敷设缆线前,将线缆管道内部清除干净,按照施工图设计要求准备线缆。

⑥敷设电缆施工时,尽量使用放线架;电缆绝缘带要包扎严密,相序要正确,线端要用压线钳压紧。

⑦在人(手)井内线缆应预留适当长度。

⑧穿越人(手)井的电缆必须在井内用带勾膨胀螺栓固定。

(2)清理施工现场。

①在有资质的技术人员的指导下,进行脚手架、临时通道、临时安全防护栏等拆除工作。

②保证施工场地清洁符合环境卫生管理的有关规定,交工前清理施工场保证卫生干净、整洁。

③配合交通和路政管理部门清理、清扫施工区域卫生,避免影响或堵塞交通主干线或交通辅助设施的正常使用。

(3)安装立柱。

①安装天线立柱。

a.调整天线立柱使其竖直,将线缆穿过立柱内孔;再将立柱安装在天线基础上,拧紧地脚螺栓上的螺母,固定天线立柱。

b.封堵立柱出线孔。用玻璃胶密封立柱出线孔,用防水胶布包好防护套管。

②安装费额显示器立柱。

a.将费额显示器立柱平放,线缆穿过立柱内孔,再将立柱安装在费额显示器基础上,调整好费额显示器正面与行车方向的角度(以行车时驾驶员的视角最佳为准,一般为70°~75°),拧紧地脚螺栓上的螺母,对螺栓做防锈处理。

b.封堵立柱出线孔。用玻璃胶密封立柱出线孔,用防水胶布包好防护套管。

③安装车道摄像机立柱。

a.将立柱平放,线缆小心穿过立柱内孔以防止划伤,再将立柱安装正在摄像机基础上,紧固地脚螺栓上的螺母。

b.封堵立柱出线孔。用玻璃胶密封立柱出线孔,用防水胶布包好防护套管。

(4)安装收费亭内设备。

①检查机柜层板及底板接线端子是否已经装配就绪。

②将机柜摆放到预定位置,拆下机柜前、后、侧门,检查机柜各连接螺栓有无松动。

③连接机柜电源电缆和接地线。接线完毕必须检测连接是否良好、可靠。

④机柜通电,检查机柜散热风扇工作是否正常。

⑤连接亭外设备的控制线缆至机柜底板接线端子排。接线完毕后给每根线缆挂上标签。

⑥将工控机、车控器、天线控制器、字符叠加器等设备安装在机柜内的设计位置。设备底

部必须安装标准支垫,机箱、车控器、天线控制器等用螺钉与机柜固定。

⑦按施工图设计的接线图(表)连接各设备线缆,并挂好标签。

⑧检查视频同轴线缆与视频专用接头之间有无虚焊或短路。

⑨用网线连接工控机网卡与收费站车道网络接口,应检测网络连接有无接触不良现象。

⑩屏蔽线缆的屏蔽层和设备的接地端应良好接地。

⑪检查各设备连接线是否正确、牢固,插头紧固螺栓是否拧紧。

⑫插好各设备电源线。应注意检查各电源插头与插座的连接有无相互干扰,排除虚接;应给各电源插头挂上标签。

(5)安装收费亭外设备。

①安装 ETC 天线。

a.安装天线龙门架。将 ETC 天线龙门架立柱安装在天线基础上,调整立柱使其竖直,拧紧地脚螺栓上的螺母;再将龙门架横梁(垂直于车道)水平安装在立柱上。

b.敷设天线专用线缆。铺设线缆时,从天线龙门架安装天线位置旁的出线孔开始敷设线缆,并预先在线缆靠近航空插头一端装好软保护套管。

c.将天线固定支架安装在天线龙门架上。固定支架与龙门架之间要加一块绝缘胶垫,保证固定支架底部水平,并将固定螺栓拧紧。

d.将天线安装到固定支架上。拧紧安装螺栓;天线离地面的安装高度应保持在 5.5m 以上。

e.将天线专用线缆的航空插头正确插入天线插座,拧紧插头螺套。专用线缆的另一端按编号接天线控制器端口。

f.接防雷地线。从靠近龙门架最近位置的接地扁钢处接一根 $20mm^2$ 的接地铜缆到龙门架,接地铜缆连接要牢固可靠。

g.防锈处理。将龙门架安装螺栓、螺帽表面喷涂一层防锈漆,并封灌水泥。把龙门架基础填至与岛面平齐位置;根据要求(如有),基础表面还需铺上岛面地砖。

h.安装完毕,清理施工现场,保持环境卫生干净、整洁。

②安装 ETC 自动栏杆机。

a.安装栏杆机。将 ETC 自动栏杆机安放在基础上,保证栏杆机机箱水平、竖直度符合设计要求,放好压块,拧紧螺母。

b.整理线缆。按照施工图设计的要求准备线缆(型号、规格、数量),将电源和数据线缆分开捆扎,理顺备用。

c.连接栏杆机电源电缆。按施工图设计的要求连接电缆线,并挂好线缆标签。

d.连接栏杆机控制线缆。按施工图设计的要求连接线缆,并挂好线缆标签。

e.安装栏杆臂。

f.安装完毕清理施工现场,保持现场环境卫生整洁,保管好栏杆机钥匙。

③安装 ETC 费额显示器。

a.整理线缆。按照施工图设计的要求准备线缆(型号、规格、数量),将电源和数据线缆分开捆扎,理顺备用。

b.安装费额显示器。将线缆从费额显示器穿线孔接入,并安放在费额显示器立柱法兰上,调整好显示方位,上好螺栓、弹簧垫圈等连接件,拧紧螺母固定。

　　c.连接线缆。按照施工图设计的接线图(表)连接线缆,要求费额显示器箱内线缆布设整齐美观,绑扎牢固,并挂好线缆标签。

　　d.安装完毕后,清理施工现场,锁好费额显示器后门,保管好钥匙。

　　④安装 ETC 车道摄像机(车牌识别器)。

　　a.线缆整理。按照施工图设计的要求准备线缆(型号、规格、数量),将电源和数据线缆分开捆扎,理顺备用。

　　b.安装摄像机。先调整摄像机防护罩的大致角度,安装好防护罩。然后将镜头安装到摄像机上,按说明书将摄像机设置好,安装摄像机到立柱上。

　　c.连接线缆。按照施工图设计的要求连接线缆,确认电源接线、控制接线、视频接线准确、可靠、牢固后,盖好摄像机防护罩。

　　d.封堵立柱出线孔。用玻璃胶密封摄像机立柱出线孔,用防水胶布包好防护套管。

　　e.安装完毕清理施工现场,保持现场环境卫生整洁。

　　(6)安装声光报警器。

　　①确定安装位置。根据施工图设计结合现场实际情况,确定安装报警器的位置。

　　②准备线缆。按照施工图设计的要求准备线缆(型号、规格、数量),理顺备用。

　　③敷设线管(线槽)及线缆。按照施工图设计的要求铺设线缆管道和线缆,收费亭顶部不得安装裸露线缆。

　　④安装支架和声光报警器。先安装声光报警器支架,再安装报警器并连接线缆,保证支架和报警器安装端正。

　　⑤用胶布和玻璃胶封堵出线孔。

　　⑥安装完毕清理施工现场,保持现场环境卫生整洁。

　　(7)配置设备参数。

　　①正确配置各计算机与服务器的访问地址。

　　②正确配置各计算机的访问权限。

　　③合理设置监控图像数据存储空间与位置。

　　(8)安装软件与配置参数。

　　①在 ETC 收费车道工控机上安装收费车道软件。

　　②配置参数包括基本配置、设备控制、异常报警、功能参数、文件存储路径等。

　　(9)调试设备和系统。

　　①车道收费系统调试工作。

　　a.检查线路。

　　b.复测(加电)。

　　c.收费车道设备的单项功能测试。

　　d.收费车道设备的技术指标、性能测试。

　　e.收费车道设备联调。

　　f.收费车道与收费站通信设备联调。

　　②收费站调试工作。

a. 收费站服务器监控程序与车道程序联调。
b. 收费站服务器监控程序与车道人工收费程序联调。
③收费系统联网调试工作。
a. 提出需接入的接口标准、通信协议、技术要求。
b. 收费系统调试包括数据传输、通行费拆分、黑名单下发、IC卡管理等。
2)质量标准
(1)基本要求。
①收费车道系统的设备型号、规格、数量符合合同要求,部件完整。
②收费车道系统的关键设备和交易处理流程应严格按照国家、交通运输行业相关标准及技术规范执行。
③全部收费车道系统的设备安装到位并已连通,处于正常工作状态。
④收费车道系统控制逻辑缜密、稳定、可靠。
⑤收费车道专用标志标线的设置应符合相关标准规范要求。
⑥收费车道工程具备完整的设计、施工、验收等材料,分项工程自检和设备调试记录、设备及附(备)件清单、有效的设备检验合格报告或证书等资料齐全。
⑦收费管理中心系统除了具备保证全省(市)高速公路现金收费清分结算的相关管理功能的同时,还应具备全省(市)非现金收费清分结算功能及相应的数据合法性验证、传输、统计、存储等管理功能。
⑧收费管理中心(省级)电子收费密钥管理系统应符合交通运输部统一的密钥管理体系。
⑨收费管理中心系统性能,包括主服务器性能以及系统可靠性、安全性和灵活性等在符合现行《收费公路联网收费技术要求》相关规定的基础上,应能够满足本省(市)2~3年内应用发展需求。
⑩收费管理中心系统应严格按照标准进行设计、施工和验收,相关设计、施工、验收材料应齐全。
(2)外观质量。
①收费车道系统的设备及部件安装牢固、端正。
②收费亭内操作台、座椅、设备等整齐、有序、无明显歪斜,标志清楚牢固。
③所有设备安装后,外观无划伤、无刻痕、无剥落、无锈蚀。
④设备及收费亭内布线整齐美观、固定可靠、标识清楚;过墙、板、地下通道处要有保护套管,并留有适当长度余量。
⑤设备之间连线接插头等部件要求连接可靠、紧密、准确到位;布线整齐、余留规整、标志清楚;固定螺丝等要求紧固,无松动。
⑥收费车道基础混凝土表面应刮平,无损边、无掉角;机箱、立柱、法兰及地脚螺栓规格符合设计要求,防腐措施得当,裸露金属基体无锈蚀。
⑦防雷接地和安全接地应分开设置,接地焊接牢固,焊缝饱满并做防腐处理;金属机箱与安全保护地连接可靠,接地极引出线无锈蚀。
⑧收费车道系统设备机箱的出线管孔与箱体连接密封良好,箱体内无积水、灰尘、霉变。

第五节　公路供配电、照明工程质量监理

一、公路供配电、照明设施概述

公路供配电设施将国家电网提供的电能（10kV或35kV），转换为公路机电设备使用的电能（380V/220V），并提供给公路沿线设施（包括监控、通信、收费设施、养护服务设施及道路照明、隧道机电设施、沿线收费站、路段中心、服务区等用电设备），是保证公路安全、通畅、经济、快速和舒适等特性的重要设施；是实现公路运营管理现代化的重要保证。

公路供配电具有下列明显的特点：

公路站线长；公路沿线用电点多、用电负荷小，用电设施多为低压单相设备；公路沿线机电设施（如车辆检测器、气象检测器、监视器等）对电磁干扰有严格的要求，需采取防干扰措施；部分机电设备需要直流电源供电；公路机电设施对供电质量的可靠性要求较高，绝大部分设备都是一级、二级负荷。为保证公路供电的可靠性，一般从国家电网不同的变电所引接两路相互独立的高压供电线路，两路电源互为备用。

公路对配电的要求是安全、可靠、优质、经济，同时要求供电接线简单、操作安全、检修方便等，还需合理处理近期与远期的关系，既要满足近期用电负荷的要求，又要适应远期的发展需要。

为保证公路交通安全视认性以及视觉效果的舒适性，在公路道路段、互通立交、收费广场及收费天棚、特大桥、隧道、平面交叉路口等区段设置照明设施，满足机动车安全行驶与交通管理的需要。公路照明设施可分为道路照明、管理业务及服务照明和景观照明等。

考虑建设成本或当地供电条件无法提供两路独立电源时，可以站、所为供电中心，由国家电网变电所引来一路高压专用电源供电，并在低压侧配置柴油发电机组作为备用电源；由于发电机组启动需要一定时间，所以要求在公路通信、监控、收费等设施的主要设备前端设置不间断电源（UPS）供电设备。

二、公路供配电、照明设施组成

公路供配电、照明设施主要由供配电设施，电力线路，防雷、接地系统，供配电监控系统，道路照明及隧道照明设施（另见公路隧道机电设施）等组成。

（一）供配电设施

公路供配电设施一般由变配电所、高压供电系统、低压配电系统、备用电源系统（UPS、柴油发电机）和接地系统、供配电监控系统等组成。

1. 变配电所

公路变配电所的任务是接受电能、变换电压和分配电能。变电所内包括高压配电系统、变压器、有载调压分接开关、低压配电系统和发电机组，并配有值班室。

公路变电所一般均设置在公路管理中心、收费站、服务区及养护工区内；隧道变电所通常

设置在隧道口外行车道旁,对于中、短隧道,设置在隧道口一侧;对于长隧道,通常在隧道口两侧分别设置变电所;对于特长隧道,必要时设置洞内变电所;对于隧道群,则将几条隧道统一考虑设置变电所。

变电所提供的电能质量指标有:电压质量、波形质量(谐波)和频率质量(频率偏差)。电压质量指标有:电压偏差、电压波动、电压波动和电压闪变、不对称(不平衡)等。

公路变电配所由变压器、断路器、负荷开关柜、计量柜、低压进线柜、低压馈线柜、双电源切换柜、柴油发电机、不间断电源电力电缆、控制电缆等组成。

采用电力电容器进行无功补偿提高公路供电效率。

2. 高压供电系统

除特长隧道外,高压配电电压一般采用10kV供电系统。高压配电装置是由一组10kV交流金属封闭型开关柜组成。

3. 变压器

变压器的总容量不小于用电设备的总负荷;一般情况下只选择1~2台变压器;对于一级、二级负荷较多的变电所,为了满足供电可靠性要求,宜采用两台变压器,并应尽量考虑变压器型号的一致性;变压器单台容量一般不应超过1250kV·A,并以800kV·A及以下为宜;适当考虑发展需求,变压器室的建筑应按安装大一级的变压器容量来设计。

4. 低压配电系统

设置在变电所内的低压配电装置,由组合式抽屉柜或封闭式低压开关柜组成。低压配电电压一般均采用380V/220V。低压供配电是由低压380V/220V配电柜引出电缆到用电设备,引出电缆的方式有放射式、树干式和二者兼用的混合式以及链式等供配电方式。

(1)放射式:

放射式低压配电方式的干线由变电所低压侧引出,接至用电设备或主配电箱,再以支干线引到分配电箱后接到用电设备上,由配电箱接至用电设备的线路称为支线。

(2)树干式:

树干式配电方式不需要在变电所低压侧设置配电盘,从变电所二次侧的引出线经过空气开关或隔离开关直接引至用电负荷,因此,这种配电方式使变压器低压侧结构简化,减少电气设备需要量。

(3)混合式:

纯树干式极少单独使用,往往采用的是树干式与放射式的混合方式。变压器——干线式便是一种常用的配电方式,变电所变压器二次侧经低压断路器将干线引至不同的用电区域,通过支干线,由支线引至用电设备。

(4)链式:

链式线路只用于相互距离近、容量又很小的用电设备。只设置一组总的断路器,可靠性较低。

低压带电导体包括相线和中性线(N线及PEN线),但不包括PE线。低压常见的接线形式有:单相二线制、两相三线制、三相三线制、三相四线制及三相五线制。

5. 备用电源系统(UPS、柴油发电机)

10kV 电源停电后,柴油发电机即自行启动,维持向重要负荷位置的供电;当 10kV 电源恢复供电后,发电机自动停机,两种供电电源自动切换;柴油发电机组应与 10kV 电源之间有互锁关系,不得并联运行;柴油发电机配备手动切换装置。

柴油发电机组主要由柴油机、发电机和控制屏三部分组成;有移动式和固定式两种安装形式。

在变配电所或监控室内设置的 UPS 不间断电源作为在两种电源切换过程中向重要负荷不间断供电电源。UPS 电源按其输出波形可分为方波输出和正弦波输出两大类,按其工作方式又可分为离线后备式和在线式 UPS 电源两种。在交流电压波动较大的地区,通常在 UPS 电源前连接有交流稳压器,以确保公路一级负荷的电源供给。

不间断电源(UPS)一般由整流器、蓄电池、逆变器、静态开关和控制系统组成。

6. 接地系统

公路供配电装置的工作接地和保护接地通常共用一个接地系统,采用 TN-S 系统。

(二) 电力线路

(1)电力线路按电压高低分为高压线路(1kV 以上)和低压线路(1kV 以下);按线路结构可分为架空线路和电缆线路。

目前,公路 10kV 及以上的高压供电线路普遍采用架空线路。随着我国高速公路的现代化发展和环境保护的要求,站区和沿线的用电设施越来越多地采用电缆线路,目前公路的低压供电线路已全部采用电缆供电线路。

(2)公路供配电线路主要采用电缆线路,其敷设方式主要有直接埋地敷设、电缆沟内敷设、电缆桥架内敷设和架空敷设等。

(三)防雷、接地系统

1. 防雷系统

防雷系统是通过拦截、疏导,最后将电流导入地下的一体化系统方式,是以防止由直击雷、雷电侵入波或雷电电磁脉冲对建筑物本身或设备造成伤害的防护技术。

防雷系统通常由闪接器(避雷针、避雷带、避雷线和避雷网)、引下线、接地装置(包括接地极和接地体)组成。

具体的防雷措施如下:

(1)变电所防雷措施。

①采用避雷针或避雷带、避雷网保护变配电所的建筑物免遭雷击。

②在高压侧,应在每组母线和每路架空进线上装置阀形避雷器。避雷器应以最短的接地线与变电所、配电所的主接地网连接。

③在低压侧,应装置阀形避雷器或保护间隙避雷器。

(2)机房防雷措施。

机房一般应设于无线电塔避雷针的保护范围之内,在机房外地下应围绕机房敷设闭合环形水平接地体,在机房内应沿墙壁敷设环形接地母线。

2. 接地系统

接地是将电气回路中的某一节点通过导体与大地相连,使该节点与大地保持等电位(零电位)。从工作性质上可分为保护接地(如防雷接地、防静电接地、设备接地等)、工作接地(如电力设施的发、送、配电接地等)两大类,此外,尚有进一步保证保护接地的重复接地。

1)接地系统分类

(1)工作接地:为保证电力设施实现正常工作要求而进行的接地,称为工作接地。如供电系统中电源中性点接地、高压消弧线圈接地和设备防雷采取的接地等,不同的工作接地有各自不同的功能。

(2)保护接地:保护接地是为保障人身安全,防止间接触电而将设备外壳进行接地,称为保护接地。

保护接地的形式有两种,一种是把设备金属外壳经各自的 PE 线分别直接接地;另一种是将设备金属外壳部分经公共的 PE 线与供电线路的中性线做金属连接,这种连接称保护接零。

供配电系统按保护接地的形式有:

①TN 系统:TN 系统的电源中性点直接接地,并引出有 N 线,属三相四线制系统。

②TT 系统:TT 系统的电源中性点直接接地,并引出有 N 线,属三相四线制系统,只是设备的金属导电外壳可经各自的 PE 线分别接地。

③IT 系统:IT 系统的电源中性点不接地或是经一定的阻抗(约 1000Ω)接地,且该系统通常不引出 N 线,属三相三线制系统。

(3)重复接地:在 TN 系统中,为确保公共 PE 线的安全可靠,除需要在电源中性点进行工作接地外,还需在 PE 线的下列地方进行必要的重复接地。

2)接地电阻

常见的四种接地形式的接地电阻要求如下:

(1)工作(系统)接地:接地电阻值为 $0.5 \sim 10\Omega$;计算机工作场地的接地电阻要求不大于 4Ω;在采用联合接地(将防雷接地、电器保护接地和交、直流工作接地采用共同接地的方法统一为一个接地装置)时,应不大于 1Ω。

(2)保护接地:$1 \sim 10\Omega$。

(3)防雷电接地:$1 \sim 30\Omega$。

(4)防静电接地:$\leq 30\Omega$。

(四)供配电监控系统

公路供电设施的变电所建设比较分散,尤其是隧道变电所远离城镇,位于山野之中,随着特长隧道和隧道群的出现,隧道变电所数量也越来越多,同时也由洞外延伸进洞内;为提高供电设施的管理水平、减少人员投入、降低运营成本,对公路供配电变电所各设备增设监控设施,实现无人值守已成为发展的必然。

1. 供电监控系统的基本组成

公路供电监控系统的主要组成部分有:间隔层、变电站现场通信网络、变电站管理层、通信通道、调度中心局域网系统等。

2. 供电监控系统的设备配置

1) 控制中心系统

控制中心系统由网络通信系统和计算机系统两大部分组成,其设备的配置根据用户的需求可有多种形式。一个具备基本 SCADA 功能的控制中心系统由实时服务器(可冗余配置)、历史服务器(可冗余配置)、调度操作员工作站、系统维护工作站、控制中心局域网络、大屏幕显示系统及其控制器、打印机等外围设备构成。

2) 变电所自动化系统

变电所自动化系统应当包括间隔层设备(保护、测控装置)、网络层和管理层三个部分,间隔层可分为高压交流系统(10kV 或 35kV 保护测控装置)、低压交流系统(0.4kV 保护测控装置)和其他系统(如电源屏控制机、变压器保护测控装置等)。

变电所综合自动化系统由站级管理层、网络通信层、间隔设备层三部分组成。

站级管理层由控制信号屏以及设置在其内的通信控制器、显示设备、音响报警装置等设备组成。

变电所自动化系统的控制方式采用远动控制、所内集中控制、设备本体控制三级控制方式,正常运行时采用远动控制,当设备检修时采用所内集中控制或设备本体控制。三种控制方式相互闭锁,以达到安全控制的目的。

(五) 公路照明设施

公路照明设施是公路机电设施的重要组成部分,同时也是一个国家科学技术、经济实力与能源工业发展水平的综合体现。

1. 组成

公路照明设施主要是由照明光源、灯具与电器附件等装置、配电与控制设施、安全防护设备等组成。

2. 分类

根据公路照明设施的功能可分为以下几类:

(1) 道路照明:包括公路主线照明、互通立交照明、桥梁照明和隧道照明等。

(2) 管理业务及服务照明:包括公路收费广场照明、收费雨棚照明及服务区照明等。

(3) 景观照明:主要应用于服务区、大中城市收费站和大型桥梁等。

根据公路沿线设施功能的需求,主要的照明形式有高杆照明、中杆照明、低杆照明、庭院照明等。高杆照明是一种先进的、科学的道路照明解决方案,主要适用于高速公路的立体交叉、收费广场、服务区广场等的大面积照明。

公路常规照明布灯的基本方式有单侧布置、交错布置、对称布置、悬索式布置和中心对称布置等。

3. 照明评价指标

决定道路照明质量的主要因素有:灯具及电光源的选择、灯具的安装高度及倾斜角、平均照度、亮度分布的均匀性、采用的照明器眩光程度、路灯排列的诱导性指标等。

公路照明应以路面平均亮度(或路面平均照度)、路面亮度均匀度和纵向均匀度(或路面照度均匀度)、眩光限制、诱导性等作为评价标准。

4. 公路照明常用术语

(1)路面有效宽度:用于道路照明设计的路面理论宽度,它与道路的实际宽度、灯具的悬挑长度和灯具的布置方式有关。

(2)诱导性:沿着道路恰当地安装灯杆、灯具,可以给驾驶员提供有关道路前方走向、线形、坡度等视觉信息,称其为照明设施的诱导性。

(3)标准规定的照度值为作业面或参考平面上的维持平均照度值。

(4)路面维持平均亮度(照度):在计入光源计划更换时光通量的衰减,以及灯具因污染造成效率下降等因素(即维护系数)后,设计计算时所采用的平均亮度(照度)值。

(5)维护系数:照明装置在同一表面上维护平均照度(即使用一定周期后)与新装设时的初始平均照度之比。当光衰减至70%时,应更换光源和清洁灯具。

(6)设计时的照度计算值与选定的照度标准值之间允许有±10%偏差。

(7)路面平均亮度:按照国际照明委员会(CIE)有关规定,在路面上预先设定点上测得的或计算得到的各点亮度的平均值。

(8)路面亮度总均匀度:路面上最小亮度与平均亮度的比值。

(9)路面亮度纵向均匀度:同一条车道中心线上最小亮度与最大亮度的比值。

(10)路面平均照度:按照CIE有关规定在路面上预先设定点上测得的或计算得到的各点照度的平均值。

(11)路面照度均匀度:路面上最小照度与平均照度的比值。

(12)灯具的上射光通比:灯具安装就位时,其发出的位于水平方向及以上的光通量占灯具发出的总光通量的百分比。

(13)眩光:由于视野中的亮度分布或者亮度范围的不适宜,或存在极端的对比,以致引起不舒适感觉或降低观察目标或细部能力的视觉现象。

(14)失能眩光:降低视觉对象的可见度,但不一定产生不舒适感觉的眩光。

(15)阈值增量:失能眩光的度量。表示为存在眩光源时,为了达到同样看清物体的目的,在物体及其背景之间的亮度对比所需要增加的百分比。

(16)光源颜色包含光源色表和显色性。

①光源表按相关色温分为三组:暖色(色温<3300K);中间色(色温介于3300~5300K);冷色(色温>5300K)。

②显色性是光源对物体色表的影响,以显色指数R_a表示,如收费亭、监控中心等场所为80,收费天棚下方地面则可根据辨色要求选择60、40或20。

(17)灯具效率:在相同的使用条件下,灯具发出的总光通量与灯具内所有光源发出的总光通量之比。

(18)环境比:车行道外边5m宽状区域内的平均水平照度与相邻的5m宽车行道上平均水平照度之比。

(19)交会区:位于道路的出入口、交叉口、人行横道等区域。在这种区域,机动车之间、机动车和非机动车及行人之间、车辆与固定物体之间的碰撞有增加的可能。

(20)道路照明功率密度(LPD):单位路面面积上的照明安装功率(包含镇流器功耗)(单位:W/m^2)。

三、公路供配电、照明工程施工质量监理

(一)综述

1. 公路供配电、照明工程

主要包括以下分项工程:

(1)低压配电工程:包括中心(站)内低压配电设备和外场设备电力线路。

(2)公路照明工程:主要是道路及广场照明。

2. 工程质量监理

(1)公路供配电、照明工程安装设备、材料较多,虽然大多产品都是定型产品,但严把设备、材料质量关至关重要,必须严格按合同规定,核查产品型号、规格、产地,不得轻易变更;重要产品要加强工厂监造、厂验工作,使设备缺陷在厂内解决。

(2)旁站监理:对分项工程的首件施工及关键部位施工、隐蔽工程(如基础、接地装置、缆线敷设)、样板工程要全过程旁站监理,在施工过程中,要求施工单位按施工设计图纸要求和施工方案的施工工艺进行施工,施工中出现的难题及时解决,确保施工质量。

(3)加强施工测量,对各类安装尺寸、垂直度、水平度、镀层厚度要加强测量,用数据说话。

(4)加强功能测试:供配电工程应设专职监理工程师,对通风、照明、变电所等加强各项功能性试验,保证各机电设施正常工作。

(5)配合好质监部门的质监检查,使用各种测试仪表,对供电性能各项指标(电压、电流、功率因数、三相平衡等)、安全指标(绝缘电阻、接地电阻等)等进行全面测试。

(6)系统联调:供配电、照明工程完工测试检验合格后,最后还应进行系统联调,联调的目的是检验该工程的各项功能是否满足设计和检验标准的要求,以提高公路机电设施的运行可靠性。联调应委托有资质单位组织进行,监理人员要全程参加,协调组织好联调测试工作。

3. 变配电所工程(低压配电设备)质量监理要点

1)基本要求

(1)配电设备数量、型号规格符合合同要求,部件及配件完整。

(2)变配电所内市电油机转换屏(柜)、交直流配电、动力开关柜、UPS、室外配电箱、发电机组控制柜等设备安装稳固,位置、方位正确。设备、列架排列整齐、有序,标志清楚、牢固。

(3)进入配电(箱)柜的所有电缆接头按规范进行开剥、焊接、镀锡、绑扎、密封和热塑封合防潮处理。

(4)设备、列架内以及设备之间的连接布线符合规范、设计要求。所有进出线都要进行标记,并附有配电简图。

(5)蓄电池组的连接条、螺栓、螺母应进行防腐处理,且连接可靠。

(6)所有设备安装到位,工作、安全、防雷等接地连接可靠。

(7)经过通电测试,处于正常工作状态。

(8)变配电所、发电机组室通过安全、消防验收。

(9)隐蔽工程验收记录、分项工程自检和设备调试记录、安装和非安装设备及附(备)件清单、有效的设备检验合格报告或证书等资料齐全。

2)技术要求

(1)室内设备、列架的绝缘电阻:符合设计要求,无要求时应不小于2MΩ(设备安装后)。

(2)安全接地电阻不大于4Ω;联合接地电阻不大于1Ω;发电机组控制柜接地电阻不大于4Ω。

(3)设备安装的水平度不大于2mm/m;设备安装的垂直度不大于3mm。

(4)发电机组控制柜绝缘电阻不小于2MΩ(设备安装后);发电机组控制柜绝缘电阻不小于2MΩ(设备安装后)。

(5)检验发电机组启动及启动时间、发电机组容量、发电机组相序和发电机组输出电压稳定性。

(6)检验自启动发电机组自启动转换测试与机组供电切换对机电系统的影响等。

3)外观质量

(1)配电屏、设备、列架布局合理、安装稳固、横竖端正、排列整齐。

(2)设备安装后表面光泽一致、无划伤、无刻痕、无剥落、无锈蚀;部件标识正确、清楚。

(3)低压配电电源输出配线路由和位置正确、布放整齐,符合施工设计要求。

(4)设备内部件整齐、美观、绑扎牢固,接线端头焊(压)接牢固、平滑;线缆编号标识清楚,预留长度适当。

(5)设备抗震加固措施符合规范要求等。

4. 外场电力电缆线路工程质量监理要点

1)基本要求

(1)室内外配电设备、电缆程序、保护管道、人(手)孔形式等设施的数量、型号规格、技术措施符合设计要求,部件及配件完整。

(2)电缆路由符合设计要求,人(手)孔及管道设置安装齐全、防水措施良好。

(3)室内外配电箱等设备安装稳固,位置、方位正确,标识清楚、牢固。

(4)室外配电箱应做双层防腐处理并有明显的"高压危险"字样及图案等标志。

(5)进入配电(箱)柜的所有电缆接头都按规范进行了开剥、焊接、镀锡、绑扎、密封处理,并进行热塑封合防潮处理。

(6)设备、列架内以及设备之间的连接布线符合规范、设计要求。所有进出线都进行了标记,并附有配电简图。

(7)直埋电缆符合相关施工规范要求。

(8)所有设施安装到位并作可靠的接地连接。

(9)经过了通电测试,处于正常工作状态。

(10)提交了隐蔽工程验收记录、分项工程自检和设备调试记录、安装和非安装设备及附(备)件清单、有效的设备检验合格报告或证书等资料。

2)技术要求

(1)配电箱基础尺寸及高程:符合设计要求。

(2)配电箱涂层厚度:符合设计要求,无要求时按《高速公路交通工程钢构件防腐技术条件》(GB/T 18226—2015)执行。

(3)电缆埋深:符合设计要求。

(4)电源箱、配电箱、分线箱安全接地电阻不大于 4Ω。

(5)配线架对配电箱绝缘电阻不小于 $10M\Omega$。

(6)对绝缘护套的绝缘电阻不小于 $2M\Omega$(全程)。

3)外观质量

(1)基础混凝土表面应刮平,无损边、无掉角;连接地脚及螺栓规格符合设计要求,外观无腐蚀现象。

(2)配电箱安装后,防腐涂层光泽一致,无划伤,无刻痕,无剥落等缺陷。

(3)箱体开孔合适、切口整齐;出线管与箱体连接密封良好;箱门开闭灵活。

(4)箱内接线整齐、回路编号齐全正确。

(5)机箱密封良好,机箱内应无积水、无明显尘土和霉变。

(6)接地焊接牢固,焊缝饱满并做防腐处理;机箱应接地可靠,连线标识清楚,走线横平竖直,符合视觉美观要求。

(7)电缆成端符合规范要求,沿电缆井引入时,电缆排列整齐有序、绑扎牢固;进入墙壁有保护套管,预留长度满足使用要求。

(8)直埋电缆两端铠装层接地处理措施得当,电缆标石埋设符合设计要求。

(二)公路照明工程

公路照明应以路面平均亮度(或路面平均照度)、路面亮度均匀度和纵向均匀度(或路面照度均匀度)、眩光限制、诱导性等作为评价指标。

1. 公路照明设施技术要求

1)公路照明光源和灯具

(1)照明光源。

公路道路照明光源选择采用高压钠灯、LED 灯、无极灯等。

(2)照明灯具及附属设施。

①公路照明应采用截光型或半截光型灯具。

②公路照明灯具的安全要求应符合现行《灯具第一部分:一般要求与试验》(GB 7000.1)和《道路的街道照明灯具安全要求》(GB 7000.5)的规定。

③公路照明灯具的防护等级按《外壳防护等级》(GB 4208—2017)的规定应不低于 IP55,环境污染严重、维护困难的路段和区域,照明灯具的防护等级应不低于 IP65。

④公路照明灯具应具有耐蚀性能和耐火性能。

⑤公路照明应选用金属灯杆或钢筋混凝土灯杆。当采用金属灯杆时,其防腐性能要求符合现行《高速公路交通工程钢构件防腐技术条件》(GB/T 18226)的规定。

2)公路照明供电安全及控制要求

(1)照明供电安全要求。

①公路照明配电回路应设保护装置,每个灯具均应设有单独保护装置。

②可触及的金属灯杆和配电箱等金属照明设备均需设置保护接地,接地电阻不大于4Ω。

③高杆灯或其他安装在高耸构筑物上的照明装置应配置避雷装置,并应符合现行《建筑物防雷设计规范》(GB 50057)的规定。

(2)照明控制要求。

①照明控制宜优先采用定时控制和光电控制相结合的控制方法。

②对照明设施采用远程控制方式时,照明设施应具有本地控制功能。

(3)照明配电要求。

①道路照明总功率较大时,宜采用专用变压器。电压偏差较大时,宜采用有载自动调压变压器。

②一般照明光源电压采用220V,1500W 及以上高强度气体放电灯的电源电压宜采用380V。照明灯具输入端的端电压不宜大于其额定电压的105%,且不宜低于90%。

③照明配电宜采用放射式和树干式结合的方式。

④照明配电线路应设置短路保护、过负载保护和接地保护,每段配电线路的首段应装设保护电器(熔断器或断路器)。此外,每个灯具也应设单独的保护器。

⑤三相配电干线的各相负荷分配平衡,不宜超过三相负荷平均值的±15%。

⑥每一单相分支回流的电流不宜超过16A,所接光源数不宜超过25个;连接组合灯具时,回路电流不宜超过25A,光源数不宜超过60个。单相分支回路宜单独装设保护器,不宜采用三相断路器对三个单相分支回路进行保护和控制。

⑦道路照明宜采用 TN-S 或 TT 接地形式。当采用 I 类灯具时,灯具的外露可导电部分应可靠接地(直接接地或 PE 接地)。

⑧照明配电线应采用铜芯绝缘电线或电缆,分支线截面不应小于1.5mm²。

3)升降式高杆照明装置

(1)公路照明灯杆。

①公路照明灯杆分为圆形拔销状和多边形拔销状两大类。

②每10m 灯杆,其轴线测量的直线误差不超过0.5‰,灯杆的全长直线度误差不超过1‰。

③多边形灯杆的插接长度不小于插接直径的1.5倍。灯杆小门内下部应设有接地螺栓。

(2)公路照明灯盘。

①灯盘直径与灯盘高度之比宜控制在1:5~1:7之间。

②灯盘造型可分为圆形和对称多边形,也可分为框架式功能型。

③灯盘结构应有足够的机械强度。

(3)灯盘升降和安全保护装置。

①灯盘升降系统应具备电动、手动两种升降功能。

②采用单根主钢丝绳的升降系统在灯盘升至工作位置后,应具有自动卸载装置,将灯盘可靠地挂置在灯杆上,使牵引钢丝绳卸载。当使用两根或两根以上不锈钢丝绳作主绳时,灯盘上升至工作位置后,允许钢丝绳处在负载状态。

(4)防腐处理。

防腐处理采用热浸锌、热铝喷涂以及涂漆处理等。热浸锌层厚度不应低于85μm;热铝喷涂防腐蚀铝喷涂厚度不小于 80μm；所涂底漆厚度不得小于 40μm，涂完面漆后总厚度为 125～175μm。

(5) 防雷装置。

高杆照明设施的防雷接地装置接地电阻不大于 10Ω。灯杆的避雷针一般采用圆钢或焊接钢管制成，选用圆钢时直径不小于 16mm；选用钢管时直径不小于 25mm。

2. 公路照明工程质量监理要点

1) 基本要求

(1) 照明器和亮度传感器的类别、规格、适用场所、有效范围、数量、位置、安装间距、安装质量等应符合要求。

(2) 设备的电力线、控制线、接地线的类别、规格、数量、布设方式、位置、连接质量等应符合要求。

(3) 路面照明、建筑物(构造物)的景观照明、航空障碍灯等照明设施应完整、协调。

(4) 高杆灯应由取得相应资质的单位供货，并有可靠的测试记录和报告。

(5) 隐蔽工程验收记录、分项工程自检和设备调试记录、有效的设备检验合格报告或证书等资料应齐全。

2) 技术要求

(1) 灯杆基础尺寸：符合设计要求。

(2) 灯杆壁厚：符合设计要求。

(3) 灯杆、避雷针(接闪器)高度、凸缘和地脚几何尺寸：符合设计要求。

(4) 金属灯杆防腐涂层厚度：镀锌厚度不小于 85μm，其他涂层厚度符合设计要求。

(5) 灯杆垂直度：不大于 5mm/m。

(6) 灯杆横纵向偏差：符合设计要求。

(7) 照明设备控制装置的接地电阻：不大于 4Ω；灯杆接地电阻：不大于 10Ω。

(8) 高杆灯的灯盘升降功能测试：符合设计要求。

(9) 路段直线段照度及均匀度、路段弯道段照度及均匀度、大桥桥梁段照度及均匀度、立交桥面段照度及均匀度、收费广场照度及均匀度、收费天棚照度及均匀度：符合设计要求。

(10) 自动、手动两种方式控制全部或部分照度器的开闭，亮度传感器与照明器的联动功能，定时控制功能：符合设计要求。

3) 外观质量

(1) 灯柱、机箱及灯具安装位置和方位正确、牢固、端正。

(2) 各部件表面光泽一致、无划伤、无刻痕、无剥落、无锈蚀。

(3) 基础混凝土表面应刮平，无损边、无掉角；机箱、立柱、凸缘及地脚螺栓规格应符合设计要求，防腐措施得当，裸露金属基体无锈蚀。

(4) 高杆灯防雷接地焊接牢固，焊缝饱满并做防腐处理；防雷引下线及接地体用材料规格、防腐与连接措施、安装位置符合设计要求；金属机箱与安全保护地连接可靠、接地极引出线裸露金属基体无锈蚀。

(5) 机箱的出线管与箱体连接密封良好，箱体内无积水、尘土、霉变。

(6) 机箱内电力线、信号线、元器件等布线平直、整齐、固定可靠，标识正确、清楚，插头牢固。

（7）灯杆、灯具装配安装后，线形与道路线形在横向、纵向、高度协调一致，线形美观。

第六节　公路隧道机电工程质量监理

一、公路隧道机电设施概述

设置公路隧道交通工程与附属设施的主要目的是保障隧道交通安全，特别是在隧道内发生交通事故或火灾等紧急事件时能提高救助效率。因此，隧道交通工程与附属设施分级的依据是根据隧道内的年事故概率来划分。概率越大，分级越高；概率越小，分级越低。

公路隧道机电设施是隧道交通工程的重要组成部分，是保证公路通行车辆安全行驶的必要条件。公路隧道中由于车速高、流量大、光线较差、空气质量低、环境噪声大而比一般公路路段更容易发生交通事故；由于迂回空间有限，隧道内的事故处理起来比较困难，中断交通时间较长，若发生火灾，危险性更大。因此，建设完善的公路隧道机电设施十分必要。

公路隧道机电设施是在公路隧道这一特殊路段上根据交通工程学原理和方法，为使车辆快速、安全、舒适通过而设置。完善的隧道机电设施可以改善隧道洞内环境、减少污染、减少事故，增强隧道的通行能力，延长隧道的使用期限，保证隧道的安全运营，给司乘人员提供一个顺畅、安全、舒适的行车环境。公路隧道机电设施等级按照隧道长度和隧道交通量这两个参数划分为 A^+、A、B、C、D 五级。公路隧道机电工程的建设等级基本上是按照此分级进行配置系统、设施、设备。

二、公路隧道机电设施的组成

公路隧道机电设施的组成包括通风设施、照明设施、交通监控设施、紧急呼叫设施、火灾探测报警设施、消防设施、供配电设施、中央控制管理系统、接地与防雷设施、线缆及相关设施。

1. 通风设施

（1）公路隧道通风设施的构成需综合考虑公路等级、隧道长度、设计速度、设计交通量、车道数、平纵线形、地形地质、隧道海拔高程、隧址区域自然条件等因素。隧道通风设施由通风机（射流、轴流风机、排烟风机）、通风环境检测设施（能见度检测器、CO 浓度检测器、风速风向检测器、NO_2 检测器）、通风区域控制器、配电箱（柜）、通风控制计算机（设在中央控制室）等组成。

通风控制系统和照明控制系统、交通控制系统等共同集成为隧道中央控制管理系统，完成所有数据采集、设备控制和数据传输任务。

（2）公路隧道通风的控制方式主要有手控制、间接控制。采用机械通风的隧道风机均应具备手动、自动控制功能。

自动控制采用下列三种控制方法之一或组合：

①经计算处理检测隧道内的能见度、NO_2 浓度、CO 浓度和风速风向等数据后，控制风机运转。

②根据检测的交通量数据,实时了解隧道内交通量、行车速度、车辆构成等,通过交通流状况分析并计算出车辆烟雾和 CO、NO_2 的排放量,控制风机运转。

③按时间区间预先编制程序控制风机运转。

2. 照明设施

公路隧道照明分段划分为入口段照明、过渡段照明、中间段照明、出口段照明,隧道照明还包括公路隧道紧急停车带和横通道照明、隧道应急照明和隧道引道照明。

公路隧道照明设施由隧道灯具、照明配电箱、电力电缆、控制光(电)缆、光检测器、区域控制器、照明控制计算机(设在中央控制室)组成。

公路隧道照明控制以自动控制为主,手动控制为辅。

3. 交通监控设施

公路隧道交通监控设施包括交通监测、交通控制及诱导设施等。

(1)交通监测设施。公路隧道交通监测设施由车辆检测器、视频事件检测器、摄像机(隧道外摄像机、隧道内摄像机)、视频监视控制设备(设在中央控制室的视频事件检测计算机、交通控制计算机、监视器、视频切换矩阵、视频分配器、录像机等)组成。

(2)交通控制及诱导设施。公路隧道交通控制及诱导设施具备收集和处理交通信息的功能,并传送给中央控制室计算机,同时接收中央控制室计算机传来的有关信息或指令,实施交通控制与诱导功能。公路隧道交通控制及诱导设施由交通信号灯、车道指示器、可变信息标志、可变限速标志和交通区域控制器、交通控制计算机(设在中央控制室)、图形计算机(设在中央控制室)等组成。

4. 紧急呼叫设施

公路隧道紧急呼叫设施包括紧急电话设施和隧道广播设施。

(1)公路隧道紧急电话设施。

①公路隧道紧急电话设施由紧急电话机、紧急电话主机和光(电)缆等组成。

②公路隧道紧急电话主机应具有的功能:

a. 汇接各紧急电话分机传输线路,控制各紧急电话分机的呼叫业务。

b. 紧急电话主机和紧急电话分机之间应能全双向通话。

c. 允许两处及以上紧急电话分机同时排队报警,并具有接警信息输出接口。

d. 具有自动检测功能,可检测系统的正常和故障状态。

e. 具有自动录音及回放功能。

f. 具有查询统计及打印功能。

(2)公路隧道广播分为有线广播和无线广播。

公路隧道广播设施由扬声器、广播控制器(设在中央控制室)、电缆等组成。

①公路隧道有线广播设施应满足下列技术要求:

a. 具备全呼及分组群呼功能。

b. 具有自动故障检测功能,能显示系统各设备工作状态。

c. 声学特性指标不应低于《厅堂扩声系统设计规范》(GB 50371—2006)所规定的会议类扩声系统二级声学特性指标要求。

②公路隧道内采用无线广播方式时,应在隧道进口前设置醒目标志告知司乘人员隧道无

线广播频道。

5. 火灾探测报警设施

(1)公路隧道火灾探测报警设施设计内容包括报警区域和探测区域的划分,火灾探测器、手动报警按钮、火灾报警控制器、火灾声光警报器等设施的位置。

(2)公路隧道火灾探测报警设施由火灾探测器(点型火焰探测器、线型感温火灾探测器、图像型火灾探测器)、手动报警按钮、火灾报警控制器、火灾声光警报器、火灾报警计算机(设在中央控制室)、光(电)缆等组成。

(3)火灾探测器能够自动检测隧道、平行通道、隧道监控站、风机房、变配电所等的火灾,探测范围能覆盖所有报警区域,无探测盲区。

(4)设置有火灾探测器且未设置有线广播的隧道,应设置火灾声光警报器;同时设置火灾声光警报器和有线广播的隧道宜设置火灾声光报警器。

(5)火灾探测报警系统应设有交流电源和蓄电池备用电源。火灾探测报警系统的隧道现场信息传输网络采用独立传输网络;路段全线火灾探测报警系统的信息传输网络使用公路专用通信网络。

6. 消防设施

(1)公路隧道消防设施即隧道消防灭火设施。

(2)公路隧道消防设施设计内容应针对灭火器、消火栓、固定式水成膜泡沫灭火装置、隧道消防给水设施及其他设施等。

(3)公路隧道消防设施由灭火器、消火栓(成组安装在消防箱内)、固定式水成膜泡沫灭火装置、隧道消防给水系统、消防水池、消防给水管道(热镀锌钢管、无缝钢管或内外涂塑钢管)、消防水泵、水位检测装置、消防控制计算机(设在中央控制室)、电力电缆、控制电缆等组成。

7. 供配电设施

(1)公路隧道供配电设施设计内容应包括供电设施和配电设施。

(2)公路隧道重要电力负荷分级规定见表8-2。

隧道重要电力负荷分级 表8-2

序号	电力负荷名称	负 荷 等 级
1	应急照明设施	一级[a]
	电光标志	
	交通监控设施	
	通风及照明控制设施	
	紧急呼叫设施	
	火灾检测与报警设施	
	中央控制设施	
2	消防水泵[b]	一级
	排烟风机	

续上表

序号	电力负荷名称	负荷等级
3	非应急照明设施	二级
	通风风机[c]	
	消防补水水泵[d]	
4	其余隧道电力负荷	三级

注：[a]该一级负荷为特别重要负荷。
　　[b]指为消防管道维持正常水压的加压水泵。
　　[c]指除作为一级负荷以外的其他通风风机。
　　[d]指为高、低位水池补水的给水泵。

(3)隧道电力监控系统继电保护和自动装置设计应符合现行《电力装置的继电保护和自动装置设计规范》(GB/T 50062)的规定,保护装置按表8-3配置。

隧道电力监控系统保护装置配置　　　　表8-3

名　称		保护配置
10kV 配电线路		电流速断、过电流、低电压
10/0.4kV 配电变压器	干式变压器	电流速断、过电流、过负荷、温度、零序过流、单相接地
	油浸式变压器	电流速断、过电流、过负荷、温度、瓦斯
低压配电线路		短路、过负荷、电流速断

(4)公路隧道供配电设施的构成参见本章第5节供配电设施的相关内容。

8.中央控制管理系统

(1)公路隧道中央控制管理系统设计内容主要应包括管理体制、系统功能与控制方式、中央控制室设施及软件等。

(2)公路隧道中央控制系统由交通控制计算机、通风及照明控制计算机、紧急呼叫计算机、火灾报警及消防控制计算机、电力监控计算机、视频事件检测计算机、图形计算机、专用服务器(具有计算机网络管理、数据信息存储功能等)、管理计算机、信息显示设备、中央控制室计算机、计算机外设及网络设备、中央控制管理软件组成。

(3)中央控制管理软件包括系统软件和应用软件。

9.接地与防雷设施

(1)公路隧道接地与防雷设施设计内容应包括接地设施和防雷设施两部分。

(2)公路隧道接地与防雷设施的构成参见本章第5节供配电设施的相关内容。

(3)公路隧道洞内接地设施的规定如下：

①隧道接地装置宜利用隧道支护内锚杆、钢筋网等自然接地体。

②在隧道两侧电缆沟内分别设置一条贯穿隧道的接地干线,接地干线宜与隧道自然接地体重复接地,其重复接地间距不宜大于200m。

③在隧道两端洞口附近应各设置一组接地装置。有监控设施的隧道,洞口接地装置接地电阻不应大于1Ω;无监控设施的隧道,洞口接地装置接地电阻不应大于4Ω;该接地装置应与隧道洞内的接地干线可靠连接。

10. 线缆及相关设施

(1) 公路隧道线缆及相关设施包括电缆桥架、支架、线槽、线缆管道、线缆选型及敷设等。

(2) 隧道使用的桥架、支架、线槽采用金属或非金属材料。钢制电缆桥架、支架、线槽以及其他钢制安装部件应采用热镀锌防腐措施。

(3) 隧道内线缆路由宜采用镀锌钢管、可挠金属管或塑料管等预埋暗敷。

(4) 线缆选型。

① 隧道内桥架上敷设的消防设施、监控设施、应急疏散照明、电光标志回路所用的电缆应选用耐火电缆，桥架上敷设的其他线缆宜选用阻燃电缆。

② 变配电所低压配电屏至隧道内配电箱的低压配电干线宜采用交联聚乙烯绝缘铜芯电缆。

三、公路隧道机电工程质量监理

(一) 公路隧道通风设施

1. 质量控制要点

1) 检验风机安装基础

(1) 风机安装前按施工设计图纸对设备基础进行全面检查，安装位置、高程及尺寸应符合设备安装要求。

(2) 焊接风机座架专用 U 形卡，要求双面满焊，焊条型号必须严格符合技术要求。

(3) 座架焊接完成后，必须做抗拔力测试。测试拉力为实际静载荷的 15 倍，拉力持续时间应在 15min 以上。

2) 检验风机

(1) 风机运抵现场后，保持包装和密封良好，装箱清单、技术文件应当齐全，其规格、型号、技术参数应符合合同要求。对照设备装箱清单清点，核对叶轮、机壳和其他部位的主要尺寸是否符合设计要求，做好检验记录。

(2) 风机安装前应认真进行外观清理检查，并做好记录。清理检查项目有：外部清扫，包装紧固件的拆卸，外面油漆情况的检查，旋转紧固件的检查，风机各相绝缘情况检查测定。如是轴流风机还应进行液压油油位检查。

(3) 进、出风口应用盖板严密遮盖，防止尘土和杂物进入。

(4) 搬运设备应有专人指挥，使用的工具及绳索必须符合安全要求。

3) 吊装风机

(1) 风机安装过程中不得撞击、敲击机壳，以免壳体变形；不得解体风机。现场组装风机时，绳索的捆绑不得损伤机件表面，转子、轴径和轴封等处均不作为捆绑部位。

(2) 吊装风机采用专用吊架吊装，也可采用机械设备吊装。吊装时应由风机两端安装螺栓同时起吊。吊装过程应当始终均匀提升，严禁用一组螺栓吊装，严禁吊挂消声器。吊装时应注意风机方向。吊装风机时应有安全措施。

(3) 风机安装要确保间距与设计一致，风机中轴线要与隧道轴线处于平行状态。

(4)按施工设计图要求连接风机电源和接地线,接线端子按风机接线盒上标注连接。接线可采用金属软管保护,线径、规格应与设计一致。接地线应当连接牢靠,并与主接地回路可靠连通,外露接线端子应选用铜端子,并进行防潮处理。

2. 检查与测试

1)运转检查

(1)风机运转试验前应确认电压符合要求,接线正确,连接件牢固,转动叶片与机壳应无触碰。

(2)在启动风机前,应测试电机绝缘电阻,若绝缘电阻值小于1MΩ,应对定子绕组进行干燥处理;干燥处理时的温度不允许超过120℃。

(3)确定供应电源相序正确,可给风机送电试运转。

(4)运转过程中应对电机运行电流进行监控,以保证该电流在风机电机铭牌指标之内。

(5)叶轮旋转方向必须正确;在额定转速下试运转时间不得少于2h。

(6)射流风机正反向运转转换时,应等风机叶轮停稳后,再进行转换方向试运转。

2)检验测试

(1)软启动值正常转速所用时间应保证启动电流不超过额定电流的3~4倍。

(2)检查风机是否有软停止功能。

(3)风机正常运转时的风速应达到设计和风机技术参数的要求:

①射流风机正、反转出口风速测试:用风速仪测量风机正反转时的出口风速,在风机出口截面上取6个测试点,取点位置为距风机口10cm,距风机边缘向圆心方向20cm处,以60°角顺时针方向分别取6个点,并记录各点数值。

②隧道截面风速测试:用风速仪测量隧道截面风速,在距隧道入口端、出口端各100m处,横向截面取5个点(左车道路缘、左车道中心线、路面中心线、右车道中心线、右车道路缘),路面垂直向上取3个点(距车道高0.35m、2.0m、4.0m),每个截面共取15个点,并记录各点数值。

(4)风机正常运转时的噪声:在风机正常运行的情况下,用声级计在风机出口下距风机10m、45°角位置测量风机运行时的噪声,并记录。

以上数据均应符合设计要求。

(二)公路隧道照明设施

公路隧道照明设施施工质量监理要点如下。

1. 基本要求

(1)照明设备及缆线的数量、型号规格、程式符合设计要求,部件及配件完整。

(2)照明灯具安装支架的结构尺寸、预埋件、安装方位、安装间距等符合设计要求。

(3)照明设备及控制柜安装牢固、方位正确。

(4)按规范要求连接照明设备的保护线、信号线、电力线排列规整,无交叉拧绞,经过通电测试,工作状态正常。

(5)隐蔽工程验收记录、分项工程自检和设备调试记录、安装和非安装设备及附(备)件清单、有效的设备检验合格报告或证书等资料齐全。

2. 技术要求

(1) 灯具的安装偏差：符合设计要求。无要求时：纵向≤30mm，横向≤20mm，高度≤10mm。

(2) 绝缘电阻：强电端子对机壳≥50MΩ。

(3) 控制柜安全保护接地电阻：≤4Ω。

(4) 防雷接地电阻：≤10Ω。

(5) 灯具启动时间的可调性：照明回路组的启动时间间隔可调、可控。

(6) 启动、停止方式：可自动、手动两种方式控制全部或部分照明器的启动、停止。

(7) 照度（入口段、过渡段、中间段）：符合设计要求。

(8) 照度总均匀度、纵向均匀度：符合设计要求。

(9) 紧急照明：对于双路供电照明系统，主供电路停电时，应自动切换到备用供电线路上。

3. 外观质量

(1) 照明灯具安装稳固、位置正确，灯具轮廓线形与隧道协调、美观。

(2) 照明设备的电力线、信号线、接地线端头制作规范，按设计要求采取线缆保护措施、布线排列整齐美观、安装固定符合要求、标识清楚。

(3) 设备表面光泽一致、无划伤、无刻痕、无剥落、无锈蚀。

(4) 控制柜内布线整齐、美观、绑扎牢固，接线端头焊（压）结牢固、平滑；编号标识清楚，预留长度适当；柜门开关灵活、出线孔密封措施得当，机箱内无积水、无霉变、无明显尘土，表面无锈蚀。

(5) 照明灯具应发光均匀、无刺眼的眩光。

4. 检查与测试

(1) 照明灯具通电前，应测试线间绝缘、线地间绝缘，绝缘电阻值应大于0.5MΩ。

(2) 测量各回路供电电压，应符合设计值。

(3) 分回路控制各回路灯具点亮情况，应符合设计要求。

(4) 用照度仪测量指定点的照度，应符合设计要求。

(5) 测量应急灯后备时间，应符合设计要求。

(三) 公路隧道交通监控系统

1. 质量控制要点

1) 车辆检测器

(1) 检测器线圈的安装应符合下列规定：

①线圈不得跨伸缩缝安装，埋设位置应避开金属物体；切缝应干燥、清洁。

②环形线圈不应有接头、断裂、打结或外皮损坏现象。

③线圈敷设后测量线圈电感量，电感量应符合检测器工作要求。

④在250V直流电压测试条件下，线圈对地电阻应大于10MΩ。

⑤线圈缆线应留有余量；线圈敷设完成后，宜采用环氧树脂进行封装。

⑥封装应避免产生气泡；馈线与环形线圈应为完整电缆；馈线应扭绞结花。

（2）微波车辆检测器的安装高度、倾斜角度应符合设计要求或满足设备技术文件要求。
（3）控制箱安装应牢固，机箱表面应无损伤。
（4）控制箱强电端子对机壳的绝缘电阻不小于50MΩ，接地电阻不大于4Ω。
（5）控制箱内接线应布线平直、整齐、牢固可靠、标识清晰，插头牢固。

2）摄像机

（1）摄像机在装配、搬运、架设过程中应有防护措施，摄像机装配过程应防止粉尘污染，在搬运、架设摄像机过程中不得打开镜头盖。

（2）摄像机安装前的准备工作应满足下列要求：

①摄像机应逐台通电进行检测和初调。

②应检查确认云台的水平、垂直转动角度满足设计要求，并根据设计要求定准云台转动起点方向。

③应检查确认摄像机在防护罩内紧固。

④应检查确认摄像机底座与支架或云台的安装尺寸符合设计要求。

（3）摄像机镜头视场内，不应有遮挡监视目标的物体。洞外摄像机镜头应避免强光直射。

（4）摄像机就位后，应通电试看、细调、检查各项功能，确认其符合设计要求。

（5）摄像机立柱竖直度不大于5mm/m。

（6）从摄像机引出的电缆应留有余量，不得影响摄像机的转动。

3）交通控制与诱导信息发布设备

（1）交通控制与诱导信息发布设备包括交通信号灯、车道指示器、可变信息标志、可变限速标志等。

（2）设备立柱竖直度不大于5mm/m。

（3）隧道内可变信息标志吊装支架安装完成后应做荷载试验，确认其符合设计要求。

（4）设备安装高度应符合设计要求，安装水平偏差不大于3mm/m，安装竖直偏差不大于5mm/m。

（5）显示屏、控制机箱的出线管与箱体连接处应密封良好，箱体内应无积水、尘土、霉变。

（6）显示屏、控制机箱内电力线、信号线应布线平直、整齐、牢固可靠、标识清晰，插头牢固。

4）区域控制单元

（1）区域控制单元安装应稳固，安装完成后设备表面应无损伤。

（2）控制箱内布线应牢固、整齐、标识清晰。

（3）控制箱门、进出线孔应有防水措施。

2．检查与测试

1）车辆检测器

参见公路监控工程质量监理相应章节的内容。

2）闭路电视系统

参见公路监控工程质量监理相应章节的内容。

3）可变标志

参见公路监控工程质量监理相应章节的内容。

4)环境检测设备

(1)基本要求。

①环境检测器及其配置的CO传感器、烟雾传感器、照度传感器、风向风速传感器的型号、规格、数量符合合同要求,部件完整。

②环境检测器及其配置的传感器安装位置正确,符合设计要求。

③按施工图设计要求连接环境检测器及其传感器的保护线、信号线、电源线,排列规整、无交叉拧绞,经过通电测试,设备处于正常工作状态。

④隐蔽工程验收记录、分项工程自检和设备调试记录、安装和非安装设备及附(备)件清单、有效的设备检验合格报告或证书等资料齐全。

(2)技术要求。

①传感器安装位置偏差:符合设计要求。

②强电端子对机壳绝缘电阻不小于$50M\Omega$。

③安全保护接地电阻不大于4Ω。

④防雷接地电阻不大于10Ω。

⑤数据传输性能:24h观察时间内失步现象不大于1次或BER小于10^{-8}。

⑥CO传感器灵敏度:符合要求或出厂检验指标。

⑦烟雾传感器灵敏度:符合要求或出厂检验指标。

⑧照度传感器灵敏度:符合要求或出厂检验指标。

⑨风速传感器灵敏度:符合要求或出厂检验指标。

⑩CO传感器精度偏差:符合要求或出厂检验指标。

⑪烟雾传感器精度偏差:符合要求或出厂检验指标。

⑫照度传感器精度偏差:符合要求或出厂检验指标。

⑬风速传感器精度偏差:符合要求或出厂检验指标。

⑭风向传感器精度偏差:符合要求或出厂检验指标。

⑮数据采样周期:符合设计要求。

⑯信号输出方式:符合设计要求。

⑰与风机、照明、消防、报警、诱导、可变标志、控制计算机的联动功能:符合设计要求。

(3)外观质量。

①环境检测器控制箱安装稳固、位置正确,表面光泽一致、无划伤、无刻痕、无剥落、无锈蚀。

②控制箱门开关灵活、出线孔分列明确、密封措施得当,机箱内无积水、无霉变、无明显尘土,表面无锈蚀。

③控制箱内电力线、信号线、接地线分列明确,布线整齐、美观、绑扎牢固,接线端头焊(压)接牢固、平滑;编号标识清楚,余留长度适当、规整。

④控制箱至传感器的电源线、信号线、接地线端头制作规范;按施工图设计要求采取了线缆保护措施、布线排列整齐美观、安装牢固、标识清楚。

⑤传感器的布设位置正确、排列整齐美观、安装牢固、标识清楚。

⑥传感器表面光泽一致、无划伤、无刻痕、无剥落、无锈蚀。

5)本地控制器

(1)基本要求。

①本地控制器及其配件的型号、规格、数量符合合同要求,部件完整。

②本地控制器安装方位正确、不侵入公路建筑限界,设备标识清楚。

③明装的线缆、管道保护措施符合设计要求。

④本地控制器至控制中心以及隧道内下端设备的保护线、信号线、电源线的连接符合设计要求。线缆排列规整、无交叉拧绞、标识完整、清楚。

⑤与下端设备及控制中心计算机进行通电测试、联调,工作状态正常。

⑥隐蔽工程验收记录、分项工程自检和设备调试记录、有效的设备检验合格报告或证书等资料齐全。

(2)技术要求。

①基础尺寸应符合设计要求。

②安装水平度、竖直度:水平不大于 3mm/m;垂直不大于 5mm/m。

③机箱、锚具和地脚的防腐涂层厚度应符合设计要求。

④强电端子对机壳绝缘电阻不小于 50MΩ。

⑤安全保护接地电阻不大于 4Ω。

⑥防雷接地电阻不大于 10Ω。

⑦数据传输性能:48h 观察时间内失步现象不大于 1 次或 24h BER ≤ 10^{-8}。

⑧与计算机通信功能:按设计周期与中心计算机通信。

⑨对所辖区域内下端设备控制功能:按设计周期或中心控制采集、处理、计算各下端设备的数据。

⑩本地控制功能:中心计算机或通信链路故障时,具有独立控制功能。

⑪断电时恢复功能:加电或系重启动后可自动运行原预设控制方案。

(3)外观质量。

①本地控制器安装稳固、位置正确,设备表面光泽一致、无划伤、无刻痕、无剥落、无锈蚀。

②与外部连接的电源线、信号线、接地线端头制作规范;按设计要求采取线缆保护措施、布线排列整齐美观、安装固定符合要求、标识清楚。

③控制箱内布线整齐、美观、绑扎牢固,接线端头焊(压)结牢固、平滑并进行热塑封合;编号标识清楚,余留长度适当。

④箱门开关灵活、出线孔密封措施得当,机箱内无积水、无霉变、无明显尘土,表面无锈蚀。

(四)公路隧道紧急电话与有线广播系统

1. 质量控制要点

(1)紧急电话主控设备安装应符合下列规定:

①紧急电话主控设备机柜前净距不小于 800mm,机柜背面净距不小于 600mm;机柜安装应竖直平稳,机械垂直度不大于 5mm/m。

②紧急电话中心控制台设备及外围打印机和电话终端设备的安装,应符合机房平面布置要求,台面排列应整齐。

③紧急电话主控设备接地电阻不大于1Ω。

(2)紧急电话分机安装应符合下列规定：

①紧急电话分机机身垂直偏差不大于10mm/m；机身与基础连接应牢固。

②紧急电话分机受话器距地坪高度为1450mm±20mm。

③隧道内分机洞室应有防潮、防尘措施；壁挂式分机的安装孔和进线孔应密封。

④紧急电话分机接地线应与接地干线可靠连接。

⑤安装完成后分机表面应无划伤、刻痕、保护层剥落；箱体内应无积水、尘土、霉变。

(3)有线广播控制器安装应符合下列规定：

①有线广播控制器的所有部件安装应符合机房平面布置要求。

②机柜前净距不小于800mm，机柜背面净距不小于600mm；机柜垂直偏差不大于5mm/m。

③有线广播控制器接地电阻不大于1Ω。

④有线广播扬声器的安装位置、高度、方向、间隔等应符合设计要求。

2. 检查与测试

1)基本要求

(1)紧急电话分机、主机的型号、数量符合合同要求。

(2)紧急电话分机安装位置正确，机箱外部完整、门锁开闭灵活。

(3)紧急电话分机上的标志应符合现行《道路交通标志和标线》(GB 5768)的要求，反光膜应使用高强级反光材料。

(4)安装方位符合公路路线走向要求，并按要求安装必要的防护措施。

(5)电源、通信线缆按施工图设计要求规范连接到位，主、分机连通并处于正常工作状态。

(6)隐蔽工程验收记录、分项工程自检和设备调试记录、有效的设备检验合格报告或证书等资料齐全。

2)技术要求

(1)音量：应大于90dB(A)。

(2)接地电阻：不小于4Ω。

(3)控制台绝缘电阻：应大于50MΩ。

(4)话音传输衰耗：不大于30dB,3000Hz。

(5)话音质量：话音要求清晰，音量适中，无噪声，无断字等缺陷。

(6)呼叫功能：响应灵敏。

(7)噪声抑制：话机在通话过程及静态时，要求无嗡嗡声、沙沙声及自激、哨声等杂音。

(8)通话呼叫功能：按下按钮，可呼叫监控中心控制台。

(9)呼叫排队功能：同时呼叫或通话时的呼叫，可按优先级处理。

(10)地址码显示功能：控制台显示呼叫位置。

(11)振铃响应：呼叫在控制台有振铃响应。

(12)录音功能：控制台有自动录音功能。

(13)故障报告功能：中心可自动立即显示故障信息。

(14)取消呼叫功能：控制台可取消呼叫。

(15)打印报告功能:值班记录、事件、故障等文件可打印。
(16)定时自检功能:能检测到线路连接、电池、传输故障等情况。
(17)手动自检功能:能检测到线路连接、电池、传输故障等情况。
(18)加电自恢复功能:加电后,控制台应自动恢复到工作状态。
按现行《公路工程质量检验评定标准 第二册 机电工程》(JTG F80/2)的规定执行。

3)外观质量

(1)防雷接地极焊接牢固,焊缝要饱满,焊后清渣并作防腐处理。

(2)基础混凝土表面应刮平,无损边、无掉角;法兰及地脚螺栓规格符合设计要求,应用热浸镀锌作防腐层,裸露金属基体无锈蚀。

(3)分机机身与基础连接牢固、端正,安装后外露螺纹长度一致。

(4)分机表面光泽一致、无划伤、无刻痕、无剥落,金属机箱或部件无锈蚀。

(5)机箱内电源线、信号线、元器件等布线平直、整齐、固定可靠,标识正确、清楚。

(6)机箱的出线管与箱体连接密封良好,箱体关键部位无积水、尘土、霉变。

(五)公路隧道火灾报警系统与消防设施

1.质量控制要点

1)点型火灾探测器

(1)应根据设计要求确定探测器安装位置、高度、间距和角度,探测器周围0.5m范围内不应有遮挡物,探测器的确认灯应设置于便于检修人员观察的位置。

(2)点型火灾探测器的安装应符合下列规定:

①探测器探测范围应覆盖全部探测区域。

②探测器与保护目标之间应无遮挡物。

(3)隧道内点型火灾探测器的安装高度在同一工程中应保持一致,安装高度偏差不应大于100mm。

(4)点型火灾探测器的底座应固定牢靠,其布线应符合现行《火灾自动报警系统施工及验收规范》(GB 50166)的规定。导线连接必须可靠压接或焊接,当采用焊接时不得使用带腐蚀性的助焊剂,外接导线应有150mm的余量,入端处应有明显标志。

(5)安装完成后隧道内探测器防护等级应满足设计要求。

2)线型火灾探测器

(1)应根据设计要求确定线型火灾探测器安装位置。

(2)洞顶安装的线型火灾探测器可采用托架或钢索吊装,安装应符合下列规定:

①探测器距隧道顶壁距离应符合设备技术文件要求。

②钢制托架、吊架及附件应热镀锌,且符合现行《公路交通工程钢构件防腐技术条件》(GB/T 18226)的规定。

③托架安装时,托架间距应符合设计要求,托架应固定可靠,托架与探测器应用阻燃卡具固定。

④钢索吊装时,钢索应采用吊架固定,吊架间距应符合设计要求,且不应大于50m;吊架应固定可靠,能承受1000N拉力不松动;钢索应张紧并逐段固定,在钢索最低点吊100N重物后

钢索最大垂度不应大于100mm；探测器应用阻燃卡具与钢索固定。

(3)线型火灾探测器安装弯曲半径不应小于探测器允许的最小弯曲半径；无明确要求时，探测器弯曲半径不应小于探测器外径的20倍。探测器不应扭曲。

(4)线型火灾探测器安装时，牵引力不应超过探测器允许张力的80%，瞬时最大牵引力不得大于探测器允许的张力。安装时不得损伤探测器护套。

(5)线型火灾探测器在隧道顶部固定稳固，线形流畅。

3)手动火灾报警按钮

(1)隧道内手动火灾报警按钮的安装高度在同一隧道中应保持一致，安装高度偏差不应大于20mm。

(2)隧道内手动火灾报警按钮防护等级不应低于IP65。

(3)手动火灾报警按钮应有醒目标识。

(4)手动火灾报警按钮的外接导线，应留有不小于100mm的余量，且在端部应有明显标志。

4)火灾报警控制器

(1)火灾报警控制器在墙上安装时，应按施工图设计要求确定其底边距地面高度；落地安装时，其底部宜高出地坪10~20mm。

(2)控制室内控制器与门轴的距离不应小于1m，正面操作空间宽度不应小于1.2m。

(3)控制器应安装牢固；安装水平偏差不应大于2mm/m，垂直偏差不应大于3mm/m。

(4)火灾报警系统传输线路应采用铜芯绝缘导线或铜芯电缆。50V以下供电的控制线路，其电压等级不应低于交流250V；交流220/380V的供电和控制线路，其电压等级不应低于交流500V。

(5)引入火灾报警控制器的电缆或导线，应符合下列规定：

①配线应牢固、整齐，避免交叉，端子板不应承受来自线缆的外力。

②电缆和导线的端部，均应标明编号，并与图纸一致，字迹清晰不易褪色。

③端子板的每个接线端，接线不得超过2根。

④电缆芯线和所配导线应留有不小于200mm的余量。

⑤导线应绑扎成束。

⑥穿线缆后，进线管孔处应封堵。

(6)火灾报警控制器的主电源电缆应直接与消防电源连接，严禁使用电源插头。主电源应有明显标识。

(7)控制器的接地应牢固，并有明显标识，工作接地电阻不应大于4Ω。采用联合接地时，接地电阻不应大于1Ω。

2.检查与测试

1)隧道火灾报警系统

(1)基本要求。

①报警与诱导设施的型号、规格、数量符合合同要求，部件完整。

②报警与诱导设施的位置正确，符合施工图设计的要求。

③按施工图设计要求连接报警与诱导设施的保护、信号、电源电缆，排列规整、无交叉

拧绞。

④经过通电测试,工作状态正常。

⑤隐蔽工程验收记录、分项工程自检和设备调试记录、安装和非安装设备及附(备)件清单、有效的设备检验合格报告或证书等资料齐全。

(2)技术要求。

①报警按钮、警报器、诱导设施的位置和高度偏差符合设计要求。

②强电端子对机壳绝缘电阻:不小于 $50M\Omega$。

③安全保护接地电阻:不大于 4Ω。

④防雷接地电阻:不大于 10Ω。

⑤数据传输性能:4h 观察时间内失步现象不大于 1 次或 $BER \leqslant 10^{-8}$。

⑥警报器音量:96~120dB(A)或符合设计要求。

⑦诱导设施的色度、诱导设施的亮度:符合现行《道路交通信号灯》(GB 14887)的要求。

⑧报警信号输出:能将报警位置、类型等信息发送到中心控制室计算机或本地控制器。

⑨报警按钮与警报器的联动功能:警报器可靠接受报警信号的控制。

(3)外观质量。

①警报器和诱导设施控制箱安装稳固、位置正确,表面光泽一致、无划伤、无刻痕、无剥落、无锈蚀。

②控制箱柜门开关灵活、出线孔分列明确、密封措施得当,机箱内无积水、无霉变、无明显尘土,表面无锈蚀。

③控制箱内电源线、信号线、接地线分列明确,布线整齐、美观、绑扎牢固,接线端头焊(压)接牢固、平滑;编号标识清楚,预留长度适当、规整。

④控制箱至警报器和诱导设施的电源、信号、接地电缆端头制作规范;按设计要求采取线缆保护措施、布线排列整齐美观、安装牢固、标识清楚。

⑤警报器和诱导设施的布设位置正确、排列整齐美观、安装牢固、标识清楚。

⑥警报器和诱导设施表面光泽、无划伤、无刻痕、无剥落、无锈蚀。

2)消防设施

(1)基本要求。

①消防设施的火灾探测器、消防控制器、火灾报警器、消火栓、灭火器、加压设施、供水设施及消防专用连接线缆、管道、配(附)件等器材的产品质量符合国家或行业标准,其型号、规格、数量符合合同要求,部件完整。

②消防设施的安装支架、预埋锚固件、预埋管线、在隧道内安装孔位、安装间距等符合设计要求。

③明装的线缆、管道保护措施符合设计要求。

④所有消防设施安装到位、方位正确、不侵入公路建筑限界,设备标识清楚。

⑤按施工图设计要求连接消防设施的保护、信号、电力电缆,线缆排列规整、无交叉拧绞,标识完整、清楚,消防设施经过通电测试、联调,工作状态正常。

⑥隐蔽工程验收记录、分项工程自检和设备调试记录、安装和非安装设备及附(备)件清

单、有效的设备检验合格报告或证书等资料齐全。

(2)技术要求。

①火灾探测器、消防控制器、火灾报警器、消火栓、灭火器、消防控制器安装位置:符合设计要求。

②加压设施气压、供水设施水压:符合设计要求。

③强电端子对机壳绝缘电阻:不小于50MΩ。

④控制器安全保护接地电阻:不大于4Ω。

⑤防雷接地电阻:不大于10Ω。

⑥火灾探测器灵敏度:可靠探测火灾,不漏报、不误报,并将探测数据传送到火灾控制器和上端计算机。

⑦火灾报警器灵敏度:按下报警器时,触发警报器,并把信号传送到火灾控制器和上端计算机。

⑧消火栓的功能:打开阀门后在规定的时间内达到规定的射程。

⑨火灾探测器与自动灭火设施的联合测试:符合设计要求。

(3)外观质量。

①消防设施安装稳固、位置正确,与隧道协调、美观。

②消防设施的电源线缆安装固定、标识清楚。

③设备表面光泽一致、无划伤、无刻痕、无剥落、无锈蚀。

④控制箱内布线整齐、美观、绑扎牢固,接线端头焊(压)接牢固、平滑并进行了热塑封合;编号标识清楚,预留长度适当;箱门开关灵活、出线孔密封措施得当,机箱内无积水、无霉变、无明显尘土,表面无锈蚀。

(六)公路隧道监控系统

1. 质量控制要点

1)控制台

(1)控制台的平面布置应符合设计要求。

(2)控制台基础型钢的制作和安装应符合施工图设计的要求,台体的安装应符合设计要求。

(3)控制台安装时,应保证散热空间,不得堵塞散热孔洞。

(4)控制台设备应布局合理,安装稳固。接插件应安装牢固,接触可靠,接线整齐有序,标识清晰。

(5)控制台的连接线缆应由下部引入,线缆两端应留有余量,并有永久性标识。

2)机柜

(1)机柜前净距不应小于0.8m,机柜背面净距不应小于0.6m,壁挂式机柜底面距地面不宜小于0.3m。

(2)机柜基础型钢的制作和安装应符合施工图设计的要求。

(3)机柜安装牢固,并应符合下列规定:

①安装垂直偏差不大于10mm/m。

②机柜成排紧密放置时,面板应在同一平面上并与基准线平行,前后偏差不大于3mm,机柜间缝隙不大于3mm。

③机柜成排分散放置时,其面板前后偏差不大于5mm。

(4)机柜内设备、部件的安装,应在机柜定位完毕并固定后进行。安装在机柜内的设备应牢固。

(5)机柜内设备应布局合理,保证必要的散热和维修空间;机柜内应留有不少于10%的卡件安装空间。

(6)线缆布放应牢固、整齐、成端规范、标识清晰,预留长度适当,接线端子预留数量合理。

3)信息显示设备

(1)信息显示设备主要包括监视器墙、大屏幕系统等。

(2)监视器墙、大屏幕的安装方位、角度、高度应符合设计要求,设备后部净距不应小于800mm。

(3)监视器墙、大屏幕系统的屏幕不应受外来光直射。

(4)监视器墙、大屏幕系统的基础型钢制作和安装应符合施工图设计的要求。

(5)设备应有通风散热措施,电磁屏蔽应满足设计要求。

(6)线缆布线应整齐、标识清晰,预留长度应适当。

(7)监视器墙的安装应符合下列规定:

①监视器墙应按设计要求布局,监视器间距符合设计要求。

②监视器墙支架应拼(焊)接完整,安装稳固,横竖端正。

③监视器墙垂直偏差不大于2mm/m。

(8)大屏幕系统的安装应符合下列规定:

①大屏幕系统应按设计要求布局。

②屏幕应平整整洁,拼接缝符合设计要求。

4)计算机及网络设备

(1)设备应布局合理,安装牢固,标识清晰。

(2)网线接头、插座的制作应符合EIA/TIA 568A或568B的规定,且在一个系统中只能选用一种制作标准,不得混用。

(3)光电缆布放时应路由正确、排列整齐、成端规范、连接稳固、标识清晰齐全,弯曲半径和预留长度应符合设计和有关规范要求。

(4)设备安装时应根据设备散热要求保留必要的散热空间。

5)隧道监控软件

(1)隧道监控系统计算机平台软件应具有软件拷贝、说明书和最终用户的授权文件,必须是合法正版软件。

(2)隧道监控系统应用软件设计、开发和管理应符合国家和行业有关标准、规范的规定。

(3)应用软件人机界面应符合友好、汉化、图形化要求,图形切换流程清楚易懂,便于操作,对报警信息的显示和处理应直观有效。

(4)应用软件应具有可扩展性。

(5)应用软件应有容错功能和分级保密功能。

(6)应用软件应与管理要求相适应。

(7)应用软件安装前,应确认计算机及网络设备软硬件配置满足要求。

2. 检查与测试

1)隧道监控中心设备及软件

(1)基本要求。

①隧道监控中心设备。

a. 所有设备型号、规格、数量、性能参数和配置符合合同和设计要求。

b. 隧道监控中心机房的防雷、接地、水暖、供电、空调通风、照明等辅助设施安装调试检测完毕并通过相关专业的验收。

c. 隧道监控中心机房应整洁,通风、照明良好。

d. 计算机控制系统所有硬件设备安装调试完毕,并与外场所有监控设备、系统进行了联调,系统处于正常工作状态。

e. 隐蔽工程验收记录、分项工程自检和设备及系统联调记录、有效的设备检验合格报告或证书等资料齐全。

②计算机控制系统软件。

a. 具有采集隧道段交通流、气象参数、隧道内环境参数、火灾信息、声音图像信息、隧道段主要交通设施运行状态信息的功能。

b. 具有自动探测和确认隧道内异常事件作出快速响应的功能。

c. 具有建立隧道段交通数据库的功能。

d. 按国家相关标准进行软件的稳定性、可靠性测试并附报告;编制并提供符合规范的软件手册及相关文档。

(2)技术要求。

①系统设备安装连接的可靠性:系统设备安装连接应可靠,经振动试验后系统无告警、错误动作。

②接地连接的可靠性:工作地、安全地、防雷地按规范要求分别连接到汇流排上。

③联合接地电阻:不大于1Ω。

④强电端子对机壳绝缘电阻:不小于$50M\Omega$。

⑤与本地控制器的通信功能:定时或实时轮询各本地控制器的数据,收集信息或发送执行命令。

⑥与监控中心计算机通信功能:与监控中心传输规定的数据,传输准确。

⑦服务器功能:主要完成网管、数据备份、资源共享;其他设计规定的内容。

⑧中央管理计算机功能:协调和管理其他计算机;其他设计规定的内容。

⑨交通控制计算机功能:接收下端车辆检测器传来的信息,作出执行控制方案;其他设计规定的内容。

⑩通风照明计算机功能:接收下端环境检测器传来的信息,作出执行控制方案;其他设计规定的内容。

⑪火灾报警控制计算机功能:接收下端火灾报警控制器传来的信息,作出执行控制方案;其他设计规定的内容。

⑫图像控制计算机的功能:切换、控制各 CCTV 图像,在大屏幕上显示;其他设计规定的内容。

⑬紧急电话控制台功能:完成对下端分机呼叫的应答;其他设计规定的内容。

⑭报表统计管理及打印功能:中心计算机系统可打印规定的各种报表。

⑮双机热备份功能:当主机宕机时,从机能够自动接管,保证业务的连续性和正确性,切换时间符合要求。

⑯数据完整性测试:系统崩溃或电源故障,重新启动时,系统能自动引导至正常工作状态,并执行原控制方案,不丢失历史数据。

(3)外观质量。

①监控中心计算机设备安装稳固、端正。

②中心监控室内控制台、座椅、设备、配线列架等排列整齐、有序、无明显歪斜,标识清楚、牢固。

③所有设备安装后,外观无划伤、刻痕,以及防护层剥落等缺陷。

④监控室内布线整齐美观、固定可靠、标识清楚;过墙、板、地下通道处要有保护套管,并留有适当余量。

⑤设备之间、插头等部件之间要求连接可靠、紧密、到位准确;布线整齐、余留规整、标识清楚;固定螺丝等要求坚固,无松动。

⑥配电箱内信号线、电源线及其接、插头要求明显区分,标识清楚,有永久性接线图。

2)隧道监控中心计算机网络

公路隧道监控中心计算机网络的检查与测试参见公路监控工程质量监理相应章节的内容。

参 考 文 献

[1] 中华人民共和国行业标准.公路工程技术标准:JTG B01—2014[S].北京:人民交通出版社,2014.

[2] 中华人民共和国行业标准.公路工程名词术语:JTJ 002—87[S].北京:人民交通出版社,1987.

[3] 中华人民共和国行业标准.公路建设项目环境影响评价规范:JTG B03—2006[S].北京:人民交通出版社,2006.

[4] 中华人民共和国行业标准.公路环境保护设计规范:JTG B04—2010[S].北京:人民交通出版社,2010.

[5] 中华人民共和国行业标准.公路路线设计规范:JTG D20—2017[S].北京:人民交通出版社股份有限公司,2017.

[6] 中华人民共和国行业标准.公路排水设计规范:JTG/T D33—2012[S].北京:人民交通出版社,2012.

[7] 中华人民共和国行业标准.公路桥涵设计通用规范:JTG D60—2015[S].北京:人民交通出版社股份有限公司,2015.

[8] 中华人民共和国行业标准.公路桥涵地基与基础设计规范:JTG 3363—2019[S].北京:人民交通出版社股份有限公司,2019.

[9] 中华人民共和国行业标准.公路隧道设计规范 第一册 土建工程:JTG 3370.1—2018[S].北京:人民交通出版社股份有限公司,2018.

[10] 中华人民共和国行业标准.公路路基设计规范:JTG D30—2015[S].北京:人民交通出版社股份有限公司,2015.

[11] 中华人民共和国行业标准.公路沥青路面设计规范:JTG D50—2017[S].北京:人民交通出版社股份有限公司,2017.

[12] 中华人民共和国行业标准.公路水泥混凝土路面设计规范:JTG D40—2011[S].北京:人民交通出版社,2011.

[13] 中华人民共和国行业标准.公路路基施工技术规范:JTG 3610—2019[S].北京:人民交通出版社股份有限公司,2019.

[14] 中华人民共和国行业标准.公路路面基层施工技术细则:JTG/T F20—2015[S].北京:人民交通出版社股份有限公司,2015.

[15] 中华人民共和国行业标准.公路沥青路面施工技术规范:JTG F40—2004[S].北京:人民交通出版社,2004.

[16] 中华人民共和国行业标准.公路水泥混凝土路面施工技术细则:JTG F30—2014[S].北京:人民交通出版社,2014.

[17] 中华人民共和国行业标准.公路工程沥青及沥青混合料试验细则:JTG E20—2011[S].

北京：人民交通出版社，2011.
[18] 中华人民共和国行业标准.公路养护技术规范：JTG H10—2009[S].北京：人民交通出版社，2009.
[19] 中华人民共和国行业标准.公路沥青路面养护技术规范：JTG 5142—2019[S].北京：人民交通出版社股份有限公司，2019.
[20] 中华人民共和国行业标准.公路水泥混凝土路面养护技术规范：JTJ 073.1—2001[S].北京：人民交通出版社，2001.
[21] 中华人民共和国行业标准.公路工程施工监理规范：JTG G10—2016[S].北京：人民交通出版社股份有限公司，2016.
[22] 中华人民共和国行业标准.公路隧道照明设计细则：JTG/T D70/2-01—2014[S].北京：人民交通出版社，2014.
[23] 中华人民共和国行业标准.公路隧道通风设计细则：JTG/T D70/2-02—2014[S].北京：人民交通出版社，2014.
[24] 中华人民共和国行业标准.公路隧道设计规范 第二册 交通工程与附属设施：JTG D70/2—2014[S].北京：人民交通出版社，2014.
[25] 中华人民共和国国家标准.电气装置安装工程 电气设备交接试验标准：GB 50150—2016[S].北京：中国计划出版社，2016.
[26] 中华人民共和国行业标准.公路工程质量检验评定标准 第一册 土建工程：JTG F80/1—2017[S].北京：人民交通出版股份有限公司，2017.
[27] 中华人民共和国行业标准.公路工程质量检验评定标准 第二册 机电工程：JTG F80/2—2004[S].北京：人民交通出版社，2004.
[28] 中华人民共和国国家标准.火灾自动报警系统施工及验收标准：GB 50166—2019[S].北京：中国计划出版社，2019.
[29] 中华人民共和国国家标准.公路交通工程钢构件防腐技术条件：GB/T 18226—2015[S].北京：中国标准出版社，2015.
[30] 李宇峙，秦仁杰.工程质量监理[M]第三版.北京：人民交通出版社，2013.
[31] 盛安莲.路基路面检测技术[M].北京：人民交通出版社，1997.
[32] 李宇峙，邵腊庚.路基路面工程检测技术[M].北京：人民交通出版社，2003.
[33] 赵忠杰.公路隧道机电工程[M].北京：人民交通出版社，2007.
[34] 邓学钧.路基路面工程[M].北京：人民交通出版社，2000.
[35] 邓学钧.路面设计原理与方法[M].北京：人民交通出版社，2001.
[36] 习应祥.道路工程材料质量控制与检测[M].长沙：湖南地图出版社，1989.
[37] 沙庆林.公路压实与压实标准[M].北京：人民交通出版社，1999.
[38] 张学维，朱维益.质量检测员手册[M].北京：中国建筑工业出版社，1995.
[39] 盛骤.概率论与数理统计[M]第四版.高等教育出版社，2008.
[40] 杨惠连.误差理论与数据处理[M].天津：天津大学出版社，1992.
[41] 谢式千，盛骤.概率论与数理统计[M].北京：高等教育出版社，1989.
[42] 沈同.常用综合性基础指标指要(一)[M].北京：中国统计出版社，1993.

[43] 丁汉哲.试验技术[M].北京:机械工业出版社,1983.
[44] 饶鸿雁.数理统计在道路工程中的应用[M].北京:人民交通出版社,1983.
[45] 赵特伟.试验数据的整理与分析[M].北京:中国铁道出版社,1991.
[46] 邓学钧,陈荣生.刚性路面设计[M].北京:人民交通出版社,1992.
[47] 姚祖康.道路路基和路面工程[M].上海:同济大学出版社,1994.
[48] 黄晓明,张晓冰.公路工程检测手册[M].北京:人民交通出版社,2006.
[49] 袁聚云.土工试验与原理[M].上海:同济大学出版社,2003.
[50] 孟高头.土体工程勘察原位测试及其工程应用[M].北京:地质出版社,1992.
[51] 胡长顺,黄辉华,王秉纲.高等级公路路基路面施工技术[M].北京:人民交通出版社,1994.
[52] 李生林,王正宏.土质分类及其工程应用[M].北京:水利水电出版社,1998.
[53] 黄仰贤.路面设计与分析[M].齐诚,邓学钧,译.北京:人民交通出版社,1998.
[54] 殷岳江.公路沥青路面施工[M].北京:人民交通出版社,2000.
[55] 汤林新.高等级公路路面耐久性[M].北京:人民交通出版社,1997.
[56] 张登良.沥青路面[M].北京:人民交通出版社,1999.
[57] 茅梅芳.路基路面工程质量检测[M].南京:东南大学出版社,1998.
[58] 日本道路协会.日本沥青路面规范[M].北京:人民交通出版社,1983.
[59] 奥本大学国家沥青技术中心.热拌沥青混合料材料、混合料设计与施工[M]余叔藩,译.1991.
[60] 卢照辉.动力触探测试及应用[J].焦作工学院学报,2003.
[61] 袁钟,李思源.标准贯入试验的应用及贯入击数的影响因素[J].港工技术,2002.
[62] 王钟琦.我国的静力触探的发展前景[J].岩土工程学报,2000.
[63] 张志祥,孙文州.沥青混凝土路面车辙病害原因的调查分析与评价[J].公路,2004.